FRÉDÉRIQUE AGNÈS
ISABELLE LEFORT

100 ANS DE COMBATS
POUR LA LIBERTÉ DES FEMMES

PRÉFACE

Les femmes sont les délaissées de l'histoire. Les combats qu'elles ont menés pour leur compte ou aux côtés des hommes sont minimisés. Bien souvent, elles ne sont, hélas, ni sujets ni objets d'histoire et c'est à la fois un contresens et une injustice.

Cet ouvrage parlera à toutes et à tous, car il conte l'histoire des femmes depuis cent ans avec plusieurs clés d'entrée. Ses auteures n'abordent pas la question des femmes par le seul biais des figures emblématiques, elles livrent aussi des récits de femmes anonymes. Leurs témoignages sont importants, émouvants parfois, et particulièrement signifiants. C'est l'histoire de façon humaine qui se déplie dans une approche que n'aurait pas reniée Fernand Braudel ; sur ce long chemin de justice, la syndicaliste compte autant que la ministre, et l'infirmière autant que la philosophe. Moi, dont la mère était féministe, qui ai grandi au-près d'une grand-mère syndicaliste et d'une autre grand-mère engagée contre la peine de mort, j'apprécie particulièrement que l'his-toire des femmes ne soit pas cantonnée dans le classicisme historique.

Ce travail est essentiel, car bien des jeunes ne se sentent plus concernés. Je consacre une partie de mon temps à des rencontres dans les lycées, les collèges et les centres d'apprentis-sage. Et souvent, les jeunes filles me disent : « Merci de vous être battue, mais pour nous, il n'y a plus de problème. » Je leur réponds : « Méfiez-vous. À 30 ans, vous poserez vos valises, et vous vous rendrez compte que le garçon qui était derrière vous au concours gagne 1 000 ou 1 500 euros de plus que vous et que la promotion que vous visiez, c'est lui qui l'a eue. » Je suis convaincue qu'il est important d'aborder l'histoire des femmes à travers des figures qui parlent à des jeunes, de leur montrer que des femmes qui auraient pu être leurs mères ou leurs grand-mères se sont battues pour nos droits.

Je pense que le combat pour l'égalité entre les femmes et les hommes – comme toutes les luttes contre les discriminations – ne sera jamais définitivement gagné. Nos filles et nos petites-filles ont cette assurance tranquille que ce combat ne leur appartient plus. Il est primordial de leur rappeler que ces conquêtes, de la plus prestigieuse à la plus quotidienne – voter, être élue, disposer de son corps, avoir un chéquier sans l'autorisation de son mari –, ne datent que de quelques dizaines d'années. Qu'elles lisent les injures dont a été abreuvée Simone Veil quand elle se battait pour l'IVG, elles comprendront alors que pour les femmes la préhistoire n'est pas si lointaine…

Aujourd'hui, après des années de progrès considérables, les militantes qui s'étaient endormies dans la quiétude ont reçu un énorme coup de semonce. Des droits que l'on croyait inaliénables sont menacés dans de nombreux pays, en Espagne, en Pologne, et même aux États-Unis. En France, les débats à propos du mariage homosexuel ou de l'enseignement de la lutte contre les stéréotypes ont fait affleurer des remugles nauséabonds. J'ai été stupéfaite d'entendre dans des reportages des enfants affirmer qu'il était normal que les filles gagnent moins puisqu'elles sont moins actives !

Le chemin vers l'égalité entre les femmes et les hommes est donc très long. L'armature législative peut toujours être perfectionnée à la marge, mais la France est un pays des mieux armés sur le sujet. Il s'agit bien de passer de l'égalité formelle à l'égalité réelle. Notre république est indivisible, laïque, sociale et démocratique, mais elle est aussi paritaire, et nos enfants doivent s'en imprégner dès le plus jeune âge. La démarche d'égalité n'est ni une mode, ni un gadget, ni une action humanitaire, mais un sujet politique aussi important que l'emploi ou l'équilibre des comptes sociaux. Nous progresserons par des politiques transversales portées par l'ensemble des acteurs de l'État et des territoires.

Dans la sphère économique, une vision caritative de l'égalité n'est plus de mise. On ne mendie pas un juste droit, on se bat pour lui. C'est un objectif de performance que nous visons. Les indicateurs montrent clairement que plus les entreprises sont paritaires, mieux elles résistent à la crise. En ayant été reléguées hors des cercles du pouvoir, nous avons appris, nous les femmes, que pour exister et agir il nous fallait utiliser des méthodes et des circuits collatéraux. Et ces derniers sont précisément les mieux adaptés pour faire fonctionner les structures humaines au XXIe siècle ! Recherche du consensus, organisations horizontales, émotivité, créativité, connectivité, autant de démarches que nous avons développées comme un pis-aller et qui sont au cœur des succès des sociétés postmodernes. Ce qui était notre faiblesse est devenu notre force.

Germaine de Staël assurait que dans les combats nouveaux qui les opposaient aux femmes, les hommes ne connaissaient ni les lois de l'honneur, ni celles de la bonté. Notre combat, et cet ouvrage en est le témoignage, se livre pour les femmes et non contre les hommes. Nos compagnons, nos fils, nos amis dégusteront les fruits parfumés de l'égalité et le suc en coulera le long de leurs lèvres...

Hommes et femmes, ce combat nous unira !

Roselyne Bachelot
Ancienne ministre
Chroniqueuse-éditorialiste

> "CE QUI ÉTAIT NOTRE FAIBLESSE EST DEVENU NOTRE FORCE."

— INTRODUCTION —

L'ÉGALITÉ FEMMES-HOMMES, UN ENJEU MAJEUR POUR LE XXIE SIÈCLE

Grande cause parmi les grandes causes, l'égalité entre les femmes et les hommes est de celles dont les progrès profitent à tous. Aujourd'hui, entre conquêtes et régressions, la société tout entière avance vers plus d'égalité, vers plus de justice sociale.

C'est l'un des grands phénomènes structurants de l'histoire de notre pays; depuis plus d'un siècle, les progrès de l'égalité ont été continus, quoique non linéaires. Même s'ils se sont effectués au prix de combats parfois très virulents. Même s'ils se sont accomplis sur des terrains très variés. Droit du travail, droit de disposer librement de son corps, droit à l'avortement et à la contraception, droit à l'indépendance, droit à l'accession au pouvoir…

Nous sommes confrontés à une histoire en train de s'écrire. Personne n'oserait affirmer en 2014 que nous sommes parvenus à une situation équilibrée et satisfaisante, tant du point de vue des femmes que du point de vue des hommes, d'ailleurs.

Le recul historique nous permet de comprendre à quel point ces progrès décisifs se sont accomplis dans un délai relativement court au regard de l'histoire de notre pays, mais aussi dans quelle mesure il s'agit d'un procès complexe, traversé de tensions doctrinales, d'avancées, de stagnations, de moments intenses et d'autres moins chargés en conflictualité, au moins apparente.

L'égalité femmes-hommes est un fait social total. Ce fait structure notre société et détermine nos existences de façon très nette. C'est pourquoi le droit, l'histoire, la sociologie, la philosophie, la communication et la publicité viennent éclairer ces avancées.

Trop d'inégalités subsistent, alors que la quasi-totalité des Français s'accorde à les trouver choquantes et absurdes. Pour mieux les cerner, les combattre, les réduire, nous avons revisité cent ans de droits des femmes et nous avons réuni des enquêtes, récolté les témoignages de nombreuses femmes représentant la société française, fait appel à des chercheurs, des économistes, des universitaires, des responsables politiques, des dirigeants et des managers d'entreprise, des représentants d'organismes publics et d'associations, des personnalités de renom, des femmes et des hommes de médias.

La part de vérité et les fragments de vies livrés par ces nombreux témoignages de tous horizons offrent une vision complète et inédite de l'égalité entre les femmes et les hommes dans notre pays. Diversité des parcours, des origines, des aspirations : la société française présente un panorama très riche de ressentis et d'attentes vis-à-vis de l'égalité entre les femmes et les hommes. Sous certains angles, notre pays est en avance, sous d'autres, l'ampleur de la tâche qu'il reste à accomplir semble immense.

L'histoire de la présence des femmes et de la Femme dans la société française depuis un siècle, c'est l'histoire d'une conquête. C'est aussi l'histoire d'un paradoxe. C'est ce fil directeur des représentations que nous voulons suivre pour retracer une épopée sociale toujours en cours, une révolution inachevée.

Il ne se passe désormais plus une journée sans que la parité ne soit évoquée par telle ou telle personnalité, telle ou telle association, tel ou tel décideur public. La question de la place des femmes dans la société française est un sujet central, au cœur de l'actualité. Ce n'est pas seulement un enjeu d'histoire, c'est aussi un enjeu du présent et un défi pour l'avenir. Un enjeu pour le XXIe siècle.

L'HISTOIRE DES FEMMES, L'HISTOIRE D'UNE CONQUÊTE, L'HISTOIRE D'UN PARADOXE

Frédérique Agnès
Isabelle Lefort

100 ANS
DE DROITS DES FEMMES

ACCORD DU DROIT DE VOTE AUX FEMMES, LÉGALISATION DE L'INTERRUPTION VOLONTAIRE
DE GROSSESSE, ÉGALITÉ DES ÉPOUX DANS LES RÉGIMES MATRIMONIAUX, RECONNAISSANCE
DU VIOL CONJUGAL, ÉGALITÉ SALARIALE… LES AVANCÉES N'ONT PAS MANQUÉ, LES COMBATS
NON PLUS. ET POURTANT, LA ROUTE DE L'ÉGALITÉ ENTRE LES HOMMES ET LES FEMMES
EST ENCORE LONGUE. BILAN SUR CENT ANS D'ÉVOLUTIONS. RETOUR POUR MIEUX SE PROJETER.

100 ANS

DE DROITS DES FEMMES

HÉSITATION

NAVETTE PARLEMENTAIRE

L'Assemblée nationale accorde le droit de vote aux femmes avant que le Sénat, majoritairement radical, ne s'y oppose. Cette situation se reproduira en 1925, en 1932 et en 1935.

1919

SCOLARITÉ

CRÉATION DU BACCALAURÉAT FÉMININ

C'est seulement au cours de l'année scolaire 1924-1925 que les programmes scolaires et les épreuves deviendront les mêmes pour les filles et les garçons.

Enseignement supérieur

1945

MIXITÉ

L'École nationale d'administration (ENA) est mise en place. Son recrutement sera mixte. La première femme à sortir major de sa promotion devra attendre 1969.

Quand Polytechnique devient mixte en 1972, Anne Chopinet sort major dès la première année.

L'enseignement secondaire n'est devenu mixte qu'en 1959, et ne l'est obligatoirement dans tous les établissements publics qu'en 1975.

Front populaire

04/06/1936

3 FEMMES AU GOUVERNEMENT

Dans son gouvernement de coalition du Front populaire, Léon Blum nomme trois femmes sous-secrétaires d'État (à l'Éducation nationale, à la Recherche scientifique et à la Protection de l'enfance).

1915   **1930**   **1945**

Maternité

1913

CONGÉ DE MATERNITÉ DE HUIT SEMAINES SANS TRAITEMENT

ILLÉGALITÉ

31/07/1920

LOI INTERDISANT LA CONTRACEPTION ET L'AVORTEMENT

La contraception est exclue des cursus médicaux. Cette loi est adoptée dans un contexte de baisse de la démographie après l'hécatombe de la Première Guerre mondiale.

21/04/1944

DROIT DE VOTE

Le droit de vote est accordé aux femmes. Elles voteront pour la première fois aux élections municipales, le 29 avril 1945.

SIMONE DE BEAUVOIR

01/05/1949

PUBLICATION DU *DEUXIÈME SEXE* PAR SIMONE DE BEAUVOIR

« On ne naît pas femme : on le devient. Aucun destin biologique, psychique, économique ne définit la figure que revêt au sein de la société la femelle humaine ; c'est l'ensemble de la civilisation qui élabore ce produit intermédiaire entre le mâle et le castrat qu'on qualifie de féminin. Seule la médiation d'autrui peut constituer un individu comme un autre. »

MANIFESTE

05/04/1971

343 femmes déclarant avoir avorté signent le « Manifeste des 343 » pour réclamer l'avortement libre. Ce manifeste est publié par *Le Nouvel Observateur*.

Autonomie

13/07/1965

LE RÉGIME MATRIMONIAL DE 1804 EST RÉFORMÉ

Les femmes peuvent gérer leurs biens, ouvrir un compte en banque et exercer une profession sans l'autorisation de leur mari.

AUTORITÉ PARENTALE

03/02/1970

Loi relative au partage de l'autorité parentale : « Les deux époux assurent ensemble la direction morale et matérielle de la famille », supprimant la notion juridique de « chef de famille ».

1950   1960   1970

08/03/1956

LA MATERNITÉ HEUREUSE

Le planning familial apparaît dans la clandestinité sous le nom de « la maternité heureuse ». Il devient le Mouvement français pour le planning familial (MFPF) en 1960.

CONTRACEPTION

LA LOI NEUWIRTH AUTORISE LA CONTRACEPTION

28/12/1967

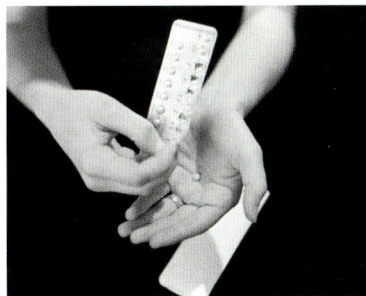

Cette loi sur la contraception légale à partir de 18 ans est adoptée. Sa publicité demeure interdite et elle ne sera pas remboursée par la Sécurité sociale avant la loi Veil de 1974.

26/08/1970

MLF

Création du Mouvement de libération des femmes. Il agira pour la protection des femmes, pour lutter contre les violences faites aux femmes et pour réclamer le droit à l'avortement.

100 ANS
DE DROITS DES FEMMES

TRIBUNAUX
PROCÈS DE BOBIGNY

08/11/1972

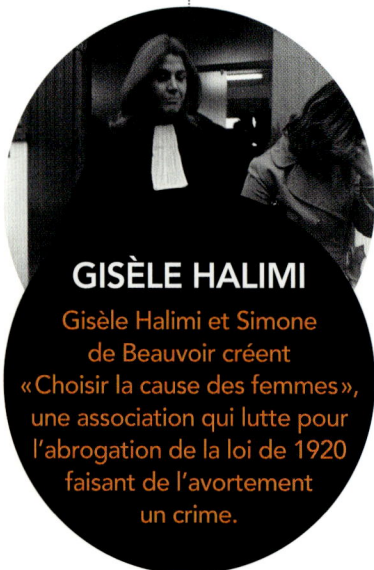

Gisèle Halimi défend cinq femmes poursuivies pour pratique ou complicité d'avortement. Si Marie-Claire Chevalier, inculpée d'avortement, est relaxée, son avorteuse est condamnée à un an de prison avec sursis.

PRINCIPE
À TRAVAIL ÉGAL, SALAIRE ÉGAL

22/12/1972

Loi relative à l'égalité de rémunération entre les hommes et les femmes qui introduit le principe « à travail égal, salaire égal ».

SIMONE VEIL
IVG ET DIVORCE

1975

Le 17 janvier est adoptée la loi légalisant l'interruption volontaire de grossesse (IVG).

Le 11 juillet est adoptée la loi autorisant le divorce par consentement mutuel.

1970 — **1975** — **1980**

1971

GISÈLE HALIMI

Gisèle Halimi et Simone de Beauvoir créent « Choisir la cause des femmes », une association qui lutte pour l'abrogation de la loi de 1920 faisant de l'avortement un crime.

Françoise Giroud
« 100 MESURES »

16/07/1974

Création d'un secrétariat d'État à la condition féminine. Françoise Giroud en prend la direction et lancera 100 mesures pour les femmes (avec notamment la question de l'autonomie des veuves, divorcées et célibataires).

YVETTE ROUDY
NOMINATION AU MINISTÈRE DÉLÉGUÉ AUX DROITS DE LA FEMME

21/05/1981

Elle met en œuvre deux lois importantes.

La loi relative à la couverture des frais afférents à l'IVG non thérapeutique, instaurant leur prise en charge par l'assurance maladie. Et celle établissant l'égalité professionnelle entre les femmes et les hommes.

08/03/1982

Journée nationale des Femmes

La France organise sa première journée nationale des Femmes. Le dispositif permet de médiatiser les enjeux de l'égalité entre les femmes et les hommes.

11/03/1986

ORIENTATION

Circulaire ministérielle incitant à la féminisation des appellations de métiers («artisane», «cheffe d'entreprise», «écrivaine», etc.).

29/12/1986

AGED

GARDE D'ENFANT À DOMICILE

La loi relative à la famille crée l'allocation de garde d'un enfant à domicile.

MANIFESTES

Le 19 novembre 1993, *Le Monde* publie le «Manifeste des 577 pour une démocratie paritaire».

Le 6 juin 1996, *L'Express* publie le «Manifeste des dix pour la parité».

1993-1996

1985   **1990**   **1995**

1984-1985

Vie conjugale

CONGÉ PARENTAL

Loi donnant la possibilité à chaque parent d'un jeune enfant de solliciter un congé parental d'éducation ou de travailler à mi-temps.

ÉGALITÉ DES ÉPOUX

Loi relative à l'égalité des époux dans les régimes matrimoniaux et des parents dans la gestion des biens des enfants mineurs. La loi supprime toute référence au mari ou à la femme.

15/05/1991

ÉDITH CRESSON

Édith Cresson est la première femme nommée Premier ministre. C'est la seule femme ayant occupé cette fonction à ce jour.

PARITÉ

Création de l'Observatoire de la parité entre les femmes et les hommes.

18/10/1995

100 ANS
DE DROITS DES FEMMES

LES FEMMES, ON CONTINUE À S'ASSEOIR DESSUS OU ON CHANGE POUR DE BON ?

Laboratoire de l'Égalité

PACTE POUR L'ÉGALITÉ

09/05/2001

ÉGALITÉ
PROFESSIONNELLE

Loi Génisson relative à l'égalité professionnelle entre les femmes et les hommes. Elle impose aux entreprises de rédiger un rapport de situation comparée en termes de rémunération, de formation et d'organisation du travail pris en compte dans les négociations annuelles obligatoires. Elle introduit donc l'égalité professionnelle entre les femmes et les hommes au cœur du dialogue social.

10/08/2001

CONGÉ DE PATERNITÉ

Loi offrant la possibilité d'un congé de paternité de onze jours calendaires.

23/03/2006

ÉGALITÉ
SALARIALE

Loi relative à l'égalité salariale entre les femmes et les hommes. Elle stipule la suppression des écarts de rémunération entre femmes et hommes dans un délai de cinq ans, le renforcement des droits des femmes en congé de maternité et l'amélioration de l'accès des femmes à l'apprentissage.

08/03/2003

Femmes en marche

Marche des femmes contre les ghettos et pour l'égalité. Création du mouvement Ni putes ni soumises, qui dénonce les violences faites aux femmes.

1999   **2002**   **2005**

06/06/2000

REPRÉSENTATION POLITIQUE

Loi tendant à favoriser l'égal accès des femmes et des hommes aux mandats électoraux et fonctions électives.

04/03/2002

Filiation

Loi offrant aux parents la possibilité de transmettre à leur enfant soit le nom du père, soit le nom de la mère, soit les deux noms dans l'ordre désiré.

05/04/2006

VIOLENCES CONJUGALES
RENFORCEMENT DE LA LOI SUR LA PRÉVENTION ET LA RÉPRESSION DES VIOLENCES CONJUGALES

Le 14 mars 2007, le 3919 est mis en place : un numéro de téléphone national pour les victimes et témoins de violences conjugales.

Le 9 juillet 2010 est adoptée la loi relative aux violences faites aux femmes au sein des couples et aux incidences sur les enfants. La loi instaure notamment l'ordonnance de protection des victimes, et crée un délit de harcèlement moral au sein du couple.

08/03/2012

LE PACTE DE L'ÉGALITÉ

FAIRE PARTAGER UNE CULTURE COMMUNE DE L'ÉGALITÉ ENTRE LES FEMMES ET LES HOMMES

Le Laboratoire réunit tous les acteurs de l'égalité au sein d'une association. Un an plus tard, François Hollande signe le Pacte pour l'égalité aux côtés d'Olga Trostiansky, cofondatrice du Laboratoire de l'égalité.

27/01/2011

Grandes entreprises
LOI COPÉ-ZIMMERMANN

Loi relative à la représentation équilibrée des femmes et des hommes au sein des conseils d'administration et de surveillance.

2011 **2012** **2013**

09/11/2010

OBLIGATION
ÉGALITÉ PROFESSIONNELLE

Loi renforçant les obligations des entreprises et les sanctions associées pour garantir l'égalité de traitement entre les hommes et les femmes dans le travail, fixant notamment une pénalité à hauteur de 1 % de la masse salariale pour les entreprises ne négociant pas en matière d'égalité professionnelle.

21/06/2012

GOUVERNEMENT
Création d'un ministère des Droits des femmes de plein droit, mise en place d'un gouvernement paritaire et préparation de la loi sur l'égalité entre les femmes et les hommes.

12/09/2013

ÉTATS GÉNÉRAUX DE L'ÉGALITÉ
PARCE QUE L'ÉGALITÉ ENTRE LES FEMMES ET LES HOMMES EST PROFITABLE À TOUS

L'AUTRE FRONT

1914-1918

PENDANT LA GRANDE GUERRE, LES FEMMES REMPLACENT LES HOMMES AU SEIN DE L'INDUSTRIE D'ARMEMENT ET AILLEURS. OUVRIÈRES DANS LES FABRIQUES D'OBUS, CONDUCTRICES DE TRAMWAY, FACTRICES... MAIS À LEUR RETOUR, LES RESCAPÉS REPRENNENT LEUR PLACE, LES FEMMES SONT RENVOYÉES DANS LES FOYERS. AU SEIN DES FAMILLES, L'INCOMPRÉHENSION GRANDIT, NOMBRE DE DRAMES SE NOUENT. MAIS LA CONTRIBUTION MAJEURE DES FEMMES PENDANT LA GUERRE MARQUE À JAMAIS LES ESPRITS ET AUGURE LEUR FUTURE CONQUÊTE DE LA SPHÈRE PROFESSIONNELLE.

Quand éclate la guerre de 1914-1918, les femmes vivent encore sous l'autorité masculine. En France, le code Napoléon est toujours en vigueur. Certes, les suffragettes revendiquent le droit de vote; certes, Marie Curie est la première femme à avoir reçu, avec son époux, le prix Nobel de physique; certes, le travail des femmes est limité à dix heures par jour et elles bénéficient d'un congé de maternité de huit semaines non rémunéré; certes, les institutrices perçoivent le même salaire que les instituteurs. Mais il s'agit là d'autant d'exceptions. Dans l'avant-Grande Guerre, la place dévolue aux femmes est celle du foyer. « À l'homme, le bois et les métaux. À la femme, la famille et les tissus » : tout est dit dans cette tirade d'un délégué syndical.

Quand le conflit devient inéluctable, même les femmes les plus engagées pour la conquête des droits, les militantes pacifistes, mettent en sourdine leurs revendications et rallient l'Union sacrée. Marguerite Durand lance un appel dans le journal *La Fronde* : « Femmes, votre pays a besoin de vous, soyons dignes d'être Françaises. »

GARDIENNES DES CAMPAGNES

La guerre éclate le 2 août 1914. En deux semaines, près de 3 millions de Français quittent leur foyer. La France, pays alors encore majoritairement rural, est en pleine moisson. Le président du Conseil René Viviani demande aux paysannes de remplacer les 1,5 million de travailleurs qui viennent de quitter les fermes : « Debout, femmes françaises, jeunes enfants, filles et fils de la patrie. Remplacez sur le champ de travail ceux qui sont sur le champ de bataille. Préparez-vous à leur montrer, demain, la terre cultivée, les récoltes rentrées, les champs ensemencés ! Il n'y a pas, dans ces heures graves, de labeur infime. Tout est grand qui sert le pays. Debout ! À l'action ! À l'œuvre ! Il y aura demain de la gloire pour tout le monde. »

Les femmes deviennent les gardiennes des campagnes. En 1918, 60 % des agriculteurs seront au combat. Observées, épiées quant à leurs bonnes mœurs, les femmes s'attellent elles-mêmes à la charrue pour récolter les blés, les chevaux ayant aussi été réquisitionnés. Le travail est pénible. Du front, les hommes envoient des conseils par lettre, s'inquiètent du sort de leurs épouses : comment s'en sortent-elles ? Comment vivent-elles ? L'inquiétude se mêle à la peur et l'absence. « Sais-je mon amour si tu m'aimes encore… » écrit Apollinaire dans une lettre à Lou, le 11 mars 1915.

Les femmes travaillant dans les usines d'armement sont surnommées les «munitionnettes». À la fin de la guerre, elles sont plus de 400 000.

La séparation est complète et d'autant plus angoissante que, sur le champ de bataille, la guerre s'embourbe. Celle que les généraux imaginaient rapide va bientôt devenir totale. En septembre, quatre semaines après le début du conflit, la France a perdu ses départements du Nord et de l'Est, riches en ressources agricoles et en charbon. Dix mois plus tard, 3 millions d'hommes supplémentaires doivent rejoindre les tranchées.

ANGES BLANCS OU NOIRS

Dans les familles, chacun redoute désormais l'arrivée des gendarmes qui viennent par deux annoncer la mort d'un fils, d'un père, d'un mari. Dans les hôpitaux, les infirmières font figure d'anges blancs quand elles soulagent la douleur ou d'anges noirs quand elles prescrivent le retour dans les tranchées. Elles étaient une centaine en 1914; elles seront 30 000 en 1918 à s'être engagées pour porter secours aux soldats. En 1917, face aux besoins gigantesques, le ministère de la Guerre autorise l'accès des femmes volontaires de la Croix-Rouge au plus près des combats.

Pour vaincre, les militaires utilisent de nouvelles armes (obus, gaz…) qui déchiquettent les corps. Les blessures les plus fréquentes vont de l'arrachement d'un membre à la mutilation et l'aveuglement. La Grande Guerre est une boucherie. Les infirmières, souvent des jeunes femmes d'origine sociale élevée qui ont été éduquées selon les préceptes de la pudeur et de la crainte du corps masculin, découvrent pour la première fois des hommes inconnus, nus, souffrant en face d'elles. La guerre démolit les sté-

LA GUERRE DÉMOLIT LES STÉRÉOTYPES IDENTITAIRES.

❝

L'OUVRIÈRE, TOUJOURS DEBOUT, SAISIT L'OBUS, LE PORTE SUR L'APPAREIL [...]. CHAQUE OBUS PÈSE SEPT KILOS. EN TEMPS DE PRODUCTION NORMALE, 2 500 OBUS PASSENT EN ONZE HEURES ENTRE SES MAINS. COMME ELLE DOIT SOULEVER DEUX FOIS CHAQUE ENGIN, **ELLE SOUPÈSE EN UN JOUR 35 000 KG.**

❞

Avant le conflit, l'Allemagne était le principal fournisseur d'instruments d'optique des Alliés. Pendant la guerre, les femmes intègrent les usines pour pallier le manque.

réotypes identitaires. Les infirmières assistent à la souffrance de guerriers pleurant de douleur.

LES FEMMES À L'USINE

Dans les villes, le départ des soldats conduit de nombreuses familles à la misère. Contrairement à ce que l'on a pu croire, les femmes ne sont pas entrées sur le marché du travail avec la Grande Guerre. Déjà en 1906, elles représentaient 37 % de la population active. Mais, quand le conflit éclate, de nombreuses usines de l'habillement et de l'industrie du luxe ferment, leurs dirigeants étant réquisitionnés au front. Dans les premiers mois, le chômage des femmes augmente drastiquement. L'allocation versée par l'État pour soutenir le moral des soldats est trop faible. La situation sanitaire se détériore. Nombre de femmes sont à court d'argent pour survivre.

Dès lors que la guerre s'installe dans le temps, les Alliés se doivent de réorganiser l'économie pour remporter la victoire. Ils font appel aux étrangers et aux travailleurs des colonies pour remplacer les hommes dans les usines d'armement. Mais, dès 1915, cette main-d'œuvre ne suffit plus. Les femmes et les enfants sont appelés en renfort.

Au-delà des marraines de guerre, des infirmières et des associations caritatives qui mettent en place des ouvroirs pour confectionner des bandages pour les soldats, les femmes vont remplacer les hommes dans les usines d'armement et dans la fonction publique. La mobilisation des ouvrières débute fin 1915. Le Comité du travail féminin voit le jour en avril 1916. Il a pour but de recruter et d'acheminer des femmes de toute la France vers les industries de l'armement. Pour convaincre, les recruteurs n'hésitent pas à enjoliver le tableau et à publier des images de jeunes filles souriantes, vêtues à la mode, à la sortie des usines. Sans revenus financiers, les anciennes ouvrières au chômage se reconvertissent. Tandis que la dureté de la vie dans les campagnes et les travaux des champs incitent certaines paysannes esseulées à succomber au mythe du bonheur de la vie en usine.

En réalité, le travail à la chaîne dans l'industrie chimique et l'armement est pénible, de nombreuses femmes doivent quitter leur région pour s'installer dans des zones disséminées sur tout le territoire. Les machines n'ont pas été conçues pour elles, ni pour leur taille, ni pour leur force physique. Les cadences sont rapides et s'enchaînent dix heures durant, sept jours sur sept. Le seul avantage ? Le salaire de 6 à 8 francs par jour. C'est mieux que beaucoup d'autres, même si cela correspond à la moitié du salaire d'un homme. La journaliste Marcelle Capy, féministe et libertaire, relate, entre novembre 1917 et janvier 1918, dans *La Voix des femmes,* son expérience d'ouvrière engagée incognito dans une usine de guerre : « L'ouvrière, toujours debout, saisit l'obus, le porte sur l'appareil dont elle soulève la partie supérieure. L'engin en place, elle abaisse cette partie, vérifie les dimensions (c'est le but de l'opération), relève la cloche, prend l'obus et le dépose à gauche. Chaque obus pèse sept kilos. En temps de production normale, 2 500 obus passent en onze heures entre ses mains. Comme elle doit soulever ● ● ●

Trois femmes gardes-voies à la gare de Nord, à Paris. Cette photo est publiée en juin 1917 dans le quotidien L'Excelsior.

deux fois chaque engin, elle soupèse en un jour 35 000 kg. Au bout de trois quarts d'heure, je me suis avouée vaincue. J'ai vu ma compagne toute frêle, toute jeune, toute gentille dans son grand tablier noir, poursuivre sa besogne. Elle est à la cloche depuis un an. Neuf cent mille obus sont passés entre ses doigts. Elle a donc soulevé un fardeau de 7 millions de kilos. Arrivée fraîche et forte à l'usine, elle a perdu ses belles couleurs et n'est plus qu'une mince fillette épuisée. Je la regarde avec stupeur et ces mots résonnent dans ma tête : 35 000 kg. »

La contribution des femmes à la guerre est considérable. Alors qu'en août 1914 la France produit chaque jour 50 000 obus de tous calibres, en juillet 1918, la production quotidienne s'établit à 250 000. Au début de 1918, à l'apogée de la mobilisation féminine, les 400 000 « munitionnettes » ont fabriqué plus de 300 millions d'obus et 6 milliards de voitures.

Le maréchal Joffre résume d'un trait resté célèbre le rôle de ces munitionnettes dans l'effort de guerre : « Si les femmes qui travaillent dans les usines s'arrêtaient vingt minutes, les Alliés perdraient la guerre. »

UN BOULEVERSEMENT IRRÉVERSIBLE

L'autre front des femmes ne s'arrête pas aux usines. Les femmes conduisent les tramways, poinçonnent les tickets de métro, entretiennent les voies de chemin de fer. Douze mille institutrices enseignent sans distinction aux filles et aux garçons. Pour préparer à ces nouveaux métiers, des écoles jusqu'alors réservées à la gent masculine s'ouvrent au deuxième sexe. C'est le cas de l'École centrale.

L'AUTRE FRONT DES FEMMES NE S'ARRÊTE PAS AUX USINES.

Ce sont également des femmes qui se chargent du transport des barils, contenant ici de l'huile, pour les compagnies de chemin de fer.

Le bouleversement des codes de la société semble irréversible. À la fin de la guerre, en dix-huit mois, 5 millions de soldats reviennent des tranchées. Les hommes étant de retour, la société veut que les femmes rentrent au foyer. Car, comme le dit Paul Borely, «le plus beau rôle de la femme, c'est encore d'être mère».

Après quatre ans d'absence, l'incompréhension entre les survivants et les femmes est souvent dramatique. Les chiffres du divorce explosent. Au fil des mois, à l'arrière du front, les femmes ont découvert l'indépendance financière et leur utilité au sein du monde du travail.

Dans les campagnes, les hommes retrouvent plus facilement leur place, les modes d'exploitation n'ont pas changé; les couples travaillent en commun à l'exploitation des terres. Dans les usines, il n'en va pas de même : les usages et les techniques ont évolué, on doute de la capacité des hommes. Nombre de poilus revenus du front accusent les femmes d'avoir «profité» et d'avoir «fait la vie» pendant leur absence. Six cent trente mille veuves sont devenues chefs de famille. Le déséquilibre entre les sexes (1 103 femmes pour 1 000 hommes) se creuse; désormais, certaines femmes n'hésitent pas à vivre en célibataires, épousant un mode de vie jusqu'alors masculin.

Cette nouvelle image de la femme va rencontrer toutes les peines du monde à s'imposer dans la société d'après-guerre. En 1922, quand Victor Margueritte publie son roman *La Garçonne*, qui relate les aventures d'une jeune bourgeoise affranchie, il est radié de l'ordre de la Légion d'honneur

Par deux fois, en 1922 et 1932, les sénateurs français, contrairement aux Anglais, vont rejeter le droit de vote des femmes. Ce n'est que partie remise. La déflagration qu'a produite la Grande Guerre sur les femmes et les hommes va se faire ressentir tout au long du XXe siècle. Il y a un avant et un après 1914-1918. La guerre aura bel et bien été totale. ●

LE DROIT DE VOTE DES FEMMES

21 AVRIL 1944

IL Y A SOIXANTE-DIX ANS, SOUS L'IMPULSION DU GÉNÉRAL DE GAULLE ET
DU DÉLÉGUÉ COMMUNISTE FERNAND GRENIER, LES FEMMES OBTIENNENT POUR
LA PREMIÈRE FOIS LE DROIT DE VOTE EN FRANCE. IL AURA FALLU UN SIÈCLE
POUR QUE LE SUFFRAGE UNIVERSEL DEVIENNE VRAIMENT UNIVERSEL.

HUBERTINE AUCLERT
LE SUFFRAGE DES FEMMES

PREMIÈRE SUFFRAGISTE FRANÇAISE, HUBERTINE AUCLERT MARQUE SON ÉPOQUE PAR SES POSITIONS PIONNIÈRES ET SES MÉTHODES RADICALES.

Hubertine Auclert […] est née le 10 avril 1848 […]. En 1870, la proclamation de la République l'enthousiasme […], elle va à Paris pour défendre « la liberté de son sexe ». En 1876, elle crée un groupe féministe, le Droit des femmes, qui devient le Suffrage des femmes en 1883. Voilà qui met en évidence la priorité de son féminisme : le vote sera la clé de voûte de tous les autres droits, pense-t-elle. […] Mais elle peine à convaincre les féministes, plus modérées […]. En 1881, elle crée son propre journal, *La Citoyenne,* qui diffuse ses conceptions féministes et ses audacieuses propositions, telles que la grève de l'impôt (« Qui ne vote pas ne paie pas »). Isolée, cherchant partout des tribunes, Hubertine Auclert publie pendant quelques mois de 1894 dans *La Libre Parole* de l'antisémite Édouard Drumont. Elle doit attendre le début du xxᵉ siècle pour sentir bouger le mouvement féministe sur la question des droits politiques. Alors que l'Union française pour le suffrage des femmes se forme, Hubertine Auclert demeure une adepte des méthodes radicales et médiatiques, brisant une urne à l'occasion des élections municipales de 1910. Elle reste une militante active jusqu'à sa mort, à Paris, le 4 août 1914.

EXTRAIT

« Les femmes destituées de leurs droits ne sont pas des mendiantes ; elles sont des créanciers qui ont déjà fait trop longtemps crédit aux hommes, elles doivent, dans l'intérêt privé et public, entrer au plus tôt en possession de leur part d'action, de leur part de souveraineté.

Nous engageons donc ceux qui sont dans la voie platonique des revendications civiles à ne pas dépenser inutilement tant d'efforts, à abandonner leurs rêves pour nous suivre sur le terrain positif des droits politiques, clé de voûte de tous les autres droits pour la femme.

« LES FEMMES DOIVENT CONQUÉRIR LE POUVOIR POLITIQUE. »

Car on ne peut exiger de la nature humaine plus de perfection qu'elle n'en comporte ; pendant que les hommes seront seuls détenteurs du pouvoir, ils l'exerceront à leur profit ; pendant que les hommes feront seuls les lois, ils les feront pour eux contre nous.

Une Chambre d'hommes, dont les trois quarts des membres se sont exhaussés par le mariage, ne réformera jamais la loi qui enjoint aux maris d'empocher, comme de vulgaires Alphonses, la dot ou le salaire de leur femme. Une Chambre d'hommes voterait-elle le divorce dans sa mesure la plus large que la femme serait encore frustrée, attendu que l'homme à la fois juge et partie resterait seul maître d'appliquer le divorce.

Les femmes qui désirent les droits civils, celles qui veulent le divorce sur des bases égalitaires, la réforme des lois sur le mariage, l'instruction intégrale, l'admission des femmes aux emplois rémunérateurs, doivent plus que personne se liguer pour faire la conquête du pouvoir politique, puisque ce pouvoir leur donnera le droit de confectionner les lois qu'elles souhaitent.

Tous ceux qui ne veulent pas conserver pour les femmes le *statu quo* doivent adhérer à la Société nationale du suffrage des femmes, et il ne suffit pas d'adhérer soi-même, il faut obtenir l'adhésion des parents, des amis ; il faut attirer par son prosélytisme les hameaux, les communes, les villes.

Cette société, qui compte parmi ses membres honoraires Mme Edmond Adam, l'éminente directrice de *La Nouvelle Revue,* dans le salon de laquelle les patriotes libéraux se sont, aux heures graves, si souvent concertés dans l'intérêt de la France et de la République, et dans son comité d'initiative des conseillers municipaux de Paris, des députés de Paris et de la province, provoquera, en éclairant les masses sur leurs intérêts, leurs droits et leurs devoirs, un grand mouvement d'opinion d'où sortira la libération de la femme. »

© Extraits des *Insoumises, la révolution féministe,* Christine Bard, Le Monde, janvier 2013, et du « Suffrage des femmes », *La Citoyenne,* 5 février-4 mars 1883

SUR LA VOIE D'UN VRAI SUFFRAGE UNIVERSEL

LA ROUTE VERS L'ACCÈS DES FEMMES AUX URNES EST LONGUE ET DIFFICILE. C'EST FINALEMENT LEUR RÔLE PENDANT LA SECONDE GUERRE MONDIALE QUI A RAISON DES DERNIÈRES RÉTICENCES.

Entre le suffrage universel accordé pour la première fois aux hommes en 1848 et le droit de vote des femmes, en 1944, il a fallu près d'un siècle pour qu'en France une citoyenne devienne l'égale d'un citoyen. Avant cela, 25 pays, dont la Nouvelle-Zélande (dès 1893), l'Australie, la Finlande, la Norvège, le Danemark, l'Islande, mais aussi les États-Unis (en 1788, les femmes obtiennent le droit d'être candidates, en 1920, celui de voter), la Grande-Bretagne, l'Allemagne, l'Espagne, l'Ouzbékistan, le Panama, le Myanmar et la Turquie, ont accordé le droit de vote aux femmes. Longtemps, les politiques français ont rechigné à reconnaître cette possibilité pour des raisons misogynes, préférant cantonner les femmes au rôle d'épouses et de mères, mais aussi par crainte d'une trop grande influence de l'Église auprès des esprits féminins. La conquête du suffrage des femmes a nécessité des années de combat.

UN LONG CHEMINEMENT

Sous l'Ancien Régime, seules les veuves dotées d'un fief et les abbesses peuvent exprimer leur voix aux États généraux. La pensée des Lumières chemine vers le principe de «liberté, égalité, fraternité». Pourtant, les femmes n'y sont pas encore associées. Dans le *Journal de la société de 1789,* Condorcet affirme toutefois qu'«il faudrait prouver que les droits naturels des femmes ne sont pas absolument

"LA FEMME RÉCLAME L'ÉLECTION ET LE VOTE, EN FAIT."

les mêmes que ceux des hommes ou montrer qu'elles ne sont pas capables de les exercer, ce qui est insoutenable», pour refuser «l'admission des femmes au droit de cité».

En septembre 1793, dans la Déclaration des droits de la femme et de la citoyenne, Olympe de Gouges appelle les mères, les filles, les sœurs, toutes représentantes de la nation, à se constituer en assemblée nationale et à se faire respecter de tous les partis. «Femmes, quand cesserez-vous d'être aveugles? Quels sont les avantages que vous avez recueillis dans la Révolution? […] Craignez-vous que nos législateurs français, correcteurs de cette morale longtemps accrochée aux branches de la politique, mais qui n'est plus de saison, ne vous répètent: "Femmes, qu'y a-t-il de commun entre vous et nous?" La femme a le droit de monter à l'échafaud, elle doit avoir aussi le droit de monter à la tribune.»

En 1848, alors que les hommes obtiennent le suffrage dit «universel», Eugénie Niboyet crée le journal *La Voix des femmes* et écrit: «Quand le moins intelligent des citoyens a le droit de vote, la plus intelligente des citoyennes est encore privée de ce droit. […] À son tour et pour être apte à comprendre ses devoirs, la femme réclame par de nouvelles lois la prise de possession de ses droits politiques, l'élection et le vote, en fait.» L'année suivante, lorsque Jeanne Deroin se présente aux élections législatives, la presse tourne sa candidature en dérision.

En 1868, elles sont une vingtaine à signer un manifeste dans *L'Opinion nationale* pour réclamer le droit de vote. En cette fin de xixᵉ siècle, Hubertine

Centre de propagande pour le vote des femmes, en 1936, dirigé par Louise Weiss (assise à droite), leader des associations féministes françaises.

Auclert, Maria Martin et Marguerite Durand, trois militantes convaincues, relaient les revendications féministes en lançant les journaux *La Citoyenne*, *Le Journal des femmes* et *La Fronde*.

LES PREMIERS PAS LÉGISLATIFS

En 1901, la première proposition de loi accordant le droit de vote aux femmes, présentée par le député Jean-Fernand Gautret, est rejetée. En 1907, la loi reconnaît à la femme mariée la libre disposition de son salaire et les femmes obtiennent le droit de voter et d'être éligibles aux conseils des prud'hommes. C'est un premier pas vers les urnes.

En 1909, la toute nouvelle Union française pour le suffrage des femmes (UFSF) joue la carte modérée et revendique le droit de vote aux élections municipales. En avril 1914, lors du premier plébiscite, or-ganisé par les suffragistes, plus de 500 000 Françaises réclament le droit de vote. Mais à l'approche de la Première Guerre mondiale, en juillet, elles ne sont que 6 000 à descendre dans la rue.

Il faut attendre l'après-guerre, en 1922, pour que la Chambre des députés défende une proposition de loi sur le vote des femmes ; le Sénat s'y oppose par 156 voix contre 134 et refuse d'examiner les articles. En 1925, la législation fait une petite avancée. Par 389 voix contre 140, une proposition de loi adoptée par les députés instaure le vote des femmes lors des élections municipales et cantonales.

Quand Louise Weiss s'engage dans le combat féministe, elle le fait avec la conviction que les femmes sont en mesure de s'opposer à un prochain conflit entre l'Allemagne et la France. Elle fonde en 1934 La Femme nouvelle, association pour l'égalité des droits civiques, et multiplie pendant deux ans les actions spectaculaires. Lâcher de ballons rouges lestés de tracts lors de la finale de la Coupe de France de football, distribution de myosotis aux

● ● ●

députés (la fleur signifie symboliquement «ne m'oubliez pas»)… Le 2 juin 1936, les militantes vont jusqu'à offrir des chaussettes aux sénateurs sous une banderole qui indique : «Même si vous nous donnez le droit de vote, vos chaussettes seront raccommodées.» Rien n'y fait. Léon Blum tente d'amadouer Louise Weiss en lui offrant un poste ministériel, celle-ci lui répond sans ménagement : «J'ai lutté pour être élue, pas pour être nommée.» Redoutant l'influence cléricale sur le vote des femmes, le président du Conseil réussit toutefois à convaincre trois femmes d'entrer au gouvernement en tant que sous-secrétaires d'État : Cécile Brunschvicg, présidente de l'UFSF, à l'Éducation nationale, Suzanne Lacore à la Santé publique et Irène Joliot-Curie à la Recherche scientifique.

Le 30 juillet 1936, par 495 voix contre 0, la Chambre des députés se prononce pour la sixième et dernière fois pour le vote des femmes, le gouvernement s'abstient. Le Sénat n'inscrira jamais ce texte à son ordre du jour.

L'ORDONNANCE DU 21 AVRIL 1944

L'entrée dans la Seconde Guerre mondiale renvoie la question à plus tard. Sous le régime de Vichy, les femmes sont priées de s'en tenir à leur rôle au foyer. «Si chacun balayait devant sa porte, explique un responsable du gouvernement, la rue serait vite propre. Appliquons cela à la société et disons : "Si chaque femme soignait, purifiait, refaisait sa maison, comme la patrie deviendrait belle !"»

La Résistance a au contraire parfaitement conscience de l'implication des femmes dans le combat contre l'occupant. Elles aussi prennent des risques fous pour libérer la France du nazisme. Sous l'impulsion de De Gaulle, dès 1942, le mouvement prend fait et cause pour que les femmes accèdent au même titre que les hommes au suffrage universel. Le 23 juin, le Général affirme ainsi dans les journaux clandestins : «Une fois l'ennemi chassé du territoire, tous les hommes et toutes les femmes de chez nous éliront l'Assemblée nationale qui décidera souverainement des destinées du pays.»

En janvier 1944, installée à Alger, l'assemblée consultative entame les débats sur la future organisation des pouvoirs publics et soulève la question du vote des femmes. Le délégué communiste Fernand Grenier, se référant aux déclarations du général de

LE 24 MARS 1944, FERNAND GRENIER FAIT VOTER L'AMENDEMENT QUI STIPULE : "LES FEMMES SERONT ÉLECTRICES ET ÉLIGIBLES DANS LES MÊMES CONDITIONS QUE LES HOMMES."

Gaulle, souhaite que l'assemblée s'engage pour ce droit. Il déclare : «La femme de France doit avoir le droit et le devoir de s'occuper de la chose publique. Il serait même de mon désir que l'assemblée affirmât que la femme française est électrice et éligible, afin que nous lui manifestions notre solidarité et notre volonté de ne plus la traiter en mineure et en inférieure.» Les discussions sont houleuses ; les radicaux font valoir l'impossibilité d'organiser l'inscription sur les listes électorales, les risques du déséquilibre électoral du vote des femmes avant le retour des soldats et des déportés.

Le 24 mars, malgré les tensions, Fernand Grenier fait voter l'amendement qui stipule : «Les femmes seront électrices et éligibles dans les mêmes conditions que les hommes.» L'ordonnance du 21 avril 1944 instaure officiellement le suffrage universel des femmes par le gouvernement provisoire du général de Gaulle. Les Françaises votent pour la première fois le 29 avril 1945, aux élections municipales, et le 21 octobre 1945, aux législatives, leur premier scrutin national.

Le 27 octobre 1946, le préambule de la Constitution inscrit dans les principes fondamentaux de la République la mention suivante : «La loi garantit à la femme, dans tous les domaines, des droits égaux à ceux de l'homme.»

planning familial
QUILIBRE DU COUPLE · MATERNITÉ HEUREUSE

UN COMBAT PERMANENT

ANNÉES 1970

DANS LE SILLAGE DE MAI 68, LES FEMMES DESCENDENT DANS LA RUE POUR BOUSCULER LA SOCIÉTÉ ET FAIRE VALOIR LEURS DROITS. SIMONE DE BEAUVOIR, MARIE-ANDRÉE LAGROUA WEILL-HALLÉ, LUCIEN NEUWIRTH, GISÈLE HALIMI, SIMONE VEIL ET FRANÇOISE GIROUD FIGURENT PARMI LES PIONNIERS ET PIONNIÈRES QUI VONT FAIRE CHANGER LES MENTALITÉS ET IMPOSER LES AVANCÉES MAJEURES DES DROITS DES FEMMES.

SIMONE DE BEAUVOIR

SIMONE DE BEAUVOIR
LE DEUXIÈME SEXE

CELLE QUE JEAN-PAUL SARTRE SURNOMMAIT « LE CASTOR » RESTE L'ICÔNE ABSOLUE DE LA LIBÉRATION DES FEMMES.

Simone de Beauvoir se vit d'abord comme une femme qui écrit, dont « toute l'existence est commandée par l'écriture » (*La Force des choses*, 1963). *L'Invitée*, en 1943, la fait entrer dans le monde des lettres. Le prix Goncourt récompense en 1954 *Les Mandarins*. […] Le premier volume de ses Mémoires – de sa naissance, le 9 janvier 1908, à Paris, jusqu'en 1929 – est un texte féministe à sa manière, le récit d'une émancipation, qui rend pensable l'œuvre marquante de Beauvoir : un essai, *Le Deuxième Sexe*, publié en 1949. Avec une grille de lecture sociologique et féministe implicite, elle éclaire en quelque sorte la psychogenèse de ses désirs de liberté, décrivant les frustrations de sa mère, catholique très pieuse, et de son père, homme ruiné, mélancolique mais charmeur et amateur de littérature et de théâtre. L'observation des conflits au sein du couple parental et l'absence de dot l'aident à prendre son envol. Elle refuse la perspective du mariage et se projette indépendante économiquement, assouvissant ses légitimes ambitions de très bonne élève. « Quatre ou cinq ans d'études, et puis toute une existence que je façonnerais de mes mains. Ma vie serait une belle histoire qui deviendrait vraie au fur et à mesure que je me

la raconterais » (*Mémoires d'une jeune fille rangée*, p. 234). Cette histoire est largement connue. Beauvoir est devenue une icône mondiale du féminisme. Son statut d'intellectuelle – de philosophe, tout particulièrement – y est pour beaucoup ; de même que l'audace dont elle fait preuve dans *Le Deuxième Sexe,* en abordant des sujets alors tabous comme l'avortement ou l'homosexualité féminine, mais aussi en défendant un point de vue antinaturaliste qui heurte les conceptions dominantes de la féminité.

C'est la phrase fameuse « On ne naît pas femme, on le devient. » En 1949, le livre provoque un énorme scandale. Cette pensée très hétérodoxe donnera à beaucoup de féministes des années 1970 une base théorique. Elle aura aussi de farouches adversaires, hostiles à sa vision très négative de la maternité. Beauvoir féministe, c'est aussi la femme âgée, mais toujours engagée, rajeunie par sa fréquentation des « filles » du MLF, signant le Manifeste des 343, préfaçant, manifestant dans la rue, intervenant à la télévision, soutenant des associations, des revues… Aussi sa mort est-elle un événement féministe, des foules se pressant au cimetière du Montparnasse. « Femmes, vous lui devez tout », titre *Le Nouvel Observateur,* sur un article d'Élisabeth Badinter.

© Extrait des *Insoumises, la révolution féministe*, Christine Bard, Collection Les Rebelles, Le Monde, janvier 2013.

1949
La publication du *Deuxième Sexe* marque d'une pierre blanche l'histoire des femmes. « On ne naît pas femme, on le devient » figure désormais comme l'une des phrases les plus emblématiques de la littérature féminine.

1958
Simone de Beauvoir publie *Mémoires d'une jeune fille rangée*, le premier volume de son autobiographie.

1971
Engagée pour la cause des femmes, elle rédige l'appel des 343 et fonde avec Gisèle Halimi l'association Choisir, qui milite pour le droit à l'avortement.

SIMONE DE BEAUVOIR

MÉMOIRES D'UNE JEUNE FILLE RANGÉE

EXTRAIT

CE TEXTE APPARTIENT AU PREMIER OPUS DE SES MÉMOIRES, PARUES EN QUATRE TOMES.

Quel dommage que Simone ne soit pas un garçon : elle aurait fait Polytechnique ! » J'avais souvent entendu mes parents exalter ce regret. Un polytechnicien, à leurs yeux, c'était quelqu'un. Mais mon sexe leur interdisait de si hautes ambitions et mon père me destina prudemment à l'administration : cependant il détestait les fonctionnaires, ces budgétivores, et c'est avec ressentiment qu'il me disait : « Toi au moins, tu auras une retraite ! » J'aggravai mon cas en optant pour le professorat ; pratiquement, il approuvait mon choix, mais il était loin d'y adhérer du fond du cœur. Il tenait tous les professeurs pour des cuistres. Il avait eu comme condisciple à Stanislas Marcel Bouteron, grand spécialiste de Balzac ; il en parlait avec commisération : il trouvait dérisoire que l'on consumât sa vie dans les poussiéreux travaux d'érudition. Il nourrissait contre les professeurs de plus sérieux griefs ; ils appartenaient à la dangereuse secte qui avait soutenu Dreyfus : les intellectuels. Grisés par leur savoir livresque, butés dans leur orgueil abstrait et dans leurs vaines prétentions à l'universalisme, ceux-ci sacrifiaient les réalités concrètes – pays, race, caste, famille, patrie – aux billevesées dont la France et la civilisation étaient en train de mourir : les droits de l'homme, le pacifisme, l'internationalisme, le socialisme. Si je partageais leur condition, n'allais-je pas adopter leurs idées ? Mon père fut perspicace : tout de suite je lui devins suspecte. Plus tard, je m'étonnai qu'au lieu d'aiguiller prudemment ma sœur dans la même voie que moi il préférât pour elle les aléas d'une carrière artistique : il ne supporta pas de jeter ses deux filles dans le camp ennemi.

Demain j'allais trahir ma classe et déjà je reniais mon sexe ; cela non plus, mon père ne s'y résignait pas : il avait le culte de la jeune fille, la vraie. Ma cousine Jeanne incarnait cet idéal ; elle croyait encore que les enfants naissaient dans les choux. Mon père avait tenté de préserver mon ignorance ; il disait autrefois que lorsque j'aurais dix-huit ans il m'interdirait encore les *Contes* de François Coppée ; maintenant, il acceptait que je lise n'importe quoi : mais il ne voyait pas beaucoup de distance entre une fille avertie, et la Garçonne dont, dans un livre infâme, Victor Margueritte venait de tracer le portrait. Si du moins j'avais sauvé les apparences ! Il aurait pu s'accommoder d'une fille exceptionnelle à condition qu'elle évitât soigneusement d'être insolite : je n'y réussis pas. J'étais sortie de l'âge ingrat, je me regardais de nouveau dans les glaces avec faveur ; mais en société, je faisais piètre figure. Mes amies, et Zaza elle-même, jouaient avec aisance leur rôle mondain ; elles paraissaient au « jour » de leur mère, servaient le thé, souriaient, disaient aimablement des riens ; moi je souriais mal, je ne savais pas faire du charme, de l'esprit ni même des concessions.

> "DEMAIN J'ALLAIS TRAHIR MA CLASSE ET DÉJÀ JE RENIAIS MON SEXE ; CELA NON PLUS, MON PÈRE NE S'Y RÉSIGNAIT PAS : IL AVAIT LE CULTE DE LA JEUNE FILLE, LA VRAIE."

© Éditions Gallimard, 1958.

MARIE-ANDRÉE LAGROUA WEILL-HALLÉ

MARIE-ANDRÉE LAGROUA WEILL-HALLÉ
LA MATERNITÉ HEUREUSE

LE 8 MARS 1956, CETTE DOCTERESSE INITIE L'ASSOCIATION QUI DONNERA NAISSANCE AU PLANNING FAMILIAL.

Née en 1916 en Gironde, Marie-Andrée Lagroua effectue ses études à la faculté de médecine de Paris. Elle milite à la Jeunesse étudiante chrétienne (JEC). En 1941, elle obtient le diplôme de gynécologue, profession encore très masculine. En 1944, elle épouse Benjamin Weill-Hallé (1875-1958), son directeur de thèse, membre de l'Académie de médecine, célèbre pour avoir réalisé la première vaccination BCG sur un enfant tuberculeux. En 1947, accompagnant son mari qui fait une conférence à New York, elle visite la clinique de la Fédération américaine de parenté planifiée, créée illégalement par Margaret Sanger en 1916 et qui a gagné en respectabilité. D'abord choquée par la démarche des militants américains du *birth control*, elle prend conscience de la demande des femmes lorsqu'elle ouvre son cabinet. Elle écrit en 1953 un article intitulé « Le contrôle des naissances et la loi française de 1920 » dans *La Semaine médicale*.
Le 8 mars 1956, avec Évelyne Sullerot, elle fonde le Planning familial, prudemment nommé dans un premier temps « la Maternité heureuse ».

1947

Lors d'un voyage aux États-Unis avec son époux, Marie-Andrée Lagroua Weill-Hallé visite la clinique du *birth control* de la Fédération américaine de parenté planifiée.

8 mars 1956

Elle fonde la Maternité heureuse avec Évelyne Sullerot et le docteur Pierre Simon pour prévenir les drames de l'avortement et promouvoir la contraception.

1960

L'association prend officiellement le nom de « Mouvement français pour le planning familial » (MFPF).

Toutes deux sont mères de famille nombreuse. L'une est catholique, l'autre protestante. Elles ne sont pas révolutionnaires. Elles ne se reconnaissent pas non plus dans l'étiquette féministe, d'ailleurs en voie de disparition à l'époque où elles se décident à agir. Marie-Andrée Lagroua Weill-Hallé est pourtant une rebelle à sa manière et l'explique dans l'introduction de son ouvrage *La Grand'peur d'aimer : Journal d'une femme médecin*, où elle expose les étapes de sa prise de conscience. Ce journal correspond à une période intense de publications pour sensibiliser le public français à la question de la contraception : *L'Enfant accident* (1960) ; *Contraception orale ou locale, expérience française sur 2 011 femmes, 1958-1961* (1961) ; *La Contraception et les Français, évaluation de leur possibilité d'adaptation d'après une expérimentation de dix ans, étude de 7 600 couples, 1956-1966* (1967). Lorsque Marie-Andrée Lagroua Weill-Hallé démissionne de la présidence de l'association en 1967, le Planning familial compte 100 000 membres. Il a, selon elle, atteint son but : la loi Neuwirth qui vient d'être adoptée autorise la contraception. Elle ne participera pas aux combats ultérieurs pour la liberté de l'avortement, qu'elle réprouve. Elle meurt en 1994.

© Extrait des *Insoumises, la révolution féministe*, Christine Bard, Collection Les Rebelles, Le Monde, janvier 2013.

MARIE-ANDRÉE LAGROUA WEILL-HALLÉ

LA GRAND' PEUR D'AIMER

JOURNAL D'UNE FEMME MÉDECIN

CE LIVRE TÉMOIGNE DES DIFFICULTÉS DES FEMMES FACE À LA GROSSESSE AU DÉBUT DES ANNÉES 1960.

D ans le service de « Chirurgie », où je fais mon premier stage, où j'apprends l'art de la médecine, que je croyais sacré, je découvre l'injustice et l'hypocrisie patronnées par la « Morale ». Passant près de la salle d'opérations, j'entends des cris et des gémissements. J'entre et je vois une femme attachée sur la table. Une jeune externe, pour qui cela doit être aussi un souvenir, est en train de la cureter maladroitement, surveillée par un interne qui la laisse patauger et prend, de temps en temps, la curette en main. La femme, les yeux exorbités, se tord de douleur. La « panseuse » m'explique que la patiente n'est pas anesthésiée pour que « cela lui ôte l'envie de recommencer ».

Un externe, aujourd'hui excellent cardiologue, auquel je fais part de mon indignation, rit en m'assurant que « c'est la seule manière de les corriger ».

Survient l'interne, maintenant accoucheur renommé. Témoin de mon désarroi et plein de sa jeune autorité, il m'assure que ma pitié est bien mal placée, qu'une femme qui se fait avorter commet un crime non seulement légal mais moral, comme si elle tuait un enfant, qu'un tel refus de la maternité est monstrueux et que, lorsque les femmes en arrivent là, seule la peur de la souffrance peut les faire reculer une autre fois.

La femme est revenue dans la salle commune. Elle repose sur un brancard, un de ceux où s'entassent, le samedi soir, les fausses couches qui ont mal tourné, avec leurs conséquences : hémorragies, péritonites et le reste ; un de ces brancards essentiellement réservés à ce que l'on considère comme la plaie d'un service de chirurgie, et qui souffrent de la réprobation générale.

Personne ne s'occupe de la malade ramenée depuis quelques minutes de la salle d'opérations. Ruisselante de sueur, elle est secouée de gros sanglots qu'elle étouffe en mordant son oreiller. Je suis bouleversée. Instinctivement, comme pour un enfant qui a un gros chagrin, et même s'il a tort, je prends sa tête presque de force contre moi. Je lui caresse les cheveux, doucement, sans parler, et quand, au bout d'un long moment, je la sens enfin calmée, je m'éloigne silencieusement sous l'œil réprobateur de la surveillante.

C'est ainsi que, pour la première fois de ma vie, je suis scandalisée au nom des principes immuables de la Morale.

Mais ce n'est que plus tard que j'ai réalisé complètement l'ampleur de ce scandale. […]

L'avortement est bien cette chose tabou qui fait que les femmes attendent toujours la dernière extrémité pour se faire hospitaliser et à laquelle les médecins n'osent se mêler qu'en dernier ressort et quand ils ne peuvent faire autrement.

Mais ce sentiment de culpabilité dépasse de beaucoup le cadre de l'avortement et s'étend à toute la vie amoureuse des couples. […]

Je me suis trompée de porte.

En 1955, un fait divers, relaté dans les journaux, attire mon attention : une jeune femme de vingt-trois ans, bonne mère au départ, handicapée par une infirmité, est condamnée à de la prison pour avoir laissé mourir son quatrième enfant, faute de soins, alors qu'elle était enceinte du cinquième.

Elle a d'ailleurs failli laisser mourir de faim le troisième enfant étant enceinte du quatrième. Seule l'intervention des beaux-parents a sauvé l'enfant.

La femme ne retombe pas moins enceinte aussitôt après avoir mis au monde le quatrième et, le mouvement s'accentuant, elle laisse bel et bien mourir de faim ce dernier enfant.

C'est ce drame familial que je présente, en mars 1955, à l'Académie des sciences morales, en insistant sur l'intérêt qu'il y aurait en France à promouvoir la maternité volontaire pour lutter contre des malheurs de cet ordre et aussi contre cet autre drame humain, ce fléau national, qu'est l'avortement provoqué.

LUCIEN NEUWIRTH

LUCIEN NEUWIRTH
LE PROMOTEUR
DE LA PILULE EN FRANCE

PENDANT DES ANNÉES, CET HOMME S'EST BATTU POUR QUE LES FEMMES ACCÈDENT LIBREMENT À LA CONTRACEPTION.

Celui que l'on surnommait le «père de la pilule» en France a toujours été un homme engagé. Né le 18 mai 1924, à Saint-Étienne, il a 16 ans lorsqu'il entend l'appel du 18 juin 1940 et décide d'entrer en résistance pour finalement rejoindre le général de Gaulle, à Londres, à l'âge de 17 ans. Membre du RPF à la Libération, conseiller municipal de Saint-Étienne, puis adjoint au maire, c'est en 1957 qu'il découvre la Maternité heureuse, qui préfigure le Planning familial en France. Face au handicap que représentent les grossesses non désirées, particulièrement pour les familles les plus défavorisées, il va prendre à bras-le-corps le droit des femmes à avoir accès à la contraception, en tant que chargé des affaires sociales de sa mairie. Son engagement va lui valoir nombre d'inimitiés et de remarques acerbes dans son propre camp politique. Invité le 19 avril 1967 à l'émission télévisée de Pierre Dumayet pour son livre *Dossier de la pilule,* celui qui est alors député de la Loire explique aux téléspectateurs sa proposition de loi relative à la régulation des naissances, à l'autorisation et à la libéralisation de la contraception. Nous sommes dans les années avant Mai 68, la France conservatrice est au pouvoir, elle ne goûte guère les prises de position libérales de cet homme politique. Yvonne de Gaulle est l'une de ses principales opposantes, alors même que le Général soutient et encourage son action. Sur les bancs du Sénat, certains qualifient Lucien Neuwirth de «malfaiteur public.» Il dira : «Au Parlement, j'ai tout entendu.»

La loi est cependant votée, grâce à l'appui réel et personnel de De Gaulle sur ce dossier. Mais, son application dans les faits va prendre des années. Les décrets d'application ne paraissant qu'entre 1969 et 1972. Militant par la suite pour une meilleure prise en charge de la douleur par le corps médical (loi de 1994), et la promotion des soins palliatifs en France (loi de 1999), Lucien Neuwirth a été sénateur RPR de 1983 à 2001, date à laquelle il se retire de la vie politique. À sa disparition, le 26 novembre 2013, l'ensemble de la classe politique a salué en lui «un acteur déterminant de l'évolution de la société française». Pour le président de la République, François Hollande, il «aura su s'affranchir de tous les conservatismes pour ouvrir un nouveau temps de l'émancipation des femmes».

18 juin 1940
Lucien Neuwirth entend l'appel du général de Gaulle. Il a 16 ans. Il décide de s'engager dans la Résistance et rejoint Londres.

1957
Il découvre le mouvement de la Maternité heureuse.

28 décembre 1967
Promulgation de la loi autorisant les contraceptifs en France.

LUCIEN NEUWIRTH
LA BATAILLE DE LA CONTRACEPTION

EXTRAIT DE L'ENTRETIEN RÉALISÉ PAR JACQUELINE LAUFER ET CHANTAL ROGERAT*

CATHOLIQUE, IL EXPLIQUE POURQUOI ET COMMENT IL S'EST ENGAGÉ DANS CE COMBAT.

J'ai la chance d'avoir eu des parents exceptionnels, surtout une mère, j'ai été élevé par ma mère et ma marraine, c'était deux femmes exceptionnelles. D'ailleurs, j'avais pris l'habitude depuis que j'étais petit, le jour de mon anniversaire, d'apporter des fleurs à ma mère, parce que je considérais qu'elle m'avait mis au monde et que c'était sa fête à elle aussi. Pour moi, c'était symbolique, dans la lignée de la Maternité heureuse, avoir un enfant quand on voulait, quand on pouvait surtout, c'était une chance de donner naissance à un enfant heureux et c'était l'objectif de ma loi : avoir des enfants quand on voulait les avoir. J'avais connu Mme Lagroua Weill-Hallé [la fondatrice de la Maternité heureuse devenue le Planning familial, NDLR], j'avais cela en tête depuis longtemps. J'étais dans les Forces françaises libres à 17 ans, j'ai traversé l'Espagne, je suis allé à Gibraltar, puis en Angleterre. Mais en Angleterre, quand je suis arrivé, c'était les balbutiements de la contraception. Les femmes avaient à l'époque la Gynomine, des comprimés effervescents. J'avais 17 ans, c'est l'âge des premiers émois, mes camarades qui étaient mariés et avaient des enfants ne décoléraient pas, ils disaient : « Mais enfin c'est formidable pourquoi on n'a pas ça en France ? » Ensuite, je suis allé travailler aux États-Unis tout de suite après la guerre, j'ai découvert la contraception. Je suis rentré en France en 1947, donc assez tôt. Là, j'ai été élu adjoint au maire de Saint-Étienne, le plus jeune de France, j'avais 23 ans. Le maire de l'époque était un ancien déporté, M. de Fraissinette, il m'avait confié ce qu'on appellerait aujourd'hui les affaires sociales. Je m'occupais de l'assistance judiciaire. J'assistais auprès des huissiers à ce qu'on appelle la commission des divorces, des gens à qui on donnait l'assistance judiciaire (la ville y participait). J'ai vite découvert que l'enfant non désiré était l'une des causes de séparation, ou de divorce. Je me souviens surtout, pourtant il y a déjà plus de cinquante ans, d'un jour où une femme m'a dit : « Vous comprenez, moi j'en ai

assez, chaque fois que mon mari rentre saoul, il me fait un gosse. » Ça m'avait frappé. Comme j'étais aussi vice-président des HLM, on a construit à Saint-Étienne le premier groupe industrialisé, ce qu'on appelle « industrialisé », de HLM. J'ai reçu la visite un jour d'une femme enceinte, qui me dit : « Oui, monsieur l'adjoint, je viens vous voir parce que j'ai deux petits, et vous voyez je vais avoir le troisième et je vis dans deux pièces, alors il me faut un appartement. » Moi, spontanément je lui ai répondu : « Vous auriez mieux fait de demander d'abord l'appartement avant de commander le troisième. » « Ah ben vous êtes bien malin, ça, ah si vous avez des recettes, vous me les donnez, hein. » La semaine suivante, au palais de justice, j'ai demandé à l'assistante sociale : « La contraception, ça n'existe pas dans ce pays, chez nous ? » Elle me dit : « Vous ne connaissez pas la loi de 1920 ? », « Non, je ne connais pas la loi de 1920 ». « Demandez à votre maire, il est avocat, il vous expliquera. » En rentrant à la mairie je dis à M. de Fraissinette : « Qu'est-ce que cette loi de 1920 ? » Alors il m'a expliqué que c'était une loi qui faisait l'amalgame entre la contraception et l'avortement, mais surtout qu'on n'avait pas le droit d'en parler, que c'était défendu. J'étais sidéré. « Mais ça ne tient pas debout cette histoire-là, ils sont fous, qu'est-ce que ça veut dire ? » M. de Fraissinette me répondit : « Écoute Lucien, je vais te dire quelque chose, celui qui changera la loi de 1920, il n'est pas encore né. » J'ai gardé ça dans ma tête, j'étais jeune et on constituait une petite équipe de jeunes. Parmi eux, il y avait une petite jeune fille de Firminy, qui était gentille comme tout ; elle s'est retrouvée enceinte, ses parents l'ont mise à la porte. À cette époque-là, c'était courant. Elle s'est suicidée. Alors pour nous ça a été une révolution, c'était monstrueux. Quand j'ai été élu député en 1958, je suis tout de suite entré en contact avec madame Lagroua Weill-Hallé et sa petite équipe. Il y avait une équipe de la Maternité heureuse qui est devenue ensuite le Planning familial, et surtout j'ai été présenté à Pierre Simon, médecin qui présidait le collège médical du Planning familial, qui

LUCIEN NEUWIRTH

EXTRAIT

avait pour but d'apprendre aux médecins ce qu'était la contraception, comment ça fonctionnait. Il leur faisait les cours qu'on ne leur faisait pas quand ils préparaient leur diplôme de médecin. Et donc j'ai connu cette équipe, Jean Cohen, Pierre Simon, les trois Prix Nobel sont venus, et puis j'ai préparé ma proposition de loi. Mais il y avait un problème.

La première ébauche, c'était en 1964, et puis je l'ai redéposée en 1965. En 1965, il y a eu la dissolution, alors tout ce qui avait été déposé devenait caduc, donc j'ai recommencé en 1966. Mais un beau jour, j'ai assisté à un déjeuner privé à l'Élysée. Le général de Gaulle m'a dit : « Dites donc Neuwirth, je crois que vous vouliez me parler de votre affaire. » Alors j'ai demandé une audience, il m'a reçu, c'était un vendredi, on avait bien préparé le dossier avec Pierre Simon, pour bien répondre aux objections que je pouvais recevoir, et j'ai plaidé mon dossier. Le Général était silencieux, avec ses grandes jambes sous le bureau qui se pliaient et se dépliaient. C'est difficile quand vous n'êtes pas relancé, alors j'ai vraiment essayé de suivre mon dossier et comme je n'avais plus rien à dire, j'ai conclu : « Écoutez, mon général, j'ai une idée. À la Libération on a donné le droit de vote aux femmes, elles l'avaient bien gagné dans la Résistance, vous avez bien fait, elles l'avaient mérité. Maintenant, les temps sont venus de leur donner le droit de maîtriser leur fécondité, parce que c'est *leur* fécondité. » Silence. Le Général dit : « Vous avez raison, transmettre la vie, c'est important, il faut que ce soit un acte lucide, continuez. » […]

Et le mercredi suivant au conseil des ministres, le Général a posé le problème. […] Alors là, tollé, parce qu'à part trois ministres, tous étaient contre et certains d'entre eux parce qu'ils se figuraient que le Général était contre, que le conseil des jeunes était contre. Un des ministres importants lui a dit : « Mais enfin mon général, on ne va pas aller jusqu'à rembourser la pilule. » Le Général a répondu : « Allons, allons, on ne rembourse pas les taxis », et puis il s'est tourné vers Georges Pompidou : « Monsieur le Premier ministre, vous ferez inscrire à l'ordre du jour prioritaire de l'Assemblée nationale la proposition de loi de Lucien Neuwirth. » […]

> "VOUS AVEZ RAISON, TRANSMETTRE LA VIE C'EST IMPORTANT, IL FAUT QUE CE SOIT UN ACTE LUCIDE, CONTINUEZ."

Au Sénat, un sénateur a demandé le recours contre moi comme malfaiteur public. On me reprochait de faire baisser la natalité, de mettre les petites jeunes filles sur le trottoir, enfin j'ai tout entendu !

C'est un droit des femmes, comme des hommes, un enfant, ça se fait à deux. Il ne faut pas imposer aux femmes d'avoir un enfant si elles ne veulent pas l'avoir. Un enfant, c'est un projet de vie. Quand on met cet enfant au monde, il faut qu'on le mette au monde pour être heureux, on ne le met pas au monde pour qu'il soit malheureux, ce qui se passe dans les pays en voie de développement où malheureusement ils ne connaissent pas tout ça. […]

Au seuil du troisième millénaire, on continue de parler à mots feutrés de la transmission de la vie. C'est pourtant un phénomène naturel, qui depuis la nuit des temps est le même, on hésite à en parler, à reconnaître qu'il est lié à deux phénomènes indissociables, mais en même temps maîtrisables l'un et l'autre, qui sont la fécondité et la sexualité. Ce sont deux phénomènes indissociables de la transmission de la vie. Il y a eu un manque considérable d'information qui peu à peu nous a produit la situation que nous avons connue. C'est-à-dire ce grand nombre d'IVG, les femmes n'étant pas protégées, parce que souvent elles étaient mal informées, les structures que les différents gouvernements auraient dû mettre en place n'ont pas été mises en place, et on est arrivé à la situation d'aujourd'hui, dont il va falloir s'occuper. […]

Il n'est pas normal qu'en France, où la contraception existe depuis quand même plus de trente ans, il y ait le plus grand nombre d'interruptions de grossesse d'Europe. C'est lié au manque d'information, au manque de conscience… […]

Je crois qu'à partir du moment où on a rétabli dans sa vérité, c'est-à-dire dans sa nudité, cette connaissance de la transmission de la vie, les gens seront plus décontractés entre eux, ils seront libérés de certaines pesanteurs sociologiques qui existent chez nous et qui n'existent pas par exemple aux États-Unis. Chacun peut avoir désormais la maîtrise aussi bien de sa sexualité que de sa virilité, on vit notre vie librement et on s'épanouit. […]

Mes rapports avec la hiérarchie [de l'Église catholique,

LA BATAILLE DE LA CONTRACEPTION

NDLR] étaient serrés mais je discutais, je défendais mon point de vue face à leurs raisons morales. Mais ce qui m'a encouragé, c'est que j'ai fait le tour de « mes curés ». J'étais député dans ma circonscription et les curés de ma circonscription m'ont tous répondu la même chose : « Vous savez, nous, on est dans les confessionnaux, on sait ce qu'est la vie, alors vous faites ce que vous avez à faire. » Enfin, c'était le curé de Saint-Étienne, qui était une ville ouvrière, c'était peut-être différent… Je me rappelle aussi la position du révérend père Riquet. Le jour de la publication de ma loi, il a fait un très bel article dans *Le Figaro* dans lequel il disait : « Qu'une communauté religieuse ait des règles et soit respectée par ceux qui vivent dans cette communauté, c'est tout à fait naturel, mais dans une république laïque et même ailleurs, une communauté religieuse ne peut pas imposer ses règles à l'ensemble d'une population. » J'avais aussi été défendu par les protestants, dont le pasteur Dumas. […]
C'est moi qui ai rapporté la loi sur la contraception d'urgence au Sénat. On me disait : « Ce sont des sénateurs, ça ne passera pas, tu vas voir. » J'ai eu la chance, je crois, d'expliquer les choses comme il fallait pour les petites jeunes filles. J'ai d'ailleurs rappelé les violences sexuelles à l'école, de plus en plus graves, de plus en plus nombreuses, qui faisaient que ces malheureuses se retrouvaient enceintes. De plus, elles ne sont pas informées, parce que beaucoup de parents ne savent pas ou n'osent pas, par pudeur, expliquer à leurs filles comment se passent les choses. J'ai demandé qu'il y ait une information qui soit faite par les parents, par l'école et qui soit bien faite. Il faut que les garçons soient en face de leurs responsabilités aussi bien que les filles. Quand ils seront informés, à ce moment-là, on verra décroître le nombre de demandes d'IVG, parce que les filles seront mieux protégées. Alors, finalement, j'ai essayé d'expliquer les choses simplement à mes collègues sénateurs, et à ma grande surprise, ils ont accepté. Vous savez, au Sénat, j'ai fait passer la loi sur la douleur, la loi sur les soins palliatifs, les lois que je fais sont des lois pour

l'homme, pour l'humanité. Non seulement j'ai fait adopter la proposition de loi au Sénat, mais en plus j'ai introduit ce qu'à l'Assemblée ils n'avaient pas fait, la gratuité de délivrance. […]
Je suis persuadé qu'à partir du moment où la jeune fille est bien informée, qu'on lui explique les choses clairement, naturellement, ce qu'elle est, je suis sûre qu'elle se sentira plus sûre d'elle, c'est ça qui est important. Et à partir du moment où quelqu'un se sent sûr de lui, il agit différemment, en toute quiétude. […]
Ce qu'il y a actuellement de dramatique, c'est qu'à la télévision, sur Internet, des spectacles s'offrent à vous, à des enfants, à des jeunes, qui voient ce qu'ils ne sont pas préparés à voir, et qui sont emportés par une espèce de vertige qu'ils ne connaîtraient pas s'ils avaient été informés. […]
Ça existe toujours, je vais vous dire pourquoi. Tant qu'il n'y a qu'un aspect des choses qui est révélé, que le tout n'est pas expliqué, les gens qui ne sont pas préparés sont déstabilisés. On devrait dire les choses telles qu'elles sont, mettre en place une information dès les petites classes, parce que les enfants, intuitivement, sentent qu'on leur cache quelque chose et quand quelque chose est caché… […]
Il n'y a jamais eu d'ambiguïté, parce que mes positions ont toujours été claires, expliquées, j'ai toujours dit ce que je pense. Il n'y a pas de faux-semblant, de faux-fuyant, ce que j'avais à dire, je l'ai dit, si j'ai encore à dire, je redis, c'est tout. Je suis bien dans ma peau. Mon petit-fils dirait : « Tu es bien dans tes baskets ! » […]
Je crois que j'en ai entendu de toutes les couleurs. Mais j'avais ma conviction, vous savez, c'est ce qui est important dans la vie d'un homme ou d'une femme. En plus, quand on mène un combat d'opinion, un combat politique, il faut réfléchir, et quand on a bien réfléchi, on fait ses choix, on acquiert des convictions, et quand on a des convictions, on les défend. Voilà. C'est pourquoi je suis à l'aise, je me suis battu pour mes convictions.

*« Lucien Neuwirth, la bataille de la contraception », *Travail, genre et sociétés* 2/2001 (N° 6), p. 5-15.

> "DANS UNE RÉPUBLIQUE LAÏQUE ET MÊME AILLEURS, UNE COMMUNAUTÉ RELIGIEUSE NE PEUT PAS IMPOSER SES RÈGLES À L'ENSEMBLE D'UNE POPULATION."

GISÈLE HALIMI

GISÈLE HALIMI
LE PROCÈS DE BOBIGNY

EN 1972, L'AFFAIRE MARIE-CLAIRE CHEVALIER DEVIENT LE PLUS GRAND PROCÈS POLITIQUE DE L'AVORTEMENT EN FRANCE.

Une jeune fille, Marie-Claire Chevalier, avait avorté suite à un viol. Sa mère, Michèle Chevalier, l'avait aidée dans sa démarche malgré la législation en vigueur qui réprimait pénalement l'interruption volontaire de grossesse. Dénoncée par l'auteur même de ce viol, la jeune Marie-Claire est alors inculpée pour avoir fait pratiquer un avortement illégal selon l'article 317 du Code pénal. Sa mère et deux de ses collègues sont inculpées pour complicité, une quatrième est inculpée pour avoir effectué l'acte illégal. Michèle Chevalier découvre alors le récit d'une jeune avocate au barreau de Paris, Gisèle Halimi, qui raconte dans son livre *Djamila Boupacha* l'histoire d'une femme torturée puis violée par des soldats français pendant la guerre d'Algérie. Contactée, Gisèle Halimi lui répond : « Je vous défendrai. Mais ça va être difficile. Il vous faudra du courage et de la détermination... » L'avocate prendra le pari avec l'accord de ses clientes de transformer ce « fait divers » en véritable procès politique en faveur de la légalisation de l'avortement ; avec l'aide de son amie Simone de Beauvoir, elles écrivent à quatre mains le célèbre « Manifeste des 343 », du nombre des femmes signataires affirmant publiquement avoir déjà avorté malgré la loi du 31 juillet 1920 pénalisant cet acte. L'affaire est scindée du fait de la minorité de Marie-Claire Chevalier : la jeune fille est envoyée seule devant le tribunal pour enfants de Bobigny le 11 octobre 1972, avant le procès des quatre majeures. L'audience se tient à huis clos. À l'extérieur, les associations Mouvement de libération féminine et Choisir hurlent leur colère : « L'Angleterre pour les riches, la prison pour les pauvres ! » La société était en effet coupée en deux sur ce sujet : lorsque les femmes issues de milieux aisés pouvaient se faire avorter dans des pays européens limitrophes, les femmes issues de milieux modestes devaient se résoudre à la clandestinité. [...] Le jugement est rendu en audience publique. Marie-Claire est relaxée, parce qu'elle est considérée comme ayant souffert de « contraintes d'ordre moral, social, familial, auxquelles elle n'avait pu résister ».

Pour les majeures, l'audience, publique cette fois, se déroule le 8 novembre 1972. Le tribunal de Bobigny voit défiler bon nombre de personnalités qui prennent fait et cause pour la jeune femme, sa mère, ainsi que les trois autres personnes poursuivies. Gisèle Halimi, au terme d'une plaidoirie « historique », demande au président du tribunal, Joseph Casanova, « du courage ». Michèle Chevalier est condamnée à 500 francs d'amende avec sursis. Ses deux collègues, qui ont revendiqué le fait d'avoir aidé Michèle Chevalier, sont relaxées. La quatrième prévenue est condamnée à un an de prison avec sursis pour avoir pratiqué l'avortement. Le président Casanova a-t-il imaginé, au moment de prononcer son verdict, la portée d'une telle décision ? Il n'en fit pourtant jamais état jusqu'à sa disparition en novembre 2006. Le ministère public lui-même, bien qu'ayant naturellement fait appel de ce jugement, n'audiencera jamais l'appel et laissera s'écouler le délai de prescription. Dès lors, l'écho du procès de Bobigny de 1972 allait résonner jusque dans les arcanes de l'Assemblée nationale, où l'interruption volontaire de grossesse, après le long et âpre combat de Simone Veil, fut finalement dépénalisée le 17 janvier 1975.

© Extrait de « Il y a 40 ans, le procès de Bobigny », ministère de la Justice.

Octobre 1972
D'octobre à novembre 1972, le procès de Bobigny fait la une des journaux en France et propulse sur le devant de la scène la jeune avocate Gisèle Halimi.

Novembre 1972
À l'issue du procès, devenu politique, le jugement ouvre la voie aux prémices de la loi Veil sur l'interruption de grossesse.

1973
Militante, engagée, Gisèle Halimi fait paraître son premier ouvrage, *La Cause des femmes,* qui sera suivi par de nombreux autres écrits en faveur de la libération des femmes.

GISÈLE HALIMI
LA PLAIDOIRIE

EXTRAIT

QUALIFIÉ DE COURAGEUX, CE TEXTE A EU UN ÉNORME IMPACT SUR L'OPINION PUBLIQUE.

Je ressens avec une plénitude jamais connue à ce jour un parfait accord entre mon métier qui est de plaider, qui est de défendre, et ma condition de femme. Jamais autant qu'aujourd'hui, je ne me serai sentie – comme nous disons dans notre jargon – «toutes causes confondues» à la fois inculpée dans le box et avocate à la barre.

Si notre très convenable déontologie prescrit aux avocats le recul nécessaire, la distance d'avec son client, sans doute n'a-t-elle pas envisagé que les avocates, comme toutes les femmes, étaient des avortées, qu'elles pouvaient le dire, et qu'elles pouvaient le dire publiquement comme je le fais moi-même aujourd'hui.

Je ressens donc au premier plan, au plan physique, il faut le dire, une solidarité fondamentale avec ces quatre femmes, et avec les autres. Et quand je dis «solidarité», je me demande si j'ai bien employé le mot juste, car qui dit «solidarité» dit «dualité», dit «lien profond», mais entre deux éléments distincts. Or, ce que j'essaie d'exprimer ici aujourd'hui, c'est que je m'identifie précisément et totalement avec Mme Chevalier et avec ces trois femmes présentes à l'audience, avec ces femmes qui manifestent dans la rue, avec ces millions de femmes françaises et autres.

Elles sont ma famille. Elles sont mon combat. Elles sont ma pratique quotidienne.

Et si je ne parle aujourd'hui, Messieurs, que de l'avortement et de la condition faite à la femme par une loi répressive, une loi d'un autre âge, c'est moins parce que le dossier nous y contraint que parce que cette loi à laquelle je dénie toute valeur, toute applicabilité, toute possibilité de recevoir aujourd'hui et demain le moindre sens, que parce que cette loi est la pierre de touche de l'oppression qui frappe la femme.

Qui dit «oppression», Messieurs, pour les hommes comme pour les femmes, dit nécessité d'un canal, d'un instrument. La Justice est un pouvoir, un pouvoir du pouvoir, un instrument parmi d'autres, un édifice qui tout lézardé, tout archaïque, tout oppressif qu'il soit, fonctionne – songeons à nos belles prisons dans cette douce France – et remplit, bon an, mal an, sa fonction de justice de classe, du moins tel est mon sentiment.

Mais, ce que je veux dire, concernant l'avortement, c'est que dans la répression de l'avortement, contrairement à cette analogie qui n'avait d'ailleurs aucun sens entre l'avortement et le vol, la discrimination joue sans partage. [...] Comparaître devant vous. N'est-ce pas déjà le signe le plus certain de notre oppression ?

Pardonnez-moi, Messieurs, mais j'ai décidé de tout dire ce soir. Regardez-vous et regardez-nous. Quatre femmes comparaissent devant quatre hommes… Et pour parler de quoi ? De sondes, d'utérus, de ventres, de grossesses, d'avortements !... Croyez-vous que l'injustice fondamentale et intolérable n'est pas déjà là ? Ces quatre femmes devant ces quatre hommes ! Ne croyez-vous pas que c'est là le signe de ce système oppressif que subit la femme ?

Comment voulez-vous que ces femmes puissent avoir envie de faire passer tout ce qu'elles ressentent jusqu'à vous ? Elles ont tenté de le faire, bien sûr, mais quelle que soit votre bonne volonté pour les comprendre – et je ne la mets pas en doute – elle ne peuvent pas le faire.

Elles parlent d'elles-mêmes, elles parlent de leur corps, de leur condition de femmes, et elles en parlent à quatre hommes qui vont tout à l'heure les juger.

Cette revendication élémentaire, physique, première : disposer de nous-mêmes, disposer de notre corps, quand nous la formulons, nous la formulons auprès de qui ? Auprès d'hommes. C'est à vous que nous nous adressons. Nous vous disons : «Nous, les femmes, nous ne voulons plus être des serves.» Est-ce que vous accepteriez, vous, Messieurs, de comparaître devant des tribunaux de femmes parce que vous auriez disposé de votre corps ?... Cela paraît démentiel !
(Applaudissements)

Nous vous le disons, il faut le prononcer, parce que nous, les femmes, nous, la moitié de l'humanité, nous nous sommes mises en marche. Je crois que nous n'accepterons plus que se perpétue cette oppression.

Messieurs, il vous appartient aujourd'hui de dire que «l'ère d'un monde fini commence». *(Applaudissements)*

© Association Choisir, *Avortement : une loi en procès. L'Affaire de Bobigny*, Gallimard, 1973, p. 189-223. © Éditions Gallimard

SIMONE VEIL

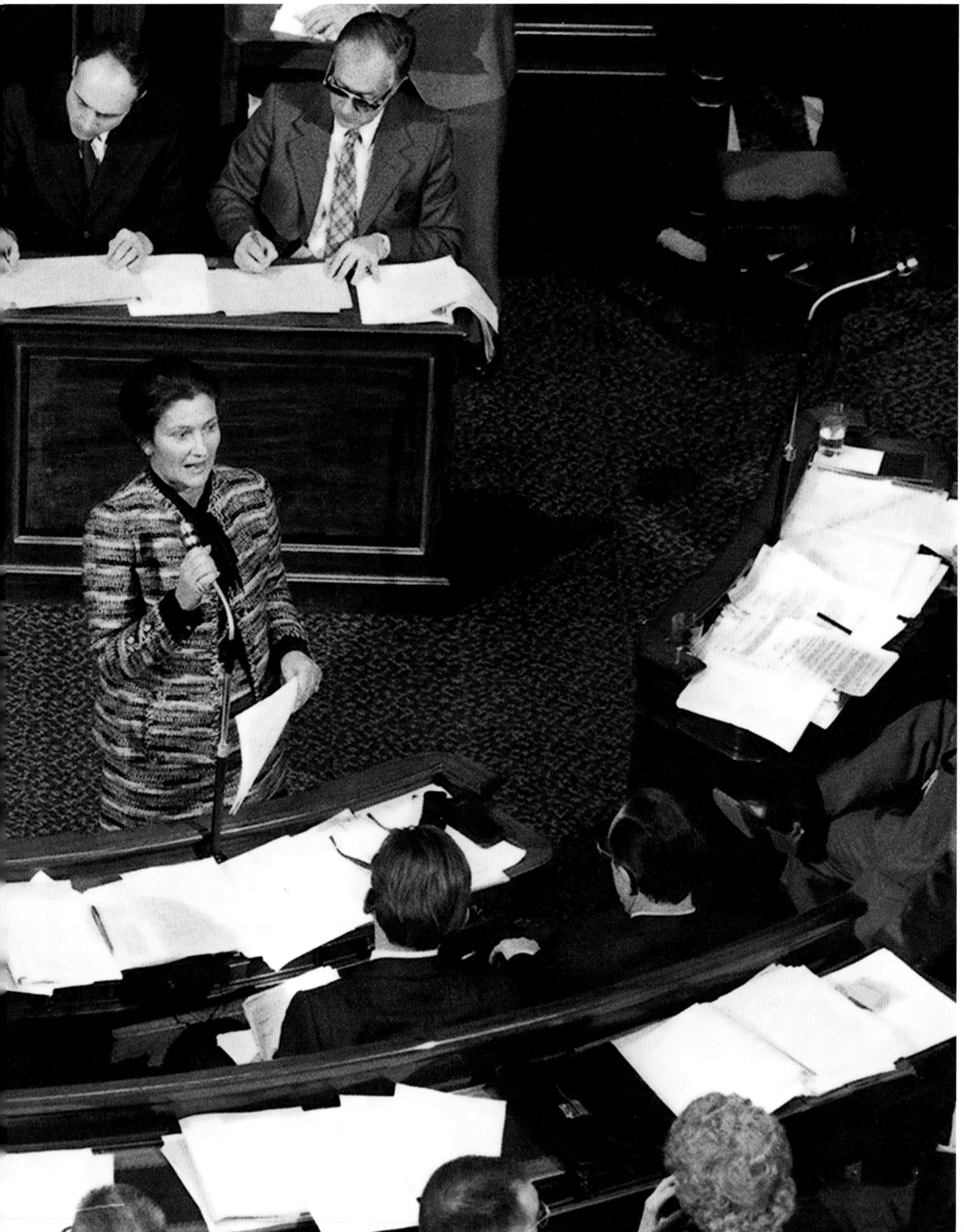

SIMONE VEIL
LA LOI SUR L'AVORTEMENT

LE 26 NOVEMBRE 1974, SIMONE VEIL S'ADRESSE À L'ASSEMBLÉE NATIONALE POUR CONVAINCRE LES PARLEMENTAIRES.

À l'époque, 48 % des Français étaient favorables à l'adoption d'une loi autorisant une femme à interrompre sa grossesse si ses conditions d'existence matérielles ou morales ne lui permettaient pas d'avoir un enfant. Aujourd'hui, ils sont 75 % à considérer que c'est un droit inaliénable. Cette liberté de pouvoir exercer son droit à accepter ou non une grossesse, nous la devons au combat déterminant de cette femme. Née à Nice en 1927, déportée à Auschwitz, où meurt une partie de sa famille, Simone Jacob a suivi ses études de droit au retour des camps. Mariée à Antoine Veil, elle devient magistrate en 1957 et entre au cabinet du garde des Sceaux du gouvernement de Jacques Chaban-Delmas en 1970. C'est avec Valéry Giscard d'Estaing, en 1974, qu'en qualité de ministre de la Famille, elle s'attaque, en dépit de l'hostilité d'un Français sur deux, à la loi sur l'avortement. Après la loi sur la contraception en 1967, le

26 novembre 1974

Discours parlementaire de Simone Veil à l'Assemblée nationale.

17 janvier 1975

Le texte de loi dépénalisant l'avortement et légalisant l'interruption volontaire de grossesse est promulgué.

31 octobre 2007

Simone Veil publie son autobiographie, *Une vie*, qui obtient un succès fulgurant en France, avec 550000 exemplaires vendus. Elle entre à l'Académie française en 2010, en présence du président de la République, Nicolas Sarkozy.

Manifeste des 343 en 1971, le procès de Bobigny en 1972 et le Manifeste des 331 en 1973, son discours « Elles sont 300 000… » reste comme l'un des textes parlementaires fondateurs de notre histoire. Les débats sont houleux ; en commission comme dans l'hémicycle, les conservateurs et les plus réactionnaires sont vent debout. Les critiques les plus viles s'enchaînent. Simone Veil réfrène ses gestes d'énervement, réussit à garder son calme ; elle revient point par point au texte de la loi. Pour calmer les oppositions, elle concède par une pirouette juridique l'article qui stipule : « La femme enceinte que son état place dans une situation de détresse peut demander à un médecin l'interruption de sa grossesse. » Malgré leurs vociférations, les réfractaires restent impuissants. Le texte est promulgué le 17 janvier 1975. Il a été adopté à une large majorité.

En 1980, le Conseil d'État du 31 octobre lève une ambiguïté : c'est à la femme – à elle seule et non à un médecin – que revient l'appréciation de sa détresse. En 2001, la loi Aubry supprime l'obligation de l'entretien médico-légal. Il faut attendre 2014 pour que la notion de détresse soit finalement supprimée en première lecture du projet de loi de Najat Vallaud-Belkacem.

SIMONE VEIL

"METTRE FIN À UNE SITUATION DE DÉSORDRE ET D'INJUSTICE"

LE 26 NOVEMBRE 1974, À L'ASSEMBLÉE NATIONALE

CE DISCOURS DEMEURE L'UN DES PLUS MÉMORABLES DE L'HISTOIRE PARLEMENTAIRE FRANÇAISE.

Monsieur le président, Mesdames, Messieurs, si j'interviens aujourd'hui à cette tribune, ministre de la Santé, femme et non parlementaire, pour proposer aux élus de la nation une profonde modification de la législation sur l'avortement, croyez bien que c'est avec un profond sentiment d'humilité devant la difficulté du problème, comme devant l'ampleur des résonances qu'il suscite au plus intime de chacun des Françaises et des Français, et en pleine conscience de la gravité des responsabilités que nous allons assumer ensemble.

Mais c'est aussi avec la plus grande conviction que je défendrai un projet longuement réfléchi et délibéré par l'ensemble du gouvernement, un projet qui, selon les termes mêmes du président de la République, a pour objet de « mettre fin à une situation de désordre et d'injustice et d'apporter une solution mesurée et humaine à un des problèmes les plus difficiles de notre temps ».

Si le gouvernement peut aujourd'hui vous présenter un tel projet, c'est grâce à tous ceux d'entre vous – et ils sont nombreux et de tous horizons – qui, depuis plusieurs années, se sont efforcés de proposer une nouvelle législation, mieux adaptée au consensus social et à la situation de fait que connaît notre pays.

C'est aussi parce que le gouvernement de M. Messmer avait pris la responsabilité de vous soumettre un projet novateur et courageux. Chacun d'entre nous garde en mémoire la très remarquable et émouvante présentation qu'en avait faite M. Jean Taittinger. C'est enfin parce que, au sein d'une commission spéciale présidée par M. Berger, nombreux sont les députés qui ont entendu, pendant de longues heures, les représentants de toutes les familles d'esprit, ainsi que les principales personnalités compétentes en la matière.

Pourtant, d'aucuns s'interrogent encore : une nouvelle loi est-elle vraiment nécessaire ? Pour quelques-uns, les choses sont simples : il existe une loi répressive, il n'y a qu'à l'appliquer. D'autres se demandent pourquoi le Parlement devrait trancher maintenant ces problèmes : nul n'ignore que depuis l'origine, et particulièrement depuis le début du siècle, la loi a toujours été rigoureuse, mais qu'elle n'a été que peu appliquée.

En quoi les choses ont-elles donc changé, qui obligent à intervenir ? Pourquoi ne pas maintenir le principe et continuer à ne l'appliquer qu'à titre exceptionnel ? Pourquoi consacrer une pratique délictueuse et, ainsi, risquer de l'encourager ? Pourquoi légiférer et couvrir ainsi le laxisme de notre société, favoriser les égoïsmes individuels au lieu de faire revivre une morale de civisme et de rigueur ? Pourquoi risquer d'aggraver un mouvement de dénatalité dangereusement amorcé au lieu de promouvoir une politique familiale généreuse et constructive qui permette à toutes les mères de mettre au monde et d'élever les enfants qu'elles ont conçus ? Parce que tout nous montre que la question ne se pose pas en ces termes. Croyez-vous que ce gouvernement et celui qui l'a précédé se seraient résolus à élaborer un texte et à vous le proposer s'ils avaient pensé qu'une autre solution était encore possible ?

> "CROYEZ-VOUS QUE CE GOUVERNEMENT SE SERAIT RÉSOLU À ÉLABORER UN TEXTE ET À VOUS LE PROPOSER S'IL AVAIT PENSÉ QU'UNE AUTRE SOLUTION ÉTAIT ENCORE POSSIBLE ?"

SIMONE VEIL

EXTRAIT

Nous sommes arrivés à un point où, en ce domaine, les pouvoirs publics ne peuvent plus éluder leurs responsabilités. Tout le démontre : les études et les travaux menés depuis plusieurs années, les auditions de votre commission, l'expérience des autres pays européens. Et la plupart d'entre vous le sentent, qui savent qu'on ne peut empêcher les avortements clandestins et qu'on ne peut non plus appliquer la loi pénale à toutes les femmes qui seraient passibles de ses rigueurs.

Pourquoi donc ne pas continuer à fermer les yeux ? Parce que la situation actuelle est mauvaise. Je dirai même qu'elle est déplorable et dramatique. Elle est mauvaise parce que la loi est ouvertement bafouée, pire même, ridiculisée. Lorsque l'écart entre les infractions commises et celles qui sont poursuivies est tel qu'il n'y a plus à proprement parler de répression, c'est le respect des citoyens pour la loi, et donc l'autorité de l'État, qui sont mis en cause. Lorsque des médecins, dans leurs cabinets, enfreignent la loi et le font connaître publiquement, lorsque les parquets, avant de poursuivre, sont invités à en référer dans chaque cas au ministère de la Justice, lorsque les services sociaux d'organismes publics fournissent à des femmes en détresse les renseignements susceptibles de faciliter une interruption de grossesse, lorsque, aux mêmes fins, sont organisés ouvertement et même par charter des voyages à l'étranger, alors je dis que nous sommes dans une situation de désordre et d'anarchie qui ne peut plus continuer.

Mais ? me direz-vous, pourquoi avoir laissé la situation se dégrader ainsi et pourquoi la tolérer ? Pourquoi ne pas faire respecter la loi ? Parce que si des médecins, si des personnels sociaux, si même un certain nombre de citoyens participent à ces actions illégales, c'est bien qu'ils s'y sentent contraints ; en opposition parfois avec leurs convictions personnelles, ils se trouvent confrontés à des situations de fait qu'ils ne peuvent méconnaître. Parce qu'en face d'une femme décidée à interrompre sa grossesse, ils savent qu'en refusant leur conseil et leur soutien ils la rejettent dans la solitude et l'angoisse d'un acte perpétré dans les pires conditions, qui risque de la laisser mutilée à jamais. Ils savent que la même femme, si elle a de l'argent, si elle sait s'informer, se rendra dans un pays voisin ou même en France dans certaines cliniques et pourra, sans encourir aucun risque ni aucune pénalité, mettre fin à sa grossesse. Et ces femmes, ce ne sont pas nécessairement les plus immorales ou les plus inconscientes. Elles sont 300 000 chaque année. Ce sont celles que nous côtoyons chaque jour et dont nous ignorons la plupart du temps la détresse et le drame. C'est à ce désordre qu'il faut mettre fin. C'est cette injustice qu'il convient de faire cesser. Mais comment y parvenir ?

Je le dis avec toute ma conviction, l'avortement doit rester l'exception, l'ultime recours pour des situations sans issue. Mais comment le tolérer sans qu'il perde ce caractère d'exception, sans que la société paraisse l'encourager ?

Je voudrais, tout d'abord, vous faire partager une conviction de femme. Je m'excuse de le faire devant cette assemblée presque exclusivement composée d'hommes. Aucune femme ne recourt de gaieté de cœur à l'avortement. Il suffit d'écouter les femmes. *(Applaudissements)* C'est toujours un drame. Cela restera toujours un drame.

C'est pourquoi, si le projet qui vous est présenté tient compte de la situation de fait existante, s'il admet la possibilité d'une interruption de grossesse, c'est pour la contrôler et, autant que possible, en dissuader la femme. Nous pensons ainsi répondre au désir, conscient ou inconscient, de toutes les femmes qui se trouvent dans cette situation d'angoisse, si bien décrite et analysée par certaines des personnalités de votre commission spéciale, entendues au cours de l'automne 1973. Actuellement, celles qui se trouvent dans cette situation de détresse, qui s'en préoccupe ? La loi les rejette non seulement dans l'opprobre, la honte et la solitude, mais aussi dans l'anonymat et l'angoisse des poursuites. Contraintes de cacher leur état, trop souvent elles ne trouvent personne pour les écouter, les éclairer et leur apporter un appui et une protection.

Parmi ceux qui combattent aujourd'hui une éventuelle modification de la loi répressive, combien sont-ils ceux qui se sont préoccupés d'aider ces femmes dans leur détresse ? Combien sont-ils ceux qui, au-delà de ce qu'ils jugent comme une faute, ont su manifester aux jeunes mères célibataires la compréhension et l'appui moral dont elles avaient un si grand besoin ? *(Applaudissements)* Je sais qu'il en existe et je me garderai de généraliser. Je n'ignore pas l'action de ceux qui, profondément conscients de leurs responsabilités, font tout ce qui est à leur portée pour permettre à ces femmes d'assumer leur maternité. Nous aiderons leur entreprise, nous ferons

"METTRE FIN À UNE SITUATION DE DÉSORDRE ET D'INJUSTICE"

appel à eux pour nous aider à assurer les consultations sociales prévues par la loi. Mais la sollicitude et l'aide, lorsqu'elles existent, ne suffisent pas toujours à dissuader. Certes, les difficultés auxquelles sont confrontées les femmes sont parfois moins graves qu'elles ne les perçoivent. Certaines peuvent être dédramatisées et surmontées. D'autres demeurent qui font que certaines femmes se sentent acculées à une situation sans autre issue que le suicide, la ruine de leur équilibre familial ou le malheur de leurs enfants. C'est là, hélas, la plus fréquente des réalités, bien davantage que l'avortement dit « de convenance ». S'il n'en était pas ainsi, croyez-vous que tous les pays les uns après les autres auraient été conduits à réformer leur législation en la matière et à admettre que ce qui était hier sévèrement réprimé soit désormais légal ? Ainsi conscient d'une situation intolérable en l'état et injuste aux yeux de la plupart, le gouvernement a renoncé à la voie de la facilité, celle qui aurait consisté à ne pas intervenir. C'eût été cela, le laxisme. Assumant ses responsabilités, il vous soumet un projet de loi propre à apporter à ce problème une solution à la fois réaliste, humaine et juste.

Certains penseront sans doute que notre seule préoccupation a été l'intérêt de la femme, que c'est un texte qui a été élaboré dans cette seule perspective. Il n'est guère question ni de la société ou plutôt de la nation, ni de père de l'enfant à naître et moins encore de cet enfant.
Je me garde bien de croire qu'il s'agit d'une affaire individuelle ne concernant que la femme et que la nation n'est pas en cause. Ce problème la concerne au premier chef, mais sous des angles différents et qui ne requièrent pas nécessairement les mêmes solutions. L'intérêt de la nation, c'est assurément que la France soit jeune, que sa population soit en pleine croissance. Un tel projet adopté après une loi libéralisant la contraception ne risque-t-il pas d'entraîner une chute importante de notre taux de natalité, qui amorce déjà une baisse inquiétante ?
Ce n'est là ni un fait nouveau, ni une évolution propre à la France. Un mouvement de baisse assez régulier des taux de natalité et de fécondité est apparu depuis 1965 dans tous les pays européens, quelle que soit leur législation en matière d'avortement ou même de contraception. Il serait hasardeux de chercher des causes simples à un phénomène aussi général. Aucune explication ne peut y être apportée au niveau national. Il s'agit d'un fait de civilisation révélateur de l'époque que

nous vivons et qui obéit à des règles complexes que d'ailleurs nous connaissons mal.
Les observations faites dans de nombreux pays étrangers par les démographes ne permettent pas de dire qu'il existe une corrélation démontrée entre une modification de la législation de l'avortement et l'évolution des taux de natalité et surtout de fécondité.

[…] Plus personne ne conteste maintenant que, sur un plan strictement médical, l'embryon porte en lui définitivement toutes les virtualités de l'être humain qu'il deviendra. Mais il n'est encore qu'un devenir qui aura à surmonter bien des aléas avant de venir à terme, un fragile chaînon de la transmission de la vie. Faut-il rappeler que, selon les études de l'Organisation mondiale de la santé, sur 100 conceptions, 45 s'interrompent d'elles-mêmes au cours des deux premières semaines et que, sur 100 grossesses, au début de la troisième semaine un quart n'arrive pas à terme du seul fait de phénomènes naturels ?

[…] Rares sont les femmes qui ne désirent pas d'enfants. La maternité fait partie de l'accomplissement de leur vie et celles qui n'ont pas connu ce bonheur en souffrent profondément. Si l'enfant une fois né est rarement rejeté et donne à sa mère avec son premier sourire les plus grandes joies qu'elle puisse connaître, certaines femmes se sentent incapables, en raison des difficultés très graves qu'elles connaissent à un moment de leur existence, d'apporter à un enfant l'équilibre affectif et la sollicitude qu'elles lui doivent. À ce moment, elles feront tout pour l'éviter ou ne pas le garder et personne ne pourra les en empêcher. Mais les mêmes femmes, quelques mois plus tard, leur vie affective ou matérielle s'étant transformée, seront les premières à souhaiter un enfant et deviendront peut-être les mères les plus attentives. C'est pour celles-là que nous voulons mettre fin à l'avortement clandestin auquel elles ne manqueront pas de recourir au risque de rester stériles ou atteintes au plus profond d'elles-mêmes.

[…] Personne n'a jamais contesté, et le ministre de la Santé moins que quiconque, que l'avortement est un échec quand il n'est pas un drame. Mais nous ne pouvons plus fermer les yeux sur les 300 000 avortements qui, chaque année, mutilent les femmes de ce pays, qui bafouent nos lois et qui humilient et traumatisent celles qui y ont recours.

FRANÇOISE GIROUD

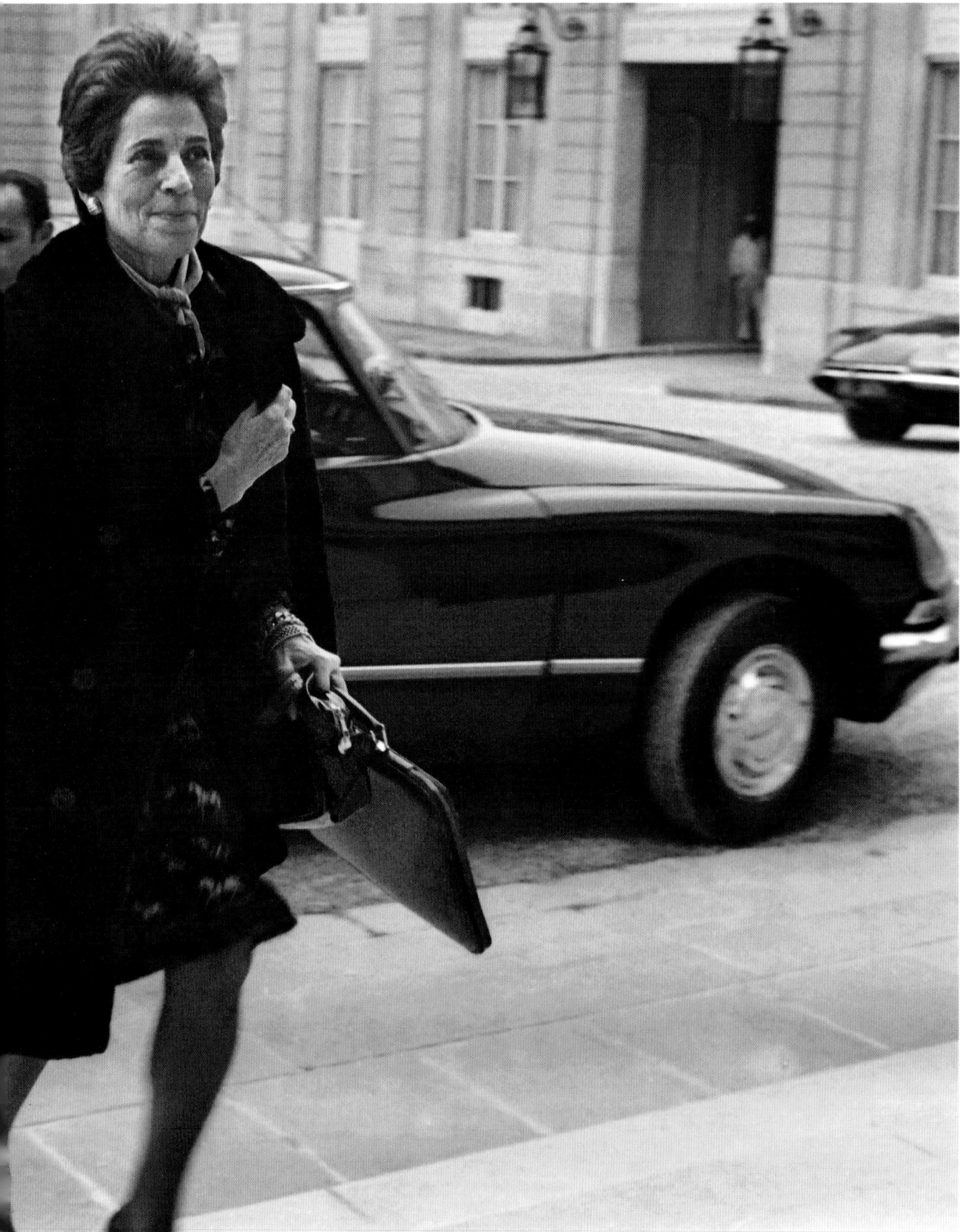

FRANÇOISE GIROUD
LE SECRÉTARIAT
DE LA CONDITION FÉMININE

QUAND LA FONDATRICE DE *L'EXPRESS* REJOINT LE GOUVERNEMENT, ELLE A UNE MISSION : MODERNISER LA VIE DES FEMMES.

L'indépendance et l'intelligence de Françoise Giroud demeurent légendaires. Née Lea France Gourdji, d'un père, Salih Gourdji, directeur de l'Agence télégraphique ottomane de Constantinople, et d'Elda Farrragi, qu'elle qualifie d'« israélites de l'Empire ottoman », Françoise Giroud a commencé à travailler à l'âge de 14 ans, peu de temps après le décès précoce de son père, pour venir financièrement en aide à sa mère. « C'était à moi d'aider maman, non à elle de me porter plus longtemps à bout de bras. Il fallait "un homme pour nous conseiller" ? Désormais, je serai là… » Après un diplôme de dactylo à l'école Remington, elle est employée dans une librairie du boulevard Raspail, à Paris. Amie de Marc Allégret, elle fait ses premiers pas au cinéma. Signant ses premiers scripts, elle adopte son nom de plume : Françoise Giroud. Elle entame sa carrière de journaliste après la Libération, aux côtés d'Hélène Lazareff au journal *Elle*. Très vite, elle devient une figure incontournable du Paris des journaux grâce au brio et au ton piquant de ses portraits. C'est en 1953 qu'elle fonde *L'Express* avec Jean-Jacques Servan-Schreiber, son amant. Elle affirme des convictions proches

1953

Journaliste déjà reconnue pour ses portraits et ses prises de position politiques, elle fonde *L'Express* avec Jean-Jacques Servan-Schreiber.

1974

Elle entre dans le gouvernement de Valéry Giscard d'Estaing, au secrétariat de la Condition féminine, attachée au Premier ministre.

1979

Quand elle quitte la politique, elle écrit deux romans clés, *La Comédie du pouvoir* et *Le Bon Plaisir*, avant de lancer, avec un groupe d'intellectuels dont fait partie Jacques Attali, Action contre la faim.

de Mendès France. Pendant sept ans, elle mène de front sa double passion. « Je pouvais vivre femme, c'est-à-dire me plier à ses horaires, me soumettre à son mode de vie, m'accommoder de ses humeurs, me taire lorsqu'il parlait, me nourrir, m'habiller, m'endormir, selon ses goûts, et en être heureuse, puisqu'en même temps je vivais en homme. C'est-à-dire financièrement indépendante, […] compagnon et non lieutenant, dirigeante et non exécutante, autonome dans ma démarche. »

En 1974, Valéry Giscard d'Estaing l'appelle au gouvernement pour moderniser les conditions de vie des femmes. Le MLF est dans la rue, le procès de Bobigny a eu lieu. Elle aborde le secrétariat à la Condition féminine en journaliste. Pendant un an, elle consulte. Sa Remington ne la quitte pas. Elle note en permanence ce qui va devenir les « 100 mesures en faveur des femmes ». Lorsqu'elle présente son projet de loi au gouvernement, son discours dure une heure. Vif, incisif, précis, il aborde la vie d'une femme de son enfance à sa vieillesse. La modernité de sa vision frappe encore ceux qui ont la rare chance de relire ce texte quasi introuvable. À l'époque, Jacques Chirac, Premier ministre, goûte peu les opinions de cette femme libre, marquée à gauche. Et une loi prime avant tout : celle de Simone Veil sur l'IVG. Son travail accompli, Françoise Giroud quitte bientôt le gouvernement. La moitié des Français lui doivent énormément.

FRANÇOISE GIROUD

PROJET POUR LES FEMMES

LA MOITIÉ DES FRANÇAIS

CE TEXTE DRESSE UN ÉTAT DES LIEUX, MAIS SURTOUT,
IL FIXE LE CAP DES ANNÉES À VENIR. EXTRAIT.

La condition féminine a deux aspects. Le premier, c'est celui qui ne peut être isolé de l'ensemble social, et qui rejoint l'ensemble de la condition d'une collectivité humaine, à une époque donnée, dans un pays donné. C'est ce que les Françaises partagent avec les Français pour le meilleur et pour le pire.

Le deuxième, c'est la somme de ce qui, à l'intérieur de cet ensemble social, distingue le statut des femmes de celui des hommes. C'est l'écart entre leurs conditions respectives.

Il a varié à travers les siècles, se creusant, en France, à partir de la fin du Moyen Âge. La monarchie domestique commence à s'instaurer au XVIe siècle, elle ne cessera de s'accuser, dans les lois comme dans les mœurs, jusqu'à l'époque contemporaine.

La situation actuelle des femmes se caractérise par le « malaise dynamique », si l'on ose dire, qui s'est emparé de la collectivité féminine mondiale.

Malaise, parce qu'il n'y a pas d'homogénéité d'attitude entre les générations. Malaise, parce que la remise en question radicale du rôle féminin traditionnel est ressentie, par celles qui ont assumé ce rôle, comme une dévalorisation de ce qui a fondé leur vie – soigner, assister, assurer le repos du guerrier. Malaise, parce que la relation des femmes avec elles-mêmes, donc avec les hommes, est inéluctablement affectée par la responsabilité entièrement nouvelle que leur donne l'existence des contraceptifs modernes. Non seulement elles ne sont plus « agies », mais elles ne peuvent plus, à leur propres yeux, feindre de l'être. Bref, malaise qui touche au fond des choses. Nous n'assistons pas à l'une de ces évolutions qui, à un rythme plus ou moins rapide, ont tissé toute l'Histoire, mais à un bouleversement profond dont les causes ne doivent rien à quelques esprits féminins contestateurs de la « domination masculine ». [...]

La moitié du XXe siècle sera franchie avant que les lois qui entérinent cet état de fait commencent à être modifiées. Les esprits modernes ont cristallisé la rébellion féminine et lui ont donné une ou plusieurs expressions. Ils ne l'ont pas créée. Elle est née d'une série, une fois de plus, de phénomènes conjugués dont nous ne reprendrons pas ici l'exposé.

Si nous avons parlé de « malaise dynamique », c'est parce que, parallèlement au malaise, on voit se développer un élan, un esprit de conquête, une résolution incontestable.

Les énergies féminines se mobilisent pour faire intrusion dans le champ social. Y seront-elles plus ou moins efficaces que les énergies masculines pour créer du mieux-vivre ? Du mieux-être ? [...]

> "LES ESPRITS MODERNES ONT CRISTALLISÉ LA RÉBELLION FÉMININE ET LUI ONT DONNÉ UNE OU PLUSIEURS EXPRESSIONS. ILS NE L'ONT PAS CRÉÉE."

LE RÔLE FÉMININ

Les femmes existent fortement en France, dans toutes les relations privées. « Ce que femme veut… », « Cherchez la femme… ». Que ce soit en qualité de mère ou de croqueuse de diamants, l'importance accordée à leur rôle, dans l'histoire des personnes, est plutôt hypertrophiée par la littérature et les idées reçues qu'elle n'est sous-estimée.

Aussi peut-on demander pourquoi elles voudraient changer de rôle. Pourquoi elles voudraient échanger leur pouvoir, parfois exorbitant, contre celui d'être conseiller municipal, directeur commercial ou ingénieur en chef. Mais veulent-elles l'échanger ? Amante, mère, éducatrice,

FRANÇOISE GIROUD

consolatrice, cuisinière, on les voit moins récusant ce rôle que cherchant à en faire craquer les limites, à élargir leur compétence et leur pouvoir du domaine privé au domaine social.

Devenir aussi une personne sociale, ce qu'est l'homme le plus humble, c'est cela que recouvre, semble-t-il, la revendication diffuse d'égalité.

Employé de façon parfois abusive, ce mot finit par masquer sous un faux débat – la femme est-elle l'égale de l'homme ? Oui, non, peut-être – le lieu véritable de l'inégalité.

Ce qui distingue les attitudes, le regard qu'hommes et femmes posent sur le monde, leurs rêves, leurs facultés créatrices, leur relation avec la nature, leur sexualité assumée ou refoulée, n'est que différence, et ces différences font partie de la richesse de l'humanité. Qu'elles soient exclusivement biologiques, ou exclusivement culturelles, ou produites par une combinaison de la biologie et de la culture, elles existent. Une assimilation totale, à supposer que cela soit possible, ne pourrait être qu'appauvrissement. Rien ne permet de dire, d'ailleurs, qu'elle soit désirée. Elle serait plutôt, semble-t-il, redoutée.

C'est bien l'équivalence – terme préférable à celui d'égalité – qui fait l'objet de la demande féminine moderne, et plus exactement l'équivalence sociale.

La reconnaissance par la société d'une valeur égale.

Le libre exercice de droits et de devoirs égaux.

Mais l'équivalence véritable suppose les moyens d'y atteindre. Quand on observe les résultats pratiques de la loi sur l'égalité des salaires, par exemple, on voit ce qui sépare le droit, si nécessaire qu'il soit, de son application.

Comment faire la preuve de la valeur égale de deux emplois de nature différente ? Et comment accéder aux mêmes emplois lorsque la formation initiale, la qualification indispensable n'ont pas été acquises ?

Alors, parmi les salariés qui gagnent moins de 2 000 francs par mois, on trouve 64 % de femmes, soit 5 300 000 d'entre elles. Et seulement 35 % des hommes. Et dans notre société, que cela plaise ou non, l'argent sert d'étalon à la valeur. De surcroît, le proverbe le dit : « Qui paye les violons choisit la chanson. »

Bon nombre d'hommes le contestent, assurant que leur femme est indépendante, qu'elle tient le budget, qu'elle décide de tout, qu'en fait, ils dépendent d'elle. Ce raisonnement dénote une incompréhension curieuse de ce qui fonde le pouvoir de l'homme, même lorsqu'il est soumis à quelque tyrannie domestique.

Il va de soi que la notion d'indépendance à l'intérieur du couple et de la famille est ambiguë. Dès qu'il y a couple, mariage, famille, il y a interdépendance, et celle-ci doit fatalement être acceptée par tous les membres de la communauté familiale.

Les femmes semblent en être bien conscientes et, dans leur majorité en tout cas, ne remettent pas en cause cette interdépendance et ses aspects positifs.

Mais, dans le mariage, l'homme garde une part d'existence propre, par son statut social et professionnel, il conserve son identité (le fait qu'il ne change pas de nom en est le signe, le symbole). S'il divorce, il ne perdra ni situation, ni statut social, ni nom.

Ce n'est pas le cas de la femme. À moins qu'elle réussisse de son côté une carrière professionnelle qui lui donne une insertion sociale personnelle – situation exceptionnelle, aujourd'hui encore –, l'épouse perd, dans le mariage, son identité et n'y gagne qu'en qualité d'ayant droit. Elle est la femme de…, du boulanger ou du procureur.

Le problème n'est donc pas de savoir si, dans le couple, le rôle de la femme est de faire la cuisine tandis que le rôle de l'homme serait de conduire la voiture – ou inversement. Ce sont là conventions et pourquoi chacun des deux ne jouerait-il pas alternativement ce rôle…

Le problème n'est pas non plus de savoir si les femmes font de meilleures infirmières et les hommes de meilleurs conducteurs de travaux, ou s'il est plus féminin de taper à la machine que de manier une lampe à souder.

Chacun devrait être libre – c'est-à-dire non soumis à une pression sociale – de se diriger vers ce pour quoi il se sent le plus de goût ou d'aptitude, ce qui aboutirait, tout l'indique, à une mixité de la plupart des métiers.

Le problème est d'aboutir à l'équivalence sociale des deux rôles, ce qui suppose qu'hommes et femmes :

1. Reçoivent une formation analogue.

2. Soient rétribués sans considération de sexe, la notion de salaire d'appoint qui reste attaché au salaire féminin et en fonde la médiocrité étant abolie non seulement dans le Code civil (comme cela vient d'être acquis), mais dans les faits.

3. Jouissent de droits égaux en matière de protection sociale.

4. Soient mis en situation de suspendre ou d'aménager l'activité professionnelle de façon qu'elle soit compatible avec la présence au foyer de jeunes enfants, quel que soit celui des membres du couple qui suspend son activité.

[…]

PROJET POUR LES FEMMES

LA MOITIÉ DES FRANÇAIS

Si la France n'a jamais eu de politique en ce qui concerne le travail des femmes, ce n'est pas faute de l'avoir largement utilisé et exploité dans la production agricole, industrielle, dans l'artisanat, le commerce et dans les services, puisque le pourcentage des femmes actives est sensiblement le même aujourd'hui qu'il y a un siècle, après avoir légèrement fléchi entre 1950 et 1960. Leur salaire a été, de façon constante et aussi loin qu'on remonte dans le temps, sensiblement inférieur à celui des hommes et elles ont de façon constante cumulé les tâches domestiques avec les tâches productrices.

Le travail féminin n'a été ni encouragé ni découragé, étant entendu qu'il devait épargner totalement les femmes des classes dirigeantes, de la bourgeoisie grande et moyenne. Dans la petite bourgeoisie, on ne faisait que s'y résigner lorsqu'il était inéluctable, la promotion sociale consistant, pour une femme, à devenir une « dame » servie, et pour un homme, à pouvoir entretenir femme et enfants. [...]

Aujourd'hui encore, il n'est nullement évident aux yeux de tous que toute femme a droit au travail, ou que toutes les femmes doivent travailler, comme c'est le cas dans les pays dits socialistes.

Nous vivons donc dans l'ambiguïté de la liberté, du « libre choix ». Ambiguïté qui a un aspect positif : l'inactivité professionnelle n'est ni coupable, ni réprimée. Et un aspect à la fois hypocrite et négatif : l'organisation sociale ne prend en charge ni la garde, ni l'éducation, ni les loisirs des enfants dont la mère travaille.

Il y a hypocrisie dans la mesure où la société ne peut pas se passer du travail du plus grand nombre de ces femmes. Rappelons que, sur 8 300 000 femmes actives, 4 millions et demi sont mariées et que leur salaire représente 40 % du revenu du ménage.

Mais il est de fait qu'aucun système ne peut fournir la liberté individuelle (en l'occurrence travailler ou rester chez soi, garder ses enfants ou les faire garder, en être déchargé pendant leurs loisirs ou en avoir la charge, etc.) en même temps qu'il fournirait l'organisation sociale adaptée à l'un et à l'autre de ces modes de vie. Il ne peut pas y avoir deux organisations sociales parallèles, l'une fondée sur l'activité des femmes, l'autre sur leur non-activité.

Ainsi voit-on, par exemple, les municipalités ou les régions reculer devant les dépenses – élevées – de fonctionnement des crèches ou des haltes-garderies, devant la création de cantines scolaires. C'est que la collectivité française, au sens le plus large, refuse d'assumer ces dépenses parce qu'elle n'est pas tout entière concernée, et qu'une part de cette collectivité, celle qui détient le pouvoir de décision, souhaiterait plutôt encourager l'inactivité des femmes que faciliter leur activité. Or :

1. Le travail a été, est et demeurera « le lieu de la nécessité » pour les femmes comme pour les hommes. Si l'on commence à prendre conscience des problèmes qu'il pose aux femmes et, au-delà, aux familles, c'est parce qu'il intéresse maintenant des catégories sociales qui étaient, il y a vingt-cinq ans, peu concernées. Dans le « modèle bourgeois » sur lequel toute la France est structurée, la mère de famille était constamment disponible. [...]

2. La distinction entre « femmes qui travaillent » et « femmes au foyer » tendra à devenir de plus en plus artificielle. Avant dix ans, toutes les femmes auront travaillé, travailleront, ou retravailleront. [...]

En tout état de cause, il n'y a aucune raison pour que le taux d'activité féminine diminue, puisque, dans le couple, le salaire féminin, si bas soit-il, représente plus que l'époux ne pourra jamais obtenir par l'augmentation de son propre salaire.

3. Il est évident que, dans ce domaine comme dans les autres, les Français voudraient et voudront concilier leur liberté individuelle définie plus haut, l'absence de contraintes, avec la jouissance éventuelle de services collectifs et de l'ensemble d'une organisation sociale. [...]

S'il est normal que l'entreprise aborde les problèmes relatifs au travail des femmes en termes de coût, et reconnaisse qu'elle emploie des femmes parce que « elles coûtent moins cher, elles constituent une main-d'œuvre mobile, il est plus facile de s'en débarrasser, leur congédiement étant considéré comme plus acceptable, elles sont à coût égal plus adroites et plus souples que les machines » (réunion d'experts patronaux sous l'égide de l'OCDE, 16-18 mai 1973), il n'est pas acceptable que l'État, c'est-à-dire la collectivité, entretienne par son intervention la situation ainsi décrite. [...]

Il ne faut pas s'aveugler sur le fait que les jeunes générations sont en train d'inventer une nouvelle relation, un nouveau couple, un nouveau mariage, une nouvelle famille.

Et que si les femmes ne sont pas encore ce qu'elles seront, ni ce qu'elles voudraient être, elles ne seront plus jamais ce qu'elles étaient.

Cent mesures pour les femmes présentées par Françoise Giroud © La Documentation française, Paris, 1976

LE MLF
EN ACTION

« IL Y A PLUS INCONNU QUE LE SOLDAT INCONNU, SA FEMME… » C'EST PAR
CES MOTS QUE LE MOUVEMENT DE LIBÉRATION DES FEMMES FAIT SON
PREMIER COUP D'ÉCLAT, LE 26 AOÛT 1970. TOUT AU LONG DE LA DÉCENNIE,
SOUS LA BANNIÈRE DU MLF, LES FEMMES DÉFILENT ET INTERPELLENT
LES POLITIQUES ET TOUS LES HOMMES À GRAND RENFORT DE SLOGANS.

ANTOINETTE FOUQUE

ADULÉE PAR LES UNES, DÉTESTÉE PAR LES AUTRES, CETTE MILITANTE N'A CESSÉ DE DÉFENDRE LES COULEURS DES FEMMES, DANS L'ÉDITION NOTAMMENT.

Antoinette Fouque est née à Marseille en 1936, d'un père corse, communiste et libertaire, et d'une mère qui avait fui la misère de son Italie natale. Psychanalyste de formation, elle a suivi le séminaire de Roland Barthe, avant d'entamer une psychanalyse avec Jacques Lacan, puis avec Luce Irigaray. Très tôt, elle défend l'idée que la femme n'est pas un homme inachevé et réfute le concept freudien du « désir de pénis ». Elle exposera sa thèse dans son premier livre, sous le titre *Il y a deux sexes : essai de féminologie. 1989-1995*, paru aux éditions Gallimard.

Dans la mouvance de Mai 68, aux côtés de Monique Wittig, romancière et théoricienne féministe, Antoinette Fouque initie ce qu'elle considérera comme la réunion à l'origine du MLF, en 1968, sous le nom de « Psychanalyse et politique ». En 1979, lorsqu'elle enregistre une association loi de 1901 sous le nom de MLF et dépose le nom et le sigle à l'INPI, au motif de protéger le mouvement en perte de vitesse, nombre des militantes présentes depuis l'origine sont furieuses. Jusqu'à sa disparition, en ce début d'année 2014, les unes et les autres s'opposeront à intervalles réguliers par presse interposée sur la date de la création du mouvement et son appartenance. Antoinette Fouque aura beau répéter que « faire de l'année 1970 l'année zéro du MLF est faux », les militantes protestataires ne cesseront de dénoncer son désir de vouloir réécrire l'histoire.

Signataire du Manifeste des 343, Antoinette Fouque a lancé en 1974 les éditions Des femmes. À l'occasion des trente ans de la maison, elle signe une préface où elle expose ses intentions originelles.

ANTOINETTE FOUQUE RÉFUTE LE CONCEPT FREUDIEN SELON LEQUEL LE COMPORTEMENT DES FEMMES SERAIT DICTÉ PAR "LE DÉSIR DE PÉNIS".

EXTRAIT

« La maison d'édition Des femmes est née du MLF, que j'ai toujours envisagé comme un mouvement de civilisation, social et culturel, politique et symbolique. Je voulais tracer des voies positives, donner lieu au non-lieu, à l'éveil, à la naissance, au développement de la culture des femmes. Il nous a fallu ouvrir des territoires de parole et de pensée, où mener l'investigation et la création. Ces lieux, j'ai tenu à les démarquer du féminisme par le choix de l'intitulé pluriel et partitif : il s'agissait de faire advenir des femmes pour subvertir un ordre symbolique monophallique, pour passer d'une civilisation du un à une civilisation du deux, d'une économie phallique à une société hétérosexuée et génitale. Les éditions Des femmes sont nées d'une triple admiration pour des « phares », pour des « maisons de lumière », au sens où l'employait Virginia Woolf : José Corti qui a édité les surréalistes, Maspero les révolutionnaires, et les éditions de Minuit le Nouveau Roman. [...]

C'était en 1974. Avant, il y avait eu Colette Audry qui avait dirigé une collection « Femmes » chez Denoël-Gonthier, et Régine Deforges qui éditait de la littérature érotique. Depuis, on a vu apparaître des collections sur et par des femmes un peu partout, en France et en Europe. La création des éditions Des femmes fut donc un événement. [...]

Extrait de l'avant-propos du catalogue des trente ans des éditions Des femmes, *Depuis trente ans des femmes éditent, 1974-2004.*

LE 26 AOÛT 1970,
LES MILITANTES
DU MLF AUPRÈS
DE LA TOMBE DU
SOLDAT INCONNU.

LE MLF

NÉ DE DISCUSSIONS INFORMELLES, LE
MOUVEMENT DE LIBÉRATION DES FEMMES SE
FAIT CONNAÎTRE PAR SES ACTIONS ET MARQUE
LES ESPRITS PAR SES FORMULES CHOCS.

Antoinette Fouque ne peut incarner à elle seule le Mouvement de libération des femmes qui, de la fin des années 1960 à la fin des années 1970, a conduit des milliers de femmes à descendre dans les rues, et à orchestrer des happenings pour revendiquer le droit de disposer de leurs corps, d'avoir accès à l'avortement, d'être libres et de pouvoir enfin être considérées comme les égales des hommes. Le mouvement était multiple, libertaire, refusant toute structuration. Sans carte, sans bureau d'élues et encore moins de représentantes officielles, le MLF se voulait à l'origine un lieu de discussions informelles. Ses actions s'inscrivent dans le cheminement des manifestations du Women's Lib américain, qui réunit aux États-Unis toutes les femmes qui contestent le sexisme ambiant et réclament une véritable égalité dans les faits. D'abord nommé « Mouvement de la libération de la femme », il est vite rebaptisé « Mouvement de libération des femmes ».

Dans un contexte où les groupes d'extrême gauche, dont la gauche prolétarienne, concentrent leurs revendications sur la lutte des classes et ciblent avant tout dans leurs attaques les symboles du capitalisme, certaines refusent de n'être pas entendues et décident de faire valoir la singularité féminine. Elles axent leur combat sur

l'oppression des femmes, qui perdure au nom d'une culture patriarcale. Le mouvement puise son inspiration dans les écrits de Simone de Beauvoir. *Le Deuxième Sexe* fait figure de livre de référence de la littérature féministe, avec *Une chambre à soi* de Virginia Woolf, *Ainsi soient-elles* de Benoîte Groult et *Du côté des petites filles* de la pédagogue italienne Elena Gianini Belotti.

Le 26 août 1970, le mouvement produit le premier coup d'éclat de cette nouvelle génération de féministes. Ce jour-là, elles sont neuf, dont Christiane Rochefort, Christine Delphy et Cathy Bernheim, à se rendre sous l'Arc de triomphe pour déposer sur la tombe du Soldat inconnu une gerbe stipulant : « Il y a plus inconnu que le Soldat inconnu : sa femme. » Les forces de l'ordre interviennent immédiatement pour disperser la manifestation. Mais le jour même, sur toutes les radios et à l'ORTF, l'action est diffusée dans les foyers français. Le MLF vient de montrer l'une de ses plus grandes forces : ses slogans.

« Un homme sur deux est une femme », « Notre corps nous appartient », « Je ne suis pas un canapé, je ne suis pas convertible », « Femmes et chiens même combat, ne plus être sifflés dans la rue », « Travailleurs du monde entier, qui lave vos chaussettes ? »… Toute une génération va se retrouver sous les banderoles.

À L'ÉCOLE DES BEAUX ARTS,
EN 1972, UN GROUPE
DE SECRÉTAIRES FAIT MOUCHE.

Tu seras secrétaire ma fille...

Si tu peux voir un homme démolir tes dossiers
Et sans dire un seul mot te mettre à reclasser,
Si tu sais seconder l'homme en difficulté
Sans devenir sceptique quant à sa qualité,
Si tu sais être belle sans être ennuyante,
Si tu peux être vive mais jamais impatiente,
Très expérimentée sans avoir pris de l'âge,
Aimable et souriante même avec un sauvage,
Si tu sais conserver l'orthographe qu'il perd,
Taper, penser, noter, téléphoner, tout faire,
Si tu peux accoucher à l'heure du déjeuner,
N'avoir que des enfants contre tout vaccinés,
Remplacer ton patron qui, au soleil, ronronne
Sans pour autant rêver que sa paie on te donne,
Si tu sors d'HEC sans prétendre à la gloire,
Si tu as fait Sciences-Po sans en faire une histoire,
Alors, mieux qu'ingénieur, architecte ou ministre,
Mieux qu'hommasse vouée au célibat sinistre,
À jamais protégée des sommets où « LUI » brille,
… tu seras secrétaire, ma fille.

BOULOT, OMO, MARMOTS Y'EN A MARRE

IMMSPE BX-ARTS

CONTRACEPTION POUR TOUTES ET TOUS
AVORTEMENT LIBRE & GRATUIT
mouvement de libération des femmes
tous les jeudis 18h30 14 rue bonaparte

AVORTEMENT ET CONTRACEPTION LIBRES ET GRATUITS

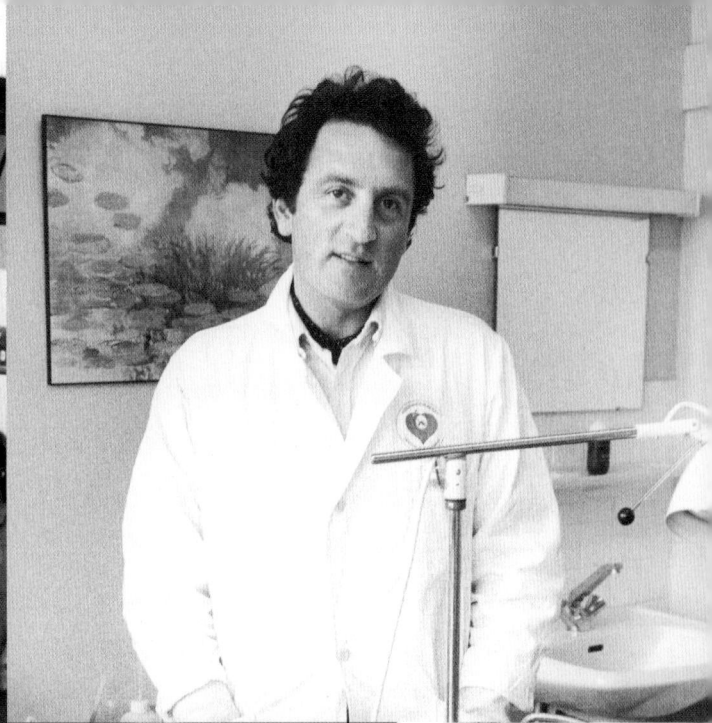

choisir
choisir

LE TEMPS
DES MANIFESTES

LA PRESSE RELAIE LES REVENDICATIONS DES FEMMES. MANIFESTE
DES 343, MANIFESTE DES 331, MANIFESTE DES DIX POUR LA PARITÉ…
LE NOUVEL OBSERVATEUR ET *L'EXPRESS* SE FONT LES PORTE-VOIX
DES FEMMES, DES MÉDECINS ET DES POLITIQUES QUI RÉCLAMENT
LE DROIT À L'AVORTEMENT ET MILITENT POUR LA PARITÉ.

Yvette Roudy et
Simone de Beauvoir,
toutes deux signataires
du Manifeste
des 343.

HISTOIRE DU MANIFESTE DES **343**

LE 5 AVRIL 1971, ELLES SONT 343 INTELLECTUELLES, ACTRICES, POLITICIENNES ET ANONYMES À AVOIR LE COURAGE D'ÉCRIRE : « JE ME SUIS FAIT AVORTER. »

"SIMONE DE BEAUVOIR
A ÉTÉ POUR MOI
UNE MÈRE SPIRITUELLE.
UN DEUXIÈME MODÈLE
FÉMININ EXTRAORDINAIRE.
LES JEUNES FEMMES
D'AUJOURD'HUI LUI
DOIVENT TANT !"

CLAUDINE MONTEIL
MILITANTE FÉMINISTE ET FEMME DE LETTRES

Le 5 avril 1971, *Le Nouvel Observateur* publie, dans son n° 334, la liste des « 343 Françaises qui ont le courage de signer le manifeste "Je me suis fait avorter" », s'exposant ainsi à des poursuites pénales pouvant aller jusqu'à l'emprisonnement. Ce manifeste appelle à la dépénalisation et à la légalisation de l'interruption volontaire de grossesse. Claudine Monteil, féministe et femme de lettres, amie de Simone de Beauvoir, figurait parmi les signataires. En février 2014, elle est revenue sur son parcours.

DANS QUEL CONTEXTE SIGNEZ-VOUS LE MANIFESTE DES 343 ?

Le manifeste s'est inspiré de l'appel à la désertion des 121 signé par des intellectuels français, comme Jean-Paul Sartre et Simone de Beauvoir en 1960. Un scandale retentissant. Ce document appelait à refuser de prendre les armes contre les Algériens. Nous avons décidé de rédiger un manifeste de femmes déclarant avoir avorté. Avec l'appui de personnalités telles que Simone de Beauvoir, nous pensions ne rien risquer. Certaines ont tout de même été ennuyées. Nous avons commencé à faire circuler une feuille de papier brouillon aux Beaux-Arts, le soir. Nous n'aurions jamais imaginé que ce papier marquerait l'histoire des femmes en France au XXᵉ siècle. Nous avons ensuite débuté des négociations pour trouver un magazine ou un journal qui accepterait de le publier. Certains ont refusé. Puis, Jean Daniel du *Nouvel Observateur* est venu en personne chez l'une de nous. Il a rencontré Simone de Beauvoir et il a accepté. C'est vraiment grâce à lui. Ce n'était pas évident. Il craignait d'être poursuivi. Ça s'est avéré un pari réussi. Le numéro s'est très bien vendu. C'était en avril 1971.

COMMENT EST NÉ VOTRE ENGAGEMENT FÉMINISTE ?

Après la Seconde Guerre mondiale, mes parents étaient normaliens. Ils ont tous les deux décidé de devenir chercheurs. En guise de cadeau de mariage, les grands mathématiciens de l'époque ont suggéré à ma mère de tout abandonner pour se consacrer à la carrière de mon père. Elle n'a pas suivi leurs conseils. Elle est entrée au laboratoire de Normale Sup dans les années 1950. Elle a travaillé sur des produits dangereux qui lui ont éclaté au visage. Elle a été aveuglée pendant quarante-huit heures, a perdu l'usage d'une main pleine d'éclats de verre et a souffert le martyre. Pourtant, elle a repris le chemin du laboratoire et a accompli l'une des plus grandes carrières scientifiques pour une femme à cette période. Dès l'enfance, ma mère m'a appris combien l'univers scientifique était rude pour une femme. Je ne souhaitais pas rencontrer les mêmes obstacles. Ma mère s'est battue pour la cause des femmes et leur a permis l'accès à un certain nombre de grandes écoles dans les années 1970. À l'âge de 18 ans, je suis tombée amoureuse. J'étais terrorisée à l'idée de tomber enceinte. J'ai eu la chance de pouvoir prendre la pilule, mais j'ai dû changer de quartier pour ne pas passer pour une prostituée. C'était affreux. Aussi, je menais des actions avec Daniel Cohn-Bendit en 1968, avant de devenir maoïste. Alors que j'avais étudié sur trois continents, les jeunes maoïstes m'imploraient de me taire sur les questions géopolitiques parce que j'étais une femme. Lassées d'attendre une révolution hypothétique pour changer la condition des femmes, nous avons créé le Mouvement de libération des femmes (MLF) en 1970.

COMMENT AVEZ-VOUS RENCONTRÉ SIMONE DE BEAUVOIR?

À l'âge de 19 ans, je distribuais des tracts dès 6 heures du matin devant des usines. Je me suis liée d'amitié avec des ouvrières. Elles vivaient des avortements dans des conditions épouvantables. Le MLF existait depuis trois mois. Je commençais seulement à assister à des réunions de femmes. Simone de Beauvoir a entendu parler de mon action par Jean-Paul Sartre. Elle a demandé à me rencontrer. J'ai ainsi rejoint Gisèle Halimi, Delphine Seyrig et Anne Zelenski au sein du petit groupe qu'elle réunissait chaque dimanche. Malgré nos quarante-deux années de différence, nous sommes devenues amies jusqu'à sa mort, en 1986. Simone de Beauvoir a été pour moi une mère (et une grand-mère) spirituelle, comme le fut ma propre mère. Un deuxième modèle féminin extraordinaire. Elle avait une énergie, un dynamisme, une simplicité, une humilité, une disponibilité, une gentillesse hors pair pour la question des femmes. Les jeunes femmes d'aujourd'hui lui doivent tant!

QUE RETENEZ-VOUS DES TÉMOIGNAGES DU MONDE ENTIER RECUEILLIS DANS VOTRE OUVRAGE, *SIMONE DE BEAUVOIR ET LES FEMMES AUJOURD'HUI?*

De nombreuses femmes font preuve d'un courage extraordinaire. Elles ne sont pas mises en valeur. Pourtant, elles trouvent des solutions dans des situations dramatiques avec une énergie et une imagination remarquables. C'est très beau. Une Éthiopienne a parcouru toute une région, village après village, et ainsi réussi à faire diminuer l'excision de 80%. Elle a attiré l'attention des Nations unies. Depuis les diplomaties occidentales la soutiennent. Ces illustres inconnues effectuent une longue marche. Les Nations unies disposent des plus importants programmes d'aides

pour les femmes au monde. De formidables ONG accomplissent également un travail de terrain avec dévouement dans la plus grande discrétion. J'y vois une grande reconnaissance de notre militantisme, du travail exécuté jour après jour, nuit après nuit pendant des années avec Simone de Beauvoir. D'autres mouvements agissaient aussi à l'étranger. Aujourd'hui, les Nations unies adoptent des programmes de plusieurs dizaines de millions de dollars dans les régions les plus reculées d'Afrique, d'Asie et Amérique latine. L'Unicef, l'Unesco, le fonds des Nations unies pour la population mettent en place des programmes d'aide à l'éducation ou à l'hygiène. C'est extraordinaire. À mes débuts dans les relations internationales, à la fin des années 1970, tout cela n'existait pas. La question de la femme ne se posait pas. Les Nations unies et l'Union européenne jouent un rôle formidable. Désormais, des femmes y occupent des postes à responsabilités. Elles se sentent concernées. Carol Bellamy et Ann Veneman ont dirigé l'Unicef. Irina Bokova dirige l'Unesco. Ses priorités vont aux femmes et à l'Afrique. Ces programmes sont méconnus du grand public mais tout à fait remarquables. Je ne pensais pas que j'assisterais un jour à cela.

COMMENT VIVEZ-VOUS L'ÉGALITÉ ET L'INÉGALITÉ AUJOURD'HUI?

On ne peut pas nier les progrès accomplis en quarante ans. Je suis l'une des plus jeunes militantes de la génération 1968-1970. Je n'ai pas vécu dans le même monde à mes 20 ans. Je note d'importantes avancées en matière d'égalité et une baisse de l'inégalité. Les jeunes femmes occupent désormais des postes différents. Ma génération n'avait pas accès à certaines grandes écoles, encore moins à de nombreux métiers comme celui de préfet ou diplomate. Ces professions se sont largement ouvertes aux femmes. Je n'idéalise pas: beaucoup de jeunes femmes rencontrent encore des difficultés dans le monde du travail, mais elles se posent moins de questions. Des inégalités perdurent dans l'enseignement. Les professeurs s'adressent davantage aux garçons. Dans le domaine des sciences aussi. Les femmes sont parfois orientées vers des secteurs de la chimie où les hommes ne vont pas, conscients qu'il n'y a pas de débouchés. Ils se dirigeront plus facilement vers l'informatique

"IL FAUDRA SE MONTRER ATTENTIF À TOUTES LES REVENDICATIONS RELIGIEUSES DE CONTRÔLE DES CORPS, MAIS AUSSI DES ESPRITS, DES FEMMES."

ou la physique. Il reste de vrais efforts à faire sur le plan de l'image et de la représentation des femmes dans les médias. Je suis exaspérée de voir des hommes commenter des sujets qui concernent aussi des femmes. Sur les actuelles questions d'égalité et de genre, j'observe beaucoup plus d'hommes intervenir à la télévision. Les représentations féminines peuvent servir d'exemples pour les jeunes femmes. Aux États-Unis, les personnalités féminines historiques sont très représentées. Ils n'ont pourtant que deux siècles d'Histoire derrière eux. Au mois de mars, le Women History Month, les Américains affichent de grands panneaux dans les aéroports ou les gares. Y figurent des femmes qui ont contribué à changer la société, pas des femmes politiques. Elles incarnent des modèles pour les jeunes Américaines. Cela leur instruit la notion de force, la capacité à changer le monde, à réaliser des choses passionnantes, reconnues, valorisées et valorisantes. Inspirons-nous des autres pays pour améliorer cette visibilité. C'est un enjeu fondamental. Simone de Beauvoir et Marie Curie étaient emblématiques pour ma génération.

COMMENT VOUS IMAGINEZ-VOUS L'AVENIR ?
L'égalité connaîtra à la fois des opportunités et des dangers. Aujourd'hui, les jeunes filles ont été élevées par des mères qui leur auront, peut-être inconsciemment, inculqué la notion d'égalité entre les femmes et les hommes. À leur arrivée sur le marché du travail, elles seront, je l'espère, plus confiantes. À propos des dangers, je rappellerai une phrase de Simone de Beauvoir : « Faites attention, il suffira d'une crise économique, politique ou religieuse pour que les droits des femmes soient remis en question. » Cela s'est notamment vérifié en 1979, en Iran : dès son arrivée au pouvoir, Rouhollah Mousavi Khomeini a abaissé l'âge du mariage pour les filles à 10 ans. Il faudra se montrer attentif à toutes les revendications religieuses de contrôle des corps, mais également des esprits, des femmes. Certains

hommes essayent de regagner une situation d'inégalité. Les religieux sont très habiles. Ils agissent parfois de manière très offensive, comme les talibans ou les islamistes radicaux. Et parfois de façon plus insidieuse, en abrogeant un droit, puis l'autre.

QUEL REGARD PORTEZ-VOUS SUR LA RESTRICTION DES DROITS À L'IVG EN ESPAGNE ET LA RÉSURGENCE DES OPPOSANTS EN FRANCE ?
C'est très grave et ça ne fait que commencer. Les lobbies américains sont extrêmement riches et puissants. Ils s'apprêtent à mener une véritable campagne pour criminaliser la notion d'avortement dans l'inconscient collectif, comme en Espagne. Ils ont déjà réussi à persuader 75 % à 80 % de la population américaine que l'avortement est un crime. S'ils le décident, ils arriveront à faire des dégâts. Il est plus que jamais nécessaire de se regrouper, d'être vigilant, de collaborer avec les médias. Les médias sont aussi notre chance.

ÊTES-VOUS OPTIMISTE OU PESSIMISTE SUR LE DEVENIR DE L'ÉGALITÉ ?
Je ne suis ni optimiste ni pessimiste, mais inquiète. La surpopulation présente le plus grand enjeu pour les femmes. Les États se battent déjà pour l'accès aux dernières ressources de matières premières de la planète. Ils se partagent le gâteau dans des rivalités féroces. Il n'y a pas suffisamment de ressources pour l'ensemble de la population mondiale. Les pays se voient obliger de négocier. Outre la contrepartie financière, un certain nombre d'États exigent d'autres accords : voiler les femmes, leur interdire l'éducation, les ramener à une situation archaïque et avilissante. On mesure mal à quel point cela existe. Plus les prix des matières premières augmentent, plus les droits des femmes sont en danger. Tous les hommes n'ont pas encore renoncé à l'inégalité. Ne nous leurrons pas. Certains pays font ce que les Occidentaux ne peuvent plus se permettre, et ça ne les rend pas mécontents, pensons-nous avec Simone de Beauvoir. L'égalité est un but à atteindre sans relâche. Je ne connaîtrai pas cette égalité de mon vivant, mais j'aurai assisté à de réels progrès. J'aimerais qu'ils demeurent. C'est au tour de la nouvelle génération de mener le combat, avec le soutien des hommes.

le nouvel
OBSERVATEUR

la liste des 343 françaises

qui ont le courage

de signer le manifeste

« JE ME SUIS FAIT AVORTER »

N° 334 • DU 5 AU 11 AVRIL 1971 • 3 F • 30 FB • 2,50 FS • CAN 75 c

LE MANIFESTE PARAÎT EN UNE DE L'ÉDITION DU *NOUVEL OBSERVATEUR* DU 5 AU 11 AVRIL 1971.

Avortement

UN APPEL DE 343 FEMMES

Un million de femmes se font avorter chaque année en France.
Elles le font dans des conditions dangereuses en raison de la clandestinité à laquelle elles sont condamnées, alors que cette opération, pratiquée sous contrôle médical, est des plus simples.
On fait le silence sur ces millions de femmes.
Je déclare que je suis l'une d'elles. Je déclare avoir avorté.
De même que nous réclamons le libre accès aux moyens anticonceptionnels, nous réclamons l'avortement libre (1).

SIGNATURES

J. ABBA-SIDICK
Janita ABDALLEH
Monique ANFREDON
Catherine ARDITI
Maryse ARDITI
Hélène ARGELLIES
Françoise ARNOUL
Florence ASIE
Isabelle ATLAN
Brigitte AUBER
Stéphane AUDRAN
Colette AUDRY
Tina AUMONT
L. AZAN
Jacqueline AZIM
Micheline BABY
Geneviève BACHELIER
Cécile BALLIF
Néna BARATIER
D. BARD
E. BARDIS
Anna de BASCHER
C. BATINI
Chantal BAULIER
Hélène de BEAUVOIR
Simone de BEAUVOIR
Colette BEC
M. BEDIOU
Michèle BEDOS
Anne BELLEC
Lolleh BELLON
Edith BENOIST
Anita BENOIT
Aude BERGIER
Dominique BERNABE
Jocelyne BERNARD
Catherine BERNHEIM
Nicole BERNHEIM
Tania BESCOMD
Jeannine BEYLOT
Monique BIGOT
Fabienne BIGUET
Nicole BIZE
Nicole de BOISANGER
Valérie BOISGEL
Y. BOISSAIRE
Silvina BOISSONNADE
Martine BONZON
Françoise BOREL
Ginette BOSSAVIT
Olga BOST
Anne-Marie BOUGE
Pierrette BOURDIN
Monique BOURROUX
Bénédicte BOYSSON-BARDIES
M. BRACONNIER-LECLERC
M. BRAUN
Andrée BRUMEAUX
Dominique BRUMEAUX
Marie-Françoise BRUMEAUX
Jacqueline BUSSET
Françoise de CAMAS
Anne CAMUS
Ginette CANO
Ketty CENEL
Jacqueline CHAMBORD

Josiane CHANEL
Danièle CHINSKY
Claudine CHONEZ
Martine CHOSSON
Catherine CLAUDE
M. Louise CLAVE
Françoise CLAVEL
Iris CLERT
Geneviève CLUNY
Annie COHEN
Florence COLLIN
Anne CORDONNIER
Anne CORNALY
Chantal CORNIER
J. CORVISIER
Michèle CRISTOFARI
Lydia CRUSE
Christiane DANCOURT
Hélène DARAKIS
Françoise DARDY
Anne-Marie DAUMONT
Anne DAUZON
Martine DAYEN
Catherine DECHEZELLE
Marie DEDIEU
Lise DEHARME
Claire DELPECH
Christine DELPHY
Catherine DENEUVE
Dominique DESANTI
Geneviève DESCHAMPS
Claire DESHAYES
Nicole DESPINEY
Catherine DEUDON
Sylvie DIARTE
Christine DIAZ
Arlette DONATI
Gilberte DOPPLER
Danièle DREVET
Evelyne DROUX
Dominique DUBOIS
Muguette DUBOIS
Dolorès DUBRANA
C. DUFOUR
Elyane DUGNY
Simone DUMONT
Christiane DUPARC
Pierrette DUPERRAY
Annie DUPUIS
Marguerite DURAS
Françoise d'EAUBONNE
Nicole ECHARD
Isabelle EHNI
Myrtho ELFORT
Danièle EL-GHARBAOUI
Françoise ELIE
Arlette ELKAIM
Barbara ENU
Jacqueline d'ESTREE
Françoise FABIAN
Anne FABRE-LUCE
Annie FARGUE
J. FOLIOT
Brigitte FONTAINE
Antoinette FOUQUE-GRUGNARDI
Eléonore FRIEDMANN
Françoise FROMENTIN
J. FRUHLING
Danièle FULGENT
Madeleine GABULA
Yamina GACON
Luce GARCIA-VILLE
Monique GARNIER
Micha GARRIGUE
Geneviève GASSEAU

Geneviève GAUBERT
Claude GENIA
Elyane GERMAIN-HORELLE
Dora GERSCHENFELD
Michèle GIRARD
F. GOGAN
Hélène GONIN
Claude GORODESKY
Marie-Luce GORSE
Colette MASBOU
Martine GOTTLIB
Rosine GRANGE
Rosemonde GROS
Valérie GROUSSARD
Lise GRUNDMAN
A. GUERRAND-HERMES
Françoise de GRUSON
Catherine GUYOT
Gisèle HALIMI
Herta HANSMANN
Noëlle HENRY
M. HERY
Nicole HIGELIN
Dorinne HORST
Raymonde HUBSCHMID
Y. IMBERT
L. JALIN
Catherine JOLY
Colette JOLY
Yvette JOLY
Hermine KARAGHEUZ
Ugne KARVELIS
Katia KAUPP
Nanda KERIEN
F. KORN
Hélène KOSTOFF
Marie-Claire LABIE
Myriam LABORDE
Anne-Marie LAFAURIE
Bernadette LAFONT
Michèle LAMBERT
Monique LANGE
Maryse LAPERGUE
Catherine LARNICOL
Sophie LARNICOL
Monique LASCAUX
M.-T. LATREILLE
Christiane LAURENT
Françoise LAVALLARD
G. LE BONNIEC
Danièle LEBRUN
Annie LECLERC
M.-France LE DANTEC
Colette LE DIGOL
Violette LEDUC
Martine LEDUC-AMEL
Françoise LE FORESTIER
Michèle LEGLISE-VIAN
M. Claude LEJAILLE
Mireille LELIEVRE
Michèle LEMONNIER
Françoise LENTIN
Joëlle LEQUEUX
Emmanuelle de LESSEPS
Anne LEVAILLANT
Dona LEVY
Irène LHOMME
Christine LLINAS
Sabine LODS
Marceline LORIDAN
Edith LOSER
Françoise LUGAGNE
M. LYLEIRE
Judith MAGRE
C. MAILLARD

Michèle MANCEAUX
Bona de MANDIARGUES
Michèle MARQUAIS
Anne MARTELLE
Monique MARTENS
Jacqueline MARTIN
Milka MARTIN
Renée MARZUK
Colette MASBOU
Cella MAULIN
Liliane MAURY
Edith MAYEUR
Jeanne MAYNIAL
Odile du MAZAUBRUN
Marie-Thérèse MAZEL
Gaby MEMMI
Michèle MERITZ
Marie-Claude MESTRAL
Maryvonne MEURAUD
Jolaine MEYER
Pascale MEYNIER
Charlotte MILLAU
M. de MIROSCHODJI
Geneviève MNICH
Ariane MNOUCHKINE
Colette MOREAU
Jeanne MOREAU
Nelly MORENO
Michèle MORETTI
Lydia MORIN
Mariane MOULERGUES
Liane MOZERE
Nicole MUCHNIK
C. MUFFONG
Véronique NAHOUM
Eliane NAVARRO
Henriette NIZAN
Lila de NOBILI
Bulle OGIER
J. OLENA
Janine OLIVIER
Wanda OLIVIER
Yvette ORENGO
Iro OSHIER
Gege PARDO
Elisabeth PARGNY
Jeanne PASQUIER
M. PELLETIER
Jacqueline PEREZ
M. PEREZ
Nicole PERROTTET
Sophie PIANKO
Odette PICQUET
Marie PILLET
Elisabeth PIMAR
Marie-France PISIER
Olga POLIAKOFF
Danièle POUX
Micheline PRESLE
Anne-Marie QUAZZA
Marie-Christine QUESTERBERT
Susy RAMBAUD
Gisèle REBILLION
Gisèle REBOUL
Arlette REINERT
Arlette REPART
Christiane RIBEIRO
M. RIBEYROL
Delya RIBES
Marie-Françoise RICHARD
Suzanne RIGAIL-BLAISE
Marcelle RIGAUD
Laurence RIGAULT
Danièle RIGAUT
Danielle RIVA

M. RIVA
Claude RIVIERE
Marthe ROBERT
Christiane ROCHEFORT
J. ROGALDI
Chantal ROGEON
Francine ROLLAND
Christiane RORATO
Hélène ROSTOFF
G. ROTH-BERNSTEIN
C. ROUSSEAU
Françoise ROUTHIER
Danièle ROY
Yvette RUDY
Françoise SAGAN
Rachel SALIK
Renée SAUREL
Marie-Ange SCHILTZ
Lucie SCHMIDT
Scania de SCHONEN
Monique SELIM
Liliane SENDYKE
Claudine SERRE
Colette SERT
Jeanine SERT
Catherine de SEYNE
Delphine SEYRIG
Sylvie SFEZ
Liliane SIEGEL
Annie SINTUREL
Michèle SIROT
Michèle STEMER
Cécile STERN
Alexandra STEWART
Gaby SYLVIA
Francine TABET
Danièle TARDREW
Anana TERRAMORSI
Arlette TETHANY
Joëlle THEVENET
Marie-Christine THEURKAUFF
Constance THIBAUD
Josy THIBAUT
Rose THIERRY
Suzanne THIVIER
Sophie THOMAS
Nadine TRINTIGNANT
Irène TUNC
Tyo DUMONT
Marie-Pia VALLET
Agnès VAN-PARYS
Agnès VARDA
Catherine VARLIN
Patricia VAROD
Cleuza VERNIER
Ursula VIAN-KUBLER
Louise VILLAREAL
Marina VLADY
A. WAJNTAL
Jeannine WEIL
Anne WIAZEMSKY
Monique WITTIG
Josée YANNE
Catherine YOVANOVITCH
Annie ZELENSKY

(1) *Parmi les signataires, des militantes du « Mouvement de Libération des Femmes » réclament l'avortement libre et GRATUIT.*

Pour l'envoi des signatures, écrire à B.P. : F.M.A. 370.13 Paris.

LIRE, PAGE 40, NOTRE DOSSIER SUR L'AVORTEMENT

Le Nouvel Observateur Pag

Avortement

NOTRE VENTRE, NOUS APPARTIENT

● *La liste de signatures de la page précédente est un premier acte de révolte. Pour la première fois, les femmes ont décidé de lever l'interdit qui pèse sur leur ventre : des femmes du Mouvement de Libération des Femmes, du Mouvement pour la Liberté de l'Avortement, des femmes qui travaillent, des femmes au foyer.*

Au Mouvement de Libération des Femmes, nous ne sommes ni un parti, ni une organisation, ni une association, et encore moins leur filiale féminine. Il s'agit là d'un mouvement historique qui ne groupe pas seulement les femmes qui viennent au M.L.F., c'est le mouvement de toutes les femmes qui, là où elles vivent, là où elles travaillent, ont décidé de prendre en main leur vie et leur libération.

Lutter contre notre oppression c'est faire éclater toutes les structures de la société et, en particulier, les plus quotidiennes. Nous ne voulons aucune part ni aucune place dans cette société qui s'est édifiée sans nous et sur notre dos. Quand le peuple des femmes, la partie à l'ombre de l'humanité, prendra son destin en main, c'est alors qu'on pourra parler d'une révolution.

Un Mouvement pour la Liberté de l'Avortement s'est constitué, qui regroupe toutes celles et ceux qui sont prêts à lutter jusqu'au bout pour l'avortement libre. Ce mouvement a pour but de susciter des groupes de quartier et d'entreprise, de coordonner une campagne d'explication et d'information, de se transformer en mouvement de masse seul capable d'imposer notre droit à disposer de nous-mêmes.

Avortement

Mot qui semble exprimer et limiter une fois pour toutes le combat féministe. Être féministe, c'est lutter pour l'avortement libre et gratuit.

Avortement

C'est une affaire de bonnes femmes, quelque chose comme la cuisine, les langes, quelque chose de sale. Lutter pour obtenir l'avortement libre et gratuit, cela a l'air dérisoire ou mesquin. Toujours cette odeur d'hôpital ou de nourriture, ou de caca derrière les femmes.

La complexité des émotions liées à la lutte pour l'avortement indique avec précision notre difficulté d'être, le mal que nous avons à nous persuader que cela vaut le coup de se battre pour nous. Il va de soi que nous n'avons pas comme les autres êtres humains le droit de disposer de notre corps. Pourtant notre ventre nous appartient.

L'avortement libre et gratuit n'est pas le but ultime de la lutte des femmes. Au contraire il ne correspond qu'à l'exigence la plus élémentaire, ce sans quoi le combat politique ne peut même pas commencer. Il est de nécessité vitale que les femmes récupèrent et réintègrent leur corps. Elles sont celles de qui la condition est unique dans l'histoire : les êtres humains qui, dans les sociétés modernes, n'ont pas la libre disposition de leur corps. Jusqu'à présent, seuls les esclaves ont connu cette condition.

Les scandale persiste. Chaque année 1 500 000 femmes vivent dans la honte et le désespoir. 5 000 d'entre nous meurent. Mais l'ordre moral n'en est pas bousculé. On voudrait crier.

L'avortement libre et gratuit c'est :

● cesser immédiatement d'avoir honte de son corps, être libre et fière de son corps comme tous ceux qui jusqu'ici en ont eu le plein emploi ;

● ne plus avoir honte d'être une femme. Un *ego* qui fout le camp en petits morceaux, c'est ce qu'éprouvent toutes les femmes qui doivent pratiquer un avortement clandestin ;

● être soi à tout moment, ne plus avoir cette crainte ignoble d'être « prise », prise au piège, d'être double et impuissante avec une espèce de tumeur dans le ventre ;

● un combat enthousiasmant, dans la mesure où, si je le gagne, je commence seulement à m'appartenir en propre et non plus à l'État, à une famille, à un enfant dont je ne veux pas ;

● une étape pour parvenir au contrôle complet de la production des enfants. Les femmes comme tous les autres producteurs ont de fait le droit absolu au contrôle de *toutes* leurs productions. Ce contrôle implique un changement radical des structures mentales des femmes et un changement non moins radical des structures de la société.

1. Je ferai un enfant si j'en ai envie, nulle pression morale, nulle institution, nul impératif économique ne peut m'y contraindre. Cela est mon pouvoir politique. Comme tout producteur, je peux, en attendant mieux, faire pression sur la société à travers ma production (grève d'enfants).

2. Je ferai un enfant si j'en ai envie et si la société dans laquelle je le fais naître est convenable pour moi, si elle ne fait pas de moi l'esclave de cet enfant, sa nourrice, sa bonne, sa tête de Turc.

3. Je ferai un enfant si j'en ai envie, si la société est convenable pour moi et convenable pour lui, j'en suis responsable, pas de risques de guerres, pas de travail assujetti aux cadences.

Les dix commandements de l'État bourgeois

● Fœtus plutôt qu'être humain choisiras quand cet être humain est femelle.

● Femme point n'avorteras tant que Debré réclamera 100 millions de Français.

● 100 millions de Français tu auras, tant que ça ne te coûte rien.

● Particulièrement sévère seras avec femelles pauvres ne pouvant aller en Angleterre.

● Ainsi volant de chômage tu auras pour faire plaisir à tes capitalistes.

● Très moraliste tu seras, car Dieu sait ce que « nos » femmes feraient si libres.

● Fœtus tu préserveras, car plus intéressant de les tuer à 18 ans, âge de la conscription.

● Grand besoin tu en auras car politique impérialiste tu poursuivras.

● Toi-même contraception utiliseras, pour envoyer rares enfants à Polytechnique ou l'E.N.A. parce qu'appartement 10 pièces seulement.

● Quant aux autres, pilule dénigreras, car il ne manquerait plus que ça.

Non à la liberté surveillée

La bataille qui s'est engagée autour de l'avortement se passe au-dessus de la tête des principales intéressées, les femmes. La question de savoir si la loi doit être libéralisée, la question de savoir quels sont les cas où l'on peut se permettre l'avortement, en bref la question de l'avortement thérapeutique ne nous intéresse pas parce qu'elle ne nous concerne pas.

L'avortement thérapeutique exige de « bonnes » raisons pour avoir la « permission » d'avorter. En clair cela signifie que nous devons *mériter* de ne pas avoir d'enfants. Que la décision d'en avoir ou pas ne nous appartient pas plus qu'avant. Le principe reste qu'il est légitime de forcer les femmes à avoir des enfants.

Une modification de la loi, en permettant des exceptions à ce principe, ne ferait que le renforcer. La plus libérale des lois réglementerait encore l'usage de notre corps. L'usage de notre corps n'a pas à être réglementé. Nous ne voulons pas des tolérances, des bribes de ce que les autres humains ont de naissance : la liberté d'user de leur corps comme ils l'entendent. Nous nous opposons autant à la loi Peyret ou au projet A.N.E.A. qu'à la loi actuelle comme nous opposerons à toute loi qui prétendra régler d'une façon quelconque notre corps. Nous ne voulons pas une meilleure loi, nous voulons sa suppression pure et simple. Nous ne demandons pas la charité, nous voulons la justice. Nous sommes 27 000 000 rien qu'ici. 27 000 000 de « citoyennes » traitées comme du bétail.

Aux fascistes de tout poil — qu'ils s'avouent comme tels et nous matraquent ou qu'ils s'appellent catholiques, intégristes, démographes, médecins, experts, juristes, « hommes responsables », Debré, Peyret, Lejeune, Pompidou, Chauchard, le pape — nous disons que nous les avons démasqués. Que nous les appelons les assassins du peuple. Que nous leur interdisons d'employer le terme « respect de la vie » qui est une obscénité dans leur bouche. Que nous sommes 27 000 000. Que nous lutterons jusqu'au bout parce que nous ne voulons rien de plus que notre dû : la libre disposition de notre corps.

J'ai signé parce que...

J'ai signé parce que j'ai perdu trop de sang et vous voudriez en plus que je me taise.
C'est fini ça. Maintenant on parle. Monsieur le législateur qu'est-ce que tu as comme sang sur les mains et tu ne t'en aperçois même pas, tu te promènes comme ça.
Mais on va te mettre le nez dedans.
La loi dit, tous sont égaux devant la loi.
Et puis la loi frappe sélectivement une seule catégorie. Et puis tu prends des airs de moraliste.
Tricheur.
Tu codifies mes fonctions physiologiques.
Tu décris en détail ce qui se passe à l'intérieur de mon ventre. Tu mets ça dans le « Journal officiel ».
Quelle indécence.
Et c'est de moi que tu exiges de la pudeur.
C'est comme ça que tu appelles mon silence qui t'arrange bien.
Hypocrite.
Mais le silence est rompu.
On te montre du doigt. Et tout le monde va voir ton vrai visage.
Quelle horreur.

Une signataire.

Des signataires, des femmes du Mouvement de libération des femmes, du Mouvement pour la liberté de l'avortement.

L'EVENEMENT

DU SCANDALE
A L'EXPLOSION

L e scandale que constituent le nombre effarant des avortements clandestins et les conditions révoltantes dans lesquelles ils sont pratiqués n'est pas nouveau. Ce qui est nouveau, c'est que des femmes décident aujourd'hui de répondre au scandale par le scandale.

Devant le pharisaïsme et la cécité d'une société qui a peur de tout et même des mots (dans certains « grands » journaux on baptise pudiquement l'avortement du nom d' « interruption de grossesse ») ; devant l'indifférence ou l'embarras qu'elles rencontrent dans les milieux même les plus progressistes ; face à une législation dont personne ne peut plus discuter le caractère répressif, des femmes ont pris l'initiative de porter le débat devant l'opinion publique et cela avec tous les moyens, y compris publicitaires, que notre société utilise pour défendre des causes bien autrement « impudiques ».

Nous avons décidé de tout faire pour que l'initiative de ces femmes triomphe d'une puissante conspiration du silence. Parce que, sur le plan où nous nous plaçons, et qui est social, nous estimons qu'il s'agit d'un problème simple. On ne le complique, la plupart du temps, que pour des raisons suspectes.

Ce n'est pas en effet un débat idéologique ou religieux. Il ne s'agit pas de savoir à partir de quel jour un fœtus devient un être humain. Il n'est pas question du caractère sacré de la vie et du droit que nous pouvons avoir ou non d'y porter atteinte. Nous ne voulons même pas aborder le problème psychologique et médical du traumatisme provoqué par un avortement.

Nous constatons simplement qu'un million de femmes se font avorter chaque année en France. Nous constatons que la majorité d'entre elles subissent cette opération dans des conditions qui mettent leur avenir et parfois même leur vie en danger. Nous constatons que la clandestinité de ces avortements provoque une véritable et sordide organisation d'exploitants, un marché noir de la chirurgie et un réseau parallèle de profiteurs. Nous constatons enfin que la France, contrairement à la Grande-Bretagne, à quinze Etats américains, au Japon, aux pays nordiques et aux pays de l'Est, refuse aux femmes le droit de décider si elles veulent porter jusqu'à son terme « un embryon qui n'a pas encore bougé ».

A près ces constatations, on comprendra que nous remettions à plus tard, sans en sous-estimer l'importance, les débats sur les grands principes. Il ne s'agit pas de primauté mais de priorité. Une situation intolérable est faite aux femmes. Un groupe d'entre elles nous contraint désormais à choisir notre camp. Et si, pour commencer, toute la gauche prenait position ? S'il y avait sur ce point un comportement et un combat communs ?...

Devant ce genre de problème comme, par exemple, devant l'agitation dans les lycées, certains estiment — et pas seulement au gouvernement — que les Français s'ennuient, n'ont pas conscience de leur bonheur, bref qu'ils sont « malades de la paix ». C'est un sentiment très répandu parmi les sociologues conservateurs comme parmi nos ministres. La France, cet îlot privilégié, à l'abri de toutes les tempêtes du monde, est un pays où il fait bon vivre et les Français ne s'en aperçoivent plus. Privé des guerres coloniales et du théâtre gaullien, ce peuple ingouvernable s'inventerait de luxueux malaises.

Le démenti le plus radical à cette hautaine et sommaire analyse, ce sont les Etats-Unis qui l'infligent. Les Etats-Unis, eux, ne sont pas « malades de la paix » : ils connaissent toutes les violences. Le procès du lieutenant Calley, coupable d'avoir massacré les civils, femmes et enfants, d'un village viêtnamien, prend la dimension d'un drame national. Tous les Américains mesurent les conséquences intérieures d'une guerre injustifiable faite en leur nom, avec une barbarie égale à celle que la presse new-yorkaise dénonce au Biafra ou au Pakistan. L'armée croyait pouvoir rejeter le lieutenant Calley comme une bavure et, par une condamnation, se laver de cette tache. Les Américains se déclarent tous, dans la fierté ou dans la honte, solidaires du condamné ou aussi coupables que lui.

Pourtant, c'est dans ce même pays que les combats pour la libération de la femme sont le plus ardents. Le document que nous publions le montre bien (1). Kate Millett recherche dans la pensée moderne ce qui peut expliquer la condition féminine et qui serait à l'origine de certains aveuglements masculins devant des scandales comme celui, en pays catholiques et latins, de l'avortement.

En vérité, supprimer les problèmes, soit en déclarant qu'ils pourraient être plus graves, soit en réprimant ceux qui en sont victimes, constitue une manifestation d'impuissance évidemment dérisoire. Cette affaire d'avortements en est la preuve la plus criante : elle était simple. La répression l'a rendue explosive.

JEAN DANIEL

(1) Voir notre dossier « Une Américaine en colère », page 63.

NOTRE
EPOQUE

MANIFESTATIONS
POUR L'AVORTEMENT LIBRE,
A IVRY.
« A la société
de nous
offrir...

« JE ME SUIS
FAIT AVORTER »

* *" Il m'a mis une sonde
et, trois jours après, ça s'est
déclenché..."*
*" J'étais à Londres.
Ils ont procédé par aspiration..."*
* *Dix millions de Françaises
ont demandé "une adresse"*
* *Un projet de (mauvaise) loi
va être discuté
à l'Assemblée nationale.*
* *343 femmes déclarent
publiquement :
" Je me suis fait avorter ".
En France, l'hypocrisie
sociale doit céder la place à
une modeste franchise.*

● « A l'époque, j'étais vendeuse dans une chemiserie — une chemiserie pour hommes. Je vivais chez mes parents dans un deux-pièces au sixième étage, dans le vieux Montmartre. C'était au printemps 1957.

» Quand j'ai commencé à avoir des nausées, j'en ai parlé à ma mère. Mon père était furieux. Ma mère m'a conseillé de prendre du F..., un produit qu'on trouve en pharmacie. Le nombre de fois où j'ai avalé des trucs après un retard de quelques jours ! Trucs et machins, plus bains de pieds à la farine de moutarde... Il allait de soi, pour mes parents, que je me fasse avorter, mais ils n'ont rien fait pour m'aider à trouver... J'en ai parlé autour de moi, à des amies, pas à mes collègues de travail, pas au garçon avec qui ça s'était passé, mais à un de ses amis. Il a dû le lui dire. Je ne l'ai jamais revu. J'étais tellement gourde en ce temps-là, je l'aurais sans doute épousé s'il m'avait demandé.

» La vendeuse de la parfumerie à côté de chez moi m'a procuré le numéro de téléphone d'un médecin de banlieue. J'étais enceinte de deux mois et demi mais j'ai menti au médecin : j'avais peur qu'il ne refuse. Il m'a fait trois ou quatre dilatations à quelques jours d'intervalle. J'allais chez lui le soir, après le travail. Les dilatations n'ont rien provoqué. Il m'a mis une sonde et, trois jours après, ça s'est déclenché. J'étais seule à la maison. Ma mère était partie en vacances. Mon père, qui était chauffeur, rentrait tard le soir. J'ai téléphoné au médecin : il m'a dit de ne toucher à rien, qu'il arrivait. J'étais avec ça entre les jambes : le fœtus, la poche, je ne sais plus... A trois mois, c'est drôlement formé. Le médecin a tout arrangé. Je n'ai pas eu de complications. J'ai eu vingt ans le mois suivant.

» J'en ai fait un autre en 1959, après Pâques. Je suis retournée chez mon médecin de banlieue. Deux dilatations, et c'était terminé. Quand j'ai

été prise une nouvelle fois, l'hiver 1960, j'ai eu peur qu'il ne veuille plus s'occuper de moi. J'ai essayé des tas de méthodes. Ça n'a rien donné.

» La propriétaire d'un magasin de confection m'a donné l'adresse d'un médecin en Suisse. Un soir, ma mère m'a accompagnée à la gare de Lyon. A Genève, j'ai pris un rendez-vous par téléphone. Je suis allée chez le médecin. Il n'a pas voulu entendre mes raisons. Je suis rentrée bredouille. Cette fois, mon premier médecin a été obligé de me faire un curetage. Il m'a donné rendez-vous un samedi soir dans une clinique à Paris. Avant l'anesthésie, je tremblais. J'avais peur de ne pas me réveiller. En enfilant ses gants, le médecin a dit : « Allons-y pour la fournée du samedi soir ! » Je suis restée à la clinique le dimanche et le lundi matin. Au magasin, j'ai dit que j'avais eu une grippe. Tout le monde souriait.

" Je tremblais "

» En 1962, le garçon avec qui ça s'était produit s'est occupé de moi. Je n'ai même pas payé. Les autres fois, chaque intervention me coûtait plus d'un mois de salaire. Il m'a emmenée chez une infirmière dans une H.L.M., en banlieue. Elle racontait des histoires d'hôpital. Elle m'a fait une injection dans l'utérus. Le garçon, après, fini. Avant, il voulait se marier. Après, terminé.

» En 1964, je me suis mariée — enceinte. Je me suis toujours demandé s'il ne s'était pas marié pour ne pas me faire une nouvelle vacherie. Moi, je voulais un enfant de lui.

» Ça a bien marché. Depuis, nous avons eu un autre enfant. J'ai utilisé des moyens anti-conceptionnels : le diaphragme. Quand il y a eu

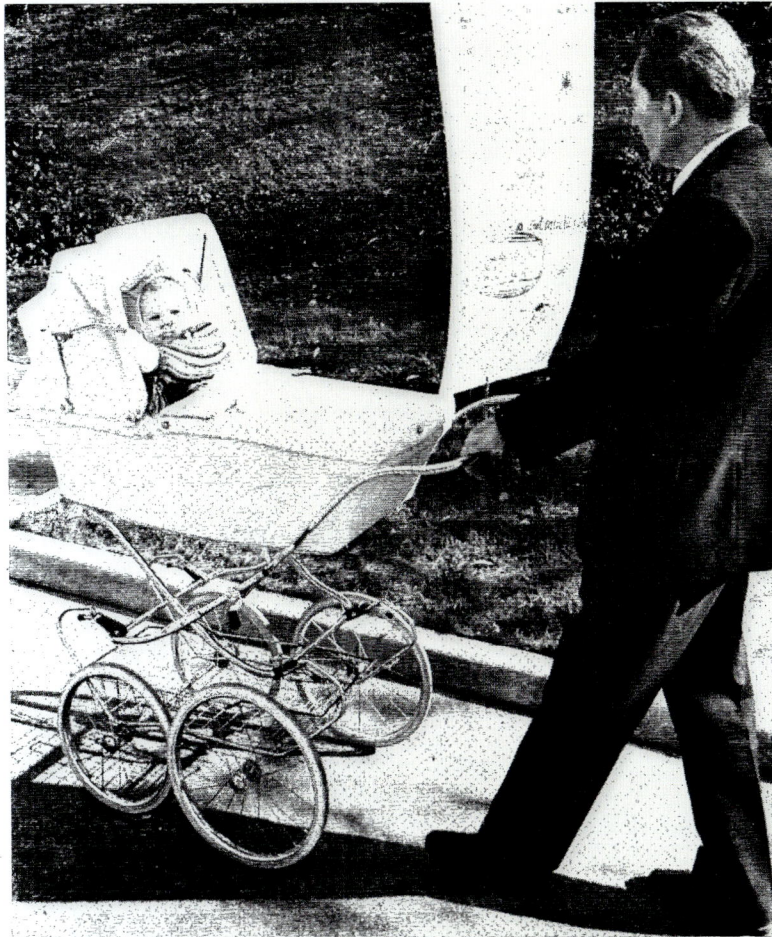

DANS LE SQUARE D'ISSY, APRÈS LA MANIFESTATION DES M.L.F.
Les chrétiens eux-mêmes sont souvent dans le doute

Jean Lattès-Gamma

En 1971, la répression de l'avortement avance à pas feutrés, comme à regret, avec mauvaise conscience. Pour un délit commis par des centaines de milliers de personnes chaque année, la police ne possède plus la moindre brigade chargée du « *dépistage* » et de la « *prévention* ». Seul un département de la Police judiciaire, le 6ᵉ cabinet, dirigé par le commissaire divisionnaire Sanson, s'occupe, entre autres, des questions d'avortement. Il n'agit que sur commission rogatoire, quand une enquête est ouverte par un juge d'instruction, après le décès d'une femme ou une dénonciation suffisamment fondée. De leur côté, les juges ne sont pas trop sévères : deux des condamnations sur trois, de 1961 à 1967, sont avec sursis. Au cours d'une audience, un magistrat lancera à une des inculpées : « *Mais, Madame, pourquoi n'avez-vous pas été vous faire avorter en Suisse comme tout le monde ?* »

Face à l'ampleur du délit et à la rigueur des textes, une pratique hypocrite s'instaure. « *Lorsque dans un pays*, écrit Casamayor, *la pratique quotidienne s'éloigne par trop de la juridiction y afférente, il y a un danger majeur pour l'équilibre et la santé mentale générale de cette société.* »

Les réformistes libéraux

Pour rétablir cet équilibre, pour mettre fin à ces milliers de drames quotidiens et au délabrement physique et mental qu'il provoque chez tant de femmes (50 à 75 % des stérilités secondaires sont les séquelles d'avortements réalisés dans de mauvaises conditions), une modification de la loi de 1923 s'impose. Le problème en France, aujourd'hui, n'est pas d'autoriser l'avortement, mais de le légaliser, puisque personne ne songe sérieusement à le traquer. Des « réformistes libéraux », comme ils s'intitulent eux-mêmes, se sont employés à définir cette réforme et à la faire adopter.

Mᵉ Anne-Marie Dourlen-Rollier, avocat au barreau de Paris, est de ces réformistes. Depuis 1963, elle a écrit trois livres remarquables sur l'avortement (5). Elle a participé en 1956 à la

(5) « La Vérité sur l'avortement », librairie Maloine (1963). « L'Avortement autorisé ou défendu », Buchet-Chastel (1965). « L'Avortement », écrit en collaboration avec le Dr Jean Dalsace, Casterman (1970).

On lui parle de prison, d'amende. Qui l'a mise en relation avec l'avorteuse ? On saura se montrer indulgent si elle « *facilite l'enquête* ». Mme F... est affolée. Elle pense qu'elle va être jetée en prison le jour même. Elle pense à son mari, à ses enfants, à ce qu'on va dire dans le quartier. A sa situation : l'Education nationale ne plaisante pas avec les casiers judiciaires. Mme F... dénoncera ou ne dénoncera pas. Peu importe. Elle se sent déjà au ban de la société. L'entretien avec le policier s'achève : « *Vous pouvez partir. Je vous convoquerai pour l'enquête.* »

Sans faire de "mots"

Un avocat qui rassure, un juge d'instruction qui interroge. Après quelques mois, Mme F... se retrouve, à 13 heures, devant la 16ᵉ Chambre du tribunal correctionnel, au Palais de Justice de Paris. Comparaissent au cours de la même audience des escrocs, des petits voleurs, des prostituées, leurs souteneurs. L'audience est publique. Le greffier appelle les inculpés. L'avorteuse, ses clientes, leurs « *complices* » se dirigent vers le banc des prévenus. Huit peuvent s'y asseoir. Les autres restent debout. Le président expédie l'affaire rondement, sans faire de « mots », comme le veut la tradition de la correctionnelle. L'avorteuse est condamnée à un an de prison ferme et arrêtée à l'audience. « *Madame F... :*

deux mois d'emprisonnement avec sursis. Si vous n'encourez pas de nouvelle condamnation d'ici à cinq ans, vous n'accomplirez pas cette peine.* » L'Education nationale ne prend pas de sanctions.

Législation de l'avortement dans le monde		Accordé par :	Pour indications :
	Suède	Deux médecins ou une commission médicale royale.	Médicales et médico-sociales.
	Danemark	Une commission spécialisée.	Médicales et médico-sociales.
	Norvège	Deux médecins.	Médicales et médico-sociales.
	Suisse	Deux médecins ou une commission (restriction pour les étrangers).	Médicales.
	Pologne, Tchécoslovaquie, Bulgarie, R.D.A., Roumanie .	Un ou plusieurs médecins.	Médicales et médico-sociales.
	Grande-Bretagne ...	Deux médecins (gratuité sauf pour les étrangers).	Médicales ou sociales.
	Japon	Libre.	
	U.R.S.S.	Libre.	
	Hongrie	Libre.	
	ETATS-UNIS :		
	Alaska	Libre.	
	Hawai	Libre.	
	New York	Libre.	

RÉDIGÉ PAR SIMONE DE BEAUVOIR, LE MANIFESTE RESTE UN MODÈLE DE DÉSOBÉISSANCE CIVILE.

fondation du Mouvement français pour le planning familial, avec le Dr Marie-Andrée Weill-Hallé.

Peu à peu, ses fondateurs prenaient conscience de l'ampleur de la tâche, de leur impuissance à régler rapidement le problème de l'avortement clandestin, grâce à la seule contraception. Pour certains, comme le Dr Jean Cohen, directeur de la revue des médecins du Mouvement : « La contraception idéale, c'est-à-dire efficace à 100 %, n'existe pas encore. Les femmes qui deviennent enceintes alors qu'elles utilisent une méthode contraceptive, ont le sentiment que l'avortement est la juste réparation de cet échec. »

Seule, le Dr Weill-Hallé, présidente du Mouvement, estimait que l'objectif initial était atteint. Elle pensait que l'ère de la paternité et de la maternité responsables allait s'ouvrir en France.

La réalité n'était pas si souriante. La loi Neuwirth (6) sur la contraception est votée en décembre 1967. Elle ne modifie pas beaucoup la situation.

L'opinion publique évolue : un Français sur deux était favorable à la contraception en 1956, neuf sur dix en 1970. Mais la pratique restait très en retrait : six Françaises sur cent utilisaient en 1970 le seul contraceptif vraiment efficace : la pilule. Et cette minorité était une minorité de privilégiées : 41,71 % des consultants des centres de planning de la région parisienne sont cadres supérieurs ou moyens, 4,01 % sont ouvrières (7).

"Une porte ouverte"

« Je suis persuadée que la contraception est préférable à l'interruption de la grossesse, dit Me Dourlen-Rollier, mais l'éducation va prendre une ou deux générations. C'est pourquoi nous avons fondé, en décembre 1969, avec nos amis les Drs Jean Dalsace et Raoul Palmer (8), des théologiens, des pasteurs, une Association pour l'étude de l'avortement (9). Nous avons élaboré un projet de réforme qui prévoyait la possibilité de l'avortement dans tous les cas où il y avait un risque pour la santé de la mère ou un danger sérieux de malformation pour l'enfant à naître. Pour ces indications médicales, le médecin traitant devait recueillir l'accord de deux spécialistes des hôpitaux. Il y avait aussi les cas de viol, d'inceste, d'arriération mentale, avec ce que cela implique pour les enfants qui doivent naître dans de telles conditions. Nous prenions aussi en considération, et cela est très important, les cas où la situation médico-sociale pouvait être déterminante. Ces cas devaient être soumis à une commission départementale composée de représentants du préfet, des responsables des services sociaux, de la magistrature et du corps médical.

» C'était un projet raisonnable, proche de nombreuses législations européennes. Si, pour ma part, je pense qu'une interruption de grossesse devrait dépendre dans l'avenir uniquement de la décision de la femme et de son médecin, l'avortement ne doit cependant pas être considéré comme une méthode acceptable de régulation des naissances. Il est la solution d'urgence, un ultime moyen pour supprimer une grossesse indésirable dans une situation désespérée ou insupportable. La contraception lui est infiniment préférable.

(6) Lucien Neuwirth, député U.D.R., rapporteur de la proposition de loi sur le contrôle des naissances.

(7) Geneviève Texier : « L'Evolution psychiatrique », numéro 3 (1969).

(8) Le professeur Raoul Palmer a mis au point en 1938, à l'hôpital Broca, la méthode « des températures », qui améliorait notablement la méthode Ogino.

(9) François Jacob, André Lwoff et Jacques Monod, prix Nobel de médecine 1965, et Alfred Kastler, prix Nobel de physique 1966, en sont **présidents d'honneur.**

Pourquoi nous avons signé

SIMONE DE BEAUVOIR. — « Ce combat pour le droit à l'avortement fait suite au combat pour le droit à la contraception qui provoqua les mêmes attaques et les mêmes défenses.

» Cette déclaration me semble en accord parfait avec ce que j'ai écrit dans « le Deuxième Sexe », il y a vingt ans. Même si le droit à l'avortement libre rencontre une résistance, un pas a été fait, qui changera l'attitude des femmes devant la loi, donc devant leur propre culpabilité. D'autres actions seront entreprises. Pourquoi les hommes ne déclareraient-ils pas eux aussi qu'ils ont été complices d'avortements ? Pourquoi ne pas envisager le procès populaire de l'avortement ? »

MARGUERITE DURAS. — « Il faut faire éclater l'hypocrisie. »

FRANÇOISE FABIAN. — « Une femme a le droit de choisir sa vie. J'ai signé pour des raisons sociales, morales et affectives. »

GISELE HALIMI. — « La procréation est l'acte de liberté par excellence. Réprimer l'avortement ne le supprime pas : cela revient simplement à multiplier les misères physiques et morales des femmes et des couples démunis et à donner aux autres — ceux de la Suisse et des cliniques confortables — le nouveau moyen d'asseoir le droit à la procréation ou à la non-procréation sur l'argent. Une loi qui a permis tant d'injustes détresses et perpétué ce clivage scandaleux ne peut être bonne. Elle doit disparaître. »

JEANNE MOREAU. — « Je me souviens trop de toutes les humiliations que cela implique. »

MICHELINE PRESLE. — « Rien n'empêchera d'avorter une femme qui veut avorter. Mais à l'heure actuelle, si elle n'a pas d'argent, elle ne peut le faire que dans des conditions dangereuses. »

FRANÇOISE SAGAN. — « Parce que, comme beaucoup de femmes de ma génération, je suis passée par là. »

» Notre projet était une porte ouverte. Il y aurait eu la pratique, elle aurait permis d'améliorer la situation actuelle.

» Nous avons transmis ce projet au Dr Peyret (10) au début avril. Le Dr Palmer, le Père Simon, le pasteur Dumas et moi-même avons rencontré le groupe d'études de l'U.D.R. une première fois en mai 1970, puis, en compagnie des professeurs Milliez et Mathé et du Dr Pierre Simon, en juin. Nous avions l'impression que notre projet était sur les rails. Et puis, le Conseil de l'Ordre des médecins a été entendu. »

Cette dernière rencontre sera décisive dans l'élaboration de la proposition de loi numéro 1347 du 27 juillet 1970, présentée par le Dr Peyret et ses amis. Ce texte, qui retient le viol et l'inceste mais ignore la maladie mentale et la situation médico-sociale, limite l'interruption de la grossesse au cas où la vie (et non plus la santé) de la mère est menacée et au cas où les malformations de l'embryon seraient certaines. Or, dans l'état actuel de développement des hôpitaux et des

(10) Président du groupe d'études des affaires sanitaires et sociales de l'U.D.R. à l'Assemblée nationale.

laboratoires français, il n'est pas possible de faire un diagnostic certain de malformation du fœtus. De plus, l'autorisation est soumise à l'accord d'un représentant du conseil départemental de l'Ordre des médecins. « Ce point rendrait l'autorisation systématiquement impossible dans les départements intégristes », remarquait le Dr Palmer.

Le Conseil de l'Ordre est un organisme corporatiste créé sous Vichy, recréé à la Libération. Il se signale surtout par certaines de ses prises de position rétrogrades : ainsi, opposé à la contraception, à la pilule, le Conseil a fait insérer dans le projet Peyret un article stipulant qu'aucun médecin n'est tenu d'effectuer une interruption de grossesse. S'il y va de la vie d'une femme, comme prévu dans le texte, il y aurait là non-assistance à personne en danger de mort.

L'attitude du Conseil de l'Ordre surprend d'autant plus qu'elle est en contradiction avec l'opinion majoritaire des médecins. Une enquête de l'I.F.O.P. (11), en 1970, auprès des généralistes, gynécologues et neuropsychiatres, indique que 80 % d'entre eux sont partisans d'interrompre la grossesse si elle menace la santé physique (et non la vie) de la femme. 70 % lorsque sa santé mentale est gravement menacée. 70 % lorsque existe un risque (et non une certitude) de malformation de l'embryon. 60 % estiment que la décision doit dépendre soit du médecin traitant, soit de deux ou trois spécialistes. 4 % seulement veulent la faire dépendre d'un représentant du Conseil de l'Ordre. 70 % étaient prêts à prescrire des interruptions de grossesse. 52 % des gynécologues étaient prêts à les pratiquer : 4 % seulement refusant de le faire, pour des raisons morales ou religieuses.

Le Dr Peyret reconnaît le rôle prépondérant que le Conseil de l'Ordre (dont la majorité des membres à l'échelon national et départemental sont des hommes de droite) a joué dans l'élaboration et les modifications de son texte. Ce sont ces conservateurs que les députés de la « Nouvelle Société » ont élevés au rang d'interlocuteurs privilégiés.

"Déjà membres du Christ"

L'intégrisme français est mis en état d'alerte à la fin d'octobre 1970 par le rapport sur le texte Peyret, que le cardinal Renard présente devant l'assemblée plénière de l'épiscopat, réunie à Lourdes. Faisant de sérieuses réserves, le prélat déclare cependant : « La conscience des chrétiens eux-mêmes est souvent dans le doute ; peut-être un rappel de la doctrine ne suffit-il pas et faut-il chercher à la présenter en termes accessibles à la conscience moderne ? » Suivait, au début de novembre, un numéro spécial de la revue des Jésuites, « Etudes ». A côté d'articles traditionalistes figuraient des textes libéraux : pour le Père Louis Bernaert, l'avortement ne pouvait pas être considéré comme un infanticide. En laissant les choses aller, les intégristes ne risquaient-ils pas de voir l'épiscopat reprendre, à propos de l'avortement thérapeutique, sa célèbre formule sur la contraception : « La contraception est toujours un désordre, mais ce désordre n'est pas toujours coupable. »

La contre-offensive débute le samedi 14 novembre à l'Institut catholique de Paris. Un colloque y est organisé par le Centre de liaison des équipes de recherches. On y entend M. Jean Guitton, professeur à la Sorbonne, l'abbé Guilbert et le Père Holstein, Jésuite, professeur à l'Institut catholique. Le 29 novembre, l'abbé André Richard, directeur de « l'Homme nouveau », bimensuel intégriste, intervient aux XVIes Journées de la santé mentale : « J'ai un peu l'im- →

(11) Réalisée en juillet 1970 à la demande de l'Association pour l'étude de l'avortement.

pression que, réellement, il y a un fleuve de sang qui coule dans cette salle ! Pour moi, chrétien, le petit enfant, même malformé, qu'on laisse venir à la vie porte témoignage de Dieu... Ces pauvres enfants sont déjà « membres du Christ » (12).

Du côté des généticiens, le professeur Jérôme Lejeune entre en campagne. C'est un adversaire farouche du droit à l'avortement. Quelle est sa position à l'égard du million de femmes qui se font clandestinement avorter chaque année ?

« D'abord, il n'y en a pas un million. Ce qu'il faut faire, c'est une éducation sexuelle morale. Apprendre aux femmes que la copulation n'est pas automatique dans notre espèce, que le cerveau joue un rôle, qu'il y a une possibilité d'éducation du désir.

» Quand on ne désire pas se reproduire, on peut pratiquer le coitus interruptus. Les femmes peuvent surveiller leur courbe de température. »

Le 10 février, à l'Institut catholique, il affirme : « On ne peut faire de différence entre une interruption de grossesse et l'infanticide. »

"Légalisation du meurtre"

Le 13 février paraît la note épiscopale fixant la position de l'Eglise de France sur la proposition de loi : « Rendre légale, dans des limites plus larges, une pratique attentatoire à la vie humaine favorisera chez beaucoup une « bonne conscience » et accentuera des tendances regrettables. L'avortement attente toujours à une existence humaine. Penser le contraire est une erreur qui fausse le jugement, puis les actes » (13).

Les intégristes marquent des points. Prises dans le tourbillon, la Fédération nationale de la Médaille de la famille française et l'Action catholique générale des femmes dénoncent à leur tour le malheureux projet Peyret. Le 27 mars, un manifeste signé par cent médecins, magistrats, professeurs, généraux et amiraux est publié dans le « Monde » : « Nous protestons solennellement contre ce projet d'assassinat institutionnalisé ; assassinat le plus lâche, puisqu'il choisirait pour victime ceux qui ne peuvent ni se défendre ni supplier. Nous dénonçons cette tentative de légalisation du meurtre. »

Cette agitation à propos d'un texte qui permettrait tout au plus de porter les quatre cents avortements thérapeutiques pratiqués chaque année dans le cadre de l'article 161 du Code de la santé publique à un millier, provoque des inquiétudes à Matignon et à l'Elysée. Moins satisfait du résultat des élections municipales qu'il ne le proclame, pensant déjà aux législatives de 1973, ne voulant mécontenter ni les adversaires ni les partisans du projet, le gouvernement serait prêt à inscrire la proposition de loi à l'ordre du jour de la prochaine session parlementaire et à créer une commission chargée d'étudier le texte. Pour enterrer un texte, on peut toujours compter sur une commission. De toute façon, centré sur l'avortement thérapeutique, le débat est mal engagé. Ayant fait de l'avortement un remède qu'on administre, les réformistes libéraux ont été « piégés ». Ils l'ont situé du côté de la maladie, de la malignité, du mal. Ils ont déchaîné les moralistes sans rallier leurs victimes. Pourtant, les faits et les femmes sont là, une fois de plus : au moins huit cent cinquante mille avortements par an et environ dix millions de Françaises, vivantes aujourd'hui, qui l'ont pratiqué.

•

(12) Voir note 4, page 41.

(13) Cette prise de position contredit les actes de l'Eglise. Le R.P. Bruno Ribes parle, dans les « Etudes » de novembre 1970, de ces cas dramatiques « de religieuses violées au cours d'une période de grande agitation sociale : on sait tel cas où elles ont été autorisées à prendre des mesures abortives », page 486.

AFFICHE DU M.L.F.
« Nous demanderons un procès public »

Pour toutes ces femmes, il aura été, et reste, le seul moyen quotidiennement et massivement employé pour n'avoir que les enfants qu'elles désirent. Transformer ces faits en crimes, en délits ou en maladies, c'est interdire de résoudre les problèmes qu'ils posent.

Révolution moderne

Pratiqué au cours des trois premiers mois, l'avortement est une intervention simple qui ne provoque — en milieu médical — aucune complication. On a parlé des traumatismes et du sentiment de culpabilité qu'il provoque chez les femmes. N'est-ce pas plutôt la société qui traumatise et culpabilise ces femmes par la clandestinité qu'elle impose, par la condamnation qu'elle fait entrevoir ? En Suède — pays protestant, acquis depuis longtemps à la contraception et à une certaine « liberté d'avortement » — le Dr Martin Ekblad révélait que 65 % des femmes ayant avorté se déclaraient satisfaites et sans remords. 11 % éprouvaient des remords sérieux et regrettaient l'opération. Parmi ces 11 %, 1 % présentait un véritable état dépressif.

Dans les rangs des adversaires de l'avortement largement légalisé, après certains généticiens et les intégristes, viennent les démographes, ou plutôt les natalistes. Ils avancent des chiffres, ils parlent des pays socialistes où l'avortement est libre. De la Hongrie, où le taux de natalité baisse entre 1950-1954 et 1967 de 21,1 % à 14,5 %. Ils oublient le Danemark, où, pendant la même période, le taux de natalité est en hausse. La « liberté d'avortement » n'a, en fait, aucune influence nette sur les taux de natalité. Les femmes, les couples décident d'avoir ou de ne pas avoir des enfants en fonction de critères sociaux, économiques et politiques plus difficiles à saisir.

« Après de longs siècles, des millénaires même, de fécondité naturelle, les régulateurs de la crois-

sance de la population ont tout à coup cédé, déclarait un démographe, M. Alain Girard, aux Journées de la santé mentale, en novembre 1970. Ces régulateurs s'appelaient : les famines, les disettes, les épidémies, les guerres...

» Une phase de transition s'est ouverte au XIXᵉ siècle et a gagné peu à peu les différents pays. La baisse de la fécondité, voulue par les hommes par quelque procédé que ce soit, est venue compenser la baisse de la mortalité : c'est la grande révolution moderne.

» Enfin, nous sommes peut-être aujourd'hui — c'est la question que je me pose et que je vous pose — entrés dans un troisième régime, un régime de fécondité dirigé. Sommes-nous à la veille de posséder des contraceptifs parfaits ? Sommes-nous à la veille d'une civilisation où l'avortement et la stérilisation seront peut-être admis comme faits courants ?... » (14).

Un groupe de femmes, écrivains, journalistes, enseignantes, militantes du M.L.F. (Mouvement de Libération des Femmes), du M.L.A. (Mouvement pour la Liberté de l'Avortement), se sont réunies au milieu du mois de février dernier dans un appartement du XIVᵉ arrondissement à Paris. Pour elles, l'hypocrisie ne pouvait plus durer.

Plus de comptes à rendre

« Nous avons décidé de proposer aux femmes de reconnaître publiquement qu'elles avaient enfreint la loi, qu'elles avaient avorté. Nous envisagions de réunir une centaine de signatures pour le mois suivant. Le 15 mars, nous en avions deux cents et tous les jours depuis, quatre, cinq, dix arrivent. Nous avons rencontré quelques résistances. Mais, dans l'ensemble, l'accueil a été très émouvant. »

Le groupe qui a pris l'initiative de cette action va multiplier ses interventions : affiches à signer sur les murs, une soixantaine de signatures d'hommes déjà réunies qui se déclarent complices, des témoignages aux audiences de chaque procès pour avortement : mais, déjà, le courage des premières signataires a modifié le problème. « Quelles raisons les législateurs d'une république laïque, — en majorité des hommes —, dit l'une d'elles, peuvent-ils invoquer pour nous refuser la liberté de procréation ? En sont-ils encore à considérer les contacts entre hommes et femmes comme une faute et la grossesse comme la « sanction méritée des plaisirs illicites de la sexualité » ? Ces députés mâles, qui semblent capables de savourer joyeusement l'amour, veulent-ils nous faire payer durement les moments de faiblesse que l'amour inflige à leur orgueilleuse splendeur ? Si l'unique souci de ces représentants du peuple est la reproduction élargie du peuple, nous leur disons que c'est à la société de nous offrir des raisons de donner la vie. Et les moyens. »

En 1971, la question n'est plus de savoir dans quelles limites la loi permettra l'avortement thérapeutique, mais si l'hypocrisie sociale va céder la place — en France — à une modeste franchise. Déclarant publiquement qu'elles ont avorté, ces femmes tombent sous le coup de la loi. Pour le droit français, l'aveu vaut la preuve. S'il y a une justice cohérente dans ce pays, le parquet devrait ouvrir une enquête. Interrogées, les signataires pourraient déclarer qu'elles sont couvertes par la prescription de trois ans, qu'elles n'ont plus de comptes à rendre.

Mais certaines semblent décidées à aller jusqu'au bout, à affronter la justice : « Nous demanderons un procès public, collectif. Et nous en ferons le procès de l'avortement clandestin. »

JEAN MOREAU
(Enquête de Michèle Manceaux, Nicole Muchnik, Mariella Righini, François Paul-Boncour.)

(14) Voir note 4, page 41.

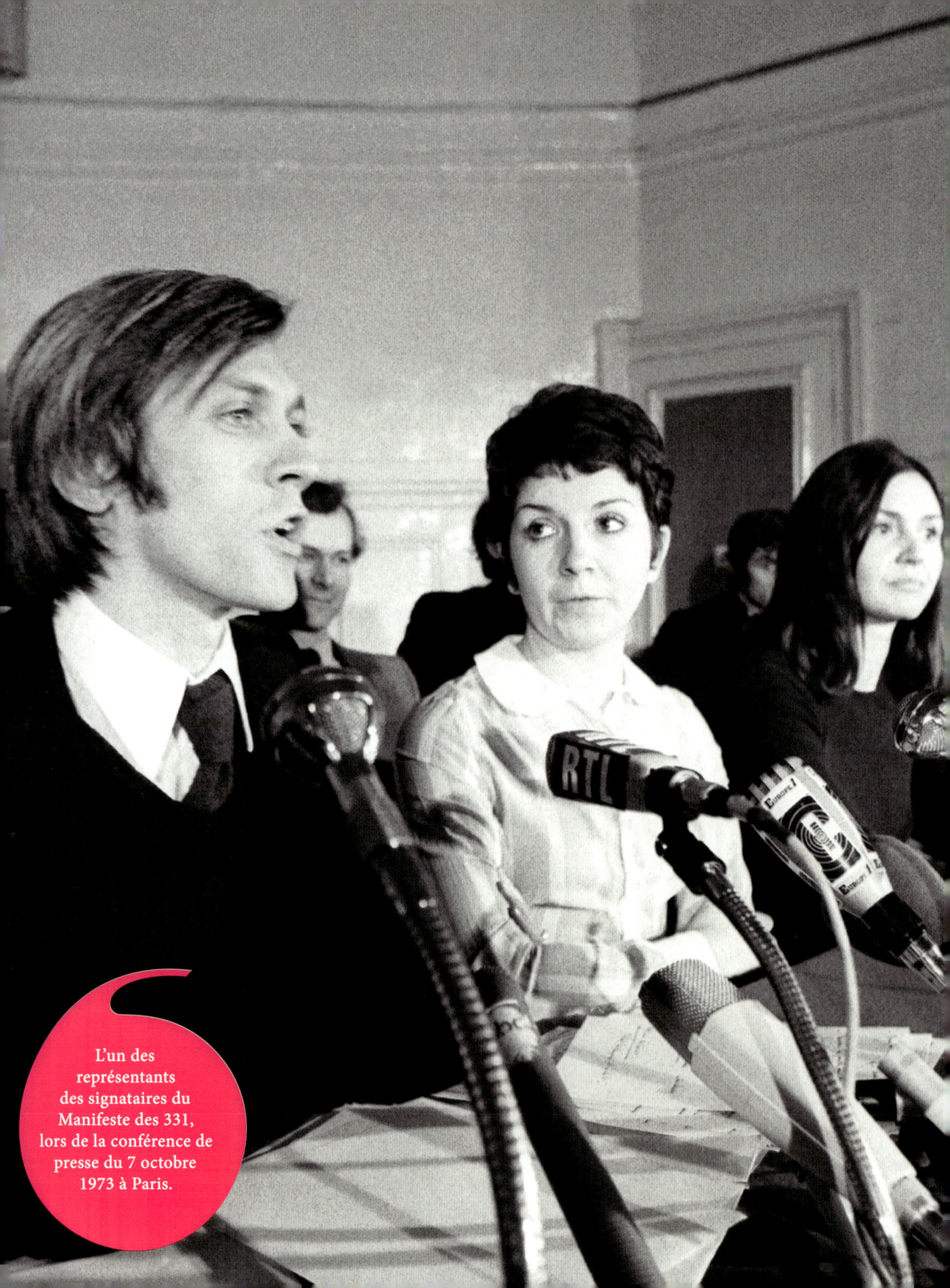

L'un des représentants des signataires du Manifeste des 331, lors de la conférence de presse du 7 octobre 1973 à Paris.

HISTOIRE DU MANIFESTE DES 331

DEUX ANS AVANT LA LOI VEIL, EN 1973, CETTE PÉTITION RÉUNIT 331 MÉDECINS ET ÉTUDIANTS EN MÉDECINE QUI REVENDIQUENT AVOIR PRATIQUÉ ILLÉGALEMENT DES AVORTEMENTS.

"CE QUI EST IMPORTANT, C'EST DE HIÉRARCHISER CE QUI VA DANS LE SENS DE LA LIBERTÉ SANS EMPIÉTER SUR CETTE LIBERTÉ."

RENÉ FRYDMAN
"NOUS PRATIQUONS DES AVORTEMENTS, INCULPEZ-NOUS, SI VOUS L'OSEZ !"

Le 3 février 1973, *Le Nouvel Observateur* publie une pétition signée par 331 médecins qui revendiquent pratiquer illégalement des avortements. Le manifeste interpelle le conseil de l'Ordre des médecins, réclame un avortement libre et remboursé par la Sécurité sociale. En avril, l'appel est suivi par la naissance du Mouvement pour la liberté de l'avortement et de la contraception (Mlac).

Le Manifeste des 331 a été initié par le Groupe information santé (GIS). Créé en 1972, il réunit des médecins et étudiants en médecine, militants d'extrême gauche qui revendiquent une médecine plus respectueuse de l'humain. Les militants expliquent devant les médias comment ils pratiquent les avortements : soit à domicile, selon la méthode de l'aspiration, soit en se rendant en bus à l'étranger, en Angleterre, notamment, ces voyages collectifs étant considérés comme des opérations militantes. Parmi les signataires du manifeste figure l'obstétricien René Frydman, futur père du premier bébé éprouvette. Quarante ans après, à l'occasion de l'hommage rendu par le Forum des images à son ami cinéaste Charles Belmont, René Frydman revient sur cette période d'engagement*.

« À l'époque, on essayait de regarder un peu différemment l'évolution de la santé. Au sein du GIS, on considérait les anciens et futurs patients comme autonomes, ce qui impliquait qu'on pouvait leur tenir un discours équilibré, pas celui des mandarins, mais comme un échange entre celui qui sait plus, certes, de la maladie, mais qui a besoin de dialoguer avec celui qui est atteint, pour connaître sa vie, ses antécédents, ses attentes.

C'est aussi l'époque du Secours rouge au sein duquel les jeunes médecins que nous étions tentaient de croiser la pratique de la médecine avec les préoccupations sociales. Pour pratiquer les avortements, alors que la loi l'interdisait encore, nous agissions en binômes, il y avait un étudiant en médecine et une conseillère, une militante, qui faisait le lien et accompagnait la jeune femme qui venait se faire avorter. À l'époque, nous pratiquions les avortements sous ce que nous appelions l'anesthésie verbale. Il fallait donc vraiment une présence pour que la douleur ne soit pas prédominante. Nous ne voulions pas nous installer dans la pérennité, mais bel et bien faire bouger les lignes, et c'est ce qui a été le cas, ensuite, avec la loi Veil, au début de 1975. Ce qui est important, c'est de hiérarchiser ce qui va dans le sens de la liberté sans empiéter sur cette liberté. Bien sûr, on peut objecter qu'en pratiquant un avortement on empiète sur la liberté d'un individu qui pourrait venir. Sauf que l'on ne peut pas faire l'un sans l'autre. Il y a primauté, on ne fabrique pas des enfants en machine. Pour faire un enfant, il faut un projet. S'il n'y a pas de projet, il n'y a pas d'enfant. »

*Vidéo *Histoires d'A., c'est du Balzac*, 2012.

APRÈS
LE MANIFESTE
DES 343
« AVORTÉES »,
331 MÉDECINS
PRENNENT
PUBLIQUEMENT
PARTI.

— AVORTEMENT —

Des médecins «s'accusent»

Le 5 avril 1971, « le Nouvel Observateur » publiait ce qu'on a appelé le « Manifeste des 343 ». Des femmes y déclaraient publiquement s'être fait avorter. Aujourd'hui, beaucoup plus « scandaleux » : trois cent trente médecins déclarent qu'ils ont pratiqué, qu'ils pratiquent ou aident à pratiquer l'avortement. Ils donnent ici leurs raisons — et signent.

● Depuis plusieurs mois, et plus particulièrement depuis le procès de Bobigny, chacun a pu se rendre compte que la France était l'un des derniers pays qui vivaient au Moyen Age en matière de sexualité et d'avortement. Malgré les centaines de milliers d'avortements clandestins et leurs conséquences dramatiques, les pouvoirs publics et le conseil de l'ordre des médecins s'obstinent à ne pas tenir compte de cette réalité : ils renvoient *sine die* toute modification de la législation actuelle.

Cependant, lorsqu'une femme est décidée à interrompre sa grossesse, elle le fait malgré la loi en vigueur et les convictions personnelles de son médecin. Selon ses moyens financiers, elle peut se faire avorter en toute sécurité à l'étranger et même en France, ou bien elle est contrainte, au risque de sa vie (des dizaines de morts par an) à l'avortement clandestin. Des milliers de femmes, chaque année, sont ainsi victimes de complications dramatiques (perforations, hémorragies, infections, *etc.*) et s'exposent à de possibles poursuites judiciaires.

Les médecins, qui connaissent ces risques, partagent objectivement la responsabilité de ces décès. Nombre d'entre eux en ont pris conscience et leur attitude a évolué. La position du conseil de l'ordre n'est pas celle de tous les médecins auxquels il ne saurait imposer ses propres règles morales.

La France, « pays de la liberté », ne reconnaît pas aux femmes la liberté de disposer de leur corps :

— il n'existe aucune éducation sexuelle ;

— la loi sur la contraception n'est pas mise en application ;

— les couples sont privés des informations leur permettant de réaliser leur équilibre sexuel et de choisir le moment de mettre un enfant au monde ;

— Le Planning familial vient de se voir refuser le « caractère d'utilité publique », ce qui l'empêche de recevoir toute subvention.

Nous pensons que chaque individu doit avoir la possibilité d'être responsable de son corps et de sa santé, et qu'ainsi il doit pouvoir disposer de tous les progrès de la connaissance médicale.

Nous voulons :

— que LES MOYENS CONTRACEPTIFS soient à la portée de tous, mineurs y compris, grâce à une large information et à leur remboursement par la Sécurité sociale ;

— que L'AVORTEMENT SOIT LIBRE.

La décision appartenant entièrement à la femme, nous refusons toute commission qui la contraint à se justifier, maintient la notion de culpabilité et laisse subsister l'avortement clandestin comme le prouve l'expérience des pays étrangers.

L'avortement, au même titre que l'ensemble des actes médicaux et chirurgicaux, doit être remboursé par la Sécurité sociale. Les méthodes modernes qui en font un acte simple, sans danger, doivent être portées à la connaissance de tous, afin que les femmes puissent interrompre leur grossesse dans les meilleures conditions médicales et psychologiques.

La liberté de l'avortement implique que chacun ne le décide ou ne le pratique qu'en fonction de ses convictions morales ou religieuses.

Les médecins soussignés :

— déclarent PRATIQUER des avortements ou AIDER, selon leurs moyens, à ce qu'ils soient réalisés en dehors de tout trafic financier ;

— s'engagent solennellement à répondre collectivement de leur action devant toute autorité judiciaire ou médicale ainsi que devant l'opinion publique.

ABITTAN Jacques, psychiatre, 77 (1).
AKOKA Dominique, psy.
ALIBERT Jean-Paul, médecin du travail, 37.
ANGLADE Françoise, 75.
ASKIENAZY, assistant en faculté, 92.
ATLAN Guy, chef de travaux, 75.
AUBIN, psy., 75.
BAILLON Guy, psy., 75.
BAKOU Patrick, i.h.p., 75.
BALVET, généraliste, 69.
BAUDAIRE Gérard, psy., 77.
BEHAR Abraham, chercheur, 94.
BENSAID Norbert, généraliste, 75.
BENVENISTE Michèle, chef de clinique, 75.
BEREZIAT, assistant de fac., 75.
BERGER Colette, pneumologue, 75.
BERNARD Dominique, chef de clinique, 94.
BERNHEIM Roland, endocrinologue, 75.
BERTRAND, i.h.p., 75.
BISSON Jean-Pierre, chef de travaux, 75.
BLANCHARD François, généraliste, 94.
BLANCHARD Alain, généraliste, 93.
BLANQUET F., généraliste, 89.
BLOCH-LAROQUE, hématologiste, 92.
BOUCHARD P., médecin-assistant, 45.
BOURG M. José, 75.
BOURGEOIS Chantal, i.h.p., 75.
BOURGEOIS Pierre, i.h.p., 75.
BRIFFOTEAUX, psychiatre, 77.
BRILLE Denise, maître de recherches, 75.
BROYER François, généraliste, 21.
BRUN Philippe, chercheur, I.N.S.E.R.M., 94.
BRUNERIE Joëlle, gynécologue, 75.
BRUNNET Anne, biologiste, 75.
BUISSON Claude, chef de clinique, 94.
BUREAU Dominique, i.h.p., 91.
BUREAU-ROGER Anne, gynécologue, 91.
BURESI A., généraliste, 13.
CANET L., généraliste, 75.
CASTAIGNE Alain, i.h.p., 75.
CAFFIN J. Louis, i.h.p., 75.
CASSAGNE Lucien, 75.
CASSOU, i.h.p., 75.
CAZAS Odile, i.h.p., 75.

(1) Les chiffres qui suivent les noms sont ceux du département où le médecin exerce.

CHAUVE Lionel, généraliste, **21.**
CHERKI Alice, psychiatre, 75.
CLOUZET Françoise, généraliste, 75.
CONSEILLER, chef de clinique, 75.
COLLIN Noël, généraliste, 38.
COTTANCE Anne, gynécologue, 75.
COUBARRERE Isabelle, chef de clinique, 75.
COURVOISIER Fabienne, ophtalmologiste, 21.
COUSIN M.T., chef de clinique, 75.
CROUZIER Guy, généraliste, 94.
CUTZACH Joëlle, généraliste, 91.
DABROVSKI Richard, psychiatre, 75.
DE BRUNHOFF Mathieu, pédiatre, 75.
DEBOUT Michel, généraliste, 74.
DE HYS, interne.
DELANNOY Pierre, urologue, 38.
DELBET Françoise, 75.
DEMIZEAU, chef de clinique, 75.
DE ROHAN P. i.h.p., 75.
DESSERREY R., 21.
DINGLI, psychiatre, **75.**
DUROUX Pierre, professeur agrégé, 75.
DUVAL Marion, pédiatre, 75.
EDELSON, rhumatologue, 95.
EDELSON, généraliste, 95.
EME, psychiatre, 75.
ERMING L., psychiatre, 45.
ESTAMPES Berthie, i.h.p., 94.
EVEN Philippe, professeur agrégé, 75.
FAESSEL Jean-Luc, anesthésiste (c.e.s.), 91.
FAINSILBER Liliane, généraliste, 78.
FAINSILBER Daniel, psychiatre, 78.
FAUSSEL Jean, psychiatre, 77.
FERREY-MARTIN Annie, anesthésiste, 38.
FLANHENBAUM-ROBBE Danielle, gynécologue, 75.
FONTY Bernard, i.h.p., gynécologue, 75.
FOSSET Marie-Thérèse, c.e.s., anesthésiste, 75.
FOURNIER Bernard, généraliste, 31.
FOULETIER-BALOSTE, psychiatre, 69.
FRANCO Michel, généraliste, 75.
FRECOURT Jean, psychiatre, 75.
DE FREMINVILLE Jacqueline, psychiatre, 77.
GAGNIER H., psychiatre, 45.
GAJDOS, chef de clinique, 92.
GARREAU Pierrette, pédiatre, 75.
GAUGAIN Michel, c.e.s. anesthésiste, 75.
GEKIER, gynécologue, 91.

GEINDRE Daniel, psychiatre, 77.
GENDRE G., psychiatre, 41.
GERVAJS Claude, interne, 75.
GIBERT, chef de clinique, 75.
GOUTAL Michel, psychiatre, 75.
GRAS Françoise, généraliste, 34.
GRIMALDI André, i.h.p., 75.
GRELLIER Mireille, biologiste, 78.
GRISONI Françoise, 61.
GUITA Jean-Paul, psychiatre, 93.
GUTH Alain, gynécologue, 91.
HANOTTE, chef de clinique, 75.
HASSOUN Jacques, psychiatre, 75.
HATZFELD, chercheur I.N.S.E.R.M., 75.
HAZAN, professeur agrégé, 75.
HEBRARD Alain, généraliste, 13.
HERMAN B., réanimateur, 75.
HERMANT Marc, psychiatre, 75.
HOLLANDE Sita, gynécologue, 75.
HUGUENARD Pierre, professeur agrégé, 94.
HUGUET Richard, 75.
IDATTE Jean-Marie, professeur agrégé, 75.
JONATHAN Paul, phlébologue, 30.
JOUANJAN Rolande, c.e.s. pédiatre, 38.
JOUANNET Pierre, assistant de faculté, 75.
JOUFFET, psychiatre, 75.
JOUIN Denise, gynécologue, 75.
JOUVIN, gynécologue, 91.
KAHN Marcel Francis, professeur agrégé, 75.
KANFER Alain, i.h.p., 75.
KAUFFMANN Jean-Pierre, généraliste, 75.
KEPES Maryse, c.e.s. gynécologue, 75.
KOUCHNER Bernard, gastro-entérologue, 94.
KOMPALITCH Michel, chef de clinique, 75.
KRIVINE Jacqueline, anesthésiste, 95.
LABORIT Geneviève, 94.
LACOUR Jean-Pierre, professeur agrégé, 42.
LACRONIQUE Jacques, interne, 75.
LACRONIQUE Jean-François, radiologue, 75.
LAFROGNE, psychiatre, 75.
LAISRE, 75.
LANDAU Alain, chef de clinique, 75.
LANDMAN, 94.
LAZARUS Antoine, assistant de faculté, 75.
LEBAS Jacques, 75.
LEBOWITCH Jacques, i.h.p., **93.**
LEBOWITCH Raymond, stomatologue, 75.

P.S. — Voir la suite de la liste des signataires dans l'article de Hervé Chabalier.

93

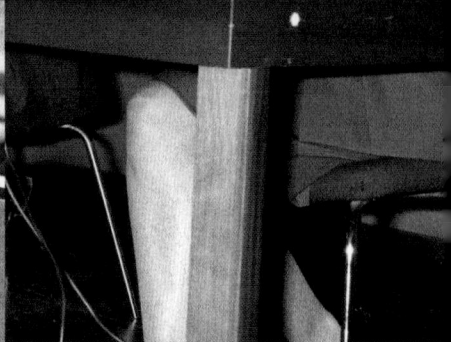

LES 10 POUR LA PARITÉ

DES FEMMES POLITIQUES VENUES D'HORIZONS
DIVERS ET AUX ENGAGEMENTS PARFOIS OPPOSÉS
DÉCIDENT D'UNIR LEURS VOIX ET LANCENT
LE 6 JUIN 1996 LE MANIFESTE DES 10 POUR LA PARITÉ.

Une nouvelle fran

révolution çaise : la parité

Dix femmes élues ou ex-élues lancent dans L'Express une campagne nationale pour l'égalité des sexes en politique. Notre sondage le démontre : une très large majorité de Français les approuve

>par Elisabeth Schemla

L'affaire a commencé autour d'un pot, à la fin de l'année dernière. L'émission *Polémiques*, de Michèle Cotta, consacrée aux femmes en politique, venait de s'achever. Quelques-unes des participantes, qui avaient trouvé cette heure d'antenne passée ensemble plutôt sympathique, décidaient de la prolonger au bistrot. Ce cercle improvisé n'était pas composé de n'importe quelles dames. Il y avait là des élues et d'anciens ministres, de droite et de gauche. Autant dire que ces femmes s'étaient violemment combattues tout au long de leur carrière, qu'elles avaient su manier les unes vis-à-vis des autres l'arme meurtrière des petites phrases et les jugements assassins qui n'avaient épargné ni la vie privée, ni le tailleur, ni, bien sûr, l'idéologie. Mais toutes, cette fois-ci, communiaient dans une même révolte qui abolissait le passé. Car toutes étaient des victimes, scan-dalisées mais pas abattues, de cette guerre des sexes qui sévit dans les appareils politiques. Ce lien, seul, importait désormais. La conversation tournait donc autour d'une unique question, lancinante : « Mais comment y arriver ? »

Arriver à quoi ? A ce que les femmes se retrouvent un jour – bientôt – aussi nombreuses que les hommes dans les instances des partis politiques, sur les listes élec-torales, sur les bancs des Assem-blées nationale et européenne, dans les mairies, les conseils géné-raux et régionaux, au gouverne-ment, enfin, à la tête des adminis-trations d'État. C'est alors qu'au moment de se séparer Yvette Roudy, maire de Lisieux, a lancé à Michèle Barzach, à Monique Pel-letier et à Frédérique Bredin : « Et si on se retrouvait de temps en temps, pour voir ce qu'on peut faire ?... On devrait demander à d'autres de nous rejoindre pour former un noyau dur... » Les cooptées devaient répondre à quelques critères qui donneraient du poids à la démarche. Il fallait des femmes politiques qui avaient occupé ou occupaient les fonctions les plus importantes, qui s'étaient mesurées au suffrage universel, pour qui les bureaux et les com-missions des partis n'avaient pas de mystère. C'est ainsi qu'Edith Cresson et Simone Veil furent d'abord conviées, puis Françoise de Panafieu (qui devait déclarer forfait par manque d'audace), Véronique Neiertz, Catherine Tasca, Hélène Gisserot et Cathe-rine Lalumière. Dès lors, tous les premiers lundis du mois, dans un restaurant de la capitale, elles ont travaillé.

Leur ambition n'était pas mince. « Le principe de la parité en politique – un homme, une femme – c'est bien. Mais nous voulions sortir de l'incanta- •••

Réunies par L'Express, les dix signataires du Manifeste pour la parité. De gauche à droite, au premier rang : Catherine Tasca, Michèle Barzach, Yvette Roudy, Catherine Lalumière, Frédérique Bredin ; et, au second rang : Véronique Neiertz, Monique Pelletier, Simone Veil, Edith Cresson et Hélène Gisserot.

30 FRANCE >en couverture

>La parité en politique pour favoriser l'égalité : oui à 71 %

Pensez-vous que la situation des femmes dans la société française est plus favorable, aussi favorable ou moins favorable que celle des hommes ?

	Ensemble	Hommes	Femmes
Plus favorable	4 %	7 %	3 %
Aussi favorable	35	41	29
Moins favorable	59	51	66
Ne se prononcent pas	2	1	2

L'égalité des hommes et des femmes dans la vie politique favoriserait-elle, selon vous, l'égalité des hommes et des femmes dans la société en général ?

	Ensemble	Hommes	Femmes
Oui	71 %	72 %	70 %
Non	27	27	27
Ne se prononcent pas	2	1	3

>Une majorité écrasante de Français pour des réformes institutionnelles. 82 % pour un référendum sur la parité

Voici une liste de mesures pour parvenir à l'égalité hommes-femme dans la vie politique. Pour chacune, dites si vous êtes favorable ou opposé.

	L'opinion des Français (1)		Part des hommes favorables	Part des femmes favorables
	Favorables	Opposés		
L'interdiction pour les hommes politiques d'occuper plusieurs postes à la fois, afin de libérer des postes pour les femmes	84 %	15 %	83 %	85 %
L'organisation d'un référendum sur les mesures permettant d'atteindre l'égalité hommes-femmes	82	17	82	82
La nomination d'autant de femmes que d'hommes aux postes importants qui dépendent de l'Etat et du gouvernement	79	19	74	84
Modifier la Constitution afin d'introduire la parité hommes-femmes comme principe général	77	19	76	77
L'obligation pour les partis de composer leurs listes avec autant de femmes que d'hommes	74	24	71	78
Modifier le mode de scrutin en le remplaçant par un système de représentation proportionnelle et en obligeant chacune des listes à avoir un tiers de femmes	73	24	71	74
L'obligation pour le gouvernement de nommer autant de ministres femmes que de ministres hommes	67	31	62	71
Financer les partis politiques uniquement s'ils donnent un rôle aussi important aux femmes qu'aux hommes	65	33	65	66
L'adoption d'une loi sur la discrimination des femmes comme celle qui existe sur le racisme	64	30	66	62

(1) La différence entre le total des réponses favorables et opposées et 100 % représente les sans-opinion
Sondage réalisé par l'Ifop pour L'Express, les 29 et 30 mai 1996, auprès d'un échantillon de 1 002 personnes, représentatif de la population française âgée de 15 ans et plus. Méthode des quotas.

••• tion, raconte Roudy, et surtout, fortes de notre expérience inégalée, proposer des moyens concrets pour parvenir au but. » Elles ont ainsi écrit un manifeste, modèle de ce que peut donner l'intelligence consensuelle sur un sujet capital. Ce texte révolutionnaire, acte politique par excellence, nous le publions intégralement dans ces colonnes *(voir page 32)*. Car c'est à L'Express que ses signataires ont choisi de le confier, avec la volonté d'ouvrir un grand débat national, transcendant tous les clivages.

Une humiliante réalité

Il n'est presque plus nécessaire de rappeler que la France, parmi toutes les démocraties du monde, est de loin celle qui maltraite le plus ses femmes. Alors qu'elles représentent 52 % de la population, qu'elles votent et sont éligibles depuis 1945, qu'elles plissent les urnes autant que les hommes, elles ne parviennent toujours pas à investir les lieux du pouvoir. Citons une nouvelle fois quelques chiffres. 32 députées sur 577 élus, 18 sénatrices sur 303, une présidente de conseil général sur 93, 2 824 maires sur 33 948, et ainsi de suite. Voilà qui a le mérite de la clarté : la nation de la liberté et de la citoyenneté est à la traîne de l'Europe, autres pays latins compris.

Le droit, pourtant, ne laisse subsister aucune ambiguïté. Sans même connaître par cœur les textes fondateurs, chacun sait que l'égalité des sexes y est implicitement ou explicitement exprimée,

comme dans l'article 3 de la Constitution de 1958. Mais personne n'ignore qu'elle est bafouée. Rien de plus éloquent que ces 59 % de Français qui – selon le sondage exclusif Ifop réalisé pour L'Express – estiment que la situation des femmes dans la société française est moins favorable que celle des hommes. Cependant, l'opinion publique ne s'en tient pas à ce constat dont tout le monde, chaque jour, peut éprouver l'humiliante réalité. Adversaire de la parité au nom de l'universalité, Evelyne Pisier, professeur à Paris I, résume fort bien le problème : « Aujourd'hui, c'est le décalage entre le droit et le fait, non pas la lutte pour un droit, qui est en cause. » A une nuance près : les instruments institutionnels et l'ensemble de notre système politique ne permettent en aucune façon de réduire le décalage en question. Ce qui revient, pour certains, à réclamer un approfondissement du droit. Il faudrait donc passer d'autres voies, plus coercitives, pour en arriver à une égalité de représentation. Les signataires du Manifeste n'affirment pas autre chose.

Mais – et c'est une immense surprise, aux implications multiples –

les Français aussi. Qui aurait pu imaginer que 71 % d'entre eux, hommes et femmes confondus, soutiendraient la parité en politique comme moteur indispensable de l'égalité en général ? Alors que l'on glose sans cesse sur le discrédit du politique en y cherchant les raisons les plus sophistiquées, on en oublie une. La principale, et la plus difficile à admettre : en continuant à exclure les femmes, le politique se coupe dangereusement de la réalité sociale, économique, psychologique d'un pays dans lequel elles occupent une place de

LA FRANCE EST ALORS EN QUEUE DE PELOTON DE LA PARITÉ EN EUROPE.

plus en plus large. L'analyse détaillée du sondage est éloquente : toutes les classes d'âge (70 % des moins de 35 ans, 71 % des plus de 35 ans), toutes les catégories professionnelles (68 % des artisans et commerçants, 76 % des ouvriers), toutes les familles politiques (74 % des sympathisants de gauche, 67 % de ceux de droite) réclament la parité.

Même les enfants ne s'y trompent pas. Dans une lettre ouverte aux hommes politiques et au président de l'Assemblée nationale, Ségolène Royal, députée des Deux-Sèvres, rapporte les passionnants résultats d'une enquête menée auprès d'écoliers et d'écolières de 9 à 11 ans, répartis en 577 classes, dans les villes et les campagnes, dans des quartiers favorisés ou non. Ils devaient choisir leurs élus à l'Assemblée. Eh bien, ils se sont spontanément exprimés pour la parité, puisqu'ils ont envoyé 305 filles sur les bancs des parlementaires !

Une victoire inéluctable

C'est évidemment un grand succès, annonciateur d'une victoire inéluctable pour les féministes et les organisations de femmes qui, depuis quelques années déjà, se battent pour la parité. Au premier rang desquelles Françoise Gaspard et Claude Servan-Schreiber. Malgré les sarcasmes, elles n'ont pas ménagé leurs efforts pour défendre ce principe et populariser ce terme dans toutes les instances nationales et internationales. En particulier lorsqu'elles ont signé en 1992, avec Simone Veil et Edith Cresson, la charte d'Athènes, quoique celle-ci soit passée inaperçue des observateurs, qui participent avec une magnifique constance à l'atonie générale. Alors, dans la capitale grecque, la parité a acquis ses lettres de noblesse à l'échelon européen. Ce qui n'empêche nullement certaines féministes prestigieuses, comme Elisabeth Badinter, de s'y opposer fermement. « Se détourner de l'universel pour entrer dans le différentialisme, même si c'est celui, biologique, des sexes, est extraordinairement dangereux, proteste-t-elle. La menace du communautarisme pèse sur notre société. Sans oublier le fait indépendantiste ou régionaliste corse, breton ou savoyard. Faire entrer la parité dans le droit, c'est renoncer à

l'égalité citoyenne, accepter la fin de la République française. » Argument philosophique et politique de poids, que soutiennent aussi nombre de constitutionnalistes.

Dès lors, toute la question est de savoir si le volontarisme des hommes politiques existe réellement. On entend bien que les leaders sentent monter la pression populaire. Lionel Jospin ne dit-il pas que « les hommes du PS commencent à avoir honte » ? Et le Premier ministre, Alain Juppé, qu'il lui faut admettre, « au bout du compte, que les quotas de femmes sont le seul moyen d'y arriver » ? Les responsables, par bêtise ou par mépris, n'ont pas compris à temps que la misogynie dont a été victime, par exemple, Edith Cresson quand elle était à Matignon ou l'éviction violente du tiers de femmes qui composaient le gouvernement Juppé 1 avaient profondément, définitivement, choqué. Et pas seulement les femmes, tant s'en faut.

A première vue, si l'on en croit le sondage Ifop, un simple replâtrage n'est plus suffisant. L'exaspération doit être immense pour que, si majoritairement, les Françaises et les Français (et même l'électorat du Front national, en désaccord sur ce thème avec Le Pen) adhèrent à toutes les réformes proposées par le Manifeste des dix. Le moins que l'on puisse dire, d'ailleurs, c'est qu'ils ne le font pas du bout des lèvres. Certes, lorsqu'il s'agit d'entamer les privilèges concrets des hommes, les femmes sont plus nombreuses à réclamer des actes. Logique. C'est vrai de la nomination d'autant de femmes que d'hommes aux postes importants de l'Etat et du gouvernement – 78 % contre 74 %. Ou de l'obligation pour les partis de composer leurs listes électorales à égalité de sexe – 78 % contre 71 %. Mais quand même, quelle délicate et inattendue harmonie pour s'engager dans la modification du mode de scrutin majoritaire en faveur d'une dose de proportionnelle, et pour ajouter à l'article 3 de la Constitution une petite phrase qui pourrait être que « l'égalité en politique, c'est la parité » ; ou que, « lorsque les élections ont lieu au scrutin de liste, ces dernières doivent comporter un nombre de candidats de sexe masculin et de sexe féminin égal ou différant, au plus, d'une

>La France lanterne rouge de l'Europe

Représentation parlementaire féminine dans les 15 pays de la Communauté européenne.

> A l'Assemblée nationale		Femmes députés	Part dans l'Assemblée
1	Suède	151	43 %
2	Danemark	59	34
3	Finlande	67	33,5
4	Pays-Bas	43	28,5
5	Allemagne	176	26,5
6	Autriche	47	25,7
7	Espagne	76	22
8	Luxembourg	11	18
9	Portugal	31	13,5
10	Belgique	18	12
10 ex	Irlande	20	12
12	Grande-Bretagne	63	10
13	Italie	60	9,5
14	Grèce	17	5,6
15	France	32	5,5

> Au Sénat ou dans les Chambres hautes (1)			
1	Pays-Bas	43	22,5 %
2	Autriche	13	20,3
3	Belgique	13	18,3
4	Allemagne	12	17,4
5	Espagne	31	15
6	Irlande	8	13
7	Italie	26	8
8	Grande-Bretagne	82	6
9	France	18	5,6

(1) La Suède, le Portugal, le Luxembourg, la Grèce, la Finlande et le Danemark n'ont pas de deuxième Chambre.

unité ». Et, puisqu'il convient d'écouter les désirs des électeurs pour ne pas laisser la voie aux extrémistes, notons que l'idée d'un référendum sur cette question, qui touche à la nature de notre démocratie et bouleverse par là même le statut des élites, fait un triomphe.

La stratégie que proposent les Dix avec leur manifeste est faite pour être discutée. Nul doute que les prochaines échéances électorales marqueront un progrès. Nul doute encore que le débat national qui va s'ouvrir ne conduise les Français à réfléchir plus avant sur un programme dont ils devineront aussi les pièges ou les inconvénients. Mais on voit mal comment ils tourneraient casaque. Quand Michel Rocard a instauré la parité pour les européennes de 1994, on s'est moqué de sa liste : « Chabadabada, un homme... une femme... » C'était oublier que les peuples choisissent librement leurs refrains immortels. ● E. S.

L'EXPRESS 6/6/96

Le Manifeste des

Pourquoi des femmes venues d'horizons divers, aux engagements parfois opposés, ont-elles décidé d'unir leurs voix ? Ayant en commun d'avoir eu ou d'exercer actuellement des responsabilités publiques, nous voulons, alors que se profile le prochain millénaire dans un monde incertain et une France inquiète, lancer cet appel pour l'égalité des chances et des droits entre hommes et femmes. Une égalité enfin effective, au-delà des promesses de circonstance, électorales ou non. Une égalité plus urgente que jamais, non seulement pour les femmes, mais pour notre pays, car plus qu'hier encore la participation des unes va de pair avec l'intérêt national.

Toutes, à un degré ou à un autre, nous avons eu à affronter l'incapacité du système politique français à accepter véritablement les femmes. De l'indifférence condescendante et du mépris à l'hostilité déclarée, nous avons pu mesurer le fossé séparant les principes affichés de la réalité s'exprimant dans le comportement de la classe politique. Oui, décidément, celle-ci a encore du mal à tolérer que les femmes participent avec des responsabilités réelles à la direction des affaires du pays. Inutile de rappeler ici les mésaventures survenues à chacune des signataires de cet appel. Les lecteurs, et davantage les lectrices, les ont en mémoire.

« Ni rire ni pleurer, mais comprendre », disait Spinoza. Alors comprendre pour transformer un état de fait aussi injuste que nuisible. Pour que les résistances soient aussi fortes contre l'admission des Françaises en politique, c'est qu'il y a là, dans notre histoire et notre culture civiques, quelque chose de plus enraciné qu'un simple préjugé et qui dépasse les bonnes, ou moins bonnes, volontés. D'autant, et c'est là ce qui nous conforte dans notre démarche, que nous avons rencontré des hommes aux plus hautes fonctions qui, conscients de cette situation, scandaleusement inégale, ont voulu, pas simplement pour des motifs

d'opportunité, rééquilibrer la représentation du pays. A travers nous, c'était bien évidemment l'ensemble des Françaises qui voyaient leur place et leur rôle ainsi reconnus, en même temps qu'étaient sollicitées leurs compétences, qui, en politique, avaient été très longtemps cantonnées au salon ou à l'alcôve.

Mais il faut bien constater que ce souci d'équité demeure encore le fait du prince, sans que les partis politiques aient relayé cette volonté. Si les femmes sont en effet citoyennes à l'égal des hommes par leur nombre dans l'électorat et le niveau de leur participation aux scrutins, cette parité ne se retrouve pas, loin s'en faut, dans la proportion d'élus. Cinquante ans après l'instauration du droit de vote des femmes en France, seulement 5 % d'entre elles sont sénateurs ou maires, 6 % députés ou conseillers généraux. Le scrutin proportionnel améliore sensiblement la représentation féminine, avec 12 % des conseillers régionaux et 30 % des parlementaires européens.

Parmi 20 grands pays développés d'Europe et d'Amérique du Nord, le nôtre est bon dernier pour la représentation des femmes au Parlement, loin derrière les Etats scandinaves, l'Allemagne, l'Espagne. Si bien que, dans l'Union européenne, la France est la lanterne rouge pour la proportion de femmes élues.

Ce n'est pas tout. Seuls 6 % des postes « laissés à la discrétion du gouvernement » sont occupés par des femmes : 2,6 % des préfets, 2 % des ambassadeurs, 5,5 % des directeurs d'administration centrale. Sans parler des directions d'entreprises ou d'établissements publics. Cependant, l'accès des femmes aux grands corps de la fonction publique ne cesse de progresser à la sortie de l'ENA.

Si des raisons historiques, comme un droit de vote relativement tardif ou la loi salique, peuvent expliquer une telle situation, c'est ailleurs, selon nous, qu'il convient d'en rechercher

les véritables causes. Et en France, au commencement, il y a toujours notre héritage républicain. C'est lui qu'il faut interroger en premier, car là, comme pour d'autres questions posées par la société contemporaine, cet héritage appelle des solutions autant qu'il fait lui-même problème. Qu'on nous entende bien. « Liberté, Egalité, Fraternité », la devise républicaine, essence de notre pacte national, aurait plutôt pour nous, dans tous ses termes, un goût de pas assez. Il s'agit uniquement de repérer l'origine de cette résistance typiquement française à intégrer les femmes dans le système de représentation et d'action politiques, et plus généralement de sélection des « élites ». C'est essentiel pour notre devenir, car par son rôle, qui demeure grand, l'Etat est à la fois acteur de premier plan et référence, sinon exemple, pour tous les autres secteurs de la société.

Cet échec de la participation des femmes à la vie et aux responsabilités publiques provient d'une tradition plongeant ses racines dans un jacobinisme désormais hors de saison. Noyau de notre culture républicaine, pas toujours démocratique, le jacobinisme a d'abord et surtout été une affaire d'hommes. Pratiquement et symboliquement. Centralisateur et hiérarchique, donneur de leçons et arrogant autant qu'éducateur, rhétorique et rationaliste jusqu'à l'abstraction chimérique, le jacobinisme est en quelque sorte un concentré de qualités viriles, comme seule une époque baignant dans une Antiquité imaginaire pouvait les fantasmer. La relation aux autres tels qu'ils sont, la sensibilité, le concret, le souci du quotidien étaient ainsi rejetés du champ politique. Et les femmes avec. Des personnages aussi prégnants dans notre imaginaire républicain que le maire, l'instituteur, le soldat ou le juge étaient des figures essentiellement masculines. De ce panthéon les femmes étaient absentes.

Plus près de nous, cette centralisation

DROITE, GAUCHE, MÊME COMBAT. CE QUI COMPTE, C'EST LA PARITÉ.

dix pour la parité

jacobine a été renforcée, sous la Ve République, par des rapports étroits entre la haute administration et la sphère politique. Les fonctions de représentation et d'exécution sont accaparées par un groupe dirigeant, petit en nombre, extrêmement homogène par la formation reçue dans les grandes écoles, et une insertion précoce dans les grands corps de l'État et les cabinets ministériels. Stable dans sa composition et peu perméable dans son accès, ce groupe dirigeant constitue une « aristocratie démocratique » sous couvert d'élite républicaine.

Il est grand temps d'en finir avec ces stéréotypes et ces blocages, en féminisant la République. Le regard des femmes, leur expérience, leur culture manquent cruellement au moment de l'élaboration des lois.

Après les grandes avancées juridiques des années 70 et 80, il est évident que le mouvement vers l'égalité marque le pas, quand il n'y a pas régression. Et la crise aidant, les femmes sont apparemment plus silencieuses sur leurs revendications « spécifiques ». Pourtant, elles ne sont pas dupes. Elles savent ou pressentent qu'elles sont les premières touchées par les licenciements et le chômage, total ou partiel, et que les écarts de salaires persistent, sans parler de l'accès aux postes de décision. Dommage pour les femmes ! Pas seulement. Dommage pour l'ensemble de la société française, dommage pour sa capacité à réussir la grande transformation dans laquelle elle est engagée. En quelques années, le monde a plus changé que durant un demi-siècle. Quelles sont en effet les nouvelles sources de richesse, de bien-être et finalement de puissance ? L'information et sa circulation, le savoir et sa diffusion, la relation sous ses formes interindividuelles ou collectives. Comment ne pas voir que dans ces trois domaines les femmes, en raison de leur identité et de leur histoire, sont aussi bien – quand ce n'est pas mieux – placées que les hommes pour relever les défis qui s'annoncent ? Quand la force physique ne compte plus, sauf sur les rings, quand l'organisation hiérarchique est périmée, quand la rationalité linéaire et abstraite ne peut plus rendre compte de la complexité d'un monde de plus en plus interdépendant, quand, enfin, la concertation et le débat sont désormais indispensables à la formation des décisions collectives, comme l'a montré le mouvement social de la fin de l'an dernier, il est certainement temps de changer nos conceptions du pouvoir et la clef de sa répartition entre hommes et femmes. Les Français seront-ils dans le monde postindustriel les derniers à en prendre conscience ?

Débattre, éduquer, convaincre, inciter ne suffisent plus pour modifier une situation qui perdure malgré les bonnes volontés. Pour atteindre à l'égalité effective des hommes et des femmes à tous les échelons et dans tous les secteurs de la société française, il faut que le politique donne l'exemple. Et pour cela le temps de la contrainte, fût-il transitoire, est arrivé.

Une pratique renouvelée du pouvoir et de la démocratie ne sera possible que soutenue par une volonté et une pression politique sans faille. L'objectif est d'arriver, par étapes, à la parité. Pour y parvenir, voici les mesures que nous proposons :

① Une politique volontariste des partis, du gouvernement et des associations féminines conjuguées.

Les pays nordiques montrent l'efficacité de cette attitude. Quand il le faut, ils n'hésitent pas à utiliser les quotas. Sans cet aiguillon, il y aura toujours de bonnes raisons de ne rien faire. L'adoption d'un scrutin proportionnel, même partiel pour les législatives, renforcerait cette obligation de quotas. En tout état de cause, il faudrait atteindre le seuil significatif du tiers des élus de chaque assemblée concernée.

② Limitation drastique du cumul des mandats et des fonctions, pour un meilleur partage et exercice du pouvoir. Cette limitation permettra de dégager plusieurs milliers de sièges.

③ Financement des partis politiques en fonction du respect de la parité de leurs instances dirigeantes et de leurs élus.

④ Nomination volontaire à des postes de responsabilité qui dépendent de l'Etat et du gouvernement, en se fondant sur un principe de parité.

⑤ Adoption d'une législation sur le sexisme comparable à celle sur le racisme, permettant aux associations de droits de l'homme et de la femme ainsi qu'aux individus d'ester en justice civilement ou pénalement.

⑥ Et s'il faut modifier la Constitution pour introduire des discriminations positives, nous y sommes favorables, comme l'est, nous en sommes persuadées, la majorité de nos concitoyens.

⑦ Alors, sur ce sujet, pourquoi pas un référendum ?

MICHÈLE BARZACH, FRÉDÉRIQUE BREDIN, EDITH CRESSON, HÉLÈNE GISSEROT, CATHERINE LALUMIÈRE, VÉRONIQUE NEIERTZ, MONIQUE PELLETIER, YVETTE ROUDY, CATHERINE TASCA, SIMONE VEIL.

✂

Si vous souhaitez défendre les valeurs présentées dans ce texte et soutenir les propositions de ce manifeste, envoyez à L'EXPRESS (Appel des femmes, 61, avenue Hoche, 75008 Paris, à l'attention de Virginie Skrzyniarz) le bulletin ci-après, en y ajoutant par lettre vos suggestions.

Nom .... Prénom ....

Profession ....

JOURNÉE NATIONALE DE LA FEMME

— 8 MARS 1982 —

APRÈS L'ORGANISATION EN 1975 DE LA JOURNÉE INTERNATIONALE DE LA FEMME PAR LES NATIONS UNIES, FRANÇOIS MITTERRAND ET YVETTE ROUDY SANCTUARISENT EN 1982 LE 8 MARS COMME JOURNÉE NATIONALE DE LA FEMME ET PRONONCENT DES TEXTES VISIONNAIRES. POURTANT, VINGT-CINQ ANS APRÈS, À ENTENDRE LE DISCOURS PRONONCÉ PAR NICOLAS SARKOZY EN HOMMAGE À SIMONE VEIL, ON MESURE LE CHEMIN QU'IL RESTE À PARCOURIR…

LE JOUR DES FEMMES

CÉLÉBRÉE DANS LE MONDE ENTIER, LA JOURNÉE DE LA FEMME TROUVE SES ORIGINES AU DÉBUT DU XXE SIÈCLE AUX ÉTATS-UNIS.

La journée de la Femme est la journée de toutes les femmes, partout dans le monde. Elle a pour vocation, à date fixe, le 8 mars, de faire valoir leur rôle dans la société, de promouvoir leurs droits, mais aussi de dénoncer les inégalités et les injustices, les violences, les viols dont elles sont victimes. Chaque année, colloques et manifestations se propagent à travers la planète. En France, c'est l'occasion pour les associations, les entreprises, les politiques, le chef de l'État, entre autres, d'occuper le terrain médiatique pour défendre la légitimité de celles qui constituent aujourd'hui plus de la majorité de la société française et 48 % de la population active.

LES ORIGINES

La première journée nationale de la Femme a été célébrée aux États-Unis en 1909 à l'initiative du Parti socialiste américain, qui avait déclaré vouloir rendre hommage au rôle des Américaines dans la vie sociale et économique de tout le territoire. En 1910, à Copenhague, l'Internationale socialiste a étendu le concept à l'échelle mondiale dans l'objectif d'accompagner le mouvement des femmes désireuses d'obtenir le suffrage universel. L'année suivante, un million de femmes et d'hommes ont participé aux rassemblements organisés en Allemagne, en Autriche, au Danemark et en Suisse pour réclamer le droit des femmes au travail, à la fonction publique, à la formation professionnelle.

Mais, en cette année 1911, une tragédie va à jamais marquer l'histoire mondiale du travail. Le samedi 25 mars, un incendie se déclenche dans l'usine de Triangle Shirtwaist, spécialisée dans la confection de corsages, située à Manhattan. En dix-huit minutes, 146 jeunes femmes perdent la vie. Les ouvrières sont prises au piège, les contremaîtres ont verrouillé les portes. Une cinquantaine de victimes tentent d'échap

"CE QUE LA FEMME QUI TRAVAILLE REVENDIQUE, C'EST LE DROIT DE VIVRE, PAS SEULEMENT D'EXISTER."

per au feu en sautant par les fenêtres du neuvième étage pour s'écraser sur les pavés. L'unique échelle de secours plie sous le poids des corps. New York est sonnée. L'enquête prouve que les conditions de travail réservées à ces jeunes immigrées d'origine juive, venues d'Italie et d'Europe de l'Est, étaient catastrophiques. Les ouvrières n'avaient pas le droit de manger, elles étaient sous-payées et exploitées sans aucun droit juridique. Les plus jeunes d'entre elles n'avaient pas 14 ans.

Il a fallu près d'un siècle pour parvenir à identifier chacune des victimes.

À l'époque, 80 000 ouvrières travaillent dans les usines d'habillement de la ville. Le jour des obsèques, 400 000 New-Yorkais défilent dans les rues, sous une pluie déferlante, pour rendre hommage aux victimes. Le 2 avril, au Metropolitan Opera, Rose Schneiderman, porte-parole de la Nation Women's Trade Union League, dira : « Je serais un traître pour ces pauvres corps calcinés si je venais ici avec simplement des paroles de réconfort. Trop de sang a été versé. De ma propre expérience, je sais qu'il revient aux travailleurs de se sauver eux-mêmes. Et la seule voie est la création d'un mouvement ouvrier fort. Ce que la femme qui travaille revendique, c'est le droit de vivre, pas seulement d'exister. La femme qui travaille doit avoir du pain, mais elle doit aussi avoir des roses. » Cette catastrophe est à l'origine de profondes réformes de la législation du travail et va servir de terreau au New Deal. Un siècle plus tard, toutefois, l'incendie au Bangladesh dans une usine de textile en novembre 2012, qui a fait 111 victimes, n'est pas sans rappeler que, dans certains pays, les conditions de travail en général et celles des femmes en particulier n'ont toujours pas évolué.

Il faut attendre 1975 pour que les Nations unies organisent pour la première fois la journée de la Femme le 8 mars. Et 1982, pour que cette date devienne la journée nationale de la Femme en France. ●

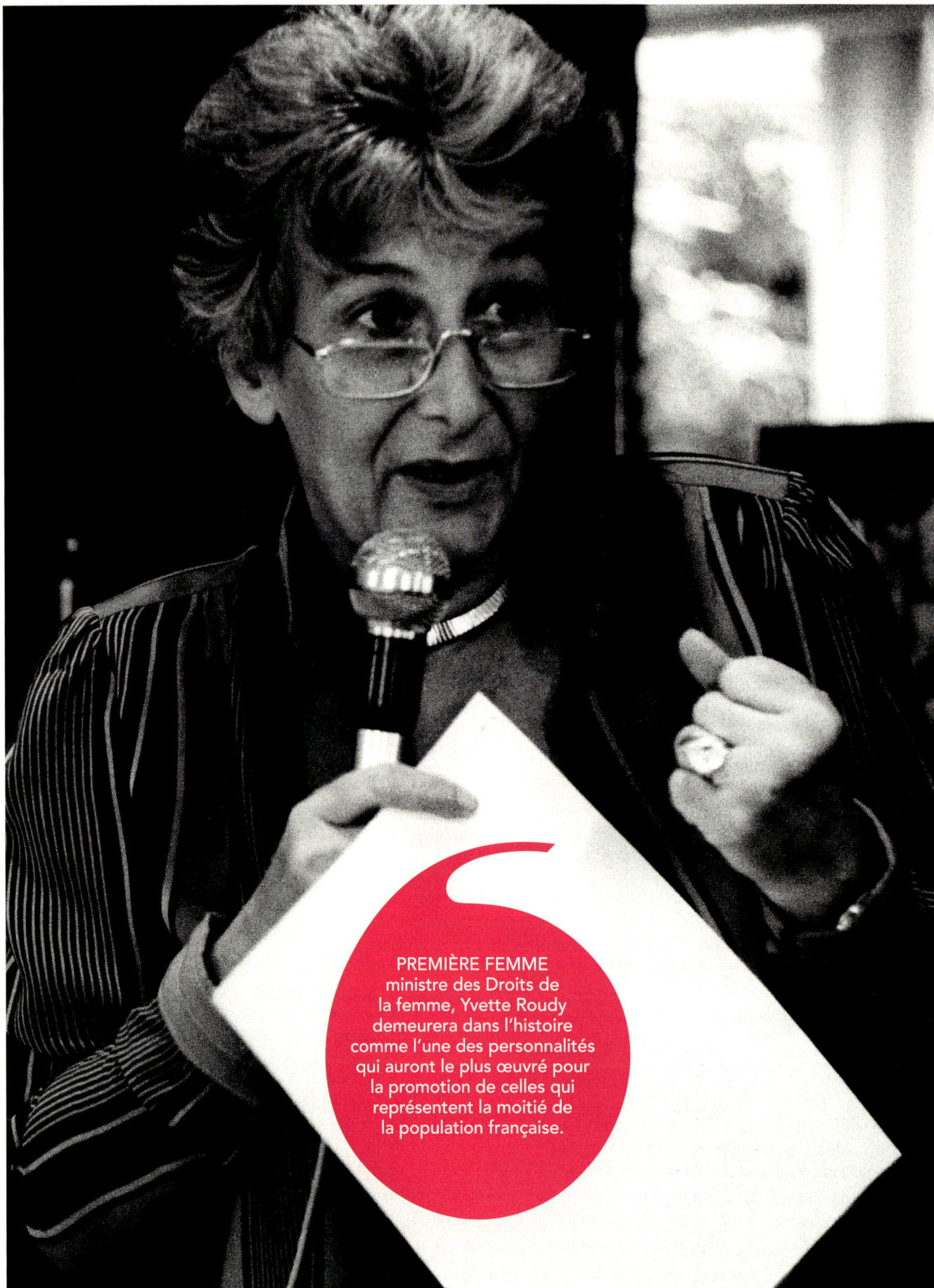

PREMIÈRE FEMME ministre des Droits de la femme, Yvette Roudy demeurera dans l'histoire comme l'une des personnalités qui auront le plus œuvré pour la promotion de celles qui représentent la moitié de la population française.

*Le Ministre
délégué auprès du Premier Ministre
Ministre des droits de la femme*

Si lundi 8 mars 1982 toutes les femmes cessaient de travailler en même temps, je pense que l'on prendrait brusquement conscience que la nation dépend du travail des femmes.

Il me paraît toujours étrange, par exemple, qu'on puisse dire d'une femme au foyer qu'elle ne travaille pas, ou qu'on ait pu si longtemps considérer qu'une femme d'artisan ou d'agriculteur était sans travail. Que les femmes prennent un livre ou aillent se promener à la campagne et c'est le chaos.Les petits pleurant de n'être plus nourris ni changés, les plus grands sans personne pour les accompagner à l'école ni leur faire la classe, les quatre cinquièmes des élèves du secondaire abandonnés à leur sort, les boutiques fermées, les grandes surfaces vidées de leurs vendeuses, les boulangeries désertes, (qui, de 7 h du matin jusqu'à 8 h du soir, s'occupe du pain qu'il a cuit si ce n'est la femme du boulanger ?), les ménages pas faits, les cuisines où s'entassent les nourritures pas cuites et les vaisselles pas faites, les machines à écrire, les fiches du téléphone sans maîtres –ou plutôt sans maîtresses– toute la vie tertiaire exsangue, avec son monde féminin sur qui repose, quatre fois sur cinq, le confort et le bien être de tous.

Si le 8 mars, les femmes s'arrêtaient de travailler, les machines à coudre, les chaînes du textile, les robes et costumes de confection s'arrêteraient avec elles et tant d'ateliers de montage de précision. A la campagne, les bêtes ne seraient pas nourries, les oeufs ne seraient pas relevés dans les usines de ponte. Etc... Etc... Et dans les foyers affolés, devant les urgences de la vie multiple qui est la vie de travail des femmes, dans les bureaux, les usines, les fermes sans vie, il faudrait bien reconnaître alors l'immensité du travail féminin.

Mais les femmes ont toujours travaillé et travaillé dur et sans relâche. Longtemps on n'a pas reconnu la valeur collective et sociale de ce travail. Depuis un siècle au moins, elles revendiquent la citoyenneté de plein droit, et même s'il est vrai que mon hypothèse est une pure fiction, qu'elles ne cesseront pas ensemble le travail le 8 mars, il n'en reste pas moins que c'est ce travail dont elles entendent enfin que l'Etat et la Société reconnaissent la valeur, la puissance productrice, la contribution à l'économie nationale, la pénibilité, dans un esprit de justice et de solidarité.

Yvette ROUDY

POUR CÉLÉBRER
la journée nationale de
la Femme, instaurée
officiellement en France
en 1982, François Mitterrand
convie, l'année suivante,
Simone de Beauvoir à déjeuner
à l'Élysée. Parmi les invités
se trouve Ségolène Royal,
future candidate à l'élection
présidentielle de 2007.

DISCOURS DE FRANÇOIS MITTERRAND
Le 8 mars 1982

lors de l'instauration de la journée nationale de la Femme

On ne peut plus aujourd'hui parler des femmes, de leurs droits, de la place qui doit être la leur dans la société comme on le faisait il y a vingt ans. Des perspectives nouvelles se sont imposées, en particulier au sein de toutes les forces porteuses du changement. Cela ne suffit pas, bien sûr, à faire que les problèmes soient résolus. Mais cela constitue la base à partir de laquelle nous pouvons agir.

Une première page a été écrite. Reste à remplir la seconde. Reste non seulement à renforcer les droits de la femme, mais surtout à les faire passer dans les faits.

EXIGENCE D'ÉGALITÉ

«La loi garantit à la femme, dans tous les domaines, les droits égaux à ceux de l'homme.» Ce principe figure, vous le savez sans doute, dans le préambule de notre Constitution : il reste encore, là comme ailleurs, à faire entrer cette définition dans les faits.

Comment y parvenir? Eh bien en complétant la loi là où elle est encore insuffisante. Prendre les moyens de la faire appliquer partout, dans la vie professionnelle, familiale, dans la vie sociale et politique.

L'égalité dans la vie professionnelle, c'est l'égalité devant l'emploi, je l'ai dit, mais aussi dans les salaires, les conditions de travail, les possibilités de promotion. L'exemple montre qu'il y a un certain barrage devant les femmes à égalité de titres et de capacités lorsqu'il s'agit de promotion.

Toutes ces questions sont liées. En particulier, on n'arrivera pas à l'égalité réelle des salaires moyens des hommes et des femmes tant que certaines professions, certains emplois resteront réservés ou imposés aux représentants de l'autre sexe.

Le gouvernement, qui comprend lui-même plusieurs femmes, elles sont au nombre de six, a donné l'exemple en nommant au cours des derniers mois un nombre important de femmes à des postes de responsabilité. Il s'est employé à faire disparaître toute discrimination devant l'emploi dans la fonction publique. Un projet de loi, modifiant l'article 7 du statut de la fonction publique, voté en première lecture par le Sénat, ouvre désormais aux femmes l'accès à tous les corps de l'État.

[...]

Dans le secteur privé, chacun sait qu'il existe, depuis 1972, une loi posant le principe «à salaire égal, travail égal» pour les hommes et pour les femmes. Qui dira ici que cette loi est respectée? Pas moi en tout cas. C'est pourquoi j'ai donné pour consigne, instruction au gouvernement, de prendre l'ensemble de ces problèmes. C'est ce qu'il fait.

Sur le plan de la législation, il s'agira de faire voter d'ici à la fin de l'année, en conformité avec la directive européenne sur l'égalité de traitement, une loi plus complète et plus précise qui visera à donner aux femmes et à leur organisation les moyens de faire respecter l'égalité dans tous les aspects de leur vie.

Sur le plan de l'action gouvernementale, je l'ai dit, un programme sera arrêté par le conseil des ministres. C'est pourquoi je ne veux pas m'engager plus loin dans cette analyse, car à chacun sa tâche, celle du président de la République est de dessiner les grandes lignes de l'action et celle du gouvernement est d'en préciser les domaines, non seulement dans leur étendue, mais aussi par rapport au calendrier. C'est donc le gouvernement qui définira les mesures à prendre en vue d'atteindre au cours des années à venir une répartition équilibrée, un traitement égalitaire des femmes et des hommes dans leur métier, leur branche professionnelle, leurs emplois.

Et cependant, ni la législation, ni l'action gouvernementale ne suffiront à réaliser les objectifs ainsi définis. Il faut aussi que les femmes elles-mêmes et les organisations dans lesquelles elles se reconnaissent puissent agir concrètement afin de faire avancer et respecter leurs droits. Le développement de la négociation collective constitue, à cet égard comme dans beaucoup d'autres domaines, une condition indispensable du progrès social.

J'ai parlé jusqu'à présent surtout, mais pas seulement, des femmes salariées. Je veux insister pour qu'il soit bien compris que l'égalité, et notamment à ce moment de mon exposé l'égalité professionnelle, soit appliquée aussi aux travailleuses des autres secteurs, qu'elles soient agricultrices, commerçantes ou artisanes.

On a pu dire des paysannes qu'elles ont été pendant longtemps les «femmes de l'ombre», premières levées, dernières couchées. Leur travail reste dur, contraignant. Il ne connaît pas de trêve, en particulier lorsqu'il y a des soins à donner aussi aux animaux. Il se cumule avec des tâches souvent lourdes, domestiques et familiales. Il s'exerce en dehors de toute reconnaissance juridique.

Eh bien, il est temps de combler l'écart qui existe ainsi, une fois de plus, entre le droit et le fait.

François Mitterrand

ON LE SAIT PEU, mais en 2007, tout juste élu, Nicolas Sarkozy, qui éprouve un profond respect pour Simone Veil, refuse la première liste des nominations à l'ordre de la Légion d'honneur qu'on lui propose, car elle n'est pas paritaire.

NICOLAS SARKOZY

En avril 2007, à quelques semaines des élections, le futur président de la République a tenu à rendre hommage à Simone Veil dans son discours « Femmes et égalité des chances ». Extraits.

[...] La justice, le progrès, la solidarité, la fraternité, c'est ce qui fait l'honneur de la politique. C'est Victor Schœlcher qui abolit l'esclavage. C'est Victor Hugo qui préfère l'exil à l'absence de liberté. C'est Jules Ferry qui invente l'école laïque, gratuite et obligatoire. C'est Clemenceau qui se bat jusqu'au dernier quart d'heure, car il est celui de la liberté victorieuse. C'est Léon Blum qui invente les congés payés. C'est Mendès France, jeune député et seul élu de gauche à voter contre la participation de la France aux jeux Olympiques de Berlin. C'est de Gaulle qui lance l'appel du 18 Juin, donne le droit de vote aux femmes et crée la Sécurité sociale. C'est Valéry Giscard d'Estaing qui vous demande de saisir le Parlement d'une loi légalisant l'avortement. C'est François Mitterrand qui supprime la peine de mort. C'est Jacques Chirac qui reconnaît la responsabilité de la France dans la déportation des juifs, fait entrer les Justes au Panthéon et interdit le voile à l'école, car le voile est une soumission.
Vous figurez, chère Simone Veil, parmi cette longue liste d'hommes et de femmes qui ont œuvré pour faire de notre pays un pays de liberté et de fraternité. C'est un honneur pour moi que vous ayez accepté de me soutenir et je vous en remercie profondément.
[...] Je n'oublie pas que les droits des femmes dans notre pays ne sont pas si anciens. Il y a à peine plus de soixante ans, les femmes étaient censées ne pas être assez intelligentes pour voter. Il y a moins de quarante ans, elles devaient demander l'autorisation de leur mari pour travailler et ouvrir un compte bancaire. Il y a trente ans, elles n'avaient pas la maîtrise de leur corps et au fond, parce qu'il faut dire les choses comme elles sont, on leur déniait le droit d'avoir une sexualité. Combien de femmes ont dû renoncer à certaines études, à certains métiers, parce qu'à l'époque ce n'était pas pour elles ? Combien ont subi le mépris de leur entourage parce qu'elles étaient divorcées, célibataires ou sans enfant ? Tout cela, c'était hier.
Leurs conquêtes nous paraissent évidentes, elles sont en réalité fragiles et fort incomplètes.
Elles sont fragiles dans les banlieues où des jeunes filles n'ont pas accès à la contraception, où des jeunes femmes ne peuvent pas voir le médecin de leur choix, où des mères de famille n'ont pas le droit de sortir et d'apprendre le français, où des femmes immigrées subissent l'humiliation et la blessure d'amour de la polygamie, quand ce n'est pas l'horreur de l'excision.
Je veux vous dire que ces situations sont inacceptables sur le territoire de la République. Mais je veux vous dire aussi, parce que c'est la vérité, que cela fait trop longtemps qu'on les tolère. Comme on a toléré trop longtemps que ce soient les femmes battues qui quittent, la nuit, avec les enfants, le domicile conjugal.
Eh bien, je veux vous dire ce soir que ces situations, nous ne les tolérerons plus. Il n'y a pas plus de fatalité au mépris élémentaire des droits des femmes sur le territoire de la République qu'il n'y a de fatalité au chômage, à la pauvreté, à l'échec scolaire.
Les droits des femmes sont fragiles et incomplets dans leur vie professionnelle. On persiste, dans notre pays, à préférer embaucher un homme plutôt qu'une femme, parce qu'une femme peut être enceinte et ses enfants malades. C'est inacceptable. À diplômes et à compétences égales, les femmes n'ont pas les mêmes salaires que les hommes. Ce n'est pas tolérable. Et que dire de l'épaisseur du « plafond de verre », cette frontière de l'accès aux emplois supérieurs que les femmes ont tant de mal à franchir ? De Marie Curie à Geneviève de Gaulle, de Lucie Aubrac à Marguerite Yourcenar, de Simone Weil la philosophe à Simone Veil présente parmi nous ce soir, de Maud Fontenoy à Hélène Darroze, et tant d'autres encore, les femmes ont montré qu'elles pouvaient faire tous les métiers, embrasser tous les combats, ni mieux, ni moins bien que les hommes.
[...] Le travail est une valeur profonde des femmes. Je veux d'ailleurs dénoncer une autre injustice. L'injustice qui fait du travail des femmes un fait historique récent. Les femmes ont toujours travaillé. Elles ont travaillé dans les fermes, dans les usines, dans les mines, dans les administrations, dans les bureaux, dans les hôpitaux, les hospices et les orphelinats, dans les emplois domestiques. C'est une drôle de vision de l'histoire et de la société que de penser que les femmes ont attendu la deuxième moitié du XXe siècle pour travailler.
[...] Et puis je veux aussi que la politique n'ait plus peur de parler de ce qui est vraiment important : la vie, la mort, la famille, la solitude, la maladie, la fraternité, l'espérance. Et cela, les femmes l'apprennent souvent plus tôt que les hommes.

Nicolas Sarkozy

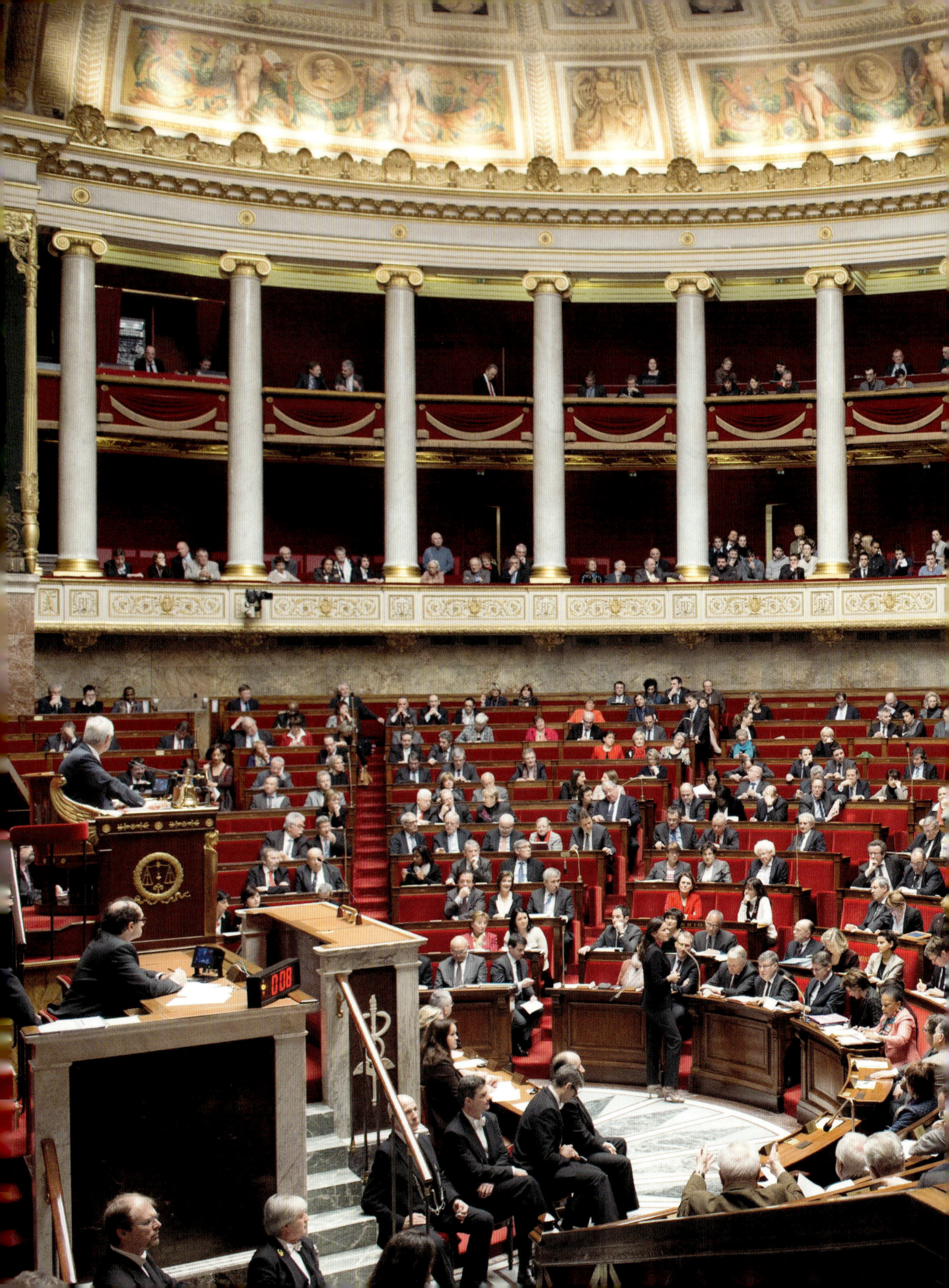

LA LONGUE MARCHE LÉGISLATIVE

VERS L'ÉGALITÉ PROFESSIONNELLE

LA CONQUÊTE DE L'ÉGALITÉ PROFESSIONNELLE EST UN LONG ET LENT CHEMINEMENT QUI S'APPUIE SUR LES TEXTES DE LOI. CES DERNIÈRES DÉCENNIES, LE DROIT DES FEMMES A FAIT UN BOND EN AVANT GRÂCE À DES FEMMES, DES HOMMES, DÉPUTÉ(E)S, SÉNATEURS ET SÉNATRICES, MINISTRES ET POLITIQUES, QUI ONT FAIT ADOPTER DES PROJETS ET DES PROPOSITIONS DE LOI MAJEURS.

1907 …

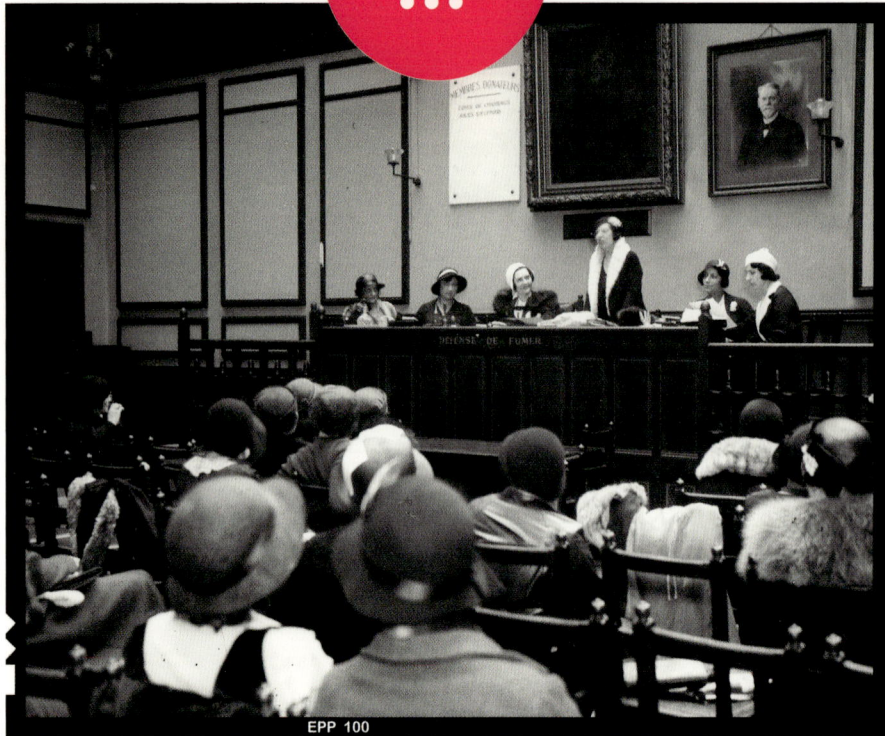

EPP 100

AU COMMENCEMENT...

LES FEMMES ACCÈDENT AU MARCHÉ DU TRAVAIL ET REVENDIQUENT LEURS DROITS.

1907 UN SALAIRE RIEN QUE POUR ELLES
La loi accorde aux femmes mariées
la libre disposition de leur salaire.

1946 L'ÉGALITÉ DANS LA CONSTITUTION
Le principe de l'égalité entre les femmes
et les hommes est désormais inscrit dans
le préambule de la Constitution.

1965 FIN DE L'AUTORISATION MARITALE
La loi autorise les femmes à exercer une
profession sans autorisation maritale et à
gérer leurs biens propres.

1972 À TRAVAIL ÉGAL, SALAIRE ÉGAL
La loi n°72-1143 définit la rémunération
comme « le salaire ou traitement ordinaire
de base ou minimum et tous les autres

avantages et accessoires payés, directement
ou indirectement, en espèces ou en nature ».

**1975 PAS DE DISCRIMINATION
À L'EMBAUCHE**
La loi interdit de rédiger une offre d'emploi
réservée à un sexe, de refuser une embauche
ou de licencier en fonction du sexe ou de la
situation de famille, sauf motif légitime.

1976 ÉGALITÉ DES TRAITEMENTS
La directive européenne du 9 février introduit
« l'absence de toute discrimination fondée
sur le sexe [...] par référence notamment
à l'état matrimonial ou familial et vise
l'abrogation [des] dispositions discriminatoires
légales, conventionnelles, contractuelles
ou statutaires. »

1983

EPP 100

LOI ROUDY

ELLE INSTAURE LE PRINCIPE
D'ÉGALITÉ PROFESSIONNELLE DANS L'ENTREPRISE.

La loi n° 83-635 du 13 juillet 1983 (dite loi Roudy) oblige les branches professionnelles et les entreprises à effectuer un bilan de leur situation en matière d'égalité. Faisant suite à l'adoption de la directive européenne n° 76/207 du 7 février 1976 relative à l'égalité de traitement entre les hommes et les femmes pour l'accès à l'emploi, à la formation et à la promotion professionnelle et les conditions de travail, la nouvelle loi vise à faire passer en France le droit des femmes d'une « logique de protection » à une « logique d'égalité ». Elle introduit un principe général de non-discrimination entre les sexes dans les relations de travail et dote la promotion de l'égalité professionnelle dans l'entreprise de trois instruments.

• **L'élaboration** par l'employeur, dans les entreprises d'au moins 50 salariés, d'un rapport annuel sur la situation comparée des conditions générales d'emploi et de formation des femmes et des hommes dans l'entreprise.
• **La signature** d'un plan d'égalité professionnelle entre la direction et les syndicats présents dans l'entreprise visant, par des mesures temporaires de rattrapage, à remédier aux inégalités existant en matière d'embauche, de formation, de promotion ou de conditions de travail.
• **Une aide financière** de l'État aux plans d'égalité professionnelle comportant, dans le cadre d'un contrat d'égalité professionnelle passé avec l'État, des actions exemplaires en faveur des femmes dans l'entreprise.

**2001
—
2006**

EPP 100

LOI GÉNISSON & LOI AMELINE

ELLES RENDENT OBLIGATOIRE LA NÉGOCIATION SUR L'ÉGALITÉ PROFESSIONNELLE ET EXIGENT DES MESURES DE SUPPRESSION DES ÉCARTS DE RÉMUNÉRATION.

LA LOI DU 9 MAI 2001, DITE LOI GÉNISSON, du nom de la députée Catherine Génisson, précise et complète la première loi sur l'égalité professionnelle entre les femmes et les hommes du 13 juillet 1983 (loi Roudy). Elle est d'une importance capitale pour les femmes qui travaillent en entreprise, puisque ce nouveau texte développe le dialogue social sur l'égalité professionnelle. Cette égalité est désormais abordée lors des négociations annuelles obligatoires au sein des entreprises. Elle prend en compte la rémunération, la formation et l'organisation du travail. Ces négociations se font grâce à un rapport de situation comparée devant être écrit par les entreprises afin d'analyser les besoins de ces dernières.

LA LOI DU 23 MARS 2006 (LOI AMELINE) vise la suppression des écarts de rémunération avant le 31 décembre 2010. Ses objectifs :
• Aboutir à la suppression des écarts de rémunération entre les femmes et les hommes avec la prise en compte obligatoire de cet objectif dans les négociations ouvertes au niveau des branches ou des entreprises.
• Renforcer les droits des femmes en congé de maternité, avec majoration de l'allocation de formation en dehors du temps de travail pour les salariés devant engager des frais de garde d'enfants, et aide aux petites entreprises pour le remplacement des salariés en congé de maternité ou d'adoption.
• Accélérer l'accès des femmes à la formation et à l'apprentissage en incitant les partenaires du secteur à promouvoir la mixité.

2011 — 2012

EPP 100

LOI COPÉ-ZIMMERMANN & LOI SAUVADET

ELLES IMPOSENT LA REPRÉSENTATION DES FEMMES DANS LES DIRECTIONS DES GRANDES ENTREPRISES ET INITIENT L'ÉGALITÉ PROFESSIONNELLE DANS LA FONCTION PUBLIQUE.

LA LOI DU 27 JANVIER 2011 (LOI COPÉ-ZIMMERMANN) introduit l'obligation pour les entreprises de plus de 500 salariés d'une représentation équilibrée des femmes et des hommes au sein des conseils d'administration et de surveillance (20 % d'ici à 2014 et 40 % d'ici à 2016). La proportion des administrateurs de chaque sexe ne peut être inférieure à 40 % dans les sociétés dont les actions sont admises aux négociations sur un marché réglementé et, à l'issue de la plus prochaine assemblée générale ayant à statuer sur des nominations, dans les sociétés qui, pour le troisième exercice consécutif, emploient un nombre moyen d'au moins 500 salariés permanents et présentent un montant net de chiffre d'affaires ou un total de bilan d'au moins 50 millions d'euros. Dans ces mêmes sociétés, lorsque le conseil d'administration est composé au plus de huit membres, l'écart entre le nombre des administrateurs de chaque sexe ne peut être supérieur à deux.

LA LOI DU 12 MARS 2012 (LOI SAUVADET) impose que, dans la fonction publique, les nominations dans l'encadrement soient pourvues par au moins 20 % de femmes, puis 30 % en 2015 et finalement 40 % en 2018. En revanche, les quotas ne s'appliquent pas à la gendarmerie.

117

2014

EPP 100

LE PROJET DE LOI VALLAUD-BELKACEM

EN JANVIER 2014, LES DISCUSSIONS À L'ASSEMBLÉE NATIONALE
AUTOUR DU PROJET DE LOI SUR L'ÉGALITÉ « RÉELLE »
ENTRE LES FEMMES ET LES HOMMES SONT HOULEUSES,
NOTAMMENT EN CE QUI CONCERNE L'AMENDEMENT
SUPPRIMANT LA NOTION DE DÉTRESSE POUR L'AVORTEMENT.
MAIS LA CONCORDE RÉPUBLICAINE RENFORCE LES
DISPOSITIONS POUR L'ÉGALITÉ PROFESSIONNELLE.

Après son adoption en première lecture le 17 septembre 2013, au Sénat, le projet de loi sur l'égalité « réelle » entre les femmes et les hommes a été adopté, le 28 janvier, à une très large majorité, en première lecture à l'Assemblée nationale.

QUE PRÉVOIT-IL ?

• La négociation annuelle sur les salaires devra désormais suivre la mise en œuvre des mesures décidées par les négociations de l'accord sur l'égalité professionnelle. Reprenant des dispositions prévues dans l'accord national interprofessionnel du 1er mars 2004 (art. 13) mais jamais transposées, le projet de loi prévoit que si des écarts de rémunération sont constatés lors des négociations quinquennales sur les classifications, la négociation devra conduire à corriger les facteurs à l'origine de ces différences de rémunération.

• La réduction des inégalités professionnelles et salariales : reprenant les dispositions de l'accord national interprofessionnel du 19 juin 2013 sur la qualité de vie au travail, le projet de loi renforce l'efficacité de la négociation en matière d'égalité professionnelle. Elle devient globale et se donne pour objet de définir les mesures de rattrapage des inégalités de rémunération.

• L'extension des quotas de femmes dans les conseils d'administration (40 % d'ici à 2017). Ces quotas, qui concernaient auparavant les sociétés cotées en Bourse et les entreprises publiques, devront être appliqués par les entreprises de plus de 250 salariés ou dont le chiffre d'affaires est supérieur à 50 millions d'euros.

• L'exemplarité de la commande publique : les entreprises de plus de 50 salariés ne pourront y candidater que si elles sont en mesure d'attester qu'elles respectent leurs obligations légales en matière d'égalité professionnelle. Cette exigence s'appliquera aux marchés publics, aux contrats de partenariat et aux délégations de service public. Les marchés pourront également prévoir des conditions d'exécution visant à promouvoir l'égalité professionnelle.

• La protection des collaboratrices et collaborateurs libéraux : une période de suspension de contrat et de protection contre la rupture unilatérale est prévue pour sécuriser l'activité professionnelle des collaboratrices et des collaborateurs qui souhaitent prendre, selon le cas, leur congé de maternité, leur congé de paternité et d'accueil de l'enfant ou le congé en vue de l'adoption d'un enfant.

• L'expérimentation des dispositifs pour faciliter l'articulation des temps de vie : à titre expérimental, un nouveau cas de déblocage des sommes épargnées sur un compte épargne temps pourra être créé par accord d'entreprise afin de financer des prestations de services (garde d'enfants, ménage ou aide à domicile…) dans le cadre du chèque emploi service universel.

• La généralisation progressive de la parité : celle-ci sera instaurée dans les conseils économiques et sociaux régionaux, les chambres d'agriculture, les chambres des métiers d'ici à dix ans, ainsi que dans toutes les autorités administratives indépendantes collégiales et les commissions et instances consultatives et délibératives de l'État.

• Un accès facilité aux prêts et aux financements en fonds propres pour les femmes auprès de la Banque publique d'investissement.

ET DEMAIN ?

En séance, le 24 janvier 2014, à l'Assemblée nationale, lors des discussions sur l'article 18 du projet de loi de l'égalité entre les femmes et les hommes, une question déterminante a été posée par Catherine Coutelle, présidente de la Délégation des droits aux femmes. Extrait.

« L'article premier de la Constitution "favorise" l'accès des femmes aux postes de responsabilité. Cette terminologie remonte à la loi Jospin sur la parité et résulte d'un compromis. En période de cohabitation, et pour que le Sénat vote cette réforme, il a été jugé préférable d'écrire : la loi "favorise" l'égal accès des femmes et des hommes aux mandats électoraux et fonctions électives, plutôt que : la loi "garantit" l'égal accès. Mais dès qu'une réforme constitutionnelle se présentera, je peux vous assurer que la Délégation aux droits des femmes a l'intention de présenter une nouvelle modification de cet article premier, allant dans ce sens.

Pourquoi nous battons-nous pour la parité ? Parce qu'il s'agit d'un droit, alors que les femmes représentent la moitié de la sphère publique. Au nom de la parité, il faut partager le pouvoir en deux. Il n'y a aucune raison que les femmes soient écartées et privées de responsabilités dans des pans entiers de la vie économique et politique. […] »

Najat Vallaud-Belkacem, ministre des Droits des femmes, lui a répondu :

« À madame la présidente de la Délégation aux droits des femmes, je voudrais dire que j'ai bien entendu ses propositions en matière constitutionnelle : la Constitution prévoit aujourd'hui que "la loi favorise la parité". Elle doit prévoir demain que "la loi garantit la parité". Il serait en effet utile que votre délégation porte une telle proposition de réforme constitutionnelle. Cela nous facilitera sans doute la tâche pour aller encore plus loin, si besoin en était. »

L'IMAGE DES FEMMES
—— DANS LA PUBLICITÉ ——

LA COMMUNICATION NOUS FOURNIT UN ÉCLAIRAGE PASSIONNANT SUR LA PLACE DES FEMMES
DANS LA SOCIÉTÉ. UNE CAMPAGNE DE PUBLICITÉ EST PARFOIS TOUT CE QUE L'ON RETIENT,
AU MOINS SUPERFICIELLEMENT, D'UNE ÉPOQUE. ELLE EN DIT UNE PART DE VÉRITÉ. LA FEMME
AVANT 1960 ÉTAIT PRISE ENTRE UNE IDÉALISATION INACCESSIBLE (LA STAR) ET UNE RÉALITÉ
CONCRÈTE (LA MÉNAGÈRE). UN DEMI-SIÈCLE PLUS TARD, LA MUTATION EST CONSIDÉRABLE.

PUBLICITÉ : REFLET DE L'INCONSCIENT COLLECTIF

PAR FRÉDÉRIQUE AGNÈS

En tant que professionnelle de la communication, et parce que je suis personnellement animée de la passion d'éclairer les sujets de société et de les comprendre au-delà des préjugés et des idées reçues, je me suis intéressée à la façon dont les discours (intellectuels, politiques, publicitaires, artistiques, etc.) font progresser (ou reculer) les sujets clés de ce début de XXIᵉ siècle.

J'ai le privilège d'accompagner la trajectoire de nombreuses grandes associations, dont le Laboratoire de l'égalité, qui est un catalyseur de changement sociétal. La manière dont on évoque, dans l'espace public, la question de la place qu'occupent, ou devraient occuper les femmes, est l'un des sujets fondamentaux de notre temps. Ces sujets nous renseignent mieux que tout autre sur l'état d'avancement d'une société. Sur le degré d'évolution auquel nous sommes parvenus. Mais je suis bien placée pour savoir que la communication, quel que soit le caractère fondamental des sujets de société, reprend systématiquement ses droits. La parité, l'égalité sont aussi un objet de discours, un champ de concurrence, voire un terrain d'affrontement. Cette réalité, je ne peux pas la négliger.

L'image que l'on donne des femmes, les représentations en circulation ne sont pas des faits déconnectés du réel. Ils en font partie. Ils pèsent sur la réalité et la font exister. Les mots et les images sont des choix, ils véhiculent des intentions. Ils ne sont jamais neutres. Éclairer ce sujet, c'est éclairer ce qui se joue dans les représentations. Faire droit au pouvoir des mots et de l'image, c'est donc débuter l'étude de la place des femmes dans notre société et son histoire par l'analyse de ses représentations.

Il est facile de vérifier que les représentations de la place des femmes (réelle, souhaitée, redoutée, contestée) sont un terrain d'affrontement symbolique de la plus haute importance. Stéréotypes, idéalisations, audaces : toute l'étendue des postures de discours nous montre que ce qui se joue dans le discours, ce n'est

"L'IMAGE DES FEMMES DANS LA PUBLICITÉ NOUS DONNE UN ÉCLAIRAGE IRREMPLAÇABLE."

ni plus ni moins que les avancées ou les reculs dans les années qui suivent. Le discours est annonciateur d'une réalité nouvelle. Dans ce contexte, la publicité, la communication reflètent un air du temps qui n'est autre que l'inconscient collectif d'une époque.

Par sensibilité personnelle autant que par conviction, je pense que le sujet que représente la place des femmes dans la société française est à manier avec d'infinies précautions, loin de toute posture catégorique, péremptoire et figée dans la certitude militante. Il est pour cela deux conditions que je m'impose : envisager la question de la place des femmes avec une très grande bienveillance, et placer le sujet dans une perspective forcément très progressive.

La bienveillance va de soi, car la question de la place des femmes mobilise non seulement des forces visibles au sein de la société, mais encore tout un arrière-plan anthropologique et religieux, bien réel quoique partiellement présent à la conscience du plus grand nombre. Le progrès, pour être durable, s'accompagne nécessairement d'une forme de consentement, d'acceptation. Si les chocs et les ruptures sont parfois indispensables, la conscience du temps long nous oblige à réfléchir aux conditions du partage le plus large de la nouveauté.

Le caractère progressif de cette évolution est aussi essentiel : à mon sens, il est impossible de comprendre la place des femmes dans notre société si l'on omet de penser l'évolution de ce sujet sur plusieurs décennies. Les débats actuels prennent tout leur sens, et ne s'éclairent que grâce à cette mise en perspective longue.

S'il est vrai que les cinquante dernières années ont marqué une accélération très importante de la situation des femmes par rapport au reste de la société, rompant avec des héritages parfois séculaires, il n'en reste pas moins vrai que l'attention au détail, aux différentes étapes parfois contradictoires par lesquelles est passé ce grand mouvement de libération et d'égalisation est la condition pour comprendre honnêtement ce qui se joue aujourd'hui. ●

UN SUJET ANCIEN, UN ENJEU D'AUJOURD'HUI

QUEL EST LE RÔLE DE LA PUBLICITÉ ? QUELLE EST LA RESPONSABILITÉ DE LA COMMUNICATION ? DEPUIS LES PREMIÈRES « RÉCLAMES » DES ANNÉES 1950, LES FEMMES SONT PROGRESSIVEMENT SORTIES DU FOYER. PETIT RETOUR SUR L'ÉVOLUTION DES REPRÉSENTATIONS.

En 1790, Condorcet écrivait sur l'admission des femmes aux droits de cité : « Il serait difficile de prouver que les femmes sont incapables d'exercer les droits de cité. Pourquoi des êtres exposés à des grossesses et à des indispositions passagères ne pourraient-elles pas exercer des droits dont on n'a jamais imaginé de priver les gens qui ont la goutte tous les hivers et qui s'enrhument aisément ? » Il a fallu attendre 1944 pour que les femmes obtiennent ces « droits de cité », à l'égal des hommes, en devenant électrices et éligibles. Aujourd'hui, il reste d'autres droits de cité à conquérir : parmi eux, bien sûr, le pouvoir décisionnel au sein des entreprises et en politique. Le petit nombre de femmes aux responsabilités dans les groupes du CAC 40, la faible proportion de députées montrent bien le chemin qu'il reste à parcourir dans la France de 2014. Et cela passe aussi naturellement par une réduction active de la précarité professionnelle, qui touche les femmes en premier lieu. Les femmes, les premières concernées, par exemple, par le temps partiel subi.

Le problème fondamental de l'égalité entre les femmes et les hommes est de passer d'un accord sur les principes à la traduction en actes de ces principes. Les conditions du succès sont d'identifier les freins au passage à l'acte et de changer les comportements, ce qui est un véritable enjeu culturel et la condition de toute évolution de société. Sans modification profonde des représentations, pas d'espoir de voir les comportements changer de façon effective et durable. Et c'est là, précisément, que la communication peut et doit jouer tout son rôle.

You mean a woman can open it ?

LA COMMUNICATION DOIT JOUER SON RÔLE ET FAIRE ÉVOLUER LES COMPORTEMENTS.

• • •

> NE SOYONS PAS NAÏFS :
> LA FEMME A TROP
> FRÉQUEMMENT PÂTI DE
> LA COMMUNICATION
> PUBLICITAIRE.

Les images de la publicité agissent comme autant de révélateurs : ce sont les avancées, les lignes de fractures, les zones sensibles du corps social qui sont mises en évidence.

QUAND LA PUB MET EN SCÈNE LES FEMMES, C'EST UN PEU « FAITES ENTRER L'ACCUSÉE »

Ne soyons pas naïfs : la femme a trop fréquemment pâti de la communication publicitaire. Celle-ci a été accusée, trop souvent à juste titre, de véhiculer caricatures, clichés sexistes, images dégradantes, révoltantes, avec des dispositifs de communication parfois, mais pas toujours, rattrapés par l'humour. Au point que l'on a pu se demander si le sexisme était une arme de séduction massive du consommateur. Si la femme n'était pas la victime toute désignée d'une industrie et d'une profession qui seraient intrinsèquement machistes, régies par des hommes, pour des hommes. Et c'est vrai, on le sait, leur dossier est lourd, tant elles dérapent dans certains cas. Mais s'indigner, accuser ne suffit pas. Il faut aussi comprendre. Parce que la réalité est bien plus complexe. Et surtout parce que la communication et la publicité peuvent aussi servir à tout autre chose. Les publicitaires ne représentent pas un ensemble machiste qui utiliserait l'image des femmes uniquement pour les maltraiter. Le rôle de la publicité est de humer l'air du temps et de le restituer pour mieux sensibiliser l'opinion. En analysant l'évolution de la place des femmes dans l'univers publicitaire au fil des décennies, on comprend l'évolution de la place des femmes dans la société.

CINQ DÉCENNIES,
CINQ ÉVOLUTIONS RADICALES DE LA SENSIBILITÉ

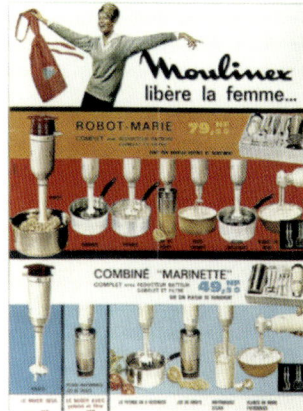

La période qui va de 1960 jusqu'à nous est en effet celle du triomphe de la communication de masse, corollaire indissociable de l'avènement de la société de consommation. Comme un fait exprès, cela correspond exactement au moment historique où se modifient de manière radicale les représentations des femmes.

LES ANNÉES 1960 : DU CONSUMÉRISME TRIOMPHANT À LA CONTESTATION

Ces années 1960 sont celles d'une accélération incroyable de l'histoire, notamment en matière sociétale. Le début de la décennie, c'est le monde des «Mad Men» : enthousiasme consumériste, conservatisme des mœurs, hiérarchie sociale, normativité esthétique. C'est d'ailleurs cette incroyable cohérence esthétique qui est l'une des clés du succès de la série. Sur la jaquette du DVD, on peut lire ceci : «Quand les hommes étaient des hommes, et que les femmes portaient des jupes.» Tout est dit.

En France, à la même époque, le bénéfice proposé aux femmes est simple : quand «Moulinex libère la femme», c'est que le robot ménager l'affranchit des tâches pratiques que des générations de femmes ont connues avant elle. Cet optimisme un peu béat ne tarde pas à être remis en question, au cours même de la décennie.

DANS LA DEUXIÈME MOITIÉ DE LA DÉCENNIE, TOUT CHANGE, TOUT S'ACCÉLÈRE

En France, comme à peu près partout dans le monde, la contestation s'amplifie, les mœurs traditionnelles sont remises radicalement en cause, la loi Neuwirth autorise la contraception en 1968, cette année symbole. Le consumérisme est durement critiqué, mais, paradoxalement, il s'épanouit comme jamais. Surtout, le fait essentiel, c'est que la communication s'apprête à faire sortir les femmes de la sphère du foyer à laquelle elles étaient jusque-là rattachées. La ménagère disparaît progressivement au profit d'un acteur plus autonome de la société de consommation.

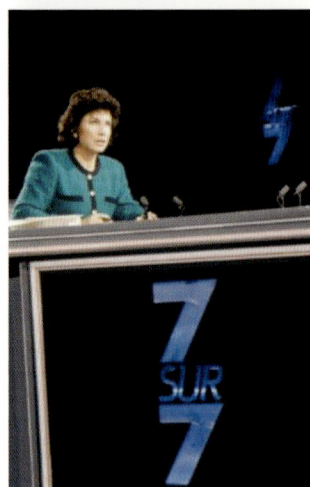

LES ANNÉES 1970, ENTRE RÉVOLUTION DES MŒURS ET AFFIRMATION DES FEMMES DANS LA SOCIÉTÉ

La décennie suivante est vraiment la « décennie héroïque », où les bouleversements et les avancées sociétales sont les plus spectaculaires. Dans le domaine législatif, deux dates clés : 1970 et 1975. En 1970, le Code civil voit disparaître la notion de « puissance paternelle » au profit de l'« autorité parentale ». En 1975, la loi autorisant l'IVG marque l'aboutissement le plus visible de nombreux combats et d'un militantisme féministe qui a marqué son époque et est aujourd'hui un fait majeur de l'histoire contemporaine. Dans la communication, et plus généralement dans la vie sociale, la représentation des femmes connaît une vraie révolution. La femme occupe une place nouvelle, inédite. Elle s'affirme, entre pouvoir et séduction. En l'espace d'une toute petite décennie, la France est passée de la ménagère Moulinex à la « femme Saint Laurent ».

LES ANNÉES 1980 ET LEUR OPTIMISME PARADOXAL

Les années de crise, qui ont débuté au milieu de la décennie précédente, n'empêchent pas la femme de continuer sa conquête de nouvelles représentations. « Femmes des années 1980 » chantait Michel Sardou pour signifier l'émergence de cette nouvelle figure, à la fois ambitieuse et, dans l'imaginaire commun, radicalement différente de l'homme, donc forcément sensible. Par bien des aspects, les années 1980 marquent le point de non-retour du mouvement qui a vu la femme conquérir l'espace public. Le temps n'est plus bien loin où une femme, Édith Cresson, pourra devenir pour la première fois Premier ministre dans l'histoire de notre pays, au début de la décennie suivante.

LES ANNÉES 1990, ENTRE «IMAGINAIRE D'ALLIANCE» ET RADICALITÉS NOUVELLES.

Les années 1990 voient émerger ce que la sociologue Pascale Weil appelle l'«imaginaire d'alliance» dans son ouvrage de référence, *À quoi rêvent les années 90*. Les années héroïques qui voyaient s'affronter la gauche et la droite, l'école libre et l'école publique, et aussi les machos et les féministes, font place à une époque composite, où les identités se recomposent sur une base «négociée». C'est-à-dire que des traits autrefois antagonistes peuvent être réconciliés au sein d'un nouvel air du temps plus consensuel, moins animé de la volonté d'imposer «sa» vérité. C'est vrai en ce qui concerne la place des femmes dans la société : «C'est la société elle-même, autrefois "androcentrique", qui intègre lentement son pôle féminin», explique avec des termes éclairants Pascal Weil. Symptomatiquement, c'est la décennie où apparaissent les «métrosexuels», ces hommes qui assument leur souci de soi, sur un territoire traditionnellement assigné aux femmes (la séduction par l'artifice). Durant la même période apparaissent aux États-Unis les «gender studies», la théorie du genre, qui postulent la dissociation du genre social du sujet d'avec son substrat biologique. Derrière la conciliation, de nouvelles radicalités font leur apparition.

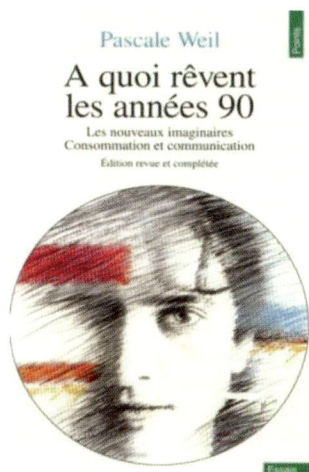

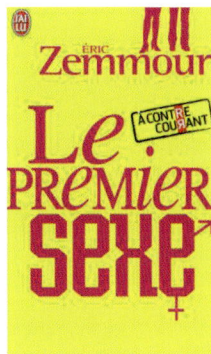

LES ANNÉES 2000 : LA PARITÉ PROGRESSE. PENDANT CE TEMPS, QUE DEVIENNENT LES HOMMES ?

La décennie écoulée voit les progrès des femmes s'accomplir, lentement mais sûrement, vers l'acquisition des «droits de cité» d'aujourd'hui. On note, entre autres, les événements suivants :
- Loi de juin 2000 sur la parité en politique.
- Dépôt d'un projet de loi en mars 2005 concernant l'égalité salariale entre hommes et femmes.
- Loi de mai 2011 sur l'égalité professionnelle entre hommes et femmes.

Dans le même temps, l'un des effets de cette affirmation constante des femmes est de questionner la position des hommes. Un ouvrage comme *Le Premier Sexe* d'Éric Zemmour (2006) stigmatise ce qui serait la «féminisation générale» de notre société. Le «deuxième sexe» dont parlait Simone de Beauvoir en 1949 serait devenu le premier en 2006, et même le seul, consacrant la disparition des hommes.

On ressent toutes les peurs que génère l'évolution de la société, que génère un souhait d'égalité femmes-hommes. Les hommes sont légitimes dans leurs craintes de disparition, de dévirilisation. Il faut trouver le juste milieu pour se diriger ensemble vers une société plus juste et plus paritaire.

QUE NOUS APPREND CE PETIT RETOUR EN ARRIÈRE HISTORIQUE ?

Chaque époque possède ses attentes, ses rêves, ses codes. Bien sûr, l'image de la femme a été exploitée, parfois de manière bête ou vulgaire, ou les deux à la fois. Inutile de s'appesantir, car ce n'est pas vraiment l'essentiel. Derrière tout cela se trouvent des forces à l'œuvre, très puissantes, qui ont à voir avec l'inconscient d'une époque. Aujourdhui, le sexisme ne fait plus vendre et il faut sensibiliser les publics à l'égalité entre les femmes et les hommes.

Laboratoire de l'Égalité | Partager une culture commune de l'égalité entre les femmes et les hommes.
laboratoiredelegalite.org

PACTE POUR L'ÉGALITÉ
Liberté • Égalité • Parité

AUJOURD'HUI, POUR LA COMMUNICATION,
TROUVER LE TON JUSTE

Pour définir le ton à donner à une campagne publicitaire telle que celle réalisée pour le Laboratoire de l'égalité afin d'ouvrir le débat sur les inégalités professionnelles entre les femmes et les hommes, il fallait être engagé sans être obtus, sérieux sans être grave, connivent sans être anecdotique.

UNE CAMPAGNE QUI INTERPELLE

Pour faciliter la progression du thème de l'égalité femmes-hommes sur trois points :

• Rappeler franchement, au-delà du consensus et des bons sentiments, la persistance des inégalités pour agir concrètement.

• Aider les avant-gardes associatives et intellectuelles à accomplir leur travail essentiel et irremplaçable.

• *In fine,* faciliter le travail de l'éducation, encore et toujours le moyen le plus efficace de combattre les idées reçues.

SEXISME AU QUOTIDIEN

La campagne met en évidence des situations sexistes quotidiennes dans le monde de l'entreprise, traitées avec humour et justesse. Elle interpelle les citoyens et les invite à prendre conscience des inégalités femmes-hommes.

Les objectifs de la campagne sont de combattre les propos et les pratiques sexistes, d'éliminer toute référence liée à la domination des femmes par les hommes. Enfin, elle invite à signer le Pacte pour l'égalité.

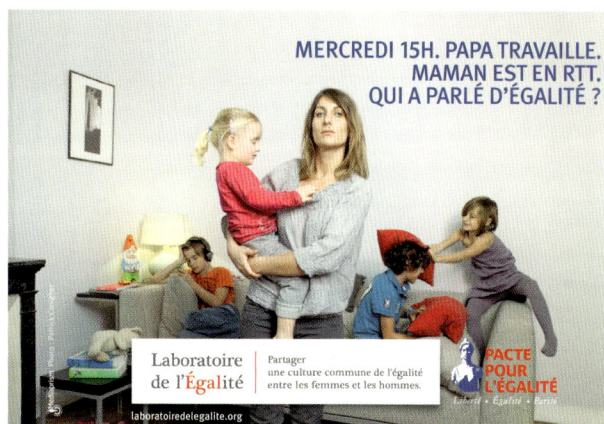

«LES FEMMES, ON CONTINUE À S'ASSEOIR DESSUS OU ON CHANGE POUR DE BON?»

Avec un tel slogan, la campagne de sensibilisation signée du Laboratoire de l'égalité ne risquait pas de passer inaperçue. Voilà un «annonceur» qui n'a pas édulcoré le discours fort voulu par son agence, dirigée par Frédérique Agnès. Mais pour quel effet ? Il a fallu se poser la question des rejets possibles. Le rejet des hommes qui se sentiraient injustement montrés du doigt. Le rejet des moins de 30 ans, pour lesquels la parité est «non-sujet». Le rejet des femmes, qui ne se reconnaissent pas dans les revendications des féministes, elles qui, après les années 1980 «working girl» et les années 1990 «wonder woman», veulent tout simplement aujourd'hui être en paix avec les hommes de leur vie, quels qu'ils soient, leur mari, leur père, leur «petit fiancé du moment», un collègue ou un ami. Cependant, au final, on fait face à une adhésion franche et massive quand il s'agit de traiter la parité avec finesse, bienveillance et surtout… humour !

La majorité des médias qui comptent en France ont relayé la campagne, en fournissant matière à réflexion selon leurs sensibilités propres et celles de leur audience. Il est vrai que les angles d'attaque pour traiter du sujet ne manquent pas : responsabilités limitées, CDD à répétition, temps partiel subi, stéréotypes et autres blagues sexistes. Au travail comme ailleurs, l'égalité en France à la vie dure…
Et on rit beaucoup de ces petites saynètes filmées et déclinées en presse, en affichage et sur le Web. Nous avons tous vécu la même scène, dans l'entreprise, en famille, chez des amis, acteurs ou spectateurs, en mettant notre mouchoir par-dessus. En s'asseyant dessus…
Le Laboratoire de l'égalité, à travers cette campagne, nous rappelle que le chantier reste immense, malgré des acquis incontestables.

L'IMPACT DE LA CAMPAGNE SUR LA VIE PUBLIQUE

LE LUNDI 16 JANVIER 2012, la campagne de sensibilisation pour l'égalité femmes–hommes est lancée lors d'une soirée au théâtre du Rond-Point. De nombreuses personnalités du monde politique et médiatique, ainsi que des sociologues, des entrepreneurs, des chercheurs et des syndicalistes sont venus découvrir le film de la campagne. À cette occasion, le Laboratoire de l'égalité a pu compter sur la présence de Mme Anne Hidalgo, première adjointe au maire de Paris, M. François Sauvadet, ministre de la Fonction publique, et Mme Édith Cresson, anciennement Premier ministre.

UNE CAMPAGNE DE RÉFÉRENCE EN MATIÈRE D'ÉGALITÉ ENTRE LES FEMMES ET LES HOMMES, QUI MARQUE SON ÉPOQUE

Le musée des Arts décoratifs, mémoire de la publicité depuis le XIXe siècle, a souhaité faire entrer la campagne dans ses collections. Elle a également été intégrée à de nombreux manuels scolaires.

D'APRÈS UN SONDAGE DE MARS 2012, LA CAMPAGNE A SUSCITÉ UNE RÉELLE ADHÉSION DU PUBLIC. 87 % des répondants estiment qu'elle est justifiée et 81 % qu'elle devrait être visible dans un maximum d'endroits.

> Ces scènes ne sont pas des caricatures, ce sont des réalités. Cela n'était pas simple de parler de l'invisibilité des femmes. Et en parler de cette façon, avec le symbole "je m'assois dessus", c'est très réaliste. Cette campagne aura beaucoup d'impact dans l'opinion. Je voudrais vraiment la saluer et dire combien ce travail est remarquable.
> **ANNE HIDALGO**

> Je souhaite qu'on laisse à nos enfants un monde de respect hommes-femmes, d'égalité d'accès à des postes à responsabilité, voilà la raison pour laquelle j'ai tenu absolument à être à vos côtés, pour saluer votre travail.
> **FRANÇOIS SAUVADET**

> Cette campagne va permettre de sensibiliser et d'interpeller les décideurs politiques, mais aussi le monde de l'entreprise.
> **OLGA TROSTIANSKY**

UNE CAMPAGNE QUI A PERMIS D'INSTALLER LE DÉBAT DE LA PARITÉ DANS LA FRANCE DE 2012

Le nouveau gouvernement nommé par Jean-Marc Ayrault, Premier ministre de François Hollande, compte 17 femmes et 17 hommes. C'est un moment historique, et un geste aussi décisif que symbolique. La parité au sein du gouvernement et la création d'un ministère des Droits des femmes faisaient partie des mesures fortes réclamées par le Laboratoire de l'égalité, dont le Pacte pour l'égalité avait été signé en mars 2012 par François Hollande.

LES ARTS DÉCORATIFS

LES MÉDIAS...

Totalement inédite, avec un film percutant, décalé, qui interpelle par l'humour plus que par la dramatisation, la campagne «Les femmes, on continue de s'asseoir dessus ou on change pour de bon ?» a rempli son principal objectif, qui était de sensibiliser le grand public à la construction de l'égalité femmes-hommes, si l'on évalue le nombre de médias qui l'ont relayée. Interviews télé et radio, rédactionnels dans la presse écrite et sur le Web, diffusion en ligne du film : l'égalité entre les femmes et les hommes a fait parler d'elle. La campagne a été reçue favorablement par l'ensemble des médias, qui ont souligné son humour et sa justesse.

DEPUIS SON LANCEMENT ET À L'OCCASION DE LA JOURNÉE DE LA FEMME, LA CAMPAGNE A BÉNÉFICIÉ D'UNE GRANDE VISIBILITÉ AU NIVEAU NATIONAL

- Elle a été diffusée dans plus de 400 salles de cinéma.
- Plus de 200 affiches 4 x 3 ont été installées dans le métro parisien et 650 sur du mobilier urbain partout en France.
- Le film a été vu sur plusieurs chaînes de télévision : TF1, France 2, France 5, France O, TV5 Monde, La Chaîne parlementaire, Direct 8, Direct Star, Stylia, MCM, MTV, etc.
- La campagne a été relayée par un grand nombre de titres de presse écrite : *20 minutes*, *Métro*, *Libération*, *Le Parisien*, *Le Figaro*, *Le Monde*, *Challenge*, *Le Nouvel Observateur*, *L'Express*, *Télérama*, *Les Inrockuptibles*, *Psychologies*, *L'Équipe*, *GQ*, *Causette*, etc.
- Une diffusion a été orchestrée sur le Web avec Orange, Aufeminin.com, Dailymotion.

UNE CAMPAGNE PRIMÉE

Elle a été classée parmi «les campagnes chocs de 2012» par *Le Figaro Madame* et parmi «Les 10 meilleurs coups de com' de 2012» du *Huffington Post*.

LA CAMPAGNE A ÉGALEMENT REÇU LE TOP/COM DE BRONZE DE LA CATÉGORIE CAMPAGNE/PUBLICITÉ D'INTÉRÊT GÉNÉRAL

CANAL+ «UNE CAMPAGNE QUI NE MANQUE PAS D'HUMOUR ET D'ORIGINALITÉ»

LCI «UNE CAMPAGNE PLEINE D'HUMOUR SUR L'ÉGALITÉ HOMMES-FEMMES»

i TELE «L'HUMOUR, NOUVELLE ARME CONTRE LE SEXISME»

TV5MONDE «LE LABORATOIRE IMAGINE UNE PUB CLIN D'ŒIL À L'INDUSTRIE PUBLICITAIRE QUI UTILISE TANT L'IMAGE DE LA FEMME POUR VENDRE.»

Aujourd'hui le Parisien «À LA VEILLE DE L'ÉLECTION PRÉSIDENTIELLE, LE LABORATOIRE DE L'ÉGALITÉ, UNE ASSOCIATION, DÉNONCE AVEC HUMOUR LE MANQUE DE PARITÉ DANS LA VIE DE TOUS LES JOURS.»

ELLE «L'AFFICHE SE VEUT VOLONTAIREMENT PROVOCANTE.»

orange «TRAITÉE AVEC HUMOUR ET JUSTESSE, LA CAMPAGNE INTERPELLE LES CITOYENS ET LES INVITE À PRENDRE CONSCIENCE DES INÉGALITÉS FEMMES-HOMMES.»

Terrafemina «LE LABORATOIRE DE L'ÉGALITÉ LANCE UNE CAMPAGNE DRÔLE ET JUSTE POUR FAIRE AVANCER LE SUJET DE L'ÉGALITÉ PROFESSIONNELLE ENTRE LES HOMMES ET LES FEMMES.»

...

HÔTEL DE LASSAY

DÎNER-DÉBAT « AGIR POUR L'ÉGALITÉ PROFESSIONNELLE »
6 MARS 2013

Présidence de l'Assemblée nationale

Hôtel de Lassay

"Agir pour l'égalité professionnelle"
Mercredi 6 mars 2013

CLAUDE BARTOLONE
PRÉSIDENT DE L'ASSEMBLÉE NATIONALE

Nous connaissons tous les mauvaises nouvelles, et d'autres en parleront mieux que moi. Les inégalités persistantes de salaires, les stéréotypes, la misogynie, le harcèlement, le manque de femmes dans les postes à haute responsabilité, la liste est encore trop longue. Ces mauvaises nouvelles, il faut évidemment ne pas les oublier. Il faut les connaître et les mesurer, comme la loi le rappelle pour mieux construire les outils qui favorisent l'égalité.

Cette soirée, organisée grâce à la force et la conviction de Frédérique Agnès, fondatrice de Mediaprism, de Catherine Carradot de l'association nationale des DRH, de Clarisse Reille de Grandes Écoles au féminin, de Thaima

Samman de Women in Leadership et d'Olga Trostiansky, notre militante du Laboratoire de l'égalité, est une bonne nouvelle. Car, ce soir, nous sommes tous réunis ici, appartenant à des mondes différents, habitués à se croiser, voire à s'opposer, mais rares sont les occasions de prendre le temps de réfléchir ensemble et de partager nos expériences lors d'un moment convivial. Ce soir, pourtant, nous sommes tous rassemblés, mobilisés et résolus à agir en faveur de l'égalité professionnelle en s'engageant ensemble à l'Assemblée nationale, cœur battant de la démocratie, intellectuels, chercheurs, responsables d'organisations syndicales et patronales, députés, journalistes, présidents d'associations professionnelles des ressources

136

humaines, grands décideurs de l'économie, la diversité et la qualité des participants font de cette soirée une rencontre exceptionnelle. C'est la première fois que tant d'acteurs de renom se réunissent pour agir pour l'égalité professionnelle. Je suis donc particulièrement heureux d'accueillir cette mobilisation sans précédent et je sais que de vos différences, de cette richesse, naîtra un bouillonnement d'idées.

Je crois aux symboles et à l'exemplarité. Nous avons déjà mené des actions, mis en place des dispositifs, adopté des lois, mobilisé des ressources, réalisé des études pour garantir l'égalité professionnelle. Nous devons aujourd'hui capitaliser ces bonnes pratiques, cristalliser la conscience de ces avancées pour anticiper les progrès à réaliser à l'avenir concernant l'égalité entre les femmes et les hommes dans tous les domaines. Ce dîner doit être l'occasion de faire connaître ces pratiques vertueuses, d'y réfléchir et de formuler ensemble, si possible, des propositions applicables pour tous. Cette ambition, je suis certain que nous allons la partager ce soir.

Le lieu dans lequel nous sommes réunis est tout un symbole, l'Assemblée nationale, là où la loi s'écrit et où l'égalité des sexes est devenue une question politique de première importance. Les réponses que nous y apportons dessinent un choix de société, une conception de notre démocratie, et une vision de l'humanité que nous voulons porter haut et fier.

Mesdames et messieurs, trouvez ici un lieu privilégié de débat, contribuez à y forger les objectifs de demain, car c'est ici que la démocratie doit pouvoir se voir et s'entendre, ici et maintenant.

Les réunions comme celle-ci sont trop rares et nous devons en profiter. Nous devons essayer d'en tirer le meilleur parti. Ce dîner doit être, certes, un moment de convivialité, comme je vous le disais il y a quelques instants, mais il doit être aussi un message, celui de la volonté d'utiliser tous les instruments entre nos mains pour faire changer les perceptions des femmes dans le monde du travail, et renforcer partout une vraie culture de l'égalité. Il doit être un symbole, celui de l'appropriation des valeurs républicaines et du passage de l'égalité formelle à l'égalité réelle.

Il doit enfin être un choix, celui de la société que nous voulons, une société où les femmes ont la même place que les hommes. Pas pour apporter une nouvelle sensibilité, comme on peut le lire parfois, mais par unique souci de justice.

L'égalité entre les femmes et les hommes n'est pas un enjeu de discrimination positive. Lorsque l'on constitue la moitié de l'humanité, on n'est pas une communauté, une minorité, un groupe. Lorsque l'on constitue la moitié de l'humanité, on n'attend pas de concession frileuse ou des mesures d'assistance ou de bienveillance, on aspire à la justice et à l'égalité. ●

"L'ASSEMBLÉE NATIONALE EST LE LIEU OÙ L'ÉGALITÉ DES SEXES EST DEVENUE UNE QUESTION POLITIQUE DE PREMIÈRE IMPORTANCE."

CATHERINE COUTELLE

DÉPUTÉE DE LA VIENNE, PRÉSIDENTE DE LA DÉLÉGATION AUX DROITS DES FEMMES DE L'ASSEMBLÉE NATIONALE

Nous sommes quelques-unes à arriver de New York où se tenaient, à l'ONU, les journées de la commission pour le statut des femmes et le développement, dont le sujet cette année est la violence. Nous attendons avec impatience que tous les pays acceptent que ce texte soit ainsi diffusé. Lors d'une de ces tables rondes, quelqu'un disait : « Mais pourquoi est-ce que vous parlez de ça entre copines, il n'y a pas d'hommes dans vos conventions et vos discussions ? » Il y avait quelques hommes, il y a quelques ministres à l'égalité, au droit des hommes et des femmes dans certains pays, et il est indispensable, messieurs, que vous soyez là, et nous en sommes très heureuses.

D'abord, je voudrais vous remercier, et remercier mon cher Claude d'avoir organisé cet événement. C'est la deuxième fois, depuis que vous prenez, monsieur le président, la tête de cette maison, la première étant l'anniversaire du droit de vote des femmes et de l'élection au parlement. Le 8 mars est une journée d'action, de réflexion. Mais nous voulons dire très fortement qu'une journée, ça ne suffit pas. Elle doit permettre de prendre conscience des inégalités entre les femmes et les hommes et de nous mobiliser. Si je vous remercie une

seconde fois, monsieur le président, c'est pour avoir choisi ce thème. L'égalité professionnelle est un enjeu extrêmement important. Nous en avons fait une priorité de la Délégation au droit des femmes au cours de ce mandat.

Je vis, nous vivons, de par le monde, les inégalités, en termes économiques et professionnels, comme une énorme violence faite aux femmes. La précarité, la pauvreté, le manque de travail, l'absence des femmes dans les postes de direction est une violence économique au même titre que toutes les autres violences. Nous devons la combattre.

Les femmes ont toujours travaillé, même si ce travail n'a pas toujours été reconnu, valorisé, rémunéré, mais elles ont aussi fait face à des discriminations. Il faut que le parcours d'obstacles que sont souvent pour les femmes – plus que pour les hommes – la création d'entreprise ou l'entrée sur le monde du travail cesse. J'attire l'attention des DRH parmi vous, ainsi que beaucoup de chefs d'entreprise qui vont embaucher. Nous vivons encore aujourd'hui en France des discriminations à l'embauche, parfaitement insidieuses, liées au sexe. Sous prétexte que l'on est femme et qu'on a la trentaine, certains employeurs rechignent à l'embauche, imaginant que l'on va bientôt faire des enfants et donc s'arrêter, être moins disponible, moins motivée.

L'égalité professionnelle est un gage d'indépendance. C'est le premier droit, celui d'être autonome financièrement. C'est la première émancipation des femmes, une exigence de justice, et il n'est pas normal aujourd'hui qu'en Europe une Européenne doive travailler cinquante-neuf jours de plus qu'un homme pour gagner le même salaire. C'est ça, messieurs, l'inégalité salariale, les 27 % de différence de salaire. Ces discriminations sont inacceptables. Les lois existent, il faut maintenant s'interroger sur leur effectivité, leur application et les sanctions si les choses ne bougent pas.

L'égalité professionnelle, c'est aussi l'accès aux responsabilités. On retrouve des mécanismes de domination dans toute la société. Le pouvoir aujourd'hui est encore largement sexué, voire exclusivement masculin. Quand on va aux sessions générales de l'ONU, par exemple, les pays sont surtout représentés par des hommes. L'exemplarité de certains parcours dans les sphères économiques ou politiques est encourageante, mais elle ne doit pas masquer les progrès qui restent à faire. Grâce à la loi Copé-Zimmermann, il y a aujourd'hui 20 % de femmes dans les conseils d'administration du CAC 40 en France. C'est un chiffre plus élevé, semble-t-il, qu'aux États-

Unis. Mais ne vous félicitez pas trop vite, messieurs : il n'y a que 2 % de femmes PDG…

Dans la langue française, on ne trouve pas instinctivement le féminin d'entrepreneur. Le dictionnaire cite « entrepreneuse » ou « entreprenante », des termes qui n'évoquent pas particulièrement des chefs d'entreprise. En politique, nous avons le premier gouvernement paritaire de la Vᵉ République, mais la faible représentation des femmes à certains postes est patente. Ainsi, l'Assemblée nationale compte 73 % d'hommes. C'est valable aussi, bien sûr, dans le monde du travail. Il faut que les femmes soient davantage présentes aux postes de direction et d'encadrement, dans les conseils d'administration. Pas parce qu'elles font de la politique ou qu'elles dirigent autrement, qu'elles ont des qualités féminines, mais parce qu'elles représentent la moitié de l'humanité.

Une autre facette, dans le monde économique que vous représentez majoritairement ce soir, est celle des emplois précaires, qui sont occupés majoritairement par les femmes. La dévalorisation de ces postes est un frein à ce que des hommes s'orientent dans ces métiers. J'entends parfois : « Quand ça se féminise, ça se dévalorise. » Résultat : les salaires sont à la baisse alors qu'à l'inverse, dans les métiers à dominante féminine, quand des hommes vont s'y investir, comme par hasard, les salaires augmentent.

Ce n'est pas inéluctable ; les bas salaires sont aujourd'hui présents dans tellement de secteurs que c'est un des combats que nous devons mener. 80 % des emplois à temps partiel sont occupés par des femmes. Ça implique des salaires partiels, des progressions de carrière partielles, des retraites partielles. C'est ce qu'on appelle les journées en miettes, où on ne peut rien faire d'autre, parce que vous pouvez être appelée à tout moment. Donc vous ne pouvez pas avoir de complément de salaire.

Nous avons en France multiplié les travailleurs et surtout les travailleuses pauvres. Il faut lutter contre la précarité qui a explosé depuis les années 1990, contre les discriminations au sein des entreprises, dans les carrières, les rémunérations. J'attire l'attention des entreprises qui parfois affichent de très beaux tableaux d'égalité salariale sur les panneaux d'affichage et qui, derrière, distribuent les primes de manière très inégale, y compris dans la fonction publique. Le diable peut se cacher dans les détails et, chez les femmes, il y a beaucoup de détails. C'est pourquoi le décret du 18 décembre 2012 comporte des points très positifs que nous entendons faire appliquer jusqu'aux sanctions, jusqu'aux contrôles.

Enfin, il faut développer des politiques de droits des femmes, qui jouent en amont sur l'orientation. Il n'est pas normal que les femmes s'orientent vers une dizaine de métiers seulement. Il faut sensibiliser les parents, les enseignants, les professionnels, les chefs d'entreprise, à l'orientation des filles et des garçons. Il faut lutter contre les stéréotypes sexistes, déconstruire les clichés des métiers dits masculins et féminins. L'Éducation nationale faisait la promotion du métier d'enseignant en disant aux filles qu'elles allaient réaliser leur rêve et aux garçons qu'ils allaient réaliser leur ambition. Pourquoi les filles ne seraient pas ambitieuses ?

Autre exemple de préjugé : les femmes sont souvent perçues comme celles qui vont potentiellement s'occuper des enfants. L'articulation vie personnelle/vie professionnelle vaut pourtant pour les hommes comme pour les femmes. Au Canada, si vous restez tard au travail, vous êtes mal noté, car cela signifie que vous faites mal votre travail dans la journée. Nous devons articuler le temps, il n'est pas normal de rentrer tard au point de ne pas voir ses enfants ou de ne pas s'en occuper. Nous ne pourrons pas progresser sur le partage des tâches à égalité tant que les entreprises n'auront pas pris conscience qu'elles ont tout intérêt, en terme de productivité et de compétitivité, à déstresser leurs salariés en faisant preuve d'un peu de souplesse sur le sujet. C'est du gagnant-gagnant.

"L'ÉGALITÉ PROFESSIONNELLE EST UN GAGE D'INDÉPENDANCE. C'EST LE PREMIER DROIT, CELUI D'ÊTRE AUTONOME FINANCIÈREMENT."

L'État doit mener ces batailles de manière transversale. Au sein de la délégation que je préside, nous attendons avec impatience le projet de loi, qui aura trois volets, la violence, la parité et l'égalité professionnelle. Le gouvernement de Jean-Marc Ayrault demande aux partenaires sociaux de négocier. Nombre de questions se posent. Comment allons-nous résorber l'écart de 27 % ? Finir de distribuer des primes de manière illégale ? Faire accéder les femmes à tous les postes de responsabilité ? Mettre fin à ces CDD de parfois une journée ? Nous avons quand même quelques sujets à régler, qu'il s'agisse de la fin de la double journée pour les femmes et les hommes, ou de l'amélioration des congés de paternité.

Mesdames et messieurs, je suis à votre disposition, pour travailler sur ces sujets. Surtout, nous sommes prêts à légiférer pour améliorer l'égalité entre les femmes et les hommes. Et mettre enfin cette égalité au cœur de la république, au cœur de notre société et au cœur de tous les enjeux. ●

DOMINIQUE BAUDIS
DÉFENSEUR DES DROITS

Le principe d'égalité entre les femmes et les hommes s'est trouvé affirmé à de nombreuses reprises au cours des dernières années, souvent dans cette assemblée ou au sénat. La loi consacre le principe d'égal accès aux responsabilités professionnelles, d'égalité salariale entre femmes et hommes dans tous les secteurs d'activité. Pourtant, nous le savons tous, ces dispositions ne se traduisent pas dans la réalité. On pourrait même dire que la multiplication des textes illustre d'une certaine manière les résistances auxquelles se heurte la marche vers l'égalité réelle entre les femmes et les hommes. Alors qu'elles représentent 47 % de la population active, seules 17 % des femmes occupent des postes d'encadrement dans le secteur privé. Dans l'emploi public, même constat : 16 % des emplois supérieurs sont occupés par des femmes alors qu'elles représentent 59 % des effectifs des trois fonctions publiques. Quant aux rémunérations, vous l'avez rappelé, chacun le sait, il existe 27 % de différence en défaveur des femmes.

Les discriminations vis-à-vis des femmes enceintes font l'objet de nombreuses réclamations auprès de notre institution, qu'il s'agisse du licenciement déclenché par la suspicion de grossesse, du harcèlement en cours de grossesse ou lors du retour de congé de maternité. Nous traitons ces cas individuels en formulant des observations devant les juridictions, devant les prud'hommes, devant les cours d'appel, afin de contribuer à réparer ces injustices et de construire une jurisprudence qui fera école. La Halde, depuis 2005, puis le Défenseur des droits, depuis 2011, ont traité plus de 4 000 saisines sur le critère du sexe et de la grossesse et, dans plus de 80 % des cas, les juridictions ont suivi nos observations.

Un exemple récent, celui d'une femme qui avait créé son entreprise d'import-export, l'avait revendue à une société qui l'avait embauchée en tant que directrice commerciale, avant de prendre un congé de maternité, puis un congé parental d'éducation. À son retour au sein de l'entreprise, elle a été mise à l'écart, elle n'était plus associée aux décisions, elle a vu ses attributions de plus en plus réduites avant d'être brutalement licenciée. Elle a saisi notre institution, nous l'avons accompagnée devant les prud'hommes. Le tribunal vient de conclure à une discrimination liée à sa grossesse. Cette femme va recevoir 210 000 euros de dommages et intérêts.

Au-delà du traitement des réclamations individuelles, le Défenseur des droits doit s'attacher à formuler des recommandations susceptibles d'assurer une traduction effective des principes d'égalité et de parité. Dès l'origine, notre institution s'est attachée à suivre les travaux engagés dans le groupe de travail animé par deux femmes, Rachel Silvera et Séverine Lemière. Elles ont travaillé sur la valeur comparable des emplois à prédominance féminine. L'écart salarial de plus de 25 % entre les femmes et les hommes a été fréquemment expliqué par différents facteurs que l'on connaît : différences en matière de formation, d'ancienneté, de temps de travail, d'évolution dans la carrière professionnelle. Mais ce n'est pas tout. S'ajoute à cela un facteur structurel, la discrimination dans l'évaluation des fonctions. De prime abord, on pourrait penser que l'évaluation des fonctions résulte d'une démarche objective, scientifique presque. Mais, dans la pratique, on observe différents mécanismes peu apparents. Il s'agit des préjugés et des

"LA MULTIPLICATION DES TEXTES ILLUSTRE D'UNE CERTAINE MANIÈRE LES RÉSISTANCES AUXQUELLES SE HEURTE LA MARCHE VERS L'ÉGALITÉ RÉELLE."

stéréotypes qui influencent l'évaluation systématiquement au détriment des femmes. Les systèmes d'évaluation des emplois sous-évaluent toujours les emplois à prédominance féminine.

Face à ce constat, dans de nombreux pays, les autorités, ou la société civile ont entrepris de réagir afin de rendre effectif le principe d'égalité de rémunération pour un travail de valeur égale. La revalorisation des emplois à prédominance féminine constitue un levier effectif de réduction des écarts. Cet objectif est affiché par la Commission européenne et le Parlement européen. Ils ont demandé aux États membres de l'Union d'encourager les partenaires sociaux, et les employeurs, à appliquer des programmes d'évaluation des emplois non influencés par le genre.

L'accord national interprofessionnel de 2004 indique que la réalisation de la réduction de l'écart moyen de rémunération entre les femmes et les hommes passe par un réexamen quinquennal des classifications, afin de corriger celles qui introduisent des discriminations entre les hommes et les femmes. C'est dans cette perspective que notre institution a publié un guide. Il apporte une contribution à l'évaluation non discriminante des emplois à prédominance féminine en vue d'un salaire égal pour un travail de valeur égale. Il s'agit à la fois de refuser la fatalité et de sortir de l'incantation en fournissant aux partenaires sociaux, et évidemment à vous tous et vous toutes, un outil pratique et opérationnel permettant de changer cette situation. ●

FRANÇOISE HÉRITIER
ANTHROPOLOGUE

Pour parler d'égalité professionnelle et d'égalité intellectuelle, il est bon de s'attarder sur les poncifs, les préjugés, les stéréotypes, les clichés. On en parle souvent comme s'il s'agissait d'une sorte d'écume des choses, dénuée d'importance, qui signerait une fâcheuse tendance machiste encore en place de nos jours. À mon sens, c'est une vision fausse. Il ne s'agit pas de jugements sans importance, qui seront balayés aisément, mais d'une partie solide et visible du moteur justificatif même et de l'énonciation usuelle de ce que j'appelle la balance différentielle de sexes. C'est la manière dont on l'exprime, celle du déni, du mépris, ce qui se traduit par les poncifs, les préjugés, les stéréotypes, les clichés.

L'idée principale est que les femmes sont par nature mineures. De par leur matérialité même et du fait qu'elles peuvent enfanter, elles seraient incapables d'accéder aux joies de l'esprit et doivent donc être légitimement écartées des sphères rationnelles de l'action et de la décision. Savez-vous qui a découvert l'anomalie génétique à l'origine de la trisomie 21 ? Il s'agit de Marthe Gautier. Personne ne la connaît parce que le crédit de son travail et celui de sa découverte ont été attribués en son temps à l'assistant du patron de son laboratoire. Certes, elle n'a pas protesté très fort, mais ce détournement fut avalisé par son patron même, qui était soucieux de renommée dans les publications scientifiques et dans les colloques internationaux. Personne n'a rien trouvé à redire à ce détournement qui concernait une femme et qui n'aurait pu se faire au détriment de n'importe quel homme. À l'époque, dans l'esprit de tous, pour la crédibilité et le renom de la découverte, il valait mieux qu'elle soit mise au crédit d'un homme. La mettre au nom d'une femme aurait amoindri sa valeur comme si l'amoindrissement collectif du statut des femmes dans le regard public se communiquait à leurs œuvres, ou à l'envers, comme si la valeur intrinsèque et la capacité de crédit accordé à une découverte impliquaient naturellement qu'elle soit l'œuvre d'un homme.

C'est pour cette même raison que la découverte du virus du sida en France a été créditée pendant longtemps au seul Luc Montagnier, alors qu'en fait les découvreurs sont Françoise Barré-Sinoussi et Jean-Claude Chermann, un homme, certes, mais moins titré que le patron. La justice a été réparée récemment, mais partiellement, par l'attribution du prix Nobel à deux d'entre eux. Il a fallu plus longtemps encore à Rita Levi-Montalcini, grande neurobiologiste, Prix Nobel en 1986, qui vient de mourir. Elle a obtenu cette distinction 45 ans après avoir découvert le facteur de croissance, qui a permis d'améliorer le traitement des tumeurs cancéreuses ou de la maladie de Parkinson. Et encore, quand elle a eu le Nobel, elle a dû le partager avec un assistant masculin qui avait rejoint son laboratoire des années après sa découverte. Naturellement, vous avez tous en tête Marie Curie, à qui fut refusé le poste de professeur à la Sorbonne parce qu'elle était femme avant d'être savante et que, pour la dignité de la fonction, il fallait qu'un homme occupe le poste.

Pour ne pas parler de la simple oblitération de grandes réalités et vérités historiques, toutes les grandes inventions préhistoriques, comme les manifestations artistiques ou culturelles, ont toujours été imputées au génie créateur de l'Homme, au sens du mâle de l'espèce humaine. Regardez les livres : depuis peu, on montre que les femmes ont vraisemblablement participé à l'exécution des peintures pariétales. On sait maintenant en paléontologie que les femmes sont sans doute à l'origine de la domestication des espèces cultivées et de la domestication animale. Ce sont elles qui cueillaient les végétaux, les rapportaient et avaient la possibilité d'observer les plantes sauvages, les conditions de leur germination et de leur croissance. Idem pour la chasse. Ce sont elles à qui on rapportait les petits animaux orphelins qu'elles nourrissaient au sein et ce sont elles qui ont probablement servi à l'acclimatation du porc, du chien, et d'un certain nombre d'animaux.

À l'heure actuelle, même dans des situations où l'égalité de compétence et de statut est théoriquement admise, les femmes de savoir, expertes en leur domaine, ont pratiquement toutes connu ces instants désarçonnants. Combien d'entre vous reconnaîtront ces instants où, seules femmes dans une réunion professionnelle, elles ont avancé une idée ou une solution qui, comme une pierre chutant dans un puits, est tombée dans un silence poli, voire gêné ? Combien se sont demandé si elles n'avaient pas, par inadvertance, dit une ineptie jusqu'à ce que, quelques instants plus tard, un homme du groupe énonce cette même idée, accueillie cette fois-ci avec enthousiasme ?

Rita Levi-Montalcini disait des chercheuses avec qui elle travaillait qu'elles étaient toutes excellentes, parce que les femmes ont été entravées pendant des siècles : « Quand elles ont eu accès à la culture, elles ont été comme des affamées et la nourriture est bien plus nécessaire à l'affamé qu'à celui qui est déjà rassasié. » Elle ajoutait : « Génétiquement, hommes et femmes sont identiques, mais épigénétiquement, c'est-à-dire dans leur développement individuel et collectif, non, car le développement des femmes a été volontairement freiné. » Elle disait là, de manière forte, une réalité. Il faut déjà tordre le cou à une idée fausse et pourtant très répandue qui postule qu'hommes et femmes n'auraient pas les mêmes cerveaux ou ne s'en serviraient pas de la même manière. Les études actuelles les plus poussées en neurobiologie montrent au contraire une parfaite identité. La différence dans les aptitudes dépend de l'ignorance où les femmes ont été tenues dans le cadre du système archaïque de pensée du genre, qui fixe et définit étroitement ce qui est attendu de chaque sexe.

Les faits rapportés ci-dessus ne sont pas que des anecdotes. Ce sont, en réalité, des faits sociaux totaux, comme le disait Durkheim. Ils en disent long sur le rapport des sexes en général, avec le travail, l'intelligence, la création, le prestige, le savoir, le pouvoir. Ce point de vue, qui est traditionnellement transmis, veut que les femmes seraient des incapables. Alors que, bien sûr, les femmes ne sont pas uniquement capables d'obéir et d'exécuter, elles ne sont pas par nature disposées au soin et à l'entretien, prédisposées aux tâches jugées dégradantes ou humiliantes, pas seulement des petites mains agiles, dépourvues de curiosité intellectuelle, d'ambition, de volonté de réussite, voire de commandement.

Les comportements socialement attendus, le genre sont un effet de l'éducation et du formatage qui se fait dès la naissance. On n'élève et on ne parle pas aux enfants de la même manière selon qu'ils sont filles ou garçons. Ce formatage est présent dans les esprits des deux sexes et nous le reproduisons sans nous en rendre compte. C'est sur cette toile de fond que doit s'inscrire la lutte pour l'inscription professionnelle, égalitaire et salariale des femmes. Les compétences, pas plus que l'intelligence ou l'imagination créatrice, n'ont de sexe. Mais il faut pouvoir les acquérir et les exercer. Comment lutter ? En montrant avec opiniâtreté la nature de cette construction mentale. En démontrant par le menu comment elle s'est faite, comment elle est apparue très tôt dans l'histoire de l'humanité, il y a un demi-million d'années. Nous avons peu d'indices, bien sûr, mais les quelques traces paléontologiques démontrent, à travers l'observation de l'ADN des os, que celui des hommes et des enfants est identique et que celui des femmes est différent. Ce qui veut dire que déjà, à l'époque, elles étaient objets d'échange. C'est ça l'essentiel, elles étaient considérées comme des corps nécessaires pour les hommes, qui ne peuvent pas faire eux-mêmes leurs enfants, leurs fils, avec leur propre corps. Les femmes sont une matrice offerte aux hommes pour faire leurs enfants. C'est la clé de la domination.

Les termes rationalité, expérience, technique, sciences, autorité, charisme, pouvoir, compétition sont intuitivement associés au sexe masculin, et les termes du genre sensibilité, empathie, crédulité, douceur ou soumission, au sexe féminin. Un grand nombre d'actes techniques et politiques sont à accomplir au niveau des entreprises pour que les choses bougent, mais on ne peut pas faire l'économie d'une éducation de base, menée auprès des adultes et aussi des enfants, de tous ces mécanismes implicites.

Je plaide pour des actions menées contre les effets du modèle dominant, mais aussi contre son moteur même. ●

« VOUS AVEZ TOUS EN TÊTE MARIE CURIE, À QUI FUT REFUSÉ LE POSTE DE PROFESSEUR À LA SORBONNE PARCE QU'ELLE ÉTAIT FEMME AVANT D'ÊTRE SAVANTE. »

L'égalité professionnelle est au cœur de la politique volontariste de diversité que mène Saint-Gobain partout dans le monde.

SAINT-GOBAIN
Pierre-André de Chalendar,
président-directeur général

La diversité est source de performance pour l'organisation parce qu'elle permet de s'adapter, de se réimaginer, pour réussir.

SODEXO
Michel Landel, directeur général,
administrateur et président
du comité exécutif

BNP Paribas mène depuis 2004 une politique volontariste, soutenue par la direction générale, avec des engagements suivis d'actions et de mesures.

BNP PARIBAS
Marie-Claire Capobianco, responsable
de la banque de détail en France et
membre du comité exécutif du
groupe BNP Paribas

Pour la CGT, gagner l'égalité est un ressort de la compétitivité du pays.

CGT
Ghyslaine Richard, dirigeante de la CGT,
animatrice de la commission confédérale
Femmes-mixité

Notre objectif : 35% de femmes dans les comités de direction et les réseaux de management d'Orange à l'horizon 2015.

FRANCE TÉLÉCOM-ORANGE
Delphine Ernotte Cunci, directrice
exécutive d'Orange France
et directrice générale adjointe
du groupe France Télécom-Orange

Les femmes dirigeantes dans nos magasins et nos sièges apportent une contribution irremplaçable. Nos collaborateurs doivent ressembler à nos clients.

CARREFOUR
Georges Plassat,
président-directeur général

66 Le Laboratoire a contribué à animer la campagne présidentielle et législative de 2012 en proposant à la signature des candidat(e)s un « pacte pour l'égalité ». 99

LE LABORATOIRE DE L'ÉGALITÉ
Olga Trostiansky, secrétaire générale

66 Instaurer une vraie culture de l'égalité femmes-hommes, c'est faire évoluer nos ressorts intellectuels les plus profonds et assumer notre héritage socioculturel et religieux. 99

MEDIAPRISM GROUP
Frédérique Agnès, fondatrice

66 J'assume aujourd'hui une approche volontariste pour que la mixité devienne plus rapidement une évidence. 99

TOTAL
Christophe de Margerie,
président-directeur général

66 Attractivité et égalité dans l'industrie : femmes et hommes sont au centre de l'entreprise ! 99

RADIALL
Pierre Gattaz, président du directoire

66 On ne va pas rester encore des dizaines d'années à attendre que le battement d'ailes de papillon finisse par faire bouger toute la société. Comment pourrions-nous entrer dans ce nouveau monde qui s'ouvre à nous, en renvoyant pour plus tard l'égalité femmes-hommes ? 99

CLAUDE BARTOLONE, président de l'Assemblée nationale

FRATERNITÉ

BEAUTÉ

LE GRAND ORIENT

EN 2010, QUELQUE 1 200 REPRÉSENTANTS DES LOGES DU GRAND ORIENT DE FRANCE, LA PRINCIPALE
OBÉDIENCE MAÇONNIQUE DU PAYS, ONT DÉCIDÉ À 51,5 % QUE « NE PEUT PLUS ÊTRE REFUSÉ QUI QUE
CE SOIT DANS L'OBÉDIENCE POUR QUELQUE DISCRIMINATION QUE CE SOIT, Y COMPRIS DE SEXE ».
L'OUVERTURE DE L'INITIATION AUX FEMMES EST UNE DÉCISION HISTORIQUE. PAR LE PASSÉ, LES
FRANCS-MAÇONS, FIDÈLES À LEUR QUÊTE D'UNIVERSALISME, ONT ACCOMPAGNÉ L'ÉMANCIPATION
DES FEMMES, À L'EXEMPLE DE MARIA DERAISMES. LE 12 JUIN 2013, LE GRAND MAÎTRE A INVITÉ
FRÉDÉRIQUE AGNÈS, BRIGITTE GRÉSY, OLGA TROSTIANSKY ET MARIE-JO ZIMMERMANN À ÉCHANGER
SUR UNE CULTURE COMMUNE DE L'ÉGALITÉ FEMMES-HOMMES AU TEMPLE ARTHUR GROUSSIER.

MARIA DERAISMES

FÉMINISTE CONVAINCUE, ELLE EST LA PREMIÈRE FEMME EN FRANCE À ÊTRE INITIÉE À LA FRANC-MAÇONNERIE.

→ **SES DATES CLÉS**

1828
Naissance à Paris, dans un foyer républicain et libéral. Son père est commissaire en marchandises, sa mère, héritière d'un opticien.

1866
Militante de l'émancipation, elle est sollicitée par le Grand Orient de France, obédience exclusivement masculine, et participe à des conférences.

1881
Elle est élue à la tête du congrès anticlérical du Grand Orient de France, qui œuvre pour la séparation de l'Église et de l'État.

PARCOURS

Née le 17 août 1828 à Paris, Maria Deraismes est une figure majeure du féminisme. Après avoir bénéficié d'une éducation libérale dans une famille bourgeoise et républicaine, elle a vécu pour ses idées, attachée à sa liberté personnelle : « Je ne suis pas épouse, je ne suis pas mère, et je déclare que je ne m'en considère pas moins pour cela. » À la fin du second Empire, elle impulse le mouvement féministe républicain, au côté d'un journaliste franc-maçon, Léon Richer, et crée, en 1876, la Société pour l'amélioration du sort de la femme. Cette conférencière brillante et recherchée défend aussi ses idées dans la presse. Active dans les milieux anticléricaux, elle demande logiquement la mixité dans la franc-maçonnerie. Lors de son admission dans la loge des Libres-penseurs du Pecq (grande loge symbolique écossaise), le 14 janvier 1882, elle rédige son testament philosophique, où elle affirme que son but est de « mettre fin aux préjugés qui en excluent les femmes ». Elle explique : « J'ai le ferme espoir que, grâce à leur admission, il pourra s'accomplir au sein des loges une œuvre de relèvement général des consciences. » Dans ses impressions postérieures à l'initiation, elle développe plus longuement son argumentaire.

Le texte ci-dessous a été retrouvé récemment dans les quarante-trois cartons d'archives restituées à l'obédience Le Droit humain, archives qui avaient été spoliées par les nazis, puis volées par les Soviétiques à la fin de la Seconde Guerre mondiale. La première loge du Droit humain avait été fondée en 1892 par Maria Deraismes et le Dr Georges Martin, donnant ainsi naissance à une obédience mixte ouverte au féminisme, en marge des autres obédiences qui continuèrent de refuser les femmes. Le Grand Orient de France ne les a accueillies qu'au début du xxie siècle. Les autres obédiences, telles que la Grande Loge de France sont encore exclusivement masculines.

IMPRESSIONS D'INITIATION

« Messieurs, mesdames, mes frères, mes sœurs,

Je porte un toast à la loge des Libres-penseurs du Pecq qui m'a fait l'honneur, aujourd'hui, de me recevoir, au nombre de ses membres. Je tiens à lui témoigner toute ma gratitude pour l'accueil flatteur qu'elle a bien voulu me faire.
[…]
À quel titre la franc-maçonnerie nous a-t-elle éliminées jusqu'à présent ? Détient-elle le monopole des vérités supérieures accessibles seulement aux intelligences d'élite ? Non. Traite-t-elle des questions abstraites, transcendantes, exigeant, au préalable, des études préparatoires ? Non. On y est reçu sans brevet. Recèle-t-elle des secrets, des arcanes, des mystères qui ne doivent être divulgués qu'à un petit nombre d'élus ? Non, car le temps a passé des mystères, des secrets et des arcanes. La science s'enseigne en plein jour et elle ne fait de réserve pour personne. Les femmes même, tout comme les hommes, sont appelées à prendre leur part de connaissances humaines. Elles se présentent aux mêmes concours, passent les mêmes examens et obtiennent les mêmes brevets. D'autres prétendent que l'introduction des femmes en maçonnerie ferait perdre à l'Ordre de son caractère de gravité. L'objection n'est qu'une plaisanterie. Quoi, l'École de médecine nous ouvre ses portes : étudiants et étudiantes reçoivent les mêmes leçons des mêmes professeurs ; les deux sexes se livrent aux mêmes travaux et aspirent au même bonnet de docteur qui leur est également conféré, suivant le degré de mérite et de savoir. Et cependant l'École de médecine ne croit rien perdre de sa dignité ni de sa gravité en agissant ainsi. D'où viennent donc alors les scrupules des loges ? Quelles prérogatives défendent-elles avec un soin si jaloux, si ce n'est celles de la routine ? Vous avez donc frappé un grand coup,

IMPRESSIONS D'INITIATION

14 JANVIER 1882 (EXTRAIT)

mes frères, en rompant avec des vieilles traditions consacrées par l'ignorance. Vous avez eu le courage d'affronter les rigueurs d'orthodoxies maçonniques. Vous en recueillerez les fruits. Vous êtes aujourd'hui considérés comme des hérétiques, parce que vous êtes des réformateurs. Mais, comme partout, la nécessité des réformes s'impose, vous ne tarderez pas à triompher. Un grand mouvement d'opinion se fait en faveur de l'affranchissement des femmes. Nous sommes au début, aussi rencontrons-nous des difficultés tant les préjugés séculaires sont encore fortement enracinés dans les esprits ; ceux qui se croient le plus dégagés subissent à leur insu le joug de la légende.

Depuis le commencement du monde, la femme est un être déclassé ; c'est, permettez-moi le mot, une valeur méconnue. La religion l'a déclarée coupable. Une fausse science a affirmé qu'elle est incapable. Entre les deux extrêmes, un terme moyen s'est établi, et on a dit : la femme est un être de sentiment ; l'homme est un être de raison… On a cru faire une nouvelle trouvaille, croyez bien. En raison de ce jugement, on a conclu que la femme, être sensible, affectif, impressionnable, est inhabile à la direction des affaires et d'elle-même. Il appartient donc à l'homme de faire la loi, et à la femme de s'y soumettre. Certes, il n'est pas difficile de prouver que cette classification est absolument arbitraire, conséquemment factice. Il n'est pas donné à l'homme de distribuer les rôles, puisqu'il n'a pas distribué les facultés. Il s'égare étrangement en tranchant du Créateur. Tout comme le reste des êtres, il est le produit d'une force primordiale consciente ou inconsciente. Ce n'est pas lieu ici d'en discuter. La nature a fait les races, les espèces, les sexes, elle a fixé leurs destinées. C'est donc elle qu'il faut observer, qu'il faut consulter, qu'il faut suivre. Quand elle gratifie les individus d'aptitudes, c'est pour qu'ils les développent. À la capacité appartient la fonction. La femme a un cerveau, il doit être cultivé ; personne au monde n'a le droit de circonscrire l'exercice de ses facultés. Il y a des femmes qui ont beaucoup d'esprit, il y a même des hommes qui n'en ont pas, et ce dernier fait n'est pas rare. Il reste à chacun à

> "CE N'EST QUE DANS L'ESPÈCE HUMAINE QUE CETTE PRÉTENDUE INÉGALITÉ INTELLECTUELLE DES SEXES SE PRODUIT. DANS TOUT LE RÈGNE ANIMAL, MÂLES ET FEMELLES SONT ÉGALEMENT ESTIMÉS."

suivre sa voie. Il est à remarquer que ce n'est que dans l'espèce humaine que cette prétendue inégalité intellectuelle des sexes se produit. Dans tout le règne animal, voire même sur les degrés les plus élevés, mâles et femelles sont également estimés : prenez les races chevalines, canines, félines, et vous en aurez la preuve. Cette dépréciation du type féminin en humanité détone sur l'ordre général. Elle n'est assurément qu'une invention masculine que l'homme paie cher sans s'en douter. Il subit, par les transmissions héréditaires, les tristes effets de l'abaissement féminin, puisque dans l'œuvre de la procréation, il y a universalité d'influence des sexes, et que la mère lègue, aussi bien que le père, ses caractères moraux à ses rejetons.

L'infériorité de la femme une fois décrétée, l'homme s'est emparé de tous les pouvoirs. Il s'est essayé seul en législation, en politique, il a fait des lois, les institutions, les constitutions, les règlements administratifs, il a rédigé le programme pédagogique, s'appliquant à élaguer la femme des assemblées délibérantes et des conseils. Enfin, dans la vie privée comme dans la vie publique, il s'est imposé maître et chef. Les choses n'en ont pas toujours mieux marché pour cela. On a inféré de là que ce serait bien pire si les femmes s'en mêlaient. Ceci reste à démontrer. En réalité, la femme est une force. Moitié de l'humanité, si elle se confond avec l'autre par des caractères généraux et communs, elle s'en distingue par des aptitudes spéciales d'une puissance irrésistible qui forment un apport particulier essentiel et indispensable à l'évolution intégrale de l'humanité. On argue que la place de la femme est dans la famille, que la maternité est sa suprême fonction, qu'au foyer elle est reine. C'est un mensonge flagrant. La femme dans la famille est aussi bien asservie qu'ailleurs ; elle est dominée par la puissance maritale et la puissance paternelle ; quant à ses enfants, toute initiative lui est interdite. L'ensemble de la législation lui est donc défavorable ; elle la prive de son autonomie, en lui refusant l'égalité civile et politique. Quelles peuvent être les conséquences de cette législation ? Toute loi qui, *a priori,* gêne l'essor des individus en les frappant

IMPRESSIONS D'INITIATION

14 JANVIER 1882 (EXTRAIT)

arbitrairement d'incapacité est non seulement anormale parce qu'elle contrarie le plan de la nature mais, de plus, elle est immorale, parce qu'elle provoque chez ceux qu'elle spolie le désir de sortir de la légalité pour chercher ailleurs les avantages que celle-ci leur refuse. Il y a, en effet, au-delà de la légalité, un vaste domaine, où les irrégularités, les incorrections de la conscience et de la conduite peuvent se produire sans relever d'aucun tribunal. Or, nous l'avons dit et nous le répétons : la femme est une force. Toute force naturelle ne se réduit ni ne se détruit. On peut la détourner, la pervertir, mais comprimée sur un point, elle se reporte vers l'autre avec plus d'intensité et plus de violence.

Que deviennent donc ces forces sans emploi, ces facultés expansives, cette activité cérébrale ? Faute d'issues, elles s'exaspèrent, se décomposent, c'est un trop-plein qui déborde. Deux voies s'offrent à elles : ce sont deux extrêmes, deux pôles. Le fanatisme ou la licence. Autrement dit, l'Église ou la prostitution. Je prends ce dernier mot dans son sens le plus large et le plus compréhensif. Je ne désigne pas seulement, ici, cette fraction qui tombe sous les règlements de police mais cette légion innombrable qui, méthodiquement et d'une façon occulte et latente, trafique d'elle-même à tous les étages de la société, et surtout au plus haut, et d'où elle exerce ses ravages dans tous les départements du système social. Mysticisme et débauche quoique dissemblables se touchent par plus d'un point. Des deux côtés, rejet de la raison, excès, effervescence malsaine d'une imagination déséquilibrée. La dévotion enténèbre l'esprit, la débauche le déprave, l'une abêtit, l'autre abrutit. Elles peuvent donc se donner la main. Je sais qu'entre ces deux manifestations d'un désordre mental, on fait valoir l'action salutaire et bienfaisante de la femme vertueuse. Mais nous l'avons déjà dit, dans la vie domestique, la vertu de la femme porte l'empreinte de la subordination. Soumis au code des forts et des superbes, on lui impose plus de devoirs et on lui donne moins de droits. Dans ces conditions d'infériorité, elle ne peut avoir une conception bien nette, et la preuve, c'est qu'elle admet une morale pour ses filles et une autre pour ses garçons.

Quand elle proteste au nom de la raison, on décline sa compétence ; quand elle invoque le sentiment, on lui oppose la passion. En somme, elle ne modifie rien à l'état général des mœurs. Elle en est le plus souvent la dupe et la victime ; il lui est donné plus d'une fois d'assister à la ruine et à la perte des siens, conséquemment, d'elle-même. C'est donc sous ces deux formes, religieuse et licencieuse, que la puissance féminine se manifeste à travers les âges. Feuilletez l'histoire, arrêtez-vous à chaque règne, à chaque époque, vous rencontrerez fatalement deux types prépondérants, dont les expressions les plus fameuses sont Mme de Maintenon et Mme de Pompadour. Il arrive même, en plus d'une occasion, que ces deux caractères se confondent. Notre société est donc tiraillée en deux sens, dont aucun n'est le droit. La classification anormale de la femme dans le monde l'a rendue puissante pour le mal et impuissante pour le bien. Ce qu'on lui a fait perdre en raison, la passion l'a gagné. Partant, où la raison abdique, la passion règne, c'est-à-dire le désordre. Nous pouvons affirmer hautement que la femme a été détournée de sa mission par la convention sociale. La nature l'a faite pour être l'agent moral, éducateur, économique et pacifique. Elle est morale parce qu'elle a une pudeur, une réserve instinctive ; elle est morale parce que, devant être mère, elle est venue pour régulariser la passion et la subordonner au devoir ; elle est morale parce qu'elle est l'éducatrice née, de laquelle on reçoit les premières leçons et les premiers exemples. Sa qualité de mère lui donne les qualités de prévoyance.

> "LA FEMME A ÉTÉ DÉTOURNÉE DE SA MISSION PAR LA CONVENTION SOCIALE. LA NATURE L'A FAITE POUR ÊTRE L'AGENT MORAL, ÉDUCATEUR, ÉCONOMIQUE ET PACIFIQUE."

Elle connaît les besoins de la famille, elle s'arrange pour y pourvoir : elle est la distributrice des ressources, elle apprécie les bienfaits de l'épargne, car il faut garantir demain. Elle aime la paix et hait la guerre, car elle est la génératrice, la nourricière ; elle sait ce que coûte une existence, elle qui transmet la vie au risque de perdre la sienne, et ce qu'il faut de soins, de dévouement pour amener ce petit être à son entière éclosion. Elle n'ignore donc pas que lorsque le canon et la mitraille ont couché sur les champs de bataille toute une jeune génération, il faut vingt ans pour en reformer une autre. »

DANIEL KELLER
GRAND MAÎTRE DU GRAND ORIENT DE FRANCE

CONSTRUIRE ET PARTAGER
UNE CULTURE COMMUNE DE L'ÉGALITÉ
ENTRE LES HOMMES ET LES FEMMES

Par ce qu'elle ressemble à un grand œuvre inachevé, l'égalité femmes-hommes ne peut que parler directement aux maçons. L'heure est venue non seulement de progresser sur ce terrain, mais aussi d'éclairer ce débat de société avec tout le sens de l'engagement, le sens critique et, par-dessus tout, la conviction dans le progrès de la société dont nous sommes capables.

Plus que jamais, la vocation profonde du Grand Orient de France est de s'emparer sans tabous des grands sujets de société. En accord profond avec notre identité progressiste, notre rôle prend tout son sens au cœur de la Cité.

Nous sommes fiers de notre initiation, qui est au centre de notre identité ; pour autant, notre devoir est d'éclairer les sujets de société.

Nous sommes aujourd'hui fiers de les renouveler avec un thème aussi structurant pour notre société que les débats développés, à titre d'exemple, dans le cadre de l'adoption de la loi sur le mariage pour tous.

Mais cette vocation à éclairer un débat de société et à sortir de notre réserve dans une visée prospective ne prend son sens qu'en fonction de notre foi dans l'égalité, le progrès, la raison, c'est-à-dire dans ce qui en France se nomme la République. C'est la boussole qui nous guide, c'est la lumière qui nous éclaire, c'est le feu qui nous alimente. Ajoutons que l'instrument qui nous mène à bon port, comme à toutes les époques qu'a traversées le Grand Orient, demeure la rationalité critique, l'esprit des Lumières.

Comment tolérer les inégalités, les injustices, les discriminations, à commencer par celles qui sanctionnent une partie de l'humanité au profit d'une autre ? Ce sont les modernes visages des préjugés, de la superstition et du fanatisme que nous avons toujours combattus. Sans compter que prolonger ces inégalités, c'est se priver de façon très concrète de ressources précieuses dont notre pays a tant besoin en cette période de crise : les compétences n'ont pas de sexe. Au nom de nos convictions humanistes, nous voulons contribuer à faire évoluer la société française dans un sens plus juste.

Nous sommes à la fois ambitieux et conscients de l'inertie propre aux affaires humaines. Nous ne sous-estimons pas la somme des combats à mener. Nous ne prétendons pas qu'il faille tout révolutionner d'un coup, même si nous savons bien que, à certains moments de l'histoire, des avancées spectaculaires sont indispensables.

Préparer les succès de demain, c'est aussi poser convenablement les questions en jeu dès aujourd'hui. C'est avoir le courage de désigner les problèmes, de faire tomber quelques masques, de dénoncer les injustices les plus choquantes, mais aussi celles qui sont plus dissimulées.

En ce sens, le temps court de cette journée du 12 juin 2013 rejoint la nécessaire prise en compte du temps long qui est celui du vrai combat. La conscience de la durée, intrinsèquement liée à la culture de la patience partagée au Grand Orient, est la matrice du vrai progrès, universellement partagé. Associer réellement hommes et femmes à l'œuvre commune à tous les niveaux de la société, c'est véritablement faire de la fraternité une réalité, c'est faire de l'idée républicaine une pratique.

Au sein du Grand Orient de France, la mixité n'en est qu'à ses débuts. Elle progressera au rythme choisi par chaque Loge. Mais d'ores et déjà, elle préfigure le nouveau visage de l'Obédience sur la durée du siècle qui commence. D'autres viendront pour dire en quoi la présence des femmes aura fait évoluer notre travail, la manière de concevoir la démarche maçonnique. C'est en tout cas une nouvelle page du Grand Orient de France que hommes et femmes, placés sur le signe de l'égalité, ont décidé d'écrire ensemble.

ÉGALITÉ FEMMES-HOMMES

LE 12 JUIN 2013, À L'HÔTEL DU GRAND ORIENT DE FRANCE À PARIS, LES PARTICIPANTS À CETTE CONFÉRENCE PUBLIQUE ÉCHANGENT SUR LE THÈME : CONSTRUIRE ET PARTAGER UNE CULTURE COMMUNE DE L'ÉGALITÉ ENTRE LES FEMMES ET LES HOMMES.

PHILIPPE CAR
CONSEILLER DE L'ORDRE

Mesdames, messieurs, mes sœurs, mes frères, chers amis, je veux tout d'abord vous souhaiter la bienvenue dans ce temple, qui est un peu le navire amiral du Grand Orient de France. Je suis heureux, au nom du conseil de l'Ordre, de vous accueillir à l'occasion de cette soirée. Vous êtes ici dans le temple Arthur Groussier, du nom de l'ancien grand maître du Grand Orient de France, plusieurs fois député à l'Assemblée nationale, entre 1893 et 1924. Durant ses mandats, il fut l'artisan de l'évolution sociale et s'est notamment impliqué dans l'élaboration de nombreuses lois de progrès social : convention collective, accident du travail, hygiène et sécurité, organisation syndicale, contrat de travail, conseil des prud'hommes… Et sa grande réalisation restera, bien sûr, la mise en œuvre du Code du travail. Sans doute aurait-il été heureux de savoir qu'une conférence publique sur le thème de l'égalité entre les hommes et les femmes se déroule ce soir dans ce temple.

L'égalité, ce terme a été, toutes ces dernières semaines, au cœur de débats sociétaux qui ont animé des pans entiers de notre pays, des pans comme notre pays n'en avait peut-être pas connus depuis longtemps. On voit bien d'ailleurs qu'aujourd'hui encore cette notion d'égalité des droits suscite autant d'adhésion que de rejet, notamment chez certains tenants d'un ordre moral qu'on croyait révolu. C'est donc que l'égalité continue de poser des questions, de faire débat dans la société, dans la France de 2013.

INGRID PAQUAY
PRÉSIDENTE DE LA LOGE CARPE DIEM

Il n'y a pas d'égalité dans les faits, malgré les lois censées y pourvoir. Notre société est en pleine mutation, nous sommes dans un entre-deux et le Grand Orient de France, obédience progressiste, se veut le creuset d'une nouvelle orientation sociale et force de proposition.

JEAN-ÉDOUARD OMBETTA
PRÉSIDENT DE LA LOGE FLORÉAL

Le Grand Orient de France donne la liberté aux loges d'initier des femmes. Le champ de réflexion s'ouvre enfin sur une pratique commune de la mixité. Mais des efforts sont encore à accomplir pour assurer l'égalité au sein de l'obédience.

Dans un univers à dominante masculine, l'intervention des femmes bouscule les habitudes, fait sortir de l'immobilisme et de la routine. Il ne s'agit pas d'imposer le travail exclusivement en mixité, mais d'accepter de s'ouvrir à un nouveau cadre sans préjugés ni stéréotypes et de remettre son confort en question, tant sur l'apparence que sur les plans intellectuel et émotionnel.

Faire évoluer les stéréotypes, en faisant prendre conscience à toutes et à tous des fonctionnements sexistes discriminants du monde du travail, de la famille, et de nos loges, est le premier moyen de changement qui s'offre à nous.

INGRID PAQUAY

N'est-ce pas là travailler à l'amélioration matérielle et morale de l'humanité, comme l'ambitionne notre Constitution ? N'est-ce pas aussi s'interroger sur l'inégalité présente dans la société qui peut se prolonger dans nos ateliers et qui fait de la femme une dépendante ou une non-« sachante » ? Au mieux, on lui explique comment respecter et reproduire la tradition masculine. Les stéréotypes ne sont pas uniquement une caricature du féminin, ils touchent aussi l'origine ethnique, religieuse et même la condition sociale. Ils véhiculent le mépris de l'autre, parfois jusqu'à l'avilissement, et vont à l'encontre d'une société égalitaire, l'un des piliers de notre démocratie.

JEAN-ÉDOUARD OMBETTA

Il nous faut comprendre le pourquoi de cette dominante masculine. Est-ce pour s'assurer de la transmission génétique du patrimoine, est-ce une construction culturelle ? Quelle qu'en soit l'origine, cela nécessite un changement radical des mentalités.

INGRID PAQUAY

C'est la pratique et la réflexion libre, hors des préjugés et de la sédimentation de la pensée, qui peut nous transformer. Nous voulons partager vos idées et exploiter tous les apports pour élaborer une vision plus humaniste, ayant le courage d'évoluer vers une société plus juste et plus éclairée.

GUY ARCIZET
ANCIEN GRAND MAÎTRE

Mesdames et messieurs, mes chers amis, je songe à Albert Camus, bien sûr, l'homme révolté. Si, dans le monde sacré, on ne trouve pas le problème de la révolte, c'est qu'en vérité on n'y trouve aucune problématique réelle, toutes les réponses étant données en une fois. Mais avant que l'homme entre dans le sacré, et pour qu'il y entre aussi bien, ou dès qu'il en sort, et pour qu'il en sorte aussi bien, il est interrogation et révolte. L'homme révolté est situé avant ou après le sacré, et appliqué à revendiquer un ordre humain où toutes les réponses soient humaines, c'est-à-dire raisonnablement formulées. Alors, vous vous demandez pourquoi je mentionne Camus de cette manière dans une confé-

"IL NOUS FAUT COMPRENDRE LE POURQUOI DE CETTE DOMINANTE MASCULINE. QUELLE QU'EN SOIT L'ORIGINE, CELA NÉCESSITE UN CHANGEMENT RADICAL DES MENTALITÉS."

rence qui va être principalement consacrée à la parité, ou à l'espoir de parité, entre les hommes et les femmes. Je prends son haut exemple parce qu'il soulève une question qui est importante, à la fois celle du sacré et de sa solution raisonnée, qui s'est posée à nous, le Grand Orient de France, au moins à deux reprises.

De manière légitime, si on veut bien se souvenir que c'est la raison critique et la raison métaphysique qui, aux XVIIe et XVIIIe siècles, ont fondé la franc-maçonnerie. Si on ne se réfère pas à ces origines de l'idée, on peut évidemment évoquer les loges compagnonniques, vous le savez bien, ou la société de Newton, mais on passera à côté de l'essentiel. L'idée maçonnique naît dans le courant de la laï-

"L'IDÉE MAÇONNIQUE NAÎT DANS LE COURANT DE LA LAÏCISATION DE LA PENSÉE."

cisation de la pensée qu'avaient induit dans une résurgence de l'œuvre des philosophes grecs, avant Socrate, des hommes comme Montaigne à l'époque de Galilée. L'idée maçonnique naît dans une révolte qui est celle de la raison critique. Il y a deux événements qui ont conduit à appliquer cette démarche, l'un en 1877, l'autre en 2010. En 1877, le couvent du Grand Orient de France a décidé qu'il n'était pas obligatoire de croire en l'immortalité de l'âme ou en Dieu pour être franc-maçon, ce qui était une révolution laïque. En 2010, le couvent a décidé que les loges étaient souveraines, c'est-à-dire qu'elles étaient le lieu initiatique où l'on devait faire le maçon, quels que soient le sexe, le genre, l'origine ethnique, l'origine religieuse, etc. Et à plus d'un siècle d'intervalle, dans les deux cas, la tradition niait la raison, qui était interprétée dans le sens du sacré, donc immuable, sans questionnement.

Quand on parle du sacré, on parle de ce qui appartient à un domaine séparé, interdit, inviolable, et ceux qui s'y sont référés étaient, et sont parfois encore, dans une posture qui nie la raison critique dont je parlais tout à l'heure, et donc le fondement même de l'engagement des maçons. Il est vrai aussi que, trop souvent, l'institution prend le pas sur l'idée. C'est un constat qui nous rend souvent amers.

C'est vrai pour le politique, où les institutions dépassent les idées, en particulier l'idée de la démocratie, l'idée de la

• • •

république, et deviennent à ce moment-là des lieux de pouvoir qu'il est extrêmement difficile de faire bouger et qui nient même les idées généreuses comme celle qui a fondé le Grand Orient de France […].

D'abord, il faut que vous le sachiez, la franc-maçonnerie n'est pas une institution idéale, et ceux qui y viendraient en s'imaginant qu'ils vont trouver ici le Graal feraient aussi bien de rester chez eux. Les hommes et les femmes qui sont en maçonnerie sont comme les autres, c'est-à-dire qu'ils se heurtent sans cesse au problème du sexisme ordinaire, de la lutte des sexes, de la lutte des classes peut-être. Il s'en faut de beaucoup pour que nous ayons effacé ces préjugés. Pourtant, les francs-maçons se disent initiés, c'est-à-dire qu'ils s'imaginent être des individus, hommes et femmes, à part. Ils devraient donc avoir les outils, dans leur culture, pour arriver à faire bouger les choses. Nous l'espérons tous. Parmi ces outils, je vous ai parlé de la raison critique, mais aussi de la quête, de la transcendance et de la transmission.

POUR LES LOGES, LA PARITÉ N'EST PAS UNE SOLUTION DÉFINITIVE.

Mais, malgré tous ces éléments, on s'aperçoit que les idées toutes faites restent vraiment très prégnantes et, au détour d'une phrase, on a parfois un lapsus, dans les agapes, qui sont parfois, pour certains, l'élément le plus important de la réunion maçonnique. Un certain nombre de plaisanteries nous amènent à nous poser des questions. Et nous disons donc que le chemin sera long. Nous avons le temps, le chemin sera long et caillouteux pour nous amener à nous côtoyer, hommes et femmes, non comme des objets de désir ou de répulsion, mais comme des êtres au même destin tragique.

Notre écriture de la vie est commune. Je dis « commune », je ne dis pas « complémentaire ». Les phrases de notre vie sont voisines, et lorsque le papier de nos phrases jaunit parce que le temps a passé, bien malin qui pourrait en dire le sexe. Il ne faut pas se bercer d'illusions, même si, pour moi, la décision du couvent de 2010 est une avancée non pas symbolique, mais réellement métaphysique et humaniste, qui signifie une égalité des êtres humains dans toutes leurs différences.

De quoi est-ce que je parle, sinon de laïcité ? Les réticences restent fortes et l'heure du repos et de la satisfaction n'est sûrement pas arrivée. Les loges du Grand Orient – mon expérience des trois dernières années me conduit à le dire ainsi – ne considèrent pas la mixité comme une panacée, même quand elles initient des femmes, ni la parité comme une solution définitive. Il peut très bien se faire, à terme, que dans une structure privée ou publique il y ait plus de femmes que d'hommes compétents, ou le contraire.

Nous sommes presque tous d'avis que la valeur d'un être, et j'espère que je n'aurais pas trop de contradicteurs, ne tient pas à son sexe. Et par valeur, j'entends bien sûr la dimension éthique, humaine ou intellectuelle, tout simplement. Il nous faut donc sortir d'un dogmatisme sexué, que la loi réprouve d'ailleurs, même si je mets un bémol à mon expression quand on sait la place réduite, réductrice même, encore accordée aux femmes dans les sociétés du XXIe siècle, ce qui sera le sujet des interventions qui vont suivre, je l'imagine sans peine.

Mais au Grand Orient de France, nous essayons de promouvoir un pluralisme, contre le choix d'un « homosexualisme » ou d'un « hétérosexualisme » des néologismes obligés. Pour conclure, je veux affirmer ici que notre obédience, avant toutes les évolutions que vous connaissez, n'a jamais été masculiniste. Au moins depuis la dernière guerre, et même auparavant. Nous avons reconnu l'initiation féminine en travaillant dans nos loges, sur le pied de l'égalité la plus parfaite, à l'évolution du monde commun avec nos sœurs. Je parle évidemment ici à titre personnel. Je réprouve l'attitude de loges ou d'obédiences ségrégatives qui refusent les sœurs dans leurs tenues même si, pour des raisons politiques, elles leur sourient dans des simulacres de réunions maçonniques.

Je termine par la conviction profonde que nous ne provoquerons de changements dans la société que par un travail commun des hommes et des femmes bien que, pour l'instant, la lucidité m'oblige à dire que le féminisme est encore nécessaire dans l'actualité que nous vivons et, à ce titre, je vous le dis en confidence, je suis un féministe.

— OLGA TROSTIANSKY

Dans les années 1970, vous le savez, plusieurs associations féministes se sont créées, beaucoup pour travailler, réfléchir et avancer sur le droit de disposer de son corps et lutter contre les violences faites aux femmes. Un cer-

"LE LABORATOIRE DE L'ÉGALITÉ, QUI RÉUNIT QUELQUE MILLE HOMMES ET FEMMES, ASPIRE À LA MIXITÉ MÊME S'IL NE COMPTE ENCORE QUE 30 % D'HOMMES."

tain nombre de lois ont permis d'avancer un peu sur l'égalité professionnelle, que ce soit la loi Roudy ou la loi Génisson. Mais, en 2009 et 2010, plusieurs d'entre nous ont pensé que ces lois étaient insuffisantes, parce qu'en matière d'égalité professionnelle le compte n'y était pas. Nous avons passé toute l'année 2009 à rencontrer des chercheurs, des chercheuses, des entreprises, des réseaux de femmes qui se créent dans les entreprises, des élus, des hommes, des femmes de milieux politiques différents, des organisations syndicales, patronales, des associations et un certain nombre de journalistes. Nous nous sommes dit qu'il fallait créer autre chose, pouvoir se réunir pour que l'ensemble des personnes que je viens d'évoquer, qui avancent et réfléchissent sur l'égalité entre les hommes et les femmes, travaillent ensemble. À l'issue de ces réflexions, nous avons créé le Laboratoire de l'égalité. Trois ans et demi après, nous réunissons quelque mille hommes et femmes. Nous aspirons à la mixité même si nous ne comptons pour l'heure que 30 % d'hommes parmi nos membres.

Nous n'avons pas envie d'un combat de femmes contre les hommes. Nous voulons faire progresser la société avec un projet partagé, réfléchi, construit avec des hommes et des femmes pour des hommes et des femmes. Nous souhaitions que les associations et les entreprises qui ne se croisent pas puissent se nourrir les unes et les autres de leurs expériences de terrain. Depuis quarante ans, les chercheurs, les chercheuses réfléchissent sur ces sujets, font des propositions dans tous les domaines. L'égalité entre les hommes et les femmes est un sujet transversal qui concerne tout autant la culture, le domaine sportif, le politique que l'économique. Il était très important de les écouter et de traduire effectivement leurs propositions. Pour la première fois, avec Dominique Méda, nous leur avons ouvert le Laboratoire.

Nous nous inscrivons dans une pluralité politique et dans une très grande diversité dans la réflexion et l'approche. C'est l'une de nos forces car, sur le sujet de l'égalité femmes-hommes, nos regards se croisent et cette différence enrichit nos réflexions. Nous avons beaucoup travaillé sur le sujet des retraites. En 2011-2012, nous avons fait des propositions sur un pacte pour l'égalité, partagé par les candidats à la présidentielle. Nous avons défini plusieurs priorités. La première concerne l'accès des femmes aux responsabilités, de manière à ce que la parité devienne effective dans les entreprises. Après la loi Copé-Zimmermann, il faut aller vers les comités d'entreprise, instaurer la parité en politique. Évidemment, les choses avancent, mais on compte encore 73 % d'hommes à l'Assemblée nationale. Dans les organisations syndicales et les associations, les chiffres le prouvent, les responsabilités ne sont pas davantage partagées.

Pour nous, le sujet très important, c'est l'égalité professionnelle. Un écart moyen de 28 % perdure entre les salaires des hommes et ceux des femmes. Contrairement à ce que certains pouvaient imaginer, cet écart ne se réduit pas naturellement. Au contraire, il augmente en raison de l'importance du temps partiel pour les femmes, mais aussi du fait que nombre de métiers ne sont pas mixtes et que les métiers féminins sont plus précaires, moins bien payés. Enfin, 7 % à 8 % d'écart de salaire sont dus aux entreprises parce que, pour des postes à peu près égaux dans les faits, les rémunérations ne sont pas égales. Nous devons travailler sur cette égalité professionnelle. Faire entrer les femmes dans les conseils d'administration est important, tout comme nous occuper des femmes en situation de précarité. Et veiller, en particulier, à toutes les propositions en direction des familles monoparentales. 80 % des foyers monoparentaux sont des femmes seules avec des enfants.

Deux autres points constituent le socle du pacte pour l'égalité. Le premier concerne l'articulation entre la vie professionnelle et la vie personnelle : il est très important de pouvoir créer des modes de garde. Le gouvernement a fait des annonces en la matière, ce qui va dans le bon sens. Même si ce n'est pas suffisant, c'est déjà une approche qui permet que les hommes et les femmes, les parents, puissent travail-

UN PACTE POUR L'ÉGALITÉ FEMMES-HOMMES

● ● ●

ler dans de bonnes conditions. Le second, autre sujet très important, c'est l'implication des hommes. On parle beaucoup de la génération Y. Un certain nombre d'hommes et de femmes souhaitent mieux articuler leurs vies professionnelle et familiale. Il faut autoriser les hommes à prendre un quatre cinquièmes, à partir à 17 h 30 pour chercher leurs enfants. Il faut que la société tout entière les y autorise et notre culture en France n'est pas encore prête pour ça. Il faut travailler en ce sens.

Le dernier sujet qui nous tient particulièrement à cœur, notre sujet phare, c'est la formation et l'information sur l'égalité hommes-femmes de l'ensemble des personnes qui sont en contact avec les enfants, avec les jeunes, de la crèche à l'université. S'il n'y avait qu'une proposition à retenir, ce serait celle-ci. Il nous semble très important que le personnel des crèches, des écoles, des collèges et des lycées puisse bénéficier de cette formation, cette sensibilisation sur l'égalité entre hommes et femmes. Nos enfants sont éduqués dans différentes structures. Si le personnel n'a pas les éléments et les outils nécessaires, cela va être effectivement difficile d'avancer.

Pour terminer, je voudrais vous dire que nous serions vraiment très intéressés par un travail avec vous sur ces

le savez bien, c'est l'heure du goûter à 16 h 30. Toute notre culture est construite à travers ce vocabulaire. Il y a encore des parents qui ne se posent peut-être pas beaucoup de questions avant d'offrir un aspirateur à leur fille pour Noël. Nous avons effectivement envie de sensibiliser afin que chacun ouvre les yeux sur ces différentes situations et partage ses réflexions avec le plus grand nombre.

——— FRÉDÉRIQUE AGNÈS

Le Laboratoire de l'égalité m'a confié la réalisation d'un dispositif de communication visant à promouvoir l'égalité femmes-hommes dans la sphère professionnelle. Il est difficile de sensibiliser l'opinion publique à cette nécessaire égalité à travers une publicité de quarante secondes. Nous devions porter un message puissant, tout en restant bienveillants sur cet enjeu majeur de société. Nous avons décidé de travailler sur «l'invisibilité» des femmes et nous avons choisi de porter un message assez fort : «Les femmes, on continue à s'asseoir dessus ou on change pour de bon ?» Pour développer ce message, pour porter un tel dispositif, il est nécessaire de comprendre l'histoire, de comprendre l'enjeu culturel, social, sociétal, économique et politique que représente l'égalité femmes-hommes.

La marche vers une égalité sans cesse plus effective est l'un des grands phénomènes structurants de l'histoire de notre pays depuis les lendemains de la Grande Guerre et plus encore après la Seconde Guerre mondiale. Nous sommes donc confrontés à une histoire en train de s'écrire et personne n'oserait affirmer que nous soyons parvenus à une situation équilibrée et satisfaisante. Nous avons la conviction que de la compréhension et de l'intelligence bienveillantes du passé naît la maîtrise d'un présent et d'un avenir forcément complexes.

Le recul historique nous permet de comprendre à quel point ces progrès décisifs se sont accomplis dans un délai relativement court au regard de l'histoire de notre pays. La place des femmes dans la publicité, en plus des faits que nous apportent l'histoire, la sociologie, la vie intellectuelle, la création artistique, nous a fourni un éclairage passionnant. La vocation de la publicité, selon nous, n'est pas de précéder les grands mouvements de la vie sociale. Elle contribue plutôt à les cristalliser autour de formulations, visuelles et langagières, marquantes,

(IN)FORMER TOUS CEUX QUI SONT EN CONTACT AVEC LES ENFANTS

sujets compliqués et difficiles. Compliqués et difficiles parce que les stéréotypes sexistes font partie de notre culture. Ils appartiennent à notre vie courante, ils sont tellement dans la banalité qu'on ne s'en rend pas toujours compte.

Je vais vous livrer deux anecdotes, une personnelle et une plus générale. Quand mon mari, il y a vingt ans, allait chercher notre enfant à la crèche, l'auxiliaire de puériculture lui disait : «Vous direz à votre femme que votre enfant a été malade aujourd'hui.» Mon mari répondait : «Je ne suis ni l'assistant ni l'adjoint de ma femme, je suis le père de mon enfant. Parlez-moi normalement.» C'est quelque chose que l'on constate tous les jours, encore aujourd'hui. Pendant dix ans, mes enfants m'ont reproché de ne pas être là «à l'heure des mamans». Encore une fois, c'est du vocabulaire, du symbolique, mais ce n'est pas l'heure des mamans, vous en se fondant sur des ressentis partagés par les publics clés d'une époque.

En nous focalisant sur la grande soixantaine d'années qui nous séparent de la parution du *Deuxième Sexe,* nous pourrions être tentés de croire que l'histoire de l'égalité femmes-hommes est nécessairement une histoire entièrement moderne. Or, un simple regard sur l'histoire de la France nous apprend que l'analyse critique de la place des femmes au sein de notre société n'est pas un phénomène récent. Il est même surprenant et émouvant de constater qu'une bonne partie des interrogations critiques sur ce thème ont été formulées dès le XIXᵉ siècle, et parfois même bien avant.

Cette époque a porté en son sein de nombreuses formulations des enjeux liés à l'égalité femmes-hommes, qui demeurent pour certaines d'entre elles tout à fait d'actualité. Le mot d'ordre « À travail égal, salaire égal » n'est pas de conception récente. Et pourtant, nul ne peut affirmer qu'il soit appliqué aujourd'hui encore.

Changer les comportements relève véritablement d'un enjeu de société. Nous le mesurons à travers l'analyse de l'évolution de la place des femmes dans la publicité lors des cinq dernières décennies :

1. 1960-1968 : les femmes entre consommation de masse et cadres traditionnels. La société de consommation bouleverse le quotidien des Françaises.
2. 1968-1980 : contester, combattre, avancer. Révolution des moeurs, affirmation des femmes dans la société.
3. 1980-1990 : les années de l'affirmation et de la capitalisation des conquêtes.
4. 1990-1995 : « Imaginaire d'alliance » et intégration par la société autrefois androcentrique de son « pôle féminin ».
5. 2005-2013 : entre l'idéal et le réel, les progrès de l'égalité.

Les représentations ont beaucoup changé en un demi-siècle et nous nous trouvons au point où l'adhésion au principe d'une plus grande égalité entre les sexes est quasi totale, mais où de nombreuses dimensions de la vie sociale « résistent » au progrès (stéréotypes, répartition des tâches privées, accès aux responsabilités).

C'est à la suite de cette analyse de cinq décennies majeures et dans ce contexte nouveau que nous avons développé le dispositif de communication du Laboratoire. Nous avons souhaité un ton et un style qui placent le sujet dans le débat public. Humour, justesse, bienveillance, sans chercher à donner de leçons, puisque nous portons notre héritage social, culturel et religieux sur ce sujet de la parité. Avec notre slogan, nous avons fait le choix d'une campagne choc pour interpeller les consciences.

Et cette campagne a reçu un énorme soutien et un grand succès. Cela nous a démontré à quel point ce sujet de l'égalité femmes-hommes est au cœur des enjeux de notre société, au cœur des souhaits des Français. Et ce qui est le plus important à nos yeux est que cette campagne ait eu un impact citoyen avéré.

───────── **BRIGITTE GRÉSY**

L'égalité, c'est une utopie, mais comme toute utopie, elle est parfaitement désirable. C'est un domaine où il existe énormément d'ambivalences. Ces paradoxes et ces contradictions s'expliquent par des mutations économiques de grande ampleur. Le travail des femmes est une des grandes révolutions du XXᵉ siècle et elle se poursuit au XXIᵉ siècle. Les femmes ont toujours travaillé, mais la tertiarisation, le fait qu'elles travaillent dans le salariat et qu'elles appartiennent à des organisations collectives ont profondément transformé le paysage. Aujourd'hui, plus de 70 % de filles ont le baccalauréat, davantage que les garçons, et les deux tiers des diplômés du 3ᵉ cycle sont des femmes. Ces avancées sont remarquables. Mais si l'on observe en équivalent temps plein, le taux d'activité des femmes, très important en Europe, ne progresse plus depuis les années 1990. L'entrée des femmes sur le marché du travail se fait essentiellement à temps partiel. C'est donc un travail très souvent précaire.

Les contradictions relèvent également d'une bipolarisation croissante. Les femmes qualifiées jouent le jeu de la mixité et s'en sortent bien. Près de 41 % des cadres dans les entreprises sont des femmes et, ces dix dernières années, on a enregistré une progression de 139 % des femmes cadres, contre 39 % pour les hommes. C'est une réalité. Mais, à côté de ces femmes diplômées, beau-

"LE SUCCÈS DE LA CAMPAGNE DE PUBLICITÉ DU LABORATOIRE DE L'ÉGALITÉ NOUS A DÉMONTRÉ À QUEL POINT **CE SUJET EST AU CŒUR DES ENJEUX DE SOCIÉTÉ.**"

● ● ●

coup d'autres s'enfoncent dans la précarité. Les deux tiers des bas salaires sont des femmes. La constante est dangereuse. Certes, le travail féminin progresse, mais c'est à l'aune de la précarité. Les écarts de salaires, de retraite constituent les symptômes des inégalités des femmes sur le marché du travail.

Parallèlement, on assiste à des mutations sociales de grande ampleur. La forme des familles évolue. Le modèle des doubles pourvoyeurs de revenus augmente. Aujourd'hui, une famille sur cinq est monoactive. Dans près de la majorité des cas, la femme gagne moins que l'homme, mais les couples sont composés de deux actifs. D'autre part, le taux des divorces est tellement important en France qu'on assiste à une deuxième mutation sociale, voire sociétale. L'investissement autour de l'enfant l'emporte en quelque sorte sur le conjugal et on voit de plus en plus ce qu'on appelle le « parentalisme ». Les politiques publiques doivent le prendre en compte, non seulement en termes de temps, mais aussi d'investissement sur le développement cognitif et affectif de l'enfant.

Notre paysage est contrasté, paradoxal, avec des enjeux très forts d'égalité. Le premier est éthique : l'égalité est l'un des principes constitutionnels et il s'intègre parfaitement dans tout ce qui, au sein des entreprises, a partie liée avec la responsabilité sociale.

Le deuxième enjeu relève de raisons économiques. Il existe une réelle corrélation entre la présence des femmes au plus haut niveau de la gouvernance et la rentabilité financière des entreprises, en termes de cours des actions, de résultat opérationnel, etc. Tout cela est prometteur puisque l'égalité est considérée non pas comme la cerise sur le gâteau, mais comme un principe de transformation profonde des organisations. Partout où l'on met de l'égalité pour les femmes, les hommes progressent.

Le troisième élément est évidemment constitué des enjeux sociétaux. Ils se développent avec le lancement par les Anglo-Saxons des théories sur l'enrichissement collectif, l'enrichissement croisé ou le débordement positif, qui induit une implication des hommes et des femmes dans la sphère professionnelle, mais aussi un investissement dans la sphère privée. C'est le système de

L'ÉGALITÉ SANS CONTRAINTES, ÇA NE FONCTIONNE PAS.

la double reconnaissance. Quand je reçois une reconnaissance dans les sphères du privé et du travail, j'acquiers une meilleure distance par rapport à l'événement, je gère mieux mon stress, donc j'appréhende mieux les problèmes du monde professionnel. Cette théorie de l'enrichissement collectif est tout à fait intéressante. Les femmes, évidemment, la pratiquaient depuis longtemps, mais c'est quelque chose qui est désormais utilisé pour faire venir les hommes dans l'égalité et donc dans la sphère privée.

Enfin, le quatrième point révèle des risques psychosociaux. La non-concordance des temps ne fait pas suffisamment l'objet de statistiques. Pourtant, on le sait, la souffrance au travail est aujourd'hui réelle. Nombre de suicides résultent sans doute de cette impossible concordance des temps et des phénomènes de burn-out. Des études anglaises et suédoises démontrent que le « présentéisme », c'est-à-dire le fait d'être là dans son organisation du travail, mais uniquement dans son corps et pas dans sa tête, parce qu'on a trop de stress, coûte plus cher à l'entreprise que l'absentéisme, par un facteur de l'ordre de 1,5 fois. Les enjeux sont là, les actions aussi.

Pour faire avancer l'égalité dans l'entreprise, les syndicats, les employeurs, les salariés doivent travailler ensemble. Pour cela, nous possédons un Code du travail incroyable. Les textes se sont sédimentés depuis la fameuse loi Roudy en 1983. Nous possédons une négociation collective obligatoire et, depuis la loi de 2010 précisée par le décret de 2012, nous avons une sanction à la clé : 1 % de la masse salariale si les entreprises ne négocient pas sur l'égalité. À ce jour, des entreprises ont été mises en demeure et des sanctions ont été infligées. C'est une façon de rendre l'égalité concrète, palpable, et donc contrôlable et évaluable, parce que l'égalité sans contraintes, ça ne fonctionne pas. Les conditions de réussite nécessitent de se donner des objectifs chiffrés de progression, de les évaluer régulièrement, et de sanctionner la personne en charge de les mettre en œuvre s'ils ne sont pas atteints. L'égalité professionnelle, c'est donc la négociation, c'est aussi le contentieux du juge. De récentes décisions de la Cour de cassation vont dans le sens du « salaire égal pour travail égal ». Elles ont fait progresser la jurisprudence.

La parentalité est un autre point essentiel. Nous sommes loin du compte. Autant les femmes sont entrées sur le marché du travail, autant les hommes ne sont pas investis dans la sphère privée. S'ils l'avaient voulu, il y a long-temps qu'ils y seraient. Si l'on regarde un peu l'exercice de cette paternité, il y a trois adjectifs que j'aime bien utiliser. C'est d'abord une paternité discrète. Certes, 70 % des hommes prennent leur congé de paternité de onze jours, mais ils ne sont que 3 % à prendre un congé parental. Ils ne prennent pas de congés de soutien familial, etc. Ensuite, il s'agit d'une paternité très dissymé-trique : on enregistre une différence d'investissement d'une heure et demie dans le temps domestique et parental. Les femmes accomplissent 80 % du tra-vail domestique et les deux tiers du temps parental. Les hommes sous-traitent aux femmes ces tâches domes-tiques et parentales, qu'elles accomplissent gratuitement. Dès lors, les femmes sont jugées moins mobiles, moins flexibles, moins disponibles que les hommes sur le mar-ché du travail. Elles sont donc moins promues parce qu'elles ont des enfants. La parentalité est dissuadée dans les faits. Si l'on regarde toutes les enquêtes qui ont été faites dans les entreprises, les hommes ont beaucoup plus de mal que les femmes à obtenir un temps partiel ou à demander des horaires variables. On vit dans une forme de « matrifocalité », où l'organisation familiale s'orchestre autour de la toute-puissance de la mère qui sait d'office, alors que le père doit apprendre, ce qui dissuade nombre d'hommes. Dans le projet de loi à venir sur l'égalité, nous voulons rénover le congé parental pour inciter les hommes à prendre encore davantage leur place.

Enfin, l'identité au travail est sans doute quelque chose qu'on n'a pas suffisamment observé. J'ai écrit un *Petit traité contre le sexisme ordinaire*. Les stéréotypes, c'est obligatoire, on ne peut pas vivre sans. C'est une catégori-sation, un classement du monde. On est obligé de classer le monde pour pouvoir vivre. Le problème des stéréo-types, c'est qu'ils font des catégorisations grossières et aboutissent à du 100 % là où, dans un groupe, il n'y a que

"LE PROBLÈME DES STÉRÉOTYPES, C'EST QU'ILS FONT DES CATÉGORISATIONS GROSSIÈRES. CE SONT DES IMAGES FIGÉES."

du 30 %. Ce sont donc des images figées. Et au lieu de les considérer sous le double aspect d'une logique indivi-duelle et collective, par exemple en ce qui concerne les femmes, on fait comme si toutes les femmes étaient la même femme, comme si elles n'étaient pas le support in-dividuel d'un sujet mais, finalement, une sorte de sym-bole ou une fonction liée au désir masculin ou au signi-fiant social. La question des stéréotypes est grave, parce

LES RISQUES LIÉS AUX "CONTRE-STÉRÉOTYPES" DU SEXISME BIENVEILLANT

que, dans cette binarité entre les hommes et les femmes, il y a une asymétrie étant donné que le masculin est sur-valorisé en permanence. C'est ce qu'on appelle la « va-lence différentielle des sexes », dont a très bien parlé Françoise Héritier, qui montre que dans ces catégories binaires l'actif, le passif, le dur, le mou, etc., ce qui est va-lorisé est toujours du côté des hommes, et ce qui est dé-valorisé, toujours du côté des femmes. Il y a donc une asymétrie qui privilégie en quelque sorte le masculin au détriment des femmes. Ce qui entraîne, y compris dans les organisations de travail, une souffrance qui se mani-feste par tous ces petits signes, ces petits comportements qui déstabilisent, infériorisent l'air de rien les femmes, et créent à la longue cette souffrance que j'appelle le sexisme ordinaire, qui est l'infra-agression, l'infra-harcèlement, qui est dans le non-dit, avec une tolérance sociale en France pour le sexisme sans commune mesure avec la tolérance pour le racisme ou l'homophobie. Avec, en plus, en matière de stéréotype, cette espèce de nouvelle mode qui risque de nous retomber dessus, ce que j'ap-pelle les « contre-stéréotypes », responsables du sexisme bienveillant. Voilà que les femmes seraient les meilleurs leaders de demain, voilà que toutes les qualités leur sont prêtées : à elles l'intuition, le sens du lien social, le respect d'autrui, toutes les qualités d'une gouvernance moderne. Alors, oui, l'autorité hiérarchique doit laisser la place à une autorité négociée. Oui, on voit bien que nous sommes dans un monde incertain et que le management de l'incertitude n'est pas le management des années 1970. On voit bien que d'autres qualités sont nécessaires, que certaines de ces qualités sont peut-être portées plus ma-joritairement par les femmes. Mais, pour autant, si l'on dit que les femmes sont intuitives et que les hommes le

● ● ●

"LA SOUS-TRAITANCE DES SERVICES À LA PERSONNE RISQUE FINALEMENT DE TIRER LE TRAVAIL FÉMININ VERS UNE NOUVELLE PAUVRETÉ."

sont moins, si l'on dit que les femmes ont des qualités spécifiques, alors on renaturalise et on réessentialise les qualités féminines et, du coup, on recrée une division sexuée dans les entreprises avec les femmes que l'on met à la communication, aux ressources humaines, et les hommes que l'on met à la stratégie, aux finances et à la gouvernance suprême. Et nous retrouvons notre cas de figure du plafond de verre. Sur le sexisme, il y a donc vraiment beaucoup de choses à faire.

Il y a une chose qui se passe aujourd'hui, sur laquelle il faut s'interroger au regard de l'égalité, c'est une précarité de plus en plus grande du travail féminin. Cette précarité des femmes, notamment dans les services à la personne, pose aujourd'hui le problème d'une sorte d'opposition possible entre des femmes cadres et des femmes précaires, les premières n'allant de l'avant qu'en sous-traitant aux secondes, puisque les hommes ne prennent pas leur part. Cette sous-traitance des services à la personne, avec une popularisation très forte et une absence de professionnalisation de ces métiers, risque finalement de tirer ce travail féminin vers une nouvelle pauvreté. Je crois qu'il va falloir de plus en plus travailler ensemble cette question de la segmentation du marché du travail, qui est de plus en plus importante. La culture de l'égalité est une gageure qui doit être défendue par les femmes puisqu'elles en sont victimes, mais qui doit aussi être accompagnée par les hommes puisque l'enjeu est évidemment de créer un nouveau contrat social entre les hommes et les femmes. Ce contrat-là, tel qu'il existe aujourd'hui, fait l'objet de tensions énormes. Elles pèsent aussi sur les hommes, avec des normes masculines qu'il faudrait souligner avec autant d'attention que les normes féminines, même si, là encore, elles sont moins pénalisantes. Mais jusqu'à quand va-t-on soumettre les hommes à des normes de virilité extraordinairement pugnaces dans les organisations de travail, toujours être les gagnants, ne jamais montrer d'émotion et ne jamais montrer une faille dans l'armure, rejeter tout ce qui est féminin et rester dans le club des hommes ? Les lignes doivent bouger afin qu'il y ait un mieux vivre pour les hommes et les femmes dans la société de demain.

— MARIE-JO ZIMMERMANN

Ma vraie prise de conscience remonte à 2002, lorsque le président de la République, Jacques Chirac, m'a nommée à l'Observatoire de la parité et que mes collègues parlementaires m'ont élue à la Délégation aux droits des femmes et à l'égalité des chances. J'ai compris qu'il y avait pour moi une obligation, celle d'être extrêmement volontaire, déterminée, et de savoir que c'était un combat que je devrais livrer. Quand j'ai rendu mon premier rapport sur le suivi de la loi de 2001 sur l'égalité, dite loi Génisson, j'ai constaté très rapidement que ce qui manquait, ce n'étaient pas les textes, mais leur application. Je peux vous dire que le législateur que je suis n'est absolument pas satisfait lorsqu'il se rend compte que la loi n'est pas appliquée, que le rapport de situation comparé n'est pas rendu.

Quand j'ai travaillé au projet de loi sur la représentation des femmes dans les instances dirigeantes, j'ai rencontré les mêmes difficultés qu'en politique où, quand on vous demande de trouver des candidates sur une circonscription donnée, vous avez sans aucune difficulté une liste impressionnante d'hommes qui expliquent qu'ils sont de toute manière les seuls à pouvoir gagner cette circonscription. Une femme doit faire preuve de beaucoup plus de détermination, de volonté pour obtenir l'investiture. Lorsque j'ai réussi à faire passer la loi instaurant 20 % de femmes dans les conseils d'administration, dans les organisations syndicales et dans les élections prud'homales, en 2006, j'ai quand même des chefs d'entreprise qui m'ont dit : « Écoutez, madame Zimmermann, on ne trouvera jamais de femmes pour entrer dans ces conseils d'administration. » Aujourd'hui, cette loi Copé-Zimmermann qui a été votée en janvier 2011 permet la montée en puissance des femmes dans les conseils d'administration. Dans les entreprises du CAC 40, entre celles qui ont un chiffre d'affaires supérieur à 50 millions et celles qui emploient plus de 500 personnes, on compte désormais entre 23 % et 28 % de femmes dans les instances dirigeantes. Nous devrions atteindre les 40 % en 2017.

— FRANCK CAPALDI
ANCIEN GRAND MAÎTRE ADJOINT

Je parle ici sous le contrôle du buste de Marianne, qui est derrière moi. Le thème de l'égalité entre les femmes et les hommes entre évidemment en résonance avec la constitution du Grand Orient de France, au nom duquel je m'exprime, qui veut que nous travaillions à l'amélioration matérielle et morale, au perfectionnement intellectuel et social de l'humanité.

Nous l'avons entendu, le Grand Orient de France est composé de sœurs et de frères. Certes, 3 % de sœurs, c'est peu, mais c'est au moins autant que les pères qui prennent des congés parentaux. Et pour atteindre 10 %, il faut bien passer par 3 %. Et pour atteindre 50 %, il faudra bien passer aussi 10 %, 20 %, etc. Donc nous sommes sur le chemin et nous nous en félicitons. Après avoir assuré l'égalité du mariage de deux personnes du même sexe, il n'est pas indifférent d'approfondir la question de l'égalité. Est-elle assurée entre les personnes de sexe différent ? L'égalité entre hommes et femmes est un sujet ancien. Je vais citer Olympe de Gouges, rédactrice de la Déclaration des droits de la femme et de la citoyenne en 1791, animatrice puis victime de la Révolution française. Vaine victime ? Je ne le crois pas. « Il n'y a pas de réalité sans courage », pro-

"IL N'Y A PAS DE RÉALITÉ SANS COURAGE."

fessait Périclès. Grâce à son courage, Mme de Gouges est devenue un phare qui continue d'éclairer les combats pour l'égalité, car l'égalité, que nous reprenons à notre compte, est un combat.

Nous pouvons également citer Simone de Beauvoir, qui trace dans les années 1950 une voie culturelle, sociale et psychologique supposant que les femmes se battent contre le pouvoir des hommes, mais aussi contre la réticence de certaines femmes qui préfèrent se conformer aux normes, et il en existe encore. Aujourd'hui, dans notre pays, la situation reste à parfaire, bien sûr, mais l'égalité légale est un fait. Le projet de loi du gouvernement, débattu au Parlement, apportera probablement encore des améliorations juridiques. Nous avons entendu qu'il sera difficile d'aller encore plus loin sur un plan législatif ou qu'il convient de faire évoluer certains comportements ou visions de la société. Reste à faire comprendre ces droits, à les faire accepter et appliquer. La clé du problème réside sûrement dans les mœurs. La publicité, les médias, le monde politique, le comportement de nombreux hommes dans la rue nous le montrent chaque jour : le chemin qu'il reste à parcourir est encore long. Or, les mœurs ne se maîtrisent pas ; tout au plus peuvent-elles être influencées sur le long terme. Un exemple parmi tant d'autres, et ô combien important, cela a été dit : l'égalité salariale ne pourra être obtenue que si le partage des tâches domestiques existe. Ce sont deux combats menés conjointement. Ce sujet a été longuement abordé. Mme Grésy l'a dit, et je veux le reprendre à mon compte. L'organisation de notre société privilégie les comportements dits masculins, la force, l'agressivité, la compétition entre tous et toutes, dès le plus jeune âge. Madame, nous, hommes et francs-maçons, sommes également nombreux à en souffrir. Je veux relevr un autre élément, madame la députée. J'ai cru comprendre dans le regard que nous avons échangé tout à l'heure que le temps partiel, qui touche particulièrement les femmes, et le travail précaire se sont généralisés. Les CDD forment aujourd'hui la grande majorité des contrats. Cela touche les hommes et les femmes et je ne crois pas que cette situation puisse s'améliorer à court terme. Dans les obstacles qui restent d'actualité, voire qui progressent, ne négligeons pas l'influence des religions monothéistes, toutes fondées sur la complémentarité des rôles hommes-femmes, qui ont été et sont encore très hostiles aux libertés féminines. Il reste dans ce domaine de nombreux combats à mener.

Enfin, n'oublions pas que nous sommes dans un pays privilégié. Dans de très nombreux États, malgré les textes internationaux, et particulièrement la Déclaration universelle des droits de l'homme de 1948, la femme n'a pas encore acquis un minimum de droits civils. Peut-être pourrait-on rappeler que cette dimension internationale du combat pourrait conduire les hommes et les femmes de France à montrer l'exemple. Je voudrais terminer cette courte conclusion en illustrant l'optimisme que j'ai cru sentir ce soir. Je citerai donc un récent propos d'Élisabeth Badinter, qui a dit : « Nous ne mesurons pas toujours le chemin parcouru. Je suis admirative face à ces femmes de 35-40 ans qui ont une belle carrière et des enfants. Elles vont prendre le pouvoir, nous sommes en train d'accomplir une révolution exceptionnelle, sans schlague ni goulag. » ●

LA CLÉ DU PROBLÈME RÉSIDE DANS LES MŒURS.

PAROLES
AU FÉMININ

ELLES NE SONT PAS TOUTES D'ACCORD, ET C'EST TANT MIEUX.
FEMMES D'AUJOURD'HUI, ISSUES D'HORIZONS DIFFÉRENTS, ELLES
SE SONT FROTTÉES DE PRÈS OU DE LOIN À LA QUESTION DE L'ÉGALITÉ
ENTRE LES FEMMES ET LES HOMMES. QUEL BILAN FONT-ELLES EN 2014?
QUELLES SONT LEURS ATTENTES? PAROLES EN FORCE.

L'ÉGALITÉ,
J'Y CROIS,
UN PEU,
BEAUCOUP,
PASSIONNÉMENT,
À LA FOLIE...
PAS DU TOUT.

Au commencement étaient les vies. Celles de ces femmes de tous âges, de tous milieux, en couple ou célibataires, avec ou sans enfants. Bien sûr, l'égalité entre les femmes et les hommes est une grande cause, mais une telle cause est avant tout faite de la vie des personnes qu'elle concerne. C'est le sens que nous avons voulu donner à cette galerie de portraits, qui fait passer la notion d'égalité du ciel des idées à l'horizon concret et humain de la vie.

Nous avons voulu donner trois caractères principaux à ces portraits de femme. D'abord, les ancrer au plus près de la réalité. Ensuite, leur donner un caractère de profonde bienveillance. Enfin, rappeler que, la société avançant souvent plus vite que ses institutions, le progrès effectif repose sur la qualité de l'écoute accordée aux témoignages tirés du quotidien.

Diversité des parcours, des origines, des aspirations : la société française nous offre un panorama très riche de ressentis et d'attentes vis-à-vis de l'égalité femmes-hommes. Dans certains cas, beaucoup a été accompli, dans d'autres, des gouffres restent à franchir. Tour à tour, la France apparaît comme un pays privilégié du point de vue de l'égalité ou au contraire encore très en retard. Parfois, ce qui est accompli dans la vie privée reste à conquérir dans la vie professionnelle, ou l'inverse. Question de milieu, de secteur, de culture.

Nous ne voulons pas édicter une norme, mais mettre en lumière une culture de l'égalité et faire le point sur son niveau d'avancement. Pour cela, il fallait porter un certain regard sur ces femmes en leur donnant la parole sans juger. Le mot-clé, c'est la bienveillance. La part de vérité et les fragments de leur vie que nous livrent ces femmes n'ont pas de prix.

N'oublions jamais que c'est la société elle-même qui change dans ses profondeurs à propos des grandes questions, rendant caduques hiérarchies et routines qu'on croyait éternelles. L'égalité femmes-hommes l'illustre bien : la sensibilité d'une époque, faite de prises de conscience, de représentations questionnées et d'évolutions progressives dans les rapports humains, nous renseigne souvent bien mieux que de longs discours.

Ces femmes, écoutons-les. Elles ont toutes beaucoup à nous apprendre, et elles sont les meilleurs témoins d'une mutation fondamentale.

PASCALE

49 ANS, MARIÉE, TROIS ENFANTS,
INSTITUTRICE ET DIRECTRICE D'ÉCOLE MATERNELLE

"J'Y CROIS, AVEC DU TEMPS"

———— Elle n'est pas du genre à se satisfaire d'une simple voyelle. «On peut certes écrire professeure avec "e", mais quand seuls 22 % des professeurs en faculté de médecine sont des femmes, je me demande où est l'avancée ? » s'agace Pascale Gazel, professeur des écoles et directrice d'école maternelle à Meudon, dans les Hauts-de-Seine. Exit les écrans de fumée, seuls les faits importent… et le respect des genres. «Certains mots sont exclusivement masculins, d'autres exclusivement féminins, laissons-leur leur identité », insiste-t-elle.

Cet ancien garçon manqué est très attaché à la parité. Depuis toujours. «L'égalité, c'est avoir les mêmes chances d'accès et de réalisation. Pourquoi un homme devrait-il se cantonner à tel registre et une femme à tel autre ? Il existe un marquage pseudo-culturel assez sexiste, dont nous devons nous affranchir. » Pour Pascale, tout est question de désir et de capacité, et certainement pas de conditionnement. Une conviction qu'elle tient de son père. De ce père qui, à ses 12 ans, lui a appris à ne jamais céder. «Quand, avec ma myopie, j'ai réalisé que je ne pourrais jamais être pilote de l'air, je me suis dit : "Pourquoi pas hôtesse de l'air ?" Cette simple idée a mis mon père en rogne. Il y voyait un choix par défaut, conditionné par mon genre féminin », se rappelle Pascale. Une prise de conscience qui la guide aujourd'hui encore : l'égalité s'inculque dès l'enfance. «Pourquoi demander à un petit garçon qui tombe de ne pas pleurer, d'être courageux ? Se fait-il moins mal qu'une fille ? Heureusement, à chaque nouvelle génération, les parents s'ouvrent davantage à cette notion de parité », explique Pascale, confiante… mais sur le long terme.

Les idées sont en train de germer, encore faut-il qu'elles s'illustrent au quotidien. «Si demain le fait d'être mère ne représente plus un obstacle professionnel, si demain les femmes *et* les hommes peuvent rentrer plus tôt pour retrouver leurs enfants sans être pénalisés, on aura déjà franchi un cap. » Aujourd'hui, si cette femme à l'aube de la cinquantaine, mère de trois garçons, n'a pas hâte d'être grand-mère, elle trépigne néanmoins d'impatience à l'idée d'entendre sa petite-fille lui conter les avancées sociales. «Je m'esclafferai, peut-être », s'amuse Pascale. L'avenir le lui dira.

"QUE L'ON SOIT UN OU UNE NE DOIT RIEN ENLEVER À LA PLACE QUE L'ON OCCUPE DANS SA FAMILLE ET LA SOCIÉTÉ, NI AU RESPECT QUE L'ON A DE SOI ET DES AUTRES."

SOPHIE

49 ANS, EN COUPLE, TROIS ENFANTS,
JOAILLIÈRE-CRÉATRICE

"J'Y CROIS, PLUTÔT"

——— Du plus loin qu'elle s'en souvienne, elle a toujours voulu être indépendante et obtenir son autonomie. « Mon père me disait : "Tu ne te marieras pas tant que tu n'auras pas un métier". » Le bac en poche, Sophie ne sait pas trop vers quelles études se diriger. Issue d'une famille de joailliers, c'est tout naturellement qu'elle entre dans le métier en créant des bijoux pour les amis qui la sollicitent. Elle rencontre des dessinatrices, des fabricants, achète des pierres précieuses et se crée petit à petit une clientèle de particuliers. À la fin de sa licence en langues étrangères, elle se marie et fonde sa société, en dépit des réticences de son époux, qui l'aurait préférée femme au foyer. Sophie parfait sa formation par des études de gemmologie et se lance à l'assaut de la place Vendôme : Van Cleef & Arpels, Fred, Boucheron, Chaumet... Elle élabore des collections et fabrique des bijoux pour les plus grandes maisons. Deux filles et un divorce plus tard, elle choisit d'entrer chez Fred, puis Cartier, pour assurer la sécurité financière de sa petite famille. « Je m'ennuyais un peu car, dans les grosses structures, on est souvent cantonné à une fonction en particulier. Moi, j'aime toute la chaîne, de la création au produit fini ! » Mauboussin, qui entame alors un véritable changement de stratégie, la recrute comme directrice générale adjointe. « Visionnaire, l'entreprise cible une clientèle de femmes plus jeunes, libres de leurs choix, à qui le joaillier offre la possibilité de s'acheter leur propre bijou. J'ai passé dix ans merveilleux. Même si la joaillerie est essentiellement un univers d'hommes, parfois misogynes, je me suis imposée par mes compétences avec un zeste de douceur et de diplomatie. »

Sophie reconnaît qu'elle a bénéficié d'une chance et d'un luxe extraordinaires en croisant sur sa route une jeune femme de toute confiance qui pouvait s'occuper de ses filles lorsqu'elle parcourait le monde pour son métier. « L'une des inégalités majeures demeure encore aujourd'hui les difficultés auxquelles sont confrontées les mères – et particulièrement les femmes seules – devant le mode de garde. » Malgré certains problèmes, telle l'égalité de salaires, qui demeurent criants, Sophie croit résolument que les choses changent. « La génération de mes filles est ouverte, combative, revendicative. Cette génération reprend la parole ! Pour mes filles, l'égalité est plus qu'une évidence. »

"UNE FEMME DOIT ÊTRE AUTONOME FINANCIÈREMENT POUR ASSURER SA LIBERTÉ."

KYO-LOUISE

61 ANS, MARIÉE, DEUX ENFANTS,
PEINTRE-SCULPTEUR

"J'Y CROIS, MAIS C'EST TROP LENT"

_____ Forte tête, entière et indépendante, Kyo-Louise Bouyer a eu plusieurs vies... Élevée dans une famille stricte mais gaie, elle a bénéficié d'une enfance joyeuse et pleine d'amour qui lui a aussi appris la rigueur, le travail, l'autonomie. Un peu fâchée avec l'école, elle la quitte assez vite pour un apprentissage en coiffure. Après un premier poste au Mans, elle gagne Nantes pour ouvrir son propre salon. Un grave ennui de santé – elle frôle la mort – la contraint à vendre. Mais son heure n'était pas arrivée. Elle s'en sort et rebondit à Paris pour coiffer des stars en studio auprès des plus grands coiffeurs. Elle y croise son futur mari, rédacteur de mode. C'est le coup de foudre. Prise dans le tourbillon de la vie, les voyages, elle s'arrête le temps d'élever deux fils, par choix. Une fois les enfants un peu plus grands, elle fonde un bureau de presse, soutenue par son époux. « Il m'a encouragée, toujours, dans toutes mes entreprises. » La famille déménage bientôt à Nice et là, au musée Matisse, alors que l'idée ne l'avait même jamais effleurée jusqu'alors, elle vit une véritable révélation. Kyo-Louise remonte à Paris et s'inscrit à des cours de peinture. Au bout d'un an, elle expose ses premières grandes toiles, aidée par une mécène. Un professeur de sculpture remarque son travail et l'exhorte à passer aux œuvres en volume. Ce qu'elle fait. Quelques mois plus tard, elle part à New York rencontrer Louise Bourgeois, célèbre artiste plasticienne. Un choc ! Depuis, Kyo-Louise ne cesse d'osciller entre peinture et sculpture. « L'art est un univers privilégié. Il efface le barrage entre les hommes et les femmes. Nous ne sommes plus que des artistes. Alors que dans le milieu de la coiffure, j'en ai bavé. Nous étions peu considérées. Les grands coiffeurs étaient d'ailleurs surtout des hommes. » Son caractère bien trempé ainsi que le soutien constant de son mari et de galeristes qui ont croisé sa route et apprécié son travail lui ont permis de tracer son chemin sans ressentir d'inégalité.

Cette autodidacte se désole, en revanche, de l'avancée générale des droits des femmes, désespérément lente. « Pour que les choses changent, les femmes doivent prendre le pouvoir. Alors, la société changera ! » L'une de ses plus grandes fiertés ? Avoir élevé deux fils pour qui l'égalité avec leur compagne est une réalité de tous les jours.

"L'ART EFFACE LE BARRAGE ENTRE LES FEMMES ET LES HOMMES. NOUS NE SOMMES PLUS QUE DES ARTISTES."

SÉVERINE

43 ANS, EN COUPLE,
CAPITAINE DE POLICE

"J'Y CROIS PEU"

———— «Le divorce de mes parents a été un moment charnière pour moi. Ma mère, issue d'un milieu d'intellectuels de gauche, s'est retrouvée sans métier. Enfermée dans son rôle de mère de famille, à nous inculquer principes et valeurs, elle ne se préoccupait pas de son indépendance financière.» Pour Séverine Brevard, c'est une évidence. Travailler, être autonome est le sésame de la liberté. Après des études de droit, elle passe le concours d'entrée dans la police nationale. «À l'époque, le terrorisme politique, l'extrême gauche radicale me fascinaient. Attention, sans aucune admiration. Simplement, cela suscitait en moi de multiples questionnements, interrogeait mes convictions politiques.» Affectée aux renseignements généraux à 23 ans, elle est confrontée aux attentats, aux violences urbaines, aux phénomènes de bandes.

«J'ai beaucoup appris en très peu de temps, avant d'atterrir à la PAF [police de l'air et des frontières]. J'y suis restée quatre ans, à la tête de 160 personnes, dont 150 hommes! J'ai d'ailleurs commencé par faire enlever tous les calendriers présentant une image dégradante de la femme qui ornaient les bureaux.» Même si le milieu est parfois misogyne, homophobe, sexiste, Séverine juge pourtant que la situation a énormément changé en quelques années. Les femmes ont désormais leur place dans la police et de plus en plus à des postes à responsabilité. En 1974, le concours de commissaire de police s'ouvre aux femmes; en 1980, c'est celui des gardiens de la paix. Sur les 120 000 personnes qui constituent les effectifs à l'heure actuelle, 20% sont des femmes, dont de plus en plus de commissaires et d'officiers.

«En fait, ma première grande prise de conscience en ce qui concerne l'égalité femmes-hommes date de mon enfance. Je voulais devenir footballeuse! Impossible à l'époque, alors qu'aujourd'hui, il existe des équipes mixtes ou strictement féminines.» Cela avance donc. Mais trop lentement à son goût. Après un passage à l'IGPN, Séverine travaille maintenant au service des technologies et des systèmes d'information de la Sécurité intérieure. «Grâce à ma personnalité, ma force psychique et intellectuelle, je me suis imposée dans mon métier, sans ressentir de frein particulier. Mais il ne faut pas baisser la garde, car, au quotidien, les comportements sexistes demeurent. Des collègues ratent des promotions à cause de leur congé de maternité...»

"LA PUBLICITÉ CONTINUE À COLPORTER UNE IMAGE SEXISTE DE LA FEMME."

Après la création de la société « le Droit des femmes » par Hubertine Auclert, en 1876, les Françaises, qui vont démontrer leur force de travail pendant la guerre de 1914-1918, manifestent pour réclamer l'obtention du droit de vote.

LIGUE FRANÇAISE pour le DROIT DES FEMMES
La FEMME doit VOTER
Depuis 1789 les Françaises réclament du Parlement la Déclaration des Droits de la Femme
Les Françaises réclament à leur tour le droit de cité

VALÉRIE

38 ANS, EN COUPLE, TROIS ENFANTS,
FEMME AU FOYER

"J'Y CROIS, MAIS PAS POUR TOUT"

———— Aînée de quatre enfants, Valérie Mulliez a gardé le goût des grandes fratries. Pacsée avec un homme déjà père de deux enfants, elle en a eu trois avec lui, aujourd'hui âgés de 10 ans, 9 ans et 20 mois pour le petit dernier. «Comme je ne travaille pas, c'est mon job de m'occuper des enfants, de gérer la maison, le ménage, les repas, etc. C'est ma décision, souligne-t-elle. Ma mère ne travaillait pas, mais je ne suis pas sûre qu'elle était heureuse de rester à la maison. Je crois que je veux prouver qu'on peut être femme au foyer et être épanouie. C'est ma liberté de femme de pouvoir faire ce choix-là!» *De facto,* à entendre Valérie jalonner ses mots de rires et de sourires, c'est évident : elle est heureuse dans cette peau-là et elle l'est davantage que dans les habits de commerciale qu'elle endossait auparavant. «C'est un milieu très macho, où les blagues grasses sont légion. Un univers où l'on pense facilement que si une femme réussit, c'est parce qu'elle est mignonne ou qu'elle a couché, alors qu'on considère qu'un homme doit son succès à ses talents. La pression était telle que je préférais demeurer l'assistante du directeur commercial. Et puis, peut-être n'aimais-je pas assez l'argent pour faire des prouesses dans ce métier.»

N'allez pourtant pas croire que Valérie prendra racine auprès de ses fourneaux. «Je compte reprendre une activité professionnelle quand mon fils entrera à l'école, assure-t-elle. Bien sûr, j'appréhende un peu la reprise, parce qu'ici, à la maison, tout le monde s'est habitué à compter sur moi ; mais je crois que c'est très important de montrer à ses enfants qu'on peut être mère et travailler. Mon père nous a tous poussés à réussir nos études. Que ce soit pour mon frère ou pour nous les filles, il voulait que nous nous donnions la possibilité d'avoir le choix.» Le choix, Valérie l'a eu. Et si elle a décidé de faire une pause «maternité», elle n'en salue pas moins l'arrivée des congés de paternité et de toutes les mesures qui poussent les hommes à s'impliquer dans leur rôle de père. D'ailleurs, elle croit que l'égalité femmes-hommes est en marche... «sauf pour le ménage et les salaires».

"MÊME QUAND JE TRAVAILLAIS, J'AI TOUJOURS GÉRÉ LA MAISON ET LES ENFANTS. MAIS MON MARI N'A JAMAIS CONSIDÉRÉ QUE C'ÉTAIT 'MA PLACE' : IL M'EN EST RECONNAISSANT."

ILONA

—— 21 ANS, CÉLIBATAIRE, ——
ÉTUDIANTE

"J'Y CROIS, FONDAMENTALEMENT"

————— Tout ce qui pourrait être stigmatisant de près ou de loin, Ilona le balaye d'un revers de la main. Pour cette jeune femme, l'égalité coule de source. Allure physique exceptée, elle ne voit aucune différence entre les hommes et les femmes. Question d'habitude. «Enfant déjà, nous pouvions indistinctement, mon grand frère et moi, aussi bien jouer aux petites voitures qu'à la poupée. Nos parents ne nous interdisaient rien et nous non plus», se rappelle Ilona Gatto, aujourd'hui étudiante en master en robotique de la santé. La fréquentation de l'université n'a pas ébranlé sa perception. Pas même d'un iota : «Dans ma filière, nous sommes environ 20% de filles. Par la force des choses, on se sent dans un milieu masculin. Mais notre impression n'est liée qu'à cette proportion, et certainement pas à un sexisme latent», précise-t-elle. Au-delà de l'intérêt qu'elle porte à ses études, Ilona en est convaincue : c'est parce qu'elle considère la femme comme l'égale de l'homme et inversement qu'elle ne s'est pas censurée. Elle a choisi une filière où la gent masculine est en surnombre avec le plus grand naturel.

Aujourd'hui, du haut de ses 21 ans, cette future ingénieure se considère privilégiée, comme ses autres concitoyennes : «En France, les femmes ont la chance de pouvoir être indépendantes. Dans d'autres pays, c'est tout bonnement inenvisageable. Regardez les mariages forcés», s'exaspère-t-elle. Un agacement, ô combien légitime, quand on sait qu'Ilona ne souhaite qu'une chose : tordre le cou à ce qu'elle estime être des idées préfabriquées. «Attendre telle ou telle qualité d'un homme n'a aucun sens. Pas plus qu'enfermer une femme dans des cases. Pourquoi un homme devrait-il être plus protecteur qu'une femme ? Vous connaissez plus protecteur qu'une mère avec son enfant, vous ?» Il est vrai, cela mérite réflexion.

"JE NE SUIS PAS DANS LES CLICHÉS. JE N'ATTENDS PAS DES HOMMES DE QUALITÉS PARTICULIÈRES. PAS PLUS QUE JE N'EN ATTENDS DES FEMMES."

FLORENCE

36 ANS, MARIÉE, UN ENFANT,
CHARGÉE D'AFFAIRES SUR DES RÉSEAUX DE CHAUFFAGE URBAIN

"J'Y CROIS, MAIS..."

———— Elle s'était promis de «lui faire ravaler sa phrase» et elle a tenu parole. «Quand j'ai pris mon poste, je me suis entendu dire : "Une femme, ici, c'est fait pour être derrière un bureau, comme secrétaire"», confie Florence, chargée d'affaires sur des réseaux de chauffage urbain «au milieu d'une jungle d'hommes». C'était mal la connaître, ces quelques mots de bienvenue l'ont dynamisée. Cette pugnacité, elle la tient de son tempérament, de son histoire et des valeurs que lui insuffle le rugby. Eh oui, elle le pratique. Pourquoi ? Pour Florence, tout est possible.

Lorsqu'une porte lui claque au nez, une petite voix s'élève inlassablement : «Je vais lui montrer de quoi je suis capable. Je sais ce que je vaux.» Aujourd'hui, la maman de Bastien a copieusement pris sa revanche : ses collègues l'acceptent et la respectent... mais certains dérapages ont encore la vie dure. «J'entends parfois : "C'est une femme, elle n'y connaît rien." Heureusement, depuis cinq ans, les choses évoluent. Cette évolution, c'est aussi l'empreinte qu'a su laisser la direction générale pendant quelques années, avec à sa tête une femme talentueuse qui a finement bousculé les mentalités. Pas seulement celles des hommes, celles des femmes aussi. Des assistantes doutaient même, au début, de sa légitimité. En cause ? Son statut de femme, pas ses compétences», se désole Florence... en partie. Car le bon côté, elle le voit aussi : l'égalité entre les sexes marque des points, et c'est toujours cela de pris.

Dans la sphère personnelle, elle se félicite de cette avancée : «Mon mari et mon père me reconnaissent de savoir gérer à la fois ma vie familiale et professionnelle. J'entends de plus en plus de témoignages qui vont d'ailleurs dans ce sens», relève Florence, qui n'oublie pas que, dans la vie de tous les jours, on vous rappelle souvent que vous êtes une femme. Encore beaucoup trop, à son goût.

"FAIRE BASCULER LES MENTALITÉS ? OUI, MAIS PAS SEULEMENT CELLES DES HOMMES, CELLES DES FEMMES AUSSI."

REBECCA

23 ANS, CÉLIBATAIRE,
RÉGISSEUSE ET RÉALISATRICE SON

"J'Y CROIS, VRAIMENT"

———— Elle en rêvait. Pourtant, une fois le concours d'entrée décroché à la prestigieuse École nationale supérieure Louis Lumière, elle retient l'École nationale supérieure des arts et techniques du théâtre (Ensatt). C'est une belle victoire pour cette passionnée du son, un merveilleux choix... teinté d'une pointe de désillusion : «Quand j'ai été reçue, certains n'ont pas hésité à souligner que le fait d'être une fille avait joué en ma faveur», relève Rebecca Chamouillet, 23 ans. Les joies de la discrimination positive? Difficile à admettre pour elle, élevée dans la plus stricte égalité des sexes. Un modèle qu'elle tient de ses parents. Aujourd'hui régisseuse et réalisatrice son, Rebecca constate que la gent féminine est mieux représentée dans sa profession. «À l'Ensatt, vieille de soixante-dix ans, non seulement les filles sont désormais présentes, mais la tendance s'inverse : elles sont presque plus nombreuses dans les récentes promotions», note-t-elle. Est-ce pour cela qu'elle n'a pas souffert de discrimination durant ses études? Allez savoir. Toujours est-il qu'une fois dans la vie active, l'inégalité a pointé son nez : «Je l'ai ressentie de la part des hommes de 40-50 ans... mais pas que. Des nouvelles générations aussi. Une fille travaillant dans la technique, qui plus est diplômée, ce qui n'était pas le cas pour les anciennes générations, déstabilise. Heureusement, les avis changent très vite», poursuit Rebecca. Optimiste? Elle l'est : «Ce qui semblait impossible il y a quinze ans ne l'est plus aujourd'hui. Les femmes sont même recherchées. Elles équilibrent les rapports dans une équipe masculine. Les enjeux deviennent moins machistes, ce qui repose les hommes et, par contrecoup, les femmes», souligne-t-elle.

Il n'empêche qu'elle aimerait gommer quelques idées formatées. «Sans cautionner, je comprends que, dans mon métier, physique, les hommes s'étonnent de voir des femmes. Mais dans les emplois administratifs, de conseil...? Les entreprises abordent certes la parité, mais de façon hypocrite et pernicieuse. Dans le spectacle, la question est immédiatement mise sur la table sans tabou, puis évacuée», explique Rebecca. Essai à transformer sous réserve de la mettre en sourdine? À méditer...

"CE QUI SEMBLAIT IMPOSSIBLE IL Y A QUINZE ANS NE L'EST PLUS AUJOURD'HUI."

ISABELLE

42 ANS, DIVORCÉE,
COIFFEUSE ET BARBIÈRE

"J'Y CROIS, DUR COMME FER"

——————— C'est une question de respect. Pas seulement pour elle, mais aussi pour les autres. L'égalité, elle la veut, la revendique haut et fort. Et quand on la lui refuse ? Elle passe à autre chose, referme la parenthèse. Pour Isabelle Filipe, aujourd'hui coiffeuse et barbière dans un prestigieux salon parisien, l'égalité entre les hommes et les femmes est plus que jamais d'actualité. «Avocats, hommes d'affaires ou politiques, ma clientèle est principalement constituée d'hommes influents. Célèbres ou non, ils parlent de leur épouse avec un profond respect. Beaucoup sont conscients que leur réussite s'est faite avec et grâce à elle», poursuit cette artiste des ciseaux depuis l'âge de 15 ans. Au même titre que les femmes ont besoin d'une influence masculine, l'inverse est vrai : «Imaginez ce que serait Barack Obama sans Michelle ! » s'exclame-t-elle.

Les évolutions, elle les constate avec un plaisir non dissimulé : «De plus en plus de femmes occupent des postes à responsabilité. On le voit notamment sur la scène politique. C'est vrai que c'est appréciable, car elles agissent davantage avec leur cœur et apportent plus d'humanité. Les hommes étant plus dirigés par un esprit de conquête à satisfaire», remarque Isabelle.

Mais quand elle pense à des pays où, du fait des religions, les femmes sont reléguées au second plan, son optimisme en prend un coup. «Si l'évolution que nous connaissons en France pouvait s'exporter, ce serait formidable», s'enthousiasme-t-elle. Comme quoi, la mondialisation peut aussi avoir du bon.

"DERRIÈRE CHAQUE GRAND HOMME SE CACHE UNE FEMME. IMAGINEZ CE QUE SERAIT BARACK OBAMA SANS MICHELLE!"

Manifestation pour le droit de vote des femmes en l'honneur de Condorcet, à Paris, le 5 juillet 1914. En 1925, pour la première fois, les députés adoptent une loi sur le droit de vote des femmes. Les sénateurs s'y opposent. Il faut attendre le 21 avril 1944 pour qu'elles obtiennent le droit de s'exprimer dans les urnes.

ÉMILIE

27 ANS, EN COUPLE,
CHEF DE PROJET NUMÉRIQUE

"J'Y CROIS, PEUT-ÊTRE"

———— Son passage dans une société de services en ingénierie informatique ne restera pas dans les annales. «L'ambiance était très particulière. Les blagues misogynes fusaient. Je me souviens, à l'occasion d'un déménagement, qu'un des informaticiens, rebranchant des câbles, m'a lancé : "Attention, je vais passer sous le bureau !" Aussitôt, hilarité générale dans l'open space», se souvient Émilie Rimbert. Irrésistible, forcément. Heureusement, un certain principe d'équité était tout de même observé. «Alors qu'un collaborateur, papa d'un bébé de dix jours, demandait un congé de paternité, son boss lui a répondu, et ce, devant tout le monde : "Ce n'est quand même pas toi qui as accouché !"» Aïe, imparable.

Depuis cette expérience qui a duré deux ans, Émilie a rejoint un éditeur de renom. Aujourd'hui, à 27 ans, elle est chargée du développement numérique et de sa production. 95 % de ses collègues sont des femmes : «Évoluer dans un environnement mixte serait intéressant pour juger de l'état de l'égalité. Notre PDG souhaiterait d'ailleurs favoriser les embauches masculines», explique Émilie. En attendant, elle se frotte tout de même à l'inégalité. «Lors de l'état des lieux de notre appartement, le mandataire nous a dit, à mes deux colocataires et à moi, sourire aux lèvres : "Si vous souhaitez changer une ampoule, demandez au gardien, il sera ravi."» Mais Émilie n'est pas dupe : l'égalité ne vaut que si elle s'applique aux deux sexes. «Je suis agacée que des femmes sollicitent des hommes sur des tâches qu'elles peuvent réaliser. Déboucher un évier, planter un clou... nous pouvons le faire. Dans le même esprit, quand je vais au restaurant avec mon compagnon, nous réglons la note, à tour de rôle, naturellement, sans avoir à nous le dire. Pourquoi serait-ce forcément lui?» demande-t-elle.

En 2013, elle s'interroge sur l'égalité entre les hommes et les femmes. Mais elle a envie d'être confiante en l'avenir. «Aujourd'hui, personne ne parle vraiment du salaire des femmes, comme ce fut le cas avec le mariage pour tous. Il y a eu une vraie mobilisation, de ceux qui étaient pour ct contre. Je reste positive, surtout si nous intégrons la question de l'égalité femmes-hommes à l'éducation civique», conclut Émilie.

"IL EST IMPORTANT QUE LES FEMMES SOIENT INDÉPENDANTES, QU'ELLES PUISSENT FAIRE LES CHOSES SEULES. QUAND J'ENTENDS QU'UNE FEMME NE PEUT PAS CHANGER UNE AMPOULE, ÇA M'AGACE."

VALÉRIE

49 ANS, MARIÉE, TROIS ENFANTS,
DERMATOLOGUE

"J'Y CROIS, ABSOLUMENT"

———— « J'ai toujours voulu être autonome, gagner mon indépendance. Le prix de la liberté, sans aucun doute. » Le bac en poche, Valérie Gallais entame des études de médecine. Si les garçons demeurent encore majoritaires à l'époque, le cursus se féminise cependant de plus en plus : environ 45 % de filles sont inscrites à la faculté. « Mis à part quelques blagues d'assez mauvais goût proférées en salle des gardes, je n'ai jamais ressenti de réel sexisme. Je n'ai pas eu l'impression d'être discriminée. Au contraire, j'ai eu le sentiment de rencontrer des patrons de médecine plutôt bienveillants qui me jugeaient au mérite ! » Valérie entame son parcours professionnel sans difficulté particulière tout en fondant sa famille. « J'ai toujours tout assumé de front : ma carrière, les enfants, la vie familiale. Comme toutes les femmes, je sais ce que le stress du quotidien veut dire. Une organisation millimétrée qui ne doit pas s'enrayer ! » Son aspiration de jeunesse à la liberté la pousse bientôt à s'installer en cabinet indépendant, ce qui lui permet de gérer son métier en toute autonomie. « Je ne rends des comptes qu'à mes patients... ou à l'assurance maladie. »

Comblée dans sa vie professionnelle et personnelle, partageant sa vie avec un homme pour qui l'égalité n'est pas un vain mot, Valérie a eu envie de s'engager davantage au service des citoyens. Devenue adjointe au maire de Neuilly-sur-Seine en charge des questions d'hygiène, de propreté et de qualité de l'eau, elle a découvert la très lente évolution des mentalités dans le monde politique. Ce qui ne la rend pas pour autant pessimiste. « Même si les choses évoluent très, trop lentement, elles changent néanmoins. De plus en plus de femmes accèdent à des niveaux de responsabilité importantes dans les entreprises grâce à leurs compétences. Le monde professionnel évolue plus vite que le politique. D'où parfois un certain décalage entre les élus et les citoyens. » Résolument optimiste, Valérie constate sur le terrain que les électeurs réclament plus de femmes en politique. « Ils nous jugent plus proches, plus cartésiennes et pragmatiques, davantage au service de l'intérêt général, moins dans l'égocentrisme. À ce titre, les mesures en faveur de la parité me semblent aller dans le bon sens. Les femmes apportent une approche, une vision différente. Je crois à l'équilibre de la représentation. »

"LE MONDE POLITIQUE ÉVOLUE TRÈS LENTEMENT, BEAUCOUP MOINS VITE QUE LA SOCIÉTÉ CIVILE OU LE MONDE PROFESSIONNEL."

BÉNÉDICTE

43 ANS, MARIÉE, TROIS ENFANTS,
——— VICE-PRÉSIDENTE DE LA FÉDÉRATION FRANÇAISE ———
DE JUDO ET DISCIPLINES ASSOCIÉES (FFJDA)

"J'Y CROIS, À FOND"

———— Depuis toute petite, Bénédicte Rouby a appris à se défendre. Dans son petit village du Périgord, elle pratique tous les sports possibles – le tennis, la gym et, surtout, le judo –, tout comme son frère et sa sœur. Fortement encouragée, notamment par sa mère, à conquérir son autonomie professionnelle, elle intègre l'équipe de France de judo tout en poursuivant ses études pour devenir professeur d'éducation physique et sportive.

Les sports de combat, ça forme les hommes... et les femmes ! Athlète de haut niveau, elle obtient les mêmes aides et accède aux mêmes championnats que ses collègues masculins. Championne d'Europe de judo par équipe, elle gagne le respect de tous et une légitimité certaine auprès des anciens du comité directeur de la Fédération. Avec environ 24 % de filles licenciées, le judo ne s'en tire pas trop mal. En rugby, par exemple, seuls 4 % des licenciés sont des filles ! Et pourtant, Bénédicte Rouby en est persuadée : si les offres existent et si on y encourage la venue de filles, elles s'y épanouissent et prennent confiance en elles. «Au judo, on tombe beaucoup, et on apprend à se relever», explique celle qui a découvert les batailles de pouvoir auxquelles il faut se livrer lorsque l'on veut prendre des responsabilités dans les instances nationales. «Il y a encore trop peu de femmes dirigeantes dans les associations sportives. Il faut faire tomber les *a priori* – ce serait difficile de concilier bénévolat et vie de famille – et donner envie aux jeunes de s'y engager.»

C'est l'un de ses combats, tout comme la défense de la mixité dans les programmes sportifs de prévention et d'insertion dans les quartiers : «Pour favoriser l'insertion sociale, la mixité est primordiale. Mixité sociale, mais aussi mixité garçons-filles. Ça fait tomber les préjugés, on ne peut plus dire : "Les sports de combat, ce n'est pas pour les filles". Un petit caïd qui se prend un coup de poing par une fille dans le cadre très organisé d'un combat de boxe apprend l'humilité et le goût de l'effort, en plus du respect de son partenaire.» Des valeurs indispensables qui permettent à chacun d'atteindre le plus haut niveau d'épanouissement personnel et de cohésion sociale, selon Bénédicte Rouby.

"INTÉGRER LES FILLES DANS LES PROGRAMMES SPORTIFS, ÇA AIDE À RÉSOUDRE LES PROBLÈMES DES GARÇONS."

KAREN

53 ANS, MARIÉE, CINQ ENFANTS,
AGRICULTRICE

"J'Y CROIS,
EN RESTANT VIGILANTE"

——————— De son enfance passée en Afrique, Karen Serres garde le souvenir d'avoir été élevée à la même enseigne que son frère aîné. «Mes parents, des Danois progressistes, nous ont toujours encouragés et poussés à poursuivre nos envies.» Passionnée par la mer, Karen rêve alors de marine marchande. Mais le destin en décide autrement. Lors d'un voyage dans l'Hexagone pour parfaire son français, elle rencontre son mari. Le temps de boucler son diplôme de fin d'études, elle le rejoint sur l'exploitation agricole familiale. Elle ne deviendra pas marin, mais agricultrice sur le causse aride au cœur du Lot, et plus précisément éleveuse, puisque la famille élève moutons et porcs. «Un métier passionnant, où l'on travaille avec le vivant, où l'on suit le rythme du temps, des saisons, en symbiose avec la nature.»

Très vite, Karen suit plusieurs formations et devient la gestionnaire de l'exploitation, tout en s'occupant des animaux au côté de son époux. «Mon mari, son père, son grand-père ont toujours été engagés dans la défense du monde paysan.» Karen découvre avec eux le syndicalisme agricole. Elle constate vite que les femmes sont peu représentées dans les manifestations, que leur statut sur les exploitations est insuffisant et peu répandu, bien qu'elles travaillent au moins autant que leurs maris. Elle rejoint la Commission des agricultrices de la FDSEA pour essayer de faire bouger les choses. Dès lors, son combat ne s'arrêtera plus. Elle est élue vice-présidente cantonale des agricultrices. «Une grande émotion pour moi d'être reconnue et soutenue par mes collègues paysans de souche, alors que la citadine d'origine, l'étrangère que j'étais, ne faisait même pas la différence entre paille et foin. Le monde agricole est certes exigeant, mais juste : il juge sur résultats!» Tout en élevant cinq enfants, Karen prend bientôt d'autres responsabilités sur le plan national, à la FNSEA, puis européen et mondial, à la Fédération internationale des produits agricoles. «Trop de femmes ne s'autorisent pas à aller au bout de leurs envies. Or, on peut vivre sa vie de mère, de professionnelle, de syndicaliste. Cela demande une bonne dose d'organisation pratique, mais c'est possible! Je me sens un peu comme un brise-glace qui avance en broyant les obstacles.» Si Karen se dit inquiète de certains reculs actuels, elle demeure résolument optimiste : «J'ai confiance en la volonté d'hommes et de femmes libres et déterminés pour défendre l'égalité qui est l'un des premiers remparts de la liberté d'agir et de penser de chacun.»

"L'ÉGALITÉ DES DROITS ET DES DEVOIRS, C'EST SE BATTRE CONTRE L'IMPOSITION DES CULTURES. TOUT ÊTRE HUMAIN, QU'IL SOIT HOMME OU FEMME, A DROIT À L'ÉGALITÉ DE TRAITEMENT."

LES ʘLEUSES
ʘE CLASSE ᴅᴜ MOUVEMENT DE LIBÉRATION DES FEMMES

Se posant en héritières de Louise Michel et des communardes, que l'on appelait les « pétroleuses » pour leur propension à jeter des bouteilles de pétrole à la figure des autorités, les féministes reprennent dans les années 1970 le nom de « pétroleuses » pour affirmer leur ralliement et lancer un journal du même nom.

CLAUDETTE

67 ANS, CÉLIBATAIRE,
PHARMACIENNE-BIOLOGISTE

"JE N'Y CROIS PAS DU TOUT"

—————— «On m'a toujours considérée comme une anomalie dans la famille. Puisque je n'étais pas mariée, j'avais évidemment raté ma vie!» s'amuse Claudette Failla, qui gère avec brio sa société de matériel pharmaceutique. Il est vrai que son enfance algérienne, entre un père sicilien «macho et très autoritaire» et une mère amoureuse béate, ne la prédisposait pas à devenir cette femme farouchement indépendante : «Mes deux sœurs se sont mariées pour quitter la maison, et mon frère a fait de même à 19 ans!» Après avoir fait une croix sur des études de médecine – «Ce n'est pas un métier pour une femme», dit son père –, elle part à 21 ans gagner sa vie et ne plus jamais «subir l'invivable». Elle faillit bien flancher un jour pour les beaux yeux d'un homme, mais annula mariage et dragées *in extremis*.

Dans les relations avec les clients, elle sait bien que son charme tout féminin est un atout, mais pas question que leurs yeux s'égarent sur la longueur de sa jupe ou la taille de son soutien-gorge... Et c'est grâce à son professionnalisme et à sa combativité qu'elle obtient les postes qu'elle vise dans ce milieu très masculin de l'industrie pharmaceutique.

Comment voit-elle l'avenir pour les jeunes générations? Pas très rose. Elle constate une certaine hypocrisie chez les hommes, qui n'appliquent la parité qu'à contrecœur, et mesure la difficulté pour les jeunes femmes de gérer leur carrière sans «faire de l'ombre à leur ménage». Son pessimisme repose aussi sur la persistance de préjugés, chez les femmes notamment : «Les femmes pensent que je suis malheureuse. Mais je ne regrette absolument pas mes choix. J'ai réussi ma vie, sans faire aucun compromis!» Les mentalités vont-elles évoluer? Peut-être, mais pas de sitôt...

"JE N'AI JAMAIS ACCEPTÉ D'OFFRIR UNE DÎNETTE OU UNE FAUSSE MACHINE À LAVER À MES NIÈCES LORSQU'ELLES ÉTAIENT PETITES."

ISABELLE

33 ANS, CÉLIBATAIRE,
FACTRICE QUALITÉ

"J'Y CROIS, NATURELLEMENT"

———— «La seule différence ressentie avec mon frère, quand nous étions enfants, c'était qu'il avait plus de force que moi quand on se battait ! » s'amuse Isabelle Goudy, aujourd'hui factrice qualité à Paris. À part cette différence physique, elle n'a jamais perçu d'inégalité entre eux. C'est sur la confiance que se jouait l'éducation, et jamais la notion de genre n'entrait en compte. «Bien sûr, nos parents représentent un modèle qui entre dans nos esprits. J'aidais peut-être plus ma mère, mais je n'ai jamais pensé que c'était lié à mon statut de fille ! Ce qui comptait, c'était l'entraide », reconnaît-elle.

Et l'entraide, elle la pratique tous les jours, dans son poste d'intermédiaire entre les facteurs et le chef d'équipe. Sortir en tournée quand un facteur manque à l'appel ou assurer le travail au bureau en l'absence du chef, c'est son lot quotidien. Pour elle, l'égalité, ça coule de source, elle ne se pose pas la question. Et si on la lui pose ? «C'est vrai que j'ai connu plus de directeurs hommes dans ma carrière, ce serait bien de voir plus de femmes aux postes de direction... Mais pour ma part, j'ai toujours été poussée, encouragée, par des supérieurs hommes ou femmes, qui ne s'attachaient qu'au professionnalisme. J'ai eu des difficultés parce que j'étais jeune et inexpérimentée, mais pas parce que j'étais une femme ! » clame-t-elle.

Pas question de se poser en victime, d'ailleurs, ça, ça l'agace : «C'est important de relever tous les mauvais comportements, mais on dramatise beaucoup. Bientôt, on ne pourra plus blaguer sans risquer un procès ! » Et, moqueuse, elle conclut : «Le seul hic, c'est que maintenant on doit payer au restaurant. Les hommes nous disent : "Vous avez voulu l'égalité, vous l'avez !"»

"LE RESPECT EST ESSENTIEL... CE QU'IL FAUDRAIT COMBATTRE, C'EST LA BÊTISE HUMAINE !"

SAFIA

34 ANS, MARIÉE, UN ENFANT,
RESPONSABLE D'UNE AGENCE D'IMPRIMERIE

"JE N'Y CROIS PAS"

——————— Sa peine est double, dit-elle. Des preuves, elle n'en détient pas, des impressions oui. « Quand je recherchais un emploi, j'ai senti que le fait d'être une femme, avec un nom d'origine ethnique, était un frein. » Elle l'ignore, mais de cette perception elle a fait une force. Safia Souidi ne lâche rien. Après avoir été mal orientée, elle démarre un bac de secrétariat : « Trois mois avant le diplôme, je suis partie. Je n'en pouvais plus de cette atmosphère féminine, des professeurs et de leur batterie de clichés. C'est à peine s'ils ne nous apprenaient pas à faire du café », se remémore-t-elle. Safia se tourne dès lors vers le commerce, puis dirige un magasin de téléphonie mobile. Elle a 21 ans et s'en souvient : « Une cliente qui avait un problème avec un vendeur n'a jamais voulu croire que j'étais la responsable. Furieuse, elle est partie, parce que j'étais une femme et pas légitime. »

Aujourd'hui, à 34 ans, elle dirige une importante agence d'imprimerie parisienne. « J'ai connu des hommes qui attendaient d'une manageuse de la douceur, voire des Kleenex lors des entretiens de recadrage. Cela mis à part, dans ma société, l'égalité entre les hommes et les femmes est une réalité. Ma hiérarchie n'a d'ailleurs pas hésité à me confier, à mon retour de congé de maternité, la direction d'un plus gros magasin », explique-t-elle. Dans sa vie personnelle, Safia a pris le soin de s'unir avec un homme pour qui l'égalité est un principe de vie. « Mon mari a laissé les horaires décalés derrière lui et s'est mis à son compte pour être plus disponible pour notre fils, dès sa naissance », détaille celle dont l'activité l'accapare le soir jusqu'à 20 heures.

Pourtant, Safia s'en désole : « Entre celles qui ont baissé les bras, celles qui militent avec pour unique obsession de mordre les hommes, seule une poignée de femmes se bat. L'égalité ? J'y croirai quand chacune livrera son propre combat. » Et sa confiance en l'avenir ? Elle sera là quand « les femmes seront davantage représentées politiquement et qu'elles dirigeront de grands groupes industriels. C'est avec elles que nous sortirons des stéréotypes ».

"MES DEUX SŒURS ET MOI AVONS ÉTÉ SURPROTÉGÉES PAR NOS TROIS FRÈRES ET NOTRE PÈRE. ILS CRAIGNAIENT L'ATTITUDE DES HOMMES À L'ÉGARD DES FEMMES."

ASHITA

25 ANS, MARIÉE, UN ENFANT,
DAME DE COMPAGNIE ET FEMME DE MÉNAGE

"J'Y CROIS, VRAIMENT"

———— Du haut de ses 25 ans, cette jeune femme mauricienne en connaît un rayon. De l'égalité entre les hommes et les femmes aux traitements discriminatoires, elle a vécu de nombreuses expériences. Souvent de près. Avec sa mère, d'abord. Tout en respectant ses choix, elle s'était promis un autre avenir. Son père aussi, curieusement. «Alors qu'il tenait fermement à ce que ma mère reste femme au foyer, il ne voulait pas de cette vie pour moi. Ménage, cuisine, lessive pour elle. Direction de son usine, suivi des devoirs des enfants, légitimité éducative pour lui», se souvient Ashita Angel, en France depuis ses 18 ans. «Avec le recul, si mon père avait davantage encouragé ma mère, lui avait donné confiance en elle, elle aurait gagné son indépendance, ne serait-ce qu'en apprenant à lire et à écrire. Ce qui lui aurait été fort utile après leur divorce.» Aujourd'hui, Ashita partage son activité professionnelle entre dame de compagnie en maison de retraite et femme de ménage chez les particuliers. Une souplesse qui lui permet de se consacrer à son petit garçon de 2 ans. Son mari a fait le même choix. Non sans certaines difficultés. «Sous prétexte qu'il est un homme, on rechigne à l'embaucher pour du ménage et on lui propose plus volontiers du jardinage. Alors, on trouve des parades, comme pour le repassage à domicile. Je récupère le linge, garde la relation avec les clientes et mon mari repasse. Personne ne le sait, mais tout le monde est content du travail», s'amuse Ashita, qui connaît une parfaite répartition des tâches domestiques dans son couple.

Étonnant, quand on connaît sa culture : «Mon mari est indien. Dans sa région, les femmes ne s'habillent pas librement, font des études dans l'intention de se marier avec un meilleur parti. L'égalité femmes-hommes? C'est simple, elle n'existe pas. Imaginez, c'est la mère qui choisit les épouses, en fonction de leur caste. Il aura fallu attendre que notre fils naisse pour que je sois acceptée par sa famille», confie Ashita, qui s'enthousiasme de la condition féminine en France. Elle ne ressent quasiment pas d'inégalité. Tant mieux.

"SOUS PRÉTEXTE QU'IL EST UN HOMME, ON RECHIGNE À EMBAUCHER MON MARI POUR DU MÉNAGE. ON LUI PROPOSE PLUS VOLONTIERS DU JARDINAGE."

KARIN

54 ANS, MARIÉE, DEUX ENFANTS, ARCHITECTE

"J'Y CROIS, PRUDEMMENT"

——— Enfant, elle a très vite saisi que l'égalité entre les hommes et les femmes était un enjeu de fond. «Ma mère avait le droit d'exceller dans les tâches ménagères, mais pas celui d'avoir un carnet de chèques. Ce n'était pas une exception à l'époque, dans les milieux bourgeois», se rappelle Karin Léopold. Conflit de générations ? Possible. Aujourd'hui mère de deux enfants, cette architecte n'a pas souhaité reproduire le schéma de ses parents, malgré tout son respect. Dans sa vie d'épouse, elle a goûté aux méfaits de l'inégalité... et aux joies des retournements de situation : «Il n'y a pas de doute, mon mari a été élevé comme un macho. Pourtant, à force de discussions, d'ouverture d'esprit aussi, l'équilibre dans la répartition des tâches domestiques a été rétabli», confie Karin. Si les chiffres ne montrent pas (encore) que l'épanouissement des hommes augmente à mesure qu'ils s'investissent dans l'intendance de la maison, on observe néanmoins que la présence des femmes dans certains secteurs d'activité y contribue. Karin Léopold en est témoin : «Lors des réunions de chantier, les femmes désamorcent les rapports de force. Avec elles, les hommes ne sont plus dans celui qui criera le plus fort.» Autre bonne nouvelle : l'architecture n'est plus réservée aux seuls hommes.

Aujourd'hui, 50 % des étudiants appartiennent à la gent féminine, idem côté salariés en agence. Mais plus on monte en grade, plus cette parité perd de sa brillance. Par choix, visiblement : «Les femmes à la tête de cabinets sont rares. Et quand elles se lancent, elles s'associent souvent à un confrère masculin. Ce plan de carrière demande des sacrifices : ceci expliquant sûrement cela», observe cette femme de 54 ans, qui codirige son agence avec... un associé. En 2013, Karin Léopold porte un regard mitigé sur l'égalité femmes-hommes. «Malgré les efforts accomplis, l'équilibre est fragile. Il faut rester vigilant, surtout en période de crise, où les femmes, souvent en première ligne, risquent d'être à nouveau sacrifiées», s'inquiète-t-elle. Et si tel était le cas, il y aurait de quoi.

"L'ÉGALITÉ EST UNE QUESTION CENTRALE SUR CETTE PLANÈTE. BEAUCOUP DE PAYS SONT À LA TRAÎNE. SURTOUT CEUX OÙ SÉVISSENT LES RADICAUX RELIGIEUX."

Les congés
payés de 1936 ne sont
pas encore instaurés…
Mais déjà, les femmes
s'émancipent et revendiquent
le droit à se conduire comme
les hommes, au travail
comme dans les loisirs.

SOPHIE

25 ANS, CÉLIBATAIRE,
COMÉDIENNE

"J'Y CROIS, VRAIMENT"

———— Quand elle y repense, sa mère démultipliait son temps : psychiatre le jour, femme d'intérieur et mère dévouée à ses trois enfants le reste du temps. Son père, adjoint au maire d'une grande ville française, faisait, lui, davantage figure d'autorité. Issue d'une catégorie sociale favorisée, Sophie Engel mesure pleinement cette chance. Alors, quand se pose la question de l'égalité entre les femmes et les hommes, elle module ses propos : «Le combat des femmes a été initié dans les milieux artistiques et intellectuels, auxquels j'appartiens. Ils avaient une longueur d'avance et j'en ai été spectatrice. Aujourd'hui encore», reconnaît Sophie, qui vient de finir ses études de comédienne à la fameuse École nationale supérieure des arts et techniques du théâtre (Ensatt), après un master de philosophie de l'art. Pourtant, à son goût, «la femme adopte, encore souvent, une position défensive et peine à se voir comme l'égale de l'homme. Peut-être aussi parce que le chemin vers l'égalité, qui passe par l'émancipation, peut sembler effrayant. Solide, rassurant... beaucoup d'entre nous attendent que l'homme le soit. Eh bien, avec l'égalité, il faudra s'en passer, et s'affranchir d'autres attentes, au passage. Mais je le reconnais : si le combat des femmes, dans mon milieu, se limite à cela, alors c'est un luxe», avoue cette jeune femme de 25 ans.

Aujourd'hui, en 2013, si Sophie fait le bilan de l'égalité femmes-hommes, elle ne peut être qu'optimiste face à «une situation qui ne cesse d'évoluer et qui ne demande qu'à s'épanouir». Oui, mais voilà, elle apprécierait beaucoup, vraiment beaucoup, que dans les prochaines années certaines choses disparaissent. «J'observe dehors un sexisme terrible. À croire que les rues appartiennent aux hommes. Est-ce normal que les femmes aient peur de sortir le soir? Est-ce normal qu'elles en viennent à se demander comment elles doivent se comporter ou s'habiller pour ne pas être en danger?» s'agace Sophie. Parmi ses vœux pour les années à venir, un équilibre rétabli où les hommes, autant que les femmes, s'interrogeraient sur leur façon de se comporter. Un fantasme?

"LES FEMMES PEINENT PARFOIS À SE CONSIDÉRER COMME LES ÉGALES DES HOMMES."

MARIE-CLAUDE

UN BEL ÂGE, CÉLIBATAIRE,
CONSULTANTE QUALITÉ DANS LE LUXE

"J'Y CROIS, DE PLUS EN PLUS"

——— Respect, estime, courtoisie et tolérance ont toujours été le diapason de sa vie. « Nos parents nous ont inculqué ces valeurs qui ont été mon moteur », confie Miss Métrot, comme on l'appelle en référence aux gouvernantes anglaises. Pas étonnant, donc, que cette femme, farouchement attachée au savoir-être et au savoir-faire, se passionne pour le métier de maîtresse de maison et l'art du bien recevoir. Paris, Washington, Riyad... cette gouvernante générale officie dans les plus luxueux hôtels et palais des quatre coins du monde. Sa notoriété est internationale, son expertise aussi.

Depuis, Miss Métrot a créé sa société de conseil en étiquette et protocole. Dans son activité, la femme occupe une place majeure. « Dans toutes les formes de courtoisie, les femmes sont prioritaires », explique-t-elle. Mais Miss Métrot les met en garde. C'est en préservant leur grâce qu'elles accéderont à l'égalité : « Ne désenchantons pas ces messieurs en empruntant leurs codes. Cultivons notre féminité et ne nous battons pas contre eux. » Malgré sa fibre pacifiste, Miss Métrot s'interroge : « Est-il normal qu'en 2014, dans les populations pauvres, les femmes soient encore les premières victimes de l'illettrisme ou de la violence ? » s'indigne cette consultante qualité dans le luxe. Elle reste toutefois optimiste : alors qu'il n'y en avait aucune il y a deux ans, « 27 % des sommeliers sont désormais des femmes. Dernièrement, une femme a même pris la direction générale d'un grand hôtel de luxe, en Inde. Aujourd'hui, sur les huit palaces que compte la France, trois sont dirigés par des femmes », observe Miss Métrot. Une avancée de taille. « Les femmes sont de plus en plus indépendantes et leur influence ne cesse de grandir. Mais nous avons, chacune, une responsabilité : celle de faire évoluer l'égalité. Cette solidarité doit être accompagnée par les hommes. À nous de faire en sorte qu'ils soient directement concernés, de les envisager en partenaires. Dans mon club, par exemple, je ne mets jamais deux hommes côte à côte », explique-t-elle. Le protocole serait-il une arme fatale, un tantinet sexiste, pour sublimer l'influence de la femme sur l'homme ?

"POUR ACCÉDER À L'ÉGALITÉ DES DROITS ET DES CHANCES, ENCORE FAUDRAIT-IL Y TRAVAILLER À L'ÉCOLE ET DANS L'ÉDUCATION DES ENFANTS. FAISONS-EN LA PROCHAINE GRANDE CAUSE NATIONALE !"

VÉRONIQUE

50 ANS, MARIÉE, QUATRE ENFANTS,
SAGE-FEMME

"J'Y CROIS, OUI"

———— Le congé de paternité reste un épiphénomène. En vingt-cinq ans de carrière, elle n'en a vu qu'un. Pas plus. De quoi s'interroger. « Ne nous leurrons pas, on est une société patriarcale. J'entends encore, lorsque j'attendais mon quatrième enfant, ces "Dommage, encore une fille !" à répétition », s'indigne Véronique de La Cochetière, mais en douceur. Car, pour cette sage-femme, la douceur est un principe de vie. C'est ce qui l'a d'ailleurs aidée à devenir une femme accomplie : «Il m'aura fallu du temps, beaucoup même, pour me sentir bien dans ma tête et dans mon corps surtout. Aujourd'hui, je suis fière d'être femme, épouse et mère à la fois », confie cette maïeuticienne quinquagénaire, connectée à ses cinq sens, elle y tient. Sa recette ? Les massages tao et la médecine indienne. Mais pas que.

Pour Véronique, le respect est au cœur de tout. Et dans les relations entre les hommes et les femmes forcément : «Si l'un des deux exerce un quelconque pouvoir sur l'autre, on passe à côté. L'égalité, c'est reconnaître les capacités de l'autre, accepter ses différences. C'est aller vers la vérité et l'amour », poursuit-elle, convaincue que l'égalité passe avant tout par l'éducation des enfants, et des garçons surtout. «Sinon, ça reste du blabla.» Et côté transmission intergénérationnelle, elle s'y connaît : «Je le vois à travers toutes les missions humanitaires auxquelles je participe. En Afrique noire, par exemple, les hommes sont tout-puissants et les femmes reléguées au second plan, alors que ce sont elles qui triment. »

«Heureusement, les choses commencent à bouger », rapporte-t-elle. Des sursauts, elle en souhaite d'autres. «Le plus beau que pourrait connaître la société en matière d'égalité serait de cultiver la connaissance de l'un et de l'autre, à l'école, en famille, mais aussi en entreprise. Apprenons à nous mettre à nu et à dire enfin : "Voilà ce que je suis". Dans son propre intérêt et dans celui de l'autre. » Âmes pudiques s'abstenir ?

"L'ÉGALITÉ, C'EST RECONNAÎTRE LES CAPACITÉS DE L'AUTRE, ACCEPTER SES DIFFÉRENCES."

CLOTILDE

37 ANS, MARIÉE, DEUX ENFANTS,
AVOCATE EN DROIT PÉNAL

"J'Y CROIS, PLUTÔT"

———— Résister, s'indigner, se battre tous les jours aux côtés des plus faibles, Clotilde Lepetit en a fait une profession de foi. Après avoir exercé le métier de professeur des écoles, parce que «l'éducation, aussi, ça change le monde», elle a finalement embrassé la carrière d'avocate pénaliste. Une passion, dans un monde peuplé d'hommes, stars du barreau, qui ont toujours tendance à imaginer que les femmes doivent s'occuper du droit des mineurs ou de la famille...

C'était sans connaître Clotilde, influencée par une grand-mère forte femme, qui menait à la baguette sa famille tout comme le personnel de l'Assemblée nationale. Elle a transmis à ses trois petites-filles la conviction qu'exercer un métier, quand on est une femme, c'est être libre. Volontaire et éprise de justice, Clotilde défend accusés ou victimes sans jamais perdre de vue que, si parfois les actes sont monstrueux, aucun être humain ne l'est. Chacun de nous mérite une défense équitable. Son mari, médecin urgentiste pour qui féminisme est loin d'être un gros mot, l'a toujours soutenue et encouragée. «Je vis l'égalité au quotidien dans mon couple et dans ma vie de famille. Il m'a toujours poussée et accompagnée dans mes bagarres professionnelles.»

Après avoir créé son cabinet, avocate sur des procès retentissants comme ceux du «gang des barbares» ou «des tournantes de Fontenay-sous-Bois", elle fait partie d'une génération qui ose et commence à compter dans le paysage médiatique. «Dans la magistrature, la profession se féminise aussi énormément. Dans quelques années, nous aurons fait bouger les lignes.» Avec des consœurs, elles ont d'ailleurs créé un réseau d'avocates pénalistes, histoire, elles aussi, d'occuper le terrain. «Lorsque je plaide, mes clients me reconnaissent une parole différente mais tout aussi précieuse que celle des hommes, en plus des qualités qui nous sont souvent attribuées à nous les femmes : précises, rigoureuses, perfectionnistes... J'exerce un métier dans lequel il ne faut pas baisser la garde, côté clients... ou côté confrères.» Un combat quotidien qui n'est pas pour lui déplaire.

"MA GRAND-MÈRE NOUS A APPRIS TRÈS JEUNES QUE TRAVAILLER ÉTAIT LE GARANT DE NOTRE INDÉPENDANCE, LA POSSIBILITÉ DE CHOISIR NOS VIES, NOS HOMMES..."

> Dans les années 1970, pour célébrer la révolution sexuelle, les femmes organisent des happenings lors desquels elles brûlent leurs soutiens-gorge.

AUDREY
22 ANS, EN COUPLE, STYLISTE-MODÉLISTE

"J'Y CROIS, COMPLÈTEMENT"

———— Elle en rêvait... L'architecture d'un vêtement, la créativité de la mode, la folie des nouvelles collections et des défilés... Alors, elle l'a fait. Le bac éco en poche, Audrey Jacquot a gagné Lyon pour entreprendre des études de styliste à Esmod. Elle entre ensuite en stage chez Alexandre Vauthier, créateur qui a lancé sa propre marque après de longues années chez Thierry Mugler et Jean-Paul Gaultier. Embauchée en janvier dernier comme mécanicienne (l'exécution des vêtements), le rêve est devenu réalité. «Même si mes parents m'ont offert un modèle de couple assez traditionnel – maman, son intérieur, papa, le bricolage –, ils nous ont élevés de façon complètement égalitaire mon frère et moi, et nous ont toujours encouragés à aller au bout de nos envies. C'est ce que j'ai fait...» Et si le milieu de la mode est certes peuplé de grands créateurs emblématiques, Audrey fait remarquer que beaucoup de femmes ont aussi marqué de leur empreinte l'évolution du vêtement : Elsa Schiaparelli, Coco Chanel, Sonia Rykiel, Vivienne Westwood... «Il n'y a pas d'inégalité dans mon milieu : c'est le talent qui permet d'émerger.» Et elle compte bien parvenir à exercer ses aptitudes côté création et faire naître des modèles. «Je suis encore toute jeune dans le métier, j'observe, je me nourris, j'apprends.»

L'avenir lui appartient : «Mon compagnon, malgré le rythme effréné des collections, me soutient, m'encourage, me pousse. Nous sommes un couple d'aujourd'hui qui partage tout : les courses, le ménage, la cuisine, etc.» Bien consciente que tout n'est pas rose, mais résolument optimiste, Audrey est convaincue que la victoire est proche. «Dans certaines professions, les femmes sont certes toujours moins payées que les hommes, mais nous allons gagner ce combat : à compétences égales, salaire égal. J'y crois.» Son prochain rêve : partir à Londres apprendre le savoir-faire des maîtres tailleurs anglais, qui est en train de disparaître, pour coudre des costumes sur mesure. Une jeune femme de son temps qui souhaite travailler à l'ancienne pour la beauté du geste... et du vêtement.

"NOUS VIVONS UNE PETITE RÉVOLUTION. LES FEMMES INVESTISSENT TOUTES LES PROFESSIONS. ELLES VONT FAIRE BOUGER LES CHOSES."

PAULA

— 39 ANS, DIRECTRICE ARTISTIQUE —

"J'Y CROIS, NATURELLEMENT"

————— Paula est le fruit de l'indépendance. Elle a grandi auprès d'une mère qui lui a toujours répété que le plus important dans la vie était de devenir autonome. «Je suis fille unique. Pour mes parents, il n'était pas question de m'élever en fonction de mon sexe, j'étais leur enfant, un point c'est tout. Mon père a pris finalement conscience pendant mon adolescence que j'étais une fille. Lui qui m'avait donné le goût de la boxe et de la moto, qui m'a toujours dit que tout était possible, tout à coup, a pris peur pour moi ; il a eu envie de me protéger par amour paternel. Résultat : j'ai passé mon permis moto en catimini, sans rien dire, et j'ai commencé à pratiquer la boxe à l'âge adulte.» Installée en Normandie, la famille de Paula est nombreuse et soudée ; les rencontres entre cousins sont joyeuses. «J'ai toujours été entourée de femmes à fort caractère. Ma mère est la petite dernière d'une famille de cinq filles. Chez mes grands-parents, c'était vraiment le "Girl Power". À l'approche de son mariage, ma mère, qui avait vu *À bout de souffle* de Godard et adorait la coupe de Jean Seberg, a annoncé à mon père qu'elle se couperait les cheveux. Il n'était pas trop d'accord, mais elle ne voulait pas se déguiser avec un chignon et une robe longue et elle l'a fait quand même.»

Paula a la douceur et l'intelligence sensible, les taches de rousseur d'une blondinette et l'esprit espiègle. Quand elle conduit sa SRX Yamaha de 600 cm^3 qui démarre au kick, les remarques autour d'elle varient. «Si je suis seule, j'entends des "Bravo !", si j'ai une fille à l'arrière, ce sera "Ah ! les lesbiennes" et si c'est mon homme, on entend plutôt des petites réflexions qui ont tendance à se moquer de lui. Les stéréotypes ont la vie dure, mais je crois aussi qu'ils se gomment. Aujourd'hui, dans ma génération, que l'homme s'investisse dans la vie quotidienne est naturel. Je réalise que j'ai pris conscience très tardivement de l'inégalité, car elle est étrangère à ma vie. Quand j'ai intégré une agence, à la sortie de l'école, nous avons été engagés avec un copain, au même salaire et, pendant les trois ou quatre années qui ont suivi, nous avons bénéficié des mêmes augmentations. L'agence était dirigée par trois femmes, trois sœurs au fort tempérament. Pour elles, les inégalités étaient totalement inconcevables. Il y a onze ans, quand j'ai choisi de devenir directrice artistique indépendante, j'ai atteint le but ultime de ce que mes parents m'ont transmis : ne dépendre de personne, être moi.»

"LES STÉRÉOTYPES ONT LA VIE DURE, MAIS JE CROIS AUSSI QU'ILS SE GOMMENT."

ANNE-SOPHIE

33 ANS, CÉLIBATAIRE,
CONDUCTRICE DE BUS

"J'Y CROIS, DOUCEMENT"

———— Elle est la reine du grand écart. Après avoir officié comme esthéticienne durant près de dix ans, Anne-Sophie Azouz décide d'y mettre un terme. «J'en avais assez de ce milieu exclusivement féminin. Assez d'être enfermée entre les quatre murs d'un institut de beauté, assez de faire attention à mon apparence et à celle des autres», déclare-t-elle. Alors que son ras-le-bol atteint son maximum, un ami lui apprend que la RATP recherche des conducteurs de bus. «J'ai sauté sur l'occasion, parce que je rêvais de liberté et que j'aimais la conduite.» Même en mettant le doigt dessus, Anne-Sophie en est certaine : elle ne s'est pas tournée vers un milieu très masculin en réaction contre celui qu'elle avait côtoyé. Puisqu'elle le dit… En 2009, donc, Anne-Sophie démarre sa formation. «J'étais la seule femme. Non seulement je ne me suis jamais sentie rabaissée, mais les hommes étaient très bienveillants avec moi. Surtout lors des cours de mécanique, alors que je n'y connaissais rien», explique-t-elle.

Ensuite, les choses évoluent. «Aujourd'hui, certains collègues considèrent que je n'ai pas ma place. J'ai entendu des phrases comme : "Y a pas à dire, c'est un métier d'homme". De la part des automobilistes et des clients, je le ressens aussi parfois. Les personnes âgées s'étonnent de voir une femme au volant d'un bus», poursuit cette jeune conductrice de 33 ans. Côté hiérarchie, Anne-Sophie est formelle : le traitement entre les hommes et les femmes est entièrement égalitaire. Voilà qui compense. Anne-Sophie se dit très heureuse de vivre en France, même si «les mentalités évoluent doucement, sauf celles de la nouvelle génération». Elle développe : «Les hommes acceptent maintenant l'idée d'égalité. Ils ne s'étonnent plus de voir une femme travailler, même si elle s'occupe de la maison, souvent seule. Les femmes ont une forte influence sur les hommes. Je le vois au travail : les hommes sont parfois machos entre eux et tellement moins quand ils sont avec leur épouse.» La question de l'égalité aura franchi un cap quand «les femmes auront aussi davantage confiance en elles, en leurs compétences, et qu'elles ne se mettront plus de barrières». Comme Anne-Sophie, sans vraiment le savoir.

"ON AVANCERA ENCORE QUAND ON CESSERA DE VOIR DES FEMMES POTICHES À LA TÉLÉ OU D'ENTENDRE 'L'HOMME DOIT FAIRE CECI ET LA FEMME CELA'."

ALEXANDRA

38 ANS, EN COUPLE, UN ENFANT,
HÔTESSE DE L'AIR

"J'Y CROIS, LE RÉÉQUILIBRAGE EST EN MARCHE"

———— On a souvent du mal à penser l'hôtesse de l'air autrement que comme une icône de la féminité. D'emblée, Alexandra tient à rétablir les faits : «Qu'on soit steward ou hôtesse, le métier est le même : il faut être agréable avec les passagers. Nos conditions de travail sont identiques et, en dehors de quelques cas exceptionnels où, sur certains vols, des hommes refusent d'être servis par des femmes, le fait d'être une femme n'est ni un frein, ni un atout.» D'ailleurs, Alexandra se moque un peu de cette histoire d'identité sexuelle : «Le respect de l'autre, ce n'est pas une question de sexe», affirme-t-elle.

Ces principes, Alexandra les tient sûrement de sa mère : «Une battante qui s'est arrêtée de travailler pendant treize ans pour s'occuper de nous, mais qui ne s'est jamais laissé enfermer dans ce rôle de femme au foyer : elle a rénové la maison, pris des cours de bricolage, suivi des enseignements par correspondance... À la quarantaine, quand nous sommes devenus grands, elle a passé des concours administratifs et repris le travail. Elle a assumé ses choix.» Il va sans dire qu'Alexandra déborde d'admiration pour cette mère humaine et «toujours à l'écoute de [leurs] personnalités». À la maison, le petit frère débarrassait la table comme ses sœurs... «sauf que, comme je suis l'aînée, je me suis plus investie, je jouais la deuxième maman». Là encore, si différence il y a eu, elle ne tient pas à l'identité sexuelle, mais à la personnalité de chacun.

Aujourd'hui hôtesse sur des vols long-courriers, Alexandra enchaîne les rotations de trois jours. Son mari, ancien chef de cabine principal, est retraité : «J'ai pris un congé parental à la naissance de ma fille et je sais combien c'est socialement peu valorisant de rester à la maison. L'inactivité est difficile aussi pour les hommes !»

Alors l'égalité femmes-hommes, Alexandra y croit. Mais si elle considère qu'en France, le rééquilibrage est en marche, elle reste inquiète de la situation des femmes dans d'autres pays : «Des femmes sont contraintes de porter le voile, l'excision n'a pas disparu. Mais la guerre des sexes, non merci. La solution, c'est l'éducation et l'éveil des consciences aux droits de chacun !»

"DANS L'ÉGALITÉ FEMMES-HOMMES, CE QUI COMPTE, C'EST LE RESPECT DES ASPIRATIONS DE CHACUN."

Jacqueline Auriol est la première femme pilote d'essai française. Le 22 juin 1959, elle bat le record de vitesse à 1 849 km/h sur Mirage III C.

LUCIE

30 ANS, MARIÉE, UN ENFANT, BIENTÔT DEUX,
ARCHITECTE URBANISTE

"J'Y CROIS, PLUTÔT"

———— L'anecdote est pour le moins ironique. Alors que Lucie entame des études d'architecte, elle observe que «la notation des professeurs de sexe féminin, issues de l'ancienne génération, est plus sévère envers les étudiantes qu'elle ne l'est envers les garçons». Fort heureusement, en dehors de cet étonnant traitement de faveur, «je n'ai senti à l'école aucune autre barrière liée au fait que je sois une fille, même dans ce métier historiquement masculin», se rappelle Lucie Brenon. Aujourd'hui, à 30 ans, si cette architecte urbaniste accomplie ne déchante pas, elle remarque tout de même un scepticisme spontané : «On vous demande d'emblée si vous êtes architecte d'intérieur. Qu'une femme puisse construire des bâtiments en étonne encore plus d'un. Si je ne perçois pas de discrimination, je sens que le fait d'être une femme, jeune de surcroît, nécessite, sur des sujets techniques, de faire doublement ses preuves.» Agaçant? Forcément, surtout que, dans la famille de Lucie, agriculteurs depuis plusieurs générations, toutes les femmes travaillaient, et dur.

Aujourd'hui maman d'un jeune enfant et enceinte d'un deuxième, Lucie a senti un virage. Une rupture même. «Après un congé de maternité, il faut refaire ses preuves, se battre à nouveau, parfois aussi pour récupérer sa place et ses dossiers», se désole-t-elle. Un constat d'autant plus injustifié pour elle que, «grâce aux enfants, les femmes gagnent en maturité et deviennent plus efficaces en termes d'organisation. L'entreprise a tout à y gagner». Plus largement, sur la question de l'égalité entre les femmes et les hommes, Lucie en convient : «Les choses ont bien évolué depuis la génération de mes parents. Néanmoins, trop de métiers sont encore réservés aux seuls hommes ou aux seules femmes. Il y a du travail à faire, des deux côtés. Sur la question de la rémunération, par exemple, si les femmes osaient davantage demander une augmentation, l'écart serait moins creusé. Surtout que, quand elles se lancent, on accède souvent à leur demande», relève Lucie. Messieurs, à votre bon cœur !

"LES FEMMES À LA TÊTE D'AGENCES D'ARCHITECTES RESTENT INCONNUES. LES FEMMES SONT MOINS ATTACHÉES À L'EGO ET À LA NOTORIÉTÉ."

COLETTE

70 ANS, RETRAITÉE

"J'Y CROIS, BEAUCOUP,
C'EST IMPORTANT POUR L'AVENIR"

———— Après la naissance de sa première fille, Colette s'est «naturellement» arrêtée de travailler pour veiller à son éducation. Par la suite, quand sa deuxième fille est née, il était normal pour elle, pour son époux également, qu'elle s'occupe de leurs deux filles, et donc qu'elle n'exerce pas d'activité professionnelle. «J'avais suivi par le passé des années d'apprentissage, j'avais notamment été vendeuse. Mon mari était chef de chantier. Nous avons beaucoup voyagé, allant dans toute la France, en Tunisie et en Algérie, au gré des projets, là où son travail nous portait, raconte-t-elle. Nous avions de nombreuses activités dans la journée. Je ne me suis pas investie dans les manifestations de femmes, dans les années 1970, nous étions à l'étranger, ce n'est que plus tard que j'ai pris conscience de ce qui se passait.»

Colette a une passion pour la lecture et, avec ses filles, elle passe de nombreuses heures à la bibliothèque. Le jour où l'on a tenté de lui en refuser l'entrée sous prétexte que ses enfants risquaient de perturber le calme du lieu, elle s'est défendue bec et ongles pour qu'on les laisse passer. Elle aime les livres d'histoire, les romans historiques, qui se passent pas exemple en Russie, mais aussi les biographies. Celle de Simone Veil en particulier l'a énormément touchée : «Cette femme a eu un parcours exceptionnel, formidable. C'est une femme d'un immense courage et d'une grande sensibilité.» Elle a toujours souhaité que ses filles fassent des études. «J'ai été plus sévère que leur père pour les éduquer, lui était plus doux, mais je voulais vraiment qu'elles apprennent bien, qu'elles soient bien élevées», explique Colette. Sa fille aînée se moque encore d'elle, en disant que sa mère voulait absolument une institutrice à la maison. Elle a peut-être inconsciemment influencé ce choix, car elle est devenue directrice d'école. «Je suis très contente et fière de mes filles, conclut Colette. Elles font toutes les deux de brillantes carrières. La situation des femmes a beaucoup évolué. Je souhaite pour mes petits-enfants que le sujet de l'égalité progresse vraiment. Il n'y a aucune raison pour qu'une fille et un garçon n'aient pas les mêmes droits.»

"JE SOUHAITE POUR MES PETITS-ENFANTS QUE LE SUJET DE L'ÉGALITÉ PROGRESSE VRAIMENT."

ALINE

27 ANS, EN COUPLE,
RESPONSABLE DU DÉVELOPPEMENT,
EN RECHERCHE D'EMPLOI

"J'Y CROIS, PASSIONNÉMENT"

———— C'est une bouffée d'oxygène. L'inégalité entre les hommes et les femmes, elle ne connaît pas. Elle a beau chercher, quitte à pinailler, mais rien. Enfant, entre son frère, sa sœur jumelle et elle ? Non. Entre son père et sa mère ? Toujours pas. Au cours de ses expériences professionnelles ? Non plus. Dans son couple ? Encore raté. « Nous sommes tous les deux sur un plan d'égalité. Et nous ne faisons pas figure d'exceptions à en écouter mes amies elles aussi en couple », observe Aline Pilon. Logique, selon elle : « Les hommes évoluent à vitesse grand V. Surtout ceux de mon âge. La crise a cela de positif : elle pousse notre génération à sans cesse se remettre en question et à intégrer de nouvelles choses. Garçons y compris, bien évidemment », constate cette jeune femme de 27 ans. Malgré sa recherche d'emploi, après des études en psychologie, un master 2 de commerce et un poste de responsable du développement dans une agence d'événementiel, Aline parvient encore à sublimer les revers de la crise.

On vous avait prévenu, c'est une bouffée d'oxygène. La preuve, s'il en fallait encore une : « Je suis optimiste, très positive sur la situation des femmes. Cela ne signifie pas que je suis naïve. J'ai bien conscience qu'elles doivent continuer à se battre pour ne pas faire du surplace. Notamment dans le milieu professionnel, où la politique salariale ne devrait être qu'une histoire de compétences et non de sexe. Même si les écarts tendent à se résorber, la situation mériterait d'être encore déverrouillée, surtout sur les postes à responsabilité. Mais, d'une façon générale, si je compare la situation des femmes en France, en 2013, à celle d'autres pays (sans entrer dans le sujet des religions), nous sommes privilégiées », explique Aline. Réflexion faite, ses concitoyennes sont une référence : « L'humanité ferait un pas de géant si la condition de la femme française devenait une normalité au niveau international. »

"JE VIS PEUT-ÊTRE DANS LE MONDE DES BISOUNOURS, MAIS IL FAUT TOUJOURS ÊTRE OPTIMISTE ET POSITIF. EN FRANCE, LES FEMMES ONT DE LA CHANCE."

MARINE

— 17 ANS, LYCÉENNE —

"J'Y CROIS, BEAUCOUP"

———— Marine, lycéenne dans une école privée catholique, avoue ne pas avoir le sentiment de souffrir d'inégalité. En revanche, elle a remarqué qu'au moment d'orienter les élèves vers leurs futures carrières, les filles qui ne savaient pas encore ce qu'elles désiraient étudier, mais qui obtenaient de bons résultats à la fois dans les matières littéraires et scientifiques, étaient plus facilement orientées vers la section littéraire. Mais ce qui la choque le plus, ce sont certaines déclarations de ses professeurs de catéchèse. « Par exemple, lorsqu'ils nous disent que les divorcés et les homosexuels sont des "personnes impures". Et que les femmes devraient rester à la maison pour se consacrer à leurs enfants. Une professeure n'hésite pas à répéter aux filles de ne jamais avoir de relations sexuelles avant le mariage… Ça me révolte ! » Au final, pour Marine, les inégalités sont produites par les personnes qui encadrent les jeunes.

Quand elle envisage l'égalité entre les femmes et les hommes pour les prochaines années, elle craint un retour en arrière « si les personnes qui entourent les jeunes n'évoluent pas et si on recommande aux femmes de se cantonner à la maison ». Pour elle, la société évolue et il y a de la place pour les femmes au même titre que pour les hommes. « Ma famille défend les valeurs d'égalité, de parité, et de respect. Nous discutons beaucoup. »

"POUR NOUS, LES JEUNES, IL N'Y A PAS D'INÉGALITÉ ENTRE LES FILLES ET LES GARÇONS. CE SONT LES ADULTES QUI TIENNENT PARFOIS DES PROPOS CHOQUANTS."

LES ÉTATS GÉNÉRAUX
DE L'ÉGALITÉ

LE 12 SEPTEMBRE 2013, LE LABORATOIRE DE L'ÉGALITÉ ET FRÉDÉRIQUE AGNÈS,
FONDATRICE DE MEDIAPRISM, ORCHESTRENT AU CONSEIL ÉCONOMIQUE,
SOCIAL ET ENVIRONNEMENTAL UNE JOURNÉE POUR FAIRE LE POINT SUR
L'ÉGALITÉ ENTRE LES FEMMES ET LES HOMMES EN TEMPS DE CRISE,
AUTOUR DE QUATRE GRANDS DÉBATS ET DE TÉMOIGNAGES.

Mot d'accueil

L'ÉGALITÉ N'EST PAS UNE PUNITION

Geneviève Bel

❝

——————— **GENEVIÈVE BEL**

À la veille du début de l'examen au Sénat du projet de loi-cadre sur l'égalité entre les femmes et les hommes, et en présence de personnalités fortes et engagées dont le nom restera à jamais attaché à la défense et à la promotion des droits des femmes dans toutes les sphères de la vie privée, politique, économique ou sociale, cette journée bilan est prospective et particulièrement bienvenue, aussi suis-je très heureuse de vous accueillir au Cese.

Yvette Roudy et Édith Cresson, pour ne citer qu'elles, témoigneront d'avancées conquises de haute lutte. Roselyne Bachelot et Marie-Jo Zimmermann le savent l'une comme l'autre, une vigilance constante est requise et il ne faut jamais lâcher prise.

Najat Vallaud-Belkacem, ministre des Droits des femmes de plein exercice, a repris le flambeau avec le souci d'aborder tous les aspects de la problématique de l'égalité entre les femmes et les hommes dans une perspective intégrée.

Malgré un arsenal impressionnant, notamment neuf lois consacrées depuis quarante ans à la promotion de l'égalité professionnelle, les chiffres sont résistants et implacables. Des écarts de rémunération annuelle brute importants, de l'ordre de 25 %, y compris chez les cadres, se maintiennent entre femmes et hommes, dont 9 % restent inexplicables et semblent bien relever d'une véritable discrimination, selon la Dares. Depuis la loi fondatrice du 6 juin 2000, les progrès de la parité sont très lents. On ne compte que 27 % de députées, 22 % de sénatrices et 44 % de membres féminins au Cese. Et ce, uniquement sous l'effet de dispositions contraignantes.

Quant à l'égalité entre les femmes et les hommes, en temps de crise, elle est assurément mise à mal car, ainsi que l'a mis en évidence la dernière étude publiée par notre délégation, la précarité a, hélas, un visage de femme. Le travail à temps partiel est féminisé à 82 %, les deux tiers des salariés à bas salaire – 66 % – sont des femmes et, dans 86 % des cas, la monoparentalité qualifie la situation d'une mère avec un ou plusieurs enfants. Les états de tension économique et sociale sont également propices à une expression démultipliée de toutes les formes de violence dont les femmes sont les victimes privilégiées. Chaque année, un peu plus de 400 000 femmes sont victimes de violences conjugales. Parmi elles, près de 130 sont décédées en 2012 sous les coups de leur conjoint ou ex-conjoint. En outre, environ 150 000 subissent un viol hors ménage chaque année. Près d'une femme sur trois – contre un homme sur cinq – est exposée à des violences en milieu professionnel. Et, surtout, quels que soient leur degré et leur intensité, les violences envers les femmes ont toujours un caractère sexiste et sont motivées par la volonté de rabaisser, de soumettre, d'avilir.

C'est dès leur scolarité que de nombreuses filles sont confrontées à des comportements ou propos sexistes qui font le lit de la violence : un sondage récent, réalisé auprès de jeunes femmes de 25 ans, a révélé que plus des deux tiers de cette population, 68 % exactement, ont déjà été victimes de violences qui, pour 61 % d'entre elles, se sont déroulées dans leur établissement d'enseignement, sans faire l'objet de véritable sanction. Je n'irai pas plus loin dans ces exemples illustratifs des thèmes qui vont être développés au long de cette journée. Les études en cours d'élaboration à la Délégation – sur les femmes éloignées du marché du travail et la lutte contre toutes les violences faites aux femmes, des

"L'ÉGALITÉ EFFECTIVE ENTRE LES FEMMES ET LES HOMMES EST L'AVENIR DE NOTRE SOCIÉTÉ. ET LES HOMMES EN TIRERONT EUX AUSSI LARGEMENT BÉNÉFICE."

plus visibles aux plus insidieuses – sont aussi en lien direct avec les débats que nous allons avoir. Loin d'être une punition ou une contrainte, l'égalité effective entre les femmes et les hommes est l'avenir de notre société. C'est aussi un outil d'efficacité économique, et les hommes en tireront largement bénéfice, car l'égalité professionnelle est un vecteur de libération des normes sexuées qui pèsent tout autant sur eux que sur les femmes. De plus, selon le scénario de Jean Pisani-Ferry pour la France dans dix ans, les femmes pourraient occuper plus de la moitié des emplois, soit une proportion supérieure à leur part dans la population active. Ce sera une vraie force pour faire évoluer les systèmes de management et promouvoir la mixité à tous les niveaux. Pour toutes ces raisons, l'égalité entre les femmes et les hommes en temps de crise est bien une chance à saisir pour en sortir plus vite. ●

❞

Introduction

RAISON D'ÊTRE DE CES ÉTATS GÉNÉRAUX

Olga Trostiansky

OLGA TROSTIANSKY

Pour le Laboratoire de l'égalité que je représente, cette journée est l'aboutissement d'une extraordinaire aventure engagée il y a près de quatre ans par une poignée de femmes et d'hommes convaincus que, pour faire avancer de manière décisive l'égalité, il fallait mobiliser dans un même élan toutes les strates de la société, les femmes et les hommes. L'assemblée réunie aujourd'hui est la preuve que cette ambition est couronnée de succès. Je vois des élus, des dirigeants d'entreprise, des responsables associatifs et associatives, des délégués syndicaux, des journalistes, des chercheurs, des chercheuses. Vous êtes le parfait reflet de la diversité des quelque mille personnes qui participent actuellement au Laboratoire de l'égalité. Nous sommes réunis pour rappeler qu'en cette période de crise économique l'égalité entre les femmes et les hommes n'est pas un luxe mais un impératif pour améliorer globalement le fonctionnement de notre société. Ce changement, la société y aspire de manière profonde. En témoignent les différentes enquêtes d'opinion réalisées par Frédérique

"LES ÉVOLUTIONS SONT NOTABLES DEPUIS MAINTENANT PLUS D'UN AN…

Agnès, fondatrice de Mediaprism, qui a coorganisé cette journée. Les Françaises, mais aussi les Français, expriment une forte impatience et dénoncent la lenteur des évolutions.

Lorsqu'il était candidat, François Hollande avait signé le Pacte pour l'égalité du Laboratoire, s'engageant ainsi sur vingt propositions pour bâtir une France vraiment égalitaire. Le premier bilan est positif : on note des évolutions notables depuis maintenant plus d'un an. La majorité a exprimé sa volonté d'avancer de manière décisive. Le projet de loi sur l'égalité est l'illustration de cette détermination politique. Quelques exemples me paraissent assez révolutionnaires : l'amélioration de la parité dans les gouvernances des fédérations sportives, l'élargissement du nombre d'entreprises qui doivent accueillir 40 % de femmes dans les conseils d'administration, une meilleure protection des femmes contre les impayés de pension alimentaire. Sur presque toutes les propositions du Pacte, le gouvernement a

franchi des étapes importantes. Sur l'égalité salariale, des entreprises ont été sanctionnées. C'est un message fort qui a été envoyé. Le système d'encouragements et de sanctions doit perdurer, mais il faut continuer et fixer des objectifs clairs, chiffrés, raisonnables et ambitieux. Sur la précarité au travail, nous estimons qu'il est possible d'aller plus loin que ce qui a déjà été acté par le dialogue social. Sur la parité, au-delà de la grande innovation du recours à un scrutin binominal pour l'élection des futurs conseillers et conseillères dans les départements, les résultats des dernières élections législatives et sénatoriales continuent à donner une triste figure à la France dans le monde. Je rappelle qu'il y a 73 % d'hommes à l'Assemblée nationale, et les chiffres sont à peu près les mêmes au Sénat.

Sur des mesures permettant d'améliorer la conciliation des temps de vie, comme la création de places d'accueil pour la petite enfance, les annonces du gouvernement sont positives mais insuffisantes. Nous attendons une réforme en profondeur du congé parental, qui doit être plus court, mieux rémunéré et à partager strictement entre les deux parents, et un congé de paternité plus long. En ce qui concerne les retraites, le Laboratoire est quelque peu frustré que le projet actuel, en dépit d'avancées louables, ne s'attaque pas de manière plus décisive à la racine du mal, à savoir les inégalités qui s'accumulent tant durant la vie professionnelle que dans la vie familiale, ce que souhaitent à plus de 80 % les Français et les Françaises. Le Laboratoire de l'égalité continuera sur ce sujet à être force de propositions. Je terminerai ce bilan non exhaustif de la mise en œuvre du Pacte de l'égalité par un sujet tout à fait essentiel : la construction d'une culture de l'égalité.

… MAIS IL FAUT ALLER PLUS LOIN."

Pour finir, nous souhaitons voir aboutir la rédaction d'un manifeste qui portera haut et fort notre exigence de construction d'une société vraiment égalitaire. Ce manifeste soutiendra ce qui, pour nous, constitue le meilleur moyen de construire l'égalité de manière durable : un changement de la Constitution, pour que la loi ne favorise pas simplement l'égalité, mais qu'elle la garantisse. ●

Introduction

LES FRANÇAIS ET L'ÉGALITÉ
FEMMES-HOMMES

Frédérique Agnès

" "

—————— **FRÉDÉRIQUE AGNÈS**

La société française nous offre un panorama très riche de ressentis et d'attentes vis-à-vis de l'égalité femmes-hommes : diversité des parcours, des origines, des aspirations… Dans certains cas, beaucoup a été accompli. Dans d'autres, des gouffres restent à franchir. Tour à tour, la France apparaît comme un pays privilégié du point de vue de l'égalité ou, au contraire, très en retard. Parfois, ce qui est acquis dans la vie privée reste à conquérir dans la vie professionnelle, ou l'inverse. Dans tous les cas, l'égalité n'est pas gagnée et, comme l'a dit Geneviève Bel, la précarité a le visage de la femme.

Nous avons recueilli de très riches témoignages sur la question de l'égalité femmes-hommes, venus de tous les horizons de la société française. Pourquoi ? Parce que, grande cause parmi les grandes causes, l'égalité femmes-hommes est celle dont les progrès profitent à tous. C'est la tonalité volontaire et constructive que nous avons voulu donner à ces premiers états généraux de l'égalité. En effet, il est plus que temps de faire passer la notion d'égalité du ciel des idées à l'horizon concret et humain de la vie. Parce que c'est maintenant la société tout entière qui doit avancer. Trop d'inégalités subsistent alors que la quasi-totalité des Français s'accordent à les trouver choquantes et absurdes. Pour mieux les cerner, les combattre, les réduire, nous avons réuni des enquêtes, récolté des témoignages, fait appel à des chercheurs, à des acteurs et présenté dix mesures clés pour faire avancer le sujet. Toute cette richesse, nous voulons la partager avec vous aujourd'hui.

Nous avons souhaité donner trois traits de caractère à notre engagement : réalisme, bienveillance et sens de l'anticipation. Réalisme, car les parcours des femmes divergent souvent selon les milieux et les situations. Bienveillance, car ces mutations fondamentales portent sur notre humanité commune. Sens de l'anticipation, car c'est le propre de la société dite civile par rapport à ses institutions. L'égalité femmes-hommes est une idée qui s'incarne,

"L'ÉGALITÉ N'EST PAS GAGNÉE. LA PRÉCARITÉ A LE VISAGE DE LA FEMME."

Ce qui se joue au Cese ce jeudi 12 septembre, c'est la mesure de la sensibilité d'une époque, une prise de conscience collective en un lieu, en un jour, autour d'un seul thème : l'égalité femmes-hommes.

Nous avons interrogé les Français pour mesurer leur sensibilité à cette égalité en temps de crise. La grande conclusion est que l'égalité femmes-hommes n'est pas un luxe mais une nécessité. Il convient de répéter encore une fois quelques chiffres. Le salaire des femmes dans le secteur privé est inférieur de 28 % à celui des hommes. Elles touchent une retraite inférieure de 42 % en moyenne à celle des hommes, constituent 80 % des salariés à temps partiel et ne sont représentées qu'à hauteur de 35 % à la télévision. Seul un député sur quatre est une femme. Le Sénat ne compte que 22 % de femmes.

Sur ces sujets, l'avis des Français est porteur d'espoir. Ils ont envie que l'égalité avance et ils nous le disent. Voici quelques-uns des

• • •

"LA GRANDE CONCLUSION DE NOTRE ENQUÊTE EST QUE L'ÉGALITÉ FEMMES-HOMMES N'EST PAS UN LUXE, MAIS UNE NÉCESSITÉ."

enseignements de l'enquête que nous avons menée. On voit que les Français sont attachés au sujet, bien qu'ils accordent la première place de leurs préoccupations aux enjeux économiques et sociaux, et c'est bien normal. Dans la correction des inégalités, les élites leur paraissent en retard sur la société.

"L'ENJEU ÉGALITAIRE N'EST PAS PERÇU COMME RELEVANT D'UNE QUELCONQUE GUERRE DES SEXES."

Les grandes tendances en matière d'inégalités sont connues aujourd'hui, mais certaines dures réalités n'en demeurent pas moins source de surprise, telles les violences ou les inégalités face à la retraite. Beaucoup reste à faire aux yeux des Français dans un pays qu'ils jugent sévèrement par rapport à leurs voisins européens. La vie professionnelle leur semble ainsi encore largement entachée d'inégalités. Une certaine ambivalence caractérise les représentations. Elles évoluent, mais persistent parfois dans les stéréotypes sexistes. Les Français veulent agir. Ainsi, ils veulent que les inégalités salariales fassent l'objet d'évaluations chiffrées. Enfin, l'enjeu égalitaire n'est pas perçu comme relevant d'une quelconque guerre des sexes, ce serait une grave erreur que de croire le contraire. Les Français l'ont compris : le bénéfice de l'égalité profite à tous, dans tous les domaines de la vie sociale et économique.

Très rapidement, je donnerai quelques chiffres. Dans leur très grande majorité – à 80 % –, les Français sont conscients de la prévalence des stéréotypes sexistes auxquels sont exposés les femmes et les hommes dès leur enfance. Ce

sont huit Français sur dix qui sont conscients que nos enfants sont éduqués dans des stéréotypes, que nous en véhiculons tous, ce qui n'est pas surprenant, puisque nous transmettons notre héritage socioculturel et religieux.

En outre, plus de neuf Français sur dix estiment qu'il reste encore beaucoup de chemin à parcourir pour que les femmes aient les mêmes droits que les hommes. Près des trois quarts estiment que les combats féministes d'il y a quarante ans sont toujours d'actualité. Près de huit Français sur dix considèrent que la France est en retard par rapport aux autres pays européens sur le sujet. La même proportion considère aujourd'hui que la question de l'égalité entre les femmes et les hommes est un sujet important ; 19 % le jugent même prioritaire, dont 22 % des femmes et 15 % des hommes.

Même si une majorité estime que femmes et hommes ont les mêmes chances de réussir leurs études ou d'avoir une vie sociale épanouie, un Français sur deux considère qu'ils n'ont pas les mêmes chances de réussir professionnellement. Et nos concitoyens sont prêts à prendre les mesures nécessaires. Plus des deux tiers des répondants sont favorables à ce que l'égalité salariale devienne une priorité nationale

"LES INÉGALITÉS PERSISTENT PARFOIS DANS LES STÉRÉOTYPES SEXISTES."

"ON DOIT ACCORDER AU SUJET DE L'ÉGALITÉ LA MÊME IMPORTANCE EN TEMPS DE CRISE QU'EN TEMPS NORMAL."

et soit soumise à des objectifs chiffrés. Plus de huit Français sur dix estiment que les hommes aussi ont à gagner à travers plus d'égalité. D'ailleurs, 45 % d'entre eux sont convaincus que l'égalité bénéficierait autant aux hommes qu'aux femmes.

Pour la plupart des Français, plus d'égalité, ce serait plus de justice et de cohésion sociale. Ils se montrent un peu plus circonspects quant aux bénéfices en termes de performances économiques. Mais pour toutes les raisons que nous avons citées, ils pensent majoritairement que l'on doit accorder au sujet la même importance en temps de crise qu'en temps normal.

S'il ne fallait retenir que dix chiffres parmi ceux que j'ai cités aujourd'hui, les voici.

• **80 %** des Français considèrent que les filles et les garçons sont confrontés dès l'enfance à une vision stéréotypée de la femme et de l'homme et que ce n'est pas normal.

• **91 %** des Français sont convaincus qu'il reste encore beaucoup à faire pour que les femmes et les hommes aient les mêmes droits.

• **73 %** d'entre eux pensent que les combats féministes d'il y a quarante ans sont toujours d'actualité.

• **77 %** des Français considèrent que la France est en retard par rapport aux autres pays européens.

• **80 %** de nos concitoyens jugent le sujet important, voire prioritaire.

• **50 %** croient aujourd'hui que les hommes et les femmes n'ont pas les mêmes chances de réussir professionnellement dans la France de 2013.

• **70 %** sont prêts à ce que l'égalité salariale devienne une priorité nationale et soit soumise à des objectifs chiffrés.

• **81 %** estiment que les hommes aussi bénéficieraient de plus d'égalité entre les deux sexes.

• **78 %** pensent que plus d'égalité apporterait plus de cohésion sociale.

• **66 %** souhaitent que l'on accorde à ce sujet la même importance en temps de crise qu'en temps normal. L'égalité femmes-hommes est un sujet de préoccupation. ●

"POUR LA PLUPART DES FRANÇAIS, PLUS D'ÉGALITÉ, CE SERAIT PLUS DE JUSTICE ET DE COHÉSION SOCIALE."

Débat **1**

L'ÉGALITÉ FEMMES-HOMMES EST-ELLE PROFITABLE À TOUS ?

Intervenants : Armelle Carminati, Brigitte Grésy, Serge Hefez, Marie-Jo Zimmermann

MARIE-JO ZIMMERMANN

En arrivant ici, je me suis dit en moi-même que nous aurions vraiment réussi notre travail – parce que c'est un travail, un combat – lorsque nous ne serions plus obligés d'organiser des états généraux sur l'égalité. En regardant les chiffres, je crois qu'il y a déjà une toute petite victoire : aujourd'hui, au niveau de la société, la prise de conscience est réelle. À mon sens, il faut maintenant passer de la prise de conscience à la mauvaise conscience. C'est ce que j'ai toujours essayé de faire pendant les années durant lesquelles j'ai présidé la Délégation aux droits des femmes à l'Assemblée nationale. J'étais toujours, en quelque sorte, la gardienne du temple. Il n'était pas forcément facile de me battre sur cette question que l'on reprenait après la loi de Catherine Génisson votée en 2001. Lorsqu'en 2002 j'ai pris la tête de la Délégation aux droits des femmes, mon seul objectif était de dire à l'ensemble de mes collègues qu'il fallait être conscient du fait que l'inégalité était un non-respect des femmes. Sans égalité, et si on n'applique pas la loi, on ne respecte pas la femme qui s'investit, la femme qui est au service de notre État, comme l'homme.

"MON OBJECTIF ÉTAIT DE DIRE QUE L'INÉGALITÉ ÉTAIT UN NON-RESPECT DES FEMMES."

Qu'est-ce que la mauvaise conscience ? C'est dire : « Attention, ce n'est pas normal. » Et si ce n'est pas normal, il faut que j'agisse. Et si j'agis, je fais avancer cette cause. Je crois que c'est ce qui m'a motivée pendant ces dix années. Je me demandais à chaque instant comment cette égalité pouvait vivre si je ne faisais pas comprendre que le travail d'une femme, la vie d'une femme étaient aussi respectables que ceux d'un homme. Et que cela devait s'appliquer notamment au niveau de la rémunération. Le tout sans s'engager dans un combat contre les hommes. Au contraire, à partir du moment où l'on respecte la femme, on respecte sans aucun problème l'homme qui est également au travail. Très souvent, je comparais cette situation à un besoin d'ergonomie dans une entreprise. Lorsque l'on travaille sur l'ergonomie pour les femmes, les hommes en bénéficient de la même façon.

Pour moi, les chiffres montrent qu'il existe une vraie prise de conscience. Aujourd'hui, je souhaiterais donc qu'il y ait une deuxième étape qui soit beaucoup plus « punchy », celle de la mauvaise conscience.

Au moment du vote de la loi sur les 40 % dans les conseils d'administration, lorsque j'arrivais quelque part, on me disait : « Voilà Madame 40 % qui s'imagine qu'elle va révolutionner l'entreprise. » Aujourd'hui, les chefs d'entreprise me disent : « Vous savez, on vous a maudite, on vous a détestée. » Mais le fait est que ce n'est plus moi qui aborde le sujet, ce sont eux. Je dirais que l'entrée dans les conseils d'administration, c'était une première voie, un petit début. Au final, on est déjà à 25 % ; en 2017, on va arriver à 40 %.

Mais dans la loi, il n'y a pas que les 40 %. Il y a un article auquel je tiens énormément et sur lequel je veux un bilan : c'est le rapport de situation comparée. Le jour où 100 % des entreprises réaliseront sur une base annuelle ce rapport qui parle de la politique d'égalité, je pourrai dire que nous avons mené une première étape du combat et que cela continuera à irriguer l'ensemble des entreprises. Et également de la fonction publique. On avait malheureusement trop souvent l'habitude de s'imaginer que dans la fonction publique tout était rose, alors que pas du tout. Si nous avons légiféré sur la fonction publique, c'était que quelque chose ne marchait pas. Ce n'est pas Françoise Milewski qui dira le contraire : c'est elle qui, la première, m'a alertée. Je l'en remercie. Je crois

● ● ●

"L'ENTRÉE DANS LES CONSEILS D'ADMINISTRATION, C'ÉTAIT UNE PREMIÈRE VOIE, UN PETIT DÉBUT."

que c'est vraiment un combat juste et les Français l'expriment. C'est un combat qui doit aujourd'hui entrer entièrement dans la société, avec un naturel, avec une normalité qui ne doit plus poser aucun problème.

SERGE HEFEZ

80 % des Français ont conscience des stéréotypes, 80 % estiment que les hommes gagneraient aussi à l'égalité entre les hommes et les femmes. Madame Zimmermann, quand vous parlez de combat, on se demande contre qui il faut combattre avec des chiffres aussi éclatants. Le terme que j'aurais envie d'employer aujourd'hui dans ces réflexions sur l'égalité femmes-hommes, c'est celui de réconciliation. Et de quelle réconciliation s'agit-il ? Je vais vous parler comme un psychanalyste qui s'intéresse à la façon dont le psychisme des hommes et des femmes, c'est-à-dire des petits garçons et des petites filles, se construit à l'intérieur de nous pour que nous acquérions progressivement une identité d'hommes et de femmes.

Lorsque je parle de réconciliation, cela peut paraître un peu provocateur à un moment où, dans les couples, les hommes et les femmes qui ont beaucoup gagné en égalité ont aussi gagné en symétrie, c'est-à-dire en combativité, où les couples ont du mal à trouver ces chemins de l'égalité au quotidien, où les querelles sont fréquentes, où, dans une ville comme Paris, plus de la moitié des couples se séparent au bout de seulement trois ans de vie commune. La réconcilia-

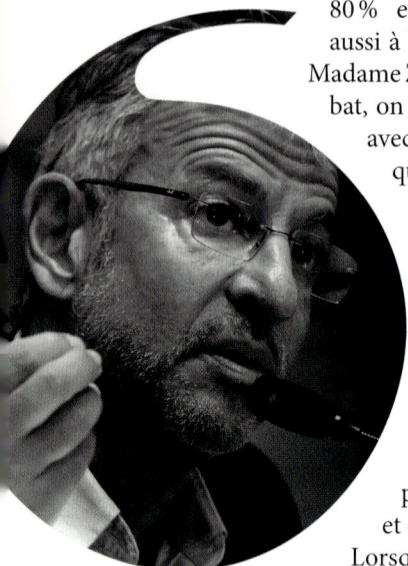

RÉCONCILIATION...

tion est difficile également au niveau de la répartition des rôles parentaux. Des questions sont là : qu'est-ce que qu'être un père ? Qu'est-ce que qu'être une mère ? Comment se répartit-on les tâches à l'intérieur du foyer ? L'inégalité dans ce domaine est encore énorme, alors que les hommes et les femmes aspirent à exercer la parentalité, en tout cas la parentalité psychique,

sur un vrai terrain d'égalité auprès des enfants, que les pères se transforment de plus en plus émotionnellement, psychiquement.

Quelle est alors cette réconciliation ? Je situerais les choses sur le terrain d'une réconciliation intérieure, c'est-à-dire sur la façon dont nous intériorisons et dont nous continuons d'intérioriser ce que vous avez qualifié de stéréotypes, ces univers de la différence entre les hommes et les femmes. Si les femmes et les jeunes filles continuent de façon très globale d'être moins bonnes que les garçons en mathématiques au lycée, on sait bien que ça n'est pas du tout en rapport avec leur intelligence ou avec leur aptitude aux mathématiques, mais au fait qu'elles ont largement intériorisé le fait que les mathématiques étaient une

"FREUD LE DISAIT LUI-MÊME, SUR LE PLAN PSYCHIQUE, ÊTRE MASCULIN OU FÉMININ, HOMME OU FEMME, CELA NE SIGNIFIE RIEN."

discipline masculine et non pas une discipline féminine. Autrement dit, elles portent en elles les germes mêmes de leur propre inégalité.

Je me tournerai vers Freud, qui a placé au cœur de la vie psychique un mécanisme qui me paraît fondamental, celui de la bisexualité psychique. Il s'agit d'un mécanisme que l'on comprend mal parce qu'on pense à une orientation sexuelle ou à des désirs sexuels qui iraient vers les deux sexes, mais ça n'a rien à voir. La bisexualité psychique, c'est le fait que, dès l'aube de la vie psychique, nous hébergeons à l'intérieur de nous des caractéristiques par identification à notre environnement qui sont masculines et féminines. Les potentialités d'un enfant, d'un garçon comme d'une fille, c'est d'être un être universel, d'héberger le plus largement possible ce que la société, les us et coutumes qualifient de caractéristiques masculines et féminines. Freud le disait lui-même, sur le plan psychique, être masculin ou féminin, homme ou femme, cela ne signifie rien. Il y a deux polarités, le passif et l'actif. Le passif, c'est ce qui permet d'accueillir, d'héberger, de recevoir, c'est ce qui est le précurseur de toutes les capacités d'empathie, d'écoute, de soutien de l'autre. L'actif, c'est ce mouvement qui fait explorer, refuser, agir, pénétrer, combattre. Ces deux caractéristiques sont en nous mais, dès la naissance, nous forgeons le corps des garçons et le corps

DISSYMÉTRIE...

des filles, sur lequel vont s'étayer l'esprit des garçons et l'esprit des filles, dans une orientation privilégiée vers un de ces deux mouvements. Les femmes ne sont pas plus passives que les hommes, les hommes ne sont pas plus actifs que les femmes, mais nous les dirigeons fermement à travers leur corps, à travers la façon dont nous leur parlons, dont nous les portons, puis dont nous leur inculquons la culture, vers ces deux caractéristiques. Aujourd'hui, il me semble que le combat des femmes leur a permis de s'ouvrir dès la naissance à plus d'universalité, et d'être un peu moins dirigées vers cet univers de la passivité, de l'attente du prince charmant. Tandis que, pour les hommes, les choses sont encore un peu plus complexes, on le sait. Les qualités d'empathie, de passivité chez les hommes sont très peu encouragées. Ils sont encore beaucoup plus amenés vers l'activité.

Quoi qu'il en soit, c'est cette réconciliation, c'est-à-dire cette possibilité de devenir nous tous, hommes comme femmes, ces individus universels que nous sommes au plus profond de nous, qui me paraît la bonne nouvelle de cette avancée de l'égalité. On pourra retrouver cela ensuite sur le plan professionnel. Les qualités dites « féminines » – et vous entendez bien que je mets le plus de guillemets possible – d'empathie ou d'esprit de coopération, lorsqu'elles s'allient aux qualités dites « masculines » – avec encore plus de guillemets – de compétition et de combativité, améliorent les performances de toutes les entreprises.

En conclusion, ce passage peu naturel qui a toujours été très naturalisé, qui fait devenir homme ou femme, qui

"NOUS AVONS ORGANISÉ UN MONDE DISSYMÉTRIQUE, NOTAMMENT FACE À LA DÉPENSE."

pousse à avoir des qualités masculines et féminines, est un vaste chantier. Et je crois que c'est sur cela que nous avons tous à travailler.

ARMELLE CARMINATI

On vient d'un monde très dissymétrique, que l'on a organisé de cette façon. Nous le voyons, nous le vivons nous-mêmes et à travers nos enfants, il est dissymétrique sur les circuits éducatifs, dans l'orientation et dans les ambitions, les désirs des petites filles et des petits garçons pour certains secteurs ; il est dissymé-

trique sur le terrain professionnel – je l'affirme et pourtant je suis une femme d'entreprise ; il est dissymétrique face à la fiscalité, avec ce fameux quotient familial ; il est dissymétrique en termes de revenus. Brigitte [Grésy] saura faire des démonstrations éclatantes.

Il est aussi dissymétrique face à la dépense. Comme on parle peu de ce point, je peux peut-être le développer un peu. Être une femme aux cheveux courts et aller chez le coiffeur, c'est payer plus cher qu'un homme aux cheveux courts. Être une femme qui a besoin d'un rasoir mécanique dans un supermarché, c'est faire face à des couleurs grises au rayon hommes et à un rasoir mécanique rose malabar, d'une couleur pas forcément éclatante d'ailleurs, mais le « pink marketing » fait qu'on pense que ça fait vendre, au rayon femmes. C'est rose, c'est moche et c'est plus cher. Être une femme et aller chez le médecin, c'est aussi payer un spécialiste, le gynécologue. Le monde femmes-hommes moderne présente une véritable dissymétrie face à la dépense.

Il y a également une vraie dissymétrie face à l'exercice de la parentalité – je laisserai Brigitte développer ce point –, au temps qu'on y consacre et surtout à la nature des tâches plus ou moins chronophages et plus ou moins routinières qu'on ne se répartit pas si intuitivement que ça.

On est dissymétriques face aux accidents de santé. On le voit, je le vois, dans le monde des dirigeants, des cadres supérieurs, dans le monde des carrières à haute intensité : les femmes se font désormais rattraper assez tôt non seulement par des débuts de calvitie, mais aussi par des problèmes cardiovasculaires, des problèmes d'hyperstress, d'addiction, c'est-à-dire de recours à l'alcool, à la drogue, pour tenir et pour assurer tous les métiers.

L'intégralité de la société a organisé cette forte dissymétrie. Et c'est vrai qu'on a longtemps pensé les choses – j'ai fait partie de cette génération-là en me mettant en route très tardivement, il y a une quinzaine d'années tout de même – sous forme de combat, de conquête, c'est-à-dire avec toute la sémantique guerrière qui fait que, quoi qu'il arrive, il y a des gagnants et des perdants. Malgré toute la beauté de l'intention, on ne s'imaginait pas vraiment un destin commun avec du bénéfice pour tous. Car nous avions cette idée que, dans une modifi-

● ● ●

cation, il y a du débit et du crédit pour chacun. Quand on veut bouger, on doit savoir à quoi on dit oui, mais il faut aussi accepter que, du coup, on dise non à autre chose. Pas étonnant donc que l'on arrive à un sentiment un peu inconfortable pour chacun, où les femmes sont comme parties sur le tout avoir, tout vouloir, tout faire, toutes seules. Ce qui finalement est assez isolant, et les met souvent dans des situations où, par contrecoup,

LE DROIT D'ÊTRE SOI...

elles sont parfois beaucoup trop dans le renoncement, à retarder un enfant, à mettre au congélateur une ambition professionnelle, à débrayer en temps partiel alors que ce n'était peut-être pas la bonne formule.

On voit de plus en plus ces mouvements de Yo-Yo dans nos entreprises. « Je vais garder ma posture », s'expriment les hommes qui parlent d'inconfort à être vraiment ce qu'ils aiment être, c'est-à-dire à certains moments de la journée de leur exercice professionnel dans la posture héroïque du guerrier qui sait, qui décide, qui va, qui tranche et qui ne perd pas de temps, mais aussi dans celle de victimes du « présentéisme », de victimes du management à la française qui fait que, pour être repéré comme un talent ou en tout cas apprécié comme contributeur, il faut être visible et non pas nomade, absent et lointain.

Donc on commence à entendre la voix de plus en plus courageuse des hommes de l'entreprise et même des cadres. Ce n'est pas une voix qui pèse plus, mais c'est une voix qui est simplement plus entendue dans les circuits de gouvernance des entreprises. Elle réclame d'avoir aussi le droit à du temps pour soi, d'avoir le droit de débrayage et de carrières moins linéaires, d'avoir le droit de s'occuper des enfants sans passer pour quelqu'un qui renonce à ce qu'il aime, à son métier. Je trouve qu'on arrive à un moment de notre société – et chapeau au Laboratoire de l'égalité de le repérer et d'en faire une très belle journée aujourd'hui – dans lequel la réconciliation, j'aime beaucoup ce mot de Serge Hefez, devient centrale. Je parlais spontanément de fécondité ou de rééquilibrage, c'est un peu aride, mais quand on se remet à conjuguer son féminin et son masculin, c'est de la fécondité pure. La fécondité pure, quand on est patronne comme moi, c'est la performance.

Je pense par conséquent que l'on se trouve à un moment où les acteurs, que ce soient les personnes morales, les entreprises, les employeurs, les individus qui essaient d'imaginer une trajectoire personnelle et professionnelle où ils se reconnaissent, ont des objectifs congrus. On a tous une ardente envie, et je réemprunte ce joli mot, de réconciliation et d'apaisement pour avoir le droit d'être soi, et dans tout son registre.

─── **BRIGITTE GRÉSY**

Je suis très partisane du fait de dire que les qualités et les compétences ne sont pas sexuées. L'appareil corporel et tout ce qui va avec peut jouer sur des distinctions sans que pour autant on mette en péril et on « dichotomise » ce qui est essentiel, c'est-à-dire à la fois la qualité et la compétence.

Sur le sujet de notre table ronde, il est évident que l'égalité au niveau international, et on le voit bien dans des enceintes comme l'ONU, repose sur un certain nombre d'indicateurs fondamentaux : l'accès aux droits, aux soins et à l'éducation. Je voudrais parler plus concrètement de ce qui se passe en France et dans nos démocraties européennes. L'égalité est un principe de transformation de la société et je l'étudierai dans quatre éléments.

"DANS LE MONDE DU TRAVAIL, IL EST CLAIR QU'**INTRODUIRE DE L'ÉGALITÉ FAIT BOUGER L'ORGANISATION**, OU CELA DOIT EN TOUT CAS LA FAIRE BOUGER."

Dans le monde du travail, il est clair qu'introduire de l'égalité fait bouger l'organisation, ou cela doit en tout cas la faire bouger. Marie-Jo Zimmermann a parlé de la question de la pénibilité : travailler sur des instruments de levage, travailler sur une répartition des charges lourdes font que les hommes vieillissants, par exemple, profitent de cette nouvelle organisation. Le changement des process sont utiles pour les hommes et pour les femmes. Idem pour les nouvelles organisations de travail liées, par exemple, à la médecine. De plus en plus de femmes sont médecins et on n'a donc plus des clientèles captives, mais des clientèles partagées avec des cabinets regroupés. Par conséquent, en termes d'organisation du travail, l'égalité présente évidemment des bienfaits.

Le deuxième point concerne la professionnalisation des métiers, toujours dans le monde de l'entreprise. Chaque fois que l'on parle de viviers, chaque fois que l'on me dit qu'il n'y a en pas pour les femmes, à l'horizon pointe d'une certaine façon la question du métier, de la professionnalisation et de la compétence. On le voit pour les conseils d'administration. On trouve maintenant des femmes, et on en trouvera parce qu'on s'est demandé ce qu'était un métier d'administrateur. Du même coup ont fleuri des tas de lieux de formation, de labels, de diplômes, qui disent : « Le métier d'administrateur, ce sont les intérêts croisés des entreprises, pas seulement des actionnaires, mais de tous ces groupes hétérogènes qui font finalement une institution, une entreprise. » On le voit également dans la vie politique : on n'y trouve pas de femmes ou pas assez. Du coup s'est posée la question du statut de l'élu, du cumul des mandats dans le temps et dans l'espace : pas plus de deux mandats successifs, pas plus de deux en même temps.

Troisième point, ce sont les bienfaits en termes d'équilibre de vie. Il est clair que poser la question du partage, de l'absence, de la porosité énorme des sphères publiques aujourd'hui fait qu'on travaille sur ce qu'on appelle l'enrichissement collectif, l'enrichissement croisé pour les femmes comme pour les hommes. S'occuper d'un au-delà de l'entreprise, considérer que le salarié est pris dans un réseau d'interdépendance, fait que, finalement, il y a un meilleur équilibre de vie. En ce moment, de nombreuses et très importantes études paraissent aux États-Unis et en Grande-Bretagne sur le fait que les pères qui s'occupent précocement de leurs enfants connaissent des impacts positifs sur leur santé personnelle.

Le quatrième et dernier point, c'est donc peut-être une sorte d'allègement des normes. Car, s'il y a de plus en plus symétrie des rôles, ce n'est pas le cas des normes. Comme le dit Serge Hefez, finalement, les stéréotypes s'apprennent de deux façons. D'abord parce que les enfants font des statistiques, et se disent que, s'il y a plus de femmes qui s'occupent des petits enfants, c'est que les femmes doivent s'occuper des petits enfants. Et puis ils apprennent les stéréotypes par le biais de ce que l'on appelle l'encouragement et le découragement. Et il est vrai que les petits garçons sont beaucoup plus découragés à faire des activités codées filles que les petites filles ne sont découragées à faire des activités codées garçons. Un petit garçon manqué est beaucoup plus acceptable que ne le serait une fille manquée. D'ailleurs,

l'expression « fille manquée » n'existe même pas. Donc ces codes, ces normes qui pèsent sur les femmes jouent aussi sur les hommes en termes d'obligation de compétition, d'être toujours dans le club des hommes, de ne jamais montrer ses émotions. Toutes ces normes, qu'encore une fois les Américains ont montrées plus tôt que nous, méritent qu'on s'interroge. J'ai pris des exemples concrets, mais il y a bien d'autres preuves des progrès possibles grâce à l'égalité. Alors que fait-on ? Je voudrais souligner trois points.

"UN GARÇON MANQUÉ EST PLUS ACCEPTABLE QUE NE LE SERAIT **UNE FILLE MANQUÉE.**"

Le premier, c'est qu'il faut faire attention à ne pas instrumentaliser le principe d'égalité au nom de la performance. Le deuxième point, et ce sera l'objet de la table ronde suivante, c'est qu'on assiste à un écart de plus en plus grand entre les progrès des femmes cadres et ceux des autres. Il y a quand même près de 140 % de progression de femmes cadres en plus de dix ans, pour seulement 40 % d'hommes ! Mais, de plus en plus, les femmes s'enfoncent dans la précarité et cet écart va croissant. Cela pose problème et c'est lié à toute la question des métiers et des services à la personne. Ce sera l'objet, je crois, d'une autre table ronde. Le troisième point, c'est qu'il ne faut pas être naïf : il y a énormément de résistance chez les hommes, et d'ambivalence. L'égalité, il faut le dire, ce sont moins de postes pour eux, moins de lieux pour être élus. Et les femmes qui étaient des partenaires admirées deviennent des concurrentes enviées et jalousées. Il va falloir prendre en compte ce problème. Quand on fait des enveloppes de rattrapage salarial en entreprise, on nous explique très souvent qu'il ne faut pas les faire en même temps que les autres augmentations parce que il est assez mal vu de dire : « Vous aurez un peu moins parce qu'on met une partie de la masse salariale chez les femmes. » L'opération de classification des emplois à laquelle je vais me livrer dans le cadre du Conseil supérieur de l'égalité professionnelle va augmenter les bas salaires. La masse salariale, *in fine,* fera qu'il y aura peut-être moins d'augmentations, c'est un problème de pouvoir.

La journaliste et féministe Marguerite Durand, fondatrice du journal *La Fronde,* tient une réunion en 1910 pour obtenir des candidates aux législatives dans tous les arrondissements de Paris.

Et puis, on parle de réconciliation des sphères. Elle est bien sûr nécessaire, mais l'émancipation des femmes vers la sphère publique a existé, alors que celle des hommes vers la sphère privée n'est pas là. Parce que la sphère privée n'est pas encore suffisamment désirable. Elle l'est cependant de plus en plus, parce que les hommes se demandent ce qu'est cette sphère privée où les femmes sont aussi douées qu'eux et gèrent finalement mieux le stress, où elles ont un double système de reconnaissance. Fondamentalement, la sphère privée, c'est, pour beaucoup, le repos du guerrier. Et il n'y a plus de guerriers : les femmes ont pris la place de la loi, car les hommes n'y étaient pas. Là, il y a un vrai problème. Et puis, il y a peut-être la montée non pas d'une panique ou d'une angoisse – ces mots sont trop forts – mais d'un petit doute identitaire dont les hommes ne parlent peut-être pas suffisamment.

Donc, pour conclure, l'égalité ne se trouve pas dans le creux de la main. Il faut convaincre, dire, organiser ce genre de réunions, c'est essentiel, mais il faut aussi contraindre. La loi est là pour ça, la Constitution aussi, et j'adhère au fait qu'il faut que toutes deux garantissent l'égalité entre les hommes et les femmes.

SERGE HEFEZ

Il me semble que cette angoisse repose sur un immense malentendu. C'est comme si, finalement, le gain identitaire que les femmes ont connu depuis un siècle et que je mettrais sous la dénomination du « et, et », c'est-à-dire qu'on peut être une femme qui entreprend et une femme autonome, une femme qui développe au plus profond d'elle-même ces qualités qui ont toujours été qualifiées de masculines et qui le sont de moins en moins, qui avaient fait perdre quelque chose aux hommes. Elles développent de plus en plus l'image de femmes complètes qui ont gagné à ce changement identitaire.

Les hommes se voient beaucoup dans le « ni, ni », c'est-à-dire, effectivement, beaucoup plus dans la perte et dans l'amputation. S'ils perdent ces caractéristiques dites masculines de virilité, de combativité, de domination naturelle des hommes sur les femmes, ils ont encore du mal – mais ils

"IL Y A UN TERRAIN QUI PERMET AUJOURD'HUI AUX HOMMES DE SE TRANSFORMER, C'EST CELUI DE LA PATERNITÉ."

y arrivent de mieux en mieux, je crois – à voir comment ils peuvent y gagner aussi sur un autre terrain, celui de l'intimité, des valeurs, de leur monde intérieur, de l'émotion, de la paternité, etc. Je crois qu'il y a un terrain qui permet aujourd'hui aux hommes de se transformer, mais on voit à quel point il est inégalitaire, c'est celui de la paternité et des contacts avec les petits enfants. À mon sens, le contact avec les bébés transforme très profondément les êtres humains que nous sommes. Cela nous ouvre de façon incroyable à tout un univers de souci de l'autre, d'empathie, de compréhension de l'autre au-delà du langage et du décentrement de soi vers quelqu'un d'autre.

Je pense qu'il n'y a aucun instinct maternel, mais je crois que toutes les femmes se développent depuis toujours au contact des bébés qui leur apprennent ces qualités-là. Aujourd'hui, les hommes sont de plus en plus au contact de leurs bébés, moins que les femmes mais en tout cas ils y aspirent, et cela creuse à l'intérieur d'eux cet espace psychique d'empathie et de réceptivité. Il me semble que, dans les pays nordiques, on favorise beaucoup plus cette potentialité, non seulement en permettant aux hommes d'être comme les femmes les premiers contacts avec leurs enfants autour des congés de paternité, mais en valorisant ces images-là. On voit ici à quel point le congé de paternité reste quelque chose non seulement d'extrêmement marginal mais de très dévalorisé. Et c'est là que je parlais de réconciliation intérieure : les hommes doivent combattre non seulement les stéréotypes de la société mais aussi ce qui est au plus profond d'eux-mêmes, parce que ces valeurs-là ne sont pas du tout acquises, et elles sont très profondément galvaudées. D'où l'angoisse.

MARIE-JO ZIMMERMANN

Effectivement, je crois que ce contact, cette façon de se décentrer de soi, on l'a dans la maternité, notamment. Parmi mes collègues parlementaires, je suis très surprise d'en entendre certains dire : « de toute façon, on a des réactions différentes » ou « on est

différents les uns par rapport aux autres ». Je pense vraiment que c'est la réponse. Je crois qu'il y a une empathie au niveau de la femme politique qui est peut-être différente, une façon de se décentrer de soi qui a toujours été dans ma vision de la politique. Est-ce dû aussi à mon premier métier, dans l'Éducation nationale où j'étais enseignante ? Le fait de délivrer mon « savoir » faisait qu'il y avait une responsabilité par rapport à l'autre. En politique, depuis seize ans que j'exerce la fonction de députée, c'est toujours l'autre, l'avancée de la société, cette rencontre avec l'autre qui m'enrichit. Je crois que la politique, dans le sens noble du terme, doit retrouver cet aspect-là. Je pense que la question de l'égalité est transpartis. Aujourd'hui, à la Délégation aux droits des femmes, où je suis la vice-présidente de Catherine Coutelle, mon seul objectif est de voir comment le travail qu'on réalise ensemble peut faire avancer la place des femmes dans la société. Pour moi, le politique, homme ou femme, doit toujours avoir ce souci en lui.

"UNE FEMME POLITIQUE POSE TOUJOURS DES QUESTIONS QU'IL NE FAUT PAS POSER. **UNE FEMME EN POLITIQUE DÉRANGE.**"

Mais s'il est vrai qu'une femme en politique a peut-être cette empathie, elle doit beaucoup se battre, en revanche. Parce que ce n'est pas facile. Une femme politique pose toujours des questions qu'il ne faut pas poser. Une femme en politique dérange. Lorsque l'on n'est que dans le cercle politique, la parole de la femme n'est pas encore l'égale de la parole de l'homme, je peux vous le garantir. Là aussi, je comprends la difficulté de ce que vient d'évoquer Brigitte Grésy lorsqu'elle parle de doute. À l'heure actuelle, dans la classe politique, ce doute par rapport aux femmes vient peut-être du fait que jamais, à aucun moment, l'homme politique ne s'est demandé si la femme pouvait également réussir en politique.

La politique, à l'origine, c'était une affaire d'hommes. Il y a aujourd'hui chez certains hommes, et notamment dans l'ancienne génération, un malaise par rapport à cette percée des femmes. Je peux vous dire

FEMMES POLITIQUES...

que, notamment dans mon parti, j'ai toujours essayé d'avancer avec beaucoup de diplomatie. Parce que la finalité n'est pas de faire disparaître l'homme politique, c'est au contraire une espèce de cogestion.

ARMELLE CARMINATI

Je voudrais ajouter une petite illustration anecdotique. Au moment du communiqué de presse concernant mon poste [dans le groupe Unibail-Rodamco] cet été, j'avais bien entendu demandé à être présentée comme « directrice générale ». Et mon président, qui n'avait pas relevé cette anomalie tout seul, m'a dit : « Oui, évidemment. » Pourtant, le communiqué de presse est paru avec la mention de « directeur général ». Il y a dans les rouages des entreprises des choses qui vous échappent même quand vous êtes patronne.

Ce que je voudrais ajouter, pour être sûre d'utiliser le temps avec quelque chose qui me tient à cœur, c'est le piège du « autrement ». Brigitte, tu as souligné le piège de « c'est pour la performance » mais, malgré tout, en entreprise, on cherche aussi la performance et c'est vrai qu'on embarque toute une société, des actionnaires, un corps dirigeant quand on sait qu'au bout il y a de la performance, même si au fond ce n'est que question de justice sociale. Une entreprise qui agit sur un écosystème et sur une société qui est enfin juste est une entreprise qui sera sur un terrain prospère, parce qu'elle aura des collaborateurs, des clients, des fournisseurs, des partenaires, etc., qui seront mieux dans leur peau. C'est seulement plaquer un vocabulaire d'entreprise sur quelque chose qui est enfin un monde serein et juste.

Mais je vois aussi le problème du « autrement ». Madame Zimmermann, à la suite de votre loi sur les 40 % de femmes dans les conseils d'administration, loi courageuse, magnifique, appropriée, on a enfin commencé dans ce pays à voir fleurir tout un sous-titrage qui expliquait « pourquoi, au fond, cette loi n'était pas si mauvaise » sur la promesse de « vous verrez, les femmes apporteront autre chose ». Donc, se sont engouffrés là-dedans à la fois les professionnels, un petit peu les chasseurs de têtes, même si ce n'est pas une part de marché assez grande pour motiver les cabinets de recrutement, les formateurs et, finalement, tout l'écosystème autour

•••

des patrons. On commençait à voir arriver toute une série d'attentes, *a priori* plutôt positives : « Elles seront travailleuses », « elles seront éthiques », « elles seront intègres », ce qui, l'air de rien, est assez menaçant pour ceux qui l'entendent et qui peuvent en déduire qu'ils n'étaient ni travailleurs, ni intègres, ni éthiques. Ainsi, j'ai vu ces deux dernières années commencer à se durcir le piège qui se referme autour de la promesse du « autrement », celui des femmes candidates qui surjouent le « vous verrez, j'arriverai avec mon crayon rouge et je redresserai tout ». Et il y a un petit risque, en tout cas dans les fantasmes des dirigeants et des chasseurs de têtes, de se récupérer des « chieuses ». Finalement, ce qui était une promesse assez vertueuse et intéressante se referme de façon un peu mécanique. C'est un risque à prendre en compte.

DON ET CONTRE-DON...

Au fond, on a le droit d'être une femme combative à certains moments ou d'être un homme dans l'intuition, la souplesse et la diplomatie. Et aussi, qu'on soit homme ou femme, d'être différent le lundi et le mardi selon la situation que l'on a à gérer. Je trouve qu'il faut être assez vigilant sur ce fonds de commerce qui dit : « Ce sera enfin autrement grâce aux femmes. » En réalité, ce sera enfin autrement parce qu'on aura tous le droit d'être soi. C'est vraiment quelque chose dont on a tous envie et tous besoin.

BRIGITTE GRÉSY

J'attire très souvent l'attention sur ce que l'on appelle le « sexisme bienveillant ». C'est-à-dire qu'en fait on renoue avec une forme de division sexuelle des qualités, des tâches dans le monde du travail : aux femmes, l'intuition, l'empathie ; aux hommes, la rigueur et la stratégie. Et donc au final, on aboutit à diviser également les rôles dans l'entreprise. En plus, on remet en scène une notion de complémentarité femmes-hommes qui va à l'encontre de l'égalité. Simplement, et c'est peut-être mon message de fin, ce que je trouve également intéressant dans le partage des tâches, c'est que, finalement, le lien à l'enfant que pratiquent beaucoup les femmes, puisque deux tiers du temps parental est pris en charge par les femmes, instaure un échange qui est fondé sur du don sans contre-don. C'est-à-dire que l'éducation des enfants, c'est peut-être le seul lieu où on donne sans avoir un contre-don immédiat. Dans le travail, quand on fait du zèle, qu'on montre comment il faut faire et non pas seulement les résultats, qu'on tâche d'avoir des relations amicales, etc., il y a du don et du contre-don. C'est à nous de jongler avec ça. Avec les enfants, les parents supportent des choses parfois hallucinantes, et pourtant on continue le lien. Et la génération suivante aura également ce don des parents. Finalement, je crois qu'avoir des enfants, c'est apprendre à donner sans forcément attendre le contre-don.

C'est peut-être cette qualité-là que les femmes, majoritaires dans le soin des enfants, apprennent d'une certaine façon. C'est peut-être cette espèce de sens de la gratuité qui est l'un des éléments fondamentaux des relations humaines, ou en tout cas d'une conception du bien-être qui ne soit pas directement corrélée à la rentabilité.

SERGE HEFEZ

Je crois qu'il ne faut pas se leurrer, le grand facteur d'inégalité entre les hommes et les femmes, c'est quand même cette question de la grossesse, du congé de maternité, de l'enfantement, de l'allaitement, tout ce qui est au fond un cadeau merveilleux pour les femmes et aussi pour les hommes. Autrement dit, on pourrait lutter contre les inégalités avec un utérus artificiel, par exemple. On pourrait avoir cette aspiration que la grossesse se passe hors corps, le corps des hommes et des femmes trouverait alors réellement son égalité. Mais personne n'aspire à cela, bien évidemment. Il y a dans cette asymétrie quelque chose qui est au fondement même non seulement de notre pensée, mais aussi de nos aspirations. Toute la question, c'est : comment ne pas transformer cette asymétrie en inégalité ? Tout le changement de représentation autour des congés de paternité notamment me paraît absolument fondamental.

ANOUK LEVEN

Je suis ravie de savoir que l'enfant, et surtout le bébé, est la solution à tous les problèmes d'égalité entre hommes et femmes. Mais est-ce que ça n'est pas quand même un formidable retour en arrière, une perche tendue à tous ceux qui nous demandent de rester à la maison ? Parce que, malgré tout, si le congé parental peut être partagé, il ne sera que limité dans le temps. Et le quotidien qui permet si joliment aux femmes de se décentrer se prolonge quand même sur un certain nombre d'années, dix-huit au moins. Je pense qu'il y a des manières de se décentrer qui ne passent pas par le bébé. Je pense aussi qu'un certain nombre d'hommes et de femmes n'ont jamais de bébé et qu'ils devraient pouvoir partager ce formidable combat pour l'égalité.

Cela étant, je voudrais demander à Mme Zimmermann ce que l'on peut faire sur le terrain. L'égalité passe énormément par le financier. On est bien d'accord, l'état d'esprit certes, mais le financier aussi. Prise de conscience, mauvaise conscience, mais surtout passage à l'acte. Dans le quotidien, je le constate, il y a de plus en plus de classement des plaintes pour non-paiement des pensions alimentaires. C'est une situation de fait qui maintient les femmes dans une difficulté et une précarité extrêmes. Je voudrais dire aussi que ce j'ai entendu sur l'entreprise est très intéressant, mais combien de femmes cela concerne-t-il ? La masse salariale des femmes en France n'est pas cadre, n'est pas en profession libérale, et est dans un état d'esprit et malheureusement dans un cadre professionnel qui ne posent pas ces questions-là.

Alors, que fait-on sur ce terrain-là ? Que fait-on pour aider les femmes qui sont dans une vraie précarité et pour qui le combat pour l'égalité n'est pas seulement conceptuel ?

MARIE-JO ZIMMERMANN

D'abord, en ce qui concerne le monde de l'entreprise, vous avez tout à fait raison et cela a toujours été mon gros souci. Lorsque vous regardez les travaux que j'ai effectués à la Délégation, j'ai été très claire là-dessus. Je vou-

"AU NIVEAU DE LA LOI-CADRE SUR L'ÉGALITÉ, UN TRAVAIL RÉEL EST À ACCOMPLIR SUR LE **TEMPS PARTIEL**."

drais également saluer le travail réalisé aujourd'hui par la ministre, notamment sur les sanctions par rapport aux lois. Car il n'y a rien de plus frustrant pour un législateur que de voter des lois et ne pas les voir appliquées.

Par ailleurs, vous avez raison, les femmes aujourd'hui rentrent de plus en plus dans cette précarité. Je crois qu'il faut tout particulièrement apporter une correction à la situation d'une tranche d'âge de femmes, entre 45 et 65 ans, qui est prise de plein fouet par le travail à temps partiel, ses conséquences, les carrières hachées, l'ensemble des aléas qu'une femme doit subir dans l'ensemble de sa vie professionnelle. À la Délégation des droits des femmes, Catherine Coutelle est d'ailleurs en train de travailler sur le rapport sur les retraites.

En outre, au niveau de la loi-cadre sur l'égalité, un travail réel est à accomplir sur le temps partiel. Parce que, là aussi, notre législation comporte clairement des lacunes. J'ai toujours été partisane du fait que lorsque l'on utilise une femme à temps partiel (une femme ou un homme, mais il se trouve que 80 à 85 % du temps partiel est accompli par les femmes), il faut fatalement qu'au niveau de l'entreprise il y ait un rendu, parce que ce temps partiel permet une facilité de répartition du travail qui doit, en quelque sorte, être payé par l'entreprise. Il faut que l'on soit absolument intransigeant sur le fait que lorsqu'il y a du temps partiel, il y ait un réel partage et un réel investissement de l'entreprise par rapport à la personne qui est à temps partiel.

Par ailleurs, il faut aujourd'hui un accompagnement individuel des femmes qui se trouvent dans des situations de précarité extrême. Cela demande à l'État et aux collectivités territoriales beaucoup de travail, beaucoup d'investissement ; mais c'est nécessaire.

BRIGITTE GRÉSY

La question de la table ronde est : « L'égalité profite-t elle à tous ? » Il y a deux cibles que nous avons tous identifiées : les hommes et les autres femmes, celles qui subissent l'écart de plus en plus important entre les femmes qualifiées et les femmes non qualifiées. Sur

• • •

la question des hommes, on rencontre le temps, l'ingénierie du temps, la charge temporelle et, quand on rencontre la charge temporelle, l'enfant. On peut rencontrer aussi les autres temps de vie, le temps social, le temps sportif, bien sûr, mais on rencontre avant tout l'enfant et c'est tout le jeu de cette double émancipation. Mais la question essentielle, qui va faire l'objet de l'autre table ronde, c'est cet écart qui grandit entre les femmes qualifiées et les femmes non qualifiées.

Le Conseil supérieur de l'égalité professionnelle va engager prochainement deux groupes de travail. L'un sur la classification des emplois, qui essaiera de déterminer comment un certain nombre d'emplois dits majoritairement féminins sont moins cotés en termes de qualification et d'accrochage que les emplois majoritairement masculins. Pour prendre un exemple, pourquoi une hôtesse est-elle moins payée qu'un huissier ? On va beaucoup travailler sur les bas salaires et donc sur cette population majoritairement féminine. C'est un dossier très important.

HANDICAP...

On ouvre également un groupe de travail sur la question du temps partiel en essayant de se combiner avec toutes les autres négociations en cours, à savoir l'accès des salariés à temps partiel à la formation, et notamment à la formation qualifiante ; l'accès au droit à la retraite, avec un certain nombre de mesures ; l'accès aux droits sociaux, les indemnités journalières entre autres ; et toutes les questions annexes sur l'information des salariés à temps partiel sur leurs droits.

──────── MAUDY PIOT

Bonjour. Maudy Piot, présidente de l'association Femmes pour le dire, femmes pour agir. Je voulais faire une remarque. J'ai été très intéressée par toutes les interventions. Je trouve qu'aujourd'hui on ne fait pas beaucoup de cas des femmes en situation de handicap. Parmi elles, 2 % trouvent du travail et nous sommes dans la discrimination qu'ont vécue toutes les femmes et que vivent actuellement les femmes précaires.

Ma question s'adresse aux femmes politiques : vous posez-vous vraiment la question de l'égalité femmes-femmes ? Parce que nous, femmes en situation de handicap qui avons des bacs+ 6, 7, 8 ou 10, nous ne trouvons pas de travail. Parce que les femmes handicapées dérangent. J'aimerais bien que, dans vos réflexions, même si on réfléchit à une égalité femmes-hommes, vous ayez toujours en tête l'égalité femmes-femmes. Cela me paraît extrêmement important, c'est pourquoi je me permets de le souligner. Merci.

──────── CATHERINE VIDAL

Catherine Vidal, neurobiologiste. J'interviendrai très rapidement pour essayer d'inciter à une certaine prudence quand on parle en termes de catégories, d'un côté les hommes et de l'autre les femmes. On peut très vite, hélas, tomber dans des visions essentialistes en disant qu'il y a des qualités purement féminines et des qualités purement masculines. Je voudrais quand même insister sur le fait que, dans la réalité de nos connaissances sur le cerveau, à l'heure actuelle, au XXIe siècle, grâce à des techniques comme l'imagerie cérébrale, on peut montrer que tous les êtres humains ont des cerveaux différents, quel que soit le sexe. Les différences que l'on peut observer entre les personnes d'un même sexe sont en fait plus importantes que les différences entre les sexes. Et ça, c'est une partie des avancées de nos connaissances qu'il est également important de mettre en avant quand on veut penser égalité.

"ON PEUT TRÈS VITE, HÉLAS, TOMBER DANS DES **VISIONS ESSENTIALISTES** EN DISANT : IL Y A DES QUALITÉS PUREMENT FÉMININES ET DES QUALITÉS PUREMENT MASCULINES."

──────── FABIENNE CHICHE

Bonjour, je suis Fabienne Chiche, du Secours populaire français. Nous avons mené la semaine dernière une étude que nous avons rendue publique sur les chiffres de la pauvreté, plus précisément sur les chiffres de la pauvreté des femmes. J'ai passé énormément de temps, tout l'été, à travailler avec ces femmes, à mener des entretiens. Je voudrais vous interpeller, si vous le permettez, sur les modes de garde pour les mamans seules. Peut-être dois-je m'adresser à Mme la députée :

quand on travaille, qu'est-ce qu'on fait? Aujourd'hui, dans la loi, il n'y a rien pour garantir – j'emploie bien le terme «garantir» – des moyens de garde pour les femmes les plus démunies. Et ce n'est qu'ainsi qu'on pourra les aider à avoir un emploi.

———— LAURENCE DEJOUANY

Laurence Dejouany, psychologue et responsable éditoriale pour le Cercle InterElles. J'ai trouvé très sympathique, *a priori,* l'idée de réconciliation entre le masculin et le féminin, mais en fait elle se heurte quand même à une chose qu'il ne faut pas ignorer et qui revient en boomerang actuellement: le tabou social sur l'indifférenciation sexuelle. Le discours contre la théorie du genre que l'on entend en ce moment prend une place énorme, même dans des milieux acquis à l'égalité. Le fait que l'on ne pourrait plus différencier hommes et femmes rencontre une angoisse très forte.

Dans le travail que je fais avec des femmes sur la négociation salariale, elles en arrivent à me dire: «Si je négocie mon salaire comme un homme, est-ce que je perds mon identité?» Ce n'est pas qu'une question d'hommes, les femmes aussi ont cette peur. Et quand vous dites qu'elles gagnent sur les deux tableaux, alors que les hommes sont dans le déni, je ne suis pas d'accord. Elles ont peur, et elles souhaitent d'ailleurs régulièrement prouver qu'elles sont encore des femmes. Elles se présentent en disant qu'elles sont mariées, qu'elles ont trois enfants, par exemple.

———— SERGE HEFEZ

Une toute petite réponse par rapport à ça. Bien évidemment, les changements s'accompagnent d'angoisses chez tout le monde, que ce soit chez les femmes ou chez les hommes. On ne change pas facilement, on ne change pas par rapport à des idées reçues qui sont extrêmement confortables, sur la complémentarité naturelle des sexes par exemple. Ce sont des combats et c'est pour cette raison que j'ai voulu aussi positionner ces combats comme des combats intérieurs. Ce ne sont pas des combats entre les hommes et les femmes ou entre certaines femmes et certains hommes et la société, ce sont des combats internes. En revanche, sur cette histoire d'indifférenciation, je ne vous rejoindrai pas. C'est seulement un discours phallocrate qui est entretenu dans la société pour attiser des peurs et empêcher les gens d'évoluer. Ceux qui tiennent ce discours, ce sont toujours des hommes et ce sont toujours des hommes qui défendent une certaine vision de domination masculine dans la société. Je peux vous montrer les écrits qui s'y réfèrent. ●

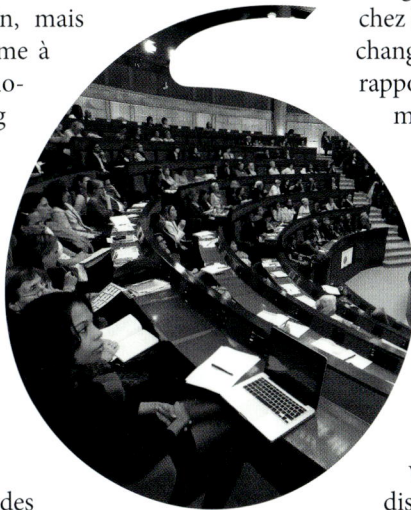

Débat 2

LE PRIX DU MANQUE D'ÉGALITÉ : UNE BOMBE À RETARDEMENT POUR LES FEMMES ET LES HOMMES

Intervenants : Christiane Marty, Juliette Méadel, Françoise Milewski

❝

—————— **FRANÇOISE MILEWSKI**

À la question qui nous est posée – le prix du manque d'égalité est-il une bombe à retardement pour les femmes et les hommes ? –, je vais d'abord répondre clairement. C'est une bombe, oui, mais pas seulement à retardement. C'est une bombe dès aujourd'hui et c'est ce que je vais essayer de décrire.

Le prix que nous avons aujourd'hui à payer pour le manque d'égalité est élevé. Quand on regarde les inégalités entre les femmes et les hommes, il y a eu des progrès, il y a eu des reculs. Évidemment, et cela a été souligné tout à l'heure, les femmes ont investi la sphère de l'éducation et la sphère de l'emploi, avec une double conséquence. La première, c'est une augmentation du nombre de femmes cadres. Elles sont discriminées dans leur parcours, dans leur salaire, il n'y a pas de doute là-dessus, mais certaines d'entre elles accèdent à des emplois d'encadrement.

Deuxièmement, et en même temps, on a un développement de la précarité. Je crois qu'il est très important de le dire et de le redire, parce que si on s'attache simplement au premier point, on aura une vision très angélique qui consiste à dire : il n'y a qu'à attendre et au fur à mesure que les femmes auront fait davantage d'études supérieures les questions d'inégalités vont être réduites. Et si on n'accorde d'attention qu'au second point, que je développerai, on aura une vision que je qualifierais de misérabiliste, disant que toutes les femmes sont pauvres ou que toutes les femmes sont dans une situation de précarité dramatique, ce qui n'est pas non plus le cas.

Cette question de la précarité est néanmoins centrale, car elle est faite aujourd'hui de deux volets à la fois. D'une part, le volet classique d'instabilité-discontinuité, le fait qu'un certain nombre de femmes sont dans et hors du marché du travail, que lorsqu'elles s'arrêtent pour un congé parental elles ont du mal à se réinsérer. D'autre part, ce qui s'est développé de façon de plus en plus importante : la question de la stabilité dans le sous-emploi. Un pourcentage significatif de femmes – je ne reviendrai pas sur les chiffres dont nous avons déjà parlé – est concerné par la question du temps partiel et des horaires fragmentés, atypiques, qui compliquent leurs conditions d'existence. Ce sont aussi elles qui occupent majoritairement les emplois non qualifiés, et quand on parle des smicards, ce sont majoritairement des smicardes, ce que l'on n'a pas tendance à dire.

Ainsi, les femmes sont surreprésentées dans la précarité et elles y demeurent, parce qu'elles ont très peu de moyens d'en sortir. Quelles sont les conséquences de tout cela ? D'abord, la question de la pauvreté en emploi concerne surtout des femmes, car ce sont les ruptures de parcours professionnel ou personnel qui font basculer de la précarité à la pauvreté. C'est une difficulté de réinsertion après un congé parental, c'est le fait qu'après une séparation conjugale, lorsqu'on avait un emploi à mi-temps, choisi ou contraint – ce n'est pas le problème à ce moment-là –, cela devient une difficulté financière. Il y a aussi, de façon générale, une dégradation des conditions de vie, due au cumul des tâches et à une organisation du temps qui n'est pas maîtrisée. Enfin, dans le futur, se pose la question des retraites. Je

*"LE PRIX QUE NOUS AVONS AUJOURD'HUI À PAYER POUR LE **MANQUE D'ÉGALITÉ** EST ÉLEVÉ."*

ne développerai pas, mais c'est une bombe, et pas seulement à retardement.

La question de la précarité des femmes a des conséquences pour le marché du travail dans son ensemble. Les femmes représentent presque la moitié de la population active. Une dégradation des conditions d'emploi, des temps partiels contraints, des horaires atypiques, des contrats courts qui s'appliquent à la moitié de la population active, cela gagne l'ensemble du marché du travail et entraîne le développement de la déstructuration de ce marché et de la flexibilité. Pour finir, je voudrais revenir, en faisant le lien avec le débat de la table ronde précédente, sur ce que j'ai évoqué comme étant une recomposition des inégalités ou une nouvelle forme d'inégalité. Des progrès réalisés dans le cadre de l'insertion des femmes sur le marché du travail créent de nouvelles formes d'inégalité, parce que cette insertion a lieu dans une situation où le partage des tâches parentales n'a pas fait de progrès. Sur ce sujet, l'extraordinaire inertie que l'on constate mériterait d'être analysée plus précisément. Certains parlent aujourd'hui du mystère de la faiblesse des progrès dans la sphère domestique, mais il s'agit

• • •

RUPTURES DE PARCOURS...

également d'une situation où la puissance publique n'a pas suffisamment augmenté son offre de services, ce qui, dans la sphère des relations, des tâches parentales et des tâches professionnelles, pose problème. Par conséquent, on a des inégalités supplémentaires entre les femmes et les hommes qui sont, je crois, différentes de ce qu'elles étaient auparavant.

En ce sens, le fait que l'on soit passé du modèle d'un seul apporteur de revenu, M. Gagnepain et Mme Aufoyer, à deux apporteurs de revenus, qui en fait un modèle de M. Gagnepain et Mme Gagne-moins, crée des difficultés, parce que cela est aussi porteur d'inégalités sociales, d'inégalités dans les conditions de vie. Car les inégalités entre les sexes ne sont pas des inégalités comme les autres, précisément parce qu'elles mêlent la sphère privée et la sphère professionnelle. C'est donc en termes d'injustice sociale fondamentale qu'il faut que l'on aborde cela, et évidemment pas, cela a été dit dans la table ronde précédente, en termes de performance économique, même si on y est, en tant qu'économistes, largement incités pour essayer de démontrer qu'une réduction des inégalités serait bénéfique pour la croissance, pour la performance.

Encore une fois, et ce sera mon dernier mot, je crois qu'il faut analyser la recomposition des inégalités, qui ne sont pas ce qu'elles étaient il y a vingt ans, et leur insertion dans une montée globale des inégalités sociales. Dans ces conditions, ce n'est pas un hasard s'il y a un développement des inégalités parmi les femmes elles-mêmes.

———— CHRISTIANE MARTY

Je suis d'accord, il y a effectivement un risque élevé qui concerne les retraites, pas à retardement mais dès maintenant. On l'a dit, je ne vais pas citer les chiffres, les inégalités de pension entre les femmes et les hommes sont élevées. Cela est dû à la fois au salaire en moyenne plus faible des femmes et au fait qu'elles ont des carrières interrompues avec les enfants. C'est

aussi dû à un modèle de calcul de la pension qui vient de l'élaboration du système de retraite dans l'après-guerre basé sur le modèle de Monsieur Gagnepain, modèle de carrière masculine qui désavantage les carrières courtes.

Il est vrai qu'au fil du temps, avec la plus grande participation des femmes sur le marché du travail, avec leur meilleure qualification aussi, ces inégalités de pension avaient tendance à se réduire, mais ce mouvement est interrompu depuis vingt ans avec les réformes successives qui ont été menées, avec une démesure qui est l'allongement de la durée de cotisation exigée pour une pension à taux plein. On comprend que cet allongement pénalise fortement les carrières plus courtes. Les femmes ont déjà des difficultés à réunir la durée exigée, elles les ont d'autant plus lorsque cette durée s'allonge. Et même la Commission européenne, dans un rapport de juillet 2013 sur les inégalités de pension entre les hommes et les femmes, attire l'attention sur le fait que tout allongement de la durée de cotisation va avoir des effets disproportionnés sur les femmes et entraîner une réduction de leur pension.

On constate en France que le taux de pauvreté des retraités a augmenté depuis 2004, tout particulièrement pour les personnes de plus de 75 ans, avec une

> "LES INÉGALITÉS DE PENSION SONT AUSSI DUES À UN MODÈLE DE CALCUL QUI VIENT DE L'ÉLABORATION DU SYSTÈME DE RETRAITE DANS L'APRÈS-GUERRE BASÉ SUR LE MODÈLE DE **M. GAGNEPAIN,** MODÈLE DE CARRIÈRE MASCULINE QUI DÉSAVANTAGE LES CARRIÈRES COURTES."

surreprésentation des femmes seules, des femmes isolées, ou des femmes veuves. Et pourtant la réforme des retraites qui est présentée par le gouvernement prévoit un nouvel allongement de la durée de cotisation, avec des difficultés accrues qu'on peut attendre pour les femmes, mais également pour les jeunes. Leurs pensions vont être réduites puisque, bien sûr, le calcul se fait en proportion de la durée de carrière réalisée par rapport à celle qui est exigée et comprend une décote très pénalisante. La réforme qui nous est présentée annonce des mesures en direction des

femmes, mais elles sont très marginales et incapables de réduire les inégalités de pension existantes. Cela est d'une certaine manière confirmé par le chiffrage officiel du gouvernement pour ces mesures, qui fait apparaître que le coût cumulé des mesures en direction des femmes, des jeunes, des petites pensions et des carrières heurtées reste nul jusqu'en 2030. Des mesures qui ont un coût nul, c'est suspect.

Le gouvernement dit également privilégier dans sa réforme « la révision des droits familiaux pour mieux les diriger vers les femmes ». Le problème, c'est que cette démarche ne s'inscrit pas dans une politique d'égalité de genres. Les droits familiaux, ce sont des droits complémentaires, ce sont des droits dérivés qui ont été attribués aux femmes au titre d'épouses ou de mères. La bonne stratégie, d'un point de vue féministe, serait non pas de renforcer ces droits familiaux mais, au contraire, de renforcer les droits directs des femmes à pension. Certaines propositions seraient efficaces, il faut bien entendu agir en amont sur les inégalités professionnelles, mais aussi au niveau de la retraite.

Je vais donner un exemple de propositions qui seraient extrêmement efficaces à la fois pour améliorer l'égalité entre les hommes et les femmes et pour améliorer le financement des retraites. Il faudrait agir pour le droit au travail des femmes, pas seulement des femmes seules mais de toutes les femmes, pour que leur taux d'activité puisse rattraper celui des hommes. Actuellement, il est inférieur de plus de 10 points – environ 84 %, par rapport à 95 % pour les hommes. Et la France se situe seulement au 14ᵉ rang au niveau européen dans ce domaine. Il y a de vraies marges de progrès. Et plus de femmes actives en emploi, cela permet de faire plus de recettes de cotisations. Par exemple, en 2012, si cette égalité de l'activité des femmes avait été réalisée, ce serait près de 9 millions d'euros de cotisations supplémentaires qui seraient rentrés dans les caisses de retraite. Cela aurait permis de combler une grosse partie du déficit, qui était l'an dernier de 13 millions d'euros.

Ce scénario de rattrapage de l'activité féminine n'est pas utopique. De très nombreuses femmes souhaiteraient travailler, mais y renoncent par manque de solutions pour faire garder leurs enfants. Donc un programme d'investissement public dans la construction de crèches y participerait. C'est un cercle vertueux. C'est une relance d'activité économique qui vise à satisfaire ces besoins sociaux non satisfaits avec la création de nombreux emplois, avec des suppléments de recettes de cotisations sociales qui permettent d'améliorer non seulement le financement des retraites mais, plus largement, toute la protection sociale avec, en parallèle, une amélioration du droit des femmes à l'emploi, de leur droit à l'autonomie, de l'égalité entre les femmes et les hommes.

Bizarrement, ce levier n'est pas pris en compte par le gouvernement ou par le Conseil d'orientation des retraites. On parle de l'égalité salariale, c'est une bonne chose, mais je pense qu'il faut que nous parlions toutes et tous du droit au travail des femmes.

—————— **JULIETTE MÉADEL**

Tout d'abord, ce lien que vous avez choisi de faire lors de cette table ronde entre économie et inégalité femmes-hommes est à mon avis complètement essentiel pour des raisons chiffrées qui ont été exprimées. Mais aussi pour des raisons politiques.

Je suis complètement convaincue que c'est en démontrant que l'inégalité femmes-hommes a un coût en matière de croissance et en matière d'avenir de la question économique de la France que nous réussirons à convaincre. Évidemment, vous allez me dire que l'argument économique n'est pas l'alpha et l'oméga et qu'après tout le but de la société n'est pas forcément de servir l'économie. Sauf qu'en pure rhétorique et en pure argumentation, lorsque vous êtes dans une assemblée d'hommes et que vous cherchez à convaincre qu'il est essentiel – ce qui pour nous va de soi – de favoriser le taux d'activité féminin, de donner aux femmes les moyens de leur émancipation, de les aider à faire garder leurs enfants, dès lors que vous argumentez sur l'impact en termes de croissance économique, d'activité et de bien-être à long terme, on vous écoute tout de suite d'une façon un peu différente.

● ● ●

"ON PARLE DE L'ÉGALITÉ SALARIALE, C'EST UNE BONNE CHOSE, MAIS JE PENSE QU'IL FAUT QUE NOUS PARLIONS TOUTES ET TOUS **DU DROIT AU TRAVAIL DES FEMMES.**"

C'est d'abord un argument pour convaincre. Ensuite, en termes plus économiques, un rapport avait été produit à Terra Nova, qui s'inspirait d'une étude de la Banque mondiale de 2001 et avait démontré que la prise en compte des inégalités entre les hommes et les femmes était un facteur pour améliorer le revenu par habitant. Deux types de pays avaient été comparés. Il y avait notamment l'exemple de ceux d'Asie qui, dans les années 1960, avaient mis en place toute une série de mesures pour lutter contre l'inégalité femmes-hommes en matière éducative. Ils avaient été comparés à des pays d'Afrique subsaharienne, du Moyen-Orient ou d'Afrique du Nord. Cette étude de la Banque mondiale montrait que si, avant de mettre en place des mesures économiques destinées à favoriser le développement, on avait pris en compte la question des inégalités entre les hommes et les femmes, on aurait pu aboutir à une amélioration du revenu de 0,5 % à 0,9 % par tête et par an. On obtient un chiffrage de l'impact macroéconomique

DES PROPOSITIONS...

des mesures destinées à lutter contre l'inégalité entre les hommes et les femmes. C'est intéressant pour les pays en développement, mais peut-être faudrait-il aussi creuser davantage cette question pour des pays comme la France.

On connaît les développements sur le lien entre le taux d'activité féminin et la croissance, et la France est quand même de ce point de vue le pays où ça marche le mieux. Plus les femmes travaillent, plus le taux d'activité est important, plus on lutte contre le chômage et meilleur on est en termes de croissance. Mais il faut aussi examiner de près la façon dont on peut, par une série de mesures qui sont aussi culturelles, continuer à valoriser l'importance de la lutte contre l'inégalité femmes-

hommes dans la construction d'un discours de réussite économique et de croissance.

Après tout, l'approche que l'on peut avoir sur la lutte contre les stéréotypes et l'inégalité femmes-hommes peut aussi sortir renforcée et énergisée d'un discours positif. Oui, les femmes participent à la réussite économique du pays. Oui, les inégalités ont un coût, y compris en matière de santé publique, qui a un impact sur la croissance. Oui, la question de la prise en compte de l'environnement éducatif d'un enfant dont l'éducation relève aussi aujourd'hui principalement des femmes, est centrale. Je ne veux pas dire que seules les femmes élèvent leurs enfants, mais la réalité, on le sait, est que 80 % des tâches sont plutôt assumées par les femmes.

On peut dire qu'en luttant contre les stéréotypes et en donnant aux femmes, en particulier à celles qui sont dans une position de faiblesse, les moyens de cumuler davantage vie professionnelle et vie familiale, on participera à améliorer la croissance économique. L'un des sujets pour Terra Nova est que l'on n'a pas encore, à mon avis, assez d'études économiques précises qui nous permettraient de documenter toutes ces informations. En son temps, James Heckman, qui était Prix Nobel d'économie, avait montré, en passant par la question de la petite enfance, que quand on permettait aux femmes de bien cumuler vie professionnelle et vie familiale et qu'on les aidait dans les premières années de vie d'un enfant à assumer cette double charge l'impact était essentiel pour le pays, puisque le niveau éducatif de l'enfant était meilleur et que l'investissement public dans les premières années de vie

"OUI, LES FEMMES PARTICIPENT À LA RÉUSSITE ÉCONOMIQUE DU PAYS. OUI, LES INÉGALITÉS ONT UN COÛT QUI A UN **IMPACT SUR LA CROISSANCE**."

"QUAND L'ÉTAT, LES POUVOIRS PUBLICS PRENNENT À BRAS-LE-CORPS CETTE QUESTION ESSENTIELLE POUR L'AVENIR DU PAYS QU'EST LA **QUESTION ÉDUCATIVE**, ENCORE UNE FOIS, L'IMPACT ÉCONOMIQUE EST POSITIF."

agissait pour la lutte contre l'échec scolaire, le développement des maladies, les troubles psychologiques…
Vous voyez, on passe par la question petite enfance, qui relève de l'homme et de la femme bien sûr, mais on peut aussi s'appuyer sur ce type d'études pour montrer que, quand l'État, les pouvoirs publics prennent à bras-le-corps cette question essentielle pour l'avenir du pays qu'est la question éducative, encore une fois, l'impact économique est positif.

Ce qu'il faudrait réussir à faire maintenant, c'est affiner l'ensemble de ces études, essayer de les décorréler de la question du genre parce que, non, les femmes ne sont pas les seules aujourd'hui à devoir assumer la formation des générations qui vont construire la France de 2025. Mais je trouve qu'aborder ce sujet par le biais économique et en ayant à cœur de dire que les politiques de lutte contre l'inégalité femmes-hommes ont avant tout un impact sur la croissance, dans un contexte économique de crise d'une importance inégalée depuis 1929, est un argument à avancer et sur lequel on devrait aussi creuser davantage en termes de chiffrage.

C'est en partageant le temps de travail et en diminuant la pression sur le marché du travail que l'on arrivera à faire de la croissance, cela a été prouvé. Ensuite, le deuxième sujet essentiel, et cela a été démontré dans les pays en développement, c'est qu'une femme peut ouvrir un compte, peut gérer une entreprise, peut embaucher – Esther Duflo a d'ailleurs très bien montré comment le microcrédit permettait de sortir des femmes de pays en développement de la misère. Je fais juste une digression à cet égard. Pour faire vite, elle a montré que quand on accorde un microcrédit à une femme, elle a un comportement qui privilégie le long terme, autrement dit, elle est capable de s'inscrire dans une démarche où elle ne va pas aller dépenser tout l'argent qu'on lui a donné pour aller le boire au café du coin. Je ne suis pas en train de dire que les femmes gèrent mieux que les hommes, parce que je suis aussi contre ce type d'approche. Je dis simplement, et c'est

un truisme, que l'investissement de la femme dans la vie économique est une richesse, un ressort pour sortir de la crise. Et donc, il faut évidemment en faire une ressource.

FRANÇOISE MILEWSKI
Ce qui rend les choses compliquées dans bon nombre d'entreprises, c'est qu'on considère que les questions d'égalité ou d'inégalité entre les femmes et les hommes sont intéressantes dans les périodes où il n'y a pas de problèmes, que ce n'est pas actuellement le moment

... EFFICACES

de résoudre les questions d'inégalités de salaires, parce qu'il y a quand même beaucoup de choses plus importantes, comme la question de l'emploi. On va discuter des choses sérieuses et les questions des inégalités salariales entre les femmes et les hommes, on y pensera quand les choses iront mieux.

Il y a également une autre réalité. Dans toutes les discussions sur la question des lois sur l'égalité salariale et la mise en œuvre de sanctions, la réponse qui est faite, c'est : « Ce n'est quand même pas le moment dans une période de difficultés et de crise de mettre en œuvre des contraintes supplémentaires pour les entreprises. »

On est aussi confrontés au fait que les modalités de répercussion de la crise sur les inégalités entre les femmes et les hommes sont très importantes. On a beaucoup entendu dire que la crise a surtout provoqué l'augmentation du chômage des hommes et en particulier des jeunes hommes. C'est vrai qu'il a plus augmenté que celui des femmes, parce que les femmes travaillent proportionnellement plus dans les services que dans l'industrie. Mais pour les femmes, cela a provoqué un formidable développement du sous-emploi. Alors, la question qui se pose, mais je ne sais pas si on engage le débat là-dessus, c'est celle de l'impact, du coût en matière de croissance pour convaincre. Pour ma part, je suis très réservée sur cette question. Faut-il démontrer un coût économique des inégalités entre les hommes et les femmes pour convaincre, d'une part, les pouvoirs publics et, d'autre part, les entreprises d'avoir une politique

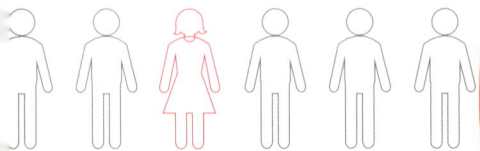

49% **DES FRANÇAIS**

estiment qu'aujourd'hui
les femmes et les hommes

n'ont pas les mêmes
chances de réussir

professionnellement

80 %

jugent le sujet
important,
voire
prioritaire

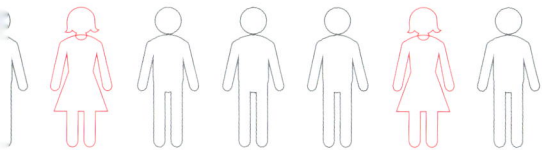

68 %

sont prêts à ce que
l'égalité salariale
devienne
une priorité
nationale
et soit soumise à
des objectifs chiffrés

CROISSANCE...

d'égalité ? Ce n'est pas un hasard si on n'a pas d'études économiques qui décrivent cet impact, en particulier en situation de crise.

Le danger inverse serait de se demander si, en situation de chômage, c'est le moment de répartir l'emploi. Je crois que la question fondamentale à se poser, c'est : de quelle croissance parle-t-on ? Si on se limite à dire « le chiffre de croissance », on est confronté à une difficulté qui est, bien sûr, que le travail des femmes par le biais de l'augmentation des taux d'activité provoquera une amélioration des conditions de la croissance à long terme, mais pas à court terme.

C'est la même chose que l'argument qui a été donné tout à l'heure sur la question de l'égalité salariale de l'entreprise. Si on augmente le salaire des femmes à très court terme, on n'augmentera peut-être pas celui des hommes. Si les femmes ont plus d'emplois à très court terme, dans la situation de chômage de masse qui est la nôtre, on ne pourra pas chiffrer d'impact sur la croissance. Je crois qu'il faut être très précis sur ces questions. Il faut pouvoir dire en quoi une meilleure justice sociale est favorable à la croissance et au bien-être à long terme et éviter l'argument qui est : « On va convaincre les entreprises que ça va faire quelques dixièmes de points de plus de croissance. »

CHRISTIANE MARTY

Oui, c'est évident. Il y a des raisons maintenant montrées comme légitimes pour dire que, de fait, l'égalité entre les hommes et les femmes est reléguée au second plan. Je suis tout à fait d'accord avec ce que vient de développer Françoise, c'est-à-dire que l'exigence d'égalité entre les hommes et les femmes est une exigence politique. Par ailleurs, on peut démontrer qu'elle est favorable à l'activité économique, à la croissance. Je ne dis pas la croissance de quoi : il faudrait dire la croissance des activités qui répondent aux besoins sociaux, oui ; la croissance pour développer des activités plus grandes, non. On voit que l'on est arrivé aux limites de ce modèle du développement à tout-va.

Je pense que prendre la question à partir de la situation des femmes permet justement d'interroger l'ensemble du projet de société, les périodes réservées au travail, l'équilibre, le contenu du travail, les conditions… Et de poser la question de politiques qui, je ne veux pas dire favorisent l'activité des femmes, mais qui rendent réel le droit au travail et à l'autonomie. L'idée reçue qui veut qu'une plus grande activité des femmes soit facteur de chômage est fausse. Au contraire, je parlais tout à l'heure de cercle vertueux et c'est exactement ça : cet après-midi, il n'y a pas de travail pour tout le monde, nous sommes dans une période de crise, mais c'est peut-être le moment de reposer le problème de fond.

Avec Dominique Méda, nous allons parler de la question du partage du travail, d'une réduction du temps de travail, d'une réduction de la carrière. Je l'ai dit, les femmes ont des carrières plus courtes, parce qu'elles s'occupent des enfants, mais le modèle d'égalité que l'on souhaite, ce n'est peut-être pas celui où les femmes se retirent de l'éducation des enfants, c'est peut-être celui où les hommes vont participer à égalité aux tâches parentales, domestiques… Donc, le modèle de carrière à prendre en considération serait

> "IL FAUT POUVOIR DIRE EN QUOI UNE MEILLEURE **JUSTICE SOCIALE** EST FAVORABLE À LA CROISSANCE ET AU BIEN-ÊTRE À LONG TERME."

peut-être celui des femmes : quelque chose de plus court, qui offre du temps pour tout, pour le loisir, pour l'activité associative, politique. On aurait tout intérêt, c'est un exemple parmi d'autres, à réfléchir à l'évolution de la société à partir de la situation des femmes.

Par ailleurs, on peut également souligner les inégalités dans l'éducation. Évidemment, il faut le dire, mais ce n'était pas le thème de la table ronde, donc nous n'avons pas développé ce sujet. Le fait que bon nombre d'inégalités se passent sur le marché du travail – je dis « bon nombre », pas « toutes » – vient de la sphère de l'éducation. C'est elle qui crée la ségrégation professionnelle qui aura lieu ensuite. C'est donc une dimension très importante à laquelle est attaché le Laboratoire de l'égalité. Ce dernier a pris de nombreuses initiatives sur la question de l'éducation, la sphère éducative, le lien entre l'éducation et la sphère professionnelle.

ABDEL AÏSSOU

Avant de passer à une nouvelle question, j'en avais une également, puisque je suis moi aussi dans le public, après tout. Selon vous, quels sont les lois, les textes pour réformer fondamentalement l'inégalité entre les hommes et les femmes ? Que faudrait-il faire ?

"CE N'EST PAS UN GROS MOT QUE DE DIRE AUJOURD'HUI QUE LES INÉGALITÉS FEMMES-HOMMES ONT UN COÛT ET QUE LA PRISE EN COMPTE DE CETTE RÉALITÉ NOUS OBLIGE À PENSER UN NOUVEAU MODÈLE DE SOCIÉTÉ AVEC UN PARTAGE DU TEMPS DE TRAVAIL."

JULIETTE MÉADEL

Je crois que ce qui a été dit sur la capacité à faire respecter les lois qui existent est tout à fait essentiel et c'est pour cela que l'on a une ministre qui y travaille. Néanmoins, à brûle-pourpoint, je ne sais pas si l'outil législatif est le meilleur outil.

Je pense qu'il y a déjà à faire un travail de conviction et un travail culturel. Joseph Stiglitz a bien montré le coût économique des inégalités sociales. Quand on dit simplement que lutter contre les inégalités femmes-hommes, c'est éviter des coûts économiques, en réalité, bien sûr, on dit : « La lutte contre l'inégalité entre les femmes et les hommes a un impact sur la croissance, parce que d'abord, cela nous empêchera de perdre de l'argent. » Et c'est très intéressant : en mettant en œuvre toutes ces politiques de lutte contre les inégalités femmes-hommes dès le plus jeune âge, il faut réussir à montrer qu'il s'agit

d'un combat philosophique sur l'égalité, un combat profond, mais que c'est aussi un retard dans le développement de nos sociétés qui nous coûte de l'argent.

Ce n'est pas un gros mot que de dire aujourd'hui que les inégalités femmes-hommes ont un coût et que la prise en compte de cette réalité nous oblige à penser un nouveau modèle de société avec un partage du temps de travail. Une société avec du bien-être bien entendu, mais je trouve que l'argument économique ne doit pas être écarté pour illégitimité. Je le crois fondamental. Donc pour vous répondre sur la question des lois, je ne suis pas sûre, tout dépend du législateur. Je pense qu'il faut faire un travail en profondeur et améliorer encore l'étude des conséquences, comme Joseph Stiglitz l'a fait sur les inégalités sociales, des inégalités de genre.

CHRISTIANE MARTY

Je pense que l'égalité entre les hommes et les femmes n'a pas tant besoin de la loi que d'un budget. On ne peut pas faire autrement. Il y a même des mesures comme une meilleure information, je reviens à la loi sur les retraites, pour les femmes et leurs droits, des droits minorés lorsqu'il y a du temps partiel, qui coûte cher. Donc l'égalité a besoin d'un budget.

• • •

Juliette Méadel

d'envisager d'interdire tout contrat de travail dont le salaire résultant est inférieur au seuil de pauvreté. Cela supposerait de remettre sur le tapis l'organisation des fonctions qui justement sont payées en dessous du seuil de pauvreté. Et en prenant les salariés, les employeurs, les usagers, les voisins, les territoires, il y a certainement un moyen de trouver des pistes pour réorganiser le travail, pour qu'il n'y ait plus un seul poste de travail dont le salaire soit effectivement sous ce seuil.

BRIGITTE MARTEL-BAUSSANT

Bonjour, Brigitte Martel-Baussant, je suis la secrétaire générale de la Clef [Coordination française pour le lobby européen des femmes]. Je voulais signaler une grande absence des associations féministes dans toutes les négociations syndicales.
Pour le projet égalité, nous avons été convoqués au ministère en tant qu'association et tout le monde nous a dit : « Vous ne pouvez absolument pas participer, c'est seulement avec les syndicats et le patronat qu'on négocie tout ce qui est lié au travail. » Alors, je

BUDGET...

sais qu'il y a des responsables associatifs et des responsables syndicaux de l'égalité qui se sont mis en place, mais je trouve que notre voix est toujours marginalisée. On nous dit toujours que nous ne sommes pas les responsables des négociations salariales et du poids de l'égalité professionnelle. Je pense qu'il y a un vrai recul sur l'égalité professionnelle, lequel est dû à ces habitudes où nous, associations féministes, sommes toujours absentes des négociations.
Et je crois qu'il faut vraiment changer les mentalités, parce que autour, dans cet hémicycle, il y a beaucoup d'experts et d'expertes que l'on oublie systématiquement. Je pense notamment à Maudy Piot pour les femmes handicapées dans la sphère professionnelle.

ÉLISE

Bonjour, Élise, je suis assistante parlementaire, militante dans des associations de jeunesse et engagée

FRANÇOISE MILEWSKI

Je veux bien répondre et ma réponse va être très brève. Elle se distingue peut-être un peu des autres. À la question : faut-il de la loi ou faut-il de la pédagogie ? Je répondrais : les deux. Les deux de façon permanente. Et plus précisément : pas simplement la mise en œuvre des lois existantes mais également en réfléchissant à d'autres lois qui complètent les dispositifs actuels. Donc, je n'ai pas du tout de position qui différencie les deux.

MARIE-ANNE GIBERT

Bonjour, Marie-Anne Gibert, je suis salariée, engagée politique associative et syndicale sur le terrain de l'égalité. L'emploi du mot « pédagogie » suppose qu'il y ait des sachants et des gens qu'on instruit. Je pense qu'il faut plutôt réfléchir à un nouveau développement de la démocratie et au moyen par lequel les choses qui se décident dans les lois puissent être discutées et appliquées sur le terrain par toutes les personnes concernées. Par exemple, je pense que, pour ce qui est du temps partiel, il serait très fructueux

"IL Y A TOUT UN TRAVAIL À FAIRE SUR LE FAIT QUE L'ÉGALITÉ EST VÉRITABLEMENT **UN DROIT POUR TOUS,** QUI DOIT ÊTRE RECONNU ET QUI L'A ÉTÉ DANS DES TEXTES."

politique. J'avais juste une réflexion sur le fait que l'égalité, au-delà d'être un objectif politique, doive être justifiée par la pédagogie. Je pense qu'on n'a simplement pas à faire de pédagogie pour dire que l'égalité est un droit. Et il me semble que, d'une façon générale, le fait de vouloir absolument la justifier de façon économique, fait perdre un peu de la valeur au fait que ce soit constitutionnel. De la même façon que le droit au travail, c'est un droit qui a été reconnu par la Déclaration universelle des droits de l'homme et ce n'est pas seulement quelque chose que l'État devrait justifier pour des intérêts économiques. Il y a tout un travail à faire sur le fait que c'est véritablement un droit pour tous, qui doit être reconnu et qui l'a été dans des textes. Et je crois aussi que revaloriser ces obligations positives de l'État vis-à-vis de ces textes pourrait faire en sorte, à terme, que les lois qui sont votées et les différents textes qui sont adoptés aient plus de valeur et soient davantage respectés.

——————— JULIETTE MÉADEL

Évidemment, je suis complètement d'accord avec vous, fondamentalement, intrinsèquement convaincue, et c'est terrible d'avoir à dire aujourd'hui, en 2013, que l'égalité femmes-hommes doit être respectée alors que cela va de soi. Seulement, la question, c'est : comment fait-on pour convaincre ? Au Parlement aujourd'hui, les femmes pèsent à peu près 20 %. J'ai la faiblesse de penser que si les députées représentaient vraiment 50 % de l'Assemblée nationale, on n'aurait pas besoin d'aller chercher des arguments de type phallocratique. Je vois bien ce qu'il y a derrière votre question. Mais on est en période de crise et cela affecte l'ensemble des politiques publiques, à tous égards, pas seulement le budget alloué à la lutte pour l'égalité femmes-hommes mais aussi les budgets de la santé, les budgets sociaux, les budgets éducatifs, bien que l'Éducation soit à peu près préservée, comme la Justice. Le déficit budgétaire

est tel que tout le monde se serre la ceinture. Donc quand on revendique la prise en compte de l'inégalité femmes-hommes aujourd'hui, la réponse que l'on vous fait automatiquement, c'est que tout d'abord on n'a plus d'argent pour le faire, et ensuite que ce n'est pas la priorité en période de crise.

Aborder ce sujet en disant que l'inégalité femmes-hommes a un coût économique et que si les pouvoirs publics s'emparaient du sujet, ce serait la première des manières de remettre la France sur le chemin de la croissance, sur le chemin du retour à la prospérité, c'est un argument qui pèse. C'est une façon d'atteindre l'objectif, mais c'est aussi faire prendre conscience à l'ensemble de nos concitoyens, y compris dans les entreprises, que les femmes non seulement ont quelque chose à apporter, mais que si on favorise l'investissement féminin par exemple dans la création d'entreprise – je regardais récemment l'impact positif de l'autoentreprenariat et de ces structures administratives et juridiques qui permettent à des femmes de créer plus facilement leur entreprise –, cela va aussi avoir un effet d'entraînement en termes d'activité.

C'est donc à la fois une manière de convaincre, mais et, à mon avis, un argument qui est vrai sur le plan de la théorie économique et qui reste encore à creuser.

——————— INTERVENANT

Ma question porte sur le domaine économique. Je vais être extrêmement provocateur. J'ai beaucoup lu Carl Bright et ce qui me choque, c'est l'argument économique. Je n'ai rien contre le football, mais quand il faut dégager des financements pour fabriquer des stades, les politiques arrivent tout de suite à dire : « C'est bon, on fait des lignes budgétaires. » Je suis

"ABORDER CE SUJET EN DISANT QUE L'INÉGALITÉ FEMMES-HOMMES A **UN COÛT ÉCONOMIQUE,** C'EST UN ARGUMENT QUI PÈSE."

RÉFLEXION...

désolé, mais dans le cas de l'inégalité, c'est un manque de volonté politique.

Et je voudrais votre avis : que l'on invoque l'économie, soit, mais au service de l'égalité. Ce n'est pas vrai de dire qu'il n'y a pas d'argent, il y en a, la question est de convaincre les politiques. Pourquoi ne pas leur dire : « Vous avez des milliards pour faire des stades. L'égalité pour que les femmes aient les mêmes droits que les hommes, est-ce que ce n'est pas plus important que le football ? »

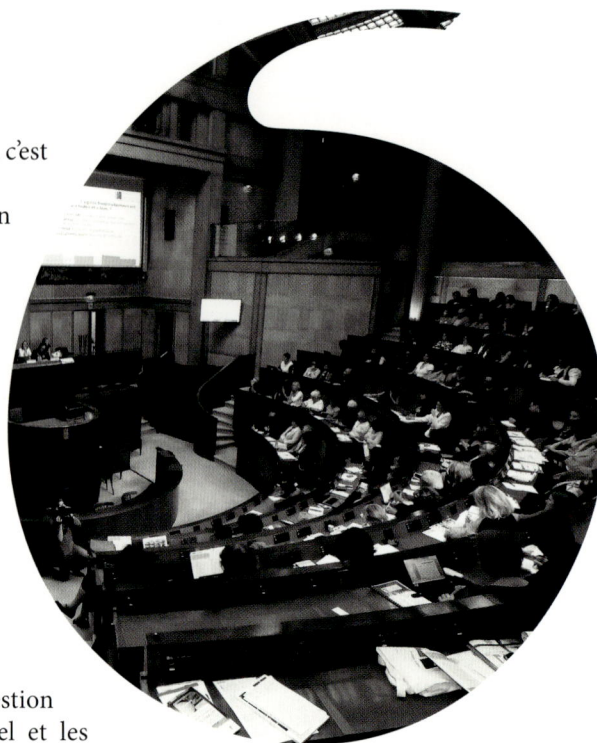

FRANÇOISE MILEWSKI

Il y a plusieurs choses. Dans la question qui a été posée sur le temps partiel et les mesures à prendre, je crois qu'effectivement vous ouvrez là un débat qui est très important, sur lequel il faut qu'on réfléchisse très précisément.

Aujourd'hui, on dit des choses qui tiennent à l'amélioration de la situation des femmes à temps partiel. Il faut que l'on se pose la question de la réduction du champ d'application du temps partiel, avec son développement dans tout ce qui est activités de services à la personne, activités du tertiaire, activités de commerce et autres activités. Mais il ne suffit pas non plus de dire ça, il y a des problèmes très compliqués. Si on dit aujourd'hui que, par exemple, dans le commerce et la grande distribution – et je le fais d'autant plus que ce sont des arguments que j'ai exprimés – priorité est donnée à l'embauche à plein temps pour les femmes qui sont à temps partiel contraint, on se trouve face à un problème. Les femmes qui travaillent comme caissières dans les supermarchés, compte tenu de la productivité qui leur est imposée et des études qui sont faites sur leur santé, ne sont pas à même de faire ce travail pendant trente-cinq heures par semaine. Il faut aborder toutes ces questions quand on discute très concrètement des mesures à prendre.

Deuxième chose, concernant les associations féministes et les négociations. Tout d'abord, je crois qu'il

"NE CONSIDÉRONS PAS QUE TOUS **LES ÉCONOMISTES** NE PARLENT QUE D'ARGENT. IL N'Y A PAS D'UN CÔTÉ LES FINANCIERS ET DE L'AUTRE CÔTÉ LES SOCIAUX."

faut dire qu'aujourd'hui, quand même, et c'est un grand progrès, on est dans une situation en France où le débat sur les inégalités entre les femmes et les hommes est sur le devant de la scène, et tout le monde peut s'exprimer. Ensuite, il y a un formidable développement des associations féministes, qui ont à l'heure actuelle un poids sur la scène économique et sociale, et c'est une bonne chose. Mais doivent-elles participer aux négociations ? C'est un peu plus compliqué.

Enfin, sur la question de la croissance, ne considérons pas que tous les économistes ne parlent que d'argent. Le débat sur la question du rôle respectif de la justice sociale, de la croissance et de la nature de la croissance traverse aussi l'économie comme il traverse toutes les autres sciences sociales. Il n'y a pas d'un côté les financiers et de l'autre côté les sociaux.

CHRISTIANE MARTY

Je voulais juste dire que, sur le temps partiel, je suis d'accord. La mesure qui a été évoquée ici – pas de temps partiel qui rapporte moins que le seuil de pauvreté – est une mesure que l'on propose à Attac et à la fondation Copernic depuis dix ans et qui serait juste. Mais comme vient de le dire Françoise, il faut agir en même temps pour réduire le champ du temps partiel, non seulement le temps partiel que l'on dit imposé, mais aussi celui qui est choisi sous contrainte.

La solution pour réduire le temps partiel en répondant peut-être aux aspirations de beaucoup de gens de travailler moins, c'est la réduction du temps de travail pour tous et pour toutes. Et c'est possible.

JULIETTE MÉADEL

Brièvement sur le foot. D'abord, il y a beaucoup de femmes qui aiment le foot. Mais plus sérieusement, tout simplement, il faut changer la composition des organes de décision, donc le Parlement et l'essentiel des entreprises dans lesquelles on sait qu'à des niveaux de management, les femmes pèsent moins de 1 %. C'est évidemment en respectant la parité dans toutes ces instances qui décident que l'on réussira à revoir les arbitrages en termes d'investissements budgétaires. ●

"C'EST ÉVIDEMMENT EN RESPECTANT **LA PARITÉ DANS TOUTES CES INSTANCES** QUI DÉCIDENT QUE L'ON RÉUSSIRA À REVOIR LES ARBITRAGES EN TERMES D'INVESTISSEMENTS BUDGÉTAIRES."

Intervention

STÉPHANE RICHARD

Président-directeur général d'Orange

"

—————— STÉPHANE RICHARD

Le combat pour l'égalité est un très beau combat, dans lequel je me suis engagé à la fois à la tête d'Orange et à celle du pôle « Égalité, parité » du Medef. C'est un combat d'Hommes et de citoyens. C'est un beau sujet que d'essayer de travailler à améliorer l'égalité, l'équité dans la vie en général, en particulier entre les hommes et les femmes, parce qu'on sait que depuis des générations ces dernières ont été cantonnées à un certain rôle dans la société. Et il y a encore beaucoup à faire. Ce qui m'intéresse, c'est que c'est l'un des domaines dans lesquels on peut agir quand on est chef d'entreprise. Et cela en étant dans son rôle de chef d'entreprise. Je veux affirmer cette conviction simple : l'égalité professionnelle, la parité, ce sont aussi des façons d'améliorer l'efficacité, de rechercher la performance dans les entreprises. La mixité des équipes, par exemple, est vraiment un gage d'efficacité et de performance.

Orange est une entreprise qui a une certaine culture de ce point de vue. Nous avons bien entendu des freins, comme toute entreprise française, surtout dans des métiers assez techniques où il y a encore une majorité d'hommes. Mais c'est une entreprise sensible à ces thématiques et qui a mis en place depuis assez longtemps déjà des outils. Quand je suis arrivé, j'ai souhaité que l'on donne un nouveau souffle à cette politique. L'égalité ou l'équité, la parité, cela se travaille, se recherche au quotidien et en utilisant une palette très large d'outils, par exemple dans les ressources humaines. Ce sont aussi tout simplement des objectifs managériaux, comme avoir 35 % de femmes dans toutes les strates de l'entreprise. On se donne un peu de temps pour les mettre en place, mais ensuite, évidemment, il faut être volontariste au niveau des décisions, des nominations. Il y a aussi d'autres aspects. Tout ce qui concerne les conditions de travail, le fait d'éviter les réunions après 18 heures par exemple, de donner quand on peut le faire un certain nombre d'avantages dans la vie quotidienne, et pas seulement aux parents d'ailleurs, aux femmes et aux hommes pour qu'ils puissent mieux concilier leur engagement professionnel avec leur vie familiale. Comme vous voyez, il y a beaucoup de sujets qui supposent que l'on soit dans le concret. On partage aussi les difficultés du plus grand nombre avec ce souci de ne pas faire de différence entre les hommes et les femmes. Il faut travailler avec les femmes, il faut aussi beaucoup travailler avec les hommes.

"DANS LES ENTREPRISES, LA MIXITÉ DES ÉQUIPES EST VRAIMENT **UN GAGE D'EFFICACITÉ ET DE PERFORMANCE.**"

Aujourd'hui, on a un taux de féminisation global de 36 %, 25 % dans le comité exécutif du groupe. On est sur le chemin qui doit nous amener au chiffre de 35 % aussi vite que possible. Dans les comités de direction de toutes nos structures, on est à peu près à 30 %. Donc je dirais qu'on est sur la bonne voie. Dans son conseil d'administration, Orange est l'une des entreprises les mieux classées de ce point de vue dans le CAC 40, puisqu'un tiers de ses administrateurs sont des administratrices.

Je crois que c'est un mouvement inéluctable et qu'il faut essayer de l'accompagner. Encore une fois, c'est un beau thème à la fois pour les hommes et les femmes que nous sommes et pour les entreprises que nous dirigeons, et je pense que c'est notre avenir que de mieux installer cette égalité dans le travail. Je voudrais insister sur un aspect qui me paraît capital et dont on parle un peu moins souvent, le travail sur les hommes. Parce qu'il faut aussi beaucoup travailler sur la culture des hommes, à la fois pour qu'ils soient plus à l'aise pour vivre leur engagement professionnel qui a parfois tendance à être excessif et pour qu'ils adhèrent à cette démarche d'égalité qui n'est pas faite contre les hommes, mais pour rechercher un mieux-être collectif et faire en sorte que l'entreprise colle aussi à son environnement humain et social.

Dans nos activités, nos clients, c'est la société, donc beaucoup de femmes, et on ne peut pas comprendre qu'une entreprise qui rend un service aussi essentiel dans la vie quotidienne que les services de communication que nous vendons n'ait pas finalement la même représentation que l'extérieur. L'avenir, pour moi, est clairement dans la résorption de ces poches d'inégalité qui demeurent. Les pouvoirs publics ont des choses à faire, mais il faut que les entreprises jouent un rôle moteur dans ce domaine.

Je suis optimiste, parce que je pense que plus il y aura de femmes dans les entreprises, dans les équipes dirigeantes, plus vite on ira. Depuis quelques années, on a fait pas mal de progrès et cette dynamique devrait nous permettre de rattraper le retard. ●

"

Intervention

ÉDITH CRESSON

Ancien Premier ministre

Au mitan des débats, Édith Cresson, seule femme française à avoir occupé le poste de Premier ministre, en 1991 et 1992, témoigne de son expérience et encourage les auditeurs à poursuivre leur engagement pour parvenir à la véritable égalité.

" "

—— ÉDITH CRESSON

Je ne me suis jamais battue pour être Premier ministre. Quand François Mitterrand me l'a proposé, j'ai refusé. Je n'en avais pas du tout envie. En revanche, j'avais envie de changer des choses dans la société. Ma vie politique et mon engagement à gauche me semblaient être une bonne façon de le faire. Et je suis entrée au Parti socialiste. Je me suis d'abord occupée de la jeunesse et des étudiants. Lors de la première réunion à laquelle j'ai assisté, un des jeunes militants a dit quelque chose qui m'a marquée : « Mes chers camarades, nous devons nous soucier davantage de la société telle qu'elle est. Et il faut en particulier s'occuper des jeunes, des femmes et des handicapés. » Ensuite, je me suis engagée à Châtellerault pour les législatives, puisque personne ne voulait y aller. On envoie les femmes là où les élections sont perdues d'avance.

J'ai mené des campagnes très actives, principalement dans les bals, car c'est là qu'on trouve des électeurs. Il n'y a que ceux qui sont déjà convaincus qui viennent dans les réunions publiques. J'ai finalement gagné en 1981. J'avais auparavant remporté les municipales dans une petite commune rurale à côté de Châtellerault, dès ma première candidature. Il y avait une très jolie église romane et la droite disait que j'allais raser l'église. C'était très amusant. Quand François Mitterrand m'a proposé d'être ministre de l'Agriculture, il m'a dit : « Ce sera une provocation. » C'est difficile de résister à une provocation. J'ai finalement accepté.

Environ quinze jours après mon entrée en fonctions s'est déroulée la première réunion avec les agriculteurs de la FNSEA. Il s'est passé quelque chose d'extraordinaire. Il y avait une grande banderole d'un bout à l'autre de la salle où était écrit en grandes lettres rouges : « Édith, on t'espère meilleure au lit qu'au ministère. » Il n'y a aucun autre pays où vous verrez cela. Je ne parle pas seulement des pays scandinaves, des États-Unis, mais même en Italie, en Espagne, ils ne se permettraient jamais cela. J'ai répondu que ça tombait bien que je sois ministre de l'Agriculture, car comme j'avais affaire à des porcs, j'allais devoir m'occuper d'eux.

Les agriculteurs sont une population à part, que je ne connaissais pas. Dans ma famille, en Normandie, il y avait des agriculteurs. Ce que j'avais pu voir là-bas, c'était des gens très respectueux du curé, du maire, des gens un peu ennuyeux mais très convenables. Une fois au ministère, j'ai découvert une espèce de faune absolument hallucinante. Heureusement, mon mari était très loin de toutes ces histoires politiques. Il était dans les affaires. Il avait une mentalité ouverte. Non seulement il ne m'a jamais empêchée de mener ma carrière, mais il a tout fait pour me faciliter la vie.

"MES CHERS CAMARADES, NOUS DEVONS NOUS SOUCIER DAVANTAGE DE LA SOCIÉTÉ TELLE QU'ELLE EST. ET IL FAUT EN PARTICULIER S'OCCUPER DES JEUNES, DES FEMMES ET DES HANDICAPÉS."

Mon séjour au ministère a été dur, les agriculteurs ont essayé de me jeter dans une fosse à purin, entre autres. J'ai obtenu dans les négociations à Bruxelles une augmentation de 12 % de leurs revenus, l'année où j'étais là. Mais nous sommes en France, dans une société où on ne tient aucun compte des résultats. La question des femmes constitue une partie d'un problème culturel beaucoup plus important ; on s'occupe de l'apparence, on fait des déclarations, mais quand on en arrive aux faits, il n'y a rien. D'ailleurs, on compte des dizaines de rapports remarquables qui vous expliquent ce qu'il faut faire, sauf que cela n'est jamais fait. Le conservatisme de la classe politique est absolument total, tous partis confondus. J'ai vu que le Sénat venait de repousser le vote sur le non-cumul des mandats. Il y a eu un palmarès sur le cumul : le top du top, je ne dirai pas le nom, c'est un socialiste, 26 mandats. Et les autres, 15, 12, etc.

On est dans une période où le monde avance très vite, alors, nous Français, on ne peut pas se permettre d'avancer lentement. Le monde est complètement différent et la France est en train de couler parce qu'elle n'a pas pris la mesure de ce changement extrêmement rapide. On ne s'occupe que de la frime. Je me souviens très bien que, quand on a transféré le ministère des Finances du Louvre pour le mettre à Bercy dans un immeuble stalinien, évidemment horrible mais bien

• • •

"AU MINISTÈRE DU COMMERCE EXTÉRIEUR, ON ME FICHAIT LA PAIX PARCE QUE ÇA N'INTÉRESSAIT PAS LA PRESSE. JE FAISAIS CE QUE JE VOULAIS, IL N'Y AVAIT PAS DE CRITIQUES. **FAIRE DES CHOSES CONCRÈTES,** C'EST TOTALEMENT ÉTRANGER À LA CLASSE POLITIQUE FRANÇAISE."

plus adapté, M. Bérégovoy a refusé de déménager. Il a fallu que François Mitterrand le menace : « C'est votre bureau ou votre poste. » Tout ce qui relève des apparences du pouvoir a une importance gigantesque, les tapis rouges, les grandes voitures. Chez les hommes. Car chez les femmes, cela n'en a aucune. Les femmes, d'une façon générale bien sûr, sont beaucoup plus soucieuses du résultat, beaucoup moins soucieuses des apparences.

Pour revenir au ministère de l'Agriculture, c'était un enfer que j'ai quitté sans aucun regret pour entrer au ministère du Commerce extérieur. J'ai eu affaire à des gens charmants, normaux, disons. Donc j'ai fait des choses que personne n'avait faites. J'ai loué les grands magasins Bloomingdale's à New York pour montrer les produits français. On me fichait la paix parce que ça n'intéressait pas la presse. Je faisais ce que je voulais, il n'y avait pas de critiques. Faire des choses concrètes, exposer le génie français, montrer ce qu'on sait faire, etc., c'est totalement étranger à la classe politique. Ensuite, il y a eu l'Industrie, c'était très dur, mais très intéressant, et là aussi les gens étaient normaux. Après la première cohabitation, j'ai été nommée ministre des Affaires européennes. C'était très difficile, parce que le ministre des Affaires étrangères, Roland Dumas, me détestait et interdisait qu'on me donne toute information. C'est pour cela que j'ai quitté le gouvernement. Je trouvais que ce n'était pas intéressant, je ne pouvais pas faire ce que je voulais.

C'était après la chute du mur de Berlin et, à ce moment-là, il n'y avait que des entreprises allemandes qui allaient dans les pays de l'Est. J'ai trouvé des chefs d'entreprise qui m'ont aidée à créer une structure de conseil pour les entreprises françaises, et on est partis à la conquête de l'Est. On arrivait dans des pays qui avaient vécu pendant des années sous un régime totalitaire. On aidait les entreprises françaises à s'installer. Mais là aussi, j'ai quand même rencontré des difficultés liées au conservatisme. Un jour, un ministre est-allemand, il y avait encore l'Allemagne de l'Est pendant quelque temps, me dit : « Je voudrais qu'EDF vienne chez nous en Allemagne de l'Est, parce que je ne veux pas que ce soient les entreprises d'électricité d'Allemagne de l'Ouest qui s'installent. » Très bien. Je téléphone à EDF et leur dis : « Si vous y allez, vous aurez le marché de distribution, mais il faut que vous vous mettiez d'accord avec un distributeur d'Allemagne de l'Ouest pour qu'il y ait une connotation allemande. » Le PDG a refusé parce que le dirigeant d'un des quatre groupes d'Allemagne de l'Ouest était moins important que lui. Forcément, puisqu'il y en a quatre. Je lui ai dit : « Mais monsieur, il y en avait quatre pour des raisons historiques, et vous êtes tout seul. Et ce n'est pas vous qui avez pris cette fonction, on vous l'a donnée. » Il n'a pas voulu se déplacer et on n'a pas eu le marché à cause de ça. C'est vous dire que la vanité des hommes est pratiquement sans limites, c'est l'apparence qui joue un rôle. Toutefois, mis à part ces petites mésaventures, j'étais très bien.

Un jour, François Mitterrand me téléphone, j'étais en train de visiter une usine à côté de Paris. Il me demande si je veux venir déjeuner. J'y vais et il ne me parle de rien. Deuxième fois, il me fait venir, il ne me parle encore de rien. Il me faisait toujours venir par la grille du Coq, pour que personne ne me voie. Je trouvais cela quand même étrange.

Et puis un jour, il me dit : « Voilà, j'ai pensé à vous pour être Premier ministre. » Je refuse, je lui explique que je suis très contente là où je suis. J'ajoute que s'il veut vraiment me donner une fonction qui aura un effet pour la France, qu'il me mette à Bercy. Parce que le vrai pouvoir est là, tout le monde le sait. Mais il insiste. Il veut qu'une femme soit Premier ministre avant la fin de son mandat. C'est un symbole. Les politiques raisonnent par symboles, pas du tout sur l'efficacité.

Je lui fais remarquer qu'il y a des réformes à faire, qu'il est grand temps, qu'il est très tard mais qu'on pourrait peut-être quand même les entamer. Pour la vie économique en particulier. Pour la classe politique, l'avenir n'était plus à l'industrie mais aux services. Alors je paraissais ringarde quand je disais qu'il n'y avait pas de recherche sans industries, et qu'il n'y a pas de services non plus sans industries, que le tout était lié. Il ne fallait pas opposer industrie et services. Marquer l'histoire, d'accord, mais je l'aurais marquée bien davantage si on m'avait laissée faire ce que je pensais qu'il fallait faire, et que d'ailleurs les politiques sont maintenant en train de faire. J'ai voulu relancer l'apprentissage. C'est stupéfiant, l'apprentissage. Je vois que les pays qui sont à côté, les Allemands par exemple, réussissent avec les jeunes en les mettant en apprentissage, ils ont beaucoup moins d'échec scolaire. Cent cinquante mille jeunes sortent chaque année du système scolaire sans formation, sans diplôme et sans possibilité de trouver un emploi. Nous avons des populations entières, puisque c'est cumulatif, qui n'ont jamais travaillé, dont les parents n'ont jamais travaillé, les grands-parents non plus. On est dans une situation où il faut naturellement payer pour tout ça, c'est dramatique, c'est un handicap pour le développement du pays, un gâchis.

Je n'ai pas de message à transmettre, je dis simplement à ceux ou celles qui entendent d'ouvrir les yeux, d'ouvrir les oreilles et de regarder comment agissent les autres pays. Malheureusement, je le répète, le résultat dans la classe politique française n'existe pas. Si on voulait avoir un meilleur résultat en ce qui concerne l'éducation, il suffirait de regarder comment ils font en Suède, au Danemark, en Norvège, comment on rattrape les jeunes au fur et à mesure de la scolarité. On ne les laisse pas au bord du chemin. Quand j'ai voulu lancer l'apprentissage, le ministre de l'Éducation, c'était Lionel Jospin. C'était un homme très gentil, avec lequel je n'avais jamais eu de problème. Il m'a répondu que cela n'était pas dans notre culture. L'apprentissage existait au Moyen Âge, donc c'était dans notre culture. Mais même si ça ne l'avait pas été, ce n'était pas une raison. Et je lui dis qu'il y avait peut-être une meilleure réponse. Non seulement il n'en avait pas, mais il ne se posait même pas le problème. Cette structure pyramidale, masculine ne se pose pas la question de l'exclusion.

Et à partir du moment où on ne se pose pas la question, évidemment on n'a pas de réponse. Au bout d'un moment, comme on avait augmenté le nombre des apprentis et qu'on était arrivé à 200 000 ou 250 000, le cabinet du ministre a téléphoné à Matignon pour dire qu'au-dessus de 300 000, il démissionnerait. Eh oui, puisqu'il était contre. Pour quelle raison, je ne sais pas, dans la mesure où c'est quelque chose qui marche à l'étranger. Et je vois qu'aujourd'hui, évidemment avec vingt ans de retard, on dit qu'il faut promouvoir les apprentis.

Pour revenir à la question des femmes, j'essaie de situer ce problème pour dire qu'il n'est pas isolé et pour cela je fais référence à l'intelligence économique. L'intelligence économique, c'est de comprendre les autres. Je prends un exemple : pourquoi perd-on toujours lorsque l'on se porte candidat à l'organisation des jeux Olympiques ? J'ai analysé

> "FRANÇOIS MITTERRAND VOULAIT QU'UNE FEMME SOIT PREMIER MINISTRE AVANT LA FIN DE SON MANDAT. C'ÉTAIT **UN SYMBOLE.** LES POLITIQUES RAISONNENT PAR SYMBOLES, PAS DU TOUT SUR L'EFFICACITÉ."

cette question en matière d'intelligence économique. On avait tous les équipements, comme toujours. On avait absolument le maximum. Étaient en lice l'Espagne et l'Angleterre. On a fait faire un film par Luc Besson, 6 millions d'euros où on montrait combien Paris était supérieur au reste du monde. On a illustré ça avec Catherine Deneuve faisant ses courses rue du Faubourg-Saint-Honoré, la Parisienne, la femme la plus chic du monde, les autres ne pouvaient que s'incliner, forcément. Sauf que les populations africaines n'en avaient rien à faire. Tony Blair a fait un film avec des petits Africains couverts de haillons, qui expliquait que, grâce à lui, ils pourraient faire leurs études à Oxford, et ça n'a pas coûté 6 millions d'euros. Ensuite, on a déclaré que si nous n'étions pas retenus cette fois-ci, nous ne serions pas candidats la fois d'après. Que restait-il à faire à ce moment-là aux Espagnols ? Laisser passer les Anglais pour pouvoir avoir leur chance la fois d'après. D'autant que le président du Comité olympique, c'était Juan Antonio Samaranch, qui nous haïssait. Pour lui, le bonheur, c'était de taper sur la France. Avec les meilleurs atouts du monde, avec les gens les plus compétents, les plus extraordinaires, on échoue parce qu'on n'a pas cette compréhension des autres, cette empathie. Or, les femmes l'ont davantage que les hommes. Je ne dis pas qu'elles sont parfaites, mais là il y a juste un refus de l'autre. Quand j'ai été nommée Premier ministre, il y a eu quand même un ministre de droite, M. d'Aubert, qui a été ministre de la Recherche, qui a dit : « Voilà la Pompadour. » C'était plus chic que les agriculteurs, c'était le cran au-dessus. J'avais été élue conseiller général, maire, députée, et j'avais été cinq fois ministre, mais malgré tout, si j'étais nommée Premier ministre, c'était qu'il y avait quelque chose. J'ai une armure, parce que je considère les malveillants comme ils le méritent. Mais il faut savoir qu'un ministre qui dit ça à la télévision, plus *Le Bébête Show* qui me montrait comme une espèce de panthère en peluche aux pieds de François Mitterrand

qui lui donnait des coups de pied parce qu'elle venait le chatouiller, c'est difficile.

C'est quand même extraordinaire qu'un pays comme la France, qui est le pays des droits de l'homme, incluant les femmes je pense, se laisse aller à cela, et que l'on continue, alors que ce système nous coûte énormément. Et cela ne concerne pas seulement les femmes, c'est d'une façon générale un problème culturel français : on ne veut pas comprendre les autres. Pourquoi échoue-t-on toujours à Bruxelles ? Pourquoi, dans les négociations internationales, envoie-t-on au Parlement européen soit les gens dont on veut se débarrasser, soit ceux à qui on veut faire plaisir ? Ils restent cinq ans, les autres restent vingt ans. Ils président donc les commissions importantes et ont une influence. Quand un fonctionnaire anglais est nommé à Bruxelles, il arrive six mois avant sa prise de fonctions réelle pour se faire connaître et faire du

> "J'AVAIS ÉTÉ ÉLUE CONSEILLER GÉNÉRAL, MAIRE, DÉPUTÉE, ET J'AVAIS ÉTÉ CINQ FOIS MINISTRE, MAIS QUAND MÊME, SI J'ÉTAIS NOMMÉE **PREMIER MINISTRE,** C'ÉTAIT QU'IL Y AVAIT QUELQUE CHOSE."

lobbying. Chez nous, tout se passe à Paris, parce que cette structure monarchique et pyramidale fait que le pouvoir est en haut, et que le reste du monde n'existe pas. C'est terrible. Il faut absolument sortir de là, sinon on est morts. ●

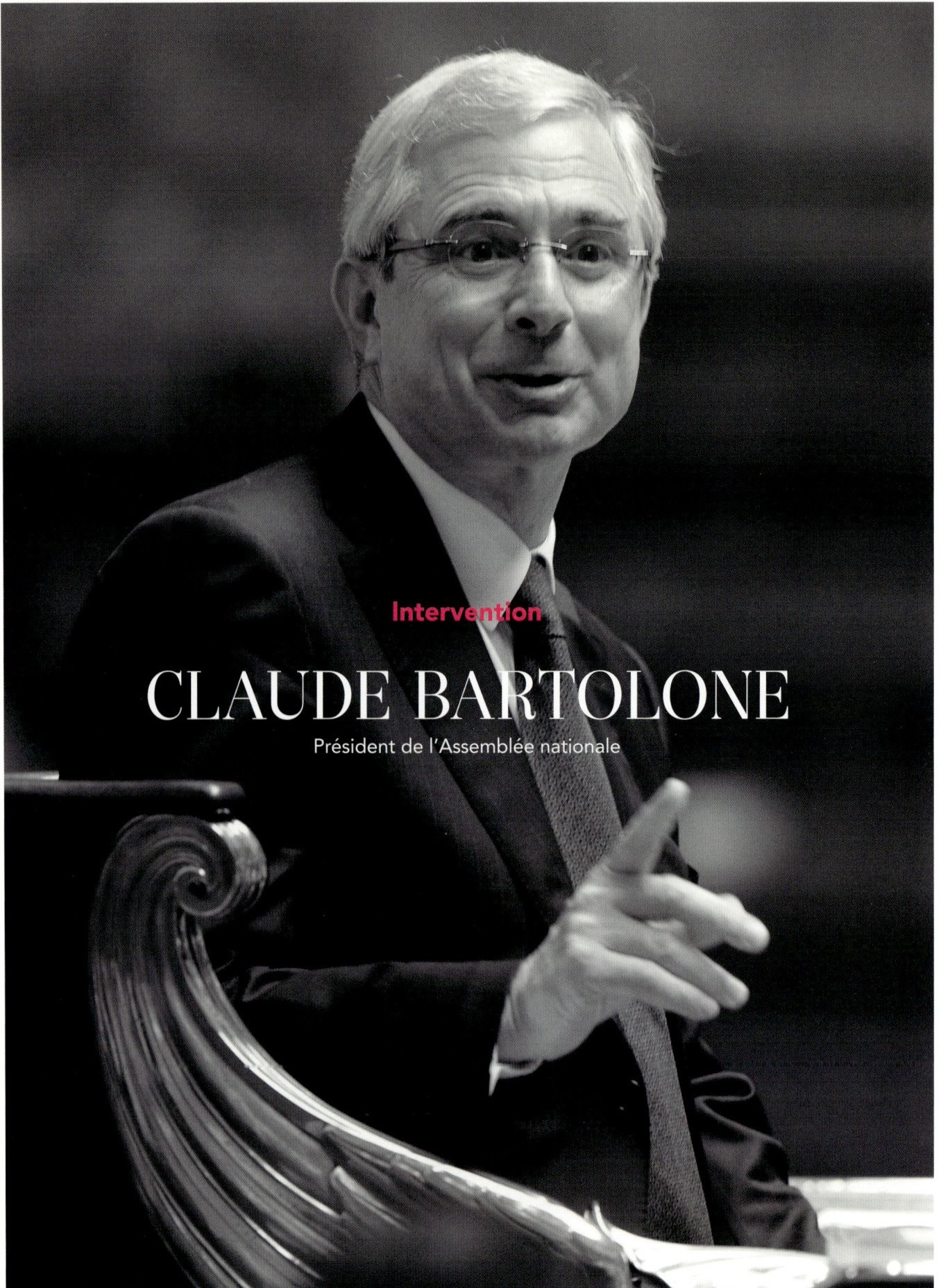

Intervention

CLAUDE BARTOLONE

Président de l'Assemblée nationale

CLAUDE BARTOLONE

Mesdames, Messieurs,

Je tiens tout d'abord à remercier Frédérique Agnès et le Laboratoire de l'égalité pour cette occasion unique. Je suis convaincu que l'égalité entre les femmes et les hommes est un sujet majeur. Les réponses que nous y apportons façonnent tous les secteurs de la société et dessinent une conception de la démocratie et une vision de l'humanité dont nous voulons pouvoir être fiers. Inscrite dans notre Constitution seulement en 1946, l'égalité entre les femmes et les hommes est néanmoins devenue au fil des années une question politique de première importance, et c'est heureux.

Dans ce contexte, votre initiative, les états généraux de l'égalité, a une place et un rôle particuliers. Partout, même en période de crise, surtout en période de crise, il faut réaffirmer notre engagement en faveur de l'égalité entre les femmes et hommes, et poursuivre nos efforts, nos travaux pour qu'elle devienne une réalité.

Je ne vous apprends rien en vous disant que le travail du législateur et les nombreuses lois adoptées depuis plus de quarante ans n'ont pas permis de faire disparaître des écarts inexplicables. Moins payées, assumant la plus grande part des charges familiales, plus précarisées au moment de la retraite, plus facilement oubliées pour les postes de direction, les fonctions honorifiques ou les mandats électoraux, les femmes n'ont pas encore obtenu un équitable partage du pouvoir, de la richesse, de la notoriété et de l'influence.

Pourtant, rien ne justifie qu'elles n'occupent pas les mêmes places que les hommes dans toutes les strates de notre société. Les femmes ne sont pas un paramètre, une corporation, une communauté ou une ethnie, elles sont la moitié de l'humanité. Et lorsque l'on constitue la moitié de l'humanité, on ne doit pas compter sur des mesures de rattrapage ou d'accompagnement, si bienveillantes soient-elles, on doit pouvoir compter sur l'égalité. C'est une simple question de justice.

Certains nous diront que rien n'interdit la prise de responsabilités par les femmes. Certes, le droit ne s'y oppose pas. Mais malheureusement, nous l'avons constaté dans la vie politique avec la parité, quand il n'y a pas d'obligation, les choses ne changent pas. Pour faire avancer l'égalité, il nous faut marcher sur nos deux pieds : les lois de la République et l'évolution des esprits et des mœurs. Le gouvernement et la majorité ont redonné aux droits des femmes l'importance qu'ils doivent avoir dans notre pays. Plusieurs textes ont été adoptés. Les ABCD de l'égalité, l'élection des conseillers départementaux, le renforcement des sanctions pour les entreprises qui ne respectent pas leurs obligations, l'encadrement du temps partiel, le remboursement à 100 % de la contraception des mineurs et de l'IVG et la définition pénale du harcèlement sexuel sont parmi les plus importants. Le Sénat examinera dès lundi [16 septembre 2013] le premier projet de loi abordant l'égalité entre les femmes et les hommes dans toutes ses dimensions. Je ne doute pas que la ministre aux Droits des femmes vous parlera de ce grand texte ce soir.

François Hollande a voulu un contexte politique favorable à la conquête de l'égalité réelle pour les femmes. L'importance du travail législatif en ce domaine confirme notre détermination. Mais cela ne peut suffire à faire à faire disparaître la misogynie, le sexisme ou les stéréotypes dévalorisants. Les rencontres, les débats, les témoignages participent à changer la perception des femmes dans le monde du travail et à renforcer partout une vraie culture de l'égalité. C'est pourquoi votre initiative est importante et c'est dans cet esprit que j'avais réuni le 6 mars dernier les grands acteurs de l'économie et les militantes de l'égalité autour d'intellectuels de renom.

Je crois en la force de conviction, mais je ne méconnais pas non plus la puissance des symboles pour bousculer ces préjugés discriminants transmis du fond des âges. Nombre de femmes ont compté dans l'histoire, et pas seulement en étant dans l'ombre. Faisons-leur une place dans nos mémoires, faisons-les entrer au Panthéon, comme François Hollande s'y est engagé. Lucie Aubrac, Louise Michel, Mère Teresa... ce ne sont pas les talents, les compétences, les courages et les génies qui manquent. Vous rendez aujourd'hui hommage à de grandes dames. Je veux m'associer à vous et saluer à travers elles les pionnières de la conquête de l'égalité. Celles de la génération du combat sans qui rien n'aurait été possible ; celles de la génération des lois qui firent entrer les droits des femmes dans notre législation ; et enfin votre génération, la génération de l'application, qui doit parvenir à faire disparaître cette insidieuse dépréciation d'un genre et faire exister la société des égaux.

Je veux croire que c'est l'engagement partagé des femmes et des hommes politiques de ce pays. C'est assurément le fondement même de notre engagement : une société où les femmes ont la même place que les hommes, pas pour y apporter une sensibilité complémentaire, comme on peut le lire parfois, mais par unique souci de justice. ●

HISTOIRES D'ÉGALITÉ
LES PIONNIÈRES VUES D'AUJOURDHUI

Intervenantes : Élizabeth Tchoungui, Yvette Roudy, Audrey Pulvar

"

—————— **YVETTE ROUDY**

Je salue Claude Bartolone. J'ignorais complètement qu'il était un ardent défenseur des droits des femmes. Mais après tout, les conversions tardives sont quelquefois les plus efficaces. Donc, j'accueille tout le monde et tous ceux qui voudront se convertir sont les bienvenus, dans la mesure où ils vont faire la preuve par leurs actes, pas uniquement par la parole, qu'ils sont effectivement avec nous.

Le droit des femmes est une vieille histoire, qui a débuté au commencement de l'humanité, il y a plus de deux mille ans. Olympe de Gouges, il y a environ deux cents ans, a dit : « Les femmes ont le droit de monter à l'échafaud, elles doivent avoir le droit de monter à la tribune. » Pour ce qui est de monter à l'échafaud, elle a eu satisfaction tout de suite : en 1793, on lui a coupé la tête. Personnellement, je souhaiterais qu'elle entre au Panthéon, symboliquement. Depuis, on ferraille, on arrive à grignoter petit à petit. Un tout petit groupe de femmes, les féministes, sont toujours minoritaires, mais je suis heureuse de voir qu'une nouvelle génération se lève. C'est un soula-

"LA QUESTION DES DROITS DES FEMMES C'EST UNE QUESTION POLITIQUE, C'EST UNE QUESTION DE RAPPORT DE FORCE, D'AVANCÉES, DE RECUL."

gement, parce que franchement les anciennes vont commencer à être fatiguées. On avait le sentiment que c'était un travail décisif, mais on montait le rocher au sommet de la colline et il vous retombait sur la tête.
La question des droits des femmes est une question de rapport de forces, d'avancées, de reculs. Et on sait très bien que les positions de force se situent en politique, à l'Assemblée, etc. C'est pour ça qu'il faut qu'il y ait beaucoup de femmes, et nous en sommes très loin. J'ai pu œuvrer, à une certaine époque, quand j'en avais les moyens, puisque j'ai eu, pendant cinq ans, le privilège d'avoir été choisie par François Mitterrand, qui m'a toujours soutenue, et heureusement d'ailleurs parce que ce n'étaient pas les collègues qui pouvaient m'appuyer. Ils avaient chacun leurs problèmes, je ne le discute pas, mais il y a dans ce rapport de forces

quelque chose qui ne joue pas en faveur des femmes. D'abord à cause de leur désunion : elles en sont aux balbutiements de leur organisation.
Il y a toujours eu des féministes : Christine de Pisan l'a montré à une certaine époque, d'autres aussi, toutes minoritaires, mais il n'aurait jamais fallu leur donner le droit d'apprendre à lire. Ça, vraiment, ça a été une faute majeure de la part des machistes, de permettre aux femmes de pouvoir lire, écrire, avoir accès à l'éducation. Depuis qu'elles ont accès à l'éducation, elles grappillent petit à petit un certain nombre de positions.
Il y a les femmes d'en haut et les femmes d'en bas. Celles d'en haut, dont vous êtes toutes, d'une certaine façon j'en suis ravie, ont conscience de leurs droits. Vous savez vous battre. Et il y a celles d'en bas. Je prends pour symbole la caissière de supermarché évoquée par Ségolène Royal. Celle-là est complètement écrasée. C'est celle qui incarne les nouvelles poches de pauvreté, donc on ne peut pas trop compter sur elle, il faut travailler pour elle. En politique, vous ne faites avancer les choses que lorsque les groupes sociaux concernés commencent à se réunir, à s'organiser, à se battre. Si vous allez voir le film *Le Majordome*, vous verrez que la bataille des Noirs aux États-Unis a commencé à progresser quand il y a eu des Noirs eux-mêmes pour faire avancer les choses. Martin Luther King a hérité de cela avec Rosa Parks et il y a beaucoup de similitudes entre ce combat des Noirs américains et le combat des femmes. De même, le mouvement ouvrier n'a pu se constituer et arracher des droits que quand les hommes ont été rassemblés dans des usines. Cela a été le tort de la révolution industrielle d'attirer les ouvriers au même endroit, parce qu'ils se sont organisés. Donc, les femmes doivent savoir que si elles ne réalisent pas leur union sur un certain nombre de thèmes, le petit groupe de femmes qui existe déjà n'aboutira pas seul.
On trouve toujours des hommes généreux, et tant mieux. Je souhaiterais qu'il y en ait plus ici, mais ceux qui sont là sont les bienvenus. Un certain nombre d'hommes généreux sont toujours là pour aider les femmes, parce qu'ils ont compris que toute l'humanité a intérêt à ne pas se priver de cette richesse, de cette mine que représentent véritablement le cerveau des femmes, leurs capacités, leur courage, leur vision. ● ● ●

Chaque fois que j'ai une audience quelque part, je dis : « Unissez-vous, organisez-vous en union sur des thèmes. » Je sais très bien que les mouvements féministes sont divisés, mais ils peuvent s'unir sur la parité, sur les violences, sur l'égalité professionnelle. De cette façon, on peut exiger du gouvernement d'être reconnus, comme sont reconnus les syndicats. Les syndicats en France ne représentent plus ce qu'ils peuvent représenter ailleurs, mais ils sont quand même consultés. Il n'y a pas de loi concernant les travailleurs qui échappe à une consultation avec leurs syndicats. Il y en a une en préparation pour l'égalité et les droits des femmes, on me dit qu'elle est formidable, qu'elle est merveilleuse, tant mieux, mais avez-vous vraiment été consultées au moment où cette loi a été élaborée ?

Je considère que nous devons exiger que le gouvernement nous consulte, nous reconnaisse vraiment, le moment est venu, nous sommes devenues assez fortes, nous sommes suffisamment évoluées. Chaque fois que je le peux, j'appelle à cela. Mais je suis à votre disposition pour insister sur les points que vous souhaiterez me voir traiter.

"IL Y A UNE LOI EN PRÉPARATION, ON ME DIT QU'ELLE EST FORMIDABLE, QU'ELLE EST MERVEILLEUSE, TANT MIEUX, MAIS **EST-CE QUE VOUS AVEZ ÉTÉ CONSULTÉES** AU MOMENT OÙ ELLE A ÉTÉ ÉLABORÉE ?"

AUDREY PULVAR

Il y a beaucoup de choses à dire par rapport à ce qu'exprimait Yvette Roudy sur celles qui sont tout en bas, écrasées par le système, par la machine économique. Je vais juste prendre un exemple qui éclaire sur encore autre chose. Il y a quelques années, je préparais une émission sur les difficultés des Français au quotidien et j'avais au téléphone une caissière de supermarché qui n'était pas mère célibataire, mais mère de famille et qui avait un horaire à temps partiel avec des cadences imposées, des changements d'horaires de semaine en semaine qui évidemment sont très difficilement compatibles avec une vie de famille et une vie tout court. Et elle me disait : « Mais je suis parmi les plus favorisées parce que, certes je gagne 700 euros par mois et ce n'est pas beaucoup, mais j'ai un compagnon qui peut m'aider, notamment pour les enfants, et je pense à mes collègues de travail qui sont mères célibataires, qui sont à deux heures

"LA MAUVAISE CONDITION DES FEMMES A **DES RÉPERCUSSIONS TRÈS ÉTENDUES.**"

de transport de leur logement, dont on change les horaires de semaine en semaine et qui, par exemple, se retrouvent à devoir travailler jusqu'à 20 heures. Sachant qu'elles vont rentrer à 22 heures, comment font-elles entre 16 h 30 et 22 heures pour faire garder leurs enfants en bas âge qui sortent de l'école ? Elles n'ont pas les moyens de payer une nounou, donc les enfants sont livrés à eux-mêmes jusqu'à 22 heures. Et après, vous allumez la télé et vous entendez "Qu'est-ce que c'est que ces parents démissionnaires qui laissent leurs enfants traîner ?" »

Donc la condition des femmes, ce n'est évidemment pas à vous que je vais l'apprendre parce que je pense qu'on en est tous convaincus ici, a des répercussions, et la « mauvaise » condition des femmes a des répercussions très étendues.

Sur la question de la crise économique, qui me tient à cœur, et un peu dans le prolongement de ce que vous disiez, je voudrais attirer l'attention sur le fait qu'elle a eu pour effet de paupériser des dizaines de millions de personnes, ne serait-ce qu'en Europe, et de déclencher des politiques dites d'austérité dans certains pays. Ces politiques d'austérité, ce sont des politiques de réduction de la dépense publique. On commence par taper sur les pensions des retraités, puis sur les allocations familiales, puis sur les aides à la garde des enfants, etc. En Italie, des associations féministes se sont saisies de cette question. Il n'y a déjà plus beaucoup de travail, mais quand il y en a pour elles, les femmes rentrent à la maison parce qu'elles n'ont plus les aides pour que les enfants soient à la crèche, pour pouvoir les faire garder à la sortie de l'école, etc. Et l'un des effets induits par la politique mise en place pour faire face à la crise de 2008 dans les pays européens a été le retour de beaucoup de femmes à la maison avec une augmentation de violences conjugales.

Alors, on peut retourner le problème dans l'autre sens et se demander pourquoi les hommes ne rentrent pas à la maison. Ça, on sait qu'on en est loin, on peut encore attendre deux mille ans.

Et pour le reste, ce qui nous occupe aujourd'hui, à partir de mon métier d'information, de communication, de contacts, de brassage des milieux, de culture, je pourrais vous livrer tout un après-midi d'anecdotes désespérantes sur le non-avancement et la non-égalité entre hommes et femmes. Simplement, vous parliez de générations à l'instant, je suis aussi assez déprimée, même si ce n'est pas dans ma nature, par le fait qu'il y a un net recul dans les esprits, y compris dans les esprits des femmes et des jeunes femmes à propos de ces questions. La génération qui a 20 ou 25 ans considère que l'essentiel est fait : les femmes peuvent marcher dans notre pays les cheveux découverts et les cuisses à l'air, elles ont la possibilité d'ouvrir un compte en banque elles-mêmes, elles peuvent choisir si elles vont avoir un enfant ou pas, donc elles considèrent qu'il n'y a plus besoin de se battre. Chaque fois que je rencontre des jeunes filles, je leur dis : « Attendez juste d'entrer sur le marché du travail, vous comprendrez qu'on en est loin, il y a encore beaucoup, beaucoup de choses à faire. » Évidemment, le combat reste d'actualité. Claude Bartolone disait dans son message qu'il faut de la contrainte, parce que sinon on n'y arrive pas. Je précise qu'il faut de l'exemplarité dans la représentation nationale au sein des partis politiques, à la tête des partis politique, à la tête des organisations syndi-

PARITÉ...

cales. Et je crois malheureusement que, même s'il y a des efforts faits par les partis pour qu'effectivement il y ait un peu plus de femmes au Sénat et à l'Assemblée, on est encore très loin du compte. On sait le peu de femmes qu'il y a dans les comités d'entreprise en France. Donc que le monde politique, que le monde de l'entreprise donnent déjà l'exemple. À mon avis, ce serait un grand pas accompli pour que les dizaines de lois qui ont été votées depuis quarante ans sur la question soient peut-être enfin appliquées.

YVETTE ROUDY

C'est très bien, la parité. Simplement, il faut voir jusqu'où ça va. La non-parité, c'est un mal français. Les Français sont profondément misogynes, il ne faut pas croire que le pays des droits de l'Homme serait le pays des droits des femmes, le pays des droits des Hommes est le pays des droits des hommes. Donc c'est à nous de faire en sorte qu'il devienne le pays des droits des femmes et nous seules pouvons nous battre, en recherchant évidemment des appuis auprès des uns et des autres puisque, comme je le disais, le sujet est politique, donc il faut des lois et il faut les faire appliquer. Je trouvais qu'elle n'était pas mal la loi que j'avais sortie, dans la mesure où j'avais beaucoup travaillé dessus, je m'étais inspirée de beaucoup d'exemples, je l'avais beaucoup enrichie. C'était parti d'une proposition du Parlement européen, mais j'avais ajouté les plans d'égalité, toute une série de mesures, qui ne sont pas appliquées du tout. Pourquoi ? Parce que les syndicats s'en moquent éperdument. C'est pour ça que je dis que les syndicats pourraient être très forts, il faut les harceler comme il faut harceler les partis politiques, parce que ce sont eux qui ont en mains le pouvoir. J'ai vu qu'on allait rendre obligatoire la discussion des thèmes concernant les droits des femmes lors

"JE POURRAIS VOUS LIVRER TOUT UN APRÈS-MIDI D'ANECDOTES DÉSESPÉRANTES SUR **LE NON-AVANCEMENT** ET LA NON-ÉGALITÉ ENTRE HOMMES ET FEMMES."

• • •

non à la misogynie
constitutionnelle,
non à la monarchie
républicaine
Alliance des Femmes pour la Démocratie
l'Art mo
E PARIS

au-delà de l'égalité,
et pour l'accomplir
comme justice,
la parité

Alliance des Femmes pour la Démocratie

En mars 1999, les organisations féministes manifestent devant le Sénat en faveur de la parité femmes-hommes.

de cette réunion qui doit, chaque année, réunir patronat et syndicats. Il faut qu'il y ait autour de cette table des féministes. Je ne dis pas des femmes, mais bien des féministes, parce que vous avez aussi celles qui ont été choisies par des messieurs, parce que justement elles leur ressemblent beaucoup mentalement. Il faut des féministes autour de cette table pour exiger que les inspecteurs du travail reçoivent une formation spécifique, qu'ils soient obligés d'exiger que, dans les entreprises

"IL FAUT FORMER DES INSPECTEURS DU TRAVAIL ET LES OBLIGER À VEILLER À CE QUE LA LOI SOIT APPLIQUÉE."

de plus de 50 employés, il y ait ce rapport annuel et que celui-ci donne lieu à des plans d'égalité qui permettent chaque année de montrer s'il y a progression ou pas. Cette loi n'est pas mauvaise du tout. Elle est appliquée à cet instant dans deux pays, la Finlande et le Canada, où elle donne de très bons résultats. Mais si l'on considère que le rapport est une formalité et qu'on va le classer verticalement aussitôt, cela ne sert à rien. L'égalité professionnelle doit donner lieu à une volonté politique. Je sais que l'actuel gouvernement et Najat Vallaud-Belkacem ont veillé à ce qu'un certain nombre d'entreprises soient condamnées. C'est très bien, il faut continuer. Et il faut former les inspecteurs du travail et les obliger à veiller à ce que cette loi soit appliquée. Il faut aussi former les syndicats et s'assurer qu'il y ait dans leur direction des féministes. Il y en a eu autrefois, j'en ai connu ; aujourd'hui, je ne sais pas s'il y en a beaucoup, mais en tout cas on ne s'en aperçoit pas. Donc c'est par la volonté politique que l'on pourra faire appliquer et faire avancer les lois existantes.

Je m'étais refusée à mettre dans l'égalité professionnelle en 1983 le travail à temps partiel, en dépit des pressions, parce que je me souvenais de ce que m'avait dit Mar-

guerite Thibert, qui a été une grande dame du mouvement démocratique féminin, spécialisée dans le travail des femmes : « Méfiez-vous du temps partiel, c'est un piège. » Mais dès que je n'ai plus été là, en 1986, le ministère des Droits de la femme a littéralement implosé et le temps partiel est arrivé, parce que les femmes s'y sont naturellement engouffrées.

On demande de concilier le travail professionnel et le travail à la maison, alors elles ont cru que le temps partiel était une solution. Mais une fois qu'on est dedans, on n'en sort plus. Il faut aider ces femmes, notamment la caissière du supermarché. L'égalité professionnelle est fondamentale. Je rappellerais simplement que pour Simone de Beauvoir c'était le premier des droits. Je ne sais pas si c'est le premier des droits, peut-être que c'est la liberté sexuelle, j'hésite encore. Mais Simone de Beauvoir pensait que cela commençait par l'égalité professionnelle. Et effectivement, tant qu'on n'a pas les moyens d'être indépendante économiquement, on est toujours soumise et on ne part pas, même si on a affaire à un partenaire violent. On sait très bien qu'on n'a nulle part où aller.

"POUR SIMONE DE BEAUVOIR, LE PREMIER DES DROITS ÉTAIT L'ÉGALITÉ PROFESSIONNELLE."

Sur la parité, nous n'avons pas à nous glorifier de quoi que ce soit. On est en queue de liste, on n'a même pas 30 % de femmes à l'Assemblée et ce sont encore des femmes qui ont été choisies par des messieurs. Et ils ont bien veillé à ce qu'elles ne soient surtout pas féministes, qu'elles ne viennent pas les contrarier et qu'elles ne veuillent rien changer à la manière de faire. Je me souviens, j'ai été pendant quinze ans au Parlement, me battant pour la parité. Quand je voyais arriver de nouvelles femmes grâce aux luttes qu'on menait, j'étais heureuse et je me disais qu'elles allaient changer les choses. Et quelle était l'ambition de la plupart de ces femmes-là ? C'était de s'intégrer, et surtout de ne rien changer et de ne rien bouger. Je pense que c'est une période intermédiaire, qu'après ces femmes-là, il y aura une autre génération qui va arriver. Et cette génération-là, la vôtre, celle d'après, va peut-être faire bouger les choses. C'est une affaire de très longue haleine. Le combat est parti il y a très peu de temps. C'est en 1992 qu'il y a eu la Charte d'Athènes. Et après, rien n'a bougé, parce que les partis politiques sont décisionnaires, ce sont eux qui tiennent la clé de la parité. Le monsieur le plus important d'un parti politique, c'est celui qui dirige la commission qui approuve les délibérations, qui désigne les candidats. Et je sais que celui qui est en exercice dans une formation qui est proche de moi par la pensée et par l'idée, lui-même a pris le siège d'une femme pour se l'approprier parce qu'il voulait être député. Donc, il est député, il est important dans son organisation, il décide de beaucoup de choses et personne ne dit rien. Cela fonctionne encore comme ça aujourd'hui.

ÉLIZABETH TCHOUNGUI

Dans l'idée de ce dialogue entre deux générations, je voudrais relever quelque chose qui n'a pas changé quand on écoute vos témoignages : c'est que les féministes, on n'en veut pas à la table des négociations. Que ce soit il y a trente ans ou aujourd'hui, on a toujours l'impression que les féministes sont des « chieuses ».

AUDREY PULVAR

Simplement un mot par rapport à l'égalité professionnelle, on parlait des femmes d'en bas et de celles d'en haut. Je ne sais pas si je fais partie de celles d'en haut, mais en tout cas j'appartiens à la catégorie de celles qui entendent maîtriser leur vie et c'est aussi très difficile. Ici, il y a également beaucoup de femmes qui vivent cela au jour le jour dans le monde du travail, de l'entreprise. Non seulement il faut monter, mais une fois qu'on y est arrivé, il est très difficile d'exercer le pouvoir, la responsabilité. Évidemment, un homme qui exerce le pouvoir, c'est un leader, un chef, un homme à poigne, avec du caractère, alors qu'une femme qui exerce des responsabilités, si elle n'est pas maternelle,

INDÉPENDANCE...

c'est une femme caractérielle, une hystérique ou une virago. C'est très compliqué. Et même si on n'a pas affaire à ce genre d'épithètes, on a ce procès en illégitimité et cette pression permanente de devoir démontrer qu'on n'a pas volé sa place, qu'elle ne nous a pas été accordée, mais qu'on l'a conquise. C'est pénible et c'est encore assez présent. Vous parliez de la liberté économique. Évidemment, l'égalité professionnelle et le fait de pouvoir, avec son travail, avoir une indépendance économique, c'est la première des libertés, la première façon d'exercer son égalité. J'ai envie de mettre soit en deuxième position, soit *ex æquo*, la liberté sexuelle ou, en tout cas, la liberté d'être soi et l'appropriation de son corps. Je pense que la réappropriation de leur corps par les femmes est un combat de demain. Même s'il y a des femmes nues sur les affiches partout dans le métro, même si on nous dit qu'on peut faire ce qu'on veut de notre corps, qu'on peut décider du nombre d'enfants qu'on a, en dessous de tout ça, il y a une rumeur, une pression ultraconservatrice de la société. On l'a vu récemment lors des débats de société sur le mariage pour tous.
Je ressens beaucoup cette pression quand je vais dans les établissements scolaires, dans les sujets de discussion, dans les différentes émissions auxquelles je participe. On est en train de reculer sur la question de l'appropriation qu'on a de notre propre corps.
Voyez le combat que mènent les Femen. On peut être d'accord ou pas avec leur technique, mais je suis ulcérée d'entendre : « Mais qu'est-ce que c'est que ces femmes qui montrent leurs seins ? On n'a pas

"LE MONSIEUR **LE PLUS IMPORTANT** D'UN PARTI POLITIQUE, C'EST CELUI QUI DIRIGE LA COMMISSION QUI APPROUVE LES DÉLIBÉRATIONS, QUI DÉSIGNE LES CANDIDATS."

•••

"J'AI DEMANDÉ, MOI, UNE FEMME DE GAUCHE, À UNE FEMME DE DROITE : 'SERIEZ-VOUS D'ACCORD POUR QUE NOUS AYONS UNE ACTION COMMUNE ?' SIMONE VEIL ÉTAIT EMBALLÉE. JE SUIS ALLÉE VOIR ÉDITH CRESSON, ELLE AUSSI S'EST MONTRÉE TOUT À FAIT FAVORABLE."

besoin de ça, c'est de la provocation. » Et quand ce sont des femmes qui le disent, c'est encore pire. Elles oublient que, quand des femmes ont commencé à mettre des pantalons, c'était aussi obscène à l'époque qu'aujourd'hui les Femen qui montrent leurs seins ! Et elles ont eu raison, ces femmes, de mettre un pantalon. Les Femen disent : « Mon corps m'appartient, et je le rappelle aux tenants des différentes religions, aux tenants de l'opposition. » C'est très important. Nous sommes dans un monde où le corps des femmes leur appartient de moins en moins, c'est ce que je constate au jour le jour. Entendre aujourd'hui, en 2013, en France, qu'une femme qui met une mini-jupe est forcément une « salope », ça me hérisse le poil. C'est tout simplement inadmissible. Voir des jeunes femmes, des collégiennes, des lycéennes qui ne peuvent pas aller à l'école avec une jupe au-dessus du genou, ça me choque. Je caricature à peine. Il y a des filles qui sont renvoyées chez leurs parents parce qu'on estime que leur tenue n'est pas correcte, parce qu'elles ont une jupe qui montre leurs cuisses. Je considère que c'est un recul et qu'il faut être vigilant sur ces questions-là. J'ai pu constater à quel point elles étaient de nouveau d'actualité et à quel point la société française dans laquelle on vit aujourd'hui peut être extrêmement conservatrice sur ces sujets. Et je termine en disant qu'un pays dans lequel une femme meurt tous les trois jours sous les coups de son compagnon, ce n'est pas un pays où les hommes et les femmes sont égaux. Ce n'est pas possible.

───── **YVETTE ROUDY**

Je vais parler du Manifeste des dix, que nous avions monté en 1996, à la suite de la Charte d'Athènes en 1992. L'idée était venue de l'Europe, c'est elle qui avait appelé à la parité. C'était la première fois que ce mot était revendiqué au niveau européen et il est devenu très populaire. Aussitôt après la sortie de la Charte d'Athènes, quantité d'associations féminines et féministes ont sorti des livres, organisé des colloques, fait signer des pétitions. Mais finalement, rien ne bougeait. Parce que la clé de la parité était entre les mains des politiques. Ce sont eux qui désignent les candidats. Et les politiques n'ont pas entendu parler de cet appel de la charte.

Donc, en 1996, comme je voyais que rien ne bougeait, j'ai créé avec des amies, Françoise Durand notamment, « l'Assemblée des femmes ». Mais je pensais aussi qu'il fallait un acte de provocation. Il ne faut avoir peur de temps en temps de se lancer dans des actes de provocation, dans quelque chose qui fasse bouger les choses. Et je suis allée voir Simone Veil, avec qui j'avais noué des relations au Parlement européen, et je lui ai dit que nous étions appelées à mettre en œuvre la parité. À l'époque, il n'y avait même pas 10 % de femmes à l'Assemblée nationale. Et j'ai demandé, moi, une femme de gauche, à une femme de droite : « Seriez-vous d'accord pour que nous ayons une action commune ? Nous pourrions peut-être réunir quelques femmes anciennes ministres pour lancer un appel. » Simone Veil était emballée, ce

"UN PAYS DANS LEQUEL UNE FEMME MEURT TOUS LES TROIS JOURS SOUS LES COUPS DE SON COMPAGNON, CE N'EST PAS UN PAYS OÙ LES HOMMES ET LES FEMMES SONT ÉGAUX."

genre de choses lui plaisait toujours beaucoup. Je suis allée voir Édith Cresson, elle aussi s'est montrée tout à fait favorable. Au final, nous étions dix : Simone Veil, Édith Cresson, Michèle Barzach, Hélène Gisserot, Catherine Lalumière, Monique Pelletier, Catherine Tasca, Frédérique Bredin, Véronique Neiertz et moi-même. Cinq de droite, cinq de gauche, qui avions exercé des fonctions ministérielles. Ce qui veut dire que nous savions très bien comment les choses se passaient à l'intérieur des partis. Et nous avons sorti un grand texte, avec le soutien de

L'Express, parce que sans soutien journalistique, on n'aboutit à rien. *L'Express* a bien voulu nous donner sa couverture et nous avons fait une magnifique une. Et nous avons développé sept à huit points importants, qui ont ensuite servi à Lionel Jospin, pour ses lois sur la parité de 1999 et 2000.

On demandait une politique volontariste et une concertation entre les associations féminines, féministes, les gouvernements, les partis. On réclamait notamment l'application de quotas, cela a été très difficile – et l'est toujours –, parce que le Conseil constitutionnel a déclaré que les quotas étaient anticonstitutionnels. Bizarrement d'ailleurs, parce que ses membres sont des gens intelligents. Ils peuvent aller jusqu'à casser une loi qui a été votée par la majorité du Parlement, ils ont un pouvoir formidable. On se retrouve dans une situation où le Conseil constitutionnel est hostile aux quotas au motif qu'ils sont contraires à l'égalité. Ce qui revient à dire que, pour lui, les mesures que l'on prend pour réduire les inégalités sont contraires au principe de l'égalité, puisque dans la Constitution il est dit que les hommes et les femmes sont égaux. Du moment que c'est écrit, pour eux, cela règle la question. Il faut combattre cette idée. Je pense que les quotas sont indispensables, ils sont utilisés partout, dans toute l'Europe sauf en France, et ailleurs ce dispositif donne de bons résultats.

Donc, pour revenir au Manifeste des dix, nous demandions le scrutin proportionnel, l'interdiction du cumul. Vous voyez qu'il y a encore du travail à faire, parce que nous étions en 1996 et l'interdiction du cumul n'est toujours pas acquise aujourd'hui.

"LE MANIFESTE DES DIX DE 1996 EST UN EXEMPLE DE CE QUI PEUT ÊTRE FAIT LORSQUE QUELQUES FEMMES DÉTERMINÉES ESSAIENT DE **FAIRE BOUGER LES CHOSES.**"

Nous demandions de supprimer le financement des partis dans leur totalité dès l'instant où ils ne respectaient pas la parité. Là aussi, il y a beaucoup de travail à faire. Nous demandions une loi antisexiste, qui est la seule loi que je n'ai pas réussi à faire passer. Le gouvernement de Zapatero l'a d'ailleurs fait passer. Ce manifeste, c'est un exemple de ce qui peut être fait lorsque des femmes déterminées essaient de monter une opération pour faire bouger les choses. Parce que nous n'avons pas encore atteint 30 % de femmes en politique et nous sommes encore très loin des pays scandinaves qui ont presque atteint les 50 % de représentation féminine dans leur Parlement.

Et les associations féminines et féministes peuvent jouer un rôle très important, à condition qu'elles soient écoutées. Pour l'instant, je sais que les gouvernements sont tout à fait favorables à ce genre de colloques. On a, depuis deux cents ans, toujours aidé les associations à s'organiser, il y a toujours une majorité de femmes dans ces manifestations-là, mais ça ne bouge pas, ça n'a pas force de loi. Alors, ça a force de débat et c'est très important, mais il faut arriver à faire bouger les lois. Il faut que ces associations s'organisent pour être reconnues comme des syndicats. ●

Débat **3**

L'ÉGALITÉ FEMMES-HOMMES,
UNE OPPORTUNITÉ POUR REPENSER L'ORGANISATION DU TRAVAIL ?

Intervenants : Abdel Aïssou, Nathalie Andrieux, Mireille Faugère, Dominique Méda

"

—————— **DOMINIQUE MÉDA**

Nous avons publié les résultats d'une grande enquête européenne que nous avons faite sur le rapport des Européens au travail. On y voit que les Français sont très attachés au travail – ce sont sans doute les plus attachés au travail en Europe – et que les femmes ont des attentes tout à fait énormes vis-à-vis du travail, de même que les jeunes. On voit également se dessiner un désir, qui entre dans un mouvement entamé il y a une trentaine d'années, de se réaliser dans le travail, d'y exprimer sa singularité.

Cependant, ces attentes viennent se fracasser sur la réalité du monde du travail. On constate un très grand malaise au travail, avec, d'une part, le fait que les conditions semblent plus dégradées en France qu'ailleurs, avec notamment un niveau de stress très élevé, peut-être dû à un management qui s'appuie trop sur des logiques gestionnaires, et, d'autre part, une plainte plus forte qu'ailleurs sur les difficultés d'équilibrer sa vie professionnelle et sa vie familiale. Il y a en effet beaucoup de femmes avec des enfants qui sont dans la vie professionnelle, mais qui n'ont pas encore trouvé cet équilibre dont elles ont besoin,

"ON VOIT QUE LES FRANÇAIS SONT TRÈS ATTACHÉS AU TRAVAIL, QUE LES FEMMES ONT **DES ATTENTES** TOUT À FAIT ÉNORMES VIS-À-VIS DU TRAVAIL."

puisque c'est sur elles que reposent la plupart des tâches domestiques et familiales. Même si on est complètement sorti du *male breadwinner model,* on est encore dans un monde où on n'a pas atteint le modèle à deux apporteurs de revenus, deux apporteurs de soins à égalité. Il existe encore une différence de une heure et demie par jour pour les tâches domestiques et familiales.

Je crois qu'on peut reconnaître que les organisations de travail ne se sont pas adaptées à cette énorme révolution qui a consisté à ce que les femmes arrivent massivement dans le salariat. Comment pourrait-on faire en sorte que ces organisations de travail, que ce

soit dans le public ou dans le privé, prennent mieux en compte cette question de l'équilibre ? Il y a des solutions individuelles. Je pense au dernier rapport du Conseil d'analyse stratégique, il y a un an ou deux, consacré à l'égalité femmes-hommes, qui citait toute une série de propositions et notamment le télétravail, le temps partiel, la flexibilité, etc. On a pas mal critiqué le temps partiel lors de ces états généraux, et je partage ces critiques. Je pense qu'évidemment pour le temps partiel qu'on appelle « subi », mais aussi pour le temps partiel qu'on appelle « choisi », les conséquences pour les femmes sont extrêmement fortes, elles ne le savent pas toujours d'ailleurs, mais elles y sont contraintes, notamment pour s'occuper des enfants. Donc je me demande si on ne doit pas remettre sur la table, aujourd'hui, la question de la réduction du temps de travail.

Si on compare différents pays, par exemple, la France et l'Allemagne, si on ne prend en compte que les temps complets, la France travaille en effet moins que les autres. Mais je trouve ça incroyable qu'on compare seulement à partir du temps complet. Si vous additionnez les temps partiels et les temps complets, alors la France travaille plus que l'Allemagne, que les Pays-Bas et que de nombreux autres pays. La question est de savoir comment est réparti ce volume de travail entre les hommes et les femmes, et entre les temps complets et les temps partiels. Je me demande par conséquent si on ne doit pas pouvoir rediscuter calmement de cette idée et si, pour rééquilibrer vraiment, pour les hommes et les femmes, la vie familiale, la vie privée et la vie professionnelle, il ne faudrait pas penser à une norme de temps de travail, peut-être plus courte pour tout le monde, une espèce de norme flottante autour de trente ou trente-deux heures, qui permettrait à tous de s'investir et de réussir, d'avoir des responsabilités dans le travail. Je dis cela en sachant que ce n'est pas du tout à la mode aujourd'hui.

—————— **MIREILLE FAUGÈRE**

Pour évoquer ce sujet, je vous propose de parler de l'organisation du travail à l'hôpital, puisque je suis responsable de l'Assistance publique-Hôpitaux de Paris (AP-HP). Je voudrais partager avec vous les ● ● ●

représentations et les stéréotypes qui existent dans l'univers du travail et apporter un regard quelque peu optimiste qui n'est pas de court terme, mais qui en tous cas est une possibilité. Tout d'abord, quand on regarde les statistiques, on est en face d'un univers professionnel qui est en train de se féminiser considérablement et dans lequel on entend des jugements de valeur qui ressemblent à tous les univers qui se féminisent, c'est-à-dire qu'ils sont moins attractifs dans le monde du travail. Là-dessus, rien ne change.

"MAINTENANT, LA PREMIÈRE QUESTION QUE POSENT LES JEUNES GÉNÉRATIONS QUI ARRIVENT, GARÇONS ET FILLES, CONCERNE LES CONGÉS, L'ÉPARGNE-TEMPS. ILS COMMENCENT PAR REGARDER COMMENT ILS VONT GÉRER LEUR ÉQUILIBRE **VIE PRIVÉE/ VIE PROFESSIONNELLE.**"

ÉQUILIBRER...

On le sait : à l'hôpital, le personnel soignant – les infirmières, les aides-soignantes… – est à 80 % féminin. Pour ce qui est des docteurs, on connaît moins les chiffres. Aujourd'hui, dans nos hôpitaux, si je fais une photographie, il doit y avoir un peu plus de 60 % de médecins femmes, tous grades confondus. Quant aux médecins qui dirigent les services, ceux qu'on appelle les professeurs, et aux professeurs des universités qui sont aussi praticiens hospitaliers, qu'on appelle parfois les mandarins, il y en a quelques-uns qui le sont encore, on passe à 9 %. Et pour ce qui est des femmes qui ont des responsabilités médico-économiques et universitaires, c'est-à-dire qui dirigent des ensembles où il y a entre 400 et 1 000 personnes avec des médecins et des soignants, leur proportion s'élève à 2 %.

On se trouve exactement comme dans toutes les grandes organisations : toutes les instances dans lesquelles on dirige sont quasi exclusivement masculines. Parce que c'est un univers d'élus et parce que les femmes se le représentent comme un univers de pouvoir et non comme un univers de responsabilités. La question du plafond de verre et des rôles modèles se pose pleinement. Et quand on regarde aujourd'hui l'organisation du temps de travail, il y a des choses qui troublent énormément. Il y a vingt ans, l'hôpital tenait sur le fait que les médecins ne comptaient pas leur temps. Faire décrire à un médecin son organisation du travail était une bataille managériale considérable. Le temps médical relevait du mystère, ce qui aboutissait à une organisation qui reposait complètement sur le dévouement, en tous les cas à

l'hôpital public. Maintenant, la première question que posent les jeunes générations qui arrivent, garçons et filles, concerne les congés, l'épargne-temps. Ils commencent par regarder comment ils vont gérer leur équilibre vie privée/vie professionnelle.

C'est un choc de cultures insupportable pour ceux qui dirigent, pour les sexagénaires. Ils ne comprennent pas cette mentalité comptable, qu'ils opposent au dévouement. Je ne partage pas cette appréciation, mais c'est leur ressenti. Une enquête vient de sortir sur les syndicats des internes, dans lesquels le pourcentage de femmes est très élevé, et parmi les choses très fortes qui reviennent, on note la question de cet équilibre. C'est vrai pour la médecine libérale comme pour la médecine hospitalière. Cela interpelle l'organisation du travail. Et cela concerne autant les hommes que les femmes. Ils disent également qu'ils veulent avoir des moments dans leur vie professionnelle où ils n'exercent pas à l'hôpital. Pour moi, ce n'est pas parce que les jeunes veulent un équilibre entre leur vie privée et leur vie professionnelle qu'ils sont désinvestis ou qu'ils ne font pas bien leur travail. Au contraire, ils ont un rapport plus contractuel à leur employeur et à leur univers profesionnel. Et ce que je trouve intéressant là-dedans, c'est que si on allait vers une organisation un peu plus décrite, un peu plus cadrée, je pense qu'on irait, à l'hôpital, vers une meilleure organisation. Quand on entre dans un hôpital, on a l'impression que tout le monde court, que les gens sont très fatigués, donc on a l'impression qu'on manque de personnel. Objectivement, ils courent, donc ils se fatiguent. Cela veut dire que c'est mal organisé.

Pour moi, et je terminerai là-dessus, l'égalité femmes-hommes implique une vraie revendication assumée de temps libre, qui n'est pas du temps honteux mais du temps pour organiser des choses qui comptent, et

un moyen de faire progresser le professionnalisme des institutions. Je le vois plutôt comme une chance pour mieux s'organiser à l'hôpital, pour mettre les choses à plat et être moins sur le ressort du mouvement que sur celui de l'organisation.

ABDEL AÏSSOU

Cette question de l'organisation du travail, je l'aborderai en deux points. Pour commencer, chez Randstad, nous sommes le numéro deux des ressources humaines et nous employions, avant la crise, en équivalent de temps plein, pratiquement 500 000 personnes. Lorsque je suis arrivé à la direction générale il y a six ans, nous avons choisi, avec le président François Béharel, de faire de l'égalité femmes-hommes, notamment pour nos 70 % de permanents, l'axe fondateur de notre politique RSE, notre axe de crédibilité. J'ajoute que, pendant des années, nous avons été la seule entreprise en France à avoir les deux labels Égalité femmes-hommes et Diversité.

Nous avons une politique de certification qui vient en appui de ce que je viens de dire. Je ne suis pas venu vendre un marketing de la diversité, mais essayer de présenter une approche d'égalité et d'égalité salariale. Pourquoi cette approche ? D'abord, parce que ce sont nos valeurs et que nous y croyons. Ensuite, parce que nous sommes des intermédiaires de l'emploi et que nous devons démontrer en permanence que nous pouvons rendre employable n'importe qui et en toutes circonstances. Enfin, c'est un levier de performance : on le fait aussi parce que c'est bon pour l'entreprise.

Que faisons-nous concrètement ? Randstad s'est fait connaître parce que nous avons choisi de lutter contre les stéréotypes, notamment en prohibant les plaisanteries sur les blondes. Chez nous, quelqu'un qui fait une plaisanterie sexiste encourt une sanction disciplinaire. Ce n'est pas une clause de style, nous sommes pour l'humour, mais l'humour est une civilité et, au fond, les plaisanteries sexistes sont un peu comme les histoires juives, c'est quand même plus drôle quand c'est un Juif qui les raconte même si n'importe qui, évidemment, peut les raconter.

Nous avons formé nos managers, pratiquement un millier, parce qu'il faut travailler par le haut. Sieyès disait : « L'impulsion vient d'en haut, mais la confiance vient d'en bas. » Nous avons investi des millions d'euros en formation ; moi-même, je me suis formé, l'idée étant évidemment d'être crédible en tant que directeur général et de pouvoir dire à des subordonnés : « Si j'ai trouvé le temps de me former, tu peux aussi le faire. » Donc, nous avons travaillé à déconstruire ces stéréotypes.

D'ailleurs, cette matrice sur les plaisanteries sexistes nous a servis également, parce que nous sommes une entreprise gay-friendly assumée, et là encore parce que c'est l'intérêt de l'entreprise, en plus de rejoindre nos valeurs. Ces plaisanteries sexistes, on s'aperçoit qu'elles sont aussi utilisées dans un registre homophobe. Elles nous ont servis à déconstruire une série de représentations.

Reste la question de la carrière, des temps de vie et de la feuille de paie. Sur la question des temps de vie, évidemment, nous prohibons les réunions le vendredi. S'il doit y avoir une réunion le vendredi, elle aura lieu, mais l'exception ne peut pas être la norme.

... SA VIE PROFESSIONNELLE

Le vendredi, tout le monde, les dirigeants inclus, aime bien rentrer chez soi. Femmes et hommes, couples et familles monoparentales, tous sont dans la recherche d'un équilibre entre la vie privée et la vie professionnelle.

Nous avons par ailleurs créé une crèche. Elle fonctionne sur réservation, mais nous avons aussi mis en place un système de garde d'urgence permettant de faire face à un souci qui arrive un matin à 7 heures. On téléphone et on a accès à un berceau pour la journée. Nous avons également une salle d'allaitement.

Sur la question des recrutements, nous veillons à ce que, avec un suivi par profession et des correctifs, il n'y ait pas de déséquilibre. Je ne sais pas ce que dirait le Conseil constitutionnel – j'ai entendu Mme la ministre Roudy –, mais on l'a fait quand même.

Et enfin, sur la question de la feuille de paie, chez nous, les écarts salariaux injustifiés sont inférieurs à 1 %. Ils étaient, il y a encore deux ans, de 1,8 %. ● ● ●

Comment avons-nous fait ? Ce n'est pas compliqué, nous avons travaillé avec un spécialiste de la paie, une personne extérieure, qui est venu photographier l'ensemble de notre politique de rémunération et nous avons traqué les écarts injustifiés. J'indique tout de suite que ce n'est pas plus compliqué qu'un tableur Excel, et que c'est surtout du managérial. Avec cette politique, on demande aux managers de venir nous expliquer le sens des promotions qui ont été accordées, et progressivement, on a réussi à corriger le tir. Nous garantissons également à nos collaboratrices qui partent en congé de maternité le fait qu'elles seront, au minimum, dans la moyenne de l'échelon de leur profession, de façon à éviter toute injustice. Et enfin, je finirai avec ce point certes technique mais important qui est la question des temps partiels. Randstad paie pour les cotisations retraites des temps partiels comme si c'était des temps pleins, de façon à permettre de corriger les écarts qui concernent à 90 %, voire à 99 % des femmes. Et je le répète, nous le faisons parce que nous avons nos valeurs, mais honnêtement c'est vraiment un levier de performance assez extraordinaire.

> "NOUS AGISSONS EN FAVEUR DE L'ÉGALITÉ PARCE QUE NOUS AVONS NOS VALEURS, MAIS HONNÊTEMENT C'EST VRAIMENT **UN LEVIER DE PERFORMANCE** ASSEZ EXTRAORDINAIRE."

NATHALIE ANDRIEUX

Les sujets autour de l'égalité femmes-hommes peuvent-ils aider à repenser l'organisation au travail ? Ma réponse est oui. Je pourrais m'arrêter là, mais je vais essayer d'aller un tout petit peu plus loin. Tout à l'heure, on entendait que les jeunes femmes avaient l'impression que ce n'est plus leur combat. Il ne faut surtout pas qu'elles commettent l'erreur qui a été la mienne sur ces sujets.

L'organisation du travail a été faite par les hommes, pour les hommes, j'en suis convaincue. Donc il y a deux solutions : soit les femmes s'adaptent, elles rentrent dans le cadre d'une façon ou d'une autre, soit elles adoptent les codes des hommes et peut-être même encore plus que les hommes, pour montrer à quel point elles ne sont pas caractérielles mais qu'elles ont du caractère. Et du point de vue de l'entreprise, c'est véritablement improductif, parce que, finalement, on se prive de talents et il n'y a que cela qui compte à un moment donné, au-delà même de la morale ou du social. Or, et c'est pour cela que j'aime bien qu'on parle de mixité et non de diversité, il y a 50 % d'hommes, 50 % de femmes. En probabilité, il doit y avoir autant de talents de chaque côté.

J'ai fait une école d'ingénieurs, on était 7 % de femmes. C'est vrai que c'est un métier plutôt scientifique, mais mes copains n'étaient pas des machos. On riait, on plaisantait, j'avais l'impression d'être considérée, donc j'ai cru que l'inégalité n'était pas un problème de ma génération.

Tout à l'heure, on s'interrogeait sur le fait que la promotion de l'égalité soit constitutionnelle ou non. C'est vraiment terrible. On peut tout à fait être promoteur de l'égalité en mettant en place des mesures pour corriger des inégalités. Pour moi, c'est totalement naturel. On a donc commencé à le faire dans l'entreprise dont j'étais la présidente à un moment, Mediapost Communication. La société représentait 600 millions d'euros de chiffre d'affaires et 15 000 personnes et on s'est demandé comment faire.

On s'est dit qu'il fallait mettre en place un projet stratégique avec des actions très factuelles, mesurables, pour la promotion des femmes. Je vais citer quelques exemples. Pour le recrutement, nous avons exigé des short-lists avec autant d'hommes que de femmes. Première action. Deuxième chose : il faut changer le parcours de carrière à l'ancienne. Je travaille dans le groupe La Poste, dont Mediapost fait partie. Dans ce groupe, il y a beaucoup de territoire couvert, beaucoup d'organisation très opérationnelle. Et pour faire carrière, il faut faire ses preuves sur le terrain. Sauf que, si monsieur est capable de partir la semaine et

... RÉMUNÉRATIONS

de rentrer le week-end, et même éventuellement de déplacer avec lui femme et enfants, pour les femmes, c'est beaucoup plus compliqué. Donc, si on dit que, pour faire carrière, il faut faire ses preuves sur le terrain, automatiquement, il n'y a plus de femmes, ou moins. Dans mon entreprise, j'ai eu le cas avec une femme à qui on reprochait de ne pas avoir fait de terrain. Mais pour être directrice marketing, elle n'en a pas besoin.

Comment casser ces codes ? Quelque part, le recrutement, c'est un moment d'incertitude. Pour se rassurer, on cherche quelqu'un qui nous ressemble : il vient du même village, il a fait la même école, c'est un homme. Il y a un moment où finalement cette façon de procéder est presque inconsciente.

Je pense que le recrutement est un point important. Le lissage salarial, évidemment, ce n'est même pas la peine d'en parler. Nous avons investi 100 000 euros pour supprimer les écarts, mais en toute honnêteté j'ai presque honte de le dire, parce qu'il n'y aurait pas dû y avoir d'écart.

Enfin, pour améliorer l'équilibre avec la vie privée, on a instauré le fait qu'il n'y ait pas de réunion après 17 h 30. De toute façon, on a trop de réunions, donc ça tombe bien s'il y en a moins. Et nous avons également travaillé sur la question des congés de maternité. On a l'impression que quand une femme a un bébé, elle interrompt sa vie professionnelle et que c'est tout de suite la fin, alors qu'en réalité ce ne sont que trois mois d'absence. On doit être capable de gérer ça. Nous avons mis en place un système où, avant le congé, on rencontre les femmes, on leur demande si elles veulent rester au contact de l'entreprise et, si elles le souhaitent, on s'organise pour leur donner les informations de l'entreprise. Si elles ne souhaitent pas, on ne le fait pas. Et systématiquement, quand elles reprennent le travail, on les rencontre à nouveau. J'insiste aussi pour que les hommes prennent leur congé de paternité. Je trouve que c'est le début d'une prise en compte, que s'occuper des enfants, ce n'est pas qu'un sujet féminin. Il faut bien sûr des paroles, mais il faut aussi des actes, des indicateurs mesurables.

Je voudrais aussi ajouter qu'il se passe quelque chose aujourd'hui dans le monde : l'avènement du numérique. Cela change profondément les organisations dans l'entreprise, ce modèle hiérarchique auquel on est habitué. Je ne sais pas encore bien comment. Évidemment, je ne suis pas en train de dire : « On est connecté tout le temps, partout, c'est formidable, vous pourrez travailler même après le biberon du petit dernier. » Mais je dis que ce changement apporté par le numérique dans l'organisation de l'entreprise, organisation qui a été faite par des hommes pour des hommes, c'est peut-être une occasion unique pour les femmes de recréer une entreprise où il y a plus d'égalité entre les hommes et les femmes.

"NOUS AVONS INVESTI 100 000 EUROS POUR SUPPRIMER LES ÉCARTS DE SALAIRE ENTRE LES FEMMES ET LES HOMMES, MAIS EN TOUTE HONNÊTETÉ J'AI PRESQUE HONTE DE LE DIRE, PARCE QU'IL N'Y AURAIT PAS DÛ Y AVOIR D'ÉCART DU TOUT."

Enfin, une dernière chose que j'avais envie de dire aux hommes et aux femmes dans la salle. Aux hommes, je voudrais dire d'être vigilants par rapport à l'inconscience. J'ai été ravie d'entendre Abdel Aïssou, parce qu'effectivement les blagues sexistes au travail, ce n'est pas le lieu. Mon conseil aux femmes est de ne rien laisser passer, d'avoir le courage de dire aux hommes qui ne réagissent pas à une blague sexiste qui les met, elles, mal à l'aise : « Je sais bien que tu ne penses pas ça, mais tu aurais pu dire quelque chose. » Il faut que femmes et hommes soient convaincus que ce combat nous touche tous et qu'on peut tous changer les choses, y compris dans l'éducation de nos propres enfants.

DOMINIQUE MÉDA

J'ai réalisé beaucoup d'entretiens dans des entreprises et des entretiens de couples, notamment pour voir comment avaient fait des couples qui étaient restés égalitaires. Ce que l'on voit, c'est que dans les couples qui sont restés égalitaires après dix ans dans la vie professionnelle et qui ont fait les mêmes études, ce sont ou bien des femmes qui n'ont rien cédé, par

Le salaire
des femmes
dans le secteur privé est inférieur
de
28 %
à ceux des hommes
à fonction égale

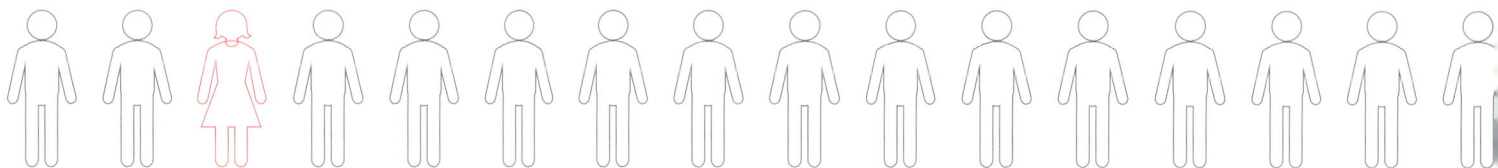

Les femmes touchent
une retraite inférieure de **42 %** en moyenne à celle des hommes

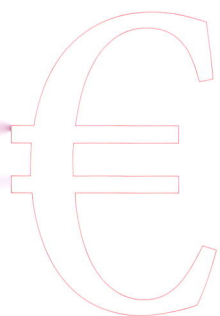

Les femmes constituent 80 % des salaires à temps partiel

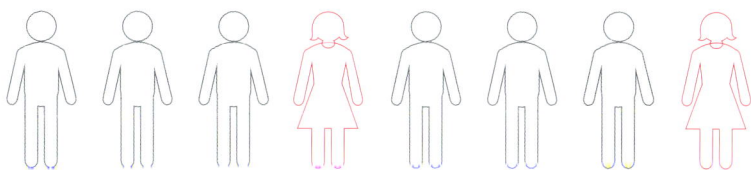

exemple qui ne se sont pas arrêtées au premier enfant, ou bien des hommes très spéciaux, des hauts cadres qui ont pris un congé parental, c'est-à-dire des hommes qui avaient un profond désir de famille et qui étaient prêts à mettre leur carrière en veilleuse, voire en danger. J'ai eu d'assez nombreux entretiens avec ce genre d'hommes qui s'étaient arrêtés et ils m'ont raconté les réactions à leur décision, qu'ils ont prise alors même qu'ils étaient des cadres à haut potentiel. En général, ce sont des N+1 qui disent : « Mais tu mets ta carrière en l'air pendant un an. » Alors, le cadre répond que c'est quand même ce que font les femmes très souvent.

J'ai vu des différences extrêmement fortes dans le comportement des hommes et des femmes, parmi ces personnes plutôt hautement diplômées, chez qui

"DANS LE MONDE PROFESSIONNEL, ON N'A PAS LE DROIT DE FAIRE DES BLAGUES SEXISTES. ET MON CONSEIL AUX FEMMES EST DE NE RIEN LAISSER PASSER."

les normes pèsent très fortement sur les hommes, qui hésitent par conséquent à mettre leur carrière en danger ou en veilleuse. Tant qu'on en restera là, avec des femmes qui sont obligées, d'une certaine manière, de le faire ou alors de déléguer la prise en charge de la plupart des activités familiales à d'autres et avec des hommes qui ne le font pas, on risque de ne pas beaucoup avancer.

———— **ABDEL AÏSSOU**

Chez nous, il nous est arrivé de recruter des femmes enceintes et honnêtement, c'est tellement intégré que c'est après-coup qu'on s'en est rendu compte. Quand vous recrutez quelqu'un, vous ne le recrutez pas pour six mois.

Sur la question de la feuille de paie, il faut être inattaquable. Sur les enjeux sociétaux, je suis convaincu de l'importance de déconstruire les stéréotypes, parce que le problème majeur de notre pays, c'est qu'au fond, on a coupé la tête du roi et qu'on ne s'en est jamais remis. Et tous nos processus de recrutement de cadres en découlent. Si vous recherchez un cadre supérieur, il y a neuf chances sur dix qu'il ait 30 à 35 ans, que ce soit un homme européen et surdiplômé. La république a-t-elle besoin de ce modèle-là pour se restructurer ? La réponse est évidemment non. Je ne vais pas trop m'écarter du sujet, je pense notamment qu'avec notre formation, nous avons une très grande action dans les quartiers et toute une politique de promotion au profit des jeunes femmes issues de l'immigration. On a coutume de dire que les jeunes femmes issues de l'immigration s'insèrent mieux, mais on s'aperçoit que quand elles sont au plus haut niveau, elles sont victimes de déterminisme, ce qui fait que, deux fois plus que les jeunes hommes, elles seront sur des postes qui ne correspondent pas à leur qualification. Je crois absolument à la nécessité de déconstruire les stéréotypes. Nous avons fait le choix de travailler sur l'humour, en interdisant mais aussi en permettant une parole, d'où nos calendriers tous les ans racontés par des femmes. Tant que quand, dans un souci de parité, nous recruterons une femme et qu'il y aura un homme pour dire « mais ça devient une manie », il faudra poursuivre. Parce que ce sont aussi ces stéréotypes qui conduisent une jeune femme brillante en maths à aller en section littéraire plutôt que scientifique. Je pense que ce travail est devant nous. Moi qui ai milité dans les années 1980 sur des questions de racisme ou avec Act Up, je pense que notre société, qui n'est pas encore une société post-raciale, n'est pas non plus encore une

STÉRÉOTYPES...

société post-féministe. Un nouveau féminisme a été inventé après le combat des Chiennes de garde, de Ni putes ni soumises par exemple. Un nouveau combat est à reposer dans une société où les questions de discrimination sont infiniment plus diffuses. Au fond, on a pu dire que la discrimination, c'est le racisme en acte. Vous pouvez discriminer sans être raciste, vous pouvez discriminer sans être sexiste parce que vous tombez sur des stéréotypes et des répétitions.

Je pense que ce troisième temps, ce troisième âge du féminisme dans lequel les hommes peuvent être, il faut le poser dans une logique de partage et pas d'opposition. Ce dossier-là est devant nous.

Dans mon entreprise, nous avons d'autres types de problèmes mais, sur ce point-là, nos organisations syndicales nous en donnent acte, nous avons des résultats. Pour avoir le label Égalité ou Diversité, vous devez soumettre votre programme d'action à vos IRP, vos syndicats. C'est un état d'esprit et c'est aussi un élément du dialogue social. Si vous regardez nos campagnes de publicité, vous verrez qu'il y a toujours des femmes. C'est un choix assumé. J'ai travaillé avec Publicis, c'est de la communication, mais je crois que c'est intelligent. La communication peut aussi faire passer des valeurs. Sur les métiers du BTP par exemple, c'est une femme qui porte le casque. Je ne prétendrai pas être exemplaire sur tout, mais nous avons considéré qu'avoir dans nos permanentes et permanents 70 % de femmes était un levier de performance. Évidemment, nous aurons à intervalles réguliers des départs en congé de maternité, mais c'est intégré dans les modes de gestion. Au fond, tout ça, c'est d'une affligeante banalité, il faut simplement intégrer ce paramètre dans une gestion prévisionnelle des emplois et des compétences. Si vous lissez des temps de vie professionnelle d'hommes et de femmes, je serais d'ailleurs intéressé de savoir si la somme des départs des hommes et des femmes ne s'équilibre pas sur une carrière.

MIREILLE FAUGÈRE

Je vais vous donner pas seulement mon opinion, mais le témoignage de jeunes femmes qui travaillent à l'hôpital et qui ont des choses à dire sur l'organisation hiérarchique qui y a cours. Quand je suis arrivée à l'AP-HP, j'ai constaté ce que je vous décrivais tout à l'heure, la place des femmes dès qu'on se situe dans les instances dirigeantes. J'ai organisé des dîners de femmes pour comprendre. Des dîners de femmes professeurs des universités, des dîners de femmes qui soignent dans les hôpitaux et j'ai écouté ce qu'elles disaient. J'ai entendu une grande frustration sur le fait qu'à un moment donné du cursus, notamment universitaire, pour devenir professeur des universités, il fallait passer quelques années à l'étranger, faire des thèses exactement à l'âge où l'on a des enfants. Cela leur posait des problèmes pratiques mais qu'elles

étaient capables de surmonter. Cependant, le principal problème est qu'à l'hôpital un système de compagnonnage fait que, finalement, il ne suffit pas d'être brillant, il faut aussi être adoubé par un professeur, et si dans ce système il n'y a pas un vrai mentoring féminin, les femmes disparaissent. Elles lâchent prise ou alors elles ont le sentiment qu'on leur propose des carrières qui représentent un tout petit plus en pas chassés au lieu des carrières royales.

Elles se sentaient exclues du système de sélection. Et la question de mieux s'occuper de ses enfants n'entrait pas en compte. C'était quelque chose de beaucoup plus violent. Il y avait une vraie revendication à exercer des responsabilités.

Je voudrais juste dire qu'il y a deux types de responsabilités où il y a une vraie différence entre les femmes et les hommes. Les femmes s'expriment en voulant avoir des vraies responsabilités, notamment

> "DANS NOTRE ENTREPRISE COMME AILLEURS, NOUS AVONS À INTERVALLES RÉGULIERS DES DÉPARTS EN CONGÉ DE MATERNITÉ. IL SUFFIT D'INTÉGRER CE PARAMÈTRE DANS UNE **GESTION PRÉVISIONNELLE** DES EMPLOIS ET DES COMPÉTENCES."

de management, elles veulent être chefs de service, parce qu'il s'agit d'encadrer des équipes et de soigner. D'ailleurs, elles argumentent en invitant à regarder les indicateurs de performance d'un service dirigé par un homme et d'un service dirigé par une femme, à comparer le taux d'absentéisme du personnel soignant et à faire des statistiques. J'ai fait les statistiques. Il n'y a pas photo. Je pense qu'en moyenne, les femmes font plus attention au management de leur équipe et ont moins d'absentéisme que les hommes. Je ne vais pas aller trop vite, mais je vais continuer à faire ces statistiques. Et elles disent autre chose : dans le système hospitalier et universitaire, qui repose sur des élections, c'est-à-dire un système comme les syndicats ou les partis politiques, les femmes ne sont pas intéressées, ● ● ●

EXEMPLARITÉ...

parce que c'est du registre du pouvoir et pas de la responsabilité. Elles ne veulent pas cette bataille-là, elles n'en sont pas nourries, disent-elles. Elles veulent s'occuper des patients, arriver à trouver leur équilibre entre vie privée et vie professionnelle, mais elles n'ont pas envie de se battre pour être dans les instances représentatives.

Je leur ai fait remarquer que moi qui ne suis qu'avec des médecins qui sont élus, je n'ai pas du tout la bonne vision de l'hôpital, de sa gouvernance et de ce qu'il s'y dit. Mais il y a un vrai désir d'avoir des responsabilités avec le pourcentage de temps que cela représente sur le terrain. Tous les vieux professeurs me disent de ne pas m'inquiéter, d'attendre, que cela va venir. Alors, je leur sors mes statistiques : de très bonnes études ont été faites depuis trente ans, dans lesquelles on voit que la dérive est très faible et que, quand on n'a pas des politiques actives, il ne se passe rien. Finalement, être sur ces sujets, cela signifie qu'on doit être lucide et s'emparer de l'arsenal législatif quand il le faut, tout particulièrement dans le public. Le public est en retard par rapport au privé. On a d'abord instauré les quotas dans les conseils d'administration avant de faire passer une loi dans le public pour avoir un peu de parité. Pourtant, quand vous voyez toutes

les jeunes énarques diplômées et qu'il n'y a pas de filles dans les cabinets ministériels...

Dans les entreprises, ce ne sont pas les quotas qu'il faut, mais des politiques avec exemplarité du patron, des directions des ressources humaines très outillées qui donnent des objectifs. C'est un peu triste d'être toujours dans la bataille, c'est très fatigant, mais je pense que ce combat est absolument nécessaire. Il faudra du temps, de la vigilance et ce n'est pas fini. D'une certaine manière, j'ai pensé qu'une partie du chemin était faite, et quand je me suis retournée et que j'ai vu qu'il y avait aussi peu de fait, j'ai vraiment pris la décision d'avoir un militantisme actif et j'ai pris des responsabilités de présidence. Il y avait un petit film sur HEC Jeunes Filles tout à l'heure. J'ai pris la présidence de HEC Alumni, on me le proposait pour la deuxième fois, j'avais dit non la première fois, mais là j'ai accepté, parce que je pensais que les jeunes filles qui faisaient des écoles de commerce avaient besoin de voir aussi une femme comme présidente de l'association des anciens. Cela fait partie des rôles modèles, et c'est de notre responsabilité de le faire.

——————— MARIE-JEANNE
VIDAILLET-PERETTI

Je me présente : Marie-Jeanne Vidaillet-Peretti, vice-présidente du Conseil national des femmes françaises. De votre expérience, est-ce que vous avez constaté que la déconstruction des stéréotypes, une organisation qui lutte notamment contre le présentéisme, la réunionite, avaient des effets sur l'un des derniers bastions à conquérir qui est l'égalité dans la gestion de la vie familiale ? Parce qu'on se pose souvent la question : finalement, quand on libère un peu plus les hommes, en tirent-ils profit pour partager les tâches familiales ?

——————— **DOMINIQUE MÉDA**

Les statistiques ne sont pas bonnes, elles ne montrent pas ça. Toutefois, quand on regarde les femmes qui

> "QUAND ON N'A PAS DES POLITIQUES ACTIVES, IL NE SE PASSE RIEN. ON DOIT ÊTRE LUCIDE ET S'EMPARER DE L'**ARSENAL LÉGISLATIF** QUAND IL LE FAUT, TOUT PARTICULIÈREMENT DANS LE SECTEUR PUBLIC."

ont réussi à prendre des postes à responsabilité, on voit qu'elles sont dans un certain équilibre dans leur couple. L'un de mes enfants, un garçon, a fait une école d'ingénieurs. Une femme est venue leur parler. Et ce qu'elle a dit aux autres femmes, c'était : « Mesdames qui êtes dans la salle, qui sortez d'une école d'ingénieurs brillante, la première chose que vous avez à faire pour réussir, c'est de bien choisir votre mari. » Mon fils me l'a rapporté, cela prouve que c'est aussi rentré dans le cerveau des garçons.

Quelque part, c'est un équilibre qu'il faut aussi prendre à la maison. C'est pour cela que je parlais tout à l'heure d'inciter les hommes à prendre leur congé de parternité, pour que justement, dès la naissance, eux-mêmes se sentent investis et aient le droit de s'occuper de leur enfant. Et il ne faut pas leur dire « Quinze jours, c'est un drame », mais « C'est super ! Prenez aussi votre congé parental. » C'est aussi une forme d'inégalité de l'autre côté qu'il faut combattre. ●

"DANS LES ENTREPRISES, CE NE SONT PAS LES QUOTAS QU'IL FAUT, MAIS DES POLITIQUES AVEC EXEMPLARITÉ DU PATRON, DES DIRECTIONS DES RESSOURCES HUMAINES TRÈS OUTILLÉES QUI DONNENT DES OBJECTIFS."

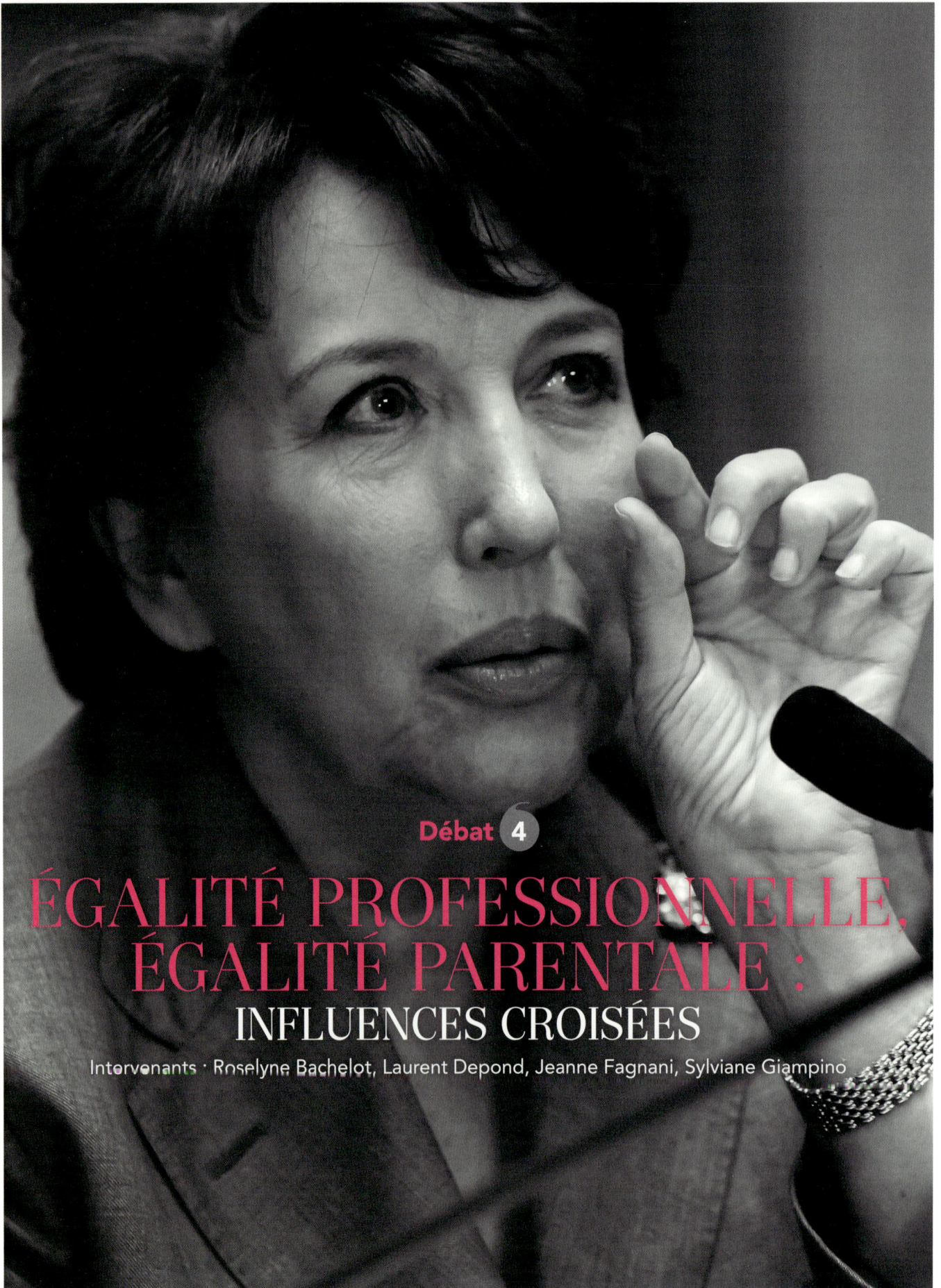

Débat 4

ÉGALITÉ PROFESSIONNELLE, ÉGALITÉ PARENTALE :
INFLUENCES CROISÉES

Intervenants : Roselyne Bachelot, Laurent Depond, Jeanne Fagnani, Sylviane Giampino

""

ROSELYNE BACHELOT

Je ferai une courte introduction. Pour aller directement dans le vif du sujet et à la suite de la table ronde précédente, je porte évidemment une accusation formelle sur la faillite d'un modèle strictement masculin. La crise économique que nous subissons est directement liée à ce modèle particulièrement nocif en ce qui concerne la famille et l'entreprise.

Les sociétés strictement masculines ou hypermasculines sécrètent de la violence verbale et physique et, au nom de cette masculinité, les hommes ont acheté un ticket d'entrée dans des sociétés en acceptant ces violences à leur détriment. Les sociétés purement masculines ont des effets gravement perturbants sur la santé, au travail et dans la famille, et cette hypermasculinité a occulté les autres sphères de la vie sociale, de la vie familiale et surtout de la vie parentale.

Ces dysfonctionnements se payent extrêmement cher en termes de qualité de la vie et en termes de productivité. Je suis heureuse d'avoir entendu les intervenants précédents affirmer à quel point on ne devait pas seulement avoir une démarche au nom du principe de l'égalité, mais bien entendu au nom du principe de l'efficacité. J'invite donc également les hommes qui veulent surmonter la crise économique à adopter des stratégies d'évitement qui ont été très souvent les stratégies des femmes pour exister à la fois dans leur famille et dans leur travail. On se rend compte que ces stratégies d'évitement sont celles qui nous permettront de sortir de la crise de la famille et de la crise de l'entreprise.

Je vois quatre principes qu'il convient de mettre en œuvre dans ces deux sphères. Les hommes comme les femmes sont invités à les utiliser : le principe de réalité, le principe de connectivité, le principe d'humilité et le principe d'émotivité.

Tout d'abord, le principe de réalité car, comme le disait très justement Mireille Faugère, les femmes préfèrent le sens de la responsabilité au pouvoir. Ce principe de réalité que nous avons mis en œuvre dans notre famille, le fait que nous préférions agir sur les choses me paraît une bonne démarche. Je me rappelle toujours quand Laurent Fabius est entré au gouvernement. Il était président de l'Assemblée nationale et avait demandé à être numéro deux du gouvernement, alors que c'était Martine Aubry qui

l'était. Et elle a accepté, ce que n'aurait jamais fait un homme, de céder sa place en disant : « Tout ça, ce sont des histoires d'hommes. » C'est un principe de réalité tout à fait intéressant.

Le deuxième principe est le principe de connectivité. Nous avons à créer de nouveaux rapports hiérarchiques, à quitter des sociétés féodales hiérarchisées verticalement pour des fonctionnements plus souples, en réseaux, pour créer des sociétés de confiance. Et précisément, ces stratégies que l'on peut considérer comme des stratégies d'évitement ont très souvent été mises en œuvre par les femmes dans leur famille.

Vient ensuite le principe d'humilité. C'est le refus d'arrogance et il fonctionne, bien entendu, en interface avec le deuxième principe que je viens d'énoncer, celui de connectivité. Cette stratégie de l'humilité est un formidable moyen de dénouer les conflits. L'agressivité, les attitudes impériales sont, au contraire, un moyen de dresser les gens les uns contre les autres. Ces nouvelles stratégies de management que nous avons appliquées dans notre vie latérale à l'entreprise sont un moteur de progrès.

Enfin, quatrième élément, le principe d'émotivité. Nos sociétés occidentales, riches, sont menacées par les économies émergentes. Les déclarations du ministre du Redressement productif, ce matin, sont intéressantes sur le programme qu'il met en place.

"ON DOIT AVOIR UNE DÉMARCHE AU NOM DU PRINCIPE D'ÉGALITÉ, MAIS AUSSI AU NOM DU **PRINCIPE D'EFFICACITÉ.**"

À la suite, d'ailleurs, d'autres gouvernements de toutes sensibilités politiques, il mise sur la créativité, sur l'innovation, dont la source se trouve dans l'émotivité. Cette notion d'émotivité qui doit être créatrice de richesses est précisément l'une de ces stratégies d'évitement que nous avons utilisées dans nos familles et dans nos entreprises. Et ce sont ces principes qui seront à mettre en place pour pouvoir nous sortir de la crise. Le débat que nous allons ouvrir ensemble sur la façon d'être parent, la façon d'être mari ou femme et la façon de se comporter

● ● ●

dans l'entreprise, c'est évidemment une question cruciale, non seulement au nom du principe de l'égalité, mais bien entendu au nom du principe de l'efficacité. Merci à vous.

JEANNE FAGNANI

Après une journée aussi riche où autant a été dit, il me semble personnellement que je ne peux pas ajouter grand-chose, sinon peut-être un petit aspect qui s'articule en deux points et qui a une grande importance, surtout au niveau symbolique. D'une part, l'asymétrie des politiques qui cherchent à encourager les hommes et les femmes à adopter certaines filières. D'autre part, la question de l'inégal partage des tâches au sein de la famille et celle du personnel de la petite enfance, auxquelles ces politiques renvoient.

Je vais rappeler une situation connue de tout le monde, mais qui est tellement intégrée dans les esprits que finalement on n'agit pas dessus : celle du secteur de la petite enfance. Vous savez que, depuis que les frontières se sont déplacées dans le partage des responsabilités entre la famille, l'État, le marché, les employeurs, toute la société est impliquée dans

PETITE ENFANCE...

les politiques d'accueil de la petite enfance. Trois cent mille assistantes maternelles en France s'occupent des enfants des parents qui travaillent. C'est un personnel féminin à 100 %. Quant au employés des crèches, des jardins d'enfants et même, de plus en plus, des écoles maternelles, ce sont quasi exclusivement des femmes. Mme Faugère, tout à l'heure, a rappelé encore une fois que tout ce qui concerne les activités de soin, donc de prise en charge des malades, des personnes dépendantes, des personnes âgées, était effectué par des aides-soignantes et des infirmières, professions extrêmement féminisées.

Cela exprime le fait que la politique familiale française reste engluée dans un maternalisme profond qui au final pénalise les femmes et les oriente, même lorsqu'elles font des études, vers des filières qui vont les enfermer dans un certain secteur. Et quand bien même elles réussissent d'un point de vue professionnel, elles seront néanmoins cantonnées à certains segments du marché du travail.

Évidemment, cette situation renforce les préjugés, très forts encore dans notre société, qui veulent que les soins aux personnes dépendantes et en particulier aux enfants soient l'apanage des femmes. Et cela a des conséquences importantes dans différents domaines, comme, par exemple, la difficulté à professionnaliser et à valoriser tous les métiers qui sont dans ce secteur. Et il y a une asymétrie dans les politiques actuelles qui cherchent à encourager les filles à s'engager dans des filières masculines, mais n'existent pas en ce qui concerne les hommes. Il est pratiquement impossible, et les gens qui travaillent dans ce secteur vous le diront, pour un jeune homme de devenir assistant maternel, de travailler dans une crèche, etc. Il y a un vrai problème qui doit inciter à lutter contre les stéréotypes. Le Laboratoire de l'égalité a fait là-dessus un travail remarquable et s'est vraiment saisi de cette question. Je crois que, au niveau symbolique et même au niveau des idéaux à plus long terme, cela jouera un rôle très important.

LAURENT DEPOND

Je vous apporte un humble témoignage du monde de l'entreprise où, vous l'avez vu ce matin avec le volontarisme de Stéphane Richard, on veut vraiment agir pour l'égalité professionnelle, tant dans une optique d'éthique que du point de vue des performances, comme le rappelait Mme Bachelot il y a quelques instants. C'est indispensable dans un monde qui bouge beaucoup, pour évoluer, pour créer, pour aller plus loin, pour résister tout simplement.

On veut agir, mais on se heurte à un certain nombre de limites. Rien n'est parfait dans notre monde. Certes, on a atteint l'égalité salariale grâce à une batterie de mesures. On a mis en place beaucoup de choses, beaucoup de modifications des fonctionnements de l'entreprise sur l'organisation du travail, sur la souplesse apportée dans l'organisation du travail. Mais malgré tout, on se heurte à une frontière, et cette frontière, elle est dans les têtes, dans les têtes des hommes comme des femmes.

L'impact de l'inégalité parentale est très fort sur l'inégalité professionnelle. On le voit, même quand je vous dis que l'égalité salariale est atteinte dans ce qui est, par exemple, la part variable des vendeurs. Simplement, il faut vendre quand les clients sont là. Et quand les clients sont là, c'est souvent quand les femmes sont obligées de rentrer à la maison

"ON VOIT L'IMPACT DE LA PARENTALITÉ DANS L'ENTREPRISE AU MOMENT DU DÉPART EN RETRAITE."

pour s'occuper des enfants, et donc la part variable des femmes est moindre que celle des hommes. Par conséquent, on retrouve une inégalité salariale contre laquelle on ne peut rien, c'est le principe du système qui est à revoir. On essaie d'y travailler, mais ce n'est pas quelque chose qui change facilement dans les mentalités.

Il y a aussi la question de l'accès des femmes aux responsabilités. Nous l'avons dit ce matin, nous sommes très volontaristes pour avoir plus de femmes aux postes à responsabilité. Les viviers sont là, on les a identifiés. Il y a des femmes talentueuses, elles sont repérées. Mais pour passer au stade supérieur, il y a un déclic à avoir, et il faut bien souvent lutter contre l'autocensure. Fréquemment, des femmes disent : « J'aimerais bien, mais ce n'est pas possible parce que j'ai mon autre sphère, ma sphère familiale, mes enfants, mon conjoint, et je ne pourrai pas gérer tout ça, je n'y arriverai pas. » Bien sûr, on insiste en proposant de l'aide pour l'oganisation, etc. On a fait des analyses sur les femmes qui sont arrivées aux responsabilités chez nous, et on a vu qu'il y avait un impact très fort de la parentalité. On a remarqué qu'aucune d'entre elles n'avait pris de temps partiel dans sa carrière, alors que le temps partiel est très largement répandu dans notre entreprise. On a même regardé sur l'ensemble de l'entreprise quel était l'impact du temps partiel et on a vu que des hommes qui avaient pris du temps partiel étaient complètement dépositionnés en termes de carrière.

Aujourd'hui, on essaie de travailler sur la question, mais cela va prendre un peu de temps. Bien sûr, si on regarde les promotions des gens qui sont à temps partiel, le mécanisme ne va pas s'enclencher tout de suite. On voit aussi l'impact de la parentalité dans l'entreprise au moment du départ en retraite : quand des gens prennent un congé parental, des femmes bien sûr parce que les hommes sont encore très minoritaires, au moment de partir, il y a une différence. Aujourd'hui, on tente de la compenser pour prendre en compte un pourcentage de cotisation, ce qui est autorisé par la loi, mais cela ne suffira pas. On constate toujours une inégalité. Tous les travaux du Laboratoire de l'égalité l'ont démontré, mais nous, opérationnellement, on le constate.

Alors, que fait-on ? On tâche d'agir sur les mentalités, en travaillant à la fois avec les femmes et avec les hommes, mais comme Stéphane Richard l'a rappelé ce matin, on commence par les hommes, parce que c'est là qu'il y a les gros volumes et les verrous. C'est là qu'on peut essayer de faire avancer les choses, et on le fait de façon plutôt ludique. On essaie de ne pas stigmatiser les hommes, qui sont le fruit d'une construction, d'une éducation. Ils ne sont pas forcément responsables de leur mode de fonctionnement, ils en subissent aussi les conséquences. On essaie de leur faire envisager un monde meilleur, un monde plus égalitaire où eux-mêmes trouveraient un bénéfice, celui de l'équilibre personnel. On ose

"DES HOMMES HEUREUX PARTAGENT PLUS, À LA FOIS DANS LA SPHÈRE PRIVÉE ET DANS LA SPHÈRE PROFESSIONNELLE."

même aller jusqu'à employer le terme de « bonheur ». On a lancé un dispositif avec un autre membre du Laboratoire de l'égalité, Antoine de Gabrielli, que je salue, qui s'appelle « Happy Men », « Hommes heureux ». Des hommes heureux partagent plus à la fois dans la sphère privée et dans la sphère professionnelle, en s'engageant sur des choses très simples. Par exemple, moi, les six premiers mois de l'année, je m'engage à m'occuper de mes enfants quand ils sont malades. Et à travers de petites actions comme celle-ci, on fait prendre conscience de l'anomalie qu'il y a à ce que ce soient toujours les mamans qui s'occupent des enfants malades.

Et progressivement, par petites touches, on arrive à faire bouger les lignes. On a également fait beaucoup de campagnes de communication, mais en étant toujours sur le mode sympathique, attractif. On a utilisé des papas « Orange » qui avaient pris des congés parentaux et qui disaient quel bien ils en avaient retiré. J'ai été frappé ce matin par ce qu'on a entendu lors de la première table ronde, tant de la part de Serge Hefez que des autres intervenants, sur le bon-

"ON CONSTATE QUE LE TÉMOIGNAGE D'HOMMES DE L'ENTREPRISE AYANT PRIS UN CONGÉ PARENTAL A UN EFFET TRÈS BÉNÉFIQUE. ON ESPÈRE DE CETTE MANIÈRE FAIRE BOUGER **LES MENTALITÉS** PROGRESSIVEMENT ET AUSSI RAPIDEMENT QUE POSSIBLE."

heur et le côté positif qu'il y avait à s'occuper de son enfant qui vient de naître quand on est un homme. On constate que ce témoignage porté par des gens de l'entreprise, en précisant aussi qu'il n'avait pas eu d'impact sur leur carrière parce qu'aujourd'hui l'entreprise est très attentive à cela, avait un effet bénéfique. Et on espère de cette manière faire bouger les mentalités progressivement et aussi rapidement que possible.

ROSELYNE BACHELOT

Est-ce que je peux faire une incise ? J'ai vraiment l'impression quelquefois qu'on est dans le pays des Bisounours. Je voudrais quand même rappeler qu'il y a 1 800 000 familles monoparentales, c'est un sujet qui nous tient particulièrement à cœur, qu'il y a des millions d'enfants pour qui l'idée du partage entre le père et la mère, ça n'existe même pas, et que 31 % de ces familles monoparentales sont des familles pauvres. Alors, avant de partager avec les hommes, celles-là, elles vont courir.

LAURENT DEPOND

Mme la ministre a parfaitement raison. Je parlais d'une expérience, mais il est vrai qu'il y a aussi toutes les familles monoparentales. Elles bénéficient d'avantages dans les entreprises, on essaie de les aider.

ROSELYNE BACHELOT

Ce ne sont pas des avantages, mais plutôt un tout petit moyen d'égalité.

LAURENT DEPOND

C'est exact. À notre mesure, nous menons plusieurs actions, comme des autorisations d'absence pour enfants malades qui sont abondées pour les familles monoparentales. Je pense que la plupart des grandes entreprises le font, mais c'est vrai qu'on agit sur ce sur quoi on peut agir. On ne pourra pas porter toutes les difficultés de la société.

SYLVIANE GIAMPINO

On a beaucoup parlé aujourd'hui de l'impact de la parentalité sur le monde du travail, et j'aimerais attirer l'attention sur l'impact du travail sur la parentalité. C'est maintenant, à partir des articulations entre la vie professionnelle et la vie personnelle, qu'on va peut-être pouvoir faire avancer les choses du côté de l'égalité femmes-hommes, parce qu'il faut bien reconnaître que le contraire n'a pas fonctionné. Les femmes se sont mises à travailler. On a changé les lois, on a fait énormément de choses dans notre pays, il y a eu les 35 heures, etc., et pourtant, on a l'impression d'être comme le hamster dans sa roue, qui a l'impression d'avancer, mais ça bouge, ça bouge et ça n'avance pas.

Cela fait maintenant presque trente ans qu'en tant que psychologue je travaille sur ces sujets d'articulation vie familiale/vie professionnelle. Je ne peux que témoigner qu'on est du côté des luxations, des entorses, ça coince. Et la souffrance est à tous les étages. Bien qu'ils travaillent de plus en plus souvent ensemble, bien qu'ils vivent de plus en plus souvent ensemble, bien qu'ils élèvent généralement les enfants ensemble, les hommes et les femmes ne sont pas du tout à la même enseigne du côté des frustrations, des limitations et des injustices, et ce, dans tous les domaines.

Je continue à travailler sur la question des hommes et des pères. Nous devons faire attention à ne pas nourrir ces courants de pensée masculinisés qui peuvent se saisir de tous ces progrès que nous voulons accompagner chez les jeunes hommes et chez les jeunes pères.

Pour les femmes, le diagnostic a été fait aujourd'hui. À cela près que les femmes bougent, les femmes changent et les plus jeunes ne peuvent que s'en réjouir, commencent à ne plus culpabiliser. Quand on leur fait remarquer qu'elle veulent tout avoir, elles répondent que c'est normal. Mais en outre, elles ne veulent plus tout donner et en plus payer pour ça. Là, des lignes sont en train de bouger. Elles ont un rapport différent à la maternité, au travail. On pourrait avancer que les jeunes femmes disent aujourd'hui : « Je ne suis plus la mère que vous croyez. » Les enfants changent aussi, et on ne peut que s'en féliciter. On leur parle et on s'en occupe mieux, quoi que les discours réactionnaires veuillent faire croire. Ils sont plus intelligents, plus ouverts, ils savent énormément de choses, mais ils sont aussi plus sensibles et l'offre de mixité de soins de présence précoce devient une nécessité affective et pas seulement éducative. Pour les hommes eux-mêmes, les coûts commencent à se faire sentir sur la santé, sur le couple, c'est le fusible qui saute. Et de ma place de psychologue dans des services pour la petite enfance, je vois sur quoi les divorces se fondent lorsqu'il y a des enfants de moins de 3 ans au foyer.

C'est une zone à risque pour la société qui s'enlise – cela a été très bien décrit, je vous remercie madame Bachelot – dans le virtuel, l'individualisme, la passion du chiffre, le visible, le rapport complètement malade au temps, donc à la relation. Qu'est-ce qui résiste ? Les hommes ont plusieurs longueurs de retard, mais ils sont à mi-chemin, car il est un procès que l'on ne peut pas leur faire, c'est dire qu'ils n'ont rien changé. Ce serait faux. Ils ont notamment modi-

fié leur rapport aux enfants, à la différence qu'ils veulent pouvoir prendre de l'enfant ce qu'ils désirent et comme ils le désirent, alors que les femmes, elles, sont aujourd'hui au sein de la famille le garant du réel. Le principe de réalité, à savoir ce que l'on appelait autrefois la fonction paternelle, est incarné par les femmes.

Ce sont elles qui disent « il faut faire », et plus elles le disent dans la maison, plus les hommes résistent, parce qu'ils n'ont pas encore pu intégrer qu'il y a là un principe de réalité tout aussi puissant que le principe de réalité auquel ils se soumettent dans le monde du travail. On a donc un champ de résistance important et convergent qui fait que les pères forment encore un couple psychologique infernal avec le travail, y compris quand ils en manquent.

Les mères continuent à prendre la maison et les enfants comme réassurance d'une sécurisation

... DÉSIRS ET RÉALITÉ

féminine, au sens où elles ne veulent pas tout à fait lâcher quelque chose dont elles ne sont pas sûres que quelqu'un va le reprendre. Et elles ont raison, parce que, quand ce quelque chose c'est l'enfant, évidemment il y a de quoi ressentir de l'anxiété. Le monde du travail continue à faire croire que, dans la mesure où il donne des emplois et organise la marche économique des choses, il ne contracterait pas une dette humaine et sociétale. Ce monde du travail externalise les conséquences de ses logiques et de ses dysfonctionnements. Du coup, les femmes, les enfants, la famille sont la caisse de résonance de tous ces dysfonctionnements et restent les variables d'ajustement.

Les hommes aiment le travail, mais je voudrais rappeler que les femmes aussi. Et bien des femmes, cela a été dit et redit aujourd'hui, voudraient travailler plus qu'elles ne le font. Mais le monde du travail aime-t-il encore les hommes ? Je renvoie aux travaux sur la souffrance au travail, bien que nous ayons vu que certaines entreprises s'emparent du problème, de même que certains services publics. Alors oui, il y a des progrès, oui, le rapprochement est indéniable entre les hommes et les enfants, mais il y a encore des écarts importants entre les discours, les désirs et les réalités. Les femmes ont cru que, puisque les

En 1978,
le mouvement
orchestré par Gisèle
Halimi autour du
programme commun
Choisir soutient
75 candidates aux
élections législatives.

hommes désiraient des enfants avec elles, ils seraient avec elles dans le fait d'assumer tout ce qui va avec, et finalement le couple devient la caisse de résonance des souffrances, des dysfonctionnements sociétaux, des contradictions, et ce premier fusible qui saute engendre toute une série d'autres effets négatifs, pervers.

On s'est posé la question du gain en économie d'une meilleure égalité femmes-hommes. Je souligne ici le coût de toutes ces résistances.

POUVOIR...

──────── JEANNE FAGNANI

Je me base sur les faits et je constate que la France se distingue des autres pays en particulier par le fait que tous les termes utilisés dans le secteur de la petite enfance sont marqués par un genre. C'est-à-dire « assistantes maternelles », « écoles maternelles », « nounous », et une série de mots où les hommes sont complètement marginalisés et n'existent pas.

Comment voulez-vous que les femmes n'intègrent pas dès le début cette idée que la responsabilité de l'éducation des enfants leur incombe en priorité ? Mais les choses étant toujours plus compliquées, il ne faut quand même pas à cette occasion oublier de rappeler que le pouvoir sur les enfants, dans la plupart des couples, est détenu par les femmes. Évidemment, c'est une médaille avec des revers. D'un côté, cela pèse sur leur marge de manœuvre ou sur les stratégies qu'elles cherchent à élaborer pour concilier travail et famille. Mais en même temps, dans 85 % des cas, à la suite d'une séparation, les juges aux affaires familiales attribuent les enfants à la femme. Là aussi, il y a une question de pouvoir.

Par ailleurs, je crois que la dimension qui est un peu trop oubliée ici est celle des inégalités sociales au sein de la population féminine. Parce que la question de l'articulation travail/famille ne se pose pas du tout dans les mêmes termes dans les classes moyennes supérieures où les deux conjoints travaillent et où les femmes disposent de ressources pour justement élaborer de bonnes stratégies pour arriver à tout faire, et dans les classes pauvres. Et cela a un coût d'ail-

leurs au niveau social, je le rappelle. Le personnel de maison, tout à fait marqué par le genre – les nannies, les bonnes d'enfants, les gardes –, ce sont des femmes qui sont souvent immigrées et qui ont laissé leurs enfants dans leur pays pour venir s'occuper de ceux des autres. Ce phénomène social montre que la question des femmes n'est pas si simple et qu'il faut quand même souvent l'analyser à travers le prisme des inégalités sociales.

"LE CLIVAGE VIE PROFESSIONNELLE/VIE FAMILIALE EST PRATIQUE POUR LES HOMMES DANS UN PREMIER TEMPS, MAIS IL FAUT SOUFFRIR DANS UN SECOND TEMPS."

──────── SYLVIANE GIAMPINO

Pour ma part, je crois que l'on a artificiellement construit une séparation entre la sphère familiale et la sphère professionnelle. C'est l'héritage ancestral d'un monde du travail qui a été créé sur un modèle masculin. Or, pour les femmes, ce clivage ne tient pas. À partir du moment où une femme est au travail, si elle est mère, elle est préoccupée par ce qui se passe pour ses enfants, alors que les hommes continuent à fonctionner. Psychologiquement, pour l'instant, ce n'est pas tout à fait pareil. Je crois qu'on se sert de ce clivage vie familiale/vie professionnelle pour que les femmes maintiennent une vulnérabilité liée à l'enfant qui finalement fait le lit de certaines inégalités. Pour un être humain, il n'y a pas « Je suis qui je suis quand je travaille » et « Je suis qui je suis quand je suis père ou je suis mère ». Les hommes ont accepté ce mécanisme défensif qu'on appelle le clivage, parce que cela a servi leurs intérêts tant que les femmes prenaient en charge la vie familiale. Mais maintenant qu'ils sont très chaleureusement invités à y prendre leur part, ils commencent à en souffrir eux-mêmes. Le clivage est pratique dans un premier temps, mais fait souffrir dans un second temps et génère des symptômes.

ROSELYNE BACHELOT

Je voulais compléter le propos que je partage sur le maternalisme en indiquant qu'il n'y a pas seulement le vocabulaire : on a vu au cours des dernières années l'environnement de l'enfant se féminiser, y compris dans des professions qui étaient mixtes. Je pense aux professions juridiques, aux professions du soin bien entendu et à l'ensemble des professions sociales. C'est-à-dire qu'un enfant qui vit dans une famille monoparentale où la mère est le seul parent va voir au moment de l'adolescence, à partir de 14 ou 15 ans, en quelque sorte apparaître les hommes dans son environnement. Pendant l'enfance, la petite enfance et la préadolescence, ils sont cernés, si j'ose dire, par les femmes.

Ce n'est pas le moindre des paradoxes que de voir que ceux qui combattent les théories du genre, dont je suis une militante, pas pour les combattre mais pour les adopter bien entendu, au nom de la différenciation masculin/féminin, sont les premiers à vouloir que ces professions soient strictement féminines et se féminisent. On voit la connectivité qu'il doit y avoir dans les politiques et que la féminisation de certaines carrières doit aussi s'accompagner, et cela n'a jamais été fait, de masculinisation active de certaines autres carrières. Sinon, on n'y arrivera pas.

MARIE-ANGE ZORROCHE

Je m'appelle Marie-Ange Zorroche. J'ai fondé l'entreprise TerrÉducation, où je fais entre autres de l'aide à la parentalité. J'aurais voulu vous poser une question. J'ai remarqué depuis quelque temps que les hommes s'impliquaient de plus en plus lorsqu'ils avaient des difficultés avec leurs enfants. Je trouve ça formidable, ils font en sorte que les choses s'améliorent. J'ai essayé d'analyser cela, et j'ai remarqué que c'était aussi et peut-être d'abord pour sauver leur couple qui semble être en danger. Alors que les femmes font la démarche pour que l'enfant aille mieux, pour qu'il y ait de la sérénité qui revienne dans la famille. Ce n'est pas le même comportement face à l'aide à la parentalité. Ce ne sont pas tout à fait les mêmes leviers.

JEANNE FAGNANI

Vous avez raison, on est dans ce temps intermédiaire. Ce qui est très intéressant, c'est qu'on voit que l'émancipation et la libération des femmes commencent à porter des fruits, c'est-à-dire que les hommes commencent à intérioriser l'idée que, s'ils ne s'y mettent pas un petit peu, les femmes vont être à l'origine d'une séparation. Et surtout ce qu'ils disent – j'ai fait avec Brigitte Grésy et l'Observatoire de la responsabilité sociétale des entreprises (Orse) une étude où nous avons écouté des hommes dirigeants –, c'est qu'ils savent que si le couple explose, ils vont perdre les enfants. Et comme ils investissent les enfants de plus en plus, quoi qu'on en dise, cette intériorisation fait qu'ils font un peu attention. C'est quand même un progrès.

"L'ÉMANCIPATION ET LA LIBÉRATION DES FEMMES COMMENCENT À PORTER DES FRUITS."

SUZANNE BELLNOUN

Je suis Mme Bellnoun, présidente de l'Organisation des femmes africaines de la diaspora (Ofad). Pour rebondir sur le problème de la parentalité, je prendrais le problème dans l'autre sens, c'est-à-dire l'égalité femmes-femmes. Est-ce que nous, les femmes, nous éduquons les petits garçons, nous les préparons à considérer leur épouse comme leur égale ? Par ailleurs, on constate que souvent les problèmes qu'il y a dans le couple viennent des femmes, des belles-mères. Moi, je suis originaire d'Afrique. J'entends dire que les veuves sont souvent maltraitées, mais elles ne le sont pas par les hommes, elles sont maltraitées par les femmes. Commençons déjà par faire le point entre nous, femmes. Ensuite, je pense que nous avancerons dans l'égalité femmes-hommes.

JEANNE FAGNANI

Je crois qu'en Afrique on dit aussi que, pour élever un enfant, il faut un village, et donc pour fabriquer

● ● ●

un machiste, il ne faut pas seulement une mère. Il faut des discours à l'école, certains jouets, certaines attitudes dès la petite enfance. Il faut un environnement social, des médias, tout le monde contribue à renforcer les stéréotypes de genre, lesquels sont au détriment de l'image que peuvent avoir les femmes d'elles-mêmes. Ce ne sont pas seulement les mères. Une mère ne vit pas dans un bocal, ses capacités maternelles, sa façon d'être mère ont à voir avec ce qu'on lui offre à vivre dans la société dans laquelle elle évolue.

YVETTE ROUDY

Effectivement, les enfants sont élevés par des femmes, c'est comme cela depuis la nuit des temps. Et naturellement, les femmes sont les premières victimes des stéréotypes. Alors bien entendu, elles répètent ce qu'on leur a dit de répéter. Chez nous aussi. Si les femmes elles-mêmes avaient été imprégnées d'une culture féministe, ce qui n'est pas le cas, il y a longtemps qu'on n'aurait plus besoin de colloques de ce genre. Ce n'est que par un travail sur soi-même, en étudiant, en travaillant, que l'on peut arriver à se débarrasser de ces stéréotypes qui malheureusement nous collent à la peau. C'est comme le racisme. Le sexisme d'ailleurs plonge ses racines dans le même terreau. C'est toujours la même chose, c'est bien connu.

ROSELYNE BACHELOT

Il en va de la famille comme de la politique. J'ai trouvé mes pires ennemis, les pires ennemis du féminisme, chez les femmes elles-mêmes, mais il ne faut pas leur en tenir grief. Comme disait Mme de Staël, on nous a ôté le collier de l'esclavage, mais on en porte encore la marque autour du cou. Comment voulez-vous qu'il en soit autrement ? C'est à nous d'avoir cette démarche dont parlait Yvette Roudy,

cette démarche sur le genre, sur le féminisme, sur l'éducation, sur l'éducation de nos filles. Nous sommes souvent des bourreaux qui ne sont en fait que des victimes.

ANOUK LEVEN

Ce sera plutôt une observation. Anouk Leven, Grand Chapitre général féminin de France et avocate. Je crois qu'on ne peut pas vouloir, d'un côté, chasser les stéréotypes et, de l'autre, continuer à véhiculer des postulats qui sont faux. On continue à nous dire que les juges aux affaires familiales confient les enfants aux mères parce que ce sont des femmes. Je voudrais quand même rappeler qu'aujourd'hui, et heureusement, la majorité des divorces se fait non pas sur consentement mutuel mais au moins avec

> ## "COMME DISAIT MME DE STAËL, ON NOUS A ÔTÉ **LE COLLIER DE L'ESCLAVAGE,** MAIS ON EN PORTE ENCORE LA MARQUE AUTOUR DU COU."

des accords sur un certain nombre de points, que ces juges essaient d'obtenir. Et je rappelle que la loi prévoit *a priori* une garde alternée. Et s'il n'y a pas de garde alternée, c'est parce que les hommes ne la demandent pas. Ils demandent des droits de visite quand ça les arrange, mais la garde alternée, ils n'en veulent pas dans leur grande majorité.

SYLVIANE GIAMPINO

Je dois quand même préciser une chose, c'est que la garde alternée se heurte à des obstacles considérables qui sont liés aux inégalités sociales. N'importe qui ne peut pas se permettre d'avoir deux appartements suffisamment grands et à proximité géographique. C'est l'un des gros problèmes de la garde alternée, qu'il ne faut pas négliger. Et qui demande la garde des enfants ? Ce sont les femmes. Et on leur accorde. On est toujours dans le même système. Où toutes

320

les parties vont dans le sens d'un renforcement du maintien de ce système, y compris les femmes. Les femmes elles-mêmes participent à ce phénomène, c'est ça la perversité. Et effectivement, comme le rappelait Mme la ministre, il y a malheureusement beaucoup de femmes qui sont contre notre combat et qui sont antiféministes.

Je constate dans cet amphithéâtre ce qu'on constate dans d'autres, à savoir que lorsqu'on essaie d'aborder des questions d'articulation vie familiale/vie professionnelle, quand on essaie d'aborder des questions de parentalité articulées à des problèmes sociétaux, économiques et politiques, le débat est déplacé sur les couples séparés, le divorce, la résidence alternée des enfants. C'est presque dommage. J'ai attiré l'attention sur le divorce comme l'un des contrecoups possibles, mais je crois important de continuer à pouvoir penser les hommes, les femmes, les pères, les mères dans une famille qui d'abord et avant tout souhaite rester une famille qui fonctionne ensemble. Il n'y a qu'à voir avec quel courage et quelle intelligence les hommes et les femmes d'aujourd'hui refont une famille de plusieurs façon. C'est tout à leur honneur. ●

"CE SONT LES FEMMES QUI DEMANDENT LA GARDE DES ENFANTS. ET ON LEUR ACCORDE. ON EST TOUJOURS DANS LE MÊME SYSTÈME. OÙ TOUTES LES PARTIES VONT DANS LE SENS D'UN RENFORCEMENT DU MAINTIEN DE CE SYSTÈME, Y COMPRIS LES FEMMES."

Clôture

L'ÉGALITÉ FEMMES-HOMMES EN TEMPS DE CRISE : LUXE OU NÉCESSITÉ ?

Najat Vallaud-Belkacem

"

——————— **NAJAT VALLAUD-BELKACEM**

Je voudrais en premier lieu remercier le Conseil économique, social et environnemental de nous accueillir, de vous accueillir, d'accueillir cette initiative du Laboratoire de l'égalité qu'est ce colloque de haute tenue. J'ai vu la qualité des intervenants qui se sont succédé dans les différentes tables rondes. Vous avez, je crois, très opportunément remis la question de l'égalité entre les femmes et les hommes en perspective, vous l'avez abordée sous tous ses angles, avec ses limites, celles que vivent encore beaucoup trop de femmes aujourd'hui, mais aussi avec la richesse des perspectives que cette question ouvre, pour les femmes elles-mêmes bien sûr, mais aussi pour notre société tout entière. Votre initiative est d'autant plus heureuse que, vous le savez, les échanges que vous avez eus aujourd'hui précèdent d'à peine quelques jours la présentation que je ferai au Sénat du projet de loi pour l'égalité entre les femmes et les hommes et du débat que j'aurai avec les sénateurs et les sénatrices avant que le projet n'arrive à l'Assemblée nationale.

Ce débat que vous avez eu et que nous aurons avec les parlementaires est absolument décisif pour la cause que nous défendons toutes et tous. Il faudra chaque fois convaincre de l'urgence, convaincre de la nécessité, convaincre même certains parfois de l'opportunité d'engager une nouvelle étape pour l'égalité réelle entre les femmes et les hommes. Je crois que vous connaissez parfaitement les arguments que l'on nous objecte parfois : pourquoi est-il encore nécessaire de revenir sur cette question d'égalité que tellement de textes ont déjà traitée ? Est-ce que la parité n'est pas déjà inscrite à l'article premier de notre Constitution ? Est-ce que la non-discrimination entre les femmes et les hommes n'est pas déjà un principe de notre Code du travail que les salariés peuvent opposer devant les juges ? Est-ce que l'école n'est pas déjà le lieu de la mixité et de l'égalité entre filles et garçons ? Est-ce que les entreprises n'ont pas mieux à penser en ce moment dans le contexte de crise internationale que cette question d'égalité professionnelle ?

Toutes ces questions, je sais que vous les avez entendues aussi souvent que moi et, au fond, elles ne font qu'illustrer la question centrale que vous m'avez posée aujourd'hui : l'égalité entre les femmes et les hommes en temps de crise, est-ce un luxe ou une nécessité ?

Mon parti à moi, c'est de poser les termes du débat autrement, sans interrogation, car je ne crois pas qu'il y ait d'interrogations en la matière, mais avec, en revanche, beaucoup de détermination. Mon parti, c'est d'abord de chasser des esprits l'idée qu'il y aurait en quelque sorte une bonne et une mauvaise saison pour l'égalité entre les femmes et les hommes. Au fond, l'égalité, c'est la promesse de la République à tous ses enfants, filles comme garçons, que chaque génération a tour à tour déclinée avec des avancées, avec des reculades. Il revient à notre génération de rendre enfin concrète cette égalité dans la vie quotidienne, car il y a une chose certaine dont souffrent les femmes, qui ne connaît absolument aucun répit, c'est la précarité. J'étais l'autre jour avec les équipes du Secours populaire pour assister à la publication de leurs nouveaux chiffres sur la pauvreté. Le drame

> "IL FAUT CHASSER DES ESPRITS L'IDÉE QU'IL Y AURAIT EN QUELQUE SORTE **UNE BONNE ET UNE MAUVAISE SAISON** POUR L'ÉGALITÉ ENTRE LES FEMMES ET LES HOMMES."

de ces chiffres, c'est qu'ils ne nous ont pas beaucoup surpris et qu'ils correspondent à une réalité que l'on observe partout autour de nous : 4,7 millions de femmes qui vivent sous le seuil de pauvreté en France contre 3,9 millions d'hommes, 1,4 million de femmes qui perçoivent le RSA en 2011 contre un peu plus de 1 million d'hommes. Au fond, ce sont les femmes les premières victimes de la crise, et aujourd'hui, la pauvreté dans notre pays a indéniablement le visage des femmes, les femmes jeunes à la tête de familles monoparentales, mais aussi les femmes qui ont atteint l'âge de la retraite. Pour ces dernières, vous savez que nous avons veillé à ce que cette question soit traitée par la réforme des retraites que nous sommes en train de faire adopter, tant nous savons que les inégalités sont fortes, que les femmes retraitées perçoivent en moyenne une pension inférieure d'un tiers à celle des hommes après correctif et que les projections, et cela doit nous alerter, nous montrent que cette situation ne s'améliorera pas spontanément si l'on ne fait rien. On

● ● ●

considère en effet que, pour les générations nées dans les années 1970, les écarts de pension de retraite entre les hommes et les femmes, si l'on ne fait rien, resteront de l'ordre de 20 %.

Je pourrais presque partir de ce seul chiffre, tellement il nous oblige à traiter l'ensemble des dimensions des inégalités entre les femmes et les hommes. Venir à bout de ces 20 % aujourd'hui, c'est en réalité mener de front plusieurs chantiers : supprimer les écarts de rémunération, réduire la précarité des salariés à temps partiel, annuler la pénalité dans la rémunération et dans la carrière des femmes, qui est souvent constituée par la prise de congés familiaux longs, corriger

"PUISQUE LES INÉGALITÉS NE SE SONT INTERDIT **AUCUN TERRAIN,** IL NE FAUT PAS NOUS-MÊMES NOUS EN INTERDIRE."

l'inégalité dans la distribution des temps de vie, la fameuse heure et demie d'écart chaque jour dans les activités domestiques entre les hommes et les femmes, et compenser les écarts qui se sont créés malgré tout, les inégalités de retraite donc. Voilà nos enjeux économiques, voilà l'urgence, mais pour y arriver, je crois qu'il est nécessaire aussi de repositionner le débat.

Je suis, comme vous tous ici, très attachée à l'égalité et je vois dans l'égalité femmes-hommes en particulier un véritable moteur de transformation de la société qui est synonyme de progrès social et de justice, mais je ne veux pas non plus que nous nous laissions enfermer par ceux qui voudraient réduire notre combat pour l'égalité entre les femmes et les hommes à une question sociale parmi d'autres, avec évidemment toutes les arrière-pensées que l'on devine : « Des questions sociales, il y en a beaucoup, rétablissons la croissance d'abord et tout ça se résoudra ensuite, gagnons la bataille de l'emploi et nous verrons pour le reste. » Je crois qu'il ne faut pas accepter cette rhétorique. Non seulement on ne peut pas laisser faire la fameuse main invisible qui réglerait spontanément les problèmes, parce qu'on sait bien qu'en fait elle entretient et amplifie les inégalités, mais en plus, notre combat pour l'égalité entre les femmes et les hommes dans la vie économique est justement au cœur de la stratégie de croissance, au cœur du combat pour la compéti-

tivité, pour l'innovation, pour l'emploi et le redressement de notre économie. Les chiffres, que ce soient ceux de l'OCDE ou de la Commission européenne sur le potentiel d'augmentation de PIB que nos sociétés pourraient connaître si on avait un taux d'emploi équivalent entre les femmes et les hommes, ne doivent évidemment pas nous laisser indifférents. Derrière, il y a des enjeux très concrets, comme par exemple l'une des questions dont nous nous sommes saisis récemment, celle de la création d'entreprise au féminin. Quand on sait qu'aujourd'hui à peine 3 % des Françaises d'une génération de 18 à 64 ans ont créé ou repris une entreprise sur l'année qui vient de s'écouler, contre 10 % aux États-Unis, quand on sait qu'aujourd'hui, parmi les entreprises innovantes qui se créent chaque année, il y en a à peine 10 % qui sont le fait de femmes, on prend conscience du gâchis, un gâchis à titre personnel pour ces femmes, mais aussi un gâchis pour toute la société. Alors, il va falloir accompagner l'égalité professionnelle dans les entreprises. Il reste malgré tout une question immense : comment fait-on précisément pour faire de cette question de l'égalité un enjeu à part entière qui ne se laisse pas ballotter au gré de la crise ou au gré des événements ?

D'abord, il faut arrêter d'en faire une question qui serait à la marge, à la périphérie et la remettre en permanence au cœur des priorités et en particulier des priorités du gouvernement. Je sais que vous avez entendu des ministres et même une ancienne Premier ministre s'exprimer aujourd'hui. Elles ont dû vous dire combien il n'est pas toujours aisé de porter ce type de sujets dans un gouvernement et ce n'est pas un hasard si j'ai décidé, lorsque je suis arrivée au ministère qui est le mien, d'organiser des séances de sensibilisation à l'égalité entre les femmes et les hommes à destination de mes collègues ministres. Je pense que la bonne façon de répondre aux inégalités, c'est d'agir partout. Puisque les inégalités ne se sont interdit aucun terrain, il ne faut pas nous-mêmes nous en interdire. Pour agir partout, il faut s'outiller, cela veut dire avoir des statistiques pour débusquer, convaincre. Et il faut utiliser la loi quand elle est indispensable. Le projet de loi que je présenterai la semaine prochaine en est une illustration, mais il faut aussi utiliser d'autres types d'outils, comme les conventions qui mobilisent un certain nombre d'acteurs, d'entreprises et permettent de les faire adhérer à des principes et à les faire s'engager sur des évolutions. Cette façon de procéder, c'est par

Najat
Vallaud-Belkacem

rapport de situation comparée mis en place par Yvette Roudy. Il a été très insuffisamment utilisé, faute pour un certain nombre d'entreprises d'avoir su dégager du temps, de l'humain pour pouvoir s'en occuper. Désormais, nous les accompagnons dans la rédaction et nous allons continuer.

Le deuxième principe qui me semble très important, après le fait d'agir partout, c'est d'avoir une approche intégrée. Il faut affirmer que l'égalité entre les femmes et les hommes est un tout, un système, un ensemble cohérent avec des causes et des conséquences, et cet ensemble cohérent part de l'éducation des enfants et va jusqu'aux violences, en passant par l'égalité professionnelle, par l'implication des femmes et des hommes dans la sphère privée, par les responsabilités politiques, sociales ou professionnelles. C'est donc aux défaillances de ce continuum, en quelque sorte logique, qu'il faut s'attaquer. Dans le projet de loi que je présenterai, nous avons décidé de nous fixer quatre priorités. Certains considéreront peut-être que c'est un texte dans lequel on fourre un peu tout, mais non, l'idée est de s'attaquer à tout à la fois avec une première priorité qui est l'égalité professionnelle, une deuxième priorité qui est la lutte contre la précarité des femmes, une troisième priorité qui est la lutte contre les violences et une quatrième priorité qui est la parité. C'est la première fois en France que nous avons un texte qui traite de façon aussi transversale les droits des femmes, car au fond, là encore, les articulations entre chaque thématique doivent être soulignées. Par exemple, le fait de favoriser l'égal accès des femmes et des hommes au pouvoir par la parité, c'est une question de justice dans l'absolu, mais c'est aussi utile pour bousculer les habitudes, les organisations de travail, pour changer l'ordre des priorités et laisser davantage de place à la lutte contre les inégalités professionnelles. Cette approche transversale, c'est aussi celle des acteurs eux-mêmes. Je pense que l'égalité entre les femmes et les hommes ne doit pas être le sujet du seul État. Il faut bien veiller à ce que toute la société

exemple ce que j'ai mis en œuvre quand j'ai proposé à l'ensemble du gouvernement, administration par administration, de s'engager à nommer en son sein un haut fonctionnaire en charge de l'égalité entre les femmes et les hommes, à organiser au mois de septembre de chaque année des conférences de l'égalité, un peu sur le mode des conférences budgétaires qui précèdent la construction d'un budget. Ces conférences de l'égalité permettent au ministère des Droits des femmes de recevoir tour à tour l'ensemble des autres ministères pour passer en revue les efforts faits ou qui restent à faire dans leur secteur. Ce dialogue, nous le reprenons en ce mois de septembre parce qu'il n'y a pas de pause dans le combat et qu'il faut s'adapter aux acteurs pour les accompagner. Parce que je crois que l'égalité ne se décrète pas, ou, plus exactement, il faut la décréter mais cela ne suffit pas. Elle ne s'observe pas de loin, il faut aussi rentrer dans la réalité des acteurs pour les aider à la réaliser et c'est ce que nous avons voulu faire, par exemple, en créant des outils pour faire en sorte que les entreprises soient aidées dans la mise en œuvre des obligations qui sont les leurs, si tant est qu'elles n'en aient pas suffisamment les moyens. Par exemple, vous connaissez le fameux

"NOUS AVONS DÉCIDÉ DE FIXER **QUATRE PRIORITÉS** : L'ÉGALITÉ PROFESSIONNELLE, LA LUTTE CONTRE LA PRÉCARITÉ DES FEMMES, LA LUTTE CONTRE LES VIOLENCES ET LA PARITÉ."

●●●

s'implique et je pense ici aux collectivités locales, avec lesquelles nous avons passé un certain nombre d'accords ces derniers mois qui font que toutes ces procédures que je vous ai décrites dans le fonctionnement de l'État seront très prochainement transcrites dans le fonctionnement des collectivités locales. Mais je pense aussi au Conseil économique, social et environnemental, qui est l'un de nos interlocuteurs les plus réguliers ces derniers temps.

Enfin, dernière chose, le troisième principe, qui vous tiendra sans doute le plus à cœur : la recherche systématique de l'effectivité. Quand je suis arrivée dans mon ministère, ce que j'avais le plus à déplorer, c'était l'écart entre ce que dit le droit et ce que révèle la réalité et c'est pour cette raison que, sur le champ de l'égalité professionnelle, j'ai tenu à mettre en place ces nouvelles procédures de contrôle sur les entreprises, que sur le champ des violences faites aux femmes, j'ai tenu à ce que très vite nous puissions, c'est l'objet de la loi que je présente, généraliser le téléphone portable grand danger à l'ensemble du territoire ou encore améliorer le fonctionnement de l'ordonnance de protection.

Cette recherche de l'effectivité nous conduit d'abord à avoir des résultats et ensuite à nous intéresser à des sujets qui étaient restés un peu orphelins, parce que précisément on n'était pas suffisamment allés voir sur le terrain. Ainsi, la question des pensions alimentaires impayées, qui fait l'objet d'un chapitre dans le projet de loi, en est une bonne illustration. Dans le droit, on a le sentiment que tout va bien ; dans la réalité, on a un vrai sujet postséparation pour les femmes qui ne touchent pas leur pension alimentaire. C'est pourquoi nous construisons cette garantie publique contre les impayés de pension alimentaire qui sera désormais prise en charge par les Caisses d'allocations familiales. Enfin, je crois qu'il faut se donner de nouvelles frontières. Il ne faut pas prendre un certain nombre de réalités comme des fatalités et il faut savoir penser au-delà. Le bon exemple de cela, c'est la question des temps partiels. Ces dernières décennies, on a laissé s'installer une situation qui a largement précarisé les femmes. Le moment est venu de lutter contre le développement exagéré de ces temps partiels, nous le faisons notamment ces derniers mois avec cette règle dans les entreprises d'un seuil minimal horaire de vingt-quatre heures, mais cela ne répond pas à tous les sujets. Nous continuons en travaillant sur l'accès des

"CE COMBAT DOIT SE COMPRENDRE COMME UN COMBAT **POUR L'ENSEMBLE DE LA SOCIÉTÉ.**"

salariés à temps partiel aux droits sociaux, sur la façon dont ils peuvent malgré tout valider suffisamment de trimestres pour avoir droit à une retraite qui ne soit pas indécente, et c'est un sujet sur lequel là encore les pouvoirs publics et les collectivités locales peuvent faire profondément évoluer la donne.

Il y a peut-être un moment où il faudra qu'on arrête de se contenter de corriger et de compenser les inégalités qui se sont formées et qu'on prenne les mesures nécessaires pour s'attaquer à ces inégalités avant qu'elles ne se forment. Puisque, pour reprendre la fameuse formule d'Einstein, « rien n'est plus difficile à désintégrer qu'un préjugé », luttons contre les préjugés avant qu'ils ne s'installent, en particulier dans la tête de nos enfants. La réalité, c'est que l'égalité entre les filles et les garçons est précisément au cœur du rôle et de la mission de l'école. L'école est mixte, mais qu'elle n'est pas neutre à l'égard des filles et des garçons. Donc, que les enfants puissent être amenés à s'interroger et à ouvrir leurs perspectives sans se confronter en permanence aux limites censément liées à leur sexe, c'est extrêmement important, c'est l'un des leviers les plus puissants pour faire progresser cette égalité à l'avenir.

Un autre levier se trouve dans le projet de loi : la réforme du congé parental. Nos détracteurs nous disent qu'on s'immisce dans la vie privée des couples, mais une situation dans laquelle 97 % des congés parentaux sont pris par les femmes n'est pas normale et c'est cette anormalité que nous cherchons à corriger, surtout lorsque l'on sait les incidences que cela peut avoir sur les carrières de ces femmes. Proposer qu'une partie du congé parental soit prise par le deuxième parent, en l'occurrence le père, c'est permettre aux femmes d'avoir une carrière moins heurtée, d'avoir davantage accès aux promotions et aux responsabilités, mais c'est aussi permettre aux hommes d'être à la fois des salariés et des pères. Et je crois que vous en avez ici tous conscience.

Je pense qu'aujourd'hui le combat pour l'égalité entre les femmes et les hommes doit se comprendre non pas comme un combat des unes contre les autres mais comme un combat pour l'ensemble de la société. Merci. ●

PAROLES

EN TOUT GENRE

QU'ELLES ET ILS SOIENT CHEFS D'ENTREPRISE, REPRÉSENTANTS DES GRANDS
CORPS DE L'ÉTAT, À LA TÊTE DE RÉSEAUX DE FEMMES, D'ASSOCIATIONS OU
DE GRANDES ÉCOLES, TOUS PARTICIPENT À FAIRE AVANCER L'ÉGALITÉ
ENTRE LES FEMMES ET LES HOMMES. POUR UNE QUESTION DE JUSTICE
SOCIALE, DE CROISSANCE ÉCONOMIQUE. D'HUMANITÉ EN SOMME.

GOOD MORNING LADIES

LA TRIBUNE

DEPUIS CINQ ANS, DANS *LA TRIBUNE* ET SON BLOG
GOOD MORNING LADIES, ISABELLE LEFORT
PART À LA RENCONTRE DES PERSONNALITÉS ET
DES ENTREPRISES QUI S'ENGAGENT POUR L'ÉGALITÉ.

POURQUOI SE PRIVER DE LA MOITIÉ DE L'INTELLIGENCE ?

CHEFS D'ENTREPRISES, TOP MANAGERS, SIMPLES CITOYENNES… ELLES SONT DES MILLIERS DEPUIS CINQ ANS À SE MOBILISER AU NOM DES FEMMES. C'EST UN VÉRITABLE CORPS INTERMÉDIAIRE EN PUISSANCE. ET EN ACTIONS.

PAR ISABELLE LEFORT

En 2008, quelques semaines après la chute de Lehman Brothers, Valérie Decamp, qui était présidente de *La Tribune*, et Erik Izaelewicz, le directeur de la rédaction du quotidien économique, réfléchissaient ensemble à la place, ou plutôt à l'absence des femmes à la tête des grandes entreprises françaises. À l'exception d'Anne Lauvergeon, alors à la direction d'Areva, et de Christine Lagarde, qui avait beau démontrer son intelligence dans la bourrasque financière, il était évident que le deuxième sexe n'avait pas sa place dans les hautes sphères. « Et si Lehman Brothers s'appelait "Lehman Sisters", que se serait-il passé ? » La formule a fait mouche dans leur éditorial ; en octobre 2009, au Women's Forum, le parterre de journalistes, de cheffes d'entreprise et autres managers, venus d'une centaine de pays, a fait sienne cette réflexion. C'était il y a six ans. Depuis, la loi Copé-Zimmermann a été votée. Alors que la place des femmes dépassait tout juste 10 % dans les conseils d'administration du CAC 40 et 8,7 % de ceux du SBF 120, désormais, elles sont respectivement 28,2 % et 26,2 % à siéger. On est loin de la parité, mais avec la loi Sauvadet, ce texte a joué un rôle d'accélérateur formidable. Depuis cinq ans, j'ai la chance d'observer ce nouvel élan dans l'histoire des femmes, grâce à *La Tribune*. Au départ, je l'avoue, je n'étais pas particulièrement enthousiaste. J'ai passé une grande partie de ma carrière à des postes à responsabilité dans des magazines féminins (*Jalouse, Elle, Femme, Glamour, Biba*), je n'avais pas très envie de m'enfermer à nouveau dans un gynécée de cheffes d'entreprise. Lysiane Baudu (auteure du blog des Terriennes sur TV5 Monde), à qui je succédais à la tête de la rubrique « Portraits de femmes », m'avait prévenue : le caractère répétitif de ces carrières au féminin pouvait rapidement devenir rébarbatif. Il est vrai qu'au quatrième entretien, lorsque mon interlocutrice m'a dit qu'elle avait « des enfants et un mari formidables », souhaitait encourager les autres femmes à « oser » et m'expliquait combien elle avait dû batailler pour dépasser le « plafond de verre », j'ai décidé de changer de stratégie, pour éviter ces mots passe-partout, qui se vident de leurs sens à force d'être martelés. Les femmes méritaient mieux. Ma chance est venue de mes rencontres.

UN FORMIDABLE OUTIL DE MESURE

Je connais bien Floriane de Saint-Pierre ; nous cheminons ensemble dans l'univers de l'industrie du luxe depuis longtemps. Je me souviens du jour où je suis allée à son bureau boulevard Malesherbes et qu'elle m'a demandé si j'avais cinq minutes pour donner mon avis sur son nouveau projet. Ethics & Boards venait de naître. En pragmatique, c'est à la remise d'une Légion d'honneur qu'elle s'était fait la remarque : pour apprécier et donc combattre le peu de place fait aux femmes aux postes à responsabilité, il fallait quantifier. Avec Alexandra de La Martinière en 2010, et depuis Guillaume de Piédoüe, elle a décidé de lancer un outil inédit, qui est désormais considéré comme une référence absolue.

"POUR COMBATTRE, IL FAUT MESURER, QUANTIFIER."

Grâce à son investissement, nous mesurons non seulement la place des femmes dans les entreprises du CAC 40 et du SBF 120, nous pouvons la comparer avec les différentes places internationales, mais nous connaissons également les entreprises les plus féminisées et bientôt nous saurons comment la fonction publique avance sur le chemin de la parité. Cette initiative est née d'une réflexion individuelle ; aujourd'hui, elle sert à tous les spécialistes en France et en Europe. Viviane Reding, la vice-présidente de la Commission européenne et commissaire européenne à la Justice, est la première à féliciter la pertinence de cet outil qui permet de démontrer le rôle moteur que la France joue pour la promotion des femmes en Europe. Nous avons été les premiers, à *La*

"AU WOMEN'S FORUM, LA SOLIDARITÉ N'EST PAS UN VAIN MOT."

Tribune, à consacrer un événement au sujet. Je me souviens encore de l'enthousiasme de François Roche, alors à la tête de la rédaction, devant ce formidable instrument.

UN NOUVEL ÉLAN

Ma première interview de Christine Lagarde a aussi été un moment important dans ma prise de conscience de l'importance du nouvel élan féminin qui était en train de se produire. Elle nous avait reçu à Bercy avec François Lenglet. L'entretien, publié dans *La Tribune & Moi,* visait à recueillir son témoignage sur sa carrière et son implication dans la promotion des femmes. Sans conteste, elle m'est apparue comme l'un de nos dirigeants les plus éclairés et les plus pragmatiques sur le sujet. Qu'il s'agisse des entreprises, de la fonction publique, de l'action contre la misère et les obscurantismes, son engagement n'a ni frontière, ni dogmatisme. Dans les symposiums, à la télévision, aux États-Unis, en France, en Europe, en Asie, elle défend l'idée selon laquelle les femmes sont les porteurs du changement, aux côtés de Sheryl Sandberg, d'Aung San Suu Kyi, de Janet Yellen…

Quelques semaines avant son départ pour le FMI, elle m'avait raconté comment, sollicitée par quelques-unes des initiatrices du réseau Financi'Elles, elle avait adressé une lettre à chacun des présidents des établissements financiers français pour les encourager à soutenir la naissance de ce réseau de femmes. Tous ont immédiatement obtempéré. Dans un message vidéo enregistré depuis Washington, elle a tenu par la suite à expliquer à toutes les femmes engagées dans ce mouvement pourquoi, comment, elle comptait sur elles pour réaliser la profonde modification des établissements, afin non seulement de faire avancer le droit des femmes, mais aussi de réussir à imposer une autre façon de faire du business qui permette de sortir de la logique guerrière au profit d'un management plus pragmatique et collectif. Peu de temps après, en 2012, j'ai assisté à la naissance de la Fédération des femmes administrateurs, qui regroupe les expertes comptables, avocates, huissières, juristes d'entreprise, et bientôt les ingénieures, scientifiques et cheffes d'entreprise. Il faut connaître Agnès Bricard et son tempérament volontariste pour comprendre la détermination du mouvement lancé. Avec Marie-Jo Zimmermann, toutes deux n'hésitent pas à bousculer l'ordre établi, à jouer les bulldozers pour faire avancer le droit des femmes.

Chaque année, je participe au Women's Forum, à Deauville. Je suis de près le travail mené au quotidien par l'équipe de Jacqueline Franjou. La filiale de Publicis poursuit son entreprise de redressement et démontre que l'on peut aujourd'hui concilier engagement et affaires et porter haut les couleurs des femmes. Chaque année, plus de 1 300 participants venus de 80 pays se retrouvent pendant trois jours pour comparer les situations spécifiques selon les régions du monde, analyser et promouvoir l'apport des femmes dans l'économie. Sheryl Sandberg, Anne Lauvergeon, Christine Lagarde, Viviane Reding figurent parmi les fidèles. Désormais, l'organisation développe des mini-forums à l'étranger : au Brésil en mai-juin, en Birmanie en novembre, au Parlement européen en janvier dernier. Chaque fois, la mobilisation revêt un caractère fascinant ; les femmes ont soif d'échanges.

La solidarité n'est pas un vain mot. En octobre 2012, j'ai ainsi réalisé dans le cadre de la manifestation une quinzaine d'interviews de chefs d'entreprise parmi les plus investis en matière d'égalité, dont Olivier Marguet de Renault, Philippe Castagnac de Mazars et Olivier Marchal de Bain & Company. À leurs côtés, les témoignages de deux hommes m'ont particulièrement marquée : celui de Stéphane Richard, le président d'Orange, et celui de Michel Landel, président de Sodexo. Leurs engagements en faveur d'un meilleur partage des temps de vie et la promotion de l'égalité répondent à des convictions profondes. «Nous sommes une entreprise de femmes et d'hommes dans 80 pays, nos 428 000 salariés servent 75 millions de personnes dans le monde, explique Michel Landel. Si nous ne sommes pas capables de comprendre la population que nous servons à l'intérieur de notre entreprise, c'est un vrai handicap. Aujourd'hui, 70 % des décisions d'achat dans le monde sont prises par des femmes. Plus de 60 % des diplômés de l'enseignement supérieur sont des femmes. Si on veut attirer les talents dont on a besoin, il faut être capable d'accueillir la diversité. L'égalité ? On progresse, mais la route est encore très longue.» Les hommes qui mesurent la révolution des femmes qui est en marche dans le monde entier et la puissance de ce rouleau compresseur sont peu nombreux. Que ce soit à Rangoon, São Paulo ou Bruxelles, les femmes s'organisent et réclament justice. Partout, on prend le pouls de l'histoire en marche.

CHANGEMENT DE VOCABULAIRE

Au sein des Tribune Women's Awards que *La Tribune* organise depuis cinq ans, là encore, je mesure les progrès. Ce sont autant de parcours personnels et professionnels que les finalistes me racontent. Le vocabulaire a changé ; elles ne parlent plus d'«oser» ou de «plafond de verre», mais de performances, d'actions concrètes et d'engagement sociétal. L'édition 2013 nous a particulièrement marqués, avec Jean-Christophe Tortora, le président de *La Tribune,* par la qualité et la diversité des lauréates. Leur action première, bien sûr, c'est le business ; mais au-delà, toutes s'engagent pour que leurs performances aient des retombées sociétales. Qu'il s'agisse d'open data santé, d'entreprise performante pour handicapés ou de Nathalie Ducombeau, directrice

> "CES FEMMES ME BLUFFENT ET M'ÉMEUVENT PAR LEUR VOLONTÉ D'AGIR."

de la qualité d'Airbus, ces femmes me bluffent et m'émeuvent par leur volonté d'agir. C'est une constante. Que ce soit en couvrant l'actualité des femmes avec les Cartier Women's Initiative Awards ou les Rolex Awards, qui depuis 1976 distinguent dans le monde de jeunes entrepreneurs, je sais à quel point elles s'investissent pour protéger leur environnement. Plus que les hommes, elles semblent avoir conscience partout dans le monde de la nécessité de soutenir des modèles économiques qui mettent l'humain et la nature au cœur du business.

Grâce à la revue *We Demain,* à laquelle je contribue également, je rencontre mille et un acteurs qui s'investissent pour le bien commun. En novembre dernier, mes échanges avec Laura Turner Seydel – la fille de Ted, qui dirige sa fondation caritative, l'une des plus puissantes aux États-Unis – et Eva Malmström Shivdasani – à la tête avec son époux Sonu des hôtels Soneva et du Slow Life Symposium – m'ont convaincue. Comme le répète à l'envi Osprey Orielle Lake, qui préside le Women's Earth and Climate Caucus, les femmes sont à la proue du développement durable. Pour elle, c'est un même combat. C'est une question de survie et de justice sociale. À Paris, Olga Trostiansky porte cette conviction profonde et défend des actions concrètes qu'elle mène depuis 1995 au Conseil de Paris aux côtés de Bertrand Delanoë. J'aime sa sincérité, son honnêteté et son intelligence.

La retraite des femmes constituera le prochain scandale sanitaire ; il éclaboussera les politiques de tous bords. Il y a urgence à trouver des solutions. La cause des femmes est affaire de justice sociale. Pourquoi la moitié de l'humanité serait-elle condamnée à l'infériorité ? «Pourquoi se priver de la moitié du ciel et donc de notre intelligence ?» disait Mao Tse-Toung. Il avait raison sur ce point. Au nom de quoi ? De quel obscurantisme ? ●

CHRISTINE LAGARDE

À WASHINGTON, LA DIRECTRICE GÉNÉRALE DU FONDS MONÉTAIRE INTERNATIONAL GARDE UN ŒIL SUR LES FRANÇAISES, ENTREPRENEUSES ET MANAGERS, QU'ELLE A SOUTENUES ET SOUTIENDRA.

LA TRIBUNE – Dans un entretien accordé à *La Tribune & Moi* alors que vous étiez à Bercy, vous avez déclaré : « La réussite n'est jamais acquise. C'est un combat perpétuel. Je suis profondément pénétrée de la nécessité d'avancer pas à pas. » Est-ce qu'aujourd'hui, à la tête du FMI, c'est toujours votre conviction ?

Christine Lagarde – Je n'ai pas changé. On doit constamment se remettre en question. Ne jamais considérer que le succès est acquis, et qu'une fois parvenu en haut de n'importe quelle échelle, on a fait ce que l'on devait. Cette philosophie me vient de mon enfance. Mon père nous répétait : « Rien n'est dû, tout est devoir. » On ne peut jamais se contenter d'avoir fait le job. Chaque journée est une bataille.

Vous voyagez énormément, renforcez votre connaissance internationale. Diriez-vous que partout dans le monde les femmes aujourd'hui gagnent en visibilité ?

Elles gagnent en visibilité, oui, mais pas partout. Dans certains pays, les femmes n'ont ni la place, ni la liberté de choix qu'elles devraient avoir. Dans des pays en transition, mais aussi dans des pays avancés, comme le Japon, qui vient d'engager de vrais progrès pour permettre aux femmes d'accéder au monde du travail et d'obtenir des postes de direction dans des entreprises. Je ne parviens plus aujourd'hui à m'ôter de l'esprit le problème de l'accès à l'éducation pour les jeunes filles dans des pays comme l'Afghanistan. En Inde, la sécurité des femmes n'est pas garantie. La visibilité dans des pays avancés progresse, on le voit avec la participation des femmes aux parlements, à la gestion des entreprises, mais ce n'est pas une généralité. En Chine, parmi les banquiers, les chefs d'entreprise, les cercles gouvernementaux, je ne croise pas beaucoup de Chinoises. Je n'ai jamais rencontré une femme à la Banque centrale de Chine.

Au FMI, vous vous trouvez de nouveau confrontée à un monde d'hommes. Vous avez déclaré : « À compétences égales, je privilégie toujours les femmes. [...] Pouvoir casser un peu les plafonds, c'est important. » Est-ce toujours le cas ? Comment faites-vous ?

Au FMI, nous avons des objectifs chiffrés de réalisation. On vient de lancer le programme de recrutement annuel des jeunes économistes talentueux. Et, de mémoire, nous allons recruter 15 femmes parmi les 30 économistes. Les objectifs chiffrés sont formidables, car ils permettent d'avancer plus vite. La France en a fait la démonstration avec la loi Copé-Zimmermann.

Vous avez œuvré pour la promotion des femmes au sein des entreprises, soutenu la création de réseaux comme Financi'Elles. Comment analysez-vous les avancées dans ce domaine aujourd'hui en France ?

Depuis que je suis installée à Washington, je voyage énormément dans le monde entier, mais pas souvent en France. Ce qui ne m'empêche pas, bien sûr, d'avoir un regard et une attention pour des réseaux comme Financi'Elles. J'aimerais leur dire toute mon admiration et mon soutien pour les encourager à poursuivre la cause qu'elles défendent, faire de la place pour les femmes et s'assurer qu'elles peuvent réaliser leur potentiel. Et les engager à se soutenir les unes les autres. C'est un des enseignements que je tire de l'environnement socio-économique aux États-Unis, les solidarités entre femmes sont fortes et efficientes. Il faut poursuivre, ne rien lâcher. [...]

Traversons-nous seulement une crise économique, conjoncturelle, ou s'agit-il d'un changement, plus profond, de civilisation ? Auquel cas quel rôle les femmes devraient-elles jouer dans cette métamorphose ?

C'est un changement plus profond. C'est d'abord une crise financière et immobilière, qu'on a appelée la « grande récession », qui entre dans sa sixième année. Mais c'est aussi, au-delà, une modification des grands équilibres dans le monde, avec un renforcement du rôle des pays émergents – tels qu'on les a nommés jusqu'à maintenant –, qui prendront une place de plus en plus importante dans l'économie, et un réexamen des valeurs et des équilibres qui vont bien au-delà de la seule équation économique. On parle de rééquilibrage macro-économique entre les différents pays. Les femmes doivent prendre l'intégralité de leur part dans cette évolution. C'est-à-dire toute leur place.

EXTRAIT, *LA TRIBUNE*, 8 MARS 2013

MAURICE LÉVY

LE PRÉSIDENT DU DIRECTOIRE DE PUBLICIS S'INTÉRESSE DE PRÈS AU SUJET DE LA PROMOTION DES FEMMES DANS LES ENTREPRISES. IL A ACCEPTÉ DE FAIRE UNE LECTURE CRITIQUE DU LIVRE POLÉMIQUE DE LA JOURNALISTE AMÉRICAINE HANNA ROSIN.

Peut-être est-ce en raison du secteur où nous opérons, la communication, dans lequel les femmes ont toujours joué un rôle essentiel, et parce que nous avons vocation à toujours essayer d'avoir un petit temps d'avance, mais je n'ai pas eu le sentiment que l'auteure de *The End of Men – And the Rise of Women* (éd. Autrement), Hanna Rosin, apportait vraiment quelque chose de neuf. C'est tout le talent des éditeurs. Le titre provocateur est là pour vendre. Ce qui, en revanche, est juste et sur quoi je suis d'accord, c'est le sous-titre : « Voici venu le temps des femmes ». L'ascension des femmes est mondiale. Elle va encore plus vite dans les pays émergents. En Chine, Publicis, à Shanghai comme à Pékin, mais aussi Starcom, sont dirigées par des femmes.

PARTOUT, L'AUTORITÉ EN QUESTION

Le rééquilibrage hommes/femmes va continuer à se développer. Ce qui, en revanche, va rester un problème majeur pour les entreprises, c'est la rupture de carrière et la progression des femmes dans la hiérarchie lors de la naissance des enfants. [...] On perd beaucoup de talents avec la maternité, autour de 38 et 42 ans. Dans notre métier, les horaires sont impossibles. Nous sommes au service du client. Qu'un homme, à la manière de ce qui se fait en Suède, prenne demain un congé parental de un ou deux ans, et il sera confronté aux mêmes difficultés qu'une femme. [...] On peut regretter cet état de choses, mais c'est hélas le genre de contraintes auxquelles on est confronté.

Les modèles familiaux ont explosé en 1968. On vit encore aujourd'hui sous l'onde de choc de cette explosion souterraine, lente. Comme un tsunami. Mais, qu'elle soit professorale, politique, parentale, l'autorité est partout remise en question. L'institution du mariage n'est plus sacralisée, si bien que l'on aboutit de façon presque naturelle au mariage pour tous. Dans l'armée, auparavant, il était inimaginable d'interroger l'ordre, aujourd'hui, on le questionne. [...]

Nous sommes entrés dans une ère multiculturelle, multidimensionnelle, une société mosaïque. [...] Grâce à Internet, les individus se sont emparés du pouvoir de la parole. Il est désormais distribué de manière égale. Et de ce fait, on assiste à des renversements, comme le Printemps arabe. Plus le système sera ouvert, plus les individus contesteront. [...] Il y aura beaucoup de soubresauts. Mais de la parole naîtra la lumière.

**EXTRAIT,
LA TRIBUNE,
8 MARS 2013**

Pour faire face à cette profonde mutation, ce que je conseille avant tout à mes clients, c'est l'ouverture d'esprit. C'est le seul vrai conseil. Il ne faut pas se fermer sur des modèles anciens qui ont formidablement fonctionné par le passé et sont périmés aujourd'hui. L'avenir est à inventer. Du fait de la géopolitique et de l'internationalisation, l'entreprise mondialisée possède un pouvoir jamais égalé. L'entreprise est désormais le lieu où il est le plus intéressant d'exercer le pouvoir, bien plus qu'en politique, qui demeure un panier de crabes. Le véritable enjeu, c'est le pouvoir dans l'entreprise. Dans la vie quotidienne, on assiste à des abus de pouvoir d'hommes, mais aussi de femmes. Songez au film *Harcèlement*, avec Michael Douglas et Demi Moore, l'histoire de cette patronne qui harcèle son directeur de fabrication. Ce n'est pas une affaire de sexe, mais de pouvoir. Là, Hanna Rosin ne fait que reprendre ce qui a été si bien illustré par ce film. Parfois, on nomme des incompétentes. Tout comme certains hommes ne sont pas faits pour diriger une entreprise, il en va de même pour les femmes. L'accélération de la prise de pouvoir des femmes dans le monde est incontestable. Est-ce un bien ? Est-ce un mal ? Au mieux, je serais indifférent ; au pire, je trouverais ringard de se poser la question.

Regardez Irene Rosenfeld, la PDG de Kraft, elle a fait un boulot d'enfer. Prenez Sheryl Sandberg, à qui j'ai promis de partager mon bureau. Ce sont des exemples formidables. Christine Lagarde est un cas extrêmement intéressant. Avocate, elle a réussi brillamment chez Baker & McKenzie. Appelée au gouvernement français, elle a vite compris la situation. Et avec un américain parfait, elle a mené sa mission avec l'efficacité d'une femme du privé. Quand est arrivée la crise des subprimes en 2007, elle a connu des mois difficiles, elle n'était pas préparée au ministère de l'Économie et des Finances. Elle a travaillé pour devenir un élément indispensable du dispositif gouvernemental français et acquérir le respect de tous ses interlocuteurs au plan international. Au FMI, elle n'était pas, là encore, vraiment préparée ; ses premiers pas ont été difficiles. Mais, très vite, elle a corrigé, et aujourd'hui, elle est une excellente directrice générale à la tête de l'institution. Peut-elle être candidate dans le jeu politique français ? Je suis incapable de le mesurer. Est-elle capable d'être présidente de la République ? Certainement. Est-elle capable d'être Premier ministre ? Sans aucun doute. On ne l'attend pas, on l'espère. Je suis persuadé qu'elle peut apporter beaucoup à la France.

FLEUR PELLERIN & VÉRONIQUE MORALI

L'UNE EST MINISTRE DÉLÉGUÉE AUX PME, À L'INNOVATION ET À L'ÉCONOMIE NUMÉRIQUE, L'AUTRE EST À LA TÊTE DE FIMALAC DÉVELOPPEMENT, DE TERRAFEMINA, DE TF CO, DE FORCE FEMMES ET DU WOMEN'S FORUM. ELLES EXPLIQUENT POURQUOI IL FAUT SOUTENIR LES ENTREPRISES DIRIGÉES PAR DES FEMMES.

LA TRIBUNE – Les femmes semblent plus performantes que les hommes. Seraient-elles une solution face à la crise?

FLEUR PELLERIN – Il y a six ans déjà, une étude « Women Matter » de McKinsey&Company démontrait que les entreprises où les femmes sont présentes dans les instances dirigeantes réussissaient mieux. Aujourd'hui, toutes les études le confirment. Pourtant, les femmes sont toujours sous-représentées parmi les créateurs et les dirigeants d'entreprise. Les chiffres stagnent depuis vingt ans. Elles restent sous-représentées dans les comex, les sociétés d'assurance, les entreprises du secteur financier.

VÉRONIQUE MORALI – C'est le constat des paradoxes. D'un côté, les femmes surperforment, de l'autre, elles rencontrent plus de difficultés pour trouver des sources de financement en raison d'une défiance pas toujours rationnelle des banquiers.

EXTRAIT, *LA TRIBUNE*, 8 MARS 2013

Concrètement, quelle politique développez-vous pour soutenir les femmes?

F. P. – Nous travaillons sur les mentalités. Il faut mener des actions de sensibilisation auprès des agents des banques et lever les freins psychologiques à l'octroi des crédits. Nous développons, avec l'association 100000 Entrepreneurs, fondée par Philippe Hayat, des actions de sensibilisation à l'école primaire, dans l'enseignement secondaire et supérieur, pour que les jeunes filles puissent se projeter en créatrices d'entreprise potentielles, au travers de rôles modèles féminins positifs. Tout ce qui permet aux femmes de partager leur expérience, d'échanger des bonnes pratiques, comme les Pionnières Days et les Assises de l'entrepreneuriat, va dans le bon sens. Avec Najat Vallaud-Belkacem, ministre des Droits des femmes, nous souhaitons orienter les projecteurs sur ces exemples de réussite de parcours féminins.

Dans les accompagnements aux entreprises, existe-t-il des questions spécifiques aux femmes?

F. P. – Certains outils sont « genrés », d'autres ne le sont pas, comme le fait d'accompagner un projet d'entreprise et de faire en sorte qu'il puisse dépasser le cap des cinq ans – une entreprise sur deux meurt dans les cinq ans – qu'elle ait été initiée par un homme ou par une femme. Les chiffres le révèlent : les femmes représentent 30% des créateurs d'entreprise, dont 40% sont des autoentreprises, soit la moitié des 550000 créations d'entreprises annuelles. Le taux de précarité est plus fort chez les femmes. […]

Comment faire en sorte que l'on compte plus de femmes dans les instances dirigeantes?

F. P. – La loi Copé-Zimmermann a plus ou moins réglé la question pour les conseils d'administration, mais pas pour le recrutement […]. Les chasseurs de têtes commissionnés par les entreprises ont des cahiers des charges qui sont autant de missions impossibles. Il faut réfléchir à tous les verrous mentaux. La réflexion menée par Viviane de Beaufort, professeure à l'Essec, sur la formation des femmes à la participation à un conseil d'administration me paraît très pragmatique.

V. M. – Les réseaux de femmes constituent un des leviers pour engager des actions volontaristes dans ce domaine. Depuis deux ans, ils se sont structurés; ce sont de vraies communautés agissantes, des forces de proposition pour les entreprises, presque de nouveaux corps intermédiaires qui dialoguent avec les organisations syndicales et suivent la promotion et la visibilité des femmes, tout en étant utiles aux entreprises. Dans le cadre de Terrafemina TF Co, j'accompagne 12 réseaux d'entreprises multisectoriels organisés en « métaréseaux » pour donner la vision des femmes sur l'entreprise d'après-crise, sur un « new business deal ».

Pourquoi est-ce important de développer une réflexion de femmes?

V. M. – Chaque année en octobre à Deauville, 1400 participants, dont 85% de femmes, de plus de 80 nationalités, se retrouvent au Women's Forum. C'est un lieu de rencontres et de débats. Certes, on y parle de plafond de verre, mais on y entend surtout la voix des femmes qui décryptent le monde actuel sans tabou sur des sujets économiques et sociaux, bien au-delà des stricts thèmes dits « gender », et essaient d'y apporter des réponses afin de repartir avec des clés d'action.

F. P. – C'est bien d'être dans une logique de réflexion sur la société. Mais la revendication de postes reste importante car, si on ne le fait pas, le mouvement naturel des choses tend vers l'éviction des femmes, du fait du poids de l'histoire, des traditions. Il faut rester vigilants, ne pas lâcher la garde.

STÉPHANE RICHARD

STÉPHANE RICHARD, PDG DU GROUPE ORANGE, EST TOUT AUTANT UN PATRON INVESTI QU'UN PÈRE ENGAGÉ. POUR LUI, L'ÉGALITÉ PROFESSIONNELLE PASSE PAR UN RÉÉQUILIBRAGE ENTRE LES HOMMES ET LES FEMMES DES VIES PROFESSIONNELLE ET FAMILIALE.

Avez-vous des candidatures féminines en tête ? » C'est ainsi que j'incite mes collaborateurs à réfléchir quand ils doivent recruter ou nommer quelqu'un. J'ai ainsi voulu personnellement confier les rênes de l'activité d'Orange France (50 % du CA du groupe) à une femme, Delphine Ernotte-Cunci, et, à mon arrivée dans le groupe Orange, j'ai immédiatement pris des engagements forts en faveur de l'égalité professionnelle. J'ai la conviction que la mixité, dans toutes les fonctions et à tous les niveaux, est un gage de succès à la fois pour la performance économique et pour le bien-être des salariés. Ces engagements reposent sur trois grands axes : la mixité des équipes (en particulier dans les fonctions techniques), l'accès des femmes à des postes à responsabilité avec un objectif ambitieux de 35 % de femmes dans les équipes dirigeantes à l'horizon 2015, et l'équilibre vie privée/vie professionnelle.

Concernant ces deux derniers points, je suis intimement persuadé que la clé se trouve dans les mains des hommes. C'est par leur implication dans ces sujets que nous viendrons à bout des nombreux stéréotypes culturels sur les rôles respectifs des hommes et des femmes, qui sont bien souvent à l'origine des déséquilibres dans les taux de féminisation des instances dirigeantes. Il faut que les mentalités évoluent ; les femmes, elles, y sont prêtes. C'est aux hommes qu'il appartient désormais de déverrouiller ce blocage en cassant l'image de l'homme qui ne trouverait un équilibre qu'à travers sa carrière et la réalisation de son ambition, sans pouvoir aussi s'épanouir dans sa vie personnelle et familiale. C'est comme cela que nous ferons réellement exister l'égalité professionnelle. L'entreprise, quant à elle, se doit de ne pas faire de différence entre hommes et femmes sur la question de la parentalité – du moins en dehors des périodes de grossesse. Elle doit permettre aux hommes d'être davantage présents auprès de leurs enfants pour que les femmes puissent progresser professionnellement. Sur ce sujet, nous devons rattraper le retard que nous avons en France par rapport aux Espagnols et aux Anglo-Saxons, qui, eux, abordent avec beaucoup plus de spontanéité et de naturel ces questions d'équilibre de vie, qui restent presque taboues dans les entreprises françaises qui cultivent le présentéisme. Ainsi, supprimer les réunions tard le soir et tôt le matin n'est pas une mesure uniquement destinée aux femmes : elle s'adresse aussi aux hommes, pour leur permettre au même titre que les femmes d'accompagner leurs enfants à l'école.

Personnellement, je suis attentif quotidiennement à l'équilibre vie professionnelle/vie privée de mes collaborateurs, ainsi qu'au mien. J'ai la chance d'avoir cinq enfants. J'ai conscience des problématiques d'éducation, car ce rôle de père est très important dans ma vie et il me procure un équilibre indispensable. Comme tous les parents qui travaillent beaucoup, je culpabilise, car je ne consacre pas suffisamment de temps à mes enfants. J'essaie néanmoins de les voir ou de leur parler tous les jours. Je suis d'assez près leur scolarité et leurs activités personnelles, en particulier la musique dont j'aimerais leur communiquer la passion. Ces moments de partage me sont précieux. Enfin, quand je suis avec mes enfants, je m'oblige à l'être vraiment, c'est-à-dire que j'essaie de ne pas regarder mon portable et je tente de me couper réellement de l'univers professionnel. J'ai autant envie d'être un patron engagé auprès de ses salariés qu'un papa attentif à l'épanouissement de ses enfants. C'est une discipline de chaque instant et tous les parents qui travaillent le savent bien.

Ce temps où les hommes étaient uniquement dévolus au travail et les femmes à la vie familiale et domestique est révolu. Je suis convaincu que c'est une très bonne chose : pour les pères, pour les mères, pour les enfants, et pour les entreprises ! C'est en s'impliquant véritablement dans leur vie familiale que les hommes contribueront à construire le cadre de l'égalité professionnelle. Puisqu'il paraît que les hommes aiment relever les défis, en voilà un très beau qui leur est soumis !

LA TRIBUNE, 8 MARS 2013

JACQUELINE FRANJOU

CE N'EST PAS UN HASARD SI L'IDÉE DE CRÉER UNE ÉDITION DU WOMEN'S FORUM AU MYANMAR A GERMÉ DANS LA TÊTE DE JACQUELINE FRANJOU. AVEC VÉRONIQUE MORALI, ELLES PILOTENT LA STRATÉGIE DE LA FILIALE DE PUBLICIS. TOUTES DEUX SONT DES FEMMES FORTES. CETTE ÉDITION EST UN PARI AUDACIEUX.

La vie de Jacqueline Franjou est un roman. La vice-présidente du Women's Forum a vécu mille vies. Née d'un père américain, ingénieur engagé pendant la Seconde Guerre mondiale devenu diplomate, elle a grandi au fil des déplacements. […] Son parcours professionnel […] l'a conduite chez Vivendi, Veolia, Air Inter, Air France, la SNCM. Mais aussi, de 1991 à 1993, au ministère de l'Industrie comme conseillère technique de Dominique Strauss-Kahn. Amie des artistes et des intellectuels, de Simone Veil à Juliette Gréco, elle a cofondé à Ramatuelle le Festival d'art dramatique en 1985 avec Jean-Claude Brialy. […]

Jacqueline Franjou va de l'avant. En janvier 2010, lorsque Publicis lui demande de rejoindre l'organisation initiée cinq ans plus tôt, Maurice Lévy et la direction voient en elle la manager providentielle qui réussira par son expertise et son carnet d'adresses à faire grandir le Women's Forum. Avec Véronique Morali, présidente de Fimalac Développement, TF Co, Terra Femina et du Women's Forum, elles ont réussi à redresser l'entreprise. […] À la veille de la 10ᵉ édition du forum, en octobre 2014 à Deauville, l'internationalisation de la manifestation se développe à un rythme soutenu, autour d'une équipe soudée de douze salariés et deux consultants. Après les deux premières éditions au Brésil, rendez-vous est déjà pris les 26 et 27 mai 2014 à São Paulo. Après la rencontre au Parlement européen le 28 janvier, d'autres éditions sont en préparation, en Europe notamment, mais aussi en Afrique du Sud. Dubai va suivre en 2015. L'ambition du Women's Forum est d'orchestrer à terme une manifestation sur les différents continents chaque année.

L'organisation de l'édition au Myanmar découle de cette stratégie. Mais pour sa première implantation en Asie du Sud-Est, Jacqueline Franjou et Véronique Morali n'ont pas choisi la facilité. « Tout est né de notre rencontre avec Aung San Suu Kyi, raconte Jacqueline Franjou. […] Je souhaitais l'inviter à Deauville. […] Jean-Marie Cambacérès, grand spécialiste de l'Asie, m'a mise en contact avec Thierry Mathou, l'ambassadeur de France au Myanmar, qui connaît bien Suu. Nous avons organisé un déjeuner en son honneur, au musée Marmottan, le 27 juin 2012. Cela a été un moment extraordinaire. […] C'est elle qui nous a demandé de venir au Myanmar pour soutenir l'ouverture et accompagner son développement économique et démocratique. Avec Thierry Mathou, nous avons commencé à travailler et décidé de mener cette opération ensemble. Je me suis rendue à trois reprises sur place. Myat Myat Ohn Khin, la première femme ministre de Birmanie, en charge de la protection sociale, des secours et de la réinstallation, nous a apporté le soutien du gouvernement. C'est une chance. C'est un pari. Le pays est en train de s'ouvrir. Cette année, nous organisons la manifestation à Rangoon, pour des raisons logistiques ; en 2014, nous irons à Naypyidaw, la capitale politique du pays. Quatre cents invitations ont été adressées aux Birmanes. Les femmes jouent un rôle essentiel dans le pays. […] Nous venons observer, discuter, apprendre et nouer des échanges. Nous souhaitons promouvoir le changement en établissant les conditions de partenariats à long terme. Les entreprises qui nous accompagnent l'ont bien compris : en s'appuyant sur les femmes, elles bénéficieront d'un soutien économique puissant. Les besoins sont considérables dans le domaine de la santé, de l'eau et de l'électricité. L'ambassade mène un engagement réel sur le terrain. Nous sommes tous impressionnés par la qualité de la délégation qui nous accompagne. Christine Lagarde a immédiatement répondu présente, Aurélie Filippetti, ministre de la Culture et de la Communication, se joint à nous, comme Anne Lauvergeon, en fidèle du Women's Forum, et Christophe de Margerie, le PDG de Total. »

À LA RENCONTRE DES BIRMANES

Parmi les 300 participantes birmanes invitées aux côtés de Myat Myat Ohn Khin, les leaders et chefs d'entreprise […] vont pouvoir rencontrer notamment Khine Khine Nwe, la responsable de l'équivalent de notre Medef, ou l'écrivaine, féministe et activiste Ma Ju […]. Mais aussi Nyo Nyo Thin, qui est une des six femmes membres du Parlement du Myanmar. Âgée de 41 ans, elle a organisé des séances de sensibilisation pour mettre en place un quota d'au moins 30 % de femmes dans les trois branches du gouvernement. Et le Dr Ma Thida, […] médecin de formation, […] militante engagée pour les droits de l'homme et la démocratie qui a fait de la mobilisation de la jeunesse une de ses priorités.

EXTRAIT, *LA TRIBUNE*, 6 DÉCEMBRE 2013

VIVIANE REDING

VICE-PRÉSIDENTE ET COMMISSAIRE EUROPÉEN CHARGÉE DE LA JUSTICE, VIVIANE REDING INCARNE LE DÉBAT POUR L'ÉGALITÉ PROFESSIONNELLE DES FEMMES ET DES HOMMES EN EUROPE. ELLE VIENT DE RÉUSSIR À FAIRE ADOPTER AU PARLEMENT EUROPÉEN LA PROPOSITION POUR L'INSTAURATION DE QUOTAS DANS LES INSTANCES DIRIGEANTES DES ENTREPRISES.

LA TRIBUNE – **Le vote par le Parlement du texte proposant des quotas pour les femmes dans les conseils d'administration est le résultat d'un long combat. Comment êtes-vous enfin parvenue à ce vote ? L'étape des quotas est-elle indispensable ?**

VIVIANE REDING – Au fil des ans, l'Union européenne s'est montrée pionnière en matière d'égalité des sexes. […] Dans le monde des affaires toutefois, les femmes continuent de se heurter à un plafond de verre qui les empêche d'accéder aux postes les plus élevés. […] Au rythme actuel d'une augmentation de 0,6 point de pourcentage par an depuis 2003, il faudrait quarante ans pour arriver à 40 % de mixité. Nos économies en pâtissent.

Je n'aime pas les quotas, mais j'aime les effets qu'ils produisent. Les mesures d'autorégulation n'ont pas apporté d'amélioration suffisante. L'exemple de pays comme la France […] démontre clairement qu'une intervention réglementaire circonscrite dans le temps peut faire toute la différence. En moins de deux ans, 10 points de pourcentage ont été acquis. Douze États membres de l'Union ont maintenant adopté des lois pour accroître le nombre de femmes dans les conseils d'administration. L'Europe peut et doit les soutenir, ne serait-ce que parce que ces nouvelles règles varient d'un pays à un autre et pourraient devenir un casse-tête pour les entreprises actives dans plusieurs pays de l'Union. C'est pourquoi j'ai présenté en novembre 2012 une proposition de directive destinée à améliorer l'équilibre hommes-femmes parmi les administrateurs non exécutifs des sociétés cotées en Bourse dans l'Union. La proposition met résolument l'accent sur la qualification professionnelle des intéressées. Être une femme ne saurait être une condition suffisante pour siéger dans un conseil d'administration. Mais aucune femme ne se verra non plus refuser un tel poste en raison de son sexe.

Ce texte a été voté la semaine dernière par le Parlement à une écrasante majorité (459 voix pour, 148 voix contre et 81 abstentions). C'est un signal très fort. Le Parlement a provoqué les premières fissures dans le plafond de verre. Il appartient à présent aux États membres, au sein du Conseil, de parvenir à un accord sur la proposition de directive et de trouver un terrain d'entente avec le Parlement européen, afin que cette proposition acquière force normative dans l'Union.

Quels pays ont été les plus favorables ? Les plus réticents ? La nouvelle position de l'Allemagne est tout à fait encourageante et prometteuse. Quel rôle la France a-t-elle joué ?

La France est le moteur du changement. La France, qui a instauré un quota légal en janvier 2011, représente à elle seule plus de 40 % de la variation totale observée dans l'Union entre octobre 2010 et janvier 2012. Et elle n'est pas seule. Douze États ont mis en place des législations similaires. Et maintenant le nouveau gouvernement allemand veut les suivre. Ce serait un signal fort pour l'Europe et pour les femmes. C'est aussi pour cela que l'Europe souhaite mettre en place un cadre commun valable dans toute l'Union. […]

EXTRAIT, *LA TRIBUNE*, 6 DÉCEMBRE 2013

N'est-il pas temps, pour se rendre plus audible et devenir plus importants sur la scène politique européenne, que les mouvements de femmes unissent un peu leur force ?

L'égalité entre les femmes et les hommes n'est pas simplement un noble idéal. C'est un droit fondamental, inscrit dans nos traités constitutifs depuis 1957. Depuis plus de cinquante ans, l'Europe travaille à donner forme à l'égalité entre les femmes et les hommes : nous avons élaboré des lois garantissant un salaire égal pour un travail égal, l'égalité au travail et des droits minimums à un congé de maternité. Bien souvent, si l'Europe n'avait pas agi, ces évolutions seraient intervenues plus tard – voire pas du tout dans certains cas. Nous avons ainsi fait de l'un des principes fondateurs de l'Union européenne une réalité tangible dans le quotidien de nos concitoyens. L'égalité entre les femmes et les hommes est une réussite européenne. Nous pouvons et devons en tirer fierté. Il ne s'agit donc pas de se rendre plus audible, mais de continuer de l'être. La grande priorité pour l'avenir est de continuer à travailler pour que cette égalité de droit se transforme en une égalité réelle. Quand je vois le chemin parcouru jusqu'à présent et le grand nombre de femmes de talent qui font carrière à la tête de sociétés ou en politique ou qui lancent leur propre entreprise, je ne doute pas que nous atteindrons nos objectifs.

6

CHEF-FES D'ENTREPRISE

ELLES ET ILS, À LA TÊTE DE LEUR
ENTREPRISE, SE MOBILISENT
POUR L'ÉGALITÉ PROFESSIONNELLE.

OLIVIER PIQUET

— DIRECTEUR GÉNÉRAL DE LISE CHARMEL —

"J'Y CROIS, PASSIONNÉMENT.
LA PASSION, C'EST LA VIE."

——— Le sujet de l'égalité entre les femmes et les hommes varie énormément selon les villes, les entreprises et les secteurs d'activité. On observe de vraies disparités, c'est d'ailleurs pourquoi la question est complexe à résoudre. Avec Lise Charmel, nous sommes dans un univers privilégié. Nos produits sont spécifiques et exclusifs : notre lingerie allie les plus belles matières à un savoir-faire d'exception et une créativité sans cesse renouvelée qui donnent à nos clientes un confort véritable et un style singulier. Nous nous positionnons en vrai partenaire, notre relation avec nos clientes est placée sous le signe de la confiance et du respect. L'attention portée aux femmes est constante, nous sommes à leur service, qui que nous soyons, hommes, femmes, peu importe : ce qui prime, c'est leur bien-être et leur beauté.

Contrairement à d'autres marques de lingerie, où les hommes dominent dans les comités de direction, alors que les femmes restent aux niveaux inférieurs, nous travaillons dans un esprit d'équipe. L'important, c'est le projet d'entreprise, la réussite en commun, les compétences de toutes et tous. Nous ne sommes pas passés par une étape de quotas, nous sommes sans doute arrivés au stade d'après : nous ne nous posons pas la question du recrutement entre une femme et un homme, c'est devenu évident, naturel. D'ailleurs, plus de 70 % de nos salariés sont des femmes et leur présence est importante à tous les échelons de l'entreprise.

La corseterie est un métier très technique, qui nécessite un savoir-faire exceptionnel qui, culturellement, est entre les mains des femmes. Mais elle a besoin également d'une présence masculine, pour enrichir d'une sensibilité complémentaire le choix des matières, le dessin des broderies et le style. Nous entretenons une relation très protectrice avec les personnes et prêtons une attention toute particulière au développement personnel de chacun. Chaque talent, chaque compétence participe à la réussite de l'entreprise. Nous travaillons dans cet esprit positif, animés par la notion de partage, avec bienveillance.

Les femmes, quels que soient leur savoir-faire et leurs compétences, ont acquis une vraie maturité. Il existe encore des îlots de résistance dans certaines régions ou entreprises, les situations sont très hétérogènes, mais le mouvement est réel, c'est une lame de fond. Le socle des stéréotypes est fissuré. Je suis assez optimiste, ça va continuer, il faut continuer.

"LE MOUVEMENT EST RÉEL, C'EST UNE LAME DE FOND. LE SOCLE DES STÉRÉOTYPES EST FISSURÉ."

ARMELLE CARMINATI

DIRECTRICE GÉNÉRALE D'UNIBAIL-RODAMCO

"J'Y CROIS, ARDEMMENT,
AVEC VIGILANCE ET IMPATIENCE"

———— J'appartiens à la première génération des femmes qui ont cru qu'on y était… Ma famille est d'origine italienne. Je suis l'aînée d'un frère et d'une sœur. Dans la culture latine, le frère occupe une place à part. C'était dans l'ordre des choses. Je n'avais aucun désir de révolte. J'ai commencé à travailler en 1985. Après la loi de 1970 supprimant de la notion de chef de famille, celle du 23 décembre 1985 instaurait l'égalité entre les époux. Je pensais avec une grande naïveté que, puisque c'était dans les textes, c'était dans les faits. J'ai été cooptée associée chez Andersen Consulting et, quelques semaines plus tard, notre nouveau président mondial a annoncé vouloir valoriser la carrière des femmes. Aussitôt, le président français m'apostrophe : «Et chez nous?» Autour de nous, certaines femmes évoluaient, mais d'autres s'évaporaient après leurs grossesses. Des remarques fusaient, comme «Quel dommage, du talent, mais pas faite pour notre métier...». Nous étions en 2000, j'avais derrière moi quatorze ans d'expérience, j'étais maman de trois filles. Et je n'avais pas de grille de lecture. En bonne consultante face à une question complexe, je l'ai divisée en sujets d'investigation, pour que les chiffres produisent des images frappantes. Partout, les écarts se sont révélés consternants. Au-delà de notre entreprise, ils reflétaient ce qui se passait dans la société.

Je ne me suis jamais accoutumée à l'inégalité. Le combat a changé de ton. C'est plus ambigu, plus subtil. Il faut combattre des peurs invisibles, des usages et des mots pernicieux. Et s'attaquer aux stéréotypes. Depuis trois ans, on assiste à un mouvement de réconciliation. Les femmes désirent moins se conformer aux injonctions de tout réussir à tout prix. Les hommes sont des guerriers fatigués. La crise est passée par là, chacun a envie de poser les armes. Assumer un peu de vulnérabilité, d'indécision, ça fait du bien aux deux. Oui à la bienveillance, à l'inattendu et au toupet. Sur le long terme, l'égalité est inéluctable. J'espère seulement que cela ne tardera pas, car mes filles entreront bientôt sur le marché du travail. Il faut prendre garde aux sursauts d'un conservatisme rampant. Des femmes pleines d'ambition rentrent à la maison. Si cela répond à des choix éclairés, très bien, mais ils ne le sont pas toujours. Dans les lieux de pouvoir, les places sont limitées; l'égalité professionnelle agace, voire inquiète. La preuve? Cette sentence qui parfois siffle en réunion : «Y a-t-il un avenir pour un homme blanc de plus de 40 ans dans nos entreprises?» Les hommes ont beaucoup vu ce qu'ils perdaient, mais peu savent ce qu'ils ont à gagner de l'égalité. Nous devons expliquer pourquoi c'est un facteur de mieux-vivre pour tous.

"OUI À LA BIENVEILLANCE, À L'INATTENDU ET AU TOUPET!"

SARA RAVELLA

MEMBRE DU COMITÉ EXÉCUTIF DE L'ORÉAL, DIRECTRICE
DE LA COMMUNICATION, DES AFFAIRES PUBLIQUES
ET DU DÉVELOPPEMENT DURABLE POUR LE GROUPE

"J'Y CROIS, ABSOLUMENT"

———— Je vis de mieux en mieux l'égalité entre les femmes et les hommes. En entreprise, être une femme au comité exécutif n'est plus exceptionnel, donc plus suspect. C'est rassurant et apaisant à la fois : les hommes deviennent nos complices dans un projet global de mixité, le débat ne se situe plus dans l'antagonisme. On apprend à être ensemble. Cela relève d'une tendance de fond : après avoir touché aux limites de l'individualisme, les rapports humains dans la société redécouvrent la puissance du collectif, de la coconstruction, de la coopération. C'est vrai également dans l'entreprise.

Chez L'Oréal, nous avons été assez pionniers en matière de droits des femmes : du «mois Schueller», du nom de notre fondateur, instaurant dès le début de siècle dernier un mois de congé de maternité supplémentaire, à l'égalité salariale et aux chartes de parentalité, de l'aménagement du temps de travail aux engagements diversité dans «Share & Care», notre nouvelle politique RH mondiale. Nous avons en outre des talents féminins à tous les niveaux : 60 % des managers, presque la moitié des membres de comités de direction, la moitié des directions de nos marques, 21 % des membres du comité exécutif. Nous croyons aussi que la connaissance et l'éducation sont et resteront des vecteurs puissants d'émancipation et promotion des femmes dans tous les pays du monde. Dans le cadre de nos engagements «Sharing Beauty with All», nous aidons des communautés de femmes à augmenter leurs revenus grâce au *sourcing* responsable d'ingrédients tels que l'argan ou le karité. Nous créons des modèles inclusifs de microdistribution de produits de coiffure professionnels dans les favelas du Brésil, créant ainsi de niveaux circuits de vente et des centaines d'emplois durables.

À titre personnel, je crois que l'égalité des droits, la mixité des équipes – au-delà même du genre –, l'équilibre des compétences et des expériences sont des sillons de progrès de fond, qui avanceront inexorablement. À chacun dans son domaine et dans sa zone d'influence de pousser pour en accélérer le rythme.

"APRÈS AVOIR TOUCHÉ AUX LIMITES DE L'INDIVIDUALISME, LES RAPPORTS HUMAINS DANS LA SOCIÉTÉ REDÉCOUVRENT LA PUISSANCE DU COLLECTIF."

SAMUEL ROCHER

RESPONSABLE ET FONDATEUR
DU SALON DE COIFFURE SAMUEL ROCHER – PARIS

"J'Y CROIS, ÉVIDEMMENT"

———— À Saint-Nazaire, dans les années 1970, avoir une maman qui travaillait, ce n'était pas banal. J'ai grandi dans une famille très en avance en matière d'égalité femmes-hommes. Papa et maman se relayaient auprès de nous pour qu'aucun ne sacrifie sa vie professionnelle, et tout le monde participait, mon frère et moi compris. D'ailleurs, quand j'allais chez mes camarades, j'étais effaré de voir la place des mères et de constater que mes copains ne faisaient rien chez eux. En province, dans un milieu ouvrier ou rural, on a longtemps considéré que les hommes avaient toujours raison, même quand ils avaient tort ! De cet équilibre serein qui régnait à la maison, j'ai gardé l'essentiel : le goût d'aller de l'avant. Passionné de coiffure, j'ai commencé à travailler à 16 ans et j'ai collaboré avec les plus grands, jusqu'à ce que je crée ma propre enseigne, qui coiffe aujourd'hui des têtes venues des quatre coins de la planète. Il y a deux ans, alors que le mariage pour tous n'était encore qu'un programme de campagne électorale, je me suis marié avec César au Portugal, dont il est originaire. Dans le couple, mon schéma familial demeure une référence : on ne se pose même pas la question. Le premier qui est disponible fait ce qu'il y a à faire. C'est très simple : il faut avancer ! C'est complètement idiot, cette expression de « chef de famille », ça ne veut rien dire.

L'inégalité femmes-hommes ? C'est impensable. Je ne comprends même pas que cela existe. C'est sûr qu'il y a des pays plus machos que les autres. Visiblement, il reste du travail, mais c'est vrai pour toutes les discriminations. J'ai démarré dans le métier avec 25 nationalités, j'ai habité quelques mois dans un foyer Sonacotra et je peux vous dire que l'inégalité concerne toutes les différences. Alors, dans mon salon, j'ai opté pour l'égalité salariale totale. Mais je reconnais que je travaille dans un métier où la question du sexe ne se pose pas. Cependant, je coiffe beaucoup de femmes actives et on voit bien qu'elles ont dû beaucoup travailler pour réussir. C'est quelque chose que l'on sent, mais ces femmes-là ne se plaignent pas : elles ont mieux à faire, elles sont dans la vie !

> "L'INÉGALITÉ FEMMES-HOMMES, JE NE COMPRENDS MÊME PAS QUE CELA EXISTE."

ANNE-CLAIRE MIALOT

HAUT FONCTIONNAIRE

"J'Y CROIS, RÉSOLUMENT"

———— J'ai longtemps considéré que l'égalité entre les hommes et les femmes était un acquis. Élevée de la même manière que mon frère par des parents qui nous ont poussés tous les deux à nourrir de hautes ambitions, je n'ai souffert d'aucun stéréotype particulier, y compris pendant mes études supérieures à Sciences-Po. Pendant des années, j'ai pensé que cette bataille était gagnée, que ce problème auquel s'étaient heurtées mes grands-mères, par exemple, était réglé. C'est au moment du passage des concours administratifs que j'ai commencé à déchanter. J'ai entendu des remarques sexistes absolument inadmissibles, parfois proférées au sein même du jury. J'ai malgré tout franchi les obstacles et entamé une carrière au sein de la fonction publique territoriale. J'ai rapidement gravi les échelons, encouragée et soutenue par mon patron.

Cette ascension jusqu'à mon poste actuel de directrice générale de la Communauté d'agglomération de Cergy-Pontoise ne m'a cependant pas empêchée de remarquer qu'autour de moi beaucoup de femmes très compétentes ne progressaient pas aussi vite dans leur carrière. L'étude publiée en 2011 sur l'égalité femmes-hommes dans la fonction publique territoriale française a fini de me dessiller les yeux ! Car, s'il y a 60 % de femmes dans la fonction publique territoriale, seules 6 % accèdent à des fonctions de direction générale. Un coup de massue. Je me suis rendu compte que j'avais eu beaucoup de chance. Mon mari m'a toujours soutenue et mes enfants n'ont jamais été un handicap. Je jongle, bien sûr, comme toutes les femmes, pour parvenir à un équilibre, mais j'y arrive.

Même si beaucoup de stéréotypes ont la vie dure, intériorisés par les hommes comme par les femmes d'ailleurs, je crois dur comme fer que l'égalité progresse. Et vite ! Un coup d'œil sur les cinquante dernières années permet de mesurer les progrès historiques de l'avancée des droits des femmes. Le monde change. Les femmes ont gagné leur autonomie sociale. Les entreprises évoluent, les conseils d'administration se féminisent, le pouvoir politique impose la parité… Si le combat est loin d'être terminé, certaines discriminations ou comportements sexistes ne sont aujourd'hui plus admis socialement.

"LES FEMMES DOIVENT SE CONVAINCRE QU'EXERCER UN POSTE À RESPONSABILITÉ EST POSSIBLE."

JÉRÔME SALTET

DIRECTEUR ASSOCIÉ
ET COFONDATEUR DU GROUPE PLAY BAC

"J'Y CROIS, COMPLÈTEMENT"

———— La question de l'égalité pour moi est à la fois personnelle, car je me suis rendu compte que j'évoluais dans un certain confort familial alors que je n'y portais pas nécessairement l'attention qu'il aurait fallu, et professionnelle, car pour que l'inégalité ne s'installe pas à l'école, il faut écarter les stéréotypes dès l'enfance. Nous traitons souvent le sujet dans nos journaux : une récente une de *Mon quotidien* titrait d'ailleurs récemment : « À l'école, les garçons et les filles ne sont pas traités pareil. » Nous nous attachons aussi à respecter une parité dans la représentation des enfants qui viennent participer à nos journaux. Nous formons nos jeunes journalistes au respect de l'équité dans le traitement de l'information sur la question du genre et nous informons nos lecteurs. Encore maintenant, de brillantes jeunes filles ne choisissent pas assez les filières scientifiques et certains garçons feraient d'excellents « puériculteurs ». Tout ce qui est inégalitaire me semble un véritable gâchis !

Indéniablement, les choses progressent. Mais si lentement. L'espoir repose bien sûr sur les jeunes générations qui arrivent. Elles rejettent fortement toutes les formes de discrimination. Sans attendre de révolution, je pense que les consciences évoluent. Dans l'histoire, certaines causes ont avancé à pas de géant. Un regard en arrière sur l'évolution des normes de sécurité routière permet, par exemple, de mesurer que les choses peuvent parfois changer drastiquement. L'atelier éducation que j'anime au sein du Laboratoire des stéréotypes, composé d'experts de tous bords, a précisément vocation à faire des recommandations fortes pour faire évoluer les comportements et casser les stéréotypes. Et en consultant certains manuels scolaires, le chemin à parcourir semble encore bien long.

Pourtant, je reste résolument positif. De multiples ingrédients sont réunis : volonté politique, prise de conscience dans les entreprises, montée des jeunes générations, initiatives multiples, envie de changement des hommes et des femmes… Il faut persister dans l'argumentation, ne pas baisser la garde, faire tomber les résistances, afficher sa volonté de faire bouger les lignes. Quand on est en prise avec la société, chef d'entreprise comme je le suis aujourd'hui, il est impossible de ne pas s'intéresser à ces questions : à la fois pour nos équipes, à l'intérieur de l'entreprise, mais aussi à cause du sujet que l'on traite, l'éducation, terreau des jeunes de demain. Les femmes bougent. Elles ne veulent plus subir, elles ne tolèrent plus. Ce sont des changements positifs. Je crois que ce sont les femmes qui font changer le monde. On va changer, il faut changer…

"LES FEMMES BOUGENT. ELLES NE VEULENT PLUS SUBIR, ELLES NE TOLÈRENT PLUS."

Une femme chef-fe de chantier ? C'est l'exception qui confirme la règle. Encore aujourd'hui, dans le secteur des travaux publics, la parité hommes-femmes n'existe pratiquement pas.

ROLANDE GERBERON

DIRECTRICE DU CIRCUIT GRANDS LIBRAIRES D'INTERFORUM

"J'Y CROIS, MAIS IL FAUT UNE PRISE DE CONSCIENCE"

———— À titre personnel, je ne vis pas l'inégalité femmes-hommes au quotidien. Professionnellement, j'ai la chance d'occuper un poste à responsabilité. En revanche, dans un monde où tout va très vite, il faut exercer une vigilance perpétuelle. Pour que le débat continue, car les vieux réflexes demeurent. Que ce soit dans la politique ou dans la société en général, «chassez le naturel, il revient au galop».

Pour l'avenir, j'imagine une évolution positive. Mais le clignotant rouge reste allumé, malgré la loi. C'est beaucoup plus compliqué qu'il n'y paraît. On le constate particulièrement en politique. L'égalité évoluera positivement si tout le monde est convaincu que les femmes n'ont pas de fausse barbe ! Et qu'elles ont leurs raisons d'être dans le débat public, sociétal et privé, sans pour autant être des porte-drapeaux. La parité ne fonctionne pas bien aujourd'hui. On note un déséquilibre de la parole. Lorsqu'une femme s'exprime en politique, elle n'est pas entendue. Lorsqu'il s'agit d'un homme, l'écoute est démultipliée. C'est concret, factuel. Il y a parfois des défauts d'équilibre dans la prise de parole. Je l'observe au quotidien, quelle que soit la place de la femme dans la société civile, en entreprise ou en politique et peut-être même parfois au sein de la famille. Le combat n'est pas terminé. C'est une lutte de tous les jours. Et je précise ne pas être une féministe acharnée.

Si je suis optimiste pour les années à venir, en revanche, les résultats ne sont pas encore probants, qu'il s'agisse du partage des tâches, de l'accès à des postes importants, de la parité, de la question des salaires. Il y a encore beaucoup de travail. Le patriarcat est très installé. Il faut une prise de conscience générale de la part des hommes et des femmes. La femme doit se faire sa place et le comprendre très jeune. On a connu un ultraféminisme avec des problématiques importantes. Aujourd'hui, on constate une dégradation. L'équilibre doit être inculqué dès la petite enfance. En terminale scientifique, on trouve encore une plus grande part de garçons et en section littéraire de filles, pourquoi ?

"LE COMBAT N'EST PAS TERMINÉ. C'EST UNE LUTTE DE TOUS LES JOURS."

ABDEL AÏSSOU

DIRECTEUR GÉNÉRAL DU GROUPE RANDSTAD FRANCE

"J'Y CROIS, C'EST UN LEVIER DE PERFORMANCE"

———— L'égalité en droit est un acquis. Le dire peut paraître anodin, mais il n'est pas inutile de rappeler qu'il s'agit là en réalité d'une avancée récente. Chacun le sait, les femmes n'ont obtenu le droit de vote qu'en 1944. Mais jusqu'en 1966, elles ne pouvaient exercer une activité professionnelle sans l'autorisation de leur mari. C'était il y a moins de cinquante ans ! Et il a fallu attendre encore plus longtemps pour que les femmes disposent de leur corps : je pense bien sûr à la loi Neuwirth de 1967, qui a autorisé la contraception, et à la légalisation de l'IVG en 1975. Ces deux dates sont symboliques du processus d'émancipation des femmes à l'égard des hommes. Cependant, malgré les indéniables progrès, je considère que ce processus n'est pas achevé. Sur le terrain de l'égalité professionnelle, par exemple, les écarts de salaire injustifiés entre les femmes et les hommes demeurent encore très importants. Il nous reste donc à passer de l'égalité formelle à l'égalité réelle.

À mes yeux, la prochaine «terre de conquête» en matière d'égalité femmes-hommes dans notre pays concerne les représentations mentales. Dans la vie privée ou professionnelle, le rapport des hommes aux femmes est encore trop souvent lesté de stéréotypes liés au genre. Or ces stéréotypes nourrissent des préjugés généralement négatifs, avec un risque, même involontaire, de discrimination. Il me semble donc essentiel de concentrer nos efforts sur leur déconstruction. Si nous relevons ce défi, je pense que nous serons à l'orée d'une société post-genre, c'est-à-dire une société où les femmes et les hommes seront jugés sur leurs compétences intrinsèques, et non plus sur les qualités ou défauts censément associés à leur condition d'homme ou de femme. L'enjeu est de poser les bases pour une société post-féministe dans laquelle les différences ne sont pas niées, mais pas surdéterminées.

Par nature autant que par conviction, je suis optimiste ! Et je crois très sincèrement que nous avons davantage de raisons de l'être que l'inverse. Jugeons sur pièces : la situation des femmes en France aujourd'hui est plus avantageuse qu'elle ne l'était il y a vingt ans, et à plus forte raison il y a un demi-siècle. Il faut toutefois rester très vigilants et poursuivre inlassablement nos efforts. Les dérapages machistes – il y a peu encore, au cœur même de la représentation nationale – viennent régulièrement nous rappeler la difficulté de la tâche à accomplir pour atteindre l'égalité entre les femmes et les hommes.

"IL NOUS RESTE À PASSER DE L'ÉGALITÉ FORMELLE À L'ÉGALITÉ RÉELLE."

367

ISABELLE OCKRENT

DIRECTRICE DE LA COMMUNICATION
ET DE LA MARQUE DU GROUPE RATP

"JE CROIS EN L'ÉQUITÉ"

———— J'ai 64 ans, je travaille depuis quarante-deux ans, j'ai quatre enfants et je n'ai jamais été confrontée à l'inégalité. Ma sœur et moi avons été élevées de façon très moderne pour l'époque. Il nous fallait être premières en classe, travailler beaucoup et avoir un métier. Nous y sommes parvenues. Notre éducation était fondée sur l'idée de travail et de mérite. J'ai mené une carrière très intéressante, j'ai aussi pris des risques et j'aime mon métier. Je n'ai jamais été confrontée à des inégalités de traitement. Il peut arriver d'avoir le sentiment de ne pas être assez écoutée, mais des hommes aussi peuvent avoir ce ressenti. Je n'ai jamais eu l'impression que, parce que j'étais une femme, ce que je disais ne trouvait pas d'écho.

Je constate une formidable évolution de la société. Lorsque j'ai entrepris mes études, seules l'ENA et Sciences-Po ouvraient leurs portes aux filles. Polytechnique n'était pas encore mixte. Depuis plusieurs années, on observe de très belles réussites féminines, tout particulièrement au sein des grandes écoles de commerce. Par ailleurs, nous confondons souvent la question de l'égalité et de l'inégalité des femmes cadres désireuses de devenir PDG et la situation des femmes qui n'ont pas accès à la connaissance et à l'éducation, la première des inégalités.

Je me suis longtemps montrée hostile au principe des quotas. Pourtant, dans certains cas précis, notamment au sein des conseils d'administration, l'instauration de quotas a permis de débloquer la situation, je l'admets. Mais les talents doivent primer. Je ne souhaite pas voir ce type de mesures se répandre à l'excès. J'envisage le sujet de l'égalité entre les femmes et les hommes dans un cadre plus global. L'égalité des chances ne se résume pas à une problématique femmes-hommes. C'est aussi la question de la diversité des origines, de l'accès à l'emploi, aux transports, à l'éducation.

Je crois en l'équité. Ce terme véhicule la notion de justice. L'égalité consiste à traiter les êtres de la même façon et l'équité à leur donner les mêmes chances. Le talent, l'intelligence, la capacité de travail, voire le goût du travail, diffèrent selon chacun.

"L'ÉGALITÉ DES CHANCES NE SE RÉSUME PAS À UNE PROBLÉMATIQUE FEMMES-HOMMES."

BRIGITTE DUMONT

DIRECTRICE RSE DU GROUPE ORANGE

"J'Y CROIS, AVEC CIRCONSPECTION"

——————— Honnêtement, je n'ai pas le souvenir d'avoir jamais ressenti une quelconque inégalité lors de mon enfance ou pendant mes études. En revanche, dès que j'ai pénétré le monde professionnel, mon statut de femme m'a sauté au visage. Après des études en commerce international, j'ai décroché plusieurs entretiens d'embauche et j'ai découvert, stupéfaite, remarques sexistes et visions archaïques. Tout à coup, être une femme me semblait être un gros problème. Ces souvenirs se sont un peu effacés de ma mémoire, car j'ai ensuite entamé un parcours professionnel riche et varié. Entrée au service commercial de Jeumont-Schneider, un univers d'ingénieurs, très masculin, je me suis, par exemple, retrouvée à une réunion de 250 personnes où la seule femme qui n'était pas hôtesse d'accueil, c'était moi ! Au fil des années, j'ai observé que nominations ou salaires étaient moindres pour les femmes. Cependant, j'ai eu la chance d'être soutenue et valorisée par des dirigeants qui m'ont jugée sur mes compétences. Ma carrière m'a menée chez Matra, puis dans le groupe Orange, à différents postes : directrice du marketing, puis de la communication, des ressources humaines, et depuis peu directrice de la responsabilité sociale du groupe. Cet engagement professionnel de tous les instants n'aurait pas été possible sans le soutien inconditionnel de mon mari. Il m'a encouragée, poussée à accepter de nouvelles responsabilités. Malgré nos carrières internationales, nous avons toujours trouvé ensemble des solutions pour maintenir l'équilibre de la vie de famille.

À travers mes différentes fonctions, j'ai exploré beaucoup de thèmes autour de la question de l'égalité femmes-hommes : représentation paritaire dans les métiers, diversité, temps partiel, parentalité… Et je suis confiante. Les mentalités évoluent, les stéréotypes reculent, les verrous culturels sautent. L'entreprise a compris que la mixité faisait naître de l'innovation et de la créativité. Mais nous nous devons de rester très attentifs, vigilants. Mon combat actuel ? Pour tenir des engagements chiffrés de quotas de femmes dans les professions d'ingénieurs, encore faudrait-il qu'il y ait suffisamment de candidates. Problème d'enseignement, d'orientation… C'est dommage, car par méconnaissance, les femmes s'interdisent des professions porteuses de sens et d'enjeux sociaux et environnementaux, où l'égalité de salaire est une réalité. Mais je suis confiante, car la jeune génération qui arrive, hommes et femmes, exprime un comportement foncièrement égalitaire.

"L'ENTREPRISE A COMPRIS QUE LA MIXITÉ FAISAIT NAÎTRE DE L'INNOVATION ET DE LA CRÉATIVITÉ."

JEAN-PAUL LUBOT

DIRECTEUR GÉNÉRAL DÉLÉGUÉ DU GROUPE MARIE CLAIRE

"J'Y CROIS, PLUS QU'UN
ENGAGEMENT, C'EST
UNE CONVICTION"

——————— Dans le groupe Marie Claire, l'égalité femmes-hommes n'est pas un sujet d'actualité, c'est le cœur de notre activité. À la tête des magazines, nous avons beaucoup de directrices de rédaction et de rédactrices en chef. Nous comptons finalement assez peu d'hommes dans nos rangs, nous sommes dans un rapport inversé. Au comité de direction, aux côtés de notre fondatrice, il y a autant de femmes que d'hommes. Nous n'appliquons aucune différence de salaire. Je considère que c'est une chance de travailler avec beaucoup de femmes. Nous sommes très complémentaires. Nous avons besoin d'être ensemble pour avancer.

Par essence, *Marie Claire* est un grand magazine féministe. Nous sommes présents dans 35 pays, et notre édition consacrée aux femmes au travail, *Marie Claire at work,* aux États-Unis et en Angleterre, fonctionne très bien en France. Nous avons une position pro-active : nous avons monté le premier grand forum sur l'inégalité salariale entre les femmes et les hommes, et, dès que nous le pouvons, nous publions des articles, nous lançons des débats. C'est pourquoi nous sommes partenaires du Women's Forum. Nous sommes un magazine citoyen. Je crois aux actions phares qui éclairent l'inégalité avec légèreté, mais de façon efficace. Pour la journée de la Femme, il y a trois ans, nous avons maquillé des personnalités et transformé des femmes en hommes. En 2012, nous avons lancé la «journée du talon» et réalisé une séance photo avec des artistes hommes qui posaient en escarpins. Pour l'occasion, nous avons organisé une réception à l'hôtel de ville de Paris avec 500 personnes. Je faisais partie des hommes qui ont mis des talons. C'était amusant, symbolique, mais cela a fait beaucoup de bruit.

Je suis optimiste sur l'évolution vers l'égalité en France. Et même si je suis opposé aux quotas, je dois reconnaître que cela fait avancer les choses. Les hommes ont pris le pouvoir, ils ont du mal à le partager. Tout ce qui fait avancer l'égalité est bon en soi. Pour ce qui est de la place des femmes dans le monde, il y a énormément de combats à mener. En particulier pour la scolarisation des filles. C'est pourquoi nous soutenons des écoles dans le monde, dont celle de Tina Kieffer au Cambodge et d'autres avec la Chaîne de l'espoir. De plus en plus de pays sont par ailleurs désormais dirigés par des femmes, c'est une bonne chose. En France comme aux États-Unis, nous n'y sommes pas encore parvenus. Mais cela viendra. J'en suis convaincu. La mixité est une clé de succès.

"MÊME SI JE SUIS OPPOSÉ AUX QUOTAS, JE DOIS RECONNAÎTRE QUE CELA FAIT AVANCER LES CHOSES. TOUT CE QUI FAIT AVANCER L'ÉGALITÉ EST BON EN SOI."

MARIE-CLAIRE CAPOBIANCO

RESPONSABLE DE LA BANQUE DE DÉTAIL EN FRANCE DE BNP PARIBAS

"J'Y CROIS, VÉRITABLEMENT"

———— L'égalité entre les femmes et les hommes est en chemin. Ce qui signifie qu'elle avance, mais que tout n'est pas encore réglé. Bien sûr, les situations sont très variables selon ce dont il est question : parlons-nous d'égalité sociale, professionnelle ? Dans quelle partie du monde ? Dans quel milieu social, quelle religion ? Mais si je pense à la France, je crois que la nécessité d'égalité est devenue une évidence. Et pourtant, dans les faits, ce n'est pas encore le cas. Nous devons collectivement faire progresser la situation pour que l'équilibre devienne la norme partout et à tous les niveaux. C'est un facteur de justice sociale et un vecteur de croissance pour l'économie. Mais je crois aussi que l'égalité exige des efforts individuels. Donc, continuons le chemin et faisons en sorte de le parcourir en accélérant l'allure !

Le mouvement est engagé. Déjà, les générations montantes évoluent dans leur conception de la répartition des tâches domestiques. Dans les grandes entreprises, le souci d'égalité se traduit par nombre de mesures organisationnelles. Cela passe par l'identification des relèves féminines potentielles, avec la demande que chaque poste à responsabilité puisse être occupé par un homme et une femme de façon quasi symétrique et systématique. Ce sont également des règles de vie qui tiennent compte des horaires pour ne pas mettre en difficulté les femmes qui ont des enfants en bas âge. Personnellement, en tant que cadre dirigeant, je suis devenue très attentive à ces sujets. Et dans mon équipe immédiate, je suis assez fière d'avoir une mixité parfaite. Je me sens aussi une responsabilité vis-à-vis des autres femmes de mon groupe, pour qui je constitue un de ces « rôles modèles » dont on parle de plus en plus. J'essaie de leur transmettre de l'énergie, de l'envie. C'est fondamental. Je suis également très attachée à l'appui que je peux apporter aux femmes entrepreneures. Dans mon rôle de « banquière », j'ai noué plusieurs partenariats avec d'autres acteurs de l'écosystème de l'entrepreneuriat féminin et, ensemble, nous apportons conseil et accompagnement aux femmes qui se lancent dans l'aventure.

Pour l'avenir, je suis résolument optimiste. Mais je suis convaincue qu'il ne faut rien lâcher, ni notre féminité, ni notre légitimité à faire aussi bien que les hommes dans tous les domaines. Je crois en la richesse de la différence et je trouve que le monde est plus beau quand hommes et femmes le conjuguent harmonieusement. Il faut tout faire pour y arriver et il faut le faire le plus vite possible.

"JE TROUVE QUE LE MONDE EST PLUS BEAU QUAND HOMMES ET FEMMES LE CONJUGUENT HARMONIEUSEMENT."

HERVÉ GLOAGUEN

MEMBRE DU COMITÉ EXÉCUTIF D'ALLIANZ FRANCE

"J'Y CROIS, VRAIMENT"

——— Je fais partie d'une génération qui est devenue adulte au moment où les femmes venaient d'obtenir des droits qui leur permettaient véritablement de s'émanciper dans la société. On n'en parlait pas encore dans le monde de l'entreprise. Mon engagement repose sur l'idée simple et évidente que le talent, la compétence et la performance n'ont pas de genre et que les femmes ont donc un rôle tout aussi important et significatif à jouer dans la société que les hommes. Plus pragmatiquement, ma conviction se nourrit aussi du constat que les femmes représentent 50 % de la clientèle d'une société d'assurance comme Allianz. Nous voulons devenir leur assureur préféré. Notre attitude ne relève pas d'une posture marketing, mais d'une réflexion humaine et stratégique. Nous sommes profondément convaincus que, à terme, les entreprises qui misent sur le respect de l'équilibre vie professionnelle/vie personnelle et luttent contre toute forme de discrimination disposeront d'un véritable avantage concurrentiel. La parité est une source de croissance inexploitée. Les freins au travail féminin sont des freins à la croissance globale.

Depuis 2010, j'ai la chance d'avoir la responsabilité des ressources humaines au sein du comité exécutif d'Allianz France. J'ai ainsi pu traduire mon engagement dans une politique structurée et mesurée, à l'échelle d'une entreprise qui compte plus de 11 000 collaborateurs, dont plus de la moitié sont des femmes. J'ai pris la décision dès mon arrivée de mettre en place une politique explicitement en faveur de l'égalité professionnelle, avec une équipe et des ressources dédiées. Nos efforts visent à offrir un cadre de travail favorable à l'équilibre vie professionnelle/vie privée, à encourager les talents féminins, à faire évoluer les stéréotypes liés au genre et à être intransigeants sur les questions d'équité salariale. Des résultats concrets et une détermination sans failles font que l'égalité professionnelle est aujourd'hui profondément ancrée chez Allianz France.

Je suis donc optimiste pour l'avenir, et ce, d'autant plus que la transformation digitale que connaissent les entreprises offre des opportunités réelles pour modifier en profondeur les pratiques de management en intégrant de la flexibilité dans l'organisation du travail.

"LA PARITÉ EST UNE SOURCE DE CROISSANCE INEXPLOITÉE. LES FREINS AU TRAVAIL FÉMININ SONT DES FREINS À LA CROISSANCE GLOBALE."

FLORIANE DE SAINT-PIERRE

LA FONDATRICE D'ETHICS & BOARDS ET LAURÉATE 2011 DE LA TRIBUNE WOMEN'S AWARDS MESURE LES PROGRÈS DES ENTREPRISES EN TERMES DE FÉMINISATION DES INSTANCES DIRIGEANTES.

Depuis 2010, Floriane de Saint-Pierre et ses équipes d'Ethics & Boards mesurent et comparent les avancées (et les régressions) de la féminisation des instances dirigeantes des grandes entreprises françaises, en les comparant avec des sociétés cotées en Allemagne, en Grande-Bretagne, aux États-Unis et à Hong Kong. La dynamique initiée depuis quatre ans dans l'Hexagone par les pouvoirs publics porte aujourd'hui ses fruits. Et semble inspirer l'Europe tout entière, l'Allemagne en particulier. La France serait-elle exemplaire ?

Mercredi 20 novembre 2013. Le Parlement européen a adopté en première lecture la proposition de directive d'un quota minimum de 40 % de femmes dans les conseils des grandes entreprises de l'Union. Cette nouvelle intervient deux jours après un consensus sur le même sujet en Allemagne qui a finalement rallié la chancelière Angela Merkel. Berlin était jusqu'alors l'un des principaux opposants à cette mesure. Un mois auparavant, en France, la ministre Najat Vallaud-Belkacem communiquait les résultats du palmarès de la féminisation des instances dirigeantes des entreprises du SBF 120, un immense travail d'état des lieux réalisé par le ministère des Droits des femmes, en partenariat avec Ethics & Boards.

QUE CONCLURE DE L'EXPÉRIENCE FRANÇAISE ?

« En moins de trois ans, du 27 janvier 2011, date du vote de la loi Copé-Zimmermann, au 17 octobre 2013, date de la publication du palmarès, la progression de 16,5 % à 28,2 % de femmes dans les conseils du CAC 40 est un succès quantifiable. À titre de comparaison, les conseils de nos voisins anglais et allemands, qui comptaient en 2009 des niveaux de féminisation équivalents à celui du CAC 40, sont aujourd'hui largement distancés. Avec respectivement 19 % et 18 % de taux de féminisation en 2013, le FTSE et le DAX sont bien loin derrière l'indice phare français.

> "AVEC RESPECTIVEMENT 19 % ET 18 % DE TAUX DE FÉMINISATION EN 2013, LE FTSE ET LE DAX SONT BIEN LOIN DERRIÈRE L'INDICE PHARE FRANÇAIS ET SES 28,2 %."

Mais en complément de la loi Copé-Zimmermann, l'expérience française tout à fait novatrice de mise en place du palmarès de la féminisation des instances dirigeantes des grandes entreprises va désormais permettre de suivre l'évolution de la présence des femmes aux postes clés (comité exécutif ou similaire, top 100). Avec Ethics & Boards, nous avions été les premiers à observer en octobre 2012 que les comités exécutifs du CAC 40 ne comptaient que 8,5 % de femmes. Néanmoins, alors que les conseils du CAC 40 se sont féminisés plus rapidement que ceux du SBF 120, loi et médias obligent, l'analyse des comités exécutifs et des top 100 révèle exactement la tendance inverse. En octobre 2013, quand les comex du SBF 120 sont féminisés à 12 %, ceux du CAC 40 ne le sont qu'à 10 %, le top 100 du SBF à 19 %, contre 16 % pour le CAC 40. Or ces instances constituent le "vivier" des futurs membres féminins de comex et des futures, et encore rarissimes, CEO. Ce palmarès est donc un outil indispensable pour faire prendre conscience des progrès à réaliser, notamment lorsque plus d'un tiers des comités exécutifs ou instances similaires du SBF 120 ne comptent aucune femme.

Il importe par ailleurs de rappeler qu'une loi devrait être appliquée pour son esprit. Ainsi, s'il a déjà été observé que l'application de la loi Copé-Zimmermann a entraîné une entrée beaucoup plus importante d'administratrices que d'administrateurs extranationaux, il est aussi vrai que le taux de cumul des femmes membres de conseil rattrape celui des hommes. Et s'il est regrettable que la loi ne soit pas appliquée par les sociétés cotées en France ayant leur siège social hors de France, on peut espérer que la directive européenne voulue par Viviane Reding permette d'y remédier.

"EN FRANCE, OÙ LES DIRECTOIRES DU SBF 120 NE COMPTENT QUE 6,8 % DE FEMMES, NOUS AURONS AUSSI À APPRENDRE DE L'EXPÉRIENCE ALLEMANDE."

Regardons pour conclure la mise en place des quotas en Allemagne au regard de l'expérience française.

La spécificité du modèle allemand de gouvernance repose, d'une part, sur un système dual avec conseil de surveillance et directoire, et d'autre part, sur la cogestion : 50% des membres des conseils de surveillance étant élus par les actionnaires et 50% par les salariés (dans certaines conditions applicables à la quasi-totalité des entreprises du DAX). En France, seuls les membres élus par les actionnaires sont soumis aux quotas de la loi Copé-Zimmermann. Ainsi, à collège comparable, le DAX compte 18% de femmes élues par les actionnaires (28,2% pour le CAC 40) et 25% de femmes représentant les salariés (46% pour le CAC 40). L'Allemagne devra donc choisir au niveau du conseil de surveillance entre appliquer un quota global ou par collège et arbitrer sur la mise en place de quotas pour les directoires. En France, où les directoires du SBF 120 ne comptent que 6,8% de femmes, nous aurons aussi à apprendre de l'expérience allemande.

Marie-Jo Zimmermann, Najat Vallaud-Belkacem, Angela Merkel, Viviane Reding : ces femmes politiques ont permis et vont permettre la féminisation des instances dirigeantes des entreprises. Souhaitons que, au vu des progrès aujourd'hui tangibles dans les conseils et en cours dans les instances dirigeantes, de telles mesures soient également prises et appliquées par les pays européens à leurs instances gouvernementales. Et bien sûr mesurées. » ●

Evolution de la féminisation des Conseils du CAC 40

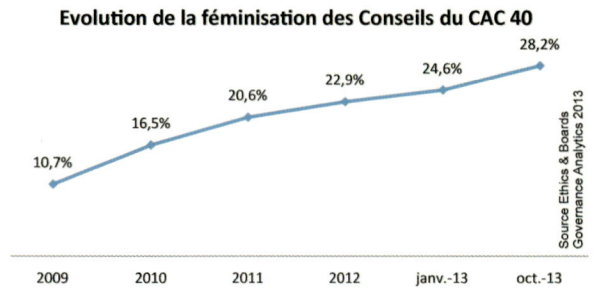

Source Ethics & Boards Governance Analytics 2013

Evolution de la féminisation des Conseils du SBF 120

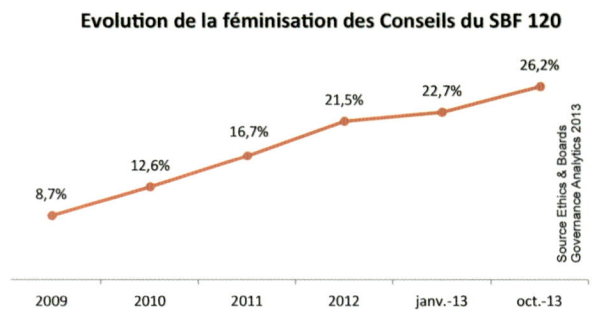

Source Ethics & Boards Governance Analytics 2013

Evolution comparée de la féminisation des Conseils du CAC 40 et du SBF 120

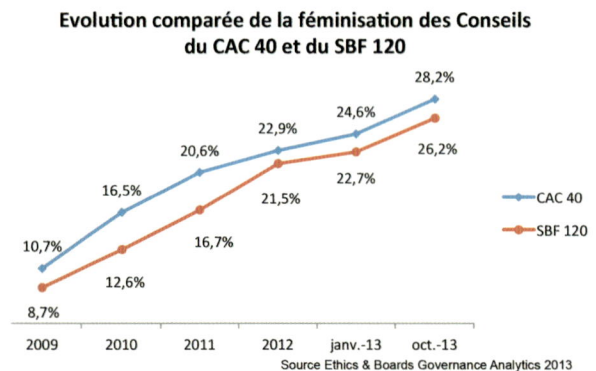

Source Ethics & Boards Governance Analytics 2013

PALMARÈS DES ENTREPRISES 2013

FÉMINISATION DES INSTANCES DIRIGEANTES

	FÉMINISATION DU CONSEIL									FÉMINISATION DES DIRIGEANTS					POLITIQUES DE FÉMINISATION					
	Part des femmes dans le conseil 30 points		Part des femmes dans le comité de rémunération 4 points		Part des femmes dans le comité de nomination 4 points		Femme présidente de comité 2 points		Note totale	Part des femmes dans le comex 30 points		Part des femmes dans le top 100 20 points		Note totale	Objectif de mixité dans la rémunération 7 points		Présence d'un réseau de femmes 3 points		Note totale	Note globale
1 ORANGE	30,0%	**18,0**	50,0%	**4,0**	50,0%	**4,0**	Oui	**2**	**28,0**	25,0%	**15,0**	35	**14,0**	**29,0**	Oui	**7**	Oui	**3**	**10**	**67,0**
2 MEDICA	44,4%	**26,6**	33,3%	**2,7**	33,3%	**2,7**	Oui	**2**	**34,0**	50,0%	**30,0**	NC	**NC**	**30**	NC	**0**	NC	**0**	**0**	**64,0**
3 SAINT-GOBAIN	37,5%	**22,5**	50,0%	**4,0**	50,0%	**4,0**	Non	**0**	**30,5**	25,0%	**15,0**	16	**6,4**	**21,4**	Oui	**7**	Oui	**3**	**10**	**61,9**
4 VIRBAC	33,3%	**20,0**	33,3%	**2,7**	NA	**NA**	Oui	**2**	**24,6**	40,0%	**24,0**	33	**13,2**	**37,2**	Non	**0**	Non	**0**	**0**	**61,8**
5 PUBLICIS GROUP SA	50,0%	**30,0**	40,0%	**3,2**	20,0%	**1,6**	Oui	**2**	**36,8**	16,7%	**10,0**	30	**12,0**	**22,0**	Non	**0**	Oui	**3**	**3**	**61,8**
6 SODEXO	38,5%	**23,1**	33,3%	**2,7**	50,0%	**4,0**	Oui	**2**	**31,8**	28,6%	**17,2**	22	**8,8**	**25,96**	Non	**0**	Oui	**3**	**3**	**60,7**
7 MERCIALYS	30,0%	**18,0**	20,0%	**1,6**	20,0%	**1,6**	Non	**0**	**21,2**	28,6%	**17,2**	NA	**NA**	**17,2**	Oui	**7**	Oui	**3**	**10**	**60,5**
8 ICADE	28,6%	**17,2**	0,0%	**0,0**	0,0%	**0,0**	Non	**0**	**17,2**	50,0%	**30,0**	24	**9,6**	**39,6**	Non	**0**	Oui	**3**	**3**	**59,8**
9 ACCOR	40,0%	**24,0**	25,0%	**2,0**	25,0%	**2,0**	Non	**0**	**28,0**	33,3%	**20,0**	21	**8,4**	**28,38**	Non	**0**	Oui	**3**	**3**	**59,4**
10 KERING	36,4%	**21,8**	60,0%	**4,0**	33,3%	**2,7**	Oui	**2**	**30,5**	30,0%	**18,0**	26	**10,4**	**28,4**	Non	**0**	Non	**0**	**0**	**58,9**
11 WENDEL	36,4%	**21,8**	50,0%	**4,0**	50,0%	**4,0**	Non	**0**	**29,8**	28,6%	**17,2**	NA	**NA**	**17,16**	Non	**0**	Non	**0**	**0**	**58,8**
12 AREVA	37,5%	**22,5**	66,7%	**4,0**	66,7%	**4,0**	Non	**0**	**30,5**	27,3%	**16,4**	15	**6,0**	**22,38**	Non	**0**	Oui	**3**	**3**	**55,9**
13 AXA	33,3%	**20,0**	50,0%	**4,0**	50,0%	**4,0**	Non	**0**	**28,0**	12,5%	**7,5**	23	**9,2**	**16,7**	Oui	**7**	Oui	**3**	**10**	**54,7**
14 CLUB MÉDITERRANÉE SA	28,6%	**17,2**	25,0%	**2,0**	25,0%	**2,0**	Oui	**2**	**23,2**	30,0%	**18,0**	33	**13,2**	**31,2**	Non	**0**	Non	**0**	**0**	**54,4**
15 HERMÈS INTERNATIONAL	23,1%	**13,9**	33,3%	**2,7**	33,3%	**2,7**	Oui	**2**	**21,2**	28,6%	**17,2**	40	**16,0**	**33,16**	Non	**0**	Non	**0**	**0**	**54,3**
16 CNP ASSURANCES	23,5%	**14,1**	0,0%	**0,0**	0,0%	**0,0**	Non	**0**	**14,1**	38,5%	**23,1**	32	**12,8**	**35,9**	Non	**0**	Oui	**3**	**3**	**53,0**
17 GDF SUEZ	27,3%	**16,4**	33,3%	**2,7**	33,3%	**2,7**	Non	**0**	**21,7**	21,1%	**12,7**	18	**7,2**	**19,86**	Oui	**7**	Oui	**3**	**10**	**51,6**
18 AÉROPORTS DE PARIS (ADP)	50,0%	**30,0**	50,0%	**4,0**	NA	**NA**	Oui	**2**	**36,0**	8,3%	**5,0**	24	**9,6**	**14,58**	Non	**0**	Non	**0**	**0**	**50,6**
19 IPSEN	27,3%	**16,4**	0,0%	**0,0**	33,3%	**2,7**	Oui	**2**	**21,0**	25,0%	**15,0**	35	**14,0**	**29**	Non	**0**	Non	**0**	**0**	**50,0**
20 IPSOS SA	17,6%	**10,6**	33,3%	**2,7**	33,3%	**2,7**	Oui	**2**	**17,9**	20,0%	**12,0**	58	**20,0**	**32**	Non	**0**	Non	**0**	**0**	**49,9**
21 CGG VERITAS	33,3%	**20,0**	40,0%	**3,2**	40,0%	**3,2**	Non	**0**	**26,4**	30,0%	**18,0**	11	**4,4**	**22,4**	NC	**0**	Non	**0**	**0**	**48,8**
22 EULER HERMES S.A	18,2%	**10,9**	33,3%	**2,7**	33,3%	**2,7**	Oui	**2**	**18,2**	31,2%	**18,7**	NC	**NC**	**18,72**	Oui	**7**	Oui	**3**	**10**	**47,0**
23 UBISOFT ENTERTAINMENT	28,6%	**17,2**	50,0%	**4,0**	NA	**NA**	Oui	**2**	**23,2**	20,0%	**12,0**	27	**10,8**	**22,8**	Non	**0**	Non	**0**	**0**	**46,0**
24 APERAM	28,6%	**17,2**	33,3%	**2,7**	33,3%	**2,7**	Non	**0**	**22,5**	28,6%	**17,2**	7	**2,8**	**19,96**	Non	**0**	Oui	**3**	**3**	**45,4**
25 INGENICO	33,3%	**20,0**	60,0%	**4,0**	60,0%	**4,0**	Non	**0**	**28,0**	13,3%	**8,0**	23	**9,2**	**17,18**	Non	**0**	Non	**0**	**0**	**45,2**
26 BNP PARIBAS	30,8%	**18,5**	50,0%	**4,0**	50,0%	**4,0**	Non	**0**	**26,5**	5,6%	**3,4**	12	**4,8**	**8,16**	Oui	**7**	Oui	**3**	**10**	**44,6**
27 JC DECAUX SA	25,0%	**15,0**	0,0%	**0,0**	0,0%	**0,0**	Non	**0**	**15,0**	36,4%	**21,8**	19	**7,6**	**29,44**	Non	**0**	Non	**0**	**0**	**44,4**
28 DASSAULT SYSTEMES SA	33,3%	**20,0**	0,0%	**0,0**	0,0%	**0,0**	Non	**0**	**20,0**	22,2%	**13,3**	20	**8,0**	**21,32**	Non	**0**	Oui	**3**	**3**	**44,3**
29 SANOFI	25,0%	**15,0**	20,0%	**1,6**	16,7%	**1,3**	Non	**0**	**17,9**	16,7%	**10,0**	15	**6,0**	**16,02**	Oui	**7**	Oui	**3**	**10**	**44,0**
30 GROUPE M6	23,1%	**13,9**	0,0%	**0,0**	0,0%	**0,0**	Non	**0**	**13,9**	26,7%	**16,0**	34	**13,6**	**29,62**	Non	**0**	Non	**0**	**0**	**43,5**
31 TÉLÉVISION FRANÇAISE 1 (TF1)	30,0%	**18,0**	0,0%	**0,0**	0,0%	**0,0**	Non	**0**	**18,0**	25,0%	**15,0**	23	**9,2**	**24,2**	Non	**0**	Non	**0**	**0**	**42,2**
32 CASINO GUICHARD-PERRACHON	21,4%	**12,8**	25,0%	**2,0**	25,0%	**2,0**	Oui	**2**	**18,8**	10,0%	**6,0**	18	**7,2**	**13,2**	Oui	**7**	Oui	**3**	**10**	**42,0**
33 NEXITY	36,4%	**21,8**	50,0%	**4,0**	50,0%	**4,0**	Non	**0**	**29,8**	20,0%	**12,0**	NC	**NC**	**12**	NC	**0**	Non	**0**	**0**	**41,8**
34 TECHNIP	41,7%	**25,0**	33,3%	**2,7**	33,3%	**2,7**	Non	**0**	**30,3**	0,0%	**0,0**	11	**4,4**	**4,4**	Oui	**7**	Non	**0**	**7**	**41,7**
35 LEGRAND SA	40,0%	**24,0**	33,3%	**2,7**	33,3%	**2,7**	Oui	**2**	**31,3**	0,0%	**0,0**	NC	**NC**	**0**	Oui	**7**	Oui	**3**	**10**	**41,3**
36 SCHNEIDER ELECTRIC SA	23,1%	**13,9**	40,0%	**3,2**	0,0%	**0,0**	Non	**0**	**17,1**	13,3%	**8,0**	15	**6,0**	**13,98**	Oui	**7**	Oui	**3**	**10**	**41,0**
37 L'ORÉAL	28,6%	**17,2**	0,0%	**0,0**	0,0%	**0,0**	Non	**0**	**17,2**	20,0%	**12,0**	22	**8,8**	**20,8**	Non	**0**	Oui	**3**	**3**	**41,0**
38 VIVENDI	38,5%	**23,1**	50,0%	**4,0**	33,3%	**2,7**	Oui	**2**	**31,8**	0,0%	**0,0**	15	**6,0**	**6**	Non	**0**	Oui	**3**	**3**	**40,8**
39 SILIC	33,3%	**20,0**	0,0%	**0,0**	0,0%	**0,0**	Non	**0**	**20,0**	33,3%	**20,0**	NC	**NC**	**19,98**	NC	**0**	NC	**0**	**0**	**40,0**
40 ESSILOR INTERNATIONAL	26,7%	**16,0**	25,0%	**2,0**	0,0%	**0,0**	Non	**0**	**18,0**	16,0%	**9,6**	23	**9,2**	**18,8**	Non	**0**	Oui	**3**	**3**	**39,8**
41 AIR LIQUIDE	27,3%	**16,4**	0,0%	**0,0**	33,3%	**2,7**	Non	**0**	**19,0**	8,3%	**5,0**	14	**5,6**	**10,58**	Oui	**7**	Oui	**3**	**10**	**39,6**
42 ILIAD	27,3%	**16,4**	33,3%	**2,7**	NA	**NA**	Oui	**2**	**21,0**	16,7%	**10,0**	21	**8,4**	**18,42**	Non	**0**	Non	**0**	**0**	**39,5**
43 MICHELIN	37,5%	**22,5**	37,5%	**3,0**	37,5%	**3,0**	Non	**0**	**28,5**	8,3%	**5,0**	7	**2,8**	**7,78**	Non	**0**	Oui	**3**	**3**	**39,3**
44 GROUPE EUROTUNNEL SA	36,4%	**21,8**	33,3%	**2,7**	33,3%	**2,7**	Oui	**2**	**29,2**	16,7%	**10,0**	NC	**NC**	**10,02**	NC	**0**	Non	**0**	**0**	**39,2**
45 SUEZ ENVIRONNEMENT	23,5%	**14,1**	0,0%	**0,0**	0,0%	**0,0**	Non	**0**	**14,1**	22,2%	**13,3**	17	**6,8**	**20,12**	NC	**0**	Oui	**3**	**3**	**37,2**
46 RENAULT	21,4%	**12,8**	0,0%	**0,0**	25,0%	**2,0**	Non	**0**	**14,8**	20,0%	**12,0**	17	**6,8**	**18,8**	Non	**0**	Oui	**3**	**3**	**36,6**
47 FONCIÈRE DES RÉGIONS	23,1%	**13,9**	0,0%	**0,0**	0,0%	**0,0**	Non	**0**	**13,9**	12,5%	**7,5**	37	**14,8**	**22,3**	Non	**0**	Non	**0**	**0**	**36,2**
48 UNIBAIL RODAMCO SE	20,0%	**12,0**	25,0%	**2,0**	25,0%	**2,0**	Non	**0**	**16,0**	15,0%	**9,0**	20	**8,0**	**17**	Non	**0**	Oui	**3**	**3**	**36,0**
49 KLEPIERRE SA	33,3%	**20,0**	25,0%	**2,0**	25,0%	**2,0**	Non	**0**	**24,0**	20,0%	**12,0**	NC	**NC**	**12**	Non	**0**	Non	**0**	**0**	**36,0**
50 HAVAS	18,2%	**10,9**	0,0%	**0,0**	33,3%	**2,7**	Non	**0**	**13,6**	12,5%	**7,5**	37	**14,8**	**22,3**	Non	**0**	Non	**0**	**0**	**35,9**
51 ALCATEL - LUCENT	27,3%	**16,4**	25,0%	**2,0**	25,0%	**2,0**	Non	**0**	**20,4**	9,1%	**5,5**	16	**6,4**	**11,86**	Non	**0**	Oui	**3**	**3**	**35,2**
52 PERNOD RICARD	28,6%	**17,2**	33,3%	**2,7**	33,3%	**2,7**	Oui	**2**	**24,5**	6,2%	**3,7**	10	**4,0**	**7,72**	Non	**0**	Oui	**3**	**3**	**35,2**
53 SOLOCAL GROUP	20,0%	**12,0**	33,3%	**2,7**	33,3%	**2,7**	Non	**0**	**17,3**	11,1%	**6,7**	27	**10,8**	**17,46**	Non	**0**	Non	**0**	**0**	**34,8**
54 SOCIÉTÉ GÉNÉRALE	30,8%	**18,5**	0,0%	**0,0**	0,0%	**0,0**	Non	**0**	**18,5**	15,4%	**9,2**	10	**4,0**	**13,24**	Non	**0**	Oui	**3**	**3**	**34,7**
55 ALTRAN TECHNOLOGIES	30,0%	**18,0**	33,3%	**2,7**	33,3%	**2,7**	Oui	**2**	**25,3**	0,0%	**0,0**	14	**5,6**	**5,6**	Non	**0**	Oui	**3**	**3**	**33,9**
56 AIR FRANCE KLM	27,3%	**16,4**	40,0%	**3,2**	25,0%	**2,0**	Non	**0**	**21,6**	0,0%	**0,0**	30	**12,0**	**12**	Non	**0**	Non	**0**	**0**	**33,6**
57 VALEO	25,0%	**15,0**	25,0%	**2,0**	25,0%	**2,0**	Non	**0**	**19,0**	7,1%	**4,3**	18	**7,2**	**11,46**	Non	**0**	Oui	**3**	**3**	**33,5**
58 ALTEN	40,0%	**24,0**	NA	**NA**	NA	**NA**	Non	**0**	**24,0**	0,0%	**0,0**	15	**6,0**	**6**	Non	**0**	Oui	**3**	**3**	**33,0**
59 TOTAL SA	33,3%	**20,0**	0,0%	**0,0**	0,0%	**0,0**	Non	**0**	**20,0**	0,0%	**0,0**	25	**10,0**	**10**	Non	**0**	Oui	**3**	**3**	**33,0**
60 SAFT GROUPE SA	20,0%	**12,0**	33,3%	**2,7**	33,3%	**2,7**	Non	**0**	**17,3**	10,0%	**6,0**	22	**8,8**	**14,8**	Non	**0**	Non	**0**	**0**	**32,1**
61 LVMH	17,6%	**10,6**	0,0%	**0,0**	0,0%	**0,0**	Non	**0**	**10,6**	6,2%	**3,7**	37	**14,8**	**18,52**	Non	**0**	Oui	**3**	**3**	**32,1**
62 VINCI	30,8%	**18,5**	33,3%	**2,7**	0,0%	**0,0**	Non	**0**	**21,1**	0,0%	**0,0**	2	**0,8**	**0,8**	Oui	**7**	Oui	**3**	**10**	**31,9**
63 NATIXIS	26,7%	**16,0**	16,7%	**1,3**	16,7%	**1,3**	Oui	**2**	**20,7**	0,0%	**0,0**	20	**8,0**	**8**	Non	**0**	Oui	**3**	**3**	**31,7**
64 SAFRAN SA	27,3%	**16,4**	20,0%	**1,6**	20,0%	**1,6**	Non	**0**	**19,6**	9,5%	**5,7**	16	**6,4**	**12,1**	Non	**0**	Non	**0**	**0**	**31,7**
65 EUROFINS SCIENTIFIC	40,0%	**24,0**	NA	**NA**	NA	**NA**	Non	**0**	**24,0**	0,0%	**0,0**	19	**7,6**	**7,6**	Non	**0**	Non	**0**	**0**	**31,6**
66 VALLOUREC	36,4%	**21,8**	33,3%	**2,7**	33,3%	**2,7**	Non	**0**	**27,2**	0,0%	**0,0**	11	**4,4**	**4,4**	Non	**0**	Non	**0**	**0**	**31,6**
67 EUTELSAT COMMUNICATIONS	30,0%	**18,0**	33,3%	**2,7**	33,3%	**2,7**	Oui	**2**	**25,3**	0,0%	**0,0**	15	**6,0**	**6**	Non	**0**	Non	**0**	**0**	**31,3**
68 BIC	30,0%	**18,0**	66,7%	**4,0**	66,7%	**4,0**	Non	**0**	**26,0**	0,0%	**0,0**	13	**5,2**	**5,2**	Non	**0**	Non	**0**	**0**	**31,2**
69 SCOR SE	25,0%	**15,0**	25,0%	**2,0**	25,0%	**2,0**	Non	**0**	**19,0**	0,0%	**0,0**	30	**12,0**	**12**	Non	**0**	Non	**0**	**0**	**31,0**
70 NICOX SA	20,0%	**12,0**	33,3%	**2,7**	0,0%	**0,0**	Non	**0**	**14,7**	16,7%	**10,0**	15	**6,0**	**16,02**	Non	**0**	Non	**0**	**0**	**30,7**
71 CARREFOUR SA	21,4%	**12,8**	0,0%	**0,0**	50,0%	**4,0**	Non	**0**	**16,8**	16,7%	**10,0**	9	**3,6**	**13,62**	NC	**0**	Non	**0**	**0**	**30,5**
72 BOUYGUES	33,3%	**20,0**	33,3%	**2,7**	0,0%	**0,0**	Oui	**2**	**24,6**	0,0%	**0,0**	7	**2,8**	**2,8**	Non	**0**	Oui	**3**	**3**	**30,4**
73 THALES	18,2%	**10,9**	0,0%	**0,0**	0,0%	**0,0**	Non	**0**	**10,9**	7,7%	**4,6**	12	**4,8**	**9,42**	Oui	**7**	Oui	**3**	**10**	**30,3**
74 NEOPOST SA	30,0%	**18,0**	50,0%	**4,0**	25,0%	**2,0**	Oui	**2**	**26,0**	0,0%	**0,0**	10	**4,0**	**4**	Non	**0**	Non	**0**	**0**	**30,0**
75 ZODIAC AEROSPACE	30,0%	**18,0**	25,0%	**2,0**	0,0%	**0,0**	Non	**0**	**20,0**	9,1%	**5,5**	11	**4,4**	**9,86**	Non	**0**	Non	**0**	**0**	**29,9**
76 GECINA	23,1%	**13,9**	0,0%	**0,0**	0,0%	**0,0**	Non	**0**	**13,9**	0,0%	**0,0**	39	**15,6**	**15,6**	Non	**0**	Non	**0**	**0**	**29,5**
77 ATOS SE	30,8%	**18,5**	0,0%	**0,0**	0,0%	**0,0**	Non	**0**	**18,5**	6,5%	**3,9**	10	**4,0**	**7,9**	Non	**0**	Oui	**3**	**3**	**29,4**
78 GEMALTO N.V.	27,3%	**16,4**	25,0%	**2,0**	20,0%	**1,6**	Non	**0**	**20,0**	0,0%	**0,0**	16	**6,4**	**6,4**	Non	**0**	Oui	**3**	**3**	**29,4**
79 CRÉDIT AGRICOLE SA	33,3%	**20,0**	20,0%	**1,6**	33,3%	**2,7**	Oui	**2**	**26,2**	0,0%	**0,0**	NC	**NC**	**0**	Non	**0**	Oui	**3**	**3**	**29,2**
80 RUBIS	23,1%	**13,9**	NA	**NA**	NA	**NA**	Non	**0**	**13,9**	0,0%	**0,0**	38	**15,2**	**15,2**	Non	**0**	Non	**0**	**0**	**29,1**

ENSEIGNEMENT SUPÉRIEUR

ENSEIGNANTS ET RESPONSABLES
D'ÉTABLISSEMENT S'ENGAGENT POUR FAIRE
AVANCER LA PARITÉ DANS L'ÉDUCATION.

VIVIANE DE BEAUFORT

PROFESSEURE ET CODIRECTRICE DU CENTRE EUROPÉEN DE DROIT ET D'ÉCONOMIE-ESSEC, FONDATRICE DES PROGRAMMES WOMEN-ESSEC

"J'Y CROIS, PASSIONNÉMENT"

———— Je travaille dans le milieu de l'éducation supérieure, un univers relativement privilégié. Globalement, le sexisme et les inégalités de salaire y ont disparu. En revanche, à titre personnel, j'ai été confrontée au machisme. C'est notamment pour cela que je me suis engagée : je ne veux pas que ce que j'ai subi se reproduise pour les générations d'après. Lorsque l'on est une femme qui réussit, plutôt jolie, l'entourage s'en enorgueillit ; dans les soirées, cela participe au décorum, mais dans l'intimité, on apparaît aussi comme une rivale. Dans la sphère professionnelle, certains dirigeants – heureusement, ils sont de l'ancienne génération – ont pu considérer que proposer une relation physique allait presque de soi. Les mentalités ont évolué, mais on ne peut pas dire que c'est fini : contrairement au passé, désormais, si on refuse, ils n'insistent pas et la sanction n'arrive pas immédiatement, comme cela a été deux fois le cas me concernant (j'ai dû changer d'emploi). Le droit est à cet égard un rempart, comme les codes d'éthique au sein des entreprises. Ce n'est pas un hasard si dans les travaux que je mène, et notamment dans l'étude Femmes et pouvoir réalisée pour le Women's Forum en 2012, quel que soit le pays, toutes les femmes soulignent leur attachement à la loi et à l'exigence morale. Par ailleurs, il apparaît qu'elles sont plutôt mal à l'aise avec la conquête guerrière du pouvoir et cela ne les a pas aidées à s'affirmer dans un milieu où les codes restent masculins. Mais c'est aussi une question de génération : les jeunes hommes dirigeants ont une conception du pouvoir différente, moins verticale, de même qu'ils sont désireux de pouvoir concilier réussite professionnelle et épanouissement familial.

En tant que pionnière engagée, je savais que je prendrais des coups et j'en ai eu mon compte. Mes étudiantes ne comprennent pas vraiment ce dont je parle, car elles sont élevées dans un contexte égalitaire. C'est plus tard qu'elles reviennent, quand elles se heurtent aux blocages et au plafond de verre. À travers le programme Femmes et Talents de l'Essec, nous leur apprenons à se préparer. Le renoncement des jeunes femmes diplômées représente une réelle perte de talents économiques. Les entreprises et l'économie ont besoin des femmes.

Lorsque j'observe la génération Y, garçons et filles, je suis optimiste, ils font preuve de lucidité et de maturité. Ce sont eux qui donneront le dernier coup de pouce pour que l'on accède vraiment à la modernité, à la mixité, à l'égalité.

"LE RENONCEMENT DES JEUNES FEMMES DIPLÔMÉES REPRÉSENTE UNE RÉELLE PERTE DE TALENTS ÉCONOMIQUES."

CLARISSE REILLE-PEROTTI

PRÉSIDENTE DE GRANDES ÉCOLES AU FÉMININ

"J'Y CROIS, ARDEMMENT"

———— Personnellement, j'ai navigué pour éviter la discrimination, mais je l'ai subie. Je me suis heurtée au plafond de verre. J'ai essayé de donner du sens à ma vie en m'adaptant, en ondoyant, en empruntant des chemins de traverse. Je pense honnêtement que, si j'avais été un homme, j'aurais mené une autre carrière. Par ailleurs, je suis frappée par la représentation inégalitaire des femmes en politique dans un pays démocratique comme la France. Je suis aussi de plus en plus dérangée et choquée par la trop légère égalité au sein des directions d'entreprises et d'institutions. Les femmes atteignent les mêmes niveaux d'études que les hommes depuis très longtemps. Cela rend la situation difficile à accepter. Cette disparité entre hommes et femmes traduit la difficulté de notre pays à évoluer. Je le ressens durement.

Grandes Écoles au féminin est sans doute l'une des premières associations pour les femmes dans le milieu professionnel. À ses débuts, il y a douze ans, les plus jeunes pensaient naïvement que l'inégalité appartenait au passé. Désormais, les femmes affrontent la situation. Elles s'expriment. Agir pour l'égalité femmes-hommes ne signifie pas entrer dans une guerre des sexes. Il ne s'agit pas d'opposer les hommes aux femmes. Mais de faire évoluer des structures, des visions du pouvoir, du leadership et du management. Cela s'applique aussi aux hommes. L'enjeu est l'instauration d'une diversité au sens large, une diversité d'expériences et de parcours. Pour y parvenir, il faut être optimiste et avancer dans la bienveillance. Avec l'association, nous intervenons auprès de dirigeants de grandes entreprises. Nous ne jouons pas au juge d'instruction. Ils ne nous rendent pas de comptes. Nous leur livrons des éléments factuels à travers un discours bienveillant. Trente dirigeants ont assisté à nos petits déjeuners, vingt-neuf ont engagé ensuite des actions en faveur des femmes ou les ont renforcées. Parfois l'après-midi même.

L'égalité est la base d'une démocratie, le respect dû à tout être humain. En traitant l'égalité femmes-hommes, nous allons également résoudre l'inégalité entre les hommes. Seuls quelques hommes aux parcours équivalents sont à la tête des institutions, des organisations, des entreprises. Notre système a mis de côté un grand nombre d'entre eux. Les stéréotypes sur les femmes et le pouvoir et une réplication des élites excluant tout ce qui est différent convergent.

"AGIR POUR L'ÉGALITÉ FEMMES-HOMMES NE SIGNIFIE PAS ENTRER DANS UNE GUERRE DES SEXES."

MIREILLE FAUGÈRE

PRÉSIDENTE DE HEC ALUMNI,
VICE-PRÉSIDENTE DE LA FONDATION HEC

"J'Y CROIS, MAIS IL RESTE ENCORE
DU CHEMIN À PARCOURIR"

———— Aujourd'hui, dans le monde professionnel, l'égalité entre les hommes et les femmes reste un objectif et non une réalité. C'est un sujet d'engagement important pour moi en tant que femme et en tant que manager. Présidente de HEC Alumni, je suis particulièrement attentive à la question des femmes dirigeantes, dans le public comme dans le privé. Trop peu de choses ont changé. Les femmes ont tendance à attendre qu'on vienne les «détecter», pensant que si elles sont compétentes, elles seront distinguées. Mais ce n'est pas comme cela que ça fonctionne! C'est pourquoi j'encourage systématiquement les femmes à ne pas attendre, à prendre de l'assurance, à se montrer et à candidater pour des postes à responsabilité.

Depuis vingt-cinq ans, la visibilité des femmes a peu augmenté. Néanmoins, l'application des quotas dans les conseils d'administration a vraiment fait progresser les choses en deux ans. C'est pourquoi, en l'absence d'évolution manifeste avec des outils moins coercitifs, il me semble que la mise en place des quotas, même s'ils sont par essence péjoratifs, permettra de faire évoluer la représentativité des femmes aux postes à responsabilité. J'espère que cette étape ne sera que transitoire. Dans les entreprises, cela peut se traduire aussi par des objectifs formels dans les processus RH et les nominations. En parallèle, il faut aussi faire évoluer les mentalités des femmes, qui parfois n'osent même pas candidater. Nous avons alors un rôle à jouer, notamment au travers d'actions de coaching et de «mentoring».

Le monde professionnel doit être le reflet de la société, et la parité générera, j'en suis persuadée, un management plus diversifié, plus riche et donc plus performant. Au cours de ma carrière, j'ai pu observer en particulier que les femmes disent plus facilement les choses. Elles sont concrètes et plutôt courageuses. Pour moi, l'égalité est un outil de performance, car des équipes «équilibrées», sur le plan du genre par exemple, gèrent mieux. Cette conviction, je m'efforce de l'appliquer aussi sur le terrain, en incitant les directions à entrer dans cette logique et à veiller à une répartition sexuée de leurs équipes. Sans une organisation et une politique volontariste des ressources humaines, rien ne se passera.

> "LE MONDE PROFESSIONNEL DOIT ÊTRE LE REFLET DE LA SOCIÉTÉ, ET LA PARITÉ GÉNÉRERA UN MANAGEMENT PLUS PERFORMANT."

NATHALIE LOISEAU

DIRECTRICE DE L'ÉCOLE
NATIONALE D'ADMINISTRATION

"J'Y CROIS, PRUDEMMENT"

———— À mon sens, l'inégalité est une injustice pour tous. Je suis convaincue qu'une plus grande mixité de nos sociétés ne dépossède personne. J'entends pourtant parfois des réactions masculines proches du syndrome de la citadelle assiégée : les femmes viendraient «prendre» des postes ou des avantages jadis réservés aux hommes. Cette vision ignore qu'une société s'enrichit de recourir à la plus grande variété possible de talents. On ne peut pas aujourd'hui constater que 60 % des diplômés de l'enseignement supérieur sont des femmes et se satisfaire de les voir aussi peu présentes à des postes à responsabilité. C'est un gâchis économique et intellectuel qui nous appauvrira si nous n'inversons pas la tendance. Et c'est une discrimination positive effectivement scandaleuse, qui joue depuis longtemps en faveur… des hommes.

J'observe la situation actuelle avec circonspection. Des progrès formidables ont été accomplis non seulement en France et en Europe, mais dans de nombreuses parties du monde. Pour autant, il faut faire davantage. La question de l'éducation est une question clé. L'école a un rôle considérable à jouer pour donner à tous les jeunes le bagage scolaire et l'ouverture au monde qui leur permettront, sans distinction de sexe ou d'origine, de trouver leur place dans la société. Mais j'ai atteint un âge où je n'ai pas envie de me contenter d'observer : la parité demande de la volonté et de l'opiniâtreté. Je ne veux pas non plus rester une exception, une de ces femmes qu'on cite parce que nous ne sommes pas si nombreuses à exercer des responsabilités. Le premier devoir de celles qui sont arrivées en haut de l'échelle, c'est de tendre la main aux plus jeunes pour que leur ascension soit plus facile.

Nous savons que dans certains pays une enfant peut être visée par un attentat parce qu'elle va à l'école. En France, ce sont deux guerres mondiales qui ont convaincu la société de donner aux femmes une place et des droits que les révolutionnaires leur avaient niés. Et les périodes de crise économique sont souvent délicates pour la cause des femmes. Je reste donc vigilante. Et engagée. Je ne crois pas que l'égalité viendra d'elle-même. Il faut une forte volonté politique pour la faire progresser et un engagement déterminé de la société pour que les politiques se sentent tenus d'accorder leurs actes et leurs discours.

"DES PROGRÈS FORMIDABLES ONT ÉTÉ ACCOMPLIS. POUR AUTANT, IL FAUT FAIRE DAVANTAGE."

NADIA BELLAOUI

PRÉSIDENTE DU MOUVEMENT ASSOCIATIF, SECRÉTAIRE
NATIONALE DE LA LIGUE DE L'ENSEIGNEMENT

"J'Y CROIS, AVEC DÉTERMINATION"

———— J'appartiens à une génération qui a pu croire que le sujet de l'égalité était derrière elle. Il n'en est évidemment rien. Mon expérience de responsable associative a été un véritable miroir grossissant de ces systèmes sexistes. Le monde associatif ne fait pas exception. Quand 70 % des salariés des associations sont des femmes, du côté des élus, elles ne représentent que 31 % des présidents… Ce déséquilibre n'est que l'aboutissement d'un système plus large d'inégalités. Au quotidien, les femmes assument encore 80 % des tâches ménagères à la maison. Quelle place trouver pour l'investissement dans des associations sur le temps restant ? De la même façon, 29 % des femmes n'ont plus d'activité associative après l'arrivée d'un enfant, contre 17 % pour les hommes. Les associations reflètent nos modes de vivre-ensemble, y compris dans leurs inégalités.

Quelle est notre aptitude au changement ? Il y a de quoi être dubitatif. Depuis les années 1950, l'indice de changement des comportements qui a le moins évolué est celui des rôles féminin et masculin dans notre société. En effet, l'ONU publie depuis 1995 une note d'égalité des genres pour chaque pays du monde. Entre 1995 et 2011, elle est passée globalement de 11,3 à 11,9/20. Moins d'un point d'évolution ! À ce rythme, le monde n'atteindra l'égalité parfaite des genres qu'en 2201… Nous sommes pétris des stéréotypes qui cantonnent les femmes comme les hommes dans certaines postures assignées à leur sexe.

Le secteur associatif, pour ne parler que de lui, peut créer des exemples, en favorisant l'accès des femmes aux postes à responsabilité, aux fonctions dirigeantes dans les associations, en montrant les mécanismes à l'œuvre dans les différentes discriminations sexistes, en promouvant un rapport au travail harmonieux avec les autres pans de la vie. Il est possible d'améliorer les choses. Nous avons des raisons d'être optimistes : les jeunes doivent se saisir du sujet. Animafac, réseau d'associations étudiantes, a publié une étude en 2013 qui montre que cette prise de conscience est une première étape loin d'être franchie ! Dans le même temps, de nouvelles générations de militantes et militants, comme Mix-Cité, Osez le féminisme, viennent reprendre, aux côtés des associations plus anciennes, le flambeau d'un combat. C'est plus que jamais d'actualité.

"SELON L'ONU, LE MONDE N'ATTEINDRA L'ÉGALITÉ PARFAITE DES GENRES QU'EN 2201…"

RÉSEAUX DE FEMMES

AUJOURD'HUI, LES RÉSEAUX DE FEMMES
SONT DE PLUS EN PLUS ACTIFS ET
CONSTITUENT UNE VRAIE FORCE SOCIALE.

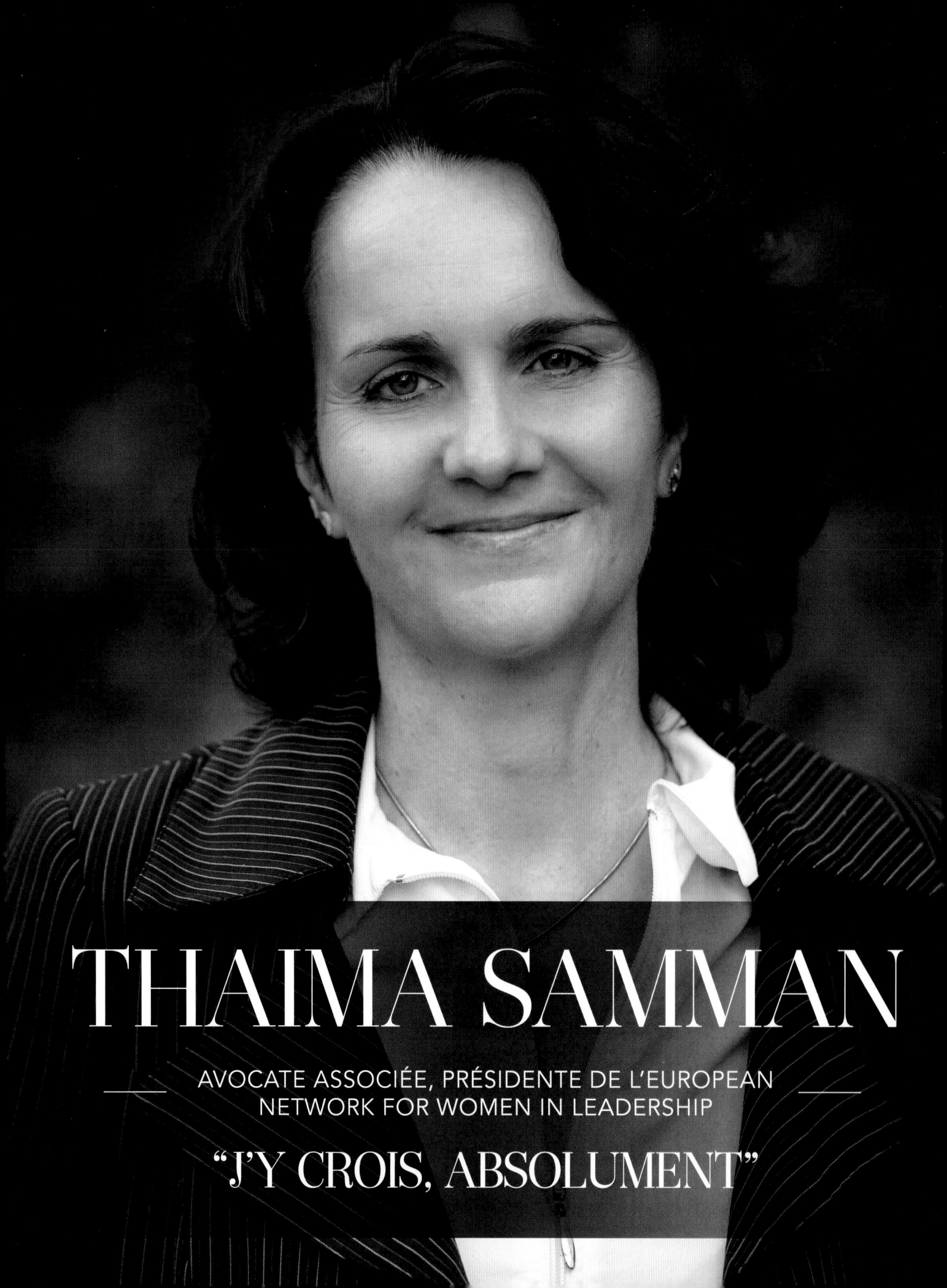

THAIMA SAMMAN

AVOCATE ASSOCIÉE, PRÉSIDENTE DE L'EUROPEAN
NETWORK FOR WOMEN IN LEADERSHIP

"J'Y CROIS, ABSOLUMENT"

————— Si nous avons fait un long chemin ces cinquante dernières années en matière d'égalité femmes-hommes en Occident, je ne crois pas que l'on puisse se satisfaire de la situation actuelle, où la société reste dominée par une culture patriarcale et un fonctionnement défavorable aux femmes, à qui on demande beaucoup. Si, à titre personnel, je m'en sors plutôt très bien, je suis consciente des contraintes spécifiques et des stéréotypes qui pèsent sur les femmes et, surtout, des talents qui n'arrivent pas à s'exprimer dans le contexte actuel.

Nous assistons à un mouvement paradoxal, avec des femmes et des jeunes femmes éduquées, diplômées, avec l'envie de s'investir dans la vie sociale et professionnelle, libres, au sens juridique du terme, de leurs choix, mais sur qui la société fait peser le poids et la responsabilité de l'équilibre familial et les renvoie régulièrement à des rôles stéréotypés. Cette pression n'est pas nouvelle, mais on voit surgir une radicalisation des avocats de la famille et de la société traditionnelles, libérant les réticences d'une partie de la société et de certains hommes qui ont du mal à accepter de nouvelles règles du jeu. Il ne faut pas accepter l'idée même d'un compromis stéréotypé, et ne pas céder à la culpabilité lorsqu'on ne correspond pas au modèle traditionnel de la femme-mère.

Nous revenons de tellement loin : il ne faut surtout pas baisser la garde, afin d'éviter le retour ou le maintien de l'influence d'un schéma avec des rôles bien établis. Défendre l'égalité entre les femmes et les hommes, ce n'est pas une affaire de croyance, c'est une évidence qu'il faut défendre et promouvoir. D'autres modes de vie, d'autres organisations sociales plus égalitaires sont à construire et le genre humain n'y perdra pas.

"NOUS REVENONS DE TELLEMENT LOIN : IL NE FAUT SURTOUT PAS BAISSER LA GARDE."

LAURENCE BELDOWSKI

DIRECTRICE GÉNÉRALE DE COMMUNICATION & ENTREPRISE,
FONDATRICE DU RÉSEAU TOUTES FEMMES, TOUTES COMMUNICANTES

"J'Y CROIS, TOTALEMENT"

———— On peut être manager et garder du temps pour sa vie personnelle, c'est ma devise. Je suis directrice générale de Communication & Entreprise, mais je passe mes mercredis après-midi avec mes deux adolescentes et je me régale de ces moments de complicité. Je ne veux rien négliger : ni ma vie de famille, ni ma carrière professionnelle. Je suis bicéphale et Shiva, comme toutes les femmes. Après mes études de communication, j'ai passé dix ans à la télévision. Un monde sans barrières, où les femmes étaient au niveau des hommes. Mais quand je suis revenue vers les entreprises, j'ai découvert un monde bien moins égalitaire. Même dans le milieu de la communication, pourtant très féminin, beaucoup d'hommes tiennent encore les postes de direction. Quant aux femmes directrices d'agence, il y en a très peu ! Les femmes ne croient pas en elles. Moi-même, j'ai eu longtemps des doutes sur ma légitimité. Je crois que, pour beaucoup d'entre nous, c'est le problème : nous ne percevons pas assez notre leadership et nos compétences.

Mais j'ai fini par y croire. Je pilote notre organisation professionnelle, je passe de réunion en réunion, j'anime des comités sur la communication responsable, la prospective, l'évolution digitale, j'organise des conférences et des événements... et j'ai créé le réseau Toutes femmes, toutes communicantes. Les communicants ont une grande responsabilité dans l'image de la femme dans les médias. Nous avons presque fait disparaître la «boniche» de la publicité, mais à voir la façon dont nous sommes encore réduites à des stéréotypes sexuels, c'est toujours un vrai combat, quel que soit le support ! Dans le même esprit, le réseau ambitionne de donner davantage la parole aux expertes dans les médias. Deux combats dont je ne doute pas de l'issue victorieuse : les choses vont bouger, et tant pis s'il faut des lois contraignantes et imparfaites comme celle relative aux quotas. Déjà, dans la sphère privée, une vraie mutation est en train de se faire : quand on parle avec les générations qui nous suivent, il est évident que les jeunes femmes, très impliquées dans leur travail, n'acceptent plus d'être celles qui tiennent seules la maison. Elles savent laisser la place aux hommes et elles donneront une éducation différente à leurs fils. Le fonctionnement de notre société en sera alors impacté.

"LES FEMMES SONT LES PREMIÈRES ACTRICES DE LEUR RÉUSSITE, ENCORE FAUT-IL QU'ELLES EN SOIENT CONSCIENTES..."

CHRISTINE
BORGOLTZ

DIRECTRICE DES RELATIONS EXTÉRIEURES DE CARTIER

"J'Y CROIS, ÉVIDEMMENT"

———— Cartier emploie une majorité de femmes. Elles représentent 60% des employés, 50% des managers. Au sein du comité de direction, on compte trois femmes sur sept personnes. Notre engagement pour les Cartier Women's Initiative Awards a commencé au lancement, il y a dix ans, du Women's Forum. Quand Aude de Thuin, la créatrice de l'événement, nous a proposé de devenir partenaires, nous avons pris le temps de la réflexion. Dans notre esprit, notre engagement ne pouvait être que pérenne. Il fallait poser les bases d'une opération internationale et utile pour tous. Nous avons choisi l'entrepreneuriat au féminin. Car, partout dans le monde, on retrouve la même problématique : les femmes souvent n'osent pas, puis, quand elles ont franchi le pas, elles se heurtent aux mêmes difficultés pour accéder aux financements. Elles ont besoin de réseaux et de conseils. Avec l'Insead et McKinsey, nous avons construit le projet en nous appuyant sur un réseau de bénévoles dans les pays. Les Cartier Women's Initiative Awards vont avoir huit ans. Désormais, chaque année, dans 170 pays, nous sélectionnons 144 finalistes parmi 1 700 dossiers de candidature. Notre vocation est de récompenser les projets entrepreneuriaux les plus pertinents, les plus potentiellement générateurs d'emplois, mais qui tous ont un impact social fort. C'est concret, c'est positif.

Quand les candidates arrivent en France pour la finale, elles ne se connaissent pas. On les coache, elles rencontrent les journalistes. Au-delà de la compétition, de réelles affinités se nouent. Quand les unes et les autres rentrent chez elles, elles sont traitées comme des reines. Nous continuons à les accompagner. Les Cartier Women's Initiative Awards sont devenus un formidable network. Les femmes ont du bon sens. Elles ont envie de faire. Qu'il s'agisse de recyclage, d'environnement, de problèmes sociétaux, d'hygiène, de santé, les femmes que nous rencontrons veulent trouver des solutions aux problèmes concrets. Nous sommes dans l'action, on donne le coup de pouce pour que l'impact social de leur travail réussisse.

Ces femmes nous donnent une leçon extraordinaire. C'est un bonheur. Grâce à elles, j'ai une vision de l'humanité plus positive. Je suis convaincue que plus elles feront, plus nous gagnerons sur le terrain de l'égalité. Les femmes se battent, c'est leur force. Plus que des discours, il faut des actions concrètes.

"LES FEMMES SE BATTENT, C'EST LEUR FORCE. PLUS QUE DES DISCOURS, IL FAUT DES ACTIONS CONCRÈTES."

AGNÈS BRICARD

PREMIÈRE FEMME PRÉSIDENTE DU CONSEIL SUPÉRIEUR
DE L'ORDRE DES EXPERTS COMPTABLES (2011-2012),
PRÉSIDENTE DE LA FÉDÉRATION DES FEMMES ADMINISTRATEURS

"J'Y CROIS, TOTALEMENT"

———— Il s'agit d'un combat que j'ai le sentiment d'avoir toujours mené, et souvent avec succès, tout au long de ma carrière dans un milieu contrôlé et dirigé par des hommes. Maintenant, je ressens le besoin de partager les outils et la méthode qui m'ont permis de construire et de réussir un plan de carrière individuelle malgré un rapport de force *a priori* défavorable aux femmes. La Fédération des femmes administrateurs, créée en juillet 2012 sur mon initiative, constitue une excellente tribune pour catalyser toutes les idées nouvelles en faveur de la parité et accompagner toutes celles qui, aujourd'hui encore, doutent de sa mise en œuvre.

Dans les prochaines années, une chose est sûre, il ne sera pas possible de faire machine arrière ! Les lois sur la parité ont permis de créer une véritable dynamique. L'encadrement de la participation des femmes dans les conseils d'administration est une garantie de la pérennité de cette dynamique. Dans les années qui viennent, les entreprises ne pourront pas se passer des talents féminins dans leur board. Je suis toujours optimiste et je ne vois pas de raisons objectives pour m'inciter à ne plus l'être. La finalité de la parité, voilà ce que les femmes doivent s'attacher à argumenter. Être en veille permanente pour éviter les stéréotypes. Démontrer la capacité des femmes à porter une expression différente, non par opposition mais par construction, pour améliorer la gouvernance des entreprises et des administrations, mais aussi pour enrichir le débat politique. Nous devons faire reconnaître l'apport de nos différences, notre capacité à dialoguer, à écouter, à remettre en question des situations établies, à faire preuve de pragmatisme. C'est une véritable démarche d'éducation qui doit commencer au sein même de la cellule familiale. D'un point de vue pragmatique, je suis pleinement convaincue de l'aboutissement des démarches engagées en faveur de la parité. D'abord, parce que les femmes sont persévérantes et qu'elles vont toujours au bout de leurs combats. Ensuite, parce qu'il y a désormais des marqueurs indélébiles, des indices pour mesurer les progrès de la parité dans l'entreprise, des obligations à négocier sur la thématique de la parité, des démarches systématiques comme celle imposée désormais à tous les gouvernements qui consiste à évaluer l'impact de tout nouveau dispositif législatif en matière de parité. En conclusion, j'y crois passionnément.

"LA FINALITÉ DE LA PARITÉ, VOILÀ CE QUE LES FEMMES DOIVENT S'ATTACHER À ARGUMENTER."

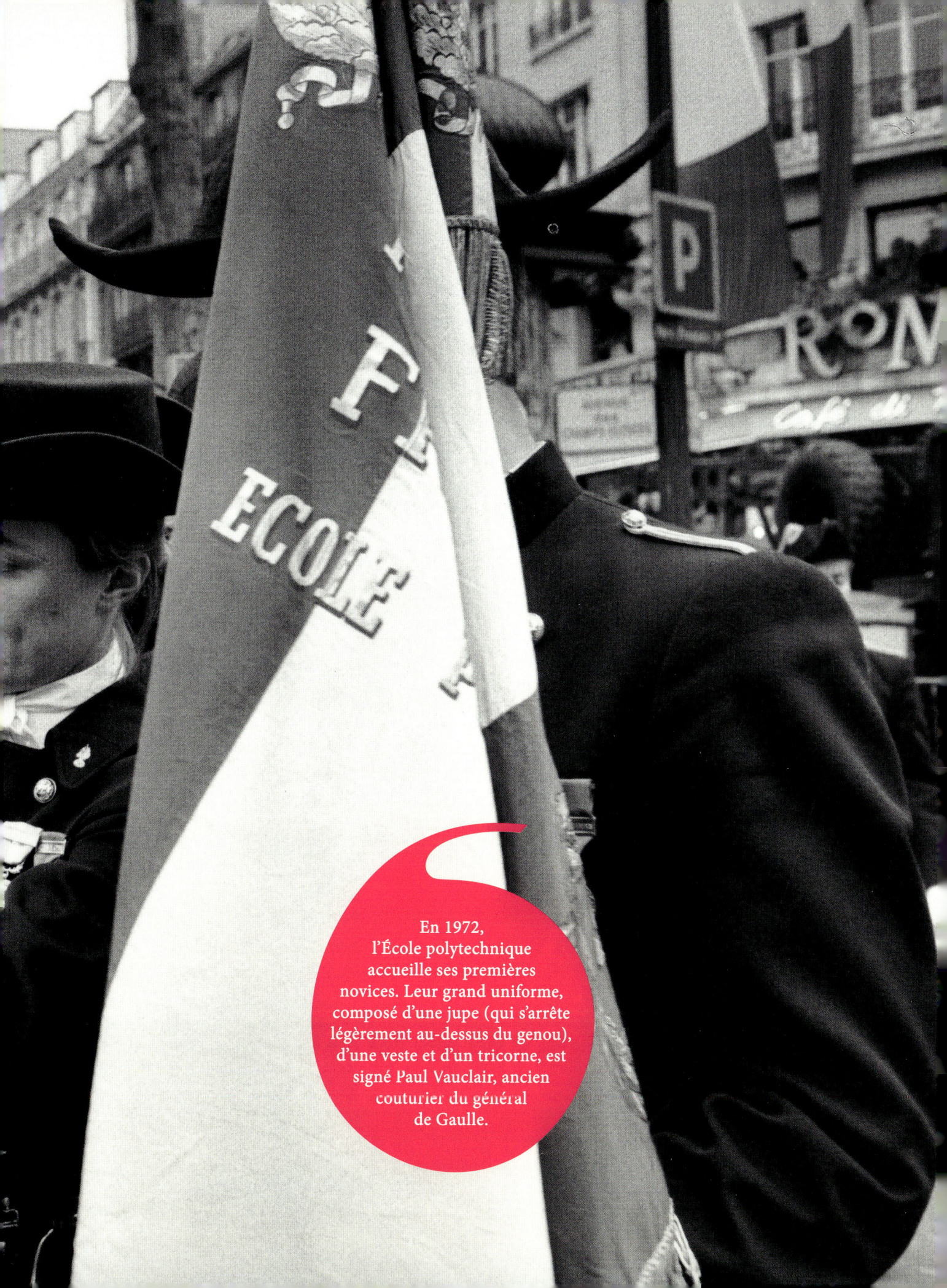

En 1972,
l'École polytechnique
accueille ses premières
novices. Leur grand uniforme,
composé d'une jupe (qui s'arrête
légèrement au-dessus du genou),
d'une veste et d'un tricorne, est
signé Paul Vauclair, ancien
couturier du général
de Gaulle.

ANNE COHADE

DIRECTRICE GÉNÉRALE MÉCÉNAT L'ORÉAL

"J'Y CROIS, SI ON AGIT"

———— Je suis issue d'une famille où les filles étaient plus nombreuses que les garçons, et où l'égalité était une évidence. Aujourd'hui, j'ai la chance de travailler dans une entreprise où les femmes sont majoritaires et où, même à des postes traditionnellement masculins, les femmes sont de plus en plus nombreuses. Sur un plan personnel, l'égalité n'a donc jamais été vraiment un sujet de préoccupation pour moi. En revanche, si je considère plus largement la place des femmes dans le monde d'aujourd'hui et de demain, le progrès des droits des femmes vers plus d'égalité me semble une ambition essentielle pour relever les défis du XXIe siècle. Je crois que beaucoup reste à accomplir pour tordre le cou à certaines idées reçues, renverser certains préjugés tenaces et engager un changement des mentalités en profondeur dans la société.

Chez L'Oréal, nous œuvrons depuis toujours à la promotion des femmes au sein de l'entreprise, et nous sommes aussi engagés dans des causes portées par notre fondation autour de deux axes proches de nos métiers : la science et la beauté. Le programme For Women in Science est une réponse concrète à un grand rêve : donner à la science toute sa puissance, en faisant jouer aux femmes un rôle majeur, le rôle qui leur revient. Dans tous les pays, elles sont trop peu nombreuses et n'occupent pas encore les postes clés. Pourtant, pour résoudre les grands défis du monde dans les domaines de la médecine, de la physique ou de l'environnement, nous avons besoin de tous les talents, hommes et femmes. Créé il y a quinze ans, ce programme en partenariat avec l'Unesco récompense chaque année d'immenses scientifiques venues des cinq continents et appuie des projets de recherche de jeunes boursières. Par ailleurs, avec Beauty for a Better Life, nous faisons de l'éducation aux métiers de la beauté. Nous aidons des femmes fragilisées par la précarité, la pauvreté, les accidents de vie à se former et trouver un travail. Nous avons ainsi soutenu plus de 1 200 femmes dans 12 pays.

Je crois surtout à la détermination pour faire avancer les choses. Il faut engager des réformes, l'égalité se conquiert, elle se construit. Nous avons tous un rôle à jouer pour que les femmes puissent réaliser leurs rêves, pour qu'elles aient le pouvoir de choisir leur destin.

"POUR RÉSOUDRE LES GRANDS DÉFIS DANS LES DOMAINES DE LA MÉDECINE, DE LA PHYSIQUE OU DE L'ENVIRONNEMENT, NOUS AVONS BESOIN DE TOUS LES TALENTS, HOMMES ET FEMMES."

VALÉRIE TANDEAU DE MARSAC

AVOCATE D'AFFAIRES, FONDATRICE DE VOXFEMINA

"J'Y CROIS, MAIS RIEN N'EST JAMAIS ACQUIS"

———— J'ai traversé la moitié de ma vie professionnelle sans me poser de questions sur l'égalité. Je n'étais pas dans le déni, mais dans l'insouciance. C'est à l'arrivée de mes triplés, à 40 ans, que j'ai pris conscience de l'enjeu. Tout à coup, on m'a expliqué que je ne pouvais plus faire de fusions et acquisitions, ce qui revenait peu ou prou à m'interdire d'exercer mon métier d'avocate d'affaires. J'étais stupéfaite et révoltée. Puis est arrivée la culpabilité, qui me paralysait doublement : je me sentais coupable d'être loin de mes enfants et coupable de ne pouvoir exercer pleinement mon métier. Jusqu'au jour où j'ai rencontré une camarade sociologue qui avait fait une thèse sur les couples à double carrière et présentait ses travaux lors d'une conférence de HEC au féminin. J'ai compris que je n'étais pas un cas unique, que ce qui m'arrivait s'inscrivait dans un véritable phénomène de société, en partie occulté par l'illusion largement partagée en Occident que la domination masculine est un principe d'organisation depuis longtemps dépassé. J'ai alors commencé à me documenter et j'ai compris l'ampleur du problème. L'étude sur l'image des femmes dans les médias réalisée par Brigitte Grésy, Mercedes Erra et Michèle Reiser m'a permis de mesurer combien les femmes expertes étaient sous-représentées dans ce secteur. C'est ce qui m'a donné l'idée de créer voxfemina, dont la vocation est de favoriser la prise de parole des femmes en tant qu'expertes dans les médias.

Très rapidement, voxfemina s'est incarnée sous la forme d'une plate-forme Web 2.0, qui compte désormais 150 femmes expertes adhérentes. Depuis, j'ai démultiplié les contacts, rencontré des personnes formidables, cela m'a beaucoup appris. Avec mon mari, nous nous sommes passionnés pour le sujet. Toutes ces femmes nous ont ouvert les yeux sur le sexisme rampant. Cela a modifié notre façon de nous organiser au quotidien.

La crise exacerbe les rapports de force pour l'accession au pouvoir. Les relations de travail sont plus compétitives que jamais. Les femmes n'échappent pas à ce phénomène. Nous assistons dans le même temps à une transformation profonde des médias, qui sont bousculés par la baisse des audiences et le changement de leur modèle économique. Ce qui parfois peut les inciter à renforcer des stéréotypes plutôt qu'à lutter contre. C'est un enjeu qui nécessite une attention permanente. Tout reste encore à faire.

"SI LES RELATIONS SE CRISPENT AUTANT, C'EST PEUT-ÊTRE PARCE QUE LA POTENTIALITÉ D'UN VÉRITABLE CHANGEMENT SE CONCRÉTISE."

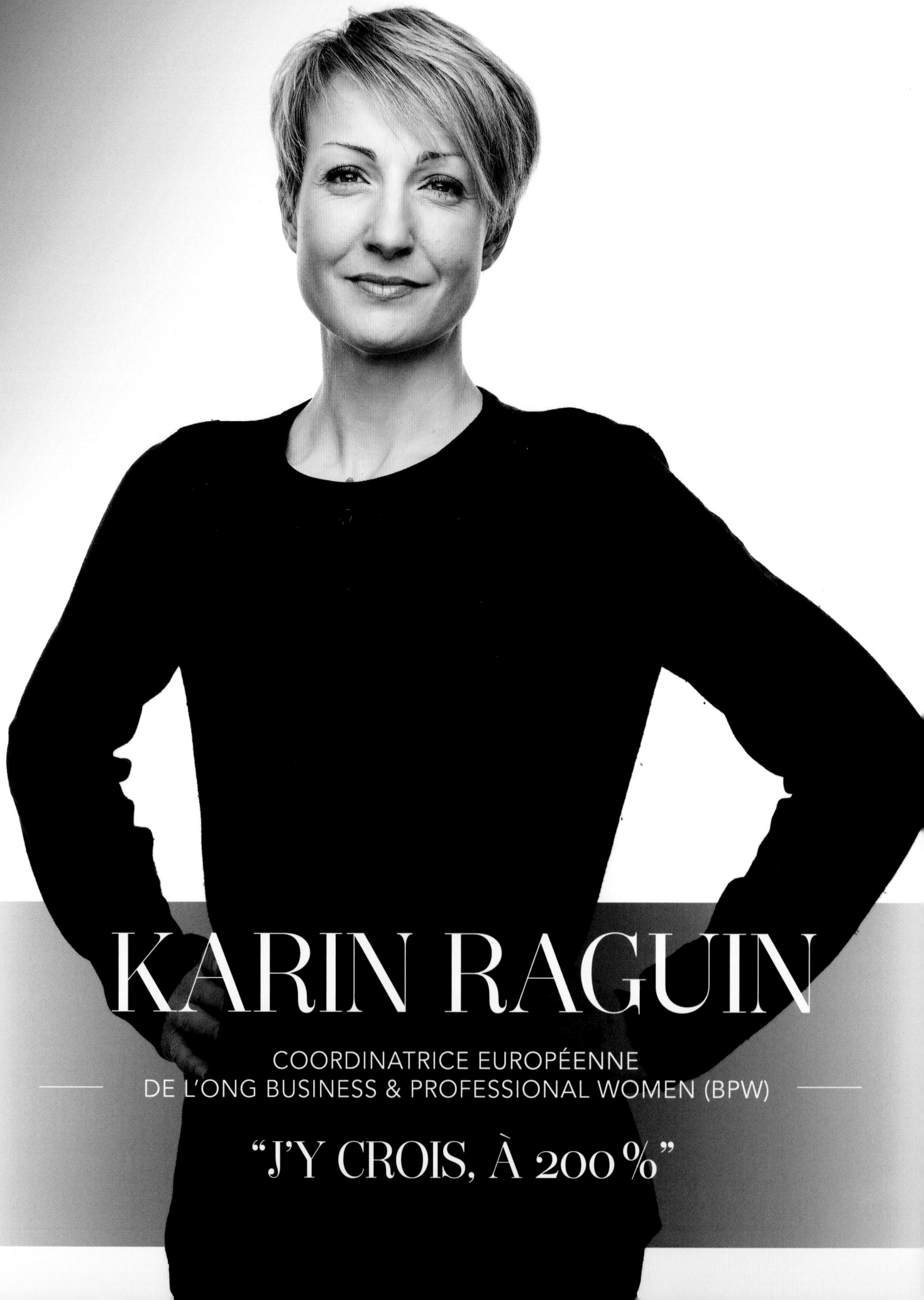

KARIN RAGUIN

COORDINATRICE EUROPÉENNE
DE L'ONG BUSINESS & PROFESSIONAL WOMEN (BPW)

"J'Y CROIS, À 200 %"

———— J'ai une double réponse face à l'inégalité des femmes et des hommes aujourd'hui. D'un côté, les chiffres de la macro demeurent désespérément stables. Nous sommes toujours les victimes des fameux 10 %. Les femmes gagnent 10 % de moins que les hommes à qualification et diplômes équivalents (27 % si l'on inclut tous les revenus), elles représentent à peine 10 % des dirigeantes dans les entreprises côtées et ne totalisent que 10 % des revenus du travail dans le monde. Et quels que soient les modes de calcul, absolument rien ne varie sur les quinze à vingt dernières années. D'un autre côté, on a de vrais espoirs. Dans la façon de vivre notamment, mais aussi quand on regarde au niveau de la micro, avec les progressions de la part des femmes dans les conseils d'administration, quand on enregistre que 70 % des diplômés sont des femmes en Europe et, de la même manière, quand on voit de plus en plus d'hommes porter le sujet. La prise de conscience est réelle, c'est un sujet de société. Des centaines de réseaux d'entreprise, des réseaux structurés, relaient l'information. Au final, le bilan nous oblige à questionner les structures mêmes de la société. Le socle de l'inégalité, ce sont les stéréotypes.

Au sein de Business and Professional Women, nous voulons faire avancer le contexte législatif. Nous militons pour démontrer la corrélation entre développement démocratique et développement économique, et que cela va de pair avec la reconnaissance du rôle et du travail des femmes. Nous menons deux campagnes en lien avec l'ONU : l'Equal Pay Day (journée de l'égalité salariale) et la promotion auprès des entreprises des «Women Empowerment Principles» (sept principes fondamentaux pour l'égalité au travail). En France, nous poussons les pouvoirs publics à appliquer des sanctions contre les entreprises qui n'appliquent pas la loi de l'égalité professionnelle. Nous militons pour que les appels d'offres des entreprises publiques soient réservés aux entreprises qui publient le rapport de situation comparée. Nous voulons faire entendre les voix des femmes. Que ce soit tout en haut de l'échelle ou tout en bas.

Le long terme ne m'intéresse pas. C'est maintenant qu'il faut agir. Rien ne se fait naturellement. À chacun, chacune, de veiller à combattre les stéréotypes. C'est au quotidien qu'il faut ne rien laisser passer. Je souhaiterais ainsi que la France publie un *gender indice* pour mesurer où nous en sommes, si nous progressons. Les représentants de l'État ont la main. Ont-ils la volonté ?

"LE LONG TERME NE M'INTÉRESSE PAS. C'EST MAINTENANT QU'IL FAUT AGIR."

RESPONSABLES D'ASSOCIATION

FEMMES ET HOMMES ENGAGÉS POUR DÉFENDRE DE GRANDES CAUSES, ILS AGISSENT POUR L'ÉQUITÉ DANS LA SOCIÉTÉ.

CLAUDIE BOUGON-GUIBERT

VICE-PRÉSIDENTE DU CONSEIL NATIONAL
DES FEMMES FRANÇAISES

"J'Y CROIS, COMPLÈTEMENT"

———— Élevée dans une famille aimante, de culture traditionnelle, j'aurais pu avoir comme seul horizon le mariage, les enfants, la famille, toute à mon engagement associatif. Mais quand je suis devenue veuve à 39 ans, avec quatre enfants à élever, j'ai réagi. Je souhaitais offrir toutes les chances à mes enfants. J'ai très vite trouvé un emploi au service marketing d'une société financière et j'ai codirigé un cabinet de chasseurs de têtes spécialisé dans le recrutement de femmes pour des sociétés prestigieuses. J'ai ensuite créé le service d'informations économiques et de communication des chambres de commerce et d'industrie, au service de 183 élus. Puis, j'ai fondé mon propre cabinet de conseil. Dans ma vie, j'ai bien sûr rencontré des situations d'inégalité : salaires moindres, discriminations, harcèlement, nominations de femmes à des postes à responsabilité au compte-gouttes. Bien souvent, les femmes doutaient de leurs capacités, n'osaient pas. La fragilité de ma situation personnelle, doublée d'un instinct de survie, m'a donné de l'aplomb, puis j'ai acquis des compétences et obtenu des résultats. J'ai échappé aux doutes qui habituellement assaillent.

Je me suis engagée auprès des femmes et des jeunes pour les galvaniser. Rien n'est acquis. Il faut se battre, s'imposer, casser les stéréotypes, faire évoluer les mentalités et gagner notre crédibilité. Je n'ai jamais baissé les bras. Respectueuse de nos aînées féministes, je considère que le combat actuel, c'est l'information et la sensibilisation dès la maternelle. Au Conseil national des femmes françaises, nous travaillons sur toutes les situations qui fragilisent le droit des femmes : violence, dépendance financière, familles monoparentales, etc. Les progrès de ces dernières années se révèlent colossaux, mais l'égalité des droits, c'est surtout l'égalité des chances. Cette notion universelle, inscrite dans la Déclaration des droits de l'homme et du citoyen, demeure parfois abstraite.

J'ai hérité d'un flambeau que je transmets à mes petites-filles. Et à mes petits-fils. Ma conviction, c'est l'information. Le sésame, c'est l'éducation. Une petite fille, une adolescente, une jeune femme doit être persuadée qu'elle peut tout si elle le veut. Qu'elle choisisse d'être grutière, conductrice de train ou institutrice, il faut qu'elle soit persuadée de sa richesse et de son utilité pour la société.

"LES PROGRÈS DE CES DERNIÈRES ANNÉES SE RÉVÈLENT COLOSSAUX, MAIS L'ÉGALITÉ DES DROITS, C'EST SURTOUT L'ÉGALITÉ DES CHANCES."

ANNIE BATTLE

BÉNÉVOLE AU LABORATOIRE DE L'ÉGALITÉ

"J'Y CROIS, RÉSOLUMENT"

———— Sur l'inégalité entre les femmes et les hommes, pour moi, le constat est mitigé. Si les progrès sont incontestables, il est clair que cela ne va pas assez vite. Surtout, toutes les femmes ne sont pas logées à la même enseigne, et les avancées dépendent d'abord de leur niveau d'éducation. S'ils sont incontestables pour les femmes diplômées – sans pour autant qu'elles échappent à la spécialisation des rôles et à l'inégalité salariale –, ce n'est pas le cas pour les femmes non qualifiées, nombreuses dans les milieux défavorisés. Leur situation stagne et elles grossissent les rangs des travailleurs pauvres.

Je crois que nous pouvons progresser si des efforts massifs sont accomplis pour accompagner l'éducation des filles et des garçons dans les milieux défavorisés, une éducation qui intègre un apprentissage de la mixité et de l'égalité des sexes. Il importe également que des moyens importants soient développés pour favoriser l'accès de toutes et de tous à des formations qualifiantes et mixtes, sans ségrégation, ni socioéconomique ni sexiste. Aujourd'hui, quand on évoque la question de l'égalité professionnelle, on parle souvent des femmes cadres. C'est important, certes, d'autant plus qu'on peut espérer qu'elles se battront pour faire monter les femmes, mais il ne faut pas oublier toutes celles qui n'ont pas les moyens de se former, de choisir leur métier, et qui, même lorsqu'elles y parviennent, ne peuvent envisager de promotion, car elles portent sur leurs épaules la majeure partie des tâches domestiques et familiales.

Pour l'avenir, je suis optimiste, par tempérament, mais aussi compte tenu de nombreux signes encourageants : le fait qu'il y ait plus de femmes diplômées que d'hommes, que les inégalités professionnelles avérées soient désormais sanctionnées par la loi, qu'il devienne politiquement incorrect d'être sexiste, qu'une génération de jeunes femmes et de jeunes hommes élevés dans la mixité arrive. Mais les résistances sont fortes, la tentation des hommes de préserver et de justifier les avantages acquis est un frein. Les influences culturelles familiales, éducatives et professionnelles pèsent sur les mentalités. Les stéréotypes sont vivaces. Il faut continuer à se battre. J'espère que les femmes qui montent dans la hiérarchie seront solidaires des autres.

"DES EFFORTS MASSIFS DOIVENT ÊTRE ACCOMPLIS POUR ACCOMPAGNER L'ÉDUCATION DES FILLES ET DES GARÇONS DANS LES MILIEUX DÉFAVORISÉS."

LAURENT DEPOND

DIRECTEUR DE LA DIVERSITÉ D'ORANGE, MEMBRE DU
CONSEIL D'ADMINISTRATION DU LABORATOIRE DE L'ÉGALITÉ

"J'Y CROIS, AVEC IMPATIENCE"

——— Je trouve navrant que l'on réduise la question de l'inégalité – une aberration dans le monde dans lequel nous vivons – à une guerre femmes-hommes. Il nous faut reposer tous les fondamentaux : interroger et analyser les stéréotypes et les biais décisionnels, les décortiquer, les combattre. Cela passe par des actions concrètes, faciles à mettre en place par chacun. Les femmes doivent se faire confiance, dépasser les freins qu'elles s'imposent pour concilier vie privée et vie professionnelle. Les hommes doivent s'engager davantage dans la sphère privée : prendre leurs congés parentaux, s'occuper des tout-petits, ne plus proférer de blagues sexistes, garder leurs enfants malades… La plate-forme Happy Men, que nous avons adoptée au sein d'Orange, mettant en valeur ces engagements pris par des hommes, prouve par l'exemple que chacun peut prendre conscience de ce que l'on peut changer.

Les pouvoirs – économique, politique – doivent sortir du «court-termisme». Nous vivons un changement de paradigme. Les gens ont besoin de se projeter sur le long terme. Nos dirigeants, hommes politiques, chefs d'entreprise, doivent comprendre le sens profond des attentes de la société : l'envie d'égalité, mais aussi de diversité. Ils doivent porter une vision de la transformation en profondeur que nous traversons. Nous sommes en mutation. Il faut s'habituer à de nouveaux codes. Je me sens parfois un peu comme un missionnaire. Et pourtant, une société plus équitable est une question de survie. Les hommes et les femmes de la société civile peuvent et doivent travailler ensemble, sans rage revancharde, pour faire évoluer les comportements et modifier en profondeur les idées reçues.

Pour y arriver, j'attends davantage de courage managérial, politique. Il reste encore beaucoup de travail. Nous avons, par exemple, mis en œuvre le «mentoring» au sein d'Orange – un professionnel aguerri accompagne une jeune femme à fort potentiel –, qui a permis à beaucoup de cadres dirigeants de mieux comprendre les barrières auxquelles se heurtaient les femmes. Les stéréotypes ont la vie dure. C'est un combat de tous les instants. Il faut sans cesse lancer des stimuli, innover, réinterroger nos modes de pensée, de fonctionnement, initier des campagnes de communication, inciter à prendre ses congés de paternité... Mais je suis confiant : quand il deviendra valorisant pour les hommes de s'occuper des enfants, les choses changeront.

"NOUS SOMMES EN MUTATION. IL FAUT S'HABITUER À DE NOUVEAUX CODES."

CATHERINE TRIPON

DIRECTRICE ÉGALITÉ F/H – DIVERSITÉ DE LA
FONDATION AGIR CONTRE L'EXCLUSION (FACE),
PORTE-PAROLE DE L'AUTRE CERCLE

"J'Y CROIS, VRAIMENT"

———— Je fais partie des privilégiées qui ont les moyens de réagir face à l'inégalité. J'y ai été confrontée, mais je possédais les armes intellectuelles, morales et sociales pour la contrer. J'ai été élevée dans un environnement aimant et dans le respect des individus. Mes parents m'ont permis de faire les études de mon choix pour mon épanouissement. J'ai reçu la structure mentale, le caractère et l'autorité nécessaires pour répondre aux comportements discriminants.

J'observe un paradoxe dans notre société actuelle : il y a à la fois plus d'égalité et plus d'inégalité. L'égalité progresse grâce aux droits humains, à la loi, à l'Europe – sans les directives européennes transposées au droit national, nous ne bénéficierions pas des lois de lutte contre la discrimination et pour la promotion de l'égalité et de la diversité – et à la prise de conscience d'un certain nombre d'organisations. L'inégalité croît à cause de la crise. Ce contexte a radicalisé les comportements. Il y a davantage de violence envers les femmes et les adolescentes. L'individualisme augmente. Les femmes se retrouvent seules dans des situations difficiles pour élever des enfants. Elles ont souvent moins eu accès à une formation professionnelle.

Pour moi, les prochaines années seront complexes. L'émergence d'une égalité entre femmes et hommes provoque des réactions de rejet, de peur et de repli sur soi de la part d'un certain nombre d'hommes. Les femmes avancent sur le devant de la scène. Cela donne provisoirement aux hommes le sentiment de passer dans l'ombre. C'est certainement le prix à payer ou une phase intermédiaire. Mais certains hommes s'approprient aussi le combat pour l'égalité. Ce n'est plus l'apanage des femmes, des féministes et des associations. Des acteurs clés – dirigeants d'entreprise, élus, journalistes, leaders d'opinion – portent le sujet. Au final, les femmes relèvent la tête, les hommes se battent pour l'égalité, les jeunes n'imaginent pas d'autre paradigme. Les nouvelles générations ne pourront plus faire marche arrière. Cela exacerbe les attitudes hostiles. Jamais nous n'avions compté autant d'attaques contre les homosexuels avant que la loi du mariage pour tous devienne inéluctable. Il en est de même pour la question de l'égalité femmes-hommes : elle se concrétise, donc elle engendre des aversions.

"LES JEUNES N'IMAGINENT PAS D'AUTRE PARADIGME QUE L'ÉGALITÉ. LES NOUVELLES GÉNÉRATIONS NE POURRONT PLUS FAIRE MARCHE ARRIÈRE."

FRANCOISE SAMPERMANS

PRÉSIDENTE DE FRANCE GÉNÉROSITÉS

"J'Y CROIS, ABSOLUMENT"

————— L'égalité est un sujet inhérent à la construction des valeurs sociales de notre société, c'est un élément fondamental de notre démocratie. Pourtant, ce principe n'est pas encore appliqué.

À titre personnel, je n'ai jamais souffert de différence. J'ai toujours été considérée comme un être humain, non comme une femme. J'apprécie beaucoup d'être une femme, mais je n'en fais jamais état. Dans mes fonctions professionnelles, sociales et/ou familiales, je ne m'en suis jamais préoccupée, cela n'a jamais été ni un obstacle, ni un combat dans ma vie de tous les jours. Bien sûr, j'ai été l'une des premières femmes chefs d'entreprise. À ceux qui étaient tentés de me regarder comme une femme, j'expliquais gentiment qu'ils faisaient fausse route. Et je leur ai prouvé au quotidien que, femme ou homme, il importait avant tout de bien faire son travail et d'avoir le courage de respecter autrui.

Dans le milieu associatif, l'égalité n'est pas un sujet. C'est un univers relativement moderne; la structuration du secteur veut que, depuis le Moyen Âge, les femmes, par le biais des gens d'Église, soient très présentes dans les grands mouvements caritatifs internationaux.Dans les partis politiques, les quotas peuvent avoir une action bénéfique pour faire bouger les lignes, recruter des jeunes et des personnalités nouvelles et ainsi renouveler les générations. Dans les entreprises, c'est plus complexe. Je ne suis pas favorable à l'idée que les revendications dans ce domaine s'expriment à l'intérieur des sociétés, cela suscite des blocages et des tensions inutiles. Il faut mettre en avant les compétences et veiller à ce que les postes de recrutement ne soient pas réservés à des hommes pour éviter toute tentation de cooptation.

La priorité est donc à mon sens la pédagogie et l'éducation. Si on enseigne aux filles qu'elles ont les mêmes droits que les garçons, ensuite, elles ne se posent même pas la question. Aujourd'hui, les jeunes femmes sont plus nombreuses à la sortie des grandes écoles. La précarité est liée au manque de formation, aux emplois précaires, à l'intérim et aux stages. C'est un problème de droit du travail. Mais on agit dans le bon sens : sur le terrain de l'éducation.

"L'ÉGALITÉ EST UN ÉLÉMENT FONDAMENTAL DE NOTRE DÉMOCRATIE."

En 1972,
dans une usine
d'assemblage de
matériaux électriques,
près de Poitiers, les
ouvrières travaillent
à la chaîne.

MAUDY PIOT

PSYCHANALYSTE, PSYCHOTHÉRAPEUTE, FONDATRICE ET PRÉSIDENTE
DE L'ASSOCIATION FEMME POUR LE DIRE, FEMME POUR AGIR

"J'Y CROIS, PASSIONNÉMENT"

———— Je souhaite lutter contre toutes les formes de discrimination. Je suis une femme citoyenne avant d'être une handicapée. En 2003, j'ai fondé l'association Femme pour le dire, Femme pour agir, qui lutte contre la double discrimination subie par les femmes handicapées. En France, 20 % des hommes handicapés trouvent un emploi. Ce taux tombe à 2 % pour les femmes.

Je vis très mal l'inégalité. Je m'en veux de ne pas en avoir pris conscience avant l'accident de la vie qui m'a privée de la vue. J'ai grandi en rebelle. Enfant, je refusais de débarrasser les assiettes car, dans ma famille catalane, cela incombait aux filles. Quand a été publié le Manifeste des 343, j'étais infirmière et j'assistais des médecins lors d'avortements clandestins. J'étais militante avant d'être née, l'injustice m'est absolument insupportable. Je me suis structurée dans le respect de l'autre, mais pas dans la soumission à l'autre. La France possède une culture profondément ancrée dans le machisme. Nous devons mener un vrai changement en profondeur : travailler sur l'éducation, imposer des lois, les mettre réellement en application. Et pénaliser les contrevenants. Une société a tout à gagner de l'égalité. Chaque être a sa personnalité. Femmes, hommes, handicapés. Les lois servent à conscientiser. Aujourd'hui, les réseaux sociaux ne sont pas accessibles aux aveugles. Cette exclusion renvoie à l'idée que le handicap a partie liée avec la monstruosité, la laideur et la vulnérabilité. Le handicap rappelle à celui qui le voit ses propres limites, ses propres angoisses.

Nous devons apprendre à penser autrement. Je suis autrement capable de réaliser les actes quotidiens. Le handicap nous oblige à voir le hors-norme. Je me bats, car je ne veux ni compassion, ni misérabilisme. Je ne suis pas courageuse. Je fais avec, je regarde la vie différemment. Ma perte visuelle m'a permis de prendre tout le positif de ce que me donne la vie. À l'association, qui accueille toutes les personnes atteintes de handicap, quel qu'il soit, nous luttons pour une vraie reconnaissance. Les féministes ont eu beaucoup de mal à entendre nos revendications. Nous sommes oubliées. Le genre féminin n'est pas déterminé, nous ne serons jamais identiques. Notre différence est une richesse, mais nous avons les mêmes droits et les mêmes devoirs.

"UNE SOCIÉTÉ A TOUT À GAGNER DE L'ÉGALITÉ. FEMMES, HOMMES, HANDICAPÉS. LA SINGULARITÉ DE CHACUN FAIT LA RICHESSE DE TOUS."

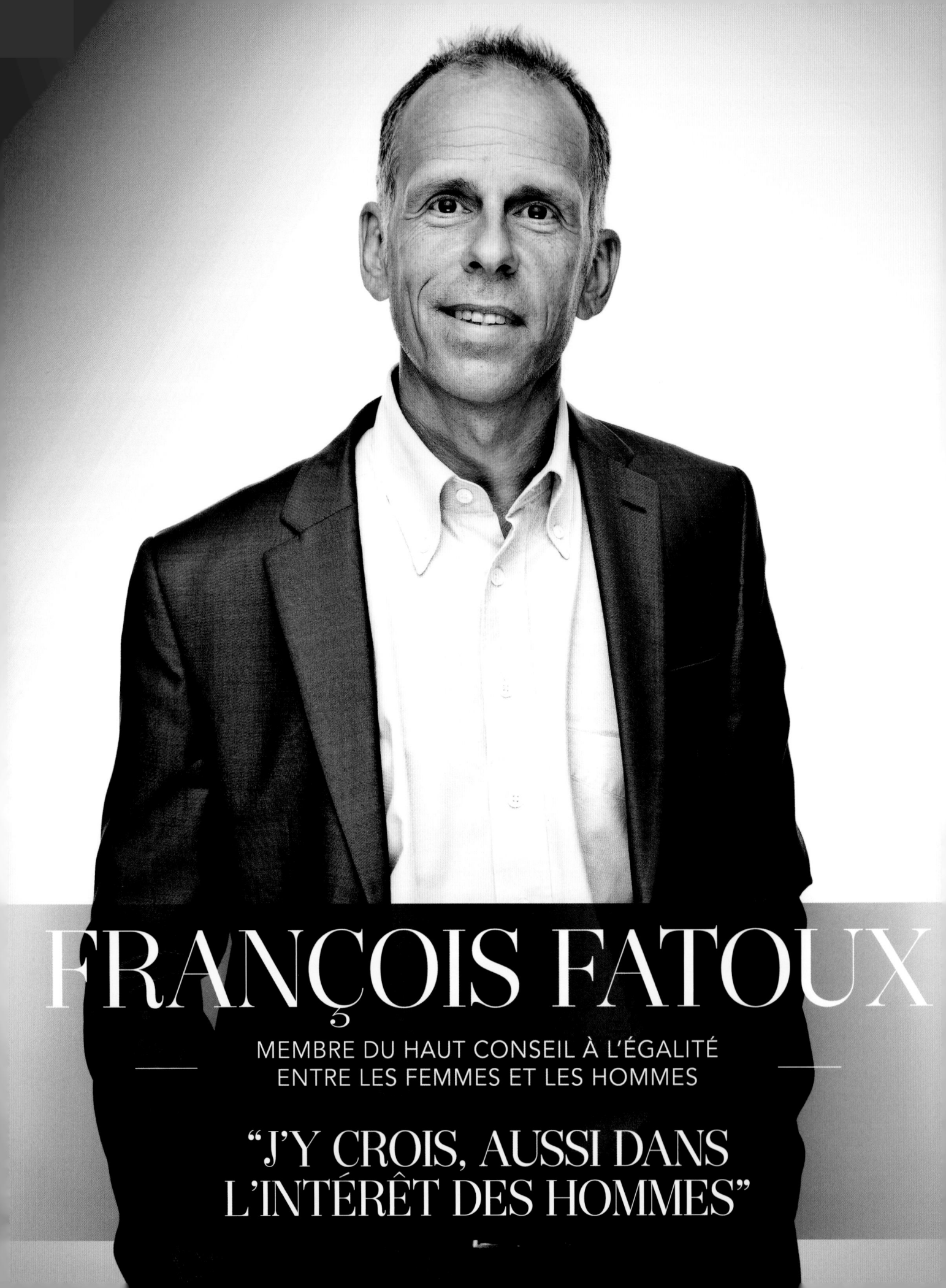

FRANÇOIS FATOUX

MEMBRE DU HAUT CONSEIL À L'ÉGALITÉ
ENTRE LES FEMMES ET LES HOMMES

"J'Y CROIS, AUSSI DANS L'INTÉRÊT DES HOMMES"

——— Les inégalités entre les femmes et les hommes sont source de conflits aussi bien dans la sphère privée que dans la sphère professionnelle. Par exemple, dans notre vie de couple ou de famille, nous serions sûrement plus heureux si l'égalité était une réalité. Cette égalité nous offre la possibilité d'échapper aux injonctions de la société qui dictent notre comportement. Si les pouvoirs publics se donnent les moyens de traiter de l'égalité entre les femmes et les hommes dans la durée (que cela ne soit pas un effet de mode), nous pouvons imaginer que, dans les prochaines années, cela permettra d'ouvrir des débats passionnants dans tous les domaines de la vie en société, même là où la question du genre n'est pas attendue. Je pense notamment à la sphère économique, où la crise nous ramène à un discours très militariste qui ne laisse pas de place à tous ceux qui peuvent exprimer des fragilités. Il serait intéressant de quantifier dans ses aspects financiers ce culte de la performance auquel se soumettent nos sociétés dans tous les domaines (famille, éducation, économie…).

Dans notre société confrontée en permanence à des avancées sociales comme à des reculs, il faut être optimiste pour donner du sens à son quotidien, aussi bien dans sa vie de couple, de parent, que dans sa vie professionnelle ou dans sa vie sociale. J'observe que les femmes se mobilisent fortement, comprenant qu'il n'y a pas de fatalité à subir toutes les injustices dont elles sont les victimes. Pour autant, c'est toute la société qui doit se mobiliser en faveur de l'égalité, et pas uniquement les femmes. Nous avons à réussir ce pari d'arriver à ce que les hommes se mobilisent aussi, à la fois car nos sociétés doivent reposer sur le principe d'égalité, mais aussi de manière plus égoïste parce que les hommes ont tout intérêt à se débarrasser des normes masculines qui pèsent sur eux. De plus en plus d'hommes ne souhaitent plus s'inscrire dans cette injonction à la virilité, source de violence et de souffrance pour les proches (je pense autant aux violences managériales dans les entreprises qu'aux violences conjugales ou celles qui s'expriment à l'école ou au moment de l'adolescence) et pour eux-mêmes. Est-ce utopique d'imaginer que les hommes puissent, au nom de l'égalité, revendiquer la liberté d'être eux-mêmes et être reconnus comme des individus à part entière et non comme des éléments d'un corps social qui auraient à choisir leur camp : soit masculin, soit féminin ?

> **"C'EST TOUTE LA SOCIÉTÉ QUI DOIT SE MOBILISER EN FAVEUR DE L'ÉGALITÉ, ET PAS UNIQUEMENT LES FEMMES."**

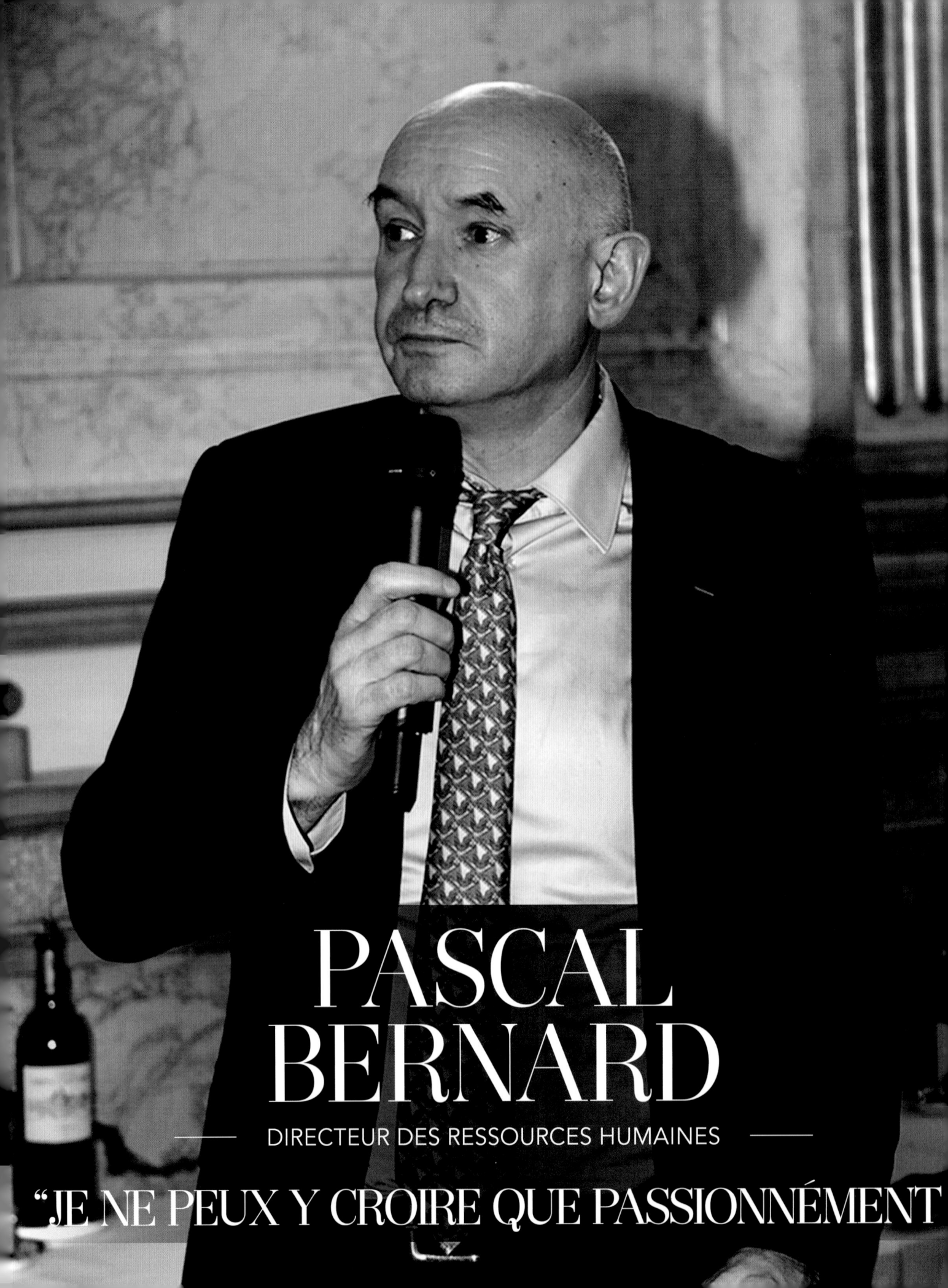

PASCAL
BERNARD

DIRECTEUR DES RESSOURCES HUMAINES

"JE NE PEUX Y CROIRE QUE PASSIONNÉMENT

———— Mon sentiment sur l'égalité me pousse à croire qu'il faut rester vigilant. La crise, le chômage, la précarité font le lit des radicaux, et des démons qu'on croyait à jamais oubliés ressurgissent. On l'a vu il y a peu en Espagne avec l'IVG. En France, le gouvernement affirme sur le sujet de l'égalité entre les femmes et les hommes une volonté forte. La ministre des Droits des femmes mène une politique efficace qui est écoutée. Mais *quid* des entreprises ? Des administrations ? Bien sûr, il y a des progrès dans les conseils d'administration, mais les écarts de salaire demeurent de 28 %. C'est très significatif. Beaucoup d'accords sont signés par des entreprises, certains sont progressistes, d'autres se contentent d'appliquer la loi. Il ne faut pas se leurrer, le plafond de verre demeure.

Nous assistons à un frémissement, on va dans le bon sens, on a une bonne approche, mais il faut aller plus loin. Par des actions concrètes. Nous devons stimuler les négociations, entreprise par entreprise, avec les syndicats, évaluer les managers sur leurs actions en faveur de l'égalité, former les cadres sur les stéréotypes et enseigner les méthodes pour favoriser l'égalité. Nous devons appliquer une vraie politique salariale de l'égalité : si une entreprise emploie un pourcentage important de femmes, cela doit se traduire, en équivalence, dans sa direction. Il faut donner des objectifs quantitatifs, établir des indicateurs chiffrés. Nous devons accorder une attention toute particulière au retour des congés longs des femmes, en particulier lors des maternités. Pour éviter les décrochages, nous devons les accompagner et veiller à ce qu'elles ne soient ni rejetées, ni placées à des postes subalternes. Là encore, il s'agit de signer des accords entre entreprises, avec les partenaires sociaux.

L'avenir sera ce que l'on en fera. Je ne suis ni optimiste, ni pessimiste. Nous devons prendre notre part. Pas question d'aborder ce sujet la fleur au fusil. La période ne nous incite pas à dormir sur nos deux oreilles. Face aux tensions sociales, à la montée des intégrismes, quels qu'ils soient, on ne peut se contenter de prendre des postures qui sont perçues comme arrogantes. Il faut tenir bon sur des sujets aussi importants que le mariage pour tous. Nous avons eu raison de rester fermes face aux déchaînements de violence, mais nous devons rester vigilants.

"IL FAUT DONNER DES OBJECTIFS QUANTITATIFS, ÉTABLIR DES INDICATEURS CHIFFRÉS."

DANUTA PIETER

DIRECTRICE GÉNÉRALE DE LA FONDATION
HÔPITAUX DE PARIS – HÔPITAUX DE FRANCE

"J'Y CROIS, ÉVIDEMMENT"

———— La plupart de ceux qui m'ont soutenue, poussée, encouragée sont des hommes. J'ai toujours vécu dans des milieux plutôt masculins. Dans mes études d'abord. Je suis diplômée de Imperial College London, où il y avait à peu près 90 % de garçons. Les filles étaient plutôt en biologie ou en biochimie, alors que moi je faisais un Master of Engineering à la Royal School of Mines du College. Au-delà de l'inégalité à l'entrée liée à l'éducation dans les matières scientifiques, je n'y ai jamais ressenti de différence de traitement entre les hommes et les femmes.

Lorsque j'ai commencé à travailler, j'ai vendu des contrats de transfert de technologie à des gouvernements de pays émergents. Je me suis très bien entendue avec les hommes avec lesquels j'ai travaillé, y compris dans des pays réputés difficiles pour les femmes. En revanche, les femmes étaient souvent dures et injustes entre elles. J'étais persuadée qu'il fallait beaucoup se méfier des femmes au travail. Heureusement, j'ai fait de bonnes rencontres, et j'ai réalisé que ce que j'avais vécu n'était certainement pas représentatif.

Aujourd'hui, je travaille dans le milieu caritatif, qui est au contraire très féminin. Et c'est maintenant que je peux dire que je connais l'inégalité femmes-hommes. Je suis frappée d'être régulièrement confrontée, en France, à une vision totalement caricaturale, qui veut que les femmes se «distraient» avec les «bonnes œuvres». En quoi une association ou une fondation devrait-elle moins bien gérer ses affaires qu'une entreprise, alors qu'elle peut aussi brasser des millions d'euros? Au contraire, le devoir d'exemplarité est accru. Un jour, le patron d'une grande banque m'a laissé un message. Mme Chirac et moi-même pensions que c'était pour un don. Or, c'était pour nous demander d'intervenir dans la classe de ses enfants, car cela pourrait «beaucoup amuser les élèves». En effet, chaque année, il rapportait «une tirelire Pièces jaunes pleine à La Poste» (18 € en moyenne!). Dans les rapports et les négociations que je peux avoir, je me demande souvent si certains traiteraient un partenaire d'affaires de la taille de notre fondation avec la même condescendance. Et encore, je bénéficie de l'aura de Mme Chirac. Je suis choquée de voir combien d'hommes, y compris dans des positions qui devraient leur donner un autre point de vue, ne se rendent, finalement de manière très naïve, sincèrement pas compte que l'on travaille «comme eux».

"EN QUOI UNE ASSOCIATION OU UNE FONDATION DEVRAIT-ELLE MOINS BIEN GÉRER SES AFFAIRES QU'UNE ENTREPRISE, ALORS QU'ELLE PEUT AUSSI BRASSER DES MILLIONS D'EUROS?"

JÉRÔME BALLARIN

PRÉSIDENT DE L'OBSERVATOIRE DE L'ÉQUILIBRE
DES TEMPS ET DE LA PARENTALITÉ EN ENTREPRISE

"J'Y CROIS, PROFONDÉMENT"

———— En tant qu'homme, j'ai dû cheminer pour prendre conscience des discriminations dont sont victimes les femmes dans le monde professionnel. J'ai dû aussi faire un travail sur moi pour déconstruire certains stéréotypes de genre. Cela m'a permis, je crois, de grandir en humanité. J'ai alors choisi de m'engager en faveur de l'égalité femmes-hommes, pour des raisons de justice, mais également parce que l'égalité est porteuse de changements culturels et managériaux qui sont bénéfiques aux hommes.

À l'avenir, je pense que, pour enregistrer de nouvelles avancées, le combat des femmes devra davantage mobiliser les hommes. En effet, le monde du travail, créé par et pour les hommes, ne pourra évoluer en faveur de l'égalité que si une majorité d'hommes promeuvent des femmes à des postes clés, luttent contre le présentéisme ou mettent en place des organisations compatibles avec l'exercice de la parentalité. En parallèle, une égale implication des hommes dans les tâches familiales et domestiques constituera une condition *sine qua non* pour que les femmes disposent d'une égale capacité à s'investir dans la sphère professionnelle.

Je suis optimiste sur cette question, car nous sommes en train de créer une culture de la mixité partagée entre les femmes et les hommes. Les hommes commencent à comprendre que l'égalité femmes-hommes est aussi une chance pour eux ! D'un point de vue personnel, je crois passionnément à cette égalité, pour le bonheur de ma fille, mais également pour celui de mon fils. Si réussir au masculin est encore synonyme de réussite professionnelle et réussir au féminin synonyme de réussite familiale, ma fille et mon fils seront, je l'espère, libres de s'épanouir dans les sphères qu'ils auront choisies, qu'elles soient familiale, professionnelle, artistique, associative ou spirituelle.

"LES HOMMES COMMENCENT À COMPRENDRE QUE L'ÉGALITÉ EST AUSSI UNE CHANCE POUR EUX!"

SYLVIE FOFANA

FONDATRICE DE L'ASSOCIATION
DES NOUNOUS D'ÎLE-DE-FRANCE

"JE N'Y CROIS PAS"

———— Je ne lâche jamais. C'est un principe. Tant mieux car, quand j'ai quitté ma Côte d'Ivoire natale, seule, sans mes deux fils de 3 et 5 ans, enceinte, pour rejoindre la France, des convictions, il en fallait… Et bien d'autres quand, du jour au lendemain, l'oncle qui m'hébergeait m'a mise à la porte avec mon bébé de 8 mois. Je me suis retrouvée dans un foyer d'hébergement, avec vue sur la prison de la Santé. Mais l'année 1995 a sonné comme un nouveau départ : je me suis occupée des enfants de deux familles en garde partagée. Malgré mon absence de références, mes employeurs m'ont fait confiance. J'ai ensuite œuvré dix-sept ans durant comme auxiliaire parentale. J'ai eu raison d'y croire, puisque mes fils m'ont rejointe depuis. Mais, un jour, une goutte d'eau a fait déborder mon vase. Avec ce métier, vous êtes coincée par les références, données au bon vouloir de votre employeur. Certains en jouent, sortant copieusement du cadre légal. Devant ces excès répétés, j'ai fini par envoyer un SMS à 17 collègues : « Ne croyez-vous pas qu'il est temps qu'on s'organise et qu'on mette fin à ces abus ? » Quinze minutes plus tard, les trois quarts répondaient : « Oui ».

Le 12 novembre 2010, les statuts des Nounous d'Île-de-France étaient déposés et, pour avoir davantage de poids, j'ai créé en 2012 le Syndicat professionnel des gardes d'enfants à domicile. La solidarité entre les femmes, j'y aspire à mon corps luttant. Avant de prétendre à l'égalité des sexes, encore faudrait-il que les femmes soient solidaires entre elles, pour que nous ayons accès aux mêmes droits que les hommes. En France, l'égalité, ce n'est pas demain la veille ! Moi qui évolue dans un milieu syndicaliste, machiste, je peux vous dire que la femme n'a guère sa place.

Malgré tout, je sais que je vis dans un pays nanti, mais pourquoi les femmes n'auraient-elles pas le droit, elles aussi, dans d'autres pays, à l'éducation, la santé, l'eau potable…? Je suis militante et féministe dans l'âme, le chantier ne m'effraie pas : mon combat est universel.

"DANS MA PROFESSION, LES EMPLOYEURS SONT SURTOUT DES FEMMES… QUI BAFOUENT NOS DROITS. COMMENT VOULEZ-VOUS AVANCER ?"

MÉDIAS

JOURNALISTES, PRÉSENTATEURS, COMMUNICANTS, TOUTES ET TOUS MILITENT POUR UNE MEILLEURE REPRÉSENTATION DES FEMMES DANS LES MÉDIAS.

MARIE-CHRISTINE SARAGOSSE

PRÉSIDENTE DE FRANCE MÉDIAS MONDE

"J'Y CROIS, PROFONDÉMENT"

———— Pour moi, le combat pour les droits des femmes est le combat humaniste du XXIᵉ siècle. Leur statut est un excellent baromètre : quand une société discrimine les femmes, il est rare qu'elle se porte bien. Défendre les droits des femmes, c'est défendre l'humanité tout entière. C'est un combat d'universalité. Je ne le réduis pas à la seule égalité professionnelle, au quantitatif. C'est un combat psychologique et moral sur notre capacité à comprendre l'atrophie de l'altérité fondatrice de l'humanité. Pour moi, la parité et l'égalité ne sont pas la négation des sexes. Je veux être égale avec mes spécificités. Je n'aime pas que l'on nie la différence.

En tant que chef d'entreprise, j'ai veillé à ce que le comité de directeurs soit paritaire. Ce n'est pas encore le cas à tous les niveaux, mais je fais attention à ce que les responsables s'impliquent. C'est une impulsion que chacun doit porter. Il faut faire preuve de volontarisme. Il est aussi important de promouvoir l'égalité des salaires.

Les médias sont une caisse de résonance. Les femmes apparaissent souvent à l'antenne comme victimes ou témoins des sujets couverts et ne sont pas invitées en tant qu'expertes porteuses d'une parole universelle. Quand sur un plateau les femmes représentent moins de 30 % des invités, on leur demande ce qu'elles pensent en tant que femmes et non ce qu'elles pensent tout court. Nous devons renforcer le nombre d'expertes sur nos plateaux, même si ce n'est pas facile, car nous recevons plus de 70 invités chaque jour à France 24 et tout autant à RFI, c'est primordial. Nous avons aussi lancé une émission hebdomadaire, *ActuElles,* sur France 24, pour créer un moment cristallisateur et fédérateur sur les femmes. Par ailleurs, RFI est dirigée par une femme, tout comme MCD, notre radio arabophone. La voix des femmes y a toute sa place. C'est particulièrement important pour les pays d'Afrique du Nord.

Au final, j'ai « l'optimisme de la volonté ». On n'a pas le choix, l'humanité se doit d'avancer. Pendant des années, chaque fois que je défendais le statut des femmes, les gens semblaient s'étonner : « Quoi ? Tu es féministe ?! » Aujourd'hui, je réponds : « Pourquoi ? Toi, tu ne l'es pas ? »

"QUAND UNE SOCIÉTÉ DISCRIMINE LES FEMMES, IL EST RARE QU'ELLE SE PORTE BIEN."

MARIE-LAURE
SAUTY DE CHALON

PDG DE AUFEMININ.COM

"J'Y CROIS, COMPLÈTEMENT"

———— Dans les années 1920, ma grand-mère a suivi sa scolarité en primaire et au collège avec Simone de Beauvoir. Elle a été l'une des premières à passer son permis de conduire. Ce n'était pas une suffragette, mais elle portait ses valeurs. J'ai suivi cet engagement, j'ai essayé de faire ma carrière comme un homme.

Sur les forums de Aufeminin.com, ce qui préoccupe le plus aujourd'hui, c'est la question du pouvoir d'achat et la précarité. Avec la crise et l'augmentation des séparations, la responsabilité familiale repose de plus en plus sur les épaules des femmes. Qu'il s'agisse des mères célibataires, des retraitées, le sujet le plus important, c'est la peur de ne pas arriver à s'en sortir. En France, on fait tout pour protéger les salariés en CDI, mais rien n'est fait pour les emplois précaires. La précarité concerne à 80 % les femmes. Les économistes l'affirment : à long terme, les femmes travaillant plus dans les services, elles auront plus de pouvoir d'achat que les hommes, on assistera à un rééquilibrage. Mais, pour l'heure, c'est loin d'être le cas.

Je n'emploie jamais l'expression « le plafond de verre », elle est très dangereuse. On nous fait croire que nous devons simplement escalader l'échelle qui nous est tendue. C'est un leurre : à un certain niveau, il n'y a plus de barreau. En France, 80 % des femmes travaillent. Mais dans les dispositifs légaux, nous ne savons pas appréhender le ressenti psychologique : comment garder le lien avec son entreprise lorsque l'on est en congé de maternité ? Comment ne pas culpabiliser lorsque l'on est prise entre les feux des obligations professionnelles et personnelles ? Rien n'est fait pour aider à affronter ces difficultés. Le sujet central, c'est le partage des tâches. Plutôt qu'éduquer les filles à devenir des garçons, je crois que nous avons intérêt à apprendre aux garçons à être comme des filles, à savoir utiliser la table à repasser, manier l'aspirateur et faire la cuisine. Il faut beaucoup se méfier des projections. La parité progresse lentement. En 2013, dans notre pays, on compte moins de 30 % de députées ; elles sont 22 % au Sénat et représentent seulement 13 % des maires, 11 % des ambassadeurs, 9,9 % des préfets et 6,5 % des trésoriers-payeurs généraux. Bien sûr, on enregistre des améliorations, mais, même si je n'y suis pas favorable *a priori,* on ne progressera pas sans un peu de quotas, tout du moins temporairement. C'est une guerre sans merci qu'il nous faut livrer.

"JE N'EMPLOIE JAMAIS L'EXPRESSION 'LE PLAFOND DE VERRE', ELLE EST TRÈS DANGEREUSE."

ANNE-CÉCILE SARFATI

RÉDACTRICE EN CHEF MAGAZINE *ELLE*, DIRECTRICE DÉLÉGUÉE ELLE ACTIVE

"J'Y CROIS, BIEN SÛR"

——— En droit, l'égalité femmes-hommes existe. La réalité est autre, particulièrement dans le monde professionnel. Les décalages entre hommes et femmes dans la vie politique et aux postes à responsabilité sont indéniables. Les femmes atteignent les mêmes niveaux d'études que les hommes et, malgré tout, n'occupent pas des postes équivalents, ne perçoivent pas les mêmes revenus. Tout cela mérite d'être évoqué dans les magazines féminins. Et que l'on se batte encore.

En Espagne, le droit à l'IVG est remis en question. C'est une leçon. Nous avons consacré un grand dossier à l'avortement dans *Elle*, avant même que la polémique éclate chez nos voisins. Dans notre pays, ce droit n'est pas en péril. Il vient même d'être renforcé avec la disparition de la notion de « détresse ». Dans les faits, c'est une autre histoire : quantité de centres de planification ferment leurs portes. Les jeunes médecins ne reçoivent pas de formations adéquates. Le droit est acquis, mais on se confronte à un problème d'accès. Le gouvernement espagnol devrait reculer. Enfin, je l'espère. Lorsque les femmes se sentent menacées dans leurs droits, elles descendent dans la rue. La solidarité dans ce combat est indispensable. Afin de soutenir les Espagnoles, nous avons lancé une campagne virale sur les réseaux sociaux : « L'IVG, mon corps, mon droit ». Nous avons fédéré près de 20 000 femmes. En quelques jours, notre démarche a eu des retentissements très positifs.

Concernant, l'égalité professionnelle, nous maintenons une vigilance quotidienne sur Elle.fr, à travers le programme Elle Active ! et l'organisation d'un forum. Cet événement contribue à donner aux femmes des outils pour se prendre en main. Nous les accompagnons pour les aider à mieux se promouvoir au travail. On les incite aussi à peser sur les différentes instances politiques ou économiques, en vue d'adapter véritablement le monde du travail aux femmes et d'imposer la mixité. Nous œuvrons pour que les femmes investissent toute la place qui leur revient dans la société.

À long terme, je suis relativement optimiste. Les femmes ont conscience de ce double combat, à la fois militant et individuel. Elles savent comment faire évoluer les mentalités. Mais cela demande du temps. Les tabous et les vieux schémas persistent.

> **"LORSQUE LES FEMMES SE SENTENT MENACÉES DANS LEURS DROITS, ELLES DESCENDENT DANS LA RUE. LA SOLIDARITÉ DANS LE COMBAT EST INDISPENSABLE."**

AZILIZ DE VEYRINAS

"J'Y CROIS, NATURELLEMENT"

———— J'ai de la chance, car le sujet de l'inégalité femmes-hommes ne s'est pas posé dans mon entourage. J'ai un mari très actif à mes côtés. Je m'agace encore lorsque j'entends, à la sortie de l'école, certaines femmes dire : «Vous avez un mari super, il vient chercher ses enfants.» Olivier, mon époux, a grandi auprès d'une maman, Françoise de Veyrinas, qui savait marier vie personnelle et vie professionnelle et s'est épanouie dans son travail. C'est une femme qui a énormément compté pour moi. Ministre sous Alain Juppé, maire adjointe de Dominique Baudis pendant dix-huit ans, puis de Philippe Douste-Blazy, elle s'est battue pour les femmes. Elle n'était pas féministe, mais elle savait chercher les bons acteurs.

Quand, en janvier 2012, Jean-Christophe Tortora m'a proposé le poste de directrice stratégie et développement de *La Tribune,* cela signifiait partager chaque semaine mon emploi du temps entre Paris et Toulouse, sachant qu'Olivier devrait s'occuper seul du quotidien avec nos trois filles. Pour lui, c'était naturel. C'était impossible de ne pas saisir cette opportunité. Nous avons pris la décision ensemble et, depuis, toute la famille m'a rejointe à Paris.

Lors de la reprise de *La Tribune,* la manifestation des Tribune Women's Awards existait depuis deux ans. Promouvoir les femmes modèles m'a toujours semblé important. À Toulouse, j'avais créé le Club des 100 femmes. Nous échangions et développions du business. Les femmes entre elles sont très solidaires. Je reste stupéfaite par leurs performances, leur capacité de persuasion. Elles savent piloter avec de l'affect, au bon sens du terme, et du rationnel pur. Les banquiers sont encore réticents à leur accorder leur confiance, ils ont tort. Regardez la réussite des femmes qui reprennent des entreprises familiales. En tant que média, c'est notre rôle de les accompagner. Sinon, on continuera à laisser à penser que l'économie est l'affaire des hommes. Beaucoup de jeunes entrepreneurs sont des femmes, l'inégalité professionnelle ne se pose pas pour elles.

Un jour, au collège, on a demandé à mes deux aînées ce qu'elles désiraient faire plus tard. Elles ont répondu : «Comme maman.» C'est une vraie fierté. L'égalité profite à tous, c'est une question d'équilibre entre les femmes et les hommes. Une source d'épanouissement pour tous.

"L'ÉGALITÉ PROFITE À TOUS, C'EST UNE QUESTION D'ÉQUILIBRE ENTRE LES FEMMES ET LES HOMMES."

SANDRINE TREINER

DIRECTRICE ADJOINTE DE FRANCE CULTURE
EN CHARGE DES PROGRAMMES

"J'Y CROIS, À CONDITION QUE LES FEMMES Y CROIENT"

———— Parce que j'étais l'aînée, je jouissais d'un sérieux capital confiance de la part de mes parents. Il faut dire qu'à la maison, l'autonomisation des enfants n'était pas un vain mot. Pour mes parents, l'indépendance et l'autonomie étaient l'alpha et l'oméga de la vie d'adulte. Mon frère et moi avons grandi avec cette idée qu'il ne fallait pas se laisser marcher sur les pieds et, me concernant, surtout pas par les hommes. Pourtant, quand mon père est parti prendre un poste aux États-Unis, ma mère a abandonné ses études et n'a travaillé qu'une fois ses enfants devenus grands. C'était leur arrangement, mais ils tenaient bon sur les principes, même si mon père ne sait toujours pas où ma mère range le sel dans la cuisine. Devenue adulte, j'ai un peu déchanté : j'ai réalisé que j'appartenais à une génération où l'égalité n'allait pas nécessairement de soi.

Bien sûr, les choses avancent et ma fille de 24 ans est l'absolue démonstration que les principes égalitaires sont passés. Je ne suis pourtant pas tout à fait sereine : les lois sur la parité sont un progrès, et même une nécessité, mais il faut désormais contrer des effets négatifs paradoxaux. Je vois venir massivement de nouveaux freins à l'égalité, ou d'anciens freins qui se parent de nouveaux atours. Par exemple, on entend de plus en plus de femmes affirmer qu'elles ne veulent pas avoir l'air d'être nommées parce qu'elles sont des femmes. Mais les choses ne se passent pas ainsi : quand on est nommé, on accepte sa nomination, ensuite on fait ses preuves. Les femmes continuent à avoir d'énormes doutes sur leur légitimité. Moi-même, j'ai toujours pensé qu'il fallait que je travaille comme une acharnée pour être reconnue comme compétente. Je ne crois pas que les hommes pensent ainsi. De fait, j'ai souvent fonctionné en binôme avec des hommes et c'est encore le cas aujourd'hui. Vu de l'extérieur, on a souvent tendance à penser que nous formons un bon couple, ce qui dans l'esprit des gens signifie qu'il dirige bien, qu'il représente bien... et que je fais bien le boulot. Mais la réalité est tout autre : les hommes travaillent aussi et les femmes ne sont pas juste fiables ; elles sont aussi très pros. Cela dit, égalité ne veut pas dire copie conforme : parce que je suis une femme, je ne fonctionne pas comme les hommes dans les relations de pouvoir et je le revendique !

"HOMMES ET FEMMES SERONT ÉGAUX, MAIS SUR UN MODÈLE QUE J'ESPÈRE DIFFÉRENT : IL N'Y A PAS DE QUOI CONSIDÉRER QUE LE MODÈLE MASCULIN DOMINANT SOIT SATISFAISANT."

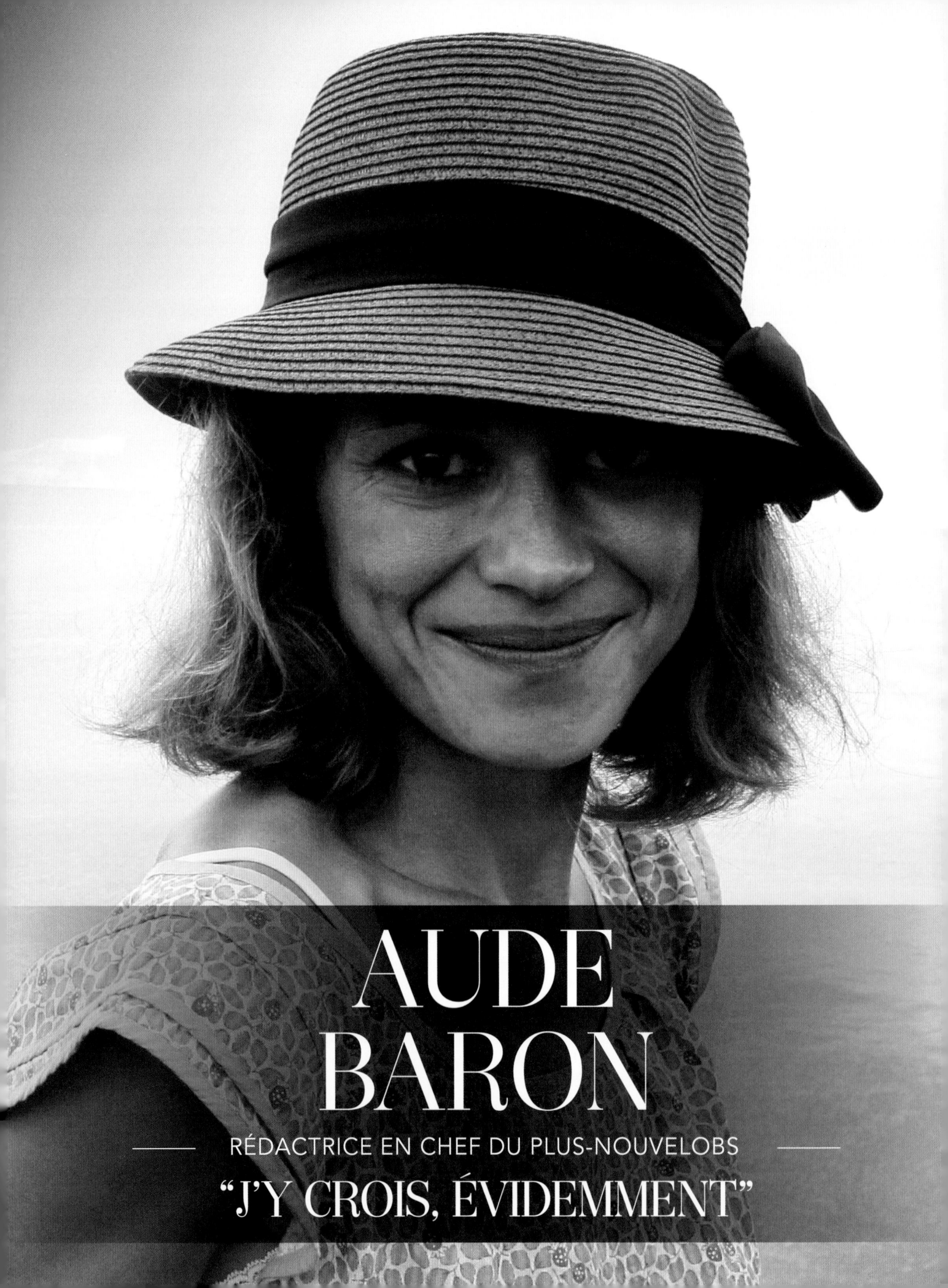

AUDE BARON

RÉDACTRICE EN CHEF DU PLUS-NOUVELOBS

"J'Y CROIS, ÉVIDEMMENT"

———— Dans mon parcours professionnel, je n'ai jamais ressenti d'inégalité entre les femmes et les hommes. Je travaille dans la presse depuis sept ans, un milieu majoritairement masculin. Je n'ai pas eu le sentiment que l'on m'ait mis des bâtons dans les roues. Ni aux autres femmes. Au sein de la direction de la rédaction du *Nouvel Observateur,* seuls des hommes sont représentés. Y a-t-il eu des blocages pour les femmes ? Je n'en ai jamais eu l'écho. Personnellement, j'ai évolué relativement vite, sans la moindre barrière. À ma connaissance, dans notre groupe, il n'existe pas de différence salariale entre les sexes, mais seulement en fonction des responsabilités. Est-ce parce qu'il est dirigé par une femme ? Je l'ignore. En tout cas, que je sois moi-même une femme n'a été ni un avantage ni un inconvénient. Le fait d'être une femme est absolument neutre. C'est très positif.

Les médias se féminisent fortement. Petit à petit, nous ne nous poserons même plus la question de l'égalité. Au sein du Plus-NouvelObs, sur huit CDI, six sont des femmes. Ce n'est pas une volonté de ma part. Je sélectionne exclusivement en fonction des compétences. Seul le professionnalisme compte. Ma génération a été éduquée sur un principe d'égalité. L'héritage de nos grands-parents et un peu de nos parents demeure, mais nous élèverons nos enfants sur la base d'une égalité absolue. Dans l'univers très violent de la politique, j'espère que les hommes des prochaines générations n'auront pas les réflexes de leurs aînés.

L'effort majeur encore à accomplir porte sur la maternité. Il arrive que des femmes enceintes ou avec des enfants en bas âge ne soient pas recrutées pour cette raison dans le milieu du journalisme. Il y a un progrès à réaliser autour de l'accompagnement des parents. Je n'ai pas d'enfant, j'ai 32 ans et je suis en couple. Dans l'esprit d'un employeur, je vais probablement tomber enceinte. C'est discriminatoire. Selon moi, le problème se situe davantage au niveau d'une inégalité potentielle entre les hommes et les mamans que d'une inégalité entre les hommes et les femmes.

"DANS L'UNIVERS TRÈS VIOLENT DE LA POLITIQUE, J'ESPÈRE QUE LES HOMMES DES PROCHAINES GÉNÉRATIONS N'AURONT PAS LES RÉFLEXES DE LEURS AÎNÉS."

Icône du féminisme, Simone de Beauvoir est toujours allée à la rencontre des étudiantes pour transmettre son credo : « On ne naît pas femme, on le devient. »

ARNAUD ARDOIN

JOURNALISTE, PRÉSENTATEUR DE L'ÉMISSION
ÇA VOUS REGARDE SUR LCP

"J'Y CROIS,
MAIS JE SUIS PESSIMISTE"

——— En tant qu'homme, on ne vit pas l'inégalité, du moins pas de la même façon qu'une femme. J'observe aujourd'hui qu'il y a encore 25 % d'écart entre les salaires des hommes et ceux des femmes, et les postes à responsabilité sont plus généralement confiés aux hommes. Pour ma part, j'ai l'impression de connaître une situation privilégiée. Les sociétés audiovisuelles – pour des raisons de parité, de visibilité et d'image – font l'effort de mettre des femmes à l'antenne. Cet univers diffère légèrement des entreprises traditionnelles : les journalistes de télévision ne sont pas touchées par l'inégalité. Les salaires se valent à date d'embauche et expérience égales. Se pose en revanche la question des postes à responsabilité dans l'entreprise. Le comité de direction de la chaîne où je travaille, par exemple, est entièrement composé d'hommes.

Dans mon émission, je fais en sorte d'inviter chaque soir une experte femme. Cela n'est pas toujours possible, parfois nous en recevons deux, parfois aucune. Quant à la parité à l'Assemblée nationale, elle n'existe pas, c'est l'écueil. Par essence, ce manque de femme députées détermine nos choix d'invités. Trop peu de femmes politiques sont mises au premier plan à l'Assemblée, on les connaît mal, donc on ne les invite pas. C'est un cercle vicieux.

L'avenir de l'égalité femmes-hommes me semble difficile dans les prochaines années. Pour cette raison, il faut continuer à faire voter des lois, même si elles font grincer des dents. Une telle avancée nécessite des lois plus coercitives, ne laissant plus la possibilité de choisir. L'écart de salaire doit se résorber. Les partenaires sociaux ne s'en mêlent pas assez. D'ailleurs, Carole Couvert est l'unique femme à la tête d'un syndicat. Objectivement, je reste donc très pessimiste. La crise économique conduit à un raidissement des négociations de salaires. Ils sont, à l'embauche, plus bas qu'il y a dix ans. Les femmes en pâtissent les premières. De plus, la maternité forme souvent un creux dans une carrière, parfois même une mise à l'écart. Cette question repose celles de la politique familiale et de la possibilité pour une femme de concilier carrière et maternité, une difficulté supplémentaire.

Malgré tout, je crois beaucoup à l'égalité, à condition que les législateurs introduisent des lois plus fermes et directives. J'ai le sentiment d'un léger relâchement actuellement.

"IL FAUT CONTINUER À FAIRE VOTER DES LOIS, MÊME SI ELLES FONT GRINCER DES DENTS."

455

MARIE-ANNE BERNARD

DIRECTRICE RSE DE FRANCE TÉLÉVISIONS

"J'Y CROIS, AVEC LE TEMPS"

———— À 12 ans, je savais déjà que je ne voulais pas suivre le modèle de ma mère ! Diplômée de Sciences-Po et ayant fait des études littéraires, elle a suivi son mari en province et n'a jamais travaillé, si ce n'est pour tenir son intérieur bourgeois. Pour ma part, j'étais tout naturellement destinée à épouser un notable du coin. C'est la mort brutale de mon frère, brillant étudiant en hypokhâgne, qui en a décidé autrement. À partir de ce drame, j'ai vécu comme un garçon. Sur l'échiquier social de la famille, j'ai pris sa place. Une fois agrégée de philosophie, je suis entrée au service culturel de l'ambassade de France au Danemark, pays de la stricte égalité professionnelle et familiale, mais où je ne me suis jamais sentie aussi méditerranéenne ! La liberté des mœurs était totale, mais le rituel de la séduction me faisait peur.

Aujourd'hui, en France, je trouve qu'insidieusement les femmes sont à nouveau cantonnées à un rôle de mère. Écoutez les discours sur l'allaitement maternel ou sur les bienfaits de la présence de la mère pour les jeunes enfants. Depuis l'automne 2011, à France Télévisions, je lutte pour l'égalité de traitement et contre les représentations stéréotypées. Vaste programme ! Nous avons une énorme responsabilité. Dans l'audiovisuel, nous sommes créateurs de modèles, nous devons donc être attentifs à ce que nous donnons à voir. Lors du colloque intitulé « En avant toutes ! », en juillet dernier, nous avons annoncé des engagements. Ce sont des mesures modestes qui peuvent faire bouger les choses. Dans le contexte culturel français, je ne me sens pas seule. Un mouvement existe en faveur de l'égalité des femmes et des hommes, même s'il y a encore du boulot pour changer les mentalités. Comme la tectonique des plaques, ce sont des mouvements souterrains qui prennent du temps. C'est dès la petite enfance qu'il faut s'attacher à bannir les stéréotypes sexistes.

"JE SUIS FÉMINISTE, MALGRÉ LES CONNOTATIONS NÉGATIVES ASSOCIÉES À CET ENGAGEMENT AUJOURD'HUI, ET FAROUCHE DÉFENSEUR DE LA DIFFÉRENCE ENTRE LES HOMMES ET LES FEMMES."

CHRISTINE LEIRITZ

JOURNALISTE

"J'Y CROIS. COMMENT L'OBTENIR SINON?"

——— Je sens deux courants opposés. Le premier, progressiste, porté par des femmes actives, conscientes de leurs droits et de la place qu'elles doivent occuper dans la société, permet aux Françaises de prétendre à l'autonomie en tout, à l'indépendance financière, aux responsabilités, à une juste rémunération, à une répartition plus équitable des tâches domestiques au sein d'un couple et des attentions accordées aux enfants, au désir et non à la contrainte sexuelle, à l'élection de leur partenaire et du mode de vie qu'elles entendent mener avec lui, au choix du moment d'enfanter ou non. Nous ne sommes pas arrivées au bout du chemin, mais on a beaucoup avancé depuis cinquante ans. Et je sens des rapports entre les femmes et les hommes qui se modifient progressivement, un regard des hommes sur les femmes qui change également, plus respectueux. Cependant, comme tout progrès, celui-ci engendre une réaction des forces conservatrices, qui craignent la remise en cause de l'ordre familial, ancestral, religieux. Il faut lutter contre ce courant qui prend de multiples visages, des banlieues défavorisées aux quartiers bourgeois, mais vise le même objectif : mettre et remettre les femmes sous domination masculine.

À mon sens, dans les prochaines années, le corps féminin sera l'objet de tous les débats. Qu'une femme revendique d'être payée comme un homme à travail équivalent paraît une évidence. Mais qu'on veuille pénaliser le client d'une prostituée, parler de genre à l'école ou élargir le champ d'autorisation de la PMA, et les esprits s'enflamment. Car cela touche à une question fondamentale : le corps d'une femme est-il une marchandise ? Le droit de disposer de notre corps peut-il aller jusqu'à le vendre, le louer, l'exhiber, le transformer ? Faut-il légiférer sur la question ? Quelle représentation de ce corps la société veut-elle donner ? Le fait que ce corps puisse procréer, y compris sans rapport sexuel (ce qui change tout), lui donne-t-il d'autres droits ou, au contraire, d'autres servitudes que le corps masculin ? Beaucoup d'avancées ou de reculades vont se décider autour de ces questions. Pour moi, le corps humain ne peut, sous aucun prétexte, faire l'objet d'une transaction marchande. Ce n'est pas une question de morale. C'est une question de respect.

L'égalité femmes-hommes est un enjeu majeur aux quatre coins de la planète. Tout l'équilibre d'une société repose sur les rapports entre hommes et femmes et la place que ces dernières y occupent. J'ai confiance en la capacité des femmes de voir où est leur intérêt, au-delà des convictions religieuses, de la morale locale et des pressions de la société. Mais c'est une longue route, et elles sont parfois terriblement bâillonnées.

"TOUT L'ÉQUILIBRE D'UNE SOCIÉTÉ REPOSE SUR LES RAPPORTS ENTRE HOMMES ET FEMMES ET LA PLACE QUE CES DERNIÈRES Y OCCUPENT."

ÉLIZABETH TCHOUNGUI

PRODUCTRICE ET ANIMATRICE À FRANCE CULTURE

"J'Y CROIS, PASSIONNÉMENT"

———— Il y a encore beaucoup de chemin à parcourir. Les inégalités se nichent parfois là où on ne les attend pas. La maternité constitue le moment où elles se cristallisent dans une carrière. Jusqu'au premier emploi, les femmes se débrouillent aussi bien que les hommes, puis ça bascule. Je l'ai vécu. J'ai dû faire le choix de consacrer moins de temps à mon métier. Le relationnel, les mondanités le soir, je n'en ai plus. Être une femme enceinte à la télévision n'est pas évident. Aller chercher du travail avec un ventre rond non plus. Ce que je vis à petite échelle peut prendre de plus grandes proportions dans des métiers plus linéaires. Les réunions tardives ou très matinales sont pénalisantes pour les femmes. Et ce n'est qu'un exemple parmi tant d'autres. Heureusement, il y a la loi. La loi pour le pourcentage de femmes dans les conseils d'administration, tout comme celle qui punit les entreprises qui ne respectent pas l'égalité salariale, sont très positives.

La France connaît aujourd'hui une période de conservatisme redoutable. Se battre pour l'égalité entre hommes et femmes équivaut à lutter contre toutes les formes de discrimination. Les difficultés rencontrées par les personnes issues de l'immigration ou les couples homosexuels me concernent autant. J'éprouve cependant une pointe d'optimisme. Les hommes et les femmes de bonne volonté sont pleins de ressources. Ce combat sera gagné si les hommes comprennent que l'égalité leur est profitable à eux aussi. Je garde une lueur d'espoir, beaucoup d'hommes et de femmes ont envie de faire bouger les choses. Je crois que l'égalité est dans l'ordre naturel des choses. Notre civilisation ne peut survivre quand la moitié de l'humanité reçoit un traitement inégalitaire. Il faut changer les mentalités. Le débat sur la théorie du genre a été récupéré de manière pernicieuse par une frange réactionnaire. C'est dommage, car se questionner sur le genre marque un point de départ vers l'égalité.

Les enfants d'un ami ont commencé à l'appeler «maman». À la crèche ou à l'école, ils entendaient systématiquement : « Tu diras à ta maman de… ». Les petits ne faisaient pas de différence, leurs deux parents s'occupaient d'eux à parts égales. On reproduit parfois, même de manière inconsciente, des schémas inégalitaires. Jamais on ne m'a offert de layette rose pour mes garçons. Je n'oserais sans doute pas le faire non plus, de peur de choquer. Le poids des mentalités.

"NOTRE CIVILISATION NE PEUT SURVIVRE QUAND LA MOITIÉ DE L'HUMANITÉ REÇOIT UN TRAITEMENT INÉGALITAIRE."

PAROLES
PUBLIQUES

DES FEMMES ET DES HOMMES POLITIQUES REPRÉSENTANT LA CONCORDE RÉPUBLICAINE
EXPLIQUENT LEUR ENGAGEMENT ET LEURS ACTIONS POUR FAIRE AVANCER L'ÉGALITÉ.
POUR EUX, LA RECONNAISSANCE DES DROITS DES FEMMES N'EST PAS UNE THÉMATIQUE
DE DROITE OU DE GAUCHE, C'EST UNE QUESTION DE JUSTICE SOCIALE.

OLGA TROSTIANSKY

ADJOINTE AU MAIRE DE PARIS,
COFONDATRICE DU LABORATOIRE DE L'ÉGALITÉ

"J'Y CROIS, COMPLÈTEMENT"

————— Depuis les combats féministes des années 1970, force est de constater que la construction de l'égalité entre les femmes et les hommes a connu d'importantes avancées. La société a beaucoup évolué, les femmes ont su trouver ou se construire pleinement leur place, sans attendre que les pouvoirs publics jouent leur rôle moteur. Les associations ont été très actives pour faire bouger les lignes, en imposant la question de l'égalité dans le débat public et en en faisant un objectif politique qui fonde notre société. La grande nouveauté de ces dernières années, c'est que les hommes ont compris que l'égalité est un combat qui les concerne. Le Laboratoire de l'égalité est en cela exemplaire des nouvelles manières de militer pour l'égalité : le temps n'est plus à la confrontation, mais à l'association des forces.

Pour parvenir à des résultats, il faut se fixer des objectifs et un calendrier de réalisation. Sans cela, on en restera aux bonnes intentions et à la croyance illusoire que l'égalité se construira «naturellement» : en matière d'égalité salariale, de lutte contre le temps partiel subi, d'égalité des retraites, mais aussi de lutte contre les violences, le gouvernement doit avoir une feuille de route précise et mettre en place des outils d'évaluation pour réorienter au besoin l'action des pouvoirs publics. Le Laboratoire de l'égalité sera aux côtés des acteurs de la société, publics ou privés, qui montreront un semblable volontarisme. Si cette méthode est systématisée, il y a bon espoir que l'on progresse, mais sans jamais baisser la garde au prétexte que les choses semblent avancer dans le bon sens.

Nous avons toutes les raisons d'être optimistes, étant donnée la prise de conscience collective de l'importance de construire l'égalité. Pour autant, la lutte contre les stéréotypes de genre reste à organiser de manière plus globale, que ce soit dans l'éducation et l'orientation professionnelle, dans les médias et la publicité, ou dans la sphère familiale.

Par ailleurs, en France comme en Europe et dans le monde, les conservatismes sont puissants et disposent de moyens considérables pour entraver la marche pour l'égalité, voire pour la faire reculer. La plus grande vigilance s'impose donc.

"LA LUTTE CONTRE LES STÉRÉOTYPES DE GENRE RESTE À ORGANISER DE MANIÈRE PLUS GLOBALE."

THIERRY SAUSSEZ

CONSEILLER EN COMMUNICATION

"J'Y CROIS, BEAUCOUP"

———— Depuis un demi-siècle, on mesure les progrès accomplis. Les femmes ont acquis le droit de vote, le droit à la pilule et à l'avortement. Le travail des femmes contribue de façon considérable au développement économique. L'explication centrale de cette évolution repose sur la sociologie. Notre société est conquise par les valeurs féminines. L'intuition et l'écoute l'emportent sur la force et le leadership. Les hommes sont désormais tout aussi bien porteurs des qualités féminines que les femmes des valeurs masculines.

J'ai particulièrement été sensibilisé à l'égalité professionnelle en tant que délégué interministériel à la communication du gouvernement de Nicolas Sarkozy jusqu'en 2010. Comme pour toute action d'intérêt général, notre volonté de justice doit trouver un juste équilibre entre la loi et la communication, pour convaincre et, si besoin, contraindre. Quand j'étais plus jeune, j'ai travaillé sur la sécurité routière. Il a fallu contraindre par des évolutions réglementaires, pour convaincre du bien-fondé de la réduction la vitesse. En ce qui concerne l'égalité professionnelle, je n'étais pas sur le plan intellectuel spécialement pour les quotas, mais il faut reconnaître leur efficacité. Si on avait attendu, on aurait encore très peu de femmes dans les conseils d'administration et sur les listes électorales. Dans les combats qu'il reste à mener, c'est à nous de trouver le juste équilibre entre la réglementation et la communication. Il faut lutter contre les clichés de la femme objet dans la pub, contre les rémunérations inférieures, pour une plus grande responsabilité des femmes dans les organes de direction, pour asseoir la place des femmes dans la société publique. J'ai souhaité que la violence faite aux femmes soit la grande cause de 2010. Il faut aller plus loin : les grandes campagnes jouent un rôle absolument central, mais l'action doit être amplifiée quotidiennement. Il faut une mobilisation générale.

Pour l'avenir, je suis optimiste et pessimiste à la fois. Regardons le chemin parcouru, la formidable mobilisation politique et médiatique. Bien sûr, il reste de nombreux combats à gagner. Mais j'ai envie de dire aux femmes : «Ne vous sentez pas inférieures. Les valeurs féminines l'emportent dans la société moderne. Le monde est à vous ! Ne jouez pas sur le registre de la domination, la société d'aujourd'hui est celle du partage, de l'ouverture, regardez les réseaux sociaux. Jouez la concurrence agréable et positive.»

"J'AI ENVIE DE DIRE AUX FEMMES : LES VALEURS FÉMININES L'EMPORTENT DANS LA SOCIÉTÉ MODERNE. LE MONDE EST À VOUS !"

CHRISTIANE MARTY

MILITANTE D'ATTAC ET MEMBRE DU BUREAU
DE LA FONDATION COPERNIC

"J'Y CROIS, VRAIMENT, EN SE MOBILISANT"

———— L'égalité entre les femmes et les hommes a fait un énorme bond en avant au siècle dernier dans les pays industrialisés, c'est certainement le mouvement d'émancipation qui a connu le plus d'avancées. C'est évidemment très réconfortant. Mais depuis une vingtaine d'années, l'évolution est moins réjouissante : l'égalité est en panne, alors que les inégalités restent très importantes. La crise qui a éclaté en 2007 et les politiques d'austérité appliquées depuis ne font qu'aggraver les choses, dans ce domaine comme dans les autres. Il existe un risque de régression sociale généralisée, et plus particulièrement pour la situation des femmes. Avant la crise, elles étaient déjà majoritaires parmi les précaires, de manière structurelle, avec un taux de chômage supérieur à celui des hommes, du temps partiel souvent subi, une prépondérance dans les bas salaires. Le Parlement européen lui-même fait le constat que les femmes subissent une précarisation plus grande et que les coupes dans les dépenses publiques ont pour effet d'augmenter les inégalités entre les sexes. Les droits des femmes sont menacés lorsque des centres d'IVG et des maternités ferment pour raisons économiques. C'est une évolution inquiétante. La crise est une menace, mais aussi une opportunité pour réagir et proposer un autre modèle de société. Le modèle actuel est dans une impasse. C'est ce sur quoi nous travaillons, à Attac et à la fondation Copernic[1]. La prise en compte de l'exigence d'égalité entre les femmes et les hommes se décline aux différents niveaux – politique, économique, social, culturel – et permet de penser un projet d'émancipation globale. Je crois vraiment que le féminisme est un outil puissant pour changer la société et faire émerger un nouvel imaginaire social.

Au final, il reste beaucoup de résistances à surmonter. Mais les générations plus jeunes prennent conscience que l'égalité est loin d'être atteinte et que les acquis féministes peuvent être menacés. Des associations féministes se créent, inventent de nouvelles formes d'action, se retrouvent sur des campagnes communes, par exemple contre les fermetures de maternités, pour l'abolition de la prostitution, pour une réforme progressiste de retraites. C'est positif.

"LES COUPES DANS LES DÉPENSES PUBLIQUES ONT POUR EFFET D'AUGMENTER LES INÉGALITÉS ENTRE LES SEXES."

1. Voir le livre d'Attac et de la fondation Copernic *Le Féminisme pour changer la société,* Syllepse, 2013.

MARIE-JO ZIMMERMANN

DÉPUTÉE DE LA MOSELLE, VICE-PRÉSIDENTE
DE LA DÉLÉGATION AUX DROITS DES FEMMES

"J'Y CROIS, PASSIONNÉMENT"

———— En dépit des nombreuses lois qui, depuis 1972, ont donné des impulsions, que ce soit dans le domaine politique ou social, on ne peut toujours pas parler de véritable égalité. Malgré toutes les bonnes intentions, la société demeure en partie inégalitaire au détriment des femmes. Même pour obtenir le minimum du minimum, c'est toujours un combat. Pour le législateur que je suis, c'est assez décevant. On peut être pétri de bonnes intentions, mais la différence de salaire entre les femmes et les hommes reste de 27 % : on ne peut pas claironner qu'on a réussi à imposer l'égalité professionnelle. La première violence faite aux femmes est de ne pas les payer correctement. Le législateur échoue sur le suivi de la loi. On met en théorie des pénalités et c'est sympathique. Toutefois, si elles ne sont pas effectivement appliquées, on n'avance pas.

Ce n'est pas pour rien qu'on me qualifie de députée atypique. Je me bats sur tous les dossiers qui me semblent utiles. L'égalité entre les femmes et les hommes en est un. Je n'ai cessé, depuis ma première élection à l'Assemblée nationale et depuis ma nomination à la Délégation aux droits des femmes, de bousculer mon camp politique pour que chacun entre en action. Ce qui compte, c'est d'aller de l'avant. J'ai réussi à convaincre en démontrant, par les chiffres, que l'égalité était un leurre, que nous en étions encore loin.

Aujourd'hui, après la loi que j'ai présentée et fait adopter avec Jean-François Copé, les conseils d'administration des grandes entreprises ne sont plus uniquement réservés aux hommes. Il faut aller plus loin. Dans les entreprises, nous sommes passés de la prise de conscience à la mauvaise conscience ; maintenant, il faut susciter l'adhésion. La priorité doit aller à la communication. Il faut donner aux femmes l'assurance du bien-fondé de leurs revendications, les conforter quant à leurs capacités, mais aussi convaincre les hommes qu'ils ont tout intérêt à l'égalité. Car elle profite à tous, c'est un facteur de performance.

Désormais, les initiatives naissent de toutes parts. On assiste à un véritable élan. Même s'il faut rester vigilant, je ne crois pas qu'on risque de faire machine arrière. Je suis tout à fait favorable à l'idée d'une modification législative qui garantirait à toutes et à tous l'accès aux postes à responsabilité.

"DANS LES ENTREPRISES, NOUS SOMMES PASSÉS DE LA PRISE DE CONSCIENCE À LA MAUVAISE CONSCIENCE ; MAINTENANT, IL FAUT SUSCITER L'ADHÉSION."

JEAN-FRANÇOIS COPÉ

PRÉSIDENT DE L'UMP ET DÉPUTÉ-MAIRE DE MEAUX

"J'Y CROIS, C'EST UN COMBAT MAJEUR"

——————— On mesure l'avancée d'une civilisation à la place et à la considération qu'elle accorde aux femmes. Depuis quelques années, nous avons fait des progrès formidables, quand on connaît les tabous et les injustices dans notre société machiste. C'est un combat qu'il ne faut jamais lâcher. Il doit être porté par les hommes. C'est une question de justice sociale, d'éthique. J'ai été très marqué par une exposition organisée au musée de la Grande Guerre de Meaux, qui m'a fait réaliser combien, en 1914-1918, les femmes ont tenu l'économie du pays. Quand les hommes sont rentrés de la guerre, ils ont repris leur travail. On n'a pas laissé le choix aux femmes, elles sont rentrées à la maison. Cela a été une des plus grandes injustices. Aujourd'hui encore, il suffit de regarder les catalogues de jouets à Noël pour évaluer le poids des préjugés. Les a priori se jaugent à la tête d'un chef de service quand elle ou il apprend une naissance à venir, à l'organisation de réunions après 18 heures. Le plafond de verre est totalement injuste. La réforme du congé parental va pénaliser les femmes, car elle ne s'accompagne d'aucune solution de garde. Le congé parental devrait pouvoir se prendre quel que soit l'âge de l'enfant, jusqu'à ses 18 ans. La scolarisation dès 2 ans est une très mauvaise mesure, elle répond à une question budgétaire, mais elle n'est portée par aucune vision. Je m'en inquiète.

L'égalité est un combat difficile, car beaucoup feignent de ne pas le voir. Du point de vue politique, nous avons encore beaucoup à faire. Il faut aller le plus loin possible, il ne faut jamais se censurer pour réduire les inégalités. Avec Marie-Jo Zimmermann, j'ai porté de tout mon poids la loi sur la présence des femmes dans les conseils d'administration. Aujourd'hui, il nous faut combattre l'injustice dans les comités de direction. À Meaux, j'ai confié à une femme la direction générale des services techniques de la ville. À l'UMP, j'ai veillé à la parité au sein des postes de délégués généraux. Pour recruter de nouveaux talents, nous allons créer un vaste réseau de femmes, afin de les former et de les orienter au mieux pour les élections législatives.

Je suis optimiste pour l'avenir. Ce mouvement ne s'arrêtera pas. Il faut faire preuve de courage, et surtout pas de démagogie. Nier l'altérité est une bêtise ; reconnaître et combattre l'inégalité des salaires, une nécessité. Quant à la question de la retraite des femmes, c'est un vrai sujet en soi. Mais comment la financer ?

"C'EST UN COMBAT QU'IL NE FAUT JAMAIS LÂCHER."

ANNE HIDALGO

PREMIÈRE ADJOINTE AU MAIRE DE PARIS
ET CANDIDATE AUX MUNICIPALES 2014

"J'Y CROIS, C'EST CE QUI
SAUVERA LE MONDE"

———— Les femmes de ma génération sont conscientes, même s'il reste beaucoup à faire, des progrès indéniables qui ont été réalisés. La prise de conscience collective est réelle. J'ai toujours considéré que le féminisme était l'approche politique la plus complète pour résoudre les inégalités. La démocratie n'aboutira que par la reconnaissance de l'égalité. Mais il existe encore des résistances. Dans des démocraties qui se cherchent, qui sont en construction, en Tunisie et en Égypte par exemple, la question des femmes reste en bataille.

En France, les représentations cantonnent encore pour beaucoup la femme à son seul rôle de mère. Des groupuscules variés, extrémistes et minoritaires, bataillent contre l'IVG, même si plus une seule formation politique française ne reviendrait sur le droit fondamental des femmes à être maîtres de leur corps. Cela étant, nous ne pouvons pas attendre que les choses changent naturellement. Il faut utiliser tous les moyens juridiques pour combattre l'injustice sociale. Je suis pour une forme de pragmatisme et d'inscription symbolique de l'égalité professionnelle dans la Constitution. Si ça aide et que ce n'est pas contraire à notre doctrine, il faut y aller, il faut forcer le destin. Idem pour les quotas. Il n'y a plus aucune raison objective, dans un pays aussi rationnel que le nôtre, pour laisser perdurer des inégalités.

Il faut aussi qu'on puisse éduquer les filles et les garçons de façon non stéréotypée. Comme Élisabeth Badinter, mon féminisme a grandi avec le livre *Du côté des petites filles,* publié en 1973 par la pédagogue italienne Elena Gianini Belotti. Je suis pour une éducation non sexiste donnée indistinctement. Nous devons donner à voir aux jeunes qu'il n'y a pas de citadelles imprenables. Pour ma part, je suis née en Espagne, j'ai grandi dans une cité ouvrière à Lyon, mes parents ne parlaient pas français. J'ai bénéficié du système éducatif français, j'ai beaucoup travaillé, ma famille m'a encouragée, je n'ai pas nourri un esprit de revanche. Je me vis comme une bâtisseuse, on peut se construire en donnant aux autres. J'ai un souvenir précis du procès de Bobigny, j'avais 13 ou 14 ans. Cette prise de conscience ne m'a jamais quittée.

Nous devons toujours être vigilants, poursuivre la culture de l'égalité. Mais c'est un mouvement de fond, celui du progrès. Je suis convaincue qu'en France, on ne pourra pas revenir en arrière. Dans les cinq à dix ans qui viennent, le problème de l'égalité sera réglé. Je suis positive, vraiment.

"IL FAUT Y ALLER, IL FAUT FORCER LE DESTIN."

NICOLE AMELINE

DÉPUTÉE DU CALVADOS, PRÉSIDENTE DU CEDAW
(COMITÉ DES NATIONS UNIES CONTRE
LES DISCRIMINATIONS FAITES AUX FEMMES)

"J'Y CROIS, FORTEMENT"

———— En matière d'égalité femmes-hommes, nous devons rester vigilants. Nous traversons une époque de radicalisation ; certains alimentent les réseaux de fantasmes et de peurs qui se cristallisent sur ce sujet. Dans toutes les sociétés, les femmes sont les premières victimes des violences et des conflits. Nous pourrions nous étonner en 2014 de voir des droits comme celui du libre accès à l'avortement remis en question en Espagne, mais cela s'inscrit dans un continuum de remise en question des libertés.

Je crois en la loi pour la modernisation de la société. Au CEDAW, nous insistons beaucoup sur l'architecture juridique. Les droits des femmes sont toujours considérés comme un élément du débat public, comme le principe actif et le gène organisateur de la société. Lors des discussions sur le projet de loi pour une réelle égalité entre les femmes et les hommes porté par Najat Vallaud-Belkacem à l'Assemblée nationale, j'ai encore entendu certains dire qu'il y avait des choses plus importantes. Je ne le pense pas. Cette question n'a pas encore l'importance qu'elle devrait. C'est par la loi fondamentale que s'affirme la volonté ; ce n'est que par elle que nous pourrons apporter les garanties et les moyens budgétaires à l'égalité. Ce ne sera pas facile. Depuis les années 1970, il est vrai que nombre de droits ont été octroyés. Mais nous sommes loin d'être parvenus à l'égalité sur tous les plans, à l'égalité de l'esprit, au sens de Condorcet, où, dans une société, chaque individu se doit de reconnaître l'autre comme son égal.

Pour ma part, tout en étant comblée par une vie construite autour de la liberté de choix, j'ai mesuré autour de moi les difficultés de celles qui n'avaient pas cette chance. C'est une injustice fondamentale. La liberté passe par l'égalité, c'est une démarche d'autonomie et d'affirmation de soi. L'égalité aujourd'hui s'affirme sur le terrain professionnel. Les femmes doivent être à l'avant-garde de la sortie de crise. Il nous faut miser sur la formation, parier sur l'intelligence des femmes. La société doit leur faire confiance. Il faut faire valoir leurs compétences et défendre leur rôle à tous les niveaux. Je me bats en ayant à l'esprit cette phrase de Jacques Chirac, « au nom de toutes les femmes qui n'ont jamais été à des postes de responsabilité parce qu'elles étaient des femmes ».

"C'EST PAR LA LOI FONDAMENTALE QUE S'AFFIRME LA VOLONTÉ ; CE N'EST QUE PAR ELLE QUE NOUS POURRONS APPORTER LES GARANTIES ET LES MOYENS BUDGÉTAIRES À L'ÉGALITÉ."

CATHERINE COUTELLE

DÉPUTÉE PS DE LA VIENNE

"J'Y CROIS, IL FAUT POURSUIVRE LE COMBAT

———— Beaucoup d'avancées ont été obtenues en matière de droits des femmes depuis les combats féministes des années 1970, ce qui a pu créer l'illusion que l'égalité était acquise. Mais des résistances sont toujours à l'œuvre et les inégalités sont encore très fortes. En tant que députée et présidente de la Délégation aux droits des femmes et à l'égalité des chances entre les hommes et les femmes de l'Assemblée nationale, ma première préoccupation est la précarité croissante du travail, qui touche en premier lieu les femmes, notamment en raison des temps partiels et de la flexibilité qui leur sont imposés. En dépit de nombreuses lois, les inégalités professionnelles perdurent, ce qui pèse sur l'autonomie des femmes tout au long de leur vie, et davantage encore au moment de leur retraite. Autre phénomène massif, souvent ignoré ou minimisé : les violences faites aux femmes. Elles doivent trop souvent y faire face seules, car la prise en compte et l'accompagnement de ces situations restent insuffisants. Et ces discriminations ne sont pas près de reculer si nous continuons à laisser diffuser – dans les médias, les jouets ou les manuels scolaires – les stéréotypes sexistes qui limitent les perspectives dès le plus jeune âge et enferment les femmes et les hommes dans des rôles sexués et inégaux.

C'est toujours la gauche qui a été à l'initiative de progrès pour les droits des femmes. Je pense donc que l'égalité peut fortement progresser dans les prochaines années. La Délégation aux droits des femmes travaille à ce que l'ensemble des textes de loi prennent en compte de manière transversale l'égalité femmes-hommes et le gouvernement est mobilisé par cet objectif d'égalité. Dans les mois qui viennent, l'Assemblée examinera le projet de loi pour l'égalité entre les femmes et les hommes, le projet de loi relatif aux retraites ou encore la proposition de loi renforçant la lutte contre le système prostitutionnel. Les femmes n'ont guère été prises en compte par la précédente majorité et leurs droits ont reculé dans de nombreux domaines (pensions de retraite ou accès à l'avortement notamment).

Les droits ne pourront progresser que si toute la société, toutes les générations se mobilisent sans relâche pour conserver les acquis menacés par les conservatismes ou pour obtenir davantage de droits, afin de construire une égalité enfin réelle, en France et ailleurs dans le monde.

"LES PROGRÈS NE SONT POSSIBLES QUE SI TOUTE LA SOCIÉTÉ SE MOBILISE CONTINUELLEMENT."

LEJMAN

Mme SULLEROT

Mme HALIMI

Mme VEIL

Le 8 mars 2004, au Sénat, colloque pour la Journée internationale de la femme, avec Évelyne Sullerot, Gisèle Halimi et Simone Veil.

JEAN-PAUL DELEVOYE

PRÉSIDENT DU CONSEIL ÉCONOMIQUE, SOCIAL ET ENVIRONNEMENTAL

"J'Y CROIS, L'ÉGALITÉ EST EN MARCHE"

———— Il est parfois tentant de considérer l'égalité entre les femmes et les hommes comme acquise et de reléguer les voix discordantes à quelques situations marginales. Ce discours se brise, hélas, sur la vérité des chiffres : l'écart entre les salaires masculins et féminins reste de 20 à 25 % ; 72 % des députés et 86 % des maires sont des hommes ; 70 % des travailleurs pauvres sont des femmes. L'égalité entre les femmes et les hommes est au cœur de problématiques majeures aujourd'hui, mais qui la dépassent au risque de la faire passer au second plan. Concilier vie privée et vie professionnelle est un vrai sujet de société, mais on oublie que les femmes assument les deux tiers des tâches domestiques. Les parcours de vie familiaux et professionnels sont désormais en ligne brisée, mais on oublie que les femmes occupent plus de 80 % des postes à temps partiel et que, dans plus de trois séparations sur quatre, la mère a la garde principale de l'enfant. Les solidarités intergénérationnelles sont fragilisées, mais on oublie que 70 % des aidants familiaux sont des femmes. La sécurité et la violence sont des thèmes récurrents des campagnes électorales, mais on oublie que, sur les deux dernières années, plus de 400 000 femmes ont déclaré être victimes de violence conjugale.

Cependant, les progrès effectués sont réels. Rappelons-nous la situation il y a encore quelques années, je pense par exemple à la loi Neuwirth qui n'a « que » quarante ans, c'est-à-dire en termes démographiques une génération seulement. Le changement de mentalités, de pratiques politiques, professionnelles, privées s'inscrit forcément dans le long terme. La question de l'égalité femmes-hommes peut-elle faire l'objet de tensions dans la société ? Je crains que oui. Mais celles que nous observons actuellement ont au moins un mérite : amener à nouveau pleinement cette question dans le champ du débat public, là où parfois on a ciblé de manière trop restrictive l'effort de conviction sur les décideurs politiques et économiques. Nous ne savons en France concevoir l'égalité autrement que sous la forme d'une parfaite uniformité ; chacun l'observe dans notre difficulté à appréhender la différence religieuse et culturelle. Le parallèle avec l'égalité femmes-hommes n'est peut-être pas le plus pertinent ni le plus rigoureux, mais je pense qu'après des années de revendication pour donner aux femmes les mêmes droits que les hommes et refuser la discrimination, un débat subtil s'annonce sur la réappropriation des différences sexuelles... Malheureusement, la subtilité n'est pas la première caractéristique du débat public aujourd'hui.

"LES TENSIONS QUE NOUS OBSERVONS ACTUELLEMENT ONT AU MOINS UN MÉRITE : AMENER À NOUVEAU PLEINEMENT LA QUESTION DE L'ÉGALITÉ DANS LE CHAMP DU DÉBAT PUBLIC."

JULIETTE MÉADEL

PRÉSIDENTE DE LAVENIRNATTENDPAS.FR
ET SECRÉTAIRE NATIONALE DU PS

"J'Y CROIS, ARDEMMENT"

———— Nous devons toujours nous maintenir en alerte. Si nous ne sommes pas vigilants, tout le terrain gagné sera perdu. Rien n'est définitif, rien n'est acquis. Certes, notre société est moins inégalitaire qu'il y a trente ans, mais les progrès sont lents dans les mentalités, tant sur le plan politique qu'économique. J'ai pris conscience que les femmes étaient ramenées à des objets subalternes lorsque je suis entrée dans un cabinet d'avocats. J'avais fait Sciences-Po, j'étais diplômée de droit des affaires, je parlais trois langues, j'avais entamé un DEA de philosophie et je préparais ma thèse sur les marchés financiers. Je n'étais donc pas moins compétente qu'un autre, mais en réunion, c'est à moi qu'on demandait d'aller chercher les cafés !

Dans les milieux politiques, l'inégalité est pernicieuse. La parité a permis d'ouvrir les listes. Mais, en réalité, on n'est jamais à l'abri d'une remarque comme : « Vous êtes là parce qu'on cherchait une femme… » Vilain effet pervers, souvent, ce sont des femmes qui relaient cette remarque. Ce qui montre que la loi est utile, il faut occuper le terrain, mais l'état d'esprit, lui, n'a pas changé. L'égalité n'est pas acquise, c'est la parité qui la justifie.

80 % des femmes sont mères de famille, 80 % des tâches à la maison sont faites par les femmes. Si elles sont représentées au Parlement, les questions de conciliation vie personnelle/vie professionnelle bénéficieront d'une écoute plus importante. Quand on discute de la nécessité d'investir dans la petite enfance, en trois secondes, une femme est convaincue, un homme, non… Pourtant, l'éducation n'est pas un sujet féminin, c'est le sujet de tous, il concerne l'avenir de notre pays, l'avenir du monde. Qui seront les adultes de 2025 ? Comment auront-ils été formés ? Quel monde préparons-nous pour demain ?

Je suis passionnée, optimiste aussi, sinon je ne ferais pas de politique, mais il faut garder les yeux très ouverts. En période de crise, des questions qu'on pensait passées d'époque ressurgissent. Les débats sur le mariage pour tous l'ont malheureusement illustré. Au-delà de la parité du gouvernement, il y a urgence pour la vraie parité. Non à la parité cosmétique !

"IL FAUT GARDER LES YEUX OUVERTS. EN PÉRIODE DE CRISE, DES QUESTIONS QU'ON PENSAIT PASSÉES D'ÉPOQUE RESSURGISSENT."

FRANÇOIS SAUVADET

ANCIEN MINISTRE, DÉPUTÉ ET PRÉSIDENT
DU CONSEIL GÉNÉRAL DE LA CÔTE-D'OR

"J'Y CROIS, PASSIONNÉMENT"

———— Ces cinquante dernières années, il y a eu de réelles avancées pour les femmes, mais un long chemin reste à parcourir, car l'égalité entre les femmes et les hommes, c'est avant tout un sujet de société. Qu'il s'agisse du rôle du père et de la mère, du partage des tâches, des soins portés à l'enfant. Beaucoup de sujets sont sur la table. Mais une inégalité très forte demeure : elle est professionnelle. Les plus hauts postes à responsabilité ne sont pas encore totalement accessibles à de très nombreuses femmes. Certaines professions sont extrêmement féminisées, alors que d'autres leur échappent complètement. Nous ferons évoluer l'égalité par l'éducation et nous devons recourir à la loi pour faire progresser les mentalités. Mais attention aux fausses bonnes idées qui peuvent être des pièges, comme la garde à domicile ou la réduction du temps alloué au congé parental des femmes au profit hypothétique des pères.

Pour les prochaines années, je reste confiant. La loi pour la représentation des femmes aux postes à responsabilité dans la fonction publique est sans aucun doute celle dont je suis le plus fier. J'ai beaucoup travaillé avec Marie-Jo Zimmermann et Catherine Tasca. À travers ce texte, nous agissons au cœur du fonctionnement du pacte républicain. Son efficacité est désormais patente. En 2013, les femmes ont représenté 31 % des nominations, cela constitue une augmentation de 7 % par rapport à 2012. C'est un changement profond qui se traduira en 2018 par la présence de 40 % de femmes à des postes de dirigeant dans la fonction publique. Nous nous sommes heurtés à des résistances terribles au changement, certains invoquaient l'absence de femmes « compétentes », d'autres agissaient par désir de préserver leurs prérogatives. Les grands corps de l'État sont encore très masculins. On dispose de larges marges de progression. Mais la dernière promotion de l'ENA compte 23 femmes sur 81. On va dans le bon sens.

Les choses évoluent, grâce aussi à l'engagement des femmes qui portent ce combat pour l'égalité. La capitale va avoir une femme à sa tête. Les femmes ont changé leur regard sur elles-mêmes. À nous de les accompagner. Dans les jeunes couples, les évolutions sont importantes. Au-delà de la parité, les jeunes aspirent à une conception de la vie nouvelle. J'ai la chance d'avoir trois filles et de les voir vivre librement leur vie adulte. Sans dépendre de quiconque. Et ça, c'est une grande fierté.

"LES GRANDS CORPS DE L'ÉTAT SONT ENCORE TRÈS MASCULINS. ON DISPOSE DE LARGES MARGES DE PROGRESSION. MAIS ON VA DANS LE BON SENS."

ÉDITH
CRESSON
ANCIEN PREMIER MINISTRE
"J'Y CROIS, JE ME BATS POUR CELA"

———— Nous vivons dans une culture profondément machiste. Sur le plan politique, indéniablement, il existe désormais une volonté de promouvoir les femmes significativement. Mais les partis continuent à attribuer aux candidates les circonscriptions difficiles à gagner. Si nous comparons la France aux autres pays du nord de l'Europe, mais aussi à l'Espagne et à l'Italie, nous sommes défavorisées. La classe dirigeante n'est pratiquement constituée que d'hommes. Dans la sphère économique, les femmes ont toujours du mal à accéder aux sommets de la hiérarchie et rencontrent des difficultés pour se faire accepter telles qu'elles sont. Les femmes évoluent dans un environnement qui leur est naturellement hostile. Même si elles réussissent brillamment dans leurs études, l'élite n'est pas prête à leur faire de la place. Quand j'ai été nommée ministre, nous sommes arrivés au ministère avec mon futur directeur de cabinet. Le planton ne voulait pas nous laisser nous garer. Et m'a tancée : « Dites donc, on n'est pas là pour rigoler ! » Peu de choses ont changé. Souvenez-vous des remarques des députés quand Cécile Duflot a pris pour la première fois la parole à l'Assemblée, combien ont focalisé leur attention sur sa robe ?

L'immobilisme relève du conservatisme. Chaque fois que j'ai proposé un poste à une femme, elle m'a dit qu'elle doutait de ses capacités. Aucun homme ne m'a fait cette réponse. Ils pensent fondamentalement qu'ils sont capables de tout réussir, car ils grandissent avec le sentiment d'être les meilleurs. Dans nos 120 écoles de la deuxième chance, sur 12 000 jeunes, plus de la moitié sont des filles. Pourquoi ? Parce qu'elles acceptent plus facilement de se remettre en cause ; elles souffrent moins du sentiment d'humiliation. Les hommes accordent beaucoup plus d'importance aux signes extérieurs. C'est un problème spécifique de la classe politique française. Sans doute est-ce une rémanence de la monarchie, du goût pour le décorum.

Les Français sont excellents sur le plan technique, mais ils manquent d'humilité et d'empathie. Nos dirigeants ne parviennent pas à se mettre à la place des autres. Cela résulte de notre système éducatif, qui privilégie les meilleurs résultats. C'est un problème très ancien qui ne pourra se résoudre qu'à très long terme. Il ne faut pas perdre courage. Nous réussirons à sortir la France de la situation actuelle, grâce aux femmes, car elles ont un réel souci d'arriver à un résultat. Elles désirent construire.

"NOUS RÉUSSIRONS À SORTIR LA FRANCE DE LA CRISE GRÂCE AUX FEMMES."

MARIE-CHRISTINE OGHLY

PRÉSIDENTE DE LA COMMISSION INTERNATIONALE DU MEDEF,
PRÉSIDENTE DU GROUPE SOLENDI

"J'Y CROIS, BEAUCOUP"

———— L'inégalité a le don de me mettre en colère et je la rencontre encore très souvent à travers mon rôle au sein du Medef. Cette organisation est très peu féminisée. Je vois aussi certaines de mes amies, cadres en entreprise, qui n'obtiennent pas de promotion parce qu'elles sont des femmes, qu'elles n'osent pas demander ou ne sont pas mises en avant au bon moment. Il faut continuer à se battre. Je conseille toujours aux plus jeunes de s'imposer, de ne pas avoir peur de demander. Mais je m'aperçois qu'il m'arrive aussi de laisser passer certaines choses.

Mon mari m'a toujours encouragée. J'ai pu mener ma carrière parce que nous avons tout partagé. J'ai commencé à chercher un emploi en 1986. À cette époque, on disait : « Vous êtes une femme, vous aurez des enfants, nous préférons un homme. » J'avais l'objectif d'atteindre des postes identiques aux hommes. Mais il y a des souhaits que je n'ai pas pu réaliser. Titulaire d'un DEA d'hydrologie, passionnée de pétrole, je voulais entrer chez Elf. Je ne pouvais briguer que la communication, éventuellement. J'ai alors décidé de poursuivre mes études.

Il est arrivé qu'on s'adresse à l'un de mes collaborateurs, pensant qu'il dirige. Il y a quelques années, une femme a conseillé à l'un d'eux de demander à sa secrétaire – moi – d'aller garer sa voiture. J'étais sa patronne. Heureusement, la situation évolue positivement. La génération Y se pose peu la question de l'inégalité. Les jeunes ne font pas la différence. Qu'ils soient collègues ou en couple, ils se situent au même niveau, décident ensemble. Ce n'est plus systématiquement l'homme qui mènera une carrière. Tout cela me rend optimiste, mais avec une pointe de pessimisme. Entendre parler d'un retour à un schéma familial classique m'inquiète. On nous répète de manger plus sainement, de cuisiner des produits frais achetés le matin. Mais pour y parvenir, encore faut-il y consacrer du temps. Et c'est en général le rôle de la femme. Quant à la théorie du genre, il ne s'agit pas de confondre les sexes. On entend dire que cela va tuer la famille. Il est simplement question d'expliquer aux petites filles qu'elles ne sont pas destinées à cuisiner et à élever des enfants. Cette notion n'annihile pas le genre. Les garçons ne vont pas se comporter en filles, ni l'inverse. Ils sont égaux parce qu'ils ont les mêmes droits. C'est très différent. Sans être féministe, je défends ces valeurs. Les femmes et les hommes sont complémentaires et doivent être égaux devant la loi.

"LA GÉNÉRATION Y SE POSE PEU LA QUESTION DE L'INÉGALITÉ. QU'ILS SOIENT COLLÈGUES OU EN COUPLE, LES JEUNES SE SITUENT AU MÊME NIVEAU."

ANNE BALTAZAR

SECRÉTAIRE CONFÉDÉRALE DE LA CONFÉDÉRATION
GÉNÉRALE DU TRAVAIL FORCE OUVRIÈRE, MEMBRE DU CESE

"JE VEUX Y CROIRE"

———— Les femmes subissent encore, malgré les lois en vigueur, des discriminations professionnelles, des inégalités salariales, de carrière, de retraite… Le chômage, la précarité, la pauvreté, la violence les touchent plus que les hommes. Il faut noter que certaines mesures d'austérité et réformes des services publics ont eu des conséquences négatives pour la participation des femmes au marché du travail. La réforme des retraites a également renforcé les inégalités. En effet, les femmes sont plus loin de la durée de cotisation obligatoire et leur pension moyenne est inférieure à celle des hommes, notamment à cause des interruptions de carrière, du temps partiel pris pour élever les enfants. Concernant les salaires, l'écart entre femmes et hommes est encore de 27%, dont au moins 7 points sont imputables à la discrimination! En matière de déroulement de carrière et de présence des femmes à tous les échelons, même les plus hauts, les choses évoluent favorablement, petit à petit. Mais les freins à la prise de responsabilité sont tenaces; il faut continuer à améliorer l'organisation du travail, l'accès à la formation, les incitations et les compensations. Bien entendu, la question du temps partiel reste centrale. C'est, selon nous, le fléau du travail féminin. Les améliorations doivent être poursuivies, il ne faut pas relâcher les efforts, y compris dans ces périodes de remise en cause des normes et des droits sociaux par certains. L'égalité professionnelle et salariale ne doit pas régresser. Il faut dynamiser et améliorer l'arsenal législatif et réglementaire par la négociation dans les branches et les entreprises.

L'articulation vie professionnelle/vie personnelle, la parentalité sont également des sujets sur lesquels il faut faire progresser le droit des femmes, mais aussi celui des hommes. Garde d'enfants, congé de paternité et d'accueil de l'enfant, congé parental d'éducation, «neutralisation» des congés familiaux en matière d'évolution de la rémunération font partie des sujets sur lesquels des améliorations sont fondamentales.

Le contexte ne se prête pas à l'optimisme sur les questions sociales en général, et sur l'égalité femmes-hommes en particulier. Néanmoins, en tant que responsable syndicale, je reste déterminée et motivée à œuvrer pour le progrès social, pour la préservation et l'amélioration des droits individuels et collectifs des salariés, et dans le sens de l'égalité entre les femmes et les hommes.

"EN MATIÈRE DE PARENTALITÉ, IL FAUT FAIRE PROGRESSER LE DROIT DES FEMMES, MAIS AUSSI CELUI DES HOMMES."

DANIELLE BOUSQUET

PRÉSIDENTE DU HAUT CONSEIL À L'ÉGALITÉ ENTRE LES FEMMES ET LES HOMMES

"J'Y CROIS, PASSIONNÉMENT"

————— Aujourd'hui, en France, grâce à l'action extrêmement volontariste du gouvernement, l'égalité entre les femmes et les hommes est une question de politique publique, mais elle est loin d'avoir irrigué la totalité de la société. Dans les entreprises, le monde politique, la loi oblige les uns et les autres à intégrer les principes de l'égalité dans leur quotidien. Mais, pour autant, on assiste à des résistances très fortes de la frange la plus conservatrice de notre société. Ces radicaux, quelle que soit leur religion, s'arc-boutent sur des schémas qui les rassurent. Mais dans leur majorité, intellectuellement, les Français comprennent, admettent et soutiennent l'égalité réelle entre les femmes et les hommes.

Depuis janvier 2013, en tant que présidente du Haut Conseil à l'égalité entre les femmes et les hommes, instance consultative indépendante placée auprès du Premier ministre, j'ai vocation à aiguillonner le débat public, aider à informer au grand public, mais aussi conseiller le gouvernement et contribuer à la concertation et à la mobilisation des acteurs et actrices de l'égalité. Nous travaillons avec le CSA sur la place des femmes dans les médias audiovisuels, nous sommes entendus. Le travail doit être ouvert avec la presse écrite. Au nom du principe de 1881 sur la liberté de la presse, toute tentative de notre part de faire valoir l'égalité est perçue comme une volonté de censure. C'est le seul secteur où l'on stagne.

À terme, nous allons arriver à faire passer l'égalité de réelle à effective. Aux impatientes et impatients, je fais remarquer que que nous avons fait des progrès considérables depuis soixante-dix ans. Pour accélérer, il convient déjà de faire appliquer les lois existantes, et de les rendre contraignantes lorsqu'elles ne le sont pas suffisamment. Concernant la nécessité d'une révision de la Constitution, les constitutionnalistes que le Haut Conseil à l'égalité a interrogés sont partagés. Certains soulignent que tous les instruments juridiques sont là et qu'il ne s'agit donc que d'une question de volonté politique. D'autres pensent que ce serait anticonstitutionnel. Je partage néanmoins avec Olga Trostiansky et Catherine Coutelle, qui a interpellé récemment à ce sujet Najat Vallaud-Belkacem, la conviction que ce sera une étape supplémentaire. Nous devons accentuer la pression.

"IL CONVIENT DÉJÀ DE FAIRE APPLIQUER LES LOIS EXISTANTES."

PAROLES
— D'EXPERTS —

ELLES ET ILS SONT SOCIOLOGUES, PHILOSOPHES, MÉDECINS, NEUROLOGUES…
PASSIONNÉS PAR L'ÉGALITÉ. DANS LEURS TRAVAUX, TOUTES ET TOUS ŒUVRENT
À METTRE EN PERSPECTIVE CE SUJET POUR FAIRE AVANCER LES DROITS
DES FEMMES. ET DONC, NATURELLEMENT, CEUX DES HOMMES.

LAURE ADLER

JOURNALISTE, HISTORIENNE DES FEMMES

"J'Y CROIS"

———— J'ai le sentiment que nous vivons une époque de régression. Dans les années 1970, le mouvement pour les droits des femmes avait pour objectif de faire face aux problèmes les plus vitaux : le droit de disposer librement de son corps, le droit à l'avortement, le droit au travail. Après des années de lutte, nous avons réalisé des conquêtes. Mais on commence à les remettre en question. Je m'en veux de ne pas avoir su tirer les leçons de l'histoire très accidentée des femmes. Après la disparition des mouvements féministes organisés, nous avons connu une phase d'endormissement. Le réveil est douloureux. Ce sont les femmes les plus défavorisées qui paient le plus durement le prix de la crise par la précarité, le chômage, les temps partiels et la retraite. Les violences qui leur sont faites continuent d'augmenter ; la place qui leur est réservée aux postes à responsabilité régresse. Les partis politiques préfèrent payer des sommes considérables pour ne pas appliquer la loi qui les oblige à la parité ; ils déploient, à droite comme à gauche, de multiples stratégies d'évitement. N'en déplaise à la gauche, mais, en France, c'est la droite qui a majoritairement fait avancer le droit des femmes. J'en suis la première désolée. Un homme comme Valéry Giscard d'Estaing a compris dès son élection à la présidence, en 1974, l'importance de soutenir les revendications des femmes.

La naissance du MLF a été une période de formidable ébullition intellectuelle, de redéfinition politique. De nos jours, on assiste à un foisonnement d'associations qui agissent en rhizomes, il n'y a pas de solidification. Dans l'histoire, c'est seulement lors de soulèvements violents, comme en 1789 et 1830, que les femmes ont fait entendre d'une seule voix leurs revendications. J'appelle à une révolution des mentalités. Il y a une solidarité qui ne demande qu'à se coaguler. Cela viendra de la société civile : elle fera pression sur les tutelles politiques. Aujourd'hui, le pouvoir est détenu par des hommes qui se pensent plus forts, plus séduisants. C'est une monarchie déguisée. Nous avons beaucoup de strates à transformer.

Je suis cependant optimiste. Car la jeune génération ne s'en laisse pas conter. Pour ces femmes, l'égalité est une évidence. Discuter encore des droits des femmes est perçu comme ringard, dépassé. À nous de trouver comment donner de la modernité, de l'attractivité et du désir au combat féministe.

"DANS L'HISTOIRE, C'EST SEULEMENT LORS DE SOULÈVEMENTS VIOLENTS QUE LES FEMMES ONT FAIT ENTENDRE D'UNE SEULE VOIX LEURS REVENDICATIONS."

CATHERINE VIDAL

NEUROBIOLOGISTE, DIRECTRICE DE RECHERCHE
À L'INSTITUT PASTEUR

"JE VEUX Y CROIRE"

———— En tant que chercheuse en neurobiologie, je m'insurge contre la persistance des idées reçues sur les cerveaux des femmes et des hommes. On continue d'entendre que les femmes seraient «naturellement» douées pour le langage, mais incapables de lire une carte routière, alors que les hommes seraient nés bons en maths et compétitifs. Ces discours laissent croire que nos aptitudes et nos personnalités sont inscrites dans le cerveau depuis la naissance. Or, les progrès des recherches montrent le contraire : le cerveau, grâce à ses formidables propriétés de plasticité, fabrique sans cesse de nouvelles connexions entre les neurones en fonction de l'apprentissage et de l'expérience vécue. Rien n'y est à jamais figé ni programmé depuis la naissance. Les vieilles idées conservatrices qui prétendent que les capacités cérébrales des femmes et des hommes sont «par essence» différentes sont révolues.

Pour faire face au regain de l'idéologie du déterminisme biologique des différences d'aptitudes entre les sexes, il est impératif d'apporter à un large public des informations de qualité pour nourrir une réflexion critique. Cela nécessite de mettre en place un travail de formation auprès des chercheurs, des enseignants et des médias, qui jouent un rôle clé dans la transmission des savoirs. Une volonté politique est indispensable pour y parvenir.

En tant que scientifique, je penche pour l'optimisme sur la question de l'égalité, car les chercheurs commencent à se mobiliser. Nous avons fondé en 2010 un réseau international nommé «NeuroGendering Network», constitué de spécialistes en neurobiologie, de philosophes et de sociologues. Notre objectif est d'éveiller la responsabilité éthique des chercheurs sur l'impact de leurs travaux dans le champ social et politique. Une autre priorité du réseau est d'œuvrer à la transmission des savoirs au grand public et donc de promouvoir une image positive de la recherche scientifique sur le cerveau, le sexe et le genre.

"IL FAUT METTRE EN PLACE UN TRAVAIL DE FORMATION AUPRÈS DES CHERCHEURS, DES ENSEIGNANTS ET DES MÉDIAS."

SERGE HEFEZ

PSYCHIATRE ET PSYCHANALYSTE

"J'Y CROIS, PASSIONNÉMENT"

———— J'ai toujours été convaincu que la libération des femmes entraînait *de facto* celle des hommes. Plus elles sont libérées du carcan de la complémentarité des sexes, plus nous sommes libérés de notre rôle de guerriers. Je milite pour l'égalité depuis les années 1970. Je faisais partie du Mouvement de libération de l'avortement et de la contraception (MLAC). En tant qu'étudiant en médecine, j'ai participé à des avortements clandestins. Quand, en 1974, Simone Veil a défendu son texte de loi sur l'avortement à l'Assemblée nationale devant une nuée d'hommes, la ténacité émotionnelle dont elle a fait preuve m'a saisi. Elle était admirable.

À l'époque, on militait dans des mouvements d'extrême gauche, on luttait contre la lutte des classes. Ce qui relevait de la vie personnelle était considéré comme mineur. Le féminisme avait très mauvaise presse. Mais en tant que futur psychanalyste, je me passionnais déjà pour la vie intérieure. Je cherche à resituer le psychisme dans sa dimension sociale et historique. Les représentations dans notre société influent et modèlent le psychisme des destins individuels, masculins et féminins. Je reçois beaucoup de couples en thérapie familiale. J'essaie de comprendre comment l'un et l'autre se situent dans leur combat intérieur autour des représentations du masculin et du féminin. Une femme, par exemple, aspire à une certaine asymétrie dans un couple, elle désire que son conjoint la protège et lui assigne le rôle traditionnel du père, mais, en même temps, elle veut un partage et une égalité relationnelle. Avant, nous étions cantonnés dans des rôles de complémentarité. Aujourd'hui, chacun occupe le même territoire professionnel. Résultat : le partage des rôles entraîne la conflictualité et un taux de divorce qui ne cesse de croître. J'essaie avec mes patients de résoudre ces conflits intérieurs. Les relations sont plus compliquées, mais *in fine,* chacun gagne en liberté et en autonomie. On n'élève plus des filles pour soumettre leur destin à un époux. L'injonction qui prévaut désormais, c'est : «Ne dépends que de toi-même.»

Aujourd'hui, il nous faut entrer dans une phase de grande réconciliation. Il faut permettre à nos enfants dès leur plus jeune âge d'exprimer toutes leurs potentialités. Les stéréotypes sont imprimés dès la naissance. L'éducation n'est pas l'apanage des femmes. Dans les amphithéâtres où j'enseigne à des éducateurs et à des travailleurs sociaux, 90% des étudiants sont des étudiantes. Il faut rendre une certaine noblesse aux métiers liés à l'enfance. Les garçons ne veulent pas devenir sages-femmes. Nous naissons avec toutes les potentialités masculines et féminines. L'éducation fonctionne par amputation. Seule l'égalité sociale nous permettra de nous redécouvrir dans notre universalité.

"IL FAUT RENDRE UNE CERTAINE NOBLESSE AUX MÉTIERS LIÉS À L'ENFANCE."

JEANNE FAGNANI

DIRECTRICE DE RECHERCHE HONORAIRE AU CNRS

"J'Y CROIS, ÉNORMÉMENT"

——— En tant que citoyenne, l'égalité entre les femmes et les hommes est une cause qui m'est très chère. Les progrès considérables accomplis dans ce domaine depuis les années 1960 – et plus encore depuis le début du XXe siècle – sont encourageants. Toutefois, force est de constater que la société française reste subtilement machiste, ce qui renforce les difficultés à débusquer toutes les formes de discrimination dont les femmes sont l'objet et, de ce fait, à lutter contre elles. C'est pourquoi il me semble prioritaire de combattre les stéréotypes dès le plus jeune âge. Les préjugés sont tellement enracinés dans les esprits et les mentalités qu'ils imprègnent tous les fondements et principes qui régissent les institutions, en particulier les politiques familiales, qui participent au « maternalisme » ambiant.

Corollairement, il est urgent d'agir en faveur de la mixité des métiers. Il ne suffit pas d'encourager les jeunes femmes à conquérir les bastions de l'emploi masculin, il faut symétriquement encourager et permettre aux hommes d'exercer des métiers quasi exclusivement réservés aux femmes : assistantes maternelles, sages-femmes, personnel de la petite enfance, par exemple.

Parallèlement, pour sortir du cercle vicieux qui les enferme dans la maternité, les femmes devraient aussi accepter de céder une partie du pouvoir qu'elles détiennent sur les enfants et auquel elles ont souvent du mal à renoncer, avec les effets pervers que cela entraîne pour elle sur le marché du travail. Mais les hommes, qui sont l'objet de fortes injonctions dans la sphère professionnelle, surtout en période de crise économique, ont aussi intérêt à résister, quitte à renoncer à certaines gratifications professionnelles, et à modifier leur comportement au sein de la famille et au travail. C'est ce double mouvement qui seul pourrait déboucher sur une remise en cause et une transformation des rapports de genre. À long terme, les femmes et les hommes devraient en retirer de multiples bénéfices, en particulier s'ils luttent conjointement pour une transition vers une société plus juste socialement, solidaire et soutenable économiquement.

"IL ME SEMBLE PRIORITAIRE DE COMBATTRE LES STÉRÉOTYPES DÈS LE PLUS JEUNE ÂGE."

En 1924, Marie Curie et sa fille Irène posent dans leur laboratoire parisien. La mère a partagé son prix Nobel de physique avec son mari ; la fille, devenue l'épouse de Frédéric Joliot, a reçu avec ce dernier le prix Nobel de chimie en 1935 pour la découverte de la radioactivité artificielle. Sous-secrétaire d'État à la recherche scientifique sous le Front populaire, en 1936, Irène Joliot-Curie est l'une des trois premières femmes à siéger dans un gouvernement français.

BRIGITTE GRÉSY

MEMBRE DU CONSEIL SUPÉRIEUR DE
L'ÉGALITÉ PROFESSIONNELLE ENTRE
LES FEMMES ET LES HOMMES

"J'Y CROIS, ARDEMMENT"

———— L'égalité est un concept juridique qui recouvre de nombreuses manifestations concrètes, mais aussi contradictoires. Dans le monde du travail, nous enregistrons des avancées incontestables. Le taux de professionnalisation des femmes est l'un des plus élevéau monde. De la même manière, le taux de femmes diplômées, la montée des femmes en responsabilité, la très forte progression du taux des femmes cadres (+ 140 % en vingt ans, contre + 40 % pour les hommes) sont remarquables. Parallèlement, de grandes ambivalences demeurent. On note une stagnation des progrès. Il y a notamment un écart croissant entre les femmes qualifi ées et les femmes non qualifi ées qui s'enfoncent dans la précarité. L'augmentation du nombre de familles monoparentales est de plus en plus forte ; cela entraîne des modifi cations des modes de vie et une fragilisation des femmes. Cette situation est liée à la crise et à la baisse du niveau de vie. Un certain nombre de métiers majoritairement occupés par des femmes constituent des viviers de sous-emplois qui conduisent à la précarité. La question du travail des femmes est centrale. Nous avons tout intérêt à oeuvrer pour atteindre une convergence des taux de féminisation et de masculinisation dans le monde du travail. La croissance ne peut qu'en bénéfi cier fortement. De facto, pour rapprocher les trajectoires des femmes et des hommes, il faut investir dans un enseignement de qualité pour les femmes. La société a besoin de valoriser les compétences et les talents féminins dans les formations initiales. Mais malgré la ségrégation, le mouvement d'un rapprochement est réel. D'autant que nous menons des politiques volontaristes, avec des objectifs chiffrés. Si cela se poursuit et bénéfi cie du soutien de l'intelligence collective, les femmes prendront toute leur place dans l'économie. C'est une question de justice. Mais restent des handicaps forts : très peu de choses sont faites pour rééquilibrer la répartition des tâches ménagères. De même, le système de représentation des femmes et des hommes dans les médias est défi cient.

  Nous devons faire preuve d'une extrême vigilance et continuer l'action. Quand j'envisage l'avenir, je suis pessimiste si j'observe la recrudescence des risques de freinage, mais optimiste sur la prise de conscience de la nécessité des modifi cations des systèmes de représentation.

> "UN CERTAIN NOMBRE DE MÉTIERS MAJORITAIREMENT OCCUPÉS PAR DES FEMMES CONSTITUENT DES VIVIERS DE SOUS-EMPLOIS QUI CONDUISENT À LA PRÉCARITÉ."

SYLVIANE GIAMPINO

— PSYCHANALYSTE, PSYCHOLOGUE ENFANCE ET FAMILLE —

"J'Y CROIS, EN TERMES D'ALLIANCES ET DE MIXITÉ"

En France, ni les hommes ni les femmes n'aiment se faire la guerre, mais les tensions sont dans toutes leurs relations. L'égalité est devenue un défi nouveau, car elle est conçue par les femmes, mais aussi par des hommes, comme une nécessité. Seulement, entre les désirs, les discours et la réalité, l'écart demeure. Si les hommes commencent à pressentir qu'ils ont à y gagner, beaucoup se figent dans la crainte d'y perdre leurs privilèges sur le plan social et professionnel. Quant aux femmes, elles ne veulent plus tout donner dans la vie de couple et les enfants, en travaillant dans le même temps sans contreparties affectives, de statut et d'indépendance financière. L'égalité commence à se faire une place dans les préoccupations et dans les organisations du travail, mais à pas d'escargot. On est donc à une époque charnière.

J'imagine l'avenir tiraillé entre de vieux modèles et de nouvelles images sociales des hommes et des femmes. Deux formes de pression normative, d'idéaux inatteignables. Les forces progressistes seront mises à mal par les transformations économiques et les gouvernances de la crise. Les forces réactionnaires risquent d'en profiter pour surfer sur le besoin de sécurisation, et donc de régression. Je crains que la nostalgie de ce qui n'a pas vraiment existé – la famille et l'emploi stable, les rôles féminin et masculin tracés – ne s'érige en projet d'avenir. Ce serait un déni de réalité. Les prochaines années devront être celles des solidarités, du lien, des alliances et des prises de risque. Les femmes et les hommes seront plus forts s'ils se débarrassent des entraves des stéréotypes qui les limitent. Les identités masculine et féminine ne sont pas menacées par une meilleure répartition, par plus de justice.

Une prise de conscience s'est engagée : il faut lutter contre les inégalités en éduquant les enfants à être fiers de ce qu'ils sont, fille, garçon, sans dévaloriser l'autre genre. Les enfants sont de plus en plus ouverts sur le monde, intelligents et clairvoyants. Je suis également optimiste car, dans le monde du travail, les entreprises les plus intelligentes ont déjà compris que l'égalité de statut entre les hommes et les femmes conditionne la mixité, qui est source de richesse et d'émulation. Il faut qu'elles sachent que cela n'aboutira que si la parentalité se répartit entre les salariés masculins et féminins. L'équilibre entre vie privée et vie professionnelle n'est pas un vœu ou un objectif, c'est un levier pour tout le reste. Il va falloir des courageux pour lever les résistances.

"LES IDENTITÉS MASCULINE ET FÉMININE NE SONT PAS MENACÉES PAR UNE MEILLEURE RÉPARTITION, PAR PLUS DE JUSTICE."

FRANÇOISE MILEWSKI

ÉCONOMISTE, OFCE-SCIENCES-PO, PRESAGE (PROGRAMME
DE RECHERCHE ET D'ENSEIGNEMENT DES SAVOIRS SUR LE GENRE)

"J'Y CROIS, COMPLÈTEMENT"

——————— On assiste à une recomposition des inégalités entre les femmes et les hommes. Par exemple, le développement de la précarité et de la pauvreté des femmes qui subissent le temps partiel et les bas salaires. L'insertion croissante dans l'emploi se produit dans une situation où le partage des tâches parentales n'a pas fait de progrès sensibles, où l'État n'a pas (ou insuffisamment) accru son effort pour les services publics de la petite enfance, où les structures familiales ont changé (hausse du nombre de séparations), où les caractéristiques du travail ont évolué (flexibilité et instabilité ont augmenté). Cela produit des inégalités supplémentaires, différentes de celles que l'on connaissait. Le modèle du ménage à double apporteur de revenus sans mise en cause de la division sexuelle traditionnelle et la multiplication du nombre de femmes seules avec enfants sont porteurs d'inégalités sociales nouvelles et de dégradation des conditions de vie pour certaines femmes.

Cependant, la question des inégalités est enfin sur le devant de la scène. La mobilisation s'effectue sur tous les terrains : l'emploi, les salaires, l'orientation scolaire et professionnelle, la parité politique, les violences, etc. Mais les effets de la crise vont perdurer. La flexibilité et les petits boulots mal protégés vont se développer. Par exemple, le secteur des services à la personne va créer des emplois, du fait de la dépendance des personnes âgées. Mais ces emplois, majoritairement occupés par des femmes, sont souvent à horaires atypiques et de grande amplitude, et ils sont mal rémunérés, puisque les compétences des femmes pour s'occuper des autres sont considérées comme innées. La qualité des emplois risque donc de se dégrader.

Pourtant, pour l'avenir, je suis optimiste. Grâce à la prise de conscience et aux mobilisations actuelles. Le combat pour l'égalité entre les sexes est partie prenante de la lutte pour la justice sociale, qui serait un vain mot si la domination perdurait. Mais il faudra prendre garde à plusieurs dangers : les effets de la déstructuration du marché du travail, considérée à tort comme inévitable dans la mondialisation, et qui pèse surtout sur les femmes, ou encore la lenteur des progrès réalisés dans le partage des tâches domestiques. Cette inertie des comportements fait que l'insertion des femmes dans l'emploi peut dégrader leurs conditions de vie.

"LE COMBAT POUR L'ÉGALITÉ ENTRE LES SEXES EST PARTIE PRENANTE DE LA LUTTE POUR LA JUSTICE SOCIALE."

CAROLINE ELIACHEFF

PSYCHANALYSTE ET PÉDOPSYCHIATRE

"J'Y CROIS, RAISONNABLEMENT"

———— Bien que tout ne soit pas parfait en France, j'ai conscience de vivre dans un pays extraordinairement privilégié. Certes, des progrès restent à accomplir et la vigilance est de mise en période de crise économique, toujours défavorable aux femmes. Le retour en arrière reste possible. Il n'empêche que je suis surtout sensible aux inégalités entre les femmes ici même, en France, et plus encore dans le monde.

Pour l'avenir, en ce qui concerne la France, je suis raisonnablement optimiste, car je crois que de plus en plus d'hommes ont perçu les avantages d'avoir des compagnes ou des collègues de travail qui soient leurs égales. Il n'empêche que cet horizon d'égalité n'a pratiquement jamais été atteint et on voit que, comme tout ce qui est inconnu, cela peut faire peur. Ignorer ces peurs n'est pas la bonne manière de les affronter. C'est l'éducation des garçons qui me paraît aujourd'hui prioritaire si nous voulons arriver pacifiquement à l'égalité et à la mixité en ne niant ni ce qui nous rapproche, ni ce qui nous différencie.

Au final, je crois à la possibilité de l'égalité femmes-hommes pour autant que les femmes et les hommes y participent et y trouvent des avantages, et non des normes auxquelles ils devraient se conformer. Je suis nettement plus pessimiste pour les femmes qui vivent dans des pays où leur oppression est précisément la norme.

"JE CROIS QUE DE PLUS EN PLUS D'HOMMES ONT PERÇU LES AVANTAGES D'AVOIR DES COMPAGNES OU DES COLLÈGUES DE TRAVAIL QUI SOIENT LEURS ÉGALES."

PAROLES
—— DE VIE ——

RAJA BRAUNER ET MARIE-LAURE BRIVAL SONT DEUX FEMMES EXCEPTIONNELLES.
RESPECTIVEMENT PROFESSEUR DE PÉDIATRIE ET D'ENDOCRINOLOGIE
ET GYNÉCOLOGUE-OBSTÉTRICIENNE, ELLES JOUENT UN RÔLE CLÉ POUR
AIDER DES FEMMES ET DES HOMMES À DEVENIR PARENTS ; ELLES LES
ACCOMPAGNENT SUR LA VOIE DE LA NAISSANCE ET DE LA VIE.

RAJA BRAUNER-KARRAY

PROFESSEUR DE PÉDIATRIE ET D'ENDOCRINOLOGIE

"J'Y CROIS, MOYENNEMENT"

Tout en elle force le respect : son histoire familiale, sa vocation, sa carrière, l'amour des siens, son intransigeance… Serait-ce le fruit d'une tradition familiale ? Indéniablement. «Mon père a lutté aux côtés du président Bourguiba pour le développement de l'enseignement et de l'égalité femmes-hommes en Tunisie. Il a d'ailleurs été le premier à Sfax à faire enlever le voile à sa femme, qui ne le remettait que pour rendre visite à son père âgé», se remémore-t-elle avec une émouvante fierté.

Raja Brauner vit en France depuis ses 17 ans, même si elle est revenue, un temps, exercer dans son pays natal. Digne fille de ses parents, comme son frère et ses trois sœurs, elle a été, en 1990, la troisième ou la quatrième femme (elle ne sait plus précisément, c'est dire…) nommée professeur de pédiatrie. «Pendant que mon chef de service de l'époque exerçait le pouvoir, je faisais ce qu'il me demandait : je prodiguais des soins. Bref, j'exerçais mon métier : la médecine.» Mais, à la succession de son patron, les événements prennent une tournure… pour le moins nauséeuse. «Alors que j'avais construit une équipe avec lui sur vingt ans, j'ai dû céder la place. J'ai demandé à changer d'hôpital. J'ai continué à remplir mes missions de soin, d'enseignement et de recherche avec les mêmes objectifs grâce à l'aide du président de l'association de parents AVEC [Association Vie, Endocrinologie et Croissance] et de mon entourage», se rappelle-t-elle, non sans un sincère écœurement pour les uns et une profonde gratitude pour les autres. Lui a-t-on mis des bâtons dans les roues parce qu'elle était une femme ? Elle ne sait pas bien. Mais, ce dont elle est sûre et qu'elle sait toujours d'actualité, c'est que, «au niveau des chefferies, il y a toujours peu de place pour les femmes. Peut-être parce qu'être chef de service suppose un comportement politique, alors que notre comportement de femmes est plus un comportement de terrain», ce qu'elle affirmait déjà lors d'une interview en 1998.

Aujourd'hui, si les femmes professeurs de médecine sont de plus en plus nombreuses en pédiatrie, Raja Brauner constate que les mentalités sexistes n'ont, elles, pas disparu. Quinze ans après ses premières déclarations sur les différences qui opposent parfois les genres, elle étaye ses propos : «Au lieu de singer le comportement masculin, les femmes devraient cultiver leur originalité professionnelle et l'utiliser comme une force. Même au sommet de la hiérarchie du savoir, beaucoup d'entre elles se soumettent au jeu des innombrables réunions (souvent inutiles) et de la fréquentation des lieux de pouvoir. Elles obtiennent ainsi des moyens importants certes, mais parfois gaspillés avec, pour résultat, un coût hospitalier tout à fait excessif. L'égalité se fait alors au risque d'un nivellement par le bas de tous.»

UNE SPÉCIALISTE RECONNUE

Son secteur de recherche est très spécifique : le professeur Brauner s'occupe des conséquences sur la croissance, la puberté et la fertilité des traitements des cancers dans l'enfance, des enfants nés avec un « désordre du développement sexuel » et de ceux ayant une anomalie de la croissance et/ou de la puberté.

Au quotidien, en tant que clinicienne hospitalière, Raja Brauner est considérée comme l'une des spécialistes dans un domaine médical peu connu du grand public et pourtant essentiel. La médecine réservée aux enfants nés avec une anomalie des organes génitaux, qui touche un nouveau-né sur 4 500 naissances environ. Qu'est-ce à dire ? En termes simples, il s'agit d'enfants dont, à la naissance, aux premiers examens cliniques, on ne parvient pas à déterminer l'appartenance sexuelle. Sont-ils fille ou garçon ? L'équipe hospitalière qui met au monde le nouveau-né ne peut se prononcer. Résultat, ils appellent Raja Brauner. Pourquoi est-ce important ? Parce cette situation peut être due à une anomalie congénitale des surrénales qui nécessite un diagnostic et un traitement le plus rapidement possible, et parce qu'elle peut conduire à retarder la déclaration du sexe. Cette situation de difficulté à conclure sur le sexe du nouveau-né a longtemps été appelée « ambiguïté sexuelle », puis « intersexualité », ce qui pouvait laisser planer un doute dans l'esprit des parents sur le sexe réel de leur enfant. Depuis 2006, l'expression de langue anglaise « disorders of sex development », DSD, a réussi à faire consensus à l'échelle internationale.

On peut détecter le DSD avant la naissance, en particulier devant une dissociation entre le sexe morphologique du fœtus et le caryotype si la femme enceinte, pour des raisons diverses, a subi cet examen pour dépister les dysfonctionnements chromosomiques. Mais le plus souvent, c'est à l'examen clinique, à la présence ou non des deux testicules, aux dimensions de la verge ou du clitoris que le personnel soignant s'en rend compte.

UN TRAVAIL DE RECHERCHE

Concrètement, ce dysfonctionnement du système de détermination sexuelle peut être lié à la production hormonale, la sécrétion ou l'absence de sécrétion de testostérone et/ou à un dysfonctionnement d'une clé (récepteur) qui bloque ou handicape la fixation hormonale. Il peut aussi être lié au fait que la gonade primitive, qui apparaît vers la quatrième semaine de gestation, n'a pas pu se transformer en testicule malgré un caryotype masculin, car l'un des gènes qui contrôlent cette transformation est anormal. La détermination de ces gènes progresse beaucoup actuellement grâce au séquençage du génome. Une petite fille peut se viriliser *in utero* par une sécrétion anormale de testostérone, un garçon peut souffrir d'un micropénis dû à une insuffisance de sa sécrétion de testostérone... Il y a mille et une possibilités, chaque cas est unique. « Il y a peu, raconte Raja Brauner, j'ai revu un petit garçon qui avait été déclaré fille à la naissance, en partie à cause de son extrême petit poids. Or, les examens ont démontré qu'il était bien garçon. Il a fallu faire un changement de sexe. » En cas de doute, il est nécessaire de retarder la déclaration de sexe.

Chaque fois, le travail de la spécialiste, en liaison permanente avec le chirurgien qui sera possiblement chargé d'opérer l'enfant, est de mener un travail de recherche pour parvenir à déterminer le sexe véritable du bébé. Ce travail est difficile et nécessite de l'expertise. Aucune déduction hâtive, aucun présupposé ne peuvent troubler le résultat. Il faut un lent et long travail méthodique, qui s'appuie en particulier sur la recherche de la présence d'un utérus par une génitographie ou par une IRM. Un délai de six semaines peut être nécessaire pour remonter chacune des étapes et trouver l'origine du dysfonctionnement. L'objectif est de prévoir pour ce nouveau-né un développement pubertaire puis une vie sexuelle normaux, et si possible une fertilité. Il nécessite aussi beaucoup de diplomatie. Comment annoncer à de jeunes parents qu'on ne peut dire quel est le sexe de leur bébé ? En France, la loi dicte que les parents ont un an devant eux pour écrire sur l'état civil le sexe de l'enfant. Pour cela, il faut que, dans les trois jours qui suivent la naissance, le médecin adresse une lettre au procureur de la République afin qu'il puisse laisser en blanc la mention du sexe. «Nous travaillons formidablement bien avec les mairies, il y a une vraie sensibilité sur le sujet. Mais il arrive encore parfois qu'il faille changer de sexe, ce qui constitue toujours autant de troubles et de drames psychologiques qu'il nous faut par la suite parvenir à corriger.»

"LE GENRE N'A RIEN À VOIR AVEC LES ANOMALIES CONGÉNITALES DES ORGANES GÉNITAUX."

APPRENDRE LES MOTS JUSTES

Malgré ses trente années d'expérience, Raja Brauner n'hésite pas dans certains cas à consulter d'autres spécialistes pour parvenir au diagnostic juste. «Dans ce domaine, l'expérience est cruciale. Quand j'ai débuté dans ma carrière, une femme, Ginette Raimbaud, qui était psychanalyste pour enfants et directeur de recherche à l'Inserm, m'a beaucoup aidée. Je la consultais face à des cas difficiles. La parole, les mots justes s'apprennent. Le personnel soignant dans ces cas de figure sait qu'il ne doit pas aborder le problème du choix du sexe avec les jeunes parents, c'est trop délicat ; une parole en trop peut biaiser tout le processus. Il faut être très prudent. Quand on aborde ce sujet, on est au plus près de l'identité humaine. Quand je parle aux parents, je suis toujours accompagnée d'une personne que je forme et qui ainsi apprend à mes côtés.» De la bienveillance, de l'humanité et une expertise hors pair, c'est à ces seules conditions que la clinicienne peut réussir. Et dépasser tous les clichés, les pièges et le dogmatisme. Raja Brauner a l'exigence et la bienveillance chevillée au cœur. Elle inscrit sa pratique de la médecine dans l'éthique absolue. Et ce domaine ne peut souffrir d'amalgames.

«Il y a peu, j'ai été invitée à m'exprimer dans une émission sur ma pratique médicale. Quand, juste avant, on m'a expliqué qu'on allait consacrer une partie du sujet aux transsexuels, j'étais éberluée et je suis repartie. Ce sont deux situations très différentes.» La pression médiatique et réductrice peut avoir des conséquences dramatiques. «Je trouve ces débats sur la théorie du genre étonnants. Il faut, et ô combien, respecter les homosexuels. Mais les débats sur le mariage pour tous ont monté les uns contre les autres. On mélange tout ; c'est un amalgame qui me gêne. Le genre n'a rien à voir avec les anomalies congénitales des organes génitaux.»

S'intéresser aux enfants qui ont des DSD, c'est s'intéresser à la vie. Respecter et se mettre au service de la vie des êtres humains, femmes et hommes, dans leur devenir, dans toute leur complexité.

MARIE-LAURE BRIVAL

GYNÉCOLOGUE-OBSTÉTRICIENNE,
CHEFFE DE SERVICE LA MATERNITÉ DES LILAS

"J'Y CROIS, BIEN SÛR"

Je suis la petite dernière d'une famille de sept enfants, j'ai une sœur et cinq frères. Ma maman était une femme exceptionnelle, un exemple pour moi. Battue par notre père à la Martinique, un jour de 1964, elle a déjoué, par des stratagèmes, sa vigilance et nous a emmenées, ma sœur et moi, direction la métropole. Elle a bravé tous les interdits. Elle a réussi à obtenir un certificat d'hébergement qui était alors obligatoire. Elle ne connaissait personne, n'avait pas de qualification, pourtant, six mois après, nous habitions dans un appartement suffisamment grand, dans le IXe arrondissement et elle multipliait les petits boulots (couturière, femme de ménage, aide aux personnes âgées), pour pouvoir aller chercher mes frères. Ce qu'elle a fait. Elle nous a élevés seule. J'ai toujours eu besoin de défendre ma position face à mes frères. Quand j'ai annoncé que je voulais devenir médecin, cela a déstabilisé toute la famille. La légende familiale veut que toute petite, déjà, je voulais être «docteuse». Mes frères me disaient que je n'en aurais pas les capacités. Ma mère, jamais. Elle m'a toujours soutenue. Et finalement, je suis la seule à avoir fait des études supérieures.

Je suis gynécologue-obstétricienne. En tant que femme médecin et Martiniquaise, je cumule deux handicaps. Combien de fois cette scène d'un visiteur médical qui me prenait pour une aide-soignante, et seulement des heures après, apprenant qui j'étais, bredouillait : «Oh, excusez-moi, je ne savais pas…»? Les stéréotypes ont la vie dure. Mais ma mère m'a appris à marcher la tête haute. Ma vocation, m'occuper des femmes, leur venir en aide, est venue après un traumatisme familial. À l'âge de 15 ans, j'étais très impressionnée par la petite amie de mon frère, Paulette. Elle était comme une sœur de substitution pour moi. Elle est morte une nuit à la suite d'un avortement clandestin, ça m'a profondément bouleversée. La vie de mon frère a basculé, ils avaient tout juste 20 ans. Mon engagement vient de là, il est total. Plus jamais ça.

LA MATERNITÉ DES LILAS

J'ai connu la maternité des Lilas en 1982 à l'occasion d'une première garde de remplacement. J'y suis revenue définitivement en 1987, avant de devenir la cheffe de service en gynécologie-obstétrique à partir de 2006. Ma nomination a fait l'objet de remarques désobligeantes, mais j'ai une volonté de fer, je travaille énormément. Je suis passionnée par mon métier. Comme tous les chefs de service, mon rôle est de veiller au fonctionnement de l'établissement et de chapeauter l'organisation. Au-delà, je suis un peu la dépositaire de l'idée même de cette structure innovante.

La maternité des Lilas est, depuis cinquante ans, une institution qui milite pour l'épanouissement des femmes et des couples sur le chemin de la parentalité. Dans l'histoire des femmes, cette maternité est essentielle. Elle est née de la volonté de mettre au monde autrement, elle prône «une certaine idée de la naissance». Quand, il y a cinquante ans, la médicalisation des naissances devenait outrancière, des professionnels de la santé se sont interrogés : qu'est-ce que la naissance ? Comment accompagner les futurs parents ? Comment donner aux femmes et aux hommes la liberté de choix d'avoir ou de ne pas avoir d'enfant ? Nous étions en 1964, la maternité est sortie de terre grâce au mécénat, sur un terrain aux Lilas. Depuis, l'institution n'a fait qu'appliquer au quotidien la même philosophie. Au début, la maternité était considérée comme un établissement alternatif, choisi par des couples qui refusaient de se sentir dépossédés par un corps médical trop envahissant. Puis, lors des discussions autour de la loi Veil, en 1975, elle est devenue un lieu militant du Mouvement pour la liberté de l'avortement et de la contraception (MLAC). Des médecins se sont engagés. Et la maternité s'est positionnée à double titre aux côtés des femmes dans leur droit à avoir ou ne pas avoir d'enfant et dans leur liberté de choisir à quel moment devenir parent.

Quand je suis arrivée en 1982, nous réalisions autour de 900 à 1 000 naissances ; aujourd'hui, nous en accompagnons 1 700 chaque année. Pour les IVG, nous en pratiquions 600 en 1982 ; actuellement, nous en sommes environ à 1 200 ou 1 300. En moyenne, chaque année, nous avons mené 1 200 accouchements et 1 000 IVG depuis 1964. Cela fait beaucoup de bébés qui sont nés aux Lilas. Après trente ans d'exercice, je donne naissance aux enfants de femmes que j'ai accouchées il y a vingt-cinq ou vingt-huit ans. Qu'il s'agisse d'une naissance ou d'une interruption volontaire de grossesse, les pères jouent un rôle essentiel. Très tôt, nous avons défendu l'idée de leur présence en prépara-

tion, en salle de naissance et au bloc opératoire. À l'époque, on nous prenait pour des fous. Aujourd'hui, les exclure, leur refuser ce choix paraîtrait totalement rétrograde aux yeux de tous. La maternité a aussi été innovante dans les méthodes d'accouchement, reconnaissant d'autres postures possibles. Que ce soit debout, allongée ou accroupie. Là encore, on nous a pris pour des déments. Or, depuis, les études ont confirmé la mobilité comme facteur essentiel d'aide à la venue au monde.

"LA MATERNITÉ A ÉTÉ INNOVANTE SUR LA QUESTION DE LA PLACE DU PÈRE ET DANS LES MÉTHODES D'ACCOUCHEMENT."

Nombre de personnalités, c'est vrai, sont venues accoucher ici. L'actrice Karin Viard est la marraine de notre collectif de soutien. Catherine Ringer, la chanteuse des Rita Mitsouko, chemine à nos côtés. Mais, malgré cette belle notoriété, notre établissement est une maternité de proximité. C'est un lieu pour toutes les femmes. Elle est très ancrée sur son territoire, la Seine-Saint-Denis, qui est un département sinistré.

Au service d'orthogénie, les femmes sont accueillies avec beaucoup d'attention. Quand elles font ce choix, c'est difficile, on doit les respecter et les accompagner sur le cheminement de cette décision qui doit être mûrement réfléchie. J'ai commencé dans ce service comme responsable de la planification en 1982 ; cela a été une lutte quotidienne pour faire entendre la nécessité de respecter la liberté de choix. Quand la loi a changé en 2001, nous avons été l'un des tout premiers établissements à l'appliquer dans son intégralité, avec l'allongement des délais jusqu'à quatorze semaines. Dans le cadre de l'Association nationale des centres d'interruption de grossesse et contraception (ANCIC) que je présidais, nous avons démontré, grâce à des enregistrements vidéo, que la technique demeurait identique à douze ou quatorze semaines d'aménorrhée. La maternité a toujours été un lieu militant.

QUEL AVENIR?

Le 8 mars 2012, pour la journée de la Femme, François Hollande, futur président de la République, et Claude Bartolone, aujourd'hui président de l'Assemblée nationale, nous ont rendu visite. François Hollande a apporté son soutien total au projet d'extension, confirmant même qu'il serait présent pour inaugurer la future maternité prévue l'année suivante. À l'occasion du 38ᵉ anniversaire de la loi sur l'avortement, le 17 janvier dernier, Najat Vallaud-Belkacem, ministre des Droits des femmes, et Marisol Touraine, ministre des Affaires sociales et de la Santé, ont tenu à venir à la maternité des Lilas, accompagnées de Claude Evin, directeur général de l'agence régionale de santé (ARS) d'Île-de-France. En nous honorant de leur présence, ils ont reconnu notre travail et affirmé leur engagement à nos côtés pour une autre naissance et le droit à l'avortement.

Nous n'avons jamais changé de ligne de conduite. Notre structure fait figure d'établissement modèle sur le plan national; elle fait œuvre d'utilité publique pour le département de la Seine-Saint-Denis. En cinquante ans, nous n'avons pas beaucoup dépensé les deniers publics. Le bâtiment a été construit en 1963; aujourd'hui, il a besoin d'être modernisé. Il est devenu trop étroit : notre notoriété est telle que nous n'avons pas la place pour répondre à toutes les demandes. Et nous ne pouvons augmenter notre capacité d'accueil en répondant aux exigences de la nouvelle budgétisation et de la tarification à l'activité (T2A), qui obligent les hôpitaux à avoir un certain niveau d'activité pour équilibrer leur budget. Dans les locaux actuels, malgré les extensions que nous avons réalisées par le passé, nous ne pouvons aller au-delà de 1 700 naissances par an. Aussi, depuis une dizaine d'années, nous avons cherché des solutions pour augmenter nos capacités d'accueil.

En 2009, le projet de reconstruction a été validé dans le cadre du Plan hôpital 2012. Tous les plans ont été actés, le dossier est passé entre les mains les plus expertes du pays pour analyser les finances et la viabilité du projet. Tout a été approuvé. Une première fois, en 2010-2011, l'ARS l'a stoppé. Claude Evin a décidé de revoir le dossier. Alors même que nos conditions de travail se dégradaient, nous nous sommes battus pour démontrer la fiabilité de l'extension. Un médiateur a passé trois mois dans la maternité; ses conclusions ont confirmé la viabilité du projet de construction. Il a donc de nouveau été acté en septembre 2012 par Claude Evin lui-même. Quatre mois plus tard, lors de leur visite, Najat Vallaud-Belkacem, Marisol Touraine et Claude Evin ont réitéré le soutien du chef de l'État. Tout allait bien, nous étions confiants. Nous attendions tranquillement la pose de la première pierre. Mais depuis, on nous a annoncé que la construction était finalement définitivement arrêtée. Nous nous battons sans relâche. La proposition alternative qui nous est faite de rejoindre l'hôpital de Montreuil vise à réunir en un seul et même lieu, difficile d'accès, deux offres de maternité et d'orthogénie, au nom de la répartition des offres de soin dans le département. On nous dit que l'indépendance de notre établissement sera sauvegardée, c'est un leurre. À terme, c'est sa disparition qui est visée. En France, on fait totalement fausse route dans l'organisation de la périnatalité. Une société qui ne veille pas à l'épanouissement, à la structure de base qu'est le socle familial est une société qui va mal.

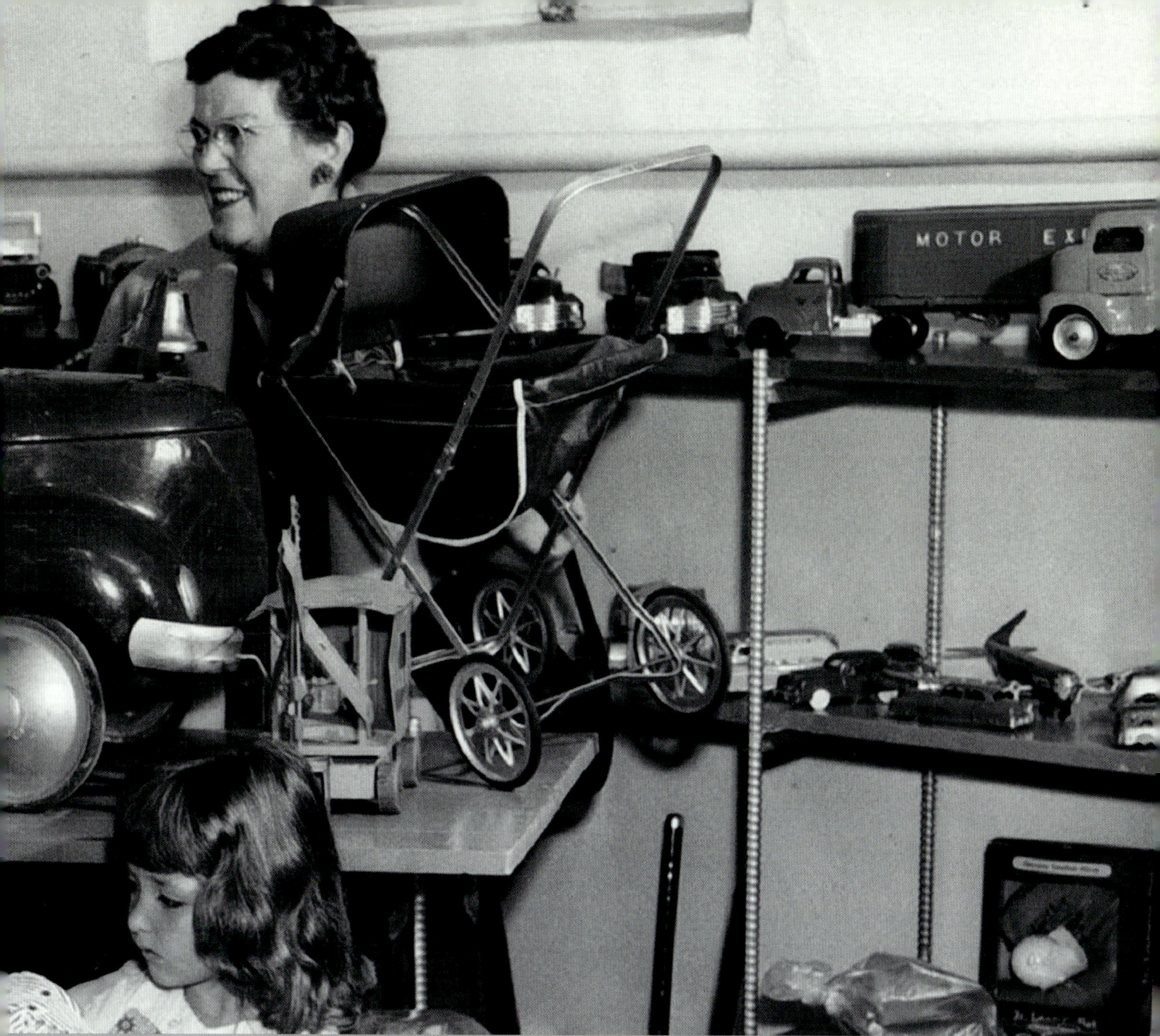

LES STÉRÉOTYPES
— C'EST PAS MOI, —
C'EST LES AUTRES !

« LES COMPÉTENCES, PAS PLUS QUE L'INTELLIGENCE OU L'IMAGINATION CRÉATIVE, N'ONT DE SEXE », EXPLIQUE FRANÇOISE HÉRITIER. POUR LUTTER CONTRE LES STÉRÉOTYPES, IL IMPORTE DE CONSTRUIRE DÈS LA PETITE ENFANCE UNE CULTURE DE L'ÉGALITÉ. ET DE COMBATTRE CHAQUE JOUR DANS LES REPRÉSENTATIONS DE LA FEMME LES IDÉES REÇUES QUI ENTRETIENNENT LES INÉGALITÉS DANS L'INCONSCIENT COLLECTIF.

Instaurer une vraie culture de l'égalité femmes-hommes, faire bouger les stéréotypes sexistes, c'est faire évoluer nos ressorts intellectuels les plus profonds et assumer notre héritage socio-culturel et religieux.

Il ne s'agit pas de promouvoir l'indifférenciation entre les hommes et les femmes, mais d'interroger, d'apprendre à valoriser leurs différences, afin qu'elles ne soient plus un frein au développement personnel de chacune et chacun. Comme le dit Françoise Héritier : «Les compétences, pas plus que l'intelligence ou l'imagination créative, n'ont de sexe. Mais il faut pouvoir les acquérir et les développer.» L'accès à tous les métiers ouvert à toutes et à tous demande une évolution des images dominantes du «masculin» et du «féminin». Or, toute notre vie sociale repose sur des stéréotypes.

LES FRANÇAIS ET LES STÉRÉOTYPES : C'EST PAS MOI, C'EST LES AUTRES !

Chacun d'entre nous est à la fois victime et auteur des stéréotypes. 84 % des Français sont conscients de véhiculer des stéréotypes et 98 % pensent que les autres le font beaucoup plus encore.

Il existe plusieurs types de réactions lorsque l'on confronte les Français aux stéréotypes.

La première est modérée et politiquement correcte : la légitimité. 90 % d'entre eux pensent que les femmes sont aussi légitimes que les hommes aux plus hautes fonctions. Les femmes peuvent, comme les hommes, exercer un métier à haute responsabilité tout en ayant des enfants. Huit Français sur dix s'expriment en faveur de la parité dans les instances de direction des entreprises privées, de la fonction publique, des syndicats et des associations.

DES CLICHÉS ANCRÉS

Mais d'autres réactions émergent, plus prononcées, en ce qui concerne les «vérités générales». Ces réactions nous permettent de mesurer l'installation séculaire des préjugés, des clichés sexistes, au sein de la population.

Ainsi, un tiers des Français pensent que le cerveau d'un garçon et celui d'une fille sont différents ou que les garçons sont naturellement meilleurs en maths et en sciences que les filles. Certaines idées reçues sont particulièrement ancrées, surtout lorsqu'elles concer-nent le sexe opposé : 58 % des hommes pensent que les femmes n'ont pas le sens de l'orientation ; 54 % des femmes pensent qu'un homme ne peut pas être multitâches.

LA PLACE DES HOMMES

Les réactions se font plus vives dès lors que l'on aborde les stéréotypes qui «dévirilisent» l'homme. La nouvelle perception des femmes a des conséquences sur la place des hommes : un quart des Français réagiraient négativement si leur fille se mariait avec un homme qui exerce un métier moins rémunérateur qu'elle, la moitié si leur fils choisissait d'être homme au foyer.

S'il semble naturel qu'une femme exerce un métier autrefois réservé aux hommes (85 % des Français feraient autant confiance à une femme chirurgien qu'à un homme chirurgien), le contraire l'est beaucoup moins. Il est encore relativement mal perçu qu'un homme veuille se diriger vers un métier dit «féminin». Ainsi, 44 % des Français feraient plus confiance à une femme assistante maternelle qu'à un homme.

TOUTE NOTRE VIE SOCIALE REPOSE SUR DES STÉRÉOTYPES.

COMMENT LUTTER ?

Selon les Français, c'est en premier lieu dans le milieu professionnel qu'il faut intervenir, puis dans les médias, en politique et dans les milieux éducatifs. Ils considèrent également que la lutte contre les stéréotypes doit se faire dès le plus jeune âge : 92 % considèrent que c'est une bonne idée de former le corps enseignant à l'égalité femmes-hommes et 89 % qu'il serait bon de réformer les contenus pédagogiques qui véhiculent des représentations stéréotypées.

DES FRANÇAIS "IGNORANTS" DE LA RÉALITÉ

Pour confirmer les progrès déjà réalisés au cours des décennies passées, on mesure à quel point l'information des Français est primordiale, car ceux-ci sont relativement ignorants de la réalité des inégalités entre les femmes et les hommes dans leur pays.

Ils ne connaissent pas l'ampleur des inégalités qui existent encore dans le milieu professionnel. Ainsi, 56 % ignorent que les promotions concernent davantage les hommes que les femmes, 57 % que les temps partiels subis sont majoritairement occupés par des femmes alors que, dans une très forte proportion, celles-ci préféreraient travailler davantage. 54 % ne savent pas que moins d'un député sur cinq est une femme, 51 % que la part des femmes dans les sociétés du CAC 40 est très minoritaire (5 %). De la même façon, plus d'un tiers des Français ne connaissent pas l'écart salarial qui existe entre les femmes et les hommes.

Les citoyens n'ont pas conscience que la France est plutôt en queue de classement des pays européens concernant l'égalité femmes-hommes : 58 % imaginent même le contraire et plus de la moitié d'entre eux pensent que la France est restée stable dans ce classement alors qu'elle a régressé.

La bonne nouvelle, c'est que tous sont convaincus que la question de l'égalité est importante et doit être une priorité et une préoccupation pour tous.

• • •

LE TERRAIN DE L'ÉDUCATION

Les Français attendent de leur fille qu'elle adopte une attitude « conventionnellement » féminine : un tiers n'apprécieraient pas qu'elle demande à être inscrite dans un club de football et huit sur dix auraient d'instinct une réaction négative si leur fils leur réclamait une poupée. Ces stéréotypes sont d'autant plus installés que, pour plus des trois quarts des Français, il existe des caractéristiques typiquement féminines et d'autres typiquement masculines : par exemple, les filles seraient naturellement plus douces, plus tendres, plus coquettes, plus disciplinées, et les garçons plus belliqueux, plus ambitieux, plus turbulents, plus brutaux, plus maladroits…

Pour 55 % de nos concitoyens, hommes comme femmes, ces différences sont tout d'abord liées à des raisons biologiques, et seulement ensuite à des raisons d'éducation.

ON N'A JAMAIS RIEN INVENTÉ DE PLUS EFFICACE QUE LES STÉRÉOTYPES SEXISTES POUR EMPÊCHER LA SOCIÉTÉ D'AVANCER.

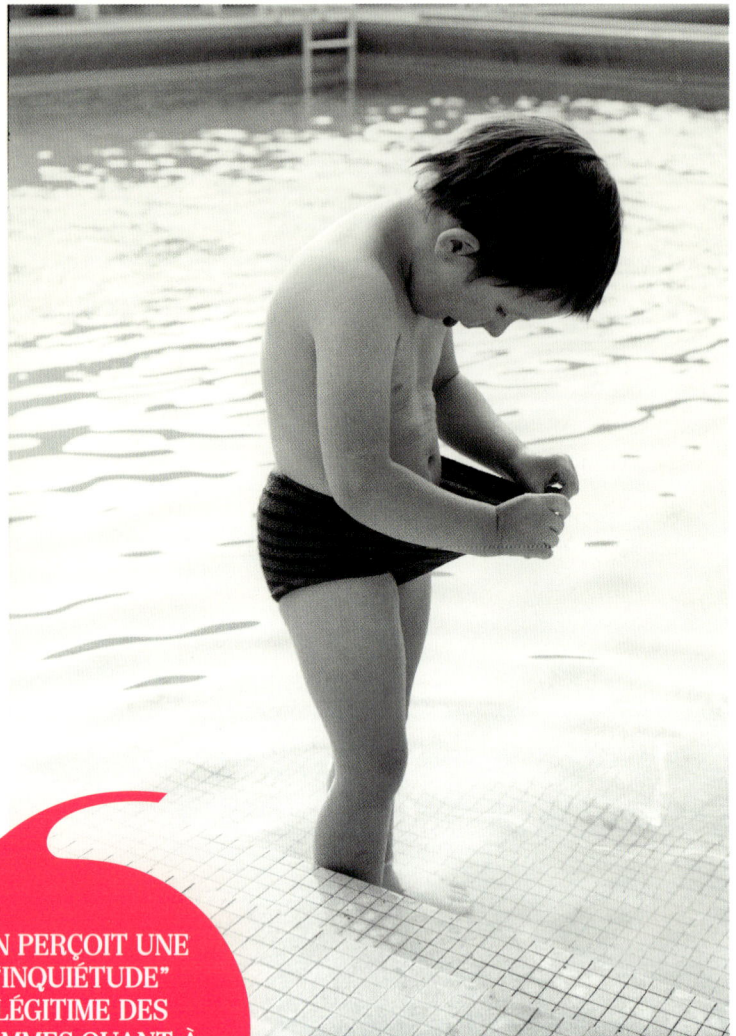

LES STÉRÉOTYPES NOURRISSENT NOTAMMENT UN AMALGAME ENTRE LA NOTION DE DIFFÉRENCE ET CELLE D'INÉGALITÉ.

Ces chiffres montrent que les perceptions des Français évoluent vers des représentations plus égalitaires des femmes et des hommes, même si on perçoit une certaine « inquiétude » quant à une éventuelle « dévirilisation » des hommes qui pourrait être le corollaire de l'émancipation des femmes. Inquiétude qui, au regard de notre histoire, doit être respectée et accompagnée afin d'avancer, hommes et femmes, sur le chemin de l'égalité.

Les stéréotypes structurent la vie sociale. Si les stéréotypes de la femme émotive et de l'homme rationnel sont critiquables, il ne suffit pas de soutenir (même si c'est juste !) le droit des petits garçons à être émotifs et des petites filles à être rationnelles, il faut se demander comment un petit garçon peut s'affirmer en tant que petit garçon et une petite fille en tant que petite fille. Sans un nouvel imaginaire commun et partagé, il est plus que probable que les stéréotypes traditionnels perdurent.

ON PERÇOIT UNE "INQUIÉTUDE" LÉGITIME DES HOMMES QUANT À UNE ÉVENTUELLE "DÉVIRILISATION".

PROVOQUER UNE PRISE DE CONSCIENCE

Aujourd'hui, les stéréotypes de sexe sont plus présents que jamais, au cœur même de notre société. Ils conditionnent nombre de comportements, souvent à l'insu de ceux qui les adoptent et les répandent. Ils sont des vecteurs puissants de maintien et d'aggravation des inégalités femmes-hommes, car ils nourrissent notamment un amalgame entre la notion de différence et celle d'inégalité. La différence entre les sexes n'implique pourtant aucune inégalité.

En d'autres termes, de nombreuses fausses évidences (les hommes et les femmes seraient complémentaires, chacun sa nature, ses compétences, ses domaines de légitimité) contribuent à figer les inégalités, le plus souvent au détriment des femmes, mais aussi parfois au détriment des hommes.

Ces stéréotypes sévissent dans tous les domaines : la vie sociale, la vie familiale, la sphère professionnelle, les médias, le monde de l'éducation. Il est impérativement nécessaire de comprendre que les stéréotypes nourrissent l'inégalité. Il est important de provoquer une prise de conscience qui incite chacune et chacun à par-tager toujours davantage une culture de l'égalité entre les femmes et les hommes, qui est la véritable réponse sociétale à ce défi de grande envergure; d'autant plus complexe qu'il se pose souvent à l'insu des personnes.

Les stéréotypes de sexe constituent un challenge pour la société tout entière, de même qu'ils entravent les individus, hommes et femmes, dans leur développement personnel. En réalité, derrière chaque stéréotype se cachent contraintes et menaces : à la fois pour la société, car ses conséquences sont de priver la collectivité des talents d'un(e) individu(e) motivé(e), et pour l'individu, car il constitue une entrave à son développement personnel. Pour faire évoluer les choses, il ne faut pas se contenter de dénoncer naïvement. Il faut impliquer affectivement tous les acteurs dans le décryptage de ces stéréotypes de sexe et de leurs conséquences. Notamment en ce qui concerne la mise en évidence de leur rôle dans le maintien ou l'accroissement des inégalités femmes-hommes. Il s'agit de mettre en lumière ces stéréotypes afin de permettre aux Françaises et aux Français d'en avoir conscience pour mieux contrer leurs effets dans le long terme.

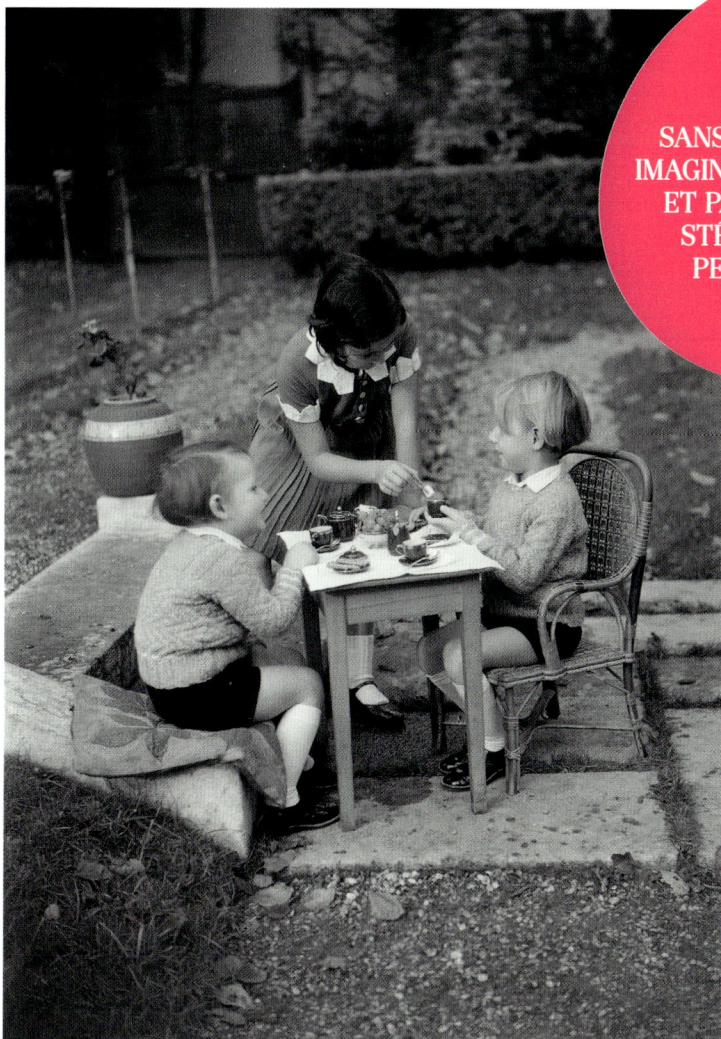

SANS UN NOUVEL IMAGINAIRE COMMUN ET PARTAGÉ, LES STÉRÉOTYPES PERDURENT.

disponible et moins sujette au présentéisme. Une jeune fille brillante veut faire des études supérieures scientifiques, on cherche à l'en dissuader parce que «les maths, c'est pour les garçons». C'est contre ces conséquences des stéréotypes qu'il faut lutter dès maintenant. Les stéréotypes sexistes coûtent à la société et aux individus : ils privent la première de talents, ils privent les seconds de leur libre arbitre et contredisent leur épanouissement personnel.

Dire qu'il y a des tâches prédéterminées par le sexe, c'est par exemple se priver des compétences des femmes dans les métiers dits d'hommes. Réciproquement, c'est se priver du regard et de l'apport des hommes dans des domaines de la vie sociale où ceux-ci seraient profitables à tous. Dans tous les cas, c'est perpétuer des inégalités préjudiciables.

Nous avons en outre la conviction qu'il faut associer hommes et femmes dans la dénonciation des stéréotypes. Les stéréotypes frappent les deux sexes et nuisent à la société dans son ensemble.

AGIR EFFICACEMENT

Plusieurs actions sont importantes pour combattre les stéréotypes et leurs conséquences. Il faut dénoncer le coût et le gâchis que représentent pour la société la persistance et l'entretien de stéréotypes sexistes ; établir que derrière chaque stéréotype se cache en réalité une contrainte implicite pour l'individu, contrarié dans ses aspirations ; montrer que les stéréotypes n'ont rien de naturel en dépit des idées reçues communément admises, mais qu'ils sont au contraire socialement construits ; démontrer que c'est une culture de l'égalité femmes-hommes toujours plus grande qui constitue le bon niveau de réponse sociétale au défi posé par les stéréotypes sexistes.

RESTER BIENVEILLANTS

Nous avons la conviction que la compréhension et l'intelligence bienveillantes de l'origine des stéréotypes sexistes, la compréhension de leur prégnance dans l'inconscient collectif restent la seule façon de démontrer pourquoi ces derniers peuvent entraver la longue marche vers l'égalité femmes-hommes.

Nous avons tous en tête des exemples de situations où les stéréotypes déterminent des choix de vie ou une orientation professionnelle. Une femme compétente n'est pas nommée au comité exécutif d'une grande entreprise au prétexte que les femmes sont «naturellement douces» et inadaptées aux environnements de pouvoir réputés concurrentiels et psychologiquement durs. Un père motivé et enthousiaste veut prendre le nouveau congé parental programmé par le gouvernement pour s'occuper de son enfant, mais ses collègues se moquent de lui et lui demandent pourquoi ce n'est pas sa femme qui s'en charge. Une femme motivée s'interdit de postuler à un emploi qui la ferait pourtant évoluer en responsabilité et en salaire, car elle anticipe le fait que, étant une femme, elle est perçue comme moins

LES STÉRÉOTYPES SEXISTES COÛTENT À LA SOCIÉTÉ ET AUX INDIVIDUS : ILS PRIVENT LA PREMIÈRE DE TALENTS, LES SECONDS DE LEUR LIBRE ARBITRE .

LA THÉORIE
DU GENRE

L'ANNÉE 2014 A COMMENCÉ SOUS LES FEUX D'UNE POLÉMIQUE QUE LES ASSOCIATIONS FÉMINISTES ET LES PERSONNES ENGAGÉES POUR L'ÉGALITÉ PENSAIENT DÉPASSÉE. DE FAUSSES RUMEURS EN ACCUSATIONS OUTRANCIÈRES, LA THÉORIE DU GENRE S'EST INSTALLÉE SUR LE DEVANT DE LA SCÈNE GRÂCE AU SOUTIEN DES PLUS RADICAUX. MICHÈLE COTTA A IMMÉDIATEMENT RÉAGI.

"CONCERNANT LA PRÉSENCE DES FEMMES AU PARLEMENT, LA FRANCE N'OCCUPE QUE LE 34E RANG DANS LES STATISTIQUES MONDIALES, ENTRE LA TUNISIE ET L'AFGHANISTAN,"

MICHÈLE COTTA
COUP DE GUEULE*

CE N'EST PAS L'ÉGALITÉ QUI MENACE LA COEXISTENCE DES SEXES, MAIS PLUTÔT L'EXCESSIVE INÉGALITÉ QUI DEMEURE ENTRE EUX.

Je ne sais pas bien ce qu'est la théorie du genre, et l'avouerai-je, je m'en fiche. La femme a-t-elle le même cerveau que l'homme, son hémisphère gauche – à moins que ce ne soit le droit, vous savez, celui qui enregistre les sentiments, les pleurs, bref, tout ce qui explique le supposé comportement des femmes – est-il plus développé que chez l'homme ? De tout cela, je me moque comme de ma première chemisette.

Je sais que les femmes font des enfants et que les hommes se bornent à les concevoir, qu'en moyenne les hommes sont plus grands et souvent plus forts, mais que les femmes meurent plus tard. Que 45 % de la population active est composée de femmes, que leur taux de chômage est plus élevé, et qu'après 34 ans – après les maternités et l'éducation des enfants en bas âge –, leur absentéisme au travail est analogue à celui des hommes.

Mais ce que je sais mieux encore, c'est qu'à l'heure actuelle, la différence des salaires tourne autour de 15 % dans la fonction publique, que chez les cadres elle avoisine 20 %, malgré les efforts déployés par les différents législateurs pour mettre fin à cette évidente discrimination. Que, dans la promotion 2013 de l'ENA, le major est une femme, qu'elles sont quatre dans les six premiers rangs et, en tout, 33 sur 84. Ce qui n'empêche pas le tout petit nombre de préfètes ou d'ambassadrices : le retard de la fonction publique en la matière reste sans égal. Féminisée à 51,7 %, celle-ci ne compte que 20,3 % de femmes aux postes de direction. S'agissant des emplois relevant de la décision du gouvernement, leur sous-représentation est encore plus forte : 19 préfètes sur 192 et 17 ambassadrices sur 152 fin 2008. Encore faut-il remarquer que les premières ont attendu 1981 pour être nommées à ce poste. Quant aux ambassadrices, on est encore loin de la parité, même si Laurent Fabius en a nommé cinq ou six de plus.

Quant à la promo 2013 de l'École polytechnique, école créée en 1794 et interdite aux femmes jusqu'en 1970 (parce que considérée comme militaire, donc incompatible avec le lobe droit ou gauche), il a fallu attendre 1972 pour voir les premières admises, preuve que les mathématiques, les sciences physiques et les sports ne sont pas inaccessibles au sexe dit « beau ». Aujourd'hui, la proportion des femmes a atteint péniblement son plus haut niveau, 18,5 % en 2011, au point que le président de la Cour des comptes s'en est ému il y a quelques mois pour souligner son recrutement « excessivement masculin ». Issues de l'X, Anne Lauvergeon ou Nathalie Kosciusko-Morizet ne déparent pourtant pas, en politique ou dans les affaires, univers dans lesquels elles restent largement minoritaires.

Notons enfin que l'actuelle Assemblée nationale, malgré tous les efforts de parité et autres quotas, ne compte que 155 députées sur 577 : le chiffre a beau être le plus élevé dans l'histoire de la République […], la France n'occupe que le 34e rang dans les statistiques mondiales de l'Union interparlementaire, entre la Tunisie et l'Afghanistan, ce qui limite, convenons-en, ses performances en la matière.

Ajoutons, pour faire bon poids, qu'une femme meurt tous les trois jours sous les coups de son conjoint. Tout cela pour dire que ce n'est pas l'égalité qui, aujourd'hui, menace la coexistence des sexes, mais plutôt l'excessive inégalité qui demeure entre eux. Tous les gouvernements mènent en France, depuis la fin de la Seconde Guerre mondiale au moins, une politique de lutte contre les inégalités hommes-femmes. L'Europe elle-même en a fait un principe fondamental. Il ne s'agit pas aujourd'hui de gommer toute différence entre les sexes, mais simplement de ne pas tirer d'une évidente différence biologique une éternelle hiérarchie du masculin sur le féminin.

Voilà pourquoi les controverses sur le genre, les manifestations qui mettent dans la rue des opposants farouches au mariage gay sous le prétexte qu'il favoriserait la confusion des genres n'ont guère de sens autre que politique ou polémique. Il y a soixante-cinq ans paraissait *Le Deuxième Sexe* de Simone de Beauvoir. On y lisait déjà qu'aucun déterminisme ne condamnait la femme à être inférieure à l'homme. Plus d'un demi-siècle de luttes féminines anéanti, ou menacé, par la supposée théorie du genre ! Piteuse régression.

*Publié sur Lepoint.fr, le 7 février 2014.
© Avec l'aimable autorisation du *Point*.

À QUAND

LA VRAIE ÉGALITÉ?

DE 1914 À 2014, QUE S'EST-IL VRAIMENT PASSÉ? QUELS DROITS LES FEMMES ONT-ELLES ACQUIS? OÙ EN SOMMES-NOUS? POUR OLGA TROSTIANSKY, CELA NE FAIT AUCUN DOUTE: SI NOUS NE VOULONS PAS ATTENDRE ENCORE QUARANTE ANS POUR PARVENIR À UNE VRAIE ÉGALITÉ, IL FAUT EN PASSER PAR UNE RÉVISION DE LA CONSTITUTION.

MANIFESTE

PAR OLGA TROSTIANSKY,
PRÉSIDENTE DU LABORATOIRE DE L'ÉGALITÉ

POUR UNE RÉFORME DE LA CONSTITUTION

Comment faire avancer de manière décisive l'égalité entre les femmes et les hommes ? Pour toutes celles et tous ceux qui consacrent leur énergie à ce projet de société, qui ont vécu des avancées décisives, mais aussi des reculs, la question reste toujours d'actualité.

Certes, depuis les combats décisifs des féministes des années 1970, la société a profondément évolué, les mentalités aussi, ce bel ouvrage en retrace quelques étapes.

Chaque jour, il devient un peu plus difficile de tenir fièrement des propos sexistes ; les nouvelles générations tiennent davantage l'égalité entre les femmes et les hommes pour une chose qui va de soi. Pour les militants de l'égalité, c'est plus que cela : c'est une valeur, l'un des piliers de notre démocratie, sans lequel notre société ne peut avancer sur la voie du progrès.

La France a ceci de particulier que l'égalité entre les femmes et les hommes y reste un objet de militance : quand les sociétés nordiques, fondées sur la social-démocratie, ont intégré l'égalité à leur projet de société, en France, sans relâche, il faut se battre pour la défendre, la promouvoir, la construire.

En matière d'égalité, les acquis doivent sans arrêt être réaffirmés, défendus, légitimés, car les forces conservatrices la considèrent toujours comme une atteinte à leur propre modèle, qui assigne à chaque sexe une fonction dans la société, dans l'entreprise, dans la famille.

Notre société reste profondément inégalitaire, de manière structurelle. Les racines des inégalités sont très profondes, solidement ancrées dans les mentalités, régissant pour partie le fonctionnement même de nos services publics, des entreprises, de la société civile : dès la petite enfance, à l'école, si la vigilance n'est pas de mise, les représentations stéréotypées se construisent ; elles déterminent les choix d'orientation, assignent « naturellement » les femmes à des rôles et les hommes à d'autres. Dans le monde du travail, les conséquences de la mauvaise prise en compte de la parentalité différencient les carrières, les niveaux de rémunération et plus tard de retraite ; elles compliquent la conciliation des différents temps de vie. Les lieux de pouvoir, la politique en est le meilleur exemple, les instances de direction, dans l'administration, en entreprise, dans les associations, portent les stigmates des inégalités.

Heureusement, le monde politique, sous la pression des associations, mais désormais aussi d'une majeure partie de la société, intègre peu à peu la nécessité de construire l'égalité, qui n'est pas un luxe, particulièrement en temps de crise, mais une nécessité. Au Parlement, dans les gouvernements qui se sont succédé, des femmes, mais aussi des hommes, ont eu le courage de s'engager sans se résigner à ce que l'égalité

"NOTRE LOI FONDAMENTALE DOIT GARANTIR L'ÉGALITÉ."

s'instaure naturellement, comme certains ont encore l'audace de le (faire) croire.

La voix de l'égalité est même devenue majoritaire au printemps 2012. Un gouvernement paritaire, un ministère des Droits des femmes de plein exercice, la réforme du scrutin de liste pour les élections sénatoriales et la création du scrutin binominal pour l'élection des conseils départementaux, les premières sanctions aux entreprises qui ne mettent pas en place une politique d'égalité salariale, une nouvelle pédagogie à l'école et surtout une ambitieuse loi pour l'égalité, certes imparfaite, mais dont l'ambition est inédite : force est de constater que la marche vers l'égalité accomplit de grands pas.

Les marges de progrès restent néanmoins immenses : comment tolérer que la France compte encore un Parlement si peu paritaire, avec 26,9 % de députées et 22,1 % de sénatrices, émargeant ainsi au 69e rang mondial ? Le niveau de représentation locale des femmes est encore plus faible, un maire sur neuf étant une maire. La France n'est pas à la pointe de l'Europe en matière de parité, c'est peu de le dire. L'exigence de parité doit s'étendre à l'ensemble de la société : monde politique, administrations, entreprises, mais aussi organisations syndicales, associations doivent interroger sans cesse leurs modalités de promotion et d'élection à l'aune de l'objectif de juste représentation des femmes et des hommes.

Comment accepter que les femmes gagnent encore 28 % de moins que les hommes, tous temps de travail confondus ? C'est un sujet prioritaire. Le principe républicain qu'est l'égalité doit trouver son affirmation ultime dans notre loi fondamentale : elle ne doit donc pas simplement favoriser l'égalité entre les femmes et les hommes, elle doit la garantir. **À quand la réforme de la Constitution ?**

POURQUOI UNE RÉFORME DE LA CONSTITUTION ?

À l'issue de ce livre, de notre plongée dans l'histoire, de nos débats, de nos rencontres avec les femmes représentantes de la société civile, les chef-fes d'entreprise, les responsables de l'éducation et des associations, les personnalités politiques, les experts, une chose s'impose à nous. Rendre hommage.

Olga Trostiansky a été de celles qui, en 2012, ont demandé aux candidats à l'élection présidentielle de s'engager autour d'un pacte de l'égalité en faveur de la promotion des femmes à tous les niveaux de la société, que ce soit politique, économique, social ou culturel. Par la suite, c'est elle qui a coorganisé les états généraux de l'égalité avec Frédérique Agnès. Elle est la première à avoir lancé l'année dernière l'idée qu'il faudrait demain en passer par un changement de Constitution pour enfin parvenir à une égalité effective. Car aujourd'hui, la loi favorise l'accès aux postes à responsabilité, mais elle ne le garantit pas. Désormais, des personnalités de premier plan partagent sa conviction. Najat Vallaud-Belkacem, ministre des Droits des femmes, Catherine Coutelle, présidente de la Délégation de l'Assemblée nationale aux droits des femmes, Danielle Bousquet, présidente du Haut Conseil à l'égalité, soutiennent également cette proposition, tout comme, à droite, Roselyne Bachelot et Marie-Jo Zimmermann.

Pourquoi est-ce important ? Parce que ce livre en témoigne : malgré un siècle de combats et d'avancées, la place faite aux femmes n'est toujours pas proportionnée à ce qu'elles représentent. La preuve ? La voici en données comparées entre 1914, 1974 et 2014, à la manière de la photographie qu'avait réalisée Françoise Giroud avec son texte *Cent mesures en faveur des femmes*.

LA PLACE DES FEMMES DANS LA POPULATION

En 1914, les Françaises représentent un tout petit peu plus de la moitié (50,9 %) de la population française (39,43 millions d'habitants).

En 1974, elles sont 26 millions de Françaises pour 52,32 millions d'habitants. À 51 %, elles sont légèrement plus nombreuses. Plus d'une femme sur deux est mariée, une sur quatre célibataire, plus d'une sur dix veuve et trois sur dix divorcées.

Au 1er janvier 2014, **les femmes sont nettement majoritaires à 51,5 %,** avec 34 millions d'âmes. Parmi elles, moins d'une sur deux est mariée, une sur trois célibataire, plus d'une sur dix veuve et moins d'une sur dix divorcée.

AU TRAVAIL

En 1914, si l'on exclut le monde agricole, les femmes représentent 37 % de la population active. Or, à cette époque, la France est encore essentiellement rurale ; elles sont donc des millions d'invisibles à travailler dans les fermes, mais à être ignorées des statistiques. En 1911, un ouvrier et un fonctionnaire sur trois sont des femmes, de même qu'un membre sur quatre des professions indépendantes, dont les commerçants. Grâce aux progrès de l'éducation (à la loi Camille Sée notamment), on compte quelques centaines de femmes médecins. Elles accèdent au barreau en 1900 et, en 1912, pour la première fois, une avocate plaide en cour d'assises. Elles sont nombreuses à travailler dans l'industrie du textile et le luxe. Mais plus encore à être bonnes à tout faire, ou comme on le dit alors, à être la « boniche », la « domestique », la « bécassine ».

De 1968 à 1974, le nombre de femmes actives augmente de 1 400 000 unités, contre 150 000 unités pour les hommes. Les Trente Glorieuses doivent beaucoup à l'entrée massive des femmes sur le marché du travail.

EN 2014, L'ÉGALITÉ, C'EST : 28 % D'ÉCART DE SALAIRE ; 42 % DE RETRAITE EN MOINS ; UNE FEMME QUI MEURT TOUS LES TROIS JOURS SOUS LES COUPS DE SON CONJOINT.

En 2010, plus de huit femmes sur dix sont actives de 25 à 53 ans. **Les femmes représentent 47,7 % de la population active.** 50,6 % des emplois occupés par les femmes sont concentrés dans 12 des 87 familles professionnelles. Dans les couples, 80,8 % des femmes avec un enfant de moins de 3 ans travaillent ; elles sont 66,2 % avec deux enfants et 40,5 % avec trois enfants. 80 % des femmes au foyer ont déjà travaillé. Pour la plupart, elles interrompent leur carrière à l'arrivée de leur premier enfant. Les femmes au foyer sont plus diplômées que dans le passé.

LA SCOLARITÉ DES FILLES

La loi Ferry de 1882 a rendu l'école obligatoire pour les filles comme pour les garçons. En 1880, la loi Camille Sée leur a donné accès au lycée, même si le latin, le grec, la philosophie – les matières « nobles » de l'époque – restent réservés aux jeunes hommes. Les filles obtiennent le droit de passer le même baccalauréat que les garçons en 1924. Dès lors, les femmes menant des études supérieures ne sont pas rares. Elles sont relativement nombreuses à faire des études de droit. Elles le sont beaucoup moins dans le domaine des sciences.

En 1974, les filles sont plus nombreuses que les garçons à passer leur baccalauréat et le réussissent mieux. Alors que Sciences-Po a accueilli ses six premières étudiantes en 1919, il faut attendre les années 1970 pour que les grandes écoles s'ouvrent réellement aux femmes. En 1972, Polytechnique devient mixte. En 1973, c'est au tour de HEC de délivrer le même enseignement aux hommes et aux femmes.

Aujourd'hui, partout, **les filles réussissent mieux leur scolarité**, mais elles sont sous-représentées dans les filières scientifiques. À l'université, les étudiantes sont plus nombreuses en cursus de master (59,6 %) et de licence (56,5 %).

LES ÉCARTS DE SALAIRE

Vers 1900, les femmes sont deux fois moins payées que les hommes, en partie parce qu'elles occupent les emplois non qualifiés, en partie parce que le salaire des femmes est considéré comme un appoint. Pour les employeurs, engager des femmes, c'est économiser de l'argent. À cette période, certains à gauche pestent contre cette concurrence faite aux ouvriers et certains réclament un salaire familial.

Au milieu des années 1970, 64 % des femmes gagnent moins de 2 000 francs, contre 35 % des hommes. La loi du 22 décembre 1972 relative à l'égalité de rémunération entre les hommes et les femmes introduit le principe « à travail égal, salaire égal ».

Actuellement, à temps plein, les hommes gagnent 16 % de plus que les femmes, et plus de 31 % tous temps de travail confondus. **Le salaire des femmes reste inférieur de 28 %** à celui des hommes à fonction égale dans le secteur privé. En 2011, 30,1 % des femmes salariées travaillent à temps partiel, contre seulement 6,9 % des hommes. Les femmes représentent 75 % des salariés à bas salaires. Et par voie de conséquence, **à la retraite, les femmes reçoivent en moyenne une pension inférieure de 42 %** à celle des hommes. La précarité a un visage féminin : 53 % des pauvres en France sont des femmes.

L'ACCÈS AUX RESPONSABILITÉS

Quand, en 1910, Coco Chanel ouvre son salon de modiste au 21, rue Cambon, elle est l'exception qui confirme la règle. Les entreprises, en particulier dans le textile ou la mode, cantonnent les femmes aux métiers subalternes, à la cohorte des « cousettes » et des lavandières. Il faut attendre 1967 pour que le palais Brongniart accepte d'accueillir des femmes.

« Globalement, en 1974, elles sont 73 % à ne pas souhaiter avoir plus de responsabilités dans leur travail. Cette attitude est fonction directe de l'âge et des responsabilités familiales et domestiques. De 18 à 24 ans, 52 % demandent plus de responsabilités dans leur travail », note Françoise Giroud.

Bien qu'aujourd'hui près de 35 % des femmes obtiennent un diplôme supérieur au baccalauréat et souhaitent occuper un poste à responsabilité, et que le nombre des femmes cadres ait progressé de 140 % en vingt ans contre 40 % pour les hommes, elles représentent seulement 17,6 % des dirigeants salariés d'entreprise. Le taux de féminisation des conseils d'administration des sociétés du CAC 40 croît de façon positive : il est passé de 10,7 % en 2009 à 28,2 % en 2013. Cependant, on ne dénombre **aucune femme PDG d'une entreprise du CAC 40** et un tiers des 50 premières entreprises de la cotation n'ont pas de femme dans leur comité exécutif.

LA POLITIQUE

En 1914, les femmes n'ont pas le droit de vote. Elles ne l'obtiendront que trente ans plus tard.

En 1974, 90 % des hommes peuvent se situer sur l'éventail politique, 41 % des femmes s'en déclarent incapables (soit 6 millions d'électrices). On compte alors six femmes au Sénat et huit femmes, sur un total de 490 députés, au palais Bourbon. 1,8 % des maires de France sont des femmes.

L'autonomie du vote des femmes est allée grandissante, parallèlement à la progression de leur taux de professionnalisation et de leur niveau d'études. En mars 2014, à la veille des élections municipales et européennes, **73 % des députés, 78 % des sénateurs, 86,2 % des maires et 86,1 % des conseillers généraux restent des hommes en France.** La « tendance à la parité » est plus avancée parmi les conseillers régionaux, où l'on compte 35 % de femmes, et les députés au Parlement européen, puisque 44 % d'entre eux sont des femmes. Avec les nouvelles dispositions législatives en faveur de la parité, lors des élections municipales de 2014, environ 10 000 femmes supplémentaires vont faire leur entrée dans les instances communales. La situation est d'autant plus paradoxale que les femmes pèsent désormais pour 52,6 % des votes en France.

LE RESPECT DE LA PERSONNE

L'infériorité de la femme est inscrite dans le Code civil élaboré entre 1800 et 1804 à la demande de Napoléon Bonaparte et toujours en vigueur en 1914, faisant d'elle une éternelle mineure. Le mari lui doit la protection, mais elle lui doit l'obéissance. Le mari est seul responsable de l'éducation et du patrimoine. L'épouse doit obtenir son accord pour tout acte juridique, pour passer un examen, pour travailler et disposer de son salaire (jusqu'en 1907), et pour ouvrir un compte bancaire. Son mari peut contrôler sa correspondance.

Depuis 1967, les femmes gèrent leur compte en banque comme bon leur semble. La loi du 11 juillet 1975 instaure le divorce par consentement mutuel. Le premier refuge pour femmes battues ouvre à Clichy ; il porte le nom de Flora Tristan, l'une des initiatrices du féminisme en France au XIXe siècle.

De nos jours, en France, **une femme sur dix est victime de violences conjugales** et trois femmes décèdent chaque semaine sous les coups de leur conjoint. À l'échelle européenne, une femme meurt chaque jour de la violence.

LE MARIAGE ET LE DIVORCE

Au début du siècle, le mariage est la seule voie juridique pour vivre en couple. En 1911, on enregistre 15 000 divorces contre 1 000 en 1903. Au lendemain de la Grande Guerre, leur nombre explose, on passe à 18 668 en 1919 et on atteint 33 320 en 1920.

En 1974, Françoise Giroud explique que « 52 % [des femmes] jugent que le mariage n'est pas indispensable à l'épanouissement d'une femme, qu'il ne consolide pas une union. Conçu autrefois comme une prise de liberté, un affranchissement de la tutelle des parents, il n'apparaît plus ainsi, sans doute parce que les jeunes filles ont bénéficié le plus largement de l'évolution de la société. Elles jouissent d'une liberté encore protégée, le cas échéant par les parents, mais que ne limite plus aucune entrave, alors que le mariage en est une. »

Le nombre de mariages en France a chuté de 24 % ces treize dernières années. En 1992, 90 % des Français en couple étaient mariés. En 2010, ils ne sont plus que 44 %. Chaque jour, 364 divorces sont prononcés ; les trois quarts le sont à la demande de la femme. Le nombre de familles monoparentales a doublé depuis le début des années 1980, pour atteindre 1,6 million en 2008. Aujourd'hui, **une famille sur cinq est monoparentale. 85 % d'entre elles sont dirigées par une femme.** Fait déterminant : 30 % des familles monoparentales sont confrontées à la pauvreté, contre 13 % pour l'ensemble de la population.

LA CONTRACEPTION

Dans les années 1910, il n'existe pas de véritable contraception. On évalue entre 100 000 à 400 000 le nombre d'avortements illégaux par an.

En 1974, « elles sont 300 000, comme le dit Simone Veil, à pratiquer des avortements clandestins. 57 % des femmes de 18 à 35 ans utilisent la pilule, le stérilet ou le diaphragme. Ou du moins le déclarent. » La loi du 4 décembre 1974 instaure la gratuité et l'anonymat de la contraception dans les centres de planification pour les mineures. La loi dite Veil du 17 janvier 1975 autorise l'IVG pour une période probatoire de cinq ans.

En 2014, 90,2 % des femmes sexuellement actives utilisent une méthode de contraception, selon le Baromètre santé. Le nombre d'avortements (222 500) est quasi stable depuis 2006. **Il n'existe pas de droit européen à l'avortement.**

LA FAMILLE

La loi Strauss (17 juin 1913) garantit le repos aux femmes en couches. Elle est complétée en 1917 : toutes les Françaises, salariées ou non, ont droit à un congé indemnisé. Il n'y avait avant cela pratiquement pas de protection sociale spécifique pour les femmes, à l'exception d'une loi de 1890 qui a accordé les congés de maternité « au nom de l'intérêt supérieur et évident de la race humaine », mais seules les femmes travaillant dans la fonction publique étaient véritablement concernées. Le taux de fécondité en France à la veille de la Première Guerre mondiale est de 2,5 enfants par femme.

« Globalement, 48 % de la population féminine juge que la famille idéale est composée de deux enfants, et 36 % de trois enfants. Mais ces chiffres exigent un sérieux correctif compte tenu de l'âge auquel on a des enfants. Parmi les 18-24 ans, il ne reste plus que 22 % des femmes pour souhaiter trois enfants (deux enfants : 66 %). Parmi les 25-34 ans : 27 % (deux enfants : 54 %). C'est au sommet de la pyramide sociale (professions libérales, cadres supérieurs, industriels, gros commerçants) et parmi les agriculteurs que se situe la représentation la plus large de la famille idéale. 75 % estiment qu'un père peut aussi bien que le ferait la mère s'occuper d'un bébé (81 % des moins de 35 ans) », constate Françoise Giroud.

En 2012, l'âge moyen des mères est de 30,1 ans (26,5 ans en 1977). Avec une moyenne de 1,99 enfant par femme en 2013, les Françaises demeurent malgré la crise **les championnes de la fécondité en Europe**. 56 % des femmes en couple considèrent que l'enfantement est le premier avantage d'être une femme. 4,3 % des femmes déclarent ne pas avoir d'enfant et ne pas en vouloir, selon l'Institut national d'études démographiques (Ined). Elles s'inscrivent dans la tendance des « No Kids ».

Si 81 % des femmes entre 25 et 50 ans sont actives, elles assument majoritairement les soins aux enfants et les charges domestiques. **Une femme consacre quotidiennement quatre heures et une minute aux tâches domestiques** (soins aux enfants et aux adultes, ménage, courses, jardinage, bricolage). Cela occupe seulement deux heures et treize minutes de la journée d'un homme. Ce cumul emploi/famille reste l'une des principales causes d'inégalité entre les femmes et les hommes dans la sphère professionnelle.

EN 2014, 73 % DES DÉPUTÉS, 78 % DES SÉNATEURS ET 86,1 % DES CONSEILLERS GÉNÉRAUX SONT DES HOMMES.

Sources : *Cent mesures pour les femmes présentées par Françoise Giroud*, © La Documentation française, Paris 1976 – Enquête Emploi 2010, Insee ; calculs Dares – « Chiffres clés de l'égalité entre les femmes et les hommes », ministère des Droits des femmes – « Femmes et hommes, regards sur la parité », Insee – Note d'analyse CSA, 2013 – Enquête Participation électorale 2012, Insee – Enquête Emploi 2012, Insee – *La Semaine juridique, administrations et collectivités territoriales*, n° 2 186, 24 juin 2013 – Ministère de l'Intérieur.

DRÔLES DE DAMES...

Ce livre est l'aboutissement de plusieurs années de recherches consacrées à l'égalité femmes-hommes et à l'enjeu de société qu'elle représente. J'ai tant appris au cours de ces années, au cours de la rédaction de cet ouvrage. Sur notre histoire, sur l'histoire des femmes et des hommes qui ont tracé ce chemin de l'égalité. De Condorcet à Tocqueville, en passant par Gouges, Deraismes, Auclert, Weiss, Bourdieu, Beauvoir, Héritier et tant d'autres, ce voyage dans notre littérature m'a enchantée et renforcée dans mon engagement.

La force, l'intelligence, le militantisme, la vision des femmes et des hommes des années 1970, engagés dans ce combat humaniste et progressiste, mais aussi d'une extrême violence, m'ont profondément émue par leur courage et leur volonté de construire un avenir meilleur. Comment ne pas succomber à l'humour pétillant, surréaliste et extraordinaire qui a accompagné ces années de lutte ? Comment ne pas être révoltée à la lecture du sort humiliant réservé aux femmes confrontées à la tragédie de l'avortement ? Comment ne pas admirer le courage de celles et ceux qui se sont battus, celles et ceux qui se battent aujourd'hui pour préserver les acquis et continuer à faire évoluer notre société ?

Je voudrais remercier les personnes qui m'ont guidée et accompagnée sur ce chemin plein de détours. Je pense d'abord à toutes les femmes et tous les hommes rencontrés au fils de ces mois. À tous ceux qui m'ont consacré leur temps. À tous ceux qui ont simplement pris la peine de me faire partager leur vision de l'égalité.

Je ne peux taire plus longtemps la gratitude particulière que j'ai vis-à-vis de quelques êtres chers. Olga Trostiansky, qui a transformé une aventure intellectuelle individuelle en aventure collective et m'a obligée à me tenir sans cesse à l'écoute des soubresauts de notre société. Isabelle Lefort, ma talentueuse co-auteure, journaliste brillante et engagée, qui met en lumière dans ses portraits sans concessions des femmes d'exception. Véronique Bartolone, qui m'a soutenue, aiguillée, aidée. Catherine Tripon, qui m'a challengée, accompagnée avec sa générosité, son dynamisme et son humour. Olivier Piquet, qui m'a apporté un regard avisé et amical. Pascale Gazel, qui m'a encouragée sans relâche tout au long de l'évolution de cet ouvrage.

Je souhaite particulièrement remercier Roselyne Bachelot, pour son engagement à nos côtés ; Claude Bartolone, pour sa vision de l'évolution de la législation et son engagement pour la parité ; Nicolas Sarkozy, pour son éclairage sur la place des femmes aux postes régaliens ; Yvette Roudy, qui récemment encore encourageait les femmes à unir leurs efforts ; Thierry Saussez, pour son engagement contre les violences faites aux femmes ; Danielle Bousquet pour sa mobilisation et son énergie ; Jean-François Copé, pour son apport sur le rôle des femmes pendant la Grande Guerre ; Jean-Paul Delevoye et Geneviève Bel, pour leur accueil chaleureux au CESE. Je remercie le Grand Orient de France, Daniel Keller, Guy Arciset et Jean-Édouard Ombetta, pour leur confiance qui m'honore et leur volonté d'accompagner cet enjeu de société. Je remercie vivement Najat Vallaud-Belkacem, ministre des Droits des femmes, pour son investissement courageux.

Il n'y a pas si longtemps, un de nos célèbres contemporains disait : « Ministre de la Condition féminine ? Et pourquoi pas un sous-secrétariat d'État au tricot ? » Je suis une fille des filles des années 1970, et je me bats à l'ombre de ces grandes figures pour participer à la construction d'une société où femmes et hommes ont une place, ensemble. Continuer à combattre avec la foi de la charbonnière et avec bienveillance et humour. Aujourd'hui, entre conquêtes et régressions, la société avance vers plus d'égalité : l'avenir se fera femmes et hommes réunis, sinon, quel ennui ! J'espère sincèrement que ceux qui découvriront ce livre auront autant de plaisir à le lire que j'en ai eu à l'écrire, et qu'ils seront prêts à rejoindre les rangs des engagés pour l'égalité.

À l'heure de conclure cet ouvrage, je pense avec tendresse à mon père bien aimé et souhaite remercier très affectueusement ma famille et mes amis. À mon mari, Éric, qui m'a toujours soutenue dans mes combats, et mes enfants, qui par leur amour me procurent un soutien de tous les instants. Ce livre leur est dédié.

Frédérique Agnès

L'ÉLÉGANCE DU CŒUR, LA FORCE DES CONVICTIONS

À l'heure où nous bouclons ce livre, les eurodéputés viennent de rejeter un rapport sur l'égalité entre les femmes et les hommes qui appelait à « garantir le principe fondamental de l'égalité de rémunération à travail égal ». On se pince pour y croire. En 2014, nous en sommes encore là ! En France, depuis 1972, la loi impose le salaire égal à travail égal, et pourtant, dans les faits, les femmes continuent à recevoir 28 % de moins que les hommes et à percevoir une retraite inférieure de 42 %. Taratata, tout est dit.

Le combat des femmes n'appartient pas au passé. Face aux menaces venues de toutes parts, alimentées par les radicaux de tous bords, nous devons plus que jamais être vigilants. Et réussir à séduire et convaincre les jeunes : le sujet de l'égalité entre les femmes et les hommes n'est pas un caprice d'hystériques surannées, mais affaire de justice sociale.

J'aimerais remercier avant tout Frédérique Agnès de m'avoir invitée à partager cette aventure. Derrière la douceur de son sourire, cette femme, frêle de corps, pétille d'intelligence et ne lâche rien. Avec Éric Depoorter à ses côtés, elle s'engage totalement, avec courage, élégance de cœur et bienveillance, pour défendre ses convictions.

Frédérique a d'ores et déjà remercié Olga Trostiansky. Une nouvelle fois, je me joins à elle pour saluer l'intégrité et l'importance du rôle que cette femme politique engagée joue en France, mais aussi en Europe. Je souhaiterais également rendre hommage à Christine Lagarde pour sa détermination et son engagement sans failles au nom des femmes. Toutes deux attestent que ce sujet n'est ni l'apanage de la droite, ni celui de la gauche, mais bel et bien un enjeu pour toutes les forces républicaines progressistes.

J'ai la chance de collaborer à *La Tribune,* qui, de Valérie Decamp à Jean-Christophe Tortora, avec l'enthousiasme et l'énergie d'Aziliz de Veyrinas, soutient la promotion des femmes. Grâce à leur confiance, j'ai avec eux le sentiment de contribuer au débat public. Mes pensées vont également à Véronique Morali et Jacqueline Franjou. Ensemble, avec leur équipe au Women's Forum, elles réussissent le pari de diriger une entreprise performante, qui, plus que toute autre, constitue en France mais aussi à l'international un formidable lieu d'échanges où se retrouvent les beaux esprits qui défendent le droit des femmes à être pleinement les égales des hommes. Je suis convaincue que le mouvement engagé restera dans l'histoire contemporaine comme le moment clé où les femmes du monde entier se seront unies pour faire entendre leur voix.

Paula Mutel, Émilie Victor et Christian de Neuvillette ont partagé avec courage, patience et sens de l'humour l'aventure de ce livre. Qu'ils soient très chaleureusement remerciés pour leur gentillesse et leur professionnalisme. Tout comme leurs conjoints, pour leur bienveillance et leur soutien. Merci à elles et à eux.

J'espère sincèrement que ce livre séduira les êtres qui me sont très chers, Camille, Emma et leurs compagnons, Hugo, Liv, Zoé, Eliott et les enfants à naître, pour qu'ils n'oublient pas l'histoire des femmes qui, en France et en Europe, se mobilisent pour que nous puissions vivre heureux dans des contrées de liberté et de respect d'autrui. Enfin, tout mon amour va à Mathieu, sans qui rien de cela ne pourrait être.

Isabelle Lefort

Adler, Laure et Bollmann, Stefan. *Les femmes qui écrivent vivent dangereusement.* Flammarion, 2007.

Adler, Laure. *À l'aube du féminisme : les premières journalistes. 1830-1850.* Payot, 1979.

Badinter, Élisabeth. *L'Amour en plus, histoire de l'amour maternel, XVII-XXe siècle.* Flammarion, 2010.

Badinter, Élisabeth. *XY : de l'identité masculine.* Odile Jacob, 1992.

Bard, Christine (présenté par). *Les Insoumises, La Révolution féministe.* Le Monde, coll. Les Rebelles dirigée par Jean-Noël Jeanneney, 2013.

Barret-Ducrocq, Françoise et Pisier, Évelyne. *Femmes en tête.* Flammarion, 1997.

Beauvoir, Simone de. *Le Deuxième Sexe.* Gallimard, 1949.

Beauvoir, Simone de. *Mémoires d'une jeune fille rangée.* Gallimard, 1958.

Bélaval, Philippe. *Pour faire entrer le peuple au Panthéon, rapport à Monsieur le président de la République.* La Documentation française, 2013.

Bourcier, Marie-Hélène et Moliner, Alice. *Comprendre le féminisme, essai graphique.* Max Milo, 2012.

Bourdieu, Pierre. *La Domination masculine.* Points, 2002.

Bourgeois-Pichat, Jean. *Évolution générale de la population française depuis le XVIIe siècle. Population,* 6e année, n° 4, 1951, p. 635-662.

Collectif. *MLF, textes premiers.* Stock, 2009.

CSA, préface de Sylvie Pierre-Brossolette. *Bilan des premiers travaux du groupe de travail droits des femmes.* 2013.

Dauphin, Sandrine. *L'État et les Droits des femmes. Des institutions au service de l'égalité.* Presses universitaires de Rennes, coll. Archives du féminisme, 2010.

Duby, Georges et Perrot, Michelle. *Histoire des femmes en Occident* (5 volumes). Plon, 1992.

Faure-Fraisse, Anne-Marie. *40 ans de slogans féministes, 1970/2010.* Éditions iXe, 2011.

Fouque, Antoinette (sous la direction de). *Génération MLF, 1968-2008.* Éditions Des Femmes, 2008.

Ganne, Valérie, Joste, Juliette et Berthemet, Virginie. *Merci les filles ! 1970-2010.* Hors Collection, 2010.

Giampino, Sylviane. *Les mères qui travaillent sont-elles coupables ?* Albin Michel, 2007.

Gianini Belotti, Elena. *Du côté des petites filles.* Éditions Des femmes, 1974.

Giroud, Françoise. *Cent Mesures pour les femmes.* La Documentation française, 1976.

Giroud, Françoise. *Histoire d'une femme libre.* Gallimard, 2013.

Grésy, Brigitte. *Petit traité sur le sexisme ordinaire.* Albin Michel, 2009.

Groult, Benoîte. *Ainsi soit Olympe de Gouges : la déclaration des droits des femmes et autres textes politiques.* Grasset, 2013.

Groult, Benoîte. *Ainsi soit-elle.* Grasset, 1975.

Halimi, Gisèle. *La Cause des femmes.* Grasset, coll. Enjeux, 1973.

Halimi, Gisèle. *Ne vous résignez jamais.* Plon, 2009.

Hefez, Serge. *Le Nouvel Ordre sexuel.* Kero, 2012.

Henry, Louis. *Perturbations de la nuptialité résultant de la guerre 1914-1918. Population,* 21e année, n° 2, 1966, p. 273-332.

Héritier, Françoise. *Masculin/Féminin, la pensée de la différence.* Odile Jacob, 2008.

Insee. *Femmes et hommes, regards sur la parité.* Statistique publique, coll. Insee références, 2012.

Maruani, Margaret et Meron, Monique. *Un siècle de travail des femmes en France, 1901-2011.* La Découverte, 2012.

Méda, Dominique. *Le Temps des femmes. Pour un nouveau partage des rôles.* Flammarion, rééd. Champs-Flammarion, 2002, puis Champs Actuel, 2008.

Ministère des Affaires sociales et de la Santé. Présidente Michèle Reiser, vice-présidente et rapporteure Brigitte Grésy. *Rapport 2011. Les experts : bilan d'une année d'autorégulation.* 7 décembre 2011.

Morin-Rotureau, Évelyne (sous la direction de). *Françaises en guerre, 1914-1918.* Autrement, 2013.

Musée Bossuet de Meaux. *1914-1918. Les Femmes dans la Grande Guerre.* Catalogue d'exposition, du 11 novembre 2010 au 31 mars 2011.

Pastor, Annie. *Les Pubs que vous ne verrez plus jamais.* Hugo & cie, volumes 1 et 2, 2012-2013.

Pellegrin, Nicole (sous la direction de). *Écrits féministes de Christine de Pizan à Simone de Beauvoir.* Flammarion, coll. Champs classiques, 2010.

Poirier, Jean-Pierre. *Histoire des femmes de science en France.* Flammarion, 2002.

Rennes, Juliette. *Femmes en métiers d'hommes, cartes postales 1890-1930.* Bleu autour, 2013.

Riot-Sarcey, Michèle. *Histoire du féminisme.* La Découverte, coll. Repères, 2010.

Sallenave, Danielle. *Castor de guerre.* Gallimard, 2008.